भगवद्गीता का योग

भगवद्गीता का योग

लेखक
श्री कृष्ण प्रेम

कृत

The Yoga of the Bhagavat Gita

का अंग्रेज़ी मूल से
जगदीश चन्द्र नौटियाल
व
सतीश दत्त पाण्डेय्
द्वारा
अनुवाद

2022

ALLIED PUBLISHERS PVT. LTD.

New Delhi • Mumbai • Kolkata • Chennai • Bangalore • Hyderabad

ALLIED PUBLISHERS PRIVATE LIMITED

D-5, Sector-2, **Noida**–201 301. Ph. Nos.: 0120-4320295/2542557/4352866
E-mail: delhi.books@alliedpublishers.com

17 Chittaranjan Avenue, **Kolkata**–700072
Ph.: 033-22129618 • E-mail: cal.books@alliedpublishers.com

15 J.N. Heredia Marg, Ballard Estate, **Mumbai**–400001
Ph.: 022-42126969 • E-mail: mumbai.books@alliedpublishers.com

No. 25/10, Commander-in-Chief Road, Ethiraj Lane (Next to Post Office)
Egmore, **Chennai**–600008
Ph.: 044-28223938 • E-mail: chennai.books@alliedpublishers.com

P.B. No. 9932, No. 15, 3rd Floor (Next to Vijaya Bank), 5th Cross, Gandhinagar, Karnataka, **Bangalore**–560009. Ph.: 080-41530285 / 22386239
• E-mail: bngl.journals@alliedpublishers.com / apsabng@airtelmail.in

Sri Jayalakshmi Nilayam, No. 3-4-510, 3rd Floor (Above More Super Market)
Barkatpura, **Hyderabad**–500027
Ph.: 040-27551811, 040-27551812 • E-mail: hyd.books@alliedpublishers.com

Website: www.alliedpublishers.com

The Yoga of the Bhagavat Gita सर्वप्रथम 1938 में John M. Watkins ने लन्दन से प्रकाशित की।

संशोधित द्वितीय संस्करण 1948।

तृतीय आवृत्ति 1951।

चतुर्थ आवृत्ति 1958।

पञ्चम आवृत्ति 1969 में Vincent Stuart & John M. Watkins Ltd. ने लन्दन से प्रकाशित की।

Penguin Books Ltd. ने 1973 में बाल्टिमोर, मेरीलैन्ड, सं. रा. अमेरिका से पेपर बैक संस्करण प्रकाशित किया।

किशन सिंह चावड़ा कृत गुजराती अनुवाद *भगवद्गीता का योग* 1972 में सौमैया पब्लिकेशन्स प्रा. लि. ने मुम्बई से प्रकाशित किया।

हिन्दी अनुवाद सर्वप्रथम 1984 में नेशनल पब्लिशिंग हाउस ने नयी दिल्ली से प्रकाशित किया।

Element Books Ltd. ने 1988 में शैफ़्ट्सबरी, डॉरसेट, इंग्लैंड से पेपर बैक संस्करण प्रकाशित किया।

© 2022, सर्वाधिकार ठाकुरजी श्री श्री कृष्ण (श्री श्री राधिका मोहन) ट्रस्ट, डाकघर मिर्तोला, ज़िला अलमोड़ा 263 623 उत्तराखण्ड द्वारा सुरक्षित।

ISBN: 978-93-90951-20-8

No part of the material protected by this copyright notice may be reproduced or utilized in any form or by any means, electronic or mechanical including photocopying, recording or by any information storage and retrieval system, without prior written permission from the copyright owners.

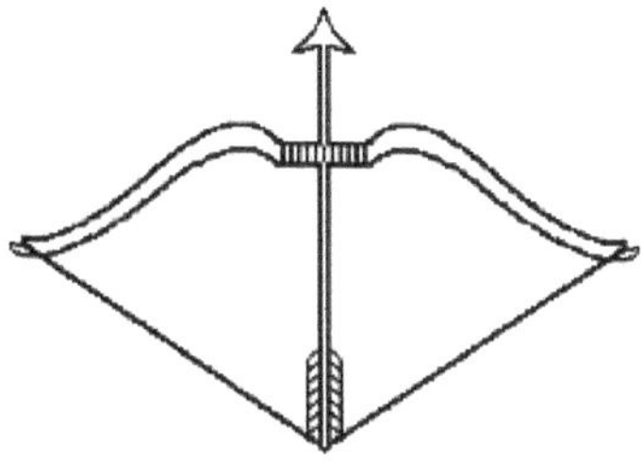

धनुः गृहीत्वा औपनिषदम् महास्त्रम् शरम् उपासानिशितम् संधयीत ।
आयम्य तद्भावगतेन चेतसा लक्ष्यम् तत् एव अक्षरम् सोम्य विद्धि ॥

गुह्य ज्ञान के महा अस्त्र का धनुष उठा कर
बाण चढ़ाओ उस पर ध्यानाभ्यास से प्रखर ।
(ब्रह्म) भाव से भरकर मन, खींचो प्रत्यञ्चा
लक्ष्य रूप में, ऐसे, वेधो, सोम्य! अनश्वर ॥

प्रणवः धनुः शरः हि आत्मा ब्रह्म तल्लक्ष्यम् उच्यते ।
अप्रमत्तेन वेद्धव्यम् शरवत् तन्मयः भवेत् ॥

प्रणव को धनुष समझो, आत्मा को जानो शर
और ब्रह्म को ही तो लक्ष्य कहा जाता है ।
वेधो उसे सावधानी से, तन्मय होकर
जैसे तीर निशाने से जा मिल जाता है ॥

मुण्डकोपनिषद् : द्वितीय मुण्डक, द्वितीय खण्ड 3-4

इन पृष्ठों में जो कुछ भी सत्य निहित है
वह मेरी गुरु श्री कृष्ण सेविका श्री श्री
यशोदा माई की कृपावश है और यह
पुस्तक उन्हीं के चरणों में समर्पित है ।

द्वितीय हिन्दी संस्करण के बारे में

प्रथम संस्करण में प्रूफ़ रीडिंग की अनेक त्रुटियां नज़र आईं। इन्हें सुधारने का स्वयं टाइप करने के अतिरिक्त कोई उपाय न था और वही किया गया। इस कार्य में सुशील कुमार और गिरीश चन्द्र ने बहुत सहायता की। परन्तु अपने ही टाइप किए वस्तु-विषय का स्वयं अपने आप किया गया प्रूफ़रीडिंग संतोषजनक न था। सौभाग्यवश, उत्तरप्रदेश के भूतपूर्व प्रमुख वन संरक्षक श्री देवेन्द्र भूषण मिश्र ने प्रूफ़रीडिंग करने की कृपा की और अनेक ग़लतियों को सुधारा। उनके परिश्रम के पश्चात भी जो त्रुटियाँ बची हैं उनका उत्तरदायित्व केवल मुझ पर ही है। पाण्डुलिपि का अन्तिम स्वरूप प्रोफ़ेसर डगलस डाउन की कम्प्यूटर जानकारी और सौजन्य के बिना सम्भव न था।

दूसरी बार टाइप करते समय प्रथम संस्करण में कुछ परिवर्तन किए गए हैं। प्रमुख परिवर्तन यह है कि पदच्छेद कर संस्कृत में गीता के श्लोक दे दिए गए हैं, परन्तु सामासिक पदों का विग्रह नहीं किया गया है। अतः ***धर्मक्षेत्रे, कुरुक्षेत्रे*** और ***दीप्तानलार्कद्युतिम्*** इत्यादि पद जैसे के तैसे रखे गए हैं, विग्रह कर ***धर्मस्य क्षेत्रे, कुरोः क्षेत्रे*** तथा ***दीप्तस्य अनलस्य अर्कस्य च इव द्युतिः यस्य तम्*** इत्यादि में नही बदले गए हैं। साथ ही श्लोकों का संक्षिप्त सरल हिन्दी अनुवाद भी दे दिया गया है जो मुख्यतः गीताप्रेस के प्रकाशन पर आधारित है। इसके अतिरिक्त चौथे, पाँचवें, छठे तथा सोलहवें अध्यायों के अधिक सुपरिचित संस्कृत शीर्षक, जिनका हिन्दी अनुवाद इन नामों से भिन्न करना ठीक समझा गया था, भी कोष्ठकों में दे दिए गए हैं। इन अध्यायों के संस्कृत शीर्षकों के बारे में सहमति नहीं है और यहाँ श्रीमती बेसेन्ट और भगवानदास (दि थियोसॉफ़िकल पब्लिशिन्ग हाउस) के अंग्रेज़ी संस्करण के अनुसार दिए गए हैं। मूलपाठ में जो शब्दावली थी वह इस संस्करण में मोटे टाइप में दी गई है। जिन हिन्दी शब्दों के मूल अंग्रेज़ी रूपान्तर इंगित करना उचित समझा गया उन्हें शब्दावली में साधारण टाइप में दिया गया है। जहाँ कहीं ठीक लगा वहाँ लेखन में छोटा मोटा संशोधन किया गया है तथा कुछ पादटीकाएँ जोड़ी गई हैं। वस्तु विषय में कोई विशेष परिवर्तन करना आवश्यक प्रतीत न हुआ।

टोरन्टो, कैनेडा 2022 **ज. च. नौ.**

प्रथम संस्करण पर अनुवादकों के दो शब्द

एक दिन 1973 में हमारे प्रिय मित्र और गुरुभाई चक्री-दा ने सुझाया कि यदि *The Yoga of the Bhagavat Gita* का अनुवाद हिन्दी में किया जाय तो शायद कितने ही लोगों को इस पुस्तक की निधि उपलब्ध हो जाय। विचार अच्छा था और देर-सबेर अनुवाद कार्य आरम्भ भी हो गया परन्तु यदि श्री श्री माधव आशीष प्रोत्साहित न करते और अनेक स्थानों पर मूल लेखन का अर्थ न समझाते तो इसे समाप्त करना हमारी सामर्थ्य के बाहर था।

एक अनुवादक का टोरन्टो और दूसरे का दिल्ली में रहना कार्य को शीघ्र सम्पन्न करने के हित में नहीं था, अतएव, अन्तिम रूप लेते लेते 1977 समाप्त होने को आया। तब से अब तक का समय अधिकतर तो प्रकाशक की तलाश और फिर उसमें सफल होने पर प्रकाशन प्रक्रिया को पूरा करने में लगा। इस बीच धर्मार्थ ट्रस्ट जम्मू-कश्मीर तथा विराट हिन्दू समाज के समन्वित प्रकाशन, त्रैमासिक *धर्म मार्ग,* ने इस अनुवाद के कुछ अंश प्रकाशित किए।

पूरा प्रयास करने पर भी हम इस अनुवाद में श्री श्री कृष्ण प्रेम के विचारों तथा भावों को न तो पूरी तरह और न ही उनके समान सहज सुन्दरता से व्यक्त कर सके हैं। इसके लिए पाठकों से क्षमा मांगते हैं और आशा करते हैं कि जैसे निपुण जौहरी भोंडे ढंग से तराशे हीरे को भी पहचान लेता है वैसे ही वे भी अनुवाद की अपरिष्कृति के बीच छिपी मूल पुस्तक की घनीभूत सुन्दरता को पहचान लेंगे। अनुवाद सम्बन्धी सब सुझाव सहर्ष स्वीकार किए जाएँगे।

टोरन्टो, कैनेडा ज. च. नौ.

नई दिल्ली, भारत 1983 स. द. पा.

प्रथम हिन्दी संस्करण की डा. कर्ण सिंह द्वारा लिखित भूमिका

भारतीय संस्कृति का प्रवाह सहस्त्रों वर्षों से वेद और उपनिषद् के काल से लेकर आज तक निरन्तर बहता चला आ रहा है। जैसे हिमालय की गोद से गंगा निरन्तर समुद्र की ओर जाती है और मार्ग में करोड़ों मानवों को लाभान्वित करती जाती है, उसी प्रकार हमारी धार्मिक धरोहर सहस्त्रों वर्षों से करोड़ों प्राणियों को प्रभावित करते हुए बहती चली आ रही है। वेद और उपनिषद्, ब्राह्मण और पुराण, ब्रह्मसूत्र, रामायण और महाभारत हमारे धर्म के प्रकाशस्तम्भ हैं, जिनसे आज भी हमें प्रेरणा तथा शक्ति मिलती है।

श्रुति और स्मृति के इस अद्भुत आकाश में सब से उज्ज्वल नक्षत्र *भगवद्गीता* है। आदि शंकराचार्य ने अपने एक स्तोत्र में लिखा है :

भगवद्गीता किंचित धीता, गंगाजल लवकणिका पीता।
सकृदपि यस्य मुरारि समर्चा, तस्य यमः किं कुरुते चर्चा॥
भज गोविन्दम्...

श्रीमद्भगवद्गीता को उपनिषदों का सार माना गया है :

सर्वोपनिषदो गावो दोग्धा गोपाल नन्दनः।
पार्थो वत्सः सुधीर भोक्ताः दुग्धं गीतामृतं महत्॥

भगवद्गीता पर आदि शंकराचार्य के काल से लेकर आज तक अनेक भाष्य लिखे गए हैं। वास्तव में जिस भी आचार्य को पथ प्रशस्त करना हो उसके लिए यह अनिवार्य सा होता है कि गीता के ऊपर अपने दृष्टिकोण से एक टीका लिखे। यही कारण है कि गीता पर अनेक विचारशील टीकाएँ उपलब्ध हैं। इसी शताब्दी में लोकमान्य बालगंगाधर तिलक, महर्षि अरविन्द, महात्मा गांधी और आचार्य विनोबा भावे जैसे मनीषियों ने गीता पर अपने विचार प्रकट किए, इनमें मेरे व्यक्तिगत विचार में महर्षि अरविन्द के *एस्सेज़ ऑन द गीता* विद्वता तथा मौलिक दृष्टिकोण से प्रमुख है।

इन व्यक्तियों के अतिरिक्त अन्य विद्वानों ने गीता पर अनेक टीकाएँ लिखी हैं। इनमें से एक अद्भुत टीका योगी श्री कृष्ण प्रेम की लिखी हुई है, जिसे *भगवद्गीता का योग* के नाम से पहली बार हिन्दी अनुवाद में पाठकों के सन्मुख प्रस्तुत किया जा रहा है। यह पुस्तक अंग्रेज़ी में *द योग आॅफ़ द भगवद्गीता* के नाम से 1938 में वाट्किन्स ने विलायत में प्रकाशित की।

योगी श्री कृष्ण प्रेम एक अद्भुत व्यक्ति थे। उनका जन्म 10 मई 1898 को विलायत में हुआ और 18 वर्ष की आयु में उन्होंने रॉयल एयरफ़ोर्स में प्रवेश किया। एक पायलट होते हुए ही उनको यह आभास हुआ कि मात्र सांसारिक वस्तुओं से तृप्ति नहीं हो सकती और इस प्रकार उनके हृदय में आध्यात्मिक ज्ञान की जिज्ञासा उत्पन्न हुई। प्रथम विश्वयुद्ध के पश्चात् वे किंग्स कॉलेज, केम्ब्रिज, में प्रविष्ट हुए, संयोग से उसी कॉलेज में जहाँ कुछ वर्ष पहले श्री अरविन्द ने भी शिक्षा ग्रहण की थी। भारतीय धर्म में उनकी रुचि जाग्रत हुई, विशेषकर हिन्दू तथा बौद्ध दर्शन में, और अड्यार की थियोसॉफ़िकल सोसाइटी के माध्यम से उन्हें लखनऊ विश्वविद्यालय में शिक्षक का स्थान प्राप्त हुआ। उस समय विश्वविद्यालय के उपकुलपति डा. ज्ञानेन्द्र नाथ चक्रवर्ती थे और उन्हीं के घर रॉनल्ड निक्सन (बाद के श्रीकृष्ण प्रेम) रहने लगे।

भगवदेच्छा प्रायः कार्यान्वित होने में अद्भुत मार्ग अपनाती है। रॉनल्ड निक्सन एक मेधावी तथा प्रभावशाली युवा बुद्धिजीवी थे। उन्हें डा. तथा श्रीमती चक्रवर्ती ने अपने पुत्र के समान ही अपने परिवार में रखा। छः वर्ष उन्होंने वहाँ अध्यापन का कार्य किया और इस दौरान 1924 में उन्होंने श्रीमती चक्रवर्ती से ही दीक्षा प्राप्त की। जब डा. चक्रवर्ती विश्वविद्यालय से पदमुक्त हुए तो उन्होंने वाराणसी में रहने का निश्चय किया। 1928 में श्रीमती चक्रवर्ती ने अपने पति से ही संन्यास ग्रहण किया, यशोदा माँ का नाम अपनाया और हिमालय की ओर चली गईं। रॉनल्ड निक्सन उनके साथ हो लिए और माँ से संन्यास पा कर श्री कृष्ण प्रेम का नाम पाया। उन्होंने अपनी सब सम्पत्ति गुरु के चरणों में अर्पण कर दी और अल्मोड़ा में कुछ समय के लिए भिक्षा मांग कर अपना और अपने गुरु का निर्वाह किया। 1930 में यशोदा माँ ने अल्मोड़ा से तीस किलोमीटर पूर्व में मिर्तोला

नामक स्थान में एक बड़ा सुन्दर श्रीकृष्ण मन्दिर बनवाया जहाँ वे, श्री कृष्ण प्रेम और उनके कुछ अन्य शिष्य रहने लगे।

श्री कृष्ण प्रेम से मेरी भेंट प्रथम बार 1958 में हुई। उनके सम्बन्ध में मैंने सर्वप्रथम श्री दिलिपकुमार राय की पुस्तकों में पढ़ा था और उनका पता मुझे उत्तर प्रदेश के तत्कालीन राज्यपाल स्वर्गीय कुलपति कन्हैयालाल माणिकलाल मुन्शी ने दिया था। 1958 से लेकर 1965 तक, जब उनका देहांत हुआ, मैं प्रतिवर्ष उनके दर्शन करने जाता था। उनके विषय में मैं केवल यही कह सकता हूँ कि आज तक जितने भी महापुरुषों से मिलने का मुझे सौभाग्य प्राप्त हुआ है उनमें ज्ञान, भक्ति और मानवीयता में सबसे वरिष्ठ मैं श्री कृष्ण प्रेम को ही मानता हूँ। उनके सम्बन्ध में उपनिषद् के ये शब्द नितान्त सार्थक हैं :

आत्मक्रीड आत्मरतिः क्रियावानेष ब्रह्मविदां वरिष्ठ

उनके सम्बन्ध में मेरे अपने संस्मरण तो मेरी आत्मकथा के दूसरे खण्ड में मिलेंगे। यहाँ तो मैं पाठकों को केवल श्री कृष्ण प्रेम के सम्बन्ध में कुछ जानकारी और पृष्ठभूमि देने का प्रयास कर रहा हूँ। *भगवद्गीता* पर उनकी यह पुस्तक अद्वितीय है। इसमें कई विशेषताएँ हैं, जिनमें से प्रमुख यह है कि उन्होंने पाश्चात्य आध्यात्मिक ग्रंथों का स्थान-स्थान पर उल्लेख करके यह सिद्ध किया है कि अध्यात्म मार्ग न पूर्व का है न पश्चिम का, यह सार्वभौम है और समस्त मानव जाति का इस पर अधिकार है।

इस पुस्तक के अनुवाद का कार्य मेरे दो गुरुभाई जगदीश नौटियाल तथा सतीश पाण्डेय् ने बड़े परिश्रम से सम्पूर्ण किया है जिसके लिए हिन्दी भाषी जगत उनका ऋणी रहेगा। मुझे विश्वास है कि *भगवद्गीता का योग* हिन्दी जगत में अपनी एक छाप छोड़ेगा और गीता-प्रेमियों को लाभान्वित करेगा। श्री कृष्ण प्रेम ने कुछ और पुस्तकें भी लिखी हैं जिनमें *योग ऑफ़ द कठोपनिषद्* विशेष महत्त्वपूर्ण है। मुझे आशा है कि यथासम्भव मेरे मित्र उसका भी हिन्दी अनुवाद करने में सफल होंगे।

इस सारे कार्य में हमारे गुरु श्री श्री माधव आशीष का, जो श्री श्री कृष्ण प्रेम के शिष्य हैं, आशीर्वाद व मार्गदर्शन रहा है जिसके बिना यह अनुवाद सम्भव न होता।

श्री कृष्ण जन्माष्टमी **~कर्ण सिंह**

20 अगस्त 1984

प्राक्कथन

इस पुस्तक का सूत्रपात उस लेखमाला से हुआ जो बम्बई के *दि एरियन पाथ* के लिए लिखी जानी थी। सम्पादकों ने शीर्षक बदल कर “उच्चतर जीवन का गीत” कर दिया और इससे पहले कि यह समझ में आता कि मैं कर क्या रहा हूँ, मैंने अपने को पूरी गीता पर ही टीका लिखते हुए पाया। कुछ तो स्वयं गीता के स्वरूप के और कुछ मासिक किश्तों में प्रकाशन की मजबूरियों के कारण थोड़ी-बहुत पुनरावृत्ति इस लेखन में हो ही गई। मैंने इसे यथासम्भव हटाने की कोशिश की है परन्तु जितनी कुछ फिर भी रह गई हैं उनके लिए में पाठकों से क्षमा याचना करता हूँ।

लेखों को पुस्तक रूप में छपने की अनुमति देने के लिए मैं *दि एरियन पाथ* के सम्पादकों का आभारी हूँ। प्रस्तुत ग्रन्थ कुछ नई सामग्री व परिशिष्ट जोड़ कर इन लेखों का संशोधित रूप है। अपनी शिष्या श्रीमती अर्पिता देवी का मैं आभारी हूँ जिन्होंने पाण्डुलिपि टाइप की तथा बराबर अमूल्य सहायता प्रदान की, और श्री बर्टरम कीटली का भी जिन्होंने पूरी पाण्डुलिपि को पढ़ा और मूल्यवान सुझाव दिए।

मिर्तोला ~ **श्री कृष्ण प्रेम**

भारत **1937**

अनुक्रमणिका

अध्याय

परिशिष्ट

प्रस्तावना

पाश्चात्य देशों में भी आजकल *भगवद्गीता* का परिचय कराने की बहुत कम आवश्यकता है। संसार का एक महान आध्यात्मिक ग्रन्थ मान कर इसका समादर करने वाले बहुत हैं और इसे अपने आन्तरिक जीवन की मार्गदर्शिका बनाने वाले भी कम नहीं हैं। भारत में इसकी लोकप्रियता के बारे में तो कुछ कहने की आवश्यकता ही नहीं है। यद्यपि इसके लेखक अज्ञात हैं (क्योंकि इस परम्परागत मत को मान कर चलना कठिन ही है कि गीता कुरुक्षेत्र की युद्धभूमि में ऐतिहासिक कृष्ण द्वारा कही गई थी) फिर भी हिन्दुओं के सब सम्प्रदाय व मतों की इस पर आस्था है और वेदान्त के तीन आधार स्तम्भों (***प्रस्थान***) में से यह एक है – अन्य दो स्तम्भ हैं उपनिषद् और ब्रह्मसूत्र। जिन-जिन धर्माचार्यों ने अपनी शिक्षा को वेदान्त पर आधारित बताना चाहा उन्होंने गीता पर टीका लिख कर यह सिद्ध करना आवश्यक समझा कि उनके विचारों का गीता से समर्थन होता है।

इसके परिणामस्वरूप विभिन्न दृष्टिकाणों से की गई टीकाएं देखने में आती हैं – द्वैतवादी व अद्वैतवादी, सर्वेश्वरवादी और ईश्वरवादी। कर्म, ज्ञान या वैयक्तिक ईश्वर में आस्था रखने वाले, सबके सब, अपने सिद्धान्त तत्त्व गीता में ढूँढ निकालते हैं। यद्यपि ऐसी व्यापक अपील गीता की सार्वभौमता का प्रमाण है तथापि ऐसे आधिकारिक पद की यह ख़राबी भी रही है कि विभिन्न टीकाकारों ने प्रायः पाठ के वास्तविक तात्पर्य को जानने में कम और अपने मत की बात कहने या अपने प्रतिद्वन्द्वियों का प्रतिरोध करने में अधिक शक्ति लगाई है।

असाध्य रूप से बाह्यात्मक विचार प्रणाली से ग्रस्त पाश्चात्य विद्वानों के ऐसे ही भिन्न-भिन्न मतों के बारे में हम कुछ नहीं कहना चाहते। गार्ब (Garbe) के अनुसार गीता सांख्य योग की पाठय पुस्तक है जिस पर पहले कृष्णपूजकों और फिर किसी वेदान्ती ने अतिलेखन द्वारा अपनी छाप लगा दी है। हॉपकिन्स (Hopkins) ने इसे कृष्ण सम्प्रदाय के हित में आग्रहपूर्वक लिखा गया एक वैष्णव काव्य माना। लगभग सभी पाश्चात्य विद्वानों को यह भी ऐतराज़ है कि

गीता में, उनके मतानुसार, दार्शनिक असंगतियाँ हैं और शब्दों का प्रयोग ढीले ढाले ढंग से किया गया है।

मैं यह साफ़-साफ़ कह देना चाहता हूँ कि ऐसी विद्वतापूर्ण घोषणाओं को मैं कोई महत्त्व नहीं देता। जिस किसी के पास भी देखने को आँखें हैं उसके लिए गीता सत्य की प्रत्यक्ष अनुभूति पर आधारित एक ग्रन्थ है और उस मार्ग के बारे में है जिससे सत्य तक पहुँचा जा सकता है। इस बात का कोई ख़ास महत्त्व नहीं है कि इसका लेखक कौन था और किस पथ विशेष का अनुयायी था। सत्य को जानने वाले एक अलग ही जाति के होते हैं – ऐसी जाति के जो हर्मीस ट्रिस्मेजिस्टस (Hermes Trismegistus) के अनुसार कभी मरती नहीं। सम्प्रदायों और ग्रंथों के झमेले में न तो इस जाति के और न इस जाति में जन्म लेने की आकांक्षा रखने वाले कभी पड़ते हैं।

ऐसे खोजने वालों के लिए एक ऐसे ही खोजने वाले द्वारा यह प्रस्तुत पुस्तक लिखी गई है। शायद कुछ पाठकों को लगे कि टीका कुछ आधुनिक ढंग से की गई है। इस पर मैं केवल इतना कहना चाहूँगा कि किसी भी बुद्ध पुरुष के शब्द नित्य वास्तविकताओं के बारे में होते हैं। ये वास्तविकताएँ आज भी वही हैं जो हज़ारों साल पहले थीं और गीता के पाठ का अर्थ ऐसी भाषा और शब्दों में किया जाना चाहिए जो उन वास्तविक्ताओं को "यहाँ और अभी" इंगित करे, न कि ऐसे शब्दों में जो केवल मध्ययुगीन भारत या गीता के लेखन काल के संदर्भ में ही सार्थक हों। अन्यथा हम मात्र शब्दों को वास्तविकता समझ बैठने की भूल कर बैठेंगे। जैसा कि भगवान् बुद्ध ने *लंकावतार सूत्र* में सिखाया है, "अर्थ का बोध शब्दों द्वारा उसी प्रकार होता है जैसे दीपक वस्तुओं को उजागर करता है . . . ऐसे ही मैं भी अनेक रूपों और बिम्बों की सहायता से अपने पुत्रों को शिक्षा देता हूँ। परन्तु परमार्थ के शिखर की सिद्धि तो केवल अपने भीतर ही हो सकती है"।

प्रस्तुत पुस्तक यह मान कर लिखी गई है कि गीता योग शास्त्र की एक पाठय पुस्तक है और परम पथ के अनुसरण की मार्गदर्शिका है। यहाँ "योग" का तात्पर्य किसी प्रणाली विशेष से नहीं है जिसे यह नाम दिया गया हो। हमारा तात्पर्य ज्ञानयोग, कर्मयोग, भक्तियोग या पतञ्जलि के अष्टांगयोग से नहीं बल्कि सिर्फ़

उस पथ से है जिस पर चल कर मानव अपने सीमित जीवात्मा को निस्सीम परमात्मा से जोड़ देता है। ऐसा है यह आन्तरिक पथ, जिसके अंशमात्र ही विभिन्न योगों के नाम से पुकारे जाते हैं ! यह पथ इन विभिन्न शिक्षाओं का समन्वय मात्र न होकर वह आद्य व अखण्ड इकाई है जिसके छोटे-छोटे अंश ही अलग-अलग प्रणालियों जैसे दिखते हैं।

गीता में आरम्भ से लेकर अन्त तक इस पूरे पथ का लेखाजोखा है – जिसे बौद्धजन "श्रोतापन्न" अवस्था कहते हैं, वहाँ से लेकर निर्वाण के लक्ष्य तक। इसीलिए अध्यायों की पूर्वापरता का बहुत महत्त्व है और बिना यह ध्यान रखे कि कौन बात पूरे संदर्भ में कहाँ पर कही गई है, गीता की शिक्षाओं की व्याख्या करना ग़लत होगा। ऐसी ग़लती कुछ टीकाकारों ने की है। उदाहरण के लिए, अट्ठारहवें अध्याय के 66वें श्लोक "***सर्वधर्मान् परित्यज्य माम् एकम् शरणम् व्रज । अहम् त्वा सर्वपापेभ्यः मोक्षयिष्यामि मा शुचः ॥*** – सब धर्मों, यानी अन्य सब आश्रयों, को छोड़ कर केवल मेरी शरण में आओ। मैं तुम्हें सब पापों से मुक्त कर दूँगा। डरो मत।" – पर प्रायः इस तरह ज़ोर दिया जाता है जैसे कि गीता के अंत में आने वाली इस शिक्षा पर पथ के आरम्भ में ही अमल किया जा सकता हो। ऐसे विस्थापन का नतीजा सिर्फ़ यही होता है कि कई लोग बहुत भावुक बन बैठते हैं। लक्ष्य तक पहुँचने के लिए कोई छोटा वाला रास्ता नहीं है। प्रत्येक साधक को पूरा का पूरा मार्ग तय करना ही पड़ता है। यह अलग बात है कि पिछले जन्मों के अभ्यास के फलस्वरूप किसी के लिए साधना की आरंभिक मंज़िलें जल्दी-जल्दी तय हो जाएं, पर फिर भी प्रत्येक अध्याय को उसके समुचित क्रमानुसार जीवन में उतारना ज़रूरी होता है।

यह पथ हिन्दू या अन्य किसी धर्म की विशेष सम्पत्ति नहीं है। प्रत्येक धर्म में, कहीं कम तो कहीं ज़्यादा गहराई में छिपा हुआ, यह मिल ही जाता है और किसी भी धर्म के अवलम्बन के बिना यह क़ायम रह सकता है। इसीलिए गीता निःसन्देह एक हिन्दू ग्रन्थ और हिन्दू शिक्षा की चूड़ामणि होते हुए भी संसार भर के जिज्ञासुओं की मार्गदर्शिका होने की क्षमता रखती है।

हाल ही में एक *दाओ* विषयक चीनी पुस्तक पर सहानुभूतिपूर्ण व रुचिकर टिप्पणी करते हुए मनोवैज्ञानिक युंग (Jung) ने उन पाश्चात्य लोगों पर छीटाकसी की जो प्राच्य योगसाधना करते हैं। यह सच है कि पश्चिम के लोग तथाकथित योगसाधना के नाम से जो कुछ भी करते हैं वह काफ़ी, सम्भवतः अधिकतर, मूर्खतापूर्ण और मार्गभ्रमित होता है। लेकिन ऐसा इसलिए नहीं होता कि योग का उद्भव पूर्व में हुआ बल्कि इसलिए कि उसका अनुसरण उचित प्रयोजन के लिए नहीं किया जाता। योग में तो साधना केवल सत्य के लिए, या जिसे बुद्धदेव ने "हृदय की पक्की मुक्ति" कहा है उसके लिए, की जानी चाहिए। इस साधना को बहुत से लोगों के समान केवल कौतूहलवश और नवीन प्रकार के स्फुरण या सिद्धि-लाभ के लिए करना ग़लत है और इस ग़लती का दण्ड असारता, विक्षिप्ति या उससे भी कठोर रूप में मिलता है। अशोभनीय प्रयोजनों से रहस्य की ओर कोई प्रेरित न हो क्योंकि इससे विनाश होना अवश्यम्भावी है।

यद्यपि जिस साज-सज्जा में उसे प्रस्तुत किया गया है वह भारतीय अवश्य है परन्तु पथ स्वयं न पूर्वी है न पश्चिमी। यह न तो किसी जाति विशेष का है न किसी धर्म विशेष का, बल्कि वह चीज़ है जिस पर सब सच्चे धर्म मूलरूप में आधारित थे। इस ही बात को स्पष्ट करने के लिए मैंने अन्य रहस्यवादी साहित्य से विशेषतः प्लॉटाइनस (Plotinus) और हर्मीस ट्रिस्मेजिस्टस से खुल कर उद्धरण दिए हैं। पहले के लिए मैंने स्टीफ़ेन मैकेना (Stephen McKenna) और दूसरे के लिए जी. आर. एस. मीड (G.R.S. Mead) के अनुवादों का प्रयोग किया है[1]।

इस प्रकार मिलने वाली समानताओं से यह स्पष्ट हो जाना चाहिए कि यह पथ ऐसा ख़ालिस पूर्वी नहीं है जिसका, युंग के मतानुसार, पश्चिमी साइकी (psyche) में कोई आधार नहीं है। इसके विपरीत यह पथ तो ऐसा सर्वव्यापक है कि संसार की समस्त परम्पराओं में पाया जाता है और लगन रखने वाला कोई भी व्यक्ति इस पर पाँव बढ़ा सकता है। यदि किसी के पास स्वस्थ मस्तिष्क, उपयुक्त प्रेरणा, निश्छलता – ख़ास तौर पर बौद्धिक निश्छलता जो अब बहुत कम पाई जाती है – साहस और दृढ़ निश्चय हो तो उसे इस पथ पर किसी बड़े ख़तरे का डर नहीं होना

[1] मेडीची सोसाइटी (Medici Society) द्वारा प्रकाशित।

चाहिए। इस पथ की ओर वैज्ञानिक या दार्शनिक ढंग से बढ़ने वालों के लिए तो केवल इतना ही कह देना काफ़ी है, लेकिन जो किसी धर्म विशेष के माध्यम से इस ओर प्रेरित होते हैं उन्हें अपने ही धर्म को अतुलनीय मानने के आग्रह को और तथाकथित "अलौकिक" धर्म ग्रन्थों के अनुशासन से चिपटे रहने की प्रवृत्ति को छोड़ देना होगा। ऐसा न करने से भ्रान्तियाँ उत्पन्न होंगी और प्रगति रुक जाएगी। जैसा कि भगवान् बुद्ध ने कहा है, स्वयं ही अपना प्रकाश और स्वयं ही अपना अवलम्बन बनना आवश्यक है। केवल आत्मा ही असली कसौटी होती है और भावी शिष्य को हर बात को परखने और कसौटी पर खरा न उतरने पर अपनी अतिशय प्रिय धारणाओं को भी त्याग देने के लिए तैयार रहना चाहिए।

मूढ़ाग्रह (*superstition*) एक भयंकर शत्रु है और उसके ऊपर हर हालत में विजय प्राप्त करनी ही होगी। जैसा कि *दि प्रीसेप्ट्स ऑफ़ दि गुरूज़* (*The Precepts of the Gurus*)[2] में कहा गया है "प्रत्येक कार्य में विवेक ही परम मित्र होता है, अतः उससे कतराना नहीं चाहिए"[3]। इस प्रसंग में उक्त तिब्बती ग्रन्थ के कुछ और सूत्र इतने सार्थक हैं कि उनको लिख देना उचित प्रतीत होता है।

"पथ का व्यावहारिक ज्ञान उसका अनुसरण करके हासिल करना चाहिए और अधिकांश जनसमूह के समान ही ख़ुद भी नहीं बने रहना चाहिए"।

"यदि श्रद्धा की कमज़ोरी और बुद्धि की प्रखरता का मेल हो तो उसके परिणाम स्वरूप वाचालता की ख़राबी आ सकती है"।

"श्रद्धा की प्रबलता और बुद्धि की कमज़ोरी का मेल हो तो संकुचित कट्टरता आने का डर रहता है"।

---

[2] *टिबेटन योग एण्ड सीक्रेट डॉक्ट्रिन* (*Tibetan Yoga and Secret Doctrine*) तिब्बती मूल से लामा काज़ी दावा-संदूप द्वारा अंग्रेज़ी में अनुवादित और डा. ईवेन्स वेन्ट्ज़ (Dr. Evans-wentz) द्वारा संपादित। ऑक्सफ़ोर्ड यूनिवर्सिटि प्रेस (Oxford University Press)।

[3] परन्तु घटिया किस्म के युक्तिवाद से बचना चाहिए। समकालीन तर्कबुद्धि के सहारे जो बातें समझ में न आएँ उन सब को मूढ़ाग्रह कह देने से काम नहीं चलेगा। व्यावहारिक तौर पर यह तय करना कि क्या मूढ़ाग्रह है और क्या नहीं, आसान काम नहीं है।

"कामना को श्रद्धा समझने की ग़लती हो सकती है"।

"आसक्ति को उदारता और करुणा समझने की ग़लती हो सकती है"।

"इन्द्रियज्ञान को सत्य की झलक समझने की ग़लती हो सकती है"।

"परमार्थ की एक झलक मात्र को ग़लती से उसकी पूर्ण उपलब्धि समझा जा सकता है"।

"ढोंगियों को ऋषि समझने की ग़लती हो सकती है"।

"एक ऐसा विशद जीवन-दर्शन होना नितान्त आवश्यक है जिसमें संपूर्ण ज्ञान समाहित हो सके"।

"एक ऐसी ध्यान-विधि नितान्त आवश्यक है जिससे मन को जहाँ चाहे वहाँ केन्द्रित करने की क्षमता उत्पन्न हो सके"।

"जीवन-यापन की एक ऐसी कला नितान्त आवश्यक है जिसके द्वारा मन, वचन और कर्म, इन तीनों से पथ का अनुसरण करने में सहायता मिले"।

जो लोग अद्भुत अनुभव और सिद्धियां प्राप्त करने के चक्कर में रहते हैं या धर्म के ठकुरसुहाते आश्वासन ढूँढते हैं उनको इस सारे पचड़े से दूर ही रहना चाहिए, अन्यथा वे अपना ही नहीं शायद कुछ औरों का भी जीवन बर्बाद कर देंगे। सत्य का पथ बहुत दुर्गम है और मात्र खिलवाड़ करने का दण्ड अन्तर्यामी अधिष्ठाता बड़ी सख़्ती से वसूल करता है।

पाठक को गीता की एक प्रति अपने साथ रखने की सलाह दी जाती है[4] ताकि इस पुस्तक के हाशिये में इंगित श्लोकों को देख सके। कहीं कहीं टीका बहुमान्य अनुवादों से भिन्न प्रतीत हो सकती है। इस बारे में इतना ही कह सकता हूँ कि ऐसा प्रामाणिक पाठ से अनभिज्ञता के कारण नहीं बल्कि बहुत सोच समझ कर किया गया है। सामान्य अंग्रेज़ी जानने वाले पाठक के लिए श्रीमती ऐनी बेसेन्ट (Mrs. Annie Besant) का अनुवाद उपयोगी होगा। जो थोड़ी-बहुत संस्कृत भी जानते हों उनके लिए श्रीमती बेसेन्ट और भगवानदास (दि थियोसॉफ़िकल

---

[4] हिन्दी अनुवाद के द्वितीय संस्करण के साथ ऐसा करने की आवश्यकता नहीं है। (अनुवादक)

पब्लिशिन्ग हाउस) का संस्करण, जिसमें मूलपाठ के साथ पदच्छेद कर अन्वय, तथा सामान्य अंग्रेज़ी अनुवाद भी दिए गए हैं, बहुत उपयोगी होगा। डबल्यू. डी. पी. हिल (W.D.P. Hill) का किया हुआ अनुवाद भी बहुत अच्छा है और इसमें मूलपाठ भी शामिल है।

यह भी सलाह है कि गम्भीर अध्ययन शुरू करने से पहले परिशिष्टों पर कम से कम एक नज़र डाल ली जाय। बहुत सी स्पष्टीकरणात्मक सामग्री, जो टीका के प्रवाह को भंग करती, वहाँ दे दी गई है।

इन पृष्ठों को पढ़ने में जिस पाठक का ध्येय उस पथ पर चलने का है जिसको इसमें, कितने ही अपर्याप्त रूप से सही, इंगित किया गया है, उससे में इतना और कहना चाहूँगा – "*उज्ज्वल, शून्य और प्रकाश की महान काया से अभिन्न तेरा अपना चैतन्य न जन्मता है न मरता है और वही निश्चल अव्यय ज्योति है*"।

~ **लेखक**

उपक्रम

सरसरी भूमिका

गीता पर विचार-विमर्श करने से पहले *महाभारत* में अंकित उन घटनाओं की कुछ चर्चा करना उचित होगा जो गीता की रूपरेखा बनाती हैं। मुझे अच्छी तरह मालूम है कि कई पाश्चात्य विद्वानों के अनुसार गीता *महाभारत* के मौलिक रूप में शामिल नहीं थी। लेकिन, इन महानुभावों में से अनेक तो अभी तक यह भी सिद्ध नहीं कर पाए हैं कि गीता या *महाभारत* सचमुच उनकी समझ में आई भी हैं या नहीं। इसलिए मैं, टीलैंग[1] (Telang) की तरह, केवल इतना ही कहूँगा कि गीता को *महाभारत* के संदर्भ में बहुत सहज सुहाने ढंग से बैठाया गया है और *महाभारत* में वर्णित घटनाएँ गीता के आन्तरिक तात्पर्य को समझने में बहुत मदद कर सकती हैं।

पाश्चात्य पाठकों के लिए इन घटनाओं का संक्षेप में वर्णन किया जाता है।

देवपुत्र अर्जुन[2] अपने चार सगे भाइयों तथा चचेरे भाई कौरवों के साथ राजा धृतराष्ट्र के दरबार में पला। यद्यपि नेत्रहीन होने के कारण धृतराष्ट्र को सिंहासन पर बैठने का अधिकार न था, फिर भी उसने राज्य पर बलपूर्वक अधिपत्य जमा लिया था। इतने से ही संतुष्ट न होकर वृद्ध राजा ने कौरवों और पाण्डवों के साथ निष्पक्ष व्यवहार भी नहीं किया और हमेशा कौरवों की तरफ़दारी की। दोनों दलों के बीच मनमुटाव बढ़ता गया और दोनों के बीच राज्य का बँटवारा करने के एक संक्षिप्त प्रयत्न के बाद पाण्डवों को धोखे से जुए में हरा दिया गया और उन्हें बारह वर्ष का वनवास और तत्पश्चात तेरहवें वर्ष का अज्ञातवास स्वीकार करना पड़ा।

---

[1] *प्राची के पुण्य ग्रन्थ* (*Sacred Books of the East*) के टीलैंग कृत अंग्रेज़ी अनुवाद की प्रस्तावना देखिए।

[2] अर्जुन के ख्यात पिता पाण्डु श्रापवश पुत्र-सुख से वंचित थे। इसलिए उनकी पत्नियों, कुन्ती व माद्री, ने देवताओं से नियोग द्वारा पाँच पाण्डव पैदा किए। देवराज इन्द्र से कुन्ती ने अर्जुन को जन्म दिया।

इस अवधि के बाद हितैषी, परन्तु अशक्त, राजा धृतराष्ट्र अपने दम्भी पुत्र दुर्योधन को पाण्डवों का हिस्सा उन्हें वापस करने के लिए राज़ी न कर सका। धृतराष्ट्र के सारथी सञ्जय, परामर्शदाता भीष्म पितामह, व स्वयं भगवान कृष्णा ने शान्ति स्थापित करने के यत्न किए पर उत्तर टल न सका और उभय पक्षों के सैन्य दल कुरुक्षेत्र में आमने-सामने डट गए। यहाँ से गीता का प्रारम्भ होता है।

बिना इस प्रश्न में गए हुए कि महाभारत की सब घटनाओं का प्रतीकात्मक महत्त्व है या नहीं और पूरे महाकाव्य में बराबर एक युक्तियुक्त प्रतीकवाद देख पाना सम्भव है या नहीं, देखने वाले साफ़-साफ़ देख सकते हैं कि ऊपर जिन घटनाओं को अतिसंक्षेप में दिया गया है उनमें एक आन्तरिक महत्त्व छिपा हुआ है। यह पूछने की कोई आवश्यकता नहीं है कि महाभारत के रचयिता के मन में ऐसे प्रतीकवाद का स्पष्ट बोध था भी या नहीं। शायद थोड़ी-बहुत ही नहीं बल्कि अधिकांश महान कलाकृतियाँ ऐसे प्रतीकवाद से भरी होती हैं जिनका समावेश रचयिता अपने सचेतन मन की किसी निश्चित परियोजना के अनुसार नहीं करता। ऐसा प्रतीकवाद, जो मन की उन गहराइयों से आया होता है जहाँ सामान्य जाग्रत अवस्था की चेतना नहीं पहुँचती, कभी-कभी ज़्यादा खरा और गम्भीर होता है। उस में कलाकार का मस्तिष्क नहीं अपितु उसकी आत्मा का ज्ञान भरा होता है। यदि ऐसा न होता तो हमें, प्लेटो (Plato) के समान, कला मात्र को "छाया की छाया" मान कर अस्वीकार कर देना पड़ता।

नव-प्लैटोनिक (Neoplatonist) रहस्यवादी विचारक पॉरफ़िरी[3] (Porphyry) ने होमर (Homer) के काव्य में निहित प्रतीकवाद के ख़ज़ाने की ओर ध्यान दिलाया है। यह सच है कि अधिकांश आधुनिक विद्वान ऐसी व्याख्याओं को यह कह कर अस्वीकार कर देते हैं कि इनमें ऐसे प्रतीकात्मक अर्थों को मूलपाठ में ज़बर्दस्ती आरोपित किया जाता है जो कि लेखक के मन में नहीं थे। परन्तु यह मत बिल्कुल छिछला और महान कला के स्वरूप के बारे में अज्ञानता पर आधारित है। ऐसी कला सदैव प्रतीकात्मक होती है क्योंकि वह एक ऐसे क्षेत्र में

---

[3] यहाँ पॉरफ़िरी के लगाए सब अर्थों के ठीक होने का दावा नहीं किया जा रहा है।

जन्मती है जहाँ केवल प्रतीक की ही वाणी होती है । यदि होमर की *ऑडिसी* (*Odyssey*) के बारे में यह सब सच है तो महाभारत के बारे में तो और भी सच होगा क्योंकि इसमें एक सम्पूर्ण जाति की संस्कृति, महत्त्वाकांक्षाओं और परम्पराओं की अभिव्यक्ति है । प्रतीकवाद तो सौन्दर्य के समान होता है – या तो आप उसे देख पाते हैं या नहीं देख पाते । और अगर कोई उसे देख पाता है तो फिर यह तर्क करना कि वह प्रतीकवाद लेखक द्वारा सचेत रूप से अभिप्रेत था या नहीं उतना ही फ़िज़ूल है जितना यह पूछना कि वह सौन्दर्य सचेत रूप से अभिप्रेत था या नहीं । उसका अस्तित्त्व होता है, बस ।

गीता का जो संक्षिप्त विवेचन मैं प्रस्तुत करूँगा वह न तो शास्त्रों की प्रामाणिकता पर आधारित है और न ही उसकी वैधता इस बात पर निर्भर करती है कि *महाभारत* की प्रत्येक घटना को इस टीका की रूपरेखा में बैठाया जा सकता है या नहीं । ऐसा करना शायद सम्भव हो, या न भी हो, लेकिन प्रस्तुत कृति के उद्देश्य से यह बाहर है । इस पुस्तक की उपयोगिता तो केवल गीता के अर्थ को स्पष्ट करने की सफलता पर निर्भर है[4] ।

सबसे पहले तो ध्यान देने योग्य बात यह है कि पाण्डव बन्धुओं में ज्येष्ठ न होते हुए भी अर्जुन उन में प्रमुख है । स्वयंवर[5] में द्रौपदी को उसी ने जीता था । उसी को द्रौपदी वास्तव में प्रेम करती थी और वही सब बड़े पराक्रमों का नायक था । युधिष्ठिर धर्मराज और भीम महाबली भले ही रहे हों परन्तु पाण्डव अर्जुन के वीरोचित शौर्य पर ही निर्भर रहे । अर्जुन ही स्वयं महादेव से अलौकिक शस्त्रास्त्र लेने कैलाश गया था । फिर अर्जुन ही कृष्ण का विशेष सखा है और कृष्ण गीता के दसवें अध्याय में युधिष्ठिर को नहीं बल्कि अर्जुन को पाण्डवों में मुख्य कह कर संबोधित करते हैं[6] ।

---

[4] मैं यहाँ यह भी कह देना चाहता हूँ कि मैं इन विचारधाराओं की मौलिकता का कोई दावा नहीं करता । अपना समझने वाला इन्हें बड़ी ख़ुशी से अपना ले ।

[5] स्वयंवर एक प्रकार की प्रतियोगिता हुआ करती थी जिसमें क्षत्रिय जाति की कन्या अपना पति चुनती थी । इस घटना में राजकुमारी पाँच भाइयों की पत्नी बनी ।

[6] गीता 10, 37 ।

श्रीमद्भागवत में अर्जुन ही कृष्ण के साथ पुरुषोत्तम लोक जाता है और वहाँ उसे दूसरा कृष्ण[7] कहा जाता है। फिर, *महाभारत* के अनुसार, स्वर्ग पहुँचने पर युधिष्ठिर अर्जुन को ही कृष्ण के साथ "सब प्राणियों में सर्वोत्तम दो पुरुषों" के रूप में वहाँ पाता है। वास्तव में अभिन्न मित्र अर्जुन और कृष्ण को नर और नारायण, मानवीय आत्मा और दैवी आत्मा या ***जीव*** और ***आत्मन्***[8], का प्रतीक तो माना ही जाता है। यही दो उपनिषद्[9] में चर्चित "दो सुपर्ण" हैं जो चिर-मित्र हैं और एक ही शरीर रूपी वृक्ष पर बैठे हैं। इनमें से एक, जो ***जीव*** है फल खाता है और दूसरा, ***आत्मन्***, तटस्थ साक्षी मात्र रहता है। यह सच है कि नर और नारायण की व्याख्या ईश्वर के दो ऋषियों के रूप में अवतरित होने की कथा के रूप में भी की गई है। कहा जाता है कि ये दो ऋषि, नर और नारायण, आज भी हिमालय में तपस्या कर रहे हैं। परन्तु यह कथा भी तो प्रतीकात्मक ही है। ऋषि का अर्थ है द्रष्टा या देखने वाला और वह होता है *आत्मन्* : "***यत् चक्षुषा न पश्यति येन चक्षुँषि पश्यति*** – *वह जो आँख से नहीं दिखता परन्तु जो आँख के द्वारा देखता है*"। ऐसा *[केन] उपनिषद्* का कहना है और दो ऋषियों की यह कथा ***जीवात्मा*** और ***परमात्मा*** के रूप में एक देह में अवतीर्ण द्वि-मुखी आत्मा की प्रतीक है। यह उल्लेखनीय है कि जिस स्थान पर ये ऋषि तपस्या कर रहे हैं उसे बद्री कहते हैं। बद्री एक वृक्ष का नाम भी है जिसमें मीठे फल होते हैं और इस प्रकार यह प्रतीक हमारा ध्यान फिर उन उपनिषद् वाले पक्षियों की ओर आकर्षित करता है जो ऐसे पेड़ पर बैठे हैं जिस पर मीठे फल लगते हैं (***स्वादु पिप्पलम्***)।

अर्जुन और कृष्ण के महत्त्व को समझ लेने के बाद अब हमें अर्जुन के भाइयों और अन्य संबन्धियों के बारे में विचार करना चाहिए। जैसा कि हम आगे देखेंगे, गीता के सोलहवें अध्याय में श्रीकृष्ण सृष्टि की मनोवृत्तियों या गतिविधियों को दैवी अथवा उज्ज्वल, और आसुरिक अथवा तमोमय, नामक दो भागों में बाँटते हैं।

---

[7] *इत्यादिष्टौ भगवता तौ कृष्णौ परमेष्ठिना।*

[8] परिशिष्ट "ख" देखिए।

[9] *मुण्डकोपनिषद्* 3, 1, 1-3।

अर्जुन के भ्रातागण व शत्रु पक्ष के कौरव क्रमशः इन्हीं दो प्रवृत्तियों के प्रतीक हैं। इनका विस्तारपूर्वक वर्णन अपनी जगह[10] पर किया जाएगा। यहाँ इतना कह देना पर्याप्त है कि आसुरिक व दैवी मनोवृत्तियाँ, जिनको सामान्यतः "बदी" व "नेकी" कहा जाता है, वास्तव में "बाहर जाने वाले" और "भीतर आने वाले" रुझान, यानी ***प्रवृत्ति*** और ***निवृत्ति*** की शक्तियाँ, हैं जो क्रमशः या तो जीव को ***अधिभूत*** में और अधिक धँसाती जाती हैं या ***अधिदैव*** की ओर वापसी में उसका साथ देती हैं व उसकी सहायता करती हैं[11]। यह स्पष्ट है कि सामान्य धारणा के अनुसार इनका "बदी" व "नेकी" के साथ तादात्म्य करना इनके असली अभिप्राय का मोटा सा अनुमान लगाना ही है और गीता की विचारधारा से काफ़ी नीचे के स्तर की बात है। यह भी ध्यान देने योग्य बात है कि कौरव और पाण्डव चचेरे भाई हैं। ईसाई विचारधारा को इतना कुण्ठित कर देने वाला ऐसा चरम द्वैतवाद यहाँ नहीं है जिसमें ईश्वर और शैतान हमेशा के ऐसे दो विरोधी हैं जो कभी एक नहीं हो सकते। दैवी और आसुरिक, दोनों ही शक्तियों का, एक ही उद्गमस्थान है और दोनों उस ही में अन्त में विलय हो जाती हैं।

अर्जुन के अतिरिक्त – जिसके बारे में पहले कहा जा चुका है – अन्य पाण्डव भाइयों तथा अलग-अलग प्रत्येक कौरव के प्रतीकार्थ पर अधिक कुछ कहने की आवश्यकता नहीं है। जिन अन्य पात्रों के बारे में हम कुछ विचार करेंगे वे हैं नेत्रहीन राजा धृतराष्ट्र और उसका सारथी सञ्जय। केवल इन दोनों का ही कुछ महत्त्व है क्योंकि गीता में इनका प्रत्यक्ष रूप से विवरण आता है।

गीता का शिक्षण अर्जुन के सारथी कृष्ण के वचनों के रूप में है और स्वयं दूर रहते हुए भी सञ्जय इन वचनों को व्यास के वरदान स्वरूप सुन लेता है। व्यास शास्त्रों के प्रणेता हैं और प्रेरणाशक्ति के प्रतीक भी। सञ्जय कृष्णार्जुन-सम्वाद धृतराष्ट्र को दोहराता है। कौन हैं ये सब पात्र? इन दो सारथियों का क्या महत्त्व है?

---

[10] अध्याय 16।

[11] परिशिष्ट "ख" देखिए।

जैसा कि कहा जा चुका है कृष्ण हैं वह दैवी ***आत्मन्*** जो **जीवात्मा** को संजीवन ज्ञान प्रदान करता है । सारथी का प्रतीक उपनिषदों में तथा *प्लेटो के सम्वादों* (*Dialogues of Plato*) में भी आता है । उपनिषदों में *जीव* को रथ रूपी शरीर का सवार कहा गया है जबकि ***बुद्धि*** रूपी आध्यात्मिक शक्ति, जिसके बारे में आगे विचार किया जाएगा, सारथी है । लेकिन गीता में इस प्रतीक का प्रयोग कुछ भिन्न रूप से किया गया है । यह सच है कि अर्जुन रूपी ***जीवात्मा*** रथ पर आरूढ़ है, परन्तु सारथी कृष्ण के रूप में स्वयं ***परमात्मा*** हैं ।

इस विषय में गीता और उपनिषद् का भेद दिखावटी अधिक और वास्तविक कम है । सर्वप्रथम, सारथी के रूप में कृष्ण उस आविर्भूत ***आत्मन्*** के प्रतीक हैं जिसे ***महत् आत्मन्*** भी कहा गया है और ***बुद्धि*** जिसका ज्ञानात्मक पक्ष मात्र है[12] । वास्तव में यद्यपि *कठोपनिषद्* आदि पुराने ग्रन्थों में ये दोनों अलग अलग माने गए थे परन्तु बाद के लेखकों ने दोनों को मिला दिया । फिर जब यह भी ध्यान में रखा जाय कि कृष्ण के दीप्त पीले वस्त्रों को ***बुद्धि*** का प्रतीक माना गया है तो यह और भी साफ़ हो जाता है कि दोनों विचारधाराओं में भेद कितना कम है[13] ।

यहाँ यह भी कह देना ज़रूरी है कि इस प्रसंग में जिस वैयक्तिक आत्मा या जीव की चर्चा की गई है वह कोई अखण्ड इकाई नहीं है बल्कि केवल सर्वव्यापी ***आत्मन्*** की ज्योति है जो ***मनस्*** की उपाधि में प्रतिबिम्बित होती है[14] । इस जीव को ही गीता में देही, या देह में रहने वाला, कहा गया है । यह वह ***अहम्*** (Ego) है जो एक जन्म से दूसरे जन्म में जाता है और जिसे कभी ***जीवात्मा*** भी कहा जाता है । उपनिषदों में इसे ***अंगुष्ठमात्र पुरुष*** भी कहा गया है । यह किसी बौने

---

[12] परिशिष्ट "ङ" देखिए ।

[13] *मैत्रि (मैत्रायणि) उपनिषद्* (2) में, जो *कठोपनिषद्* से बाद की रचना है परन्तु जिसमें कई महत्त्वपूर्ण शिक्षाएँ हैं, *पुरुष* यानी *आत्मन्* को शरीर का सारथी कहा गया है ।

[14] *श्वेताश्वतर उपनिषद्* देखिए (5, 8) । एकमात्र चैतन्य की ज्योति शुद्ध मनस् के स्तर पर देदीप्यमान होकर बिखरती है और जीवात्मा के बाहुल्य का सृजन करती है – यह विचार गीता में आगे चल कर और स्पष्ट हो जाएगा ।

जीवात्मा के बारे में आदिम अंधविश्वास नहीं है बल्कि ***आत्मन्*** का ऐसा प्रतीक है जो यथोचित आकार में आविर्भूत होकर मन के निवासस्थल हृदय में विराज सके। इसमें कोई संदेह नहीं कि आजकल मस्तिष्क को ही मन का निवास माना जाने लगा है, परन्तु पुराने लोगों के लिए यह स्थान हृदय था। फिर चाहे मस्तिष्क का जाग्रत अवस्था की चेतना के साथ कितना ही घनिष्ठ सम्बन्ध क्यों न हो, यह एकदम पक्की बात है कि जब जीव अपनी उपस्थिति को प्रकट करता है तो उसका अनुभव हृदय (या कम से कम वक्षःस्थल) में होता है।

जीव और *मनस्* को इस प्रकार एकरूपेण देखना उन लोगों को विचित्र लग सकता है जिन्होंने भारतीय विचारधारा का अध्ययन उत्तरकालीन और विकसित दर्शन-पद्धति के आधार पर किया हो। ऋग्वेद में जीव को ***मनस्*** कहा गया है और ***आत्मन्*** शब्द का प्रयोग एक अवैयक्तिक श्वास के अर्थ में किया गया है जो वास्तव में ***आत्मन्*** शब्द का मूल अर्थ है। एक नियम है, जिसे आध्यात्मिक पदों के ह्रास का नियम कहा जा सकता है, जिसके अनुसार जो पद आरम्भ में ऋषियों द्वारा असामान्य स्तर के अनुभवों को व्यक्त करने के लिए इस्तेमाल किए जाते हैं वही बाद में निरे पाण्डित्यपूर्ण विद्वानों के हाथ पड़ने पर सामान्य मानसिक स्तर के तथ्यों के लिए इस्तेमाल होने लगते हैं। इस नियम को अधिकांश रहस्यवादी साहित्य पर लागू होते देखा जा सकता है और फलस्वरूप समय समय पर उच्चस्तरीय तत्त्वों को व्यक्त करने के लिए नए शब्दों का आविष्कार करना पड़ता है[15]। ऐसी प्रक्रिया के फलस्वरूप ही ***मनस्*** शब्द जीव का द्योतक न रह कर केवल तार्किक विचार क्षमता का पर्यायवाची बन गया।

रहा धृतराष्ट्र, सो वह तो अनुभवाश्रित **अहम्**, तथा निचले व अनित्य व्यक्तित्त्व का प्रतीक है। अपने स्वार्थ व मूर्खतापूर्ण मोह से अन्धा हुआ राजा नाममात्र के

---

[15] इसके उदाहरण हैं *योगवसिष्ठ* की *तुरीयातीत* अवस्था और काश्मीर शैव मत के समस्त *शुद्ध तत्त्व*। यदि यह कहा जाय कि *मनस्* से युक्त होना आध्यात्मिक प्रगति के लिए आवश्यक ही नहीं बल्कि सब से महत्त्वपूर्ण चरण है तो बहुत से लोग कहेंगे : "*मनस्* से युक्त होना? वाह, जब भी मैं कोई विचार करता हूँ, या इन्द्रियों द्वारा विचार ग्रहण करता हूँ, तब ऐसा होता ही है"।

लिए ही उस शरीर रूपी राज्य का अधिपति है जिसे उसने अन्याय द्वारा प्राप्त किया है। धृतराष्ट्र का शब्दार्थ ही है "राष्ट्र को हड़प लेने वाला"। यद्यपि वह अपने को राजा कहलवाता है तथापि उसका शासन नाममात्र का ही है। असली बागडोर तो उसके आसुरिक पुत्रों के हाथ में है ठीक वैसे ही जैसे मनुष्य का व्यक्तित्त्व इतने गर्व से अपने को "मैं" कहकर सम्बोधित करता है परन्तु वास्तव में उसके अपना कहे जाने वाले शरीर पर असली शासन तो उसकी उन वासनाओं का होता है जिन्हें वह एक छोटा मोटा आदेश भी सफलतापूर्वक नहीं दे पाता।

अन्धे राजा का सारथी व परामर्शदाता सञ्जय ***शुद्ध मनस्*** और ***अशुद्ध मनस्*** के बीच की कड़ी है। हिन्दू दर्शनशास्त्र में मन को उभयात्मक माना गया है। "*मनस्* द्विविध कहलाता है, शुद्ध और अशुद्ध – कामना से युक्त होने पर अशुद्ध और कामना से पूर्णतः मुक्त होने पर शुद्ध"[16]। **अशुद्ध *मनस्*** ही धृतराष्ट्र है, अनुभवाश्रित अहम् जिस पर कामना हावी है। ***शुद्ध मनस्*** अर्थात ***जीवात्मा*** अर्जुन है। सञ्जय इन दो के बीच की कड़ी है।

इन दो मनों, या यूँ कहिए मन के दो पहलुओं, के सम्बन्ध का साफ़ साफ़ वर्णन कर पाना सरल नहीं है। **उच्चस्तरीय मनस्** विशिष्ट होते हुए भी शुद्ध व निर्लिप्त होता है और स्वयं अपनी निर्मल ज्योति से देखता है जबकि अशुद्ध, **निम्नस्तरीय मनस्** कामनायुक्त होने के कारण मलिन हो जाता है। इस बात को न समझ सकने के कारण ही आधुनिक विचारधारा मन को अचेतित (unconscious) की शान्त या उद्विग्न तरंगों का दास बताती है। हाँ, अधिकांश लोग जिसे अपना मन समझते हैं वह ***अशुद्ध मनस्*** होता है और उसके बारे में यह व्याख्या नितान्त सत्य है। परन्तु ***शुद्ध मनस्*** तो स्वयं अपने ही स्वरूप में स्थित होता है और कामना के बवंडर में वह चट्टान की तरह एक दृढ़ शरणस्थल जैसा होता है। इस ***शुद्ध मनस्*** के बारे में ही प्लॉटाइनस ने लिखा है कि "अभी तक हमारे ***जीवात्मा*** की पूरी तरह अधोगति नहीं हुई है। उसका कुछ न कुछ अंश सदैव बुद्धिलोक में रहता है। फिर भी इन्द्रियों द्वारा त्रस्त ***अशुद्ध मनस्*** हमें उस तत्त्व के

---

[16] *मैत्रि (मैत्रायणि) उपनिषद्* (6, 34)।

प्रति अन्धा किए रहता है जिस पर ***जीवात्मा*** के उच्चतर पक्ष की धारणा रहती है। (*मनस्* का यह) उच्चतर पक्ष क्षणिक सुखों में कोई रुचि नहीं रखता और सदैव अपनी शान्त सन्तुलित स्थिति में बना रहता है"[17]। सञ्जय इन दो की कड़ी के रूप में हमारे सामने आता है। प्लॉटाइनस का कहना है कि निम्नस्तरीय मन तब ही अपने बन्धनों से छूट कर मुक्त उड़ान भर सकता है जब वह ***सत्*** के दर्शन के लिए अपनी स्मृतियों का सहारा ले। इस कड़ी को किसी भौतिक रूप में नहीं देखना चाहिए। यह तो उन दो के बीच की वह मानसिक कड़ी है जो यथार्थ में दो नहीं एक ही हैं। जब निम्नस्तरीय उच्चस्तरीय का मनन करता है तो उस उच्चस्तरीय का ज्ञान निम्नस्तरीय पर दीप्त हो उठता है, और जिनको प्लॉटाइनस ने प्लेटो की भाँति "स्मृतियाँ" कहा है उनके रूप में प्रकट होता है। कदाचित इसको महात्म्य – सत्य, सौन्दर्य या साधुता – की अनुभूति कहना बेहतर होगा। यही उसका आधार है जिसे आमतौर पर अन्तरात्मा (अंग्रेज़ी में Conscience) कहा जाता है, यद्यपि इसे उन सामाजिक, पारिवारिक और जातीय पूर्वाग्रहों से भिन्न समझना ज़रूरी है जिन्हें यही सम्मानित संज्ञा दे दी जाती है। कुछ विचारधाराओं में उसे "अन्तःकरण" अर्थात अन्तर्मुखी होना भी कहा गया है, हालाँकि आमतौर से हिन्दू दर्शन में यह शब्द समस्त ज्ञानेन्द्रियों के एकत्रित रूप के अर्थ में प्रयोग किया जाता है। यह वह पुल है जो आन्तरिक दुर्ग के चारों ओर की खाई के ऊपर इच्छानुसार रखा जा सकता है और हटाया जा सकता है। यह वह सिंहद्वार है जिससे अमरत्व की ओर जाया जाता है, वह दूत है जिसके माध्यम से ऊपर की आवाज़ नीचे सुनी जाती है।

सञ्जय धृतराष्ट्र का सेवक होते हुए भी कृष्ण में श्रद्धा रख पाता है और सदैव अपने स्वामी को अपना निर्बल अहंकार छोड़कर कृष्ण की शरण में जाने की मंत्रणा देता है। इसीलिए व्यासप्रदत्त प्रेरणा की सहायता से वह कृष्णार्जुन सम्वाद सुन सकता है और जीव के आन्तरिक ज्ञान तथा क्षुद्र व्यक्तित्त्व के अँधेरे अज्ञान के बीच की कड़ी बन जाता है।

---

[17] प्लॉटाइनस् कृत *एनीएड्स* (*Enneads*)–4, 8, 7।

यहाँ यह भी कह दिया जाय कि गीता के इन चार मुख्य पात्रों व हिन्दू दर्शनशास्त्र में बताई गई चेतना की चार अवस्थाओं – जाग्रत, स्वप्न, सुषुप्ति और तुरीय – में अनुरूपता है। अंग्रेज़ी में इन अवस्थाओं का अनुवाद waking, dreaming, deep sleep और ecstatic state किया जाता है, लेकिन यह उदाहरणात्मक ही है, वास्तविक नहीं। इस अनुरूपता के बारे में और अधिक नहीं कहा जाएगा क्योंकि इसके लिए प्रतीकों के दूसरे ही अर्थ लगाने पड़ेंगे और इससे बात उलझेगी ही।

अब हम घटनाओं की उस रूपरेखा पर वापस आ सकते हैं जहाँ से गीता प्रवचन आरम्भ होता है। अपने दैवी स्रोत को छोड़ कर ***जीवात्मा*** व्यक्तित्त्व की आसक्ति में फँस कर परस्पर विरोधी शक्तियों से भरे इस संसार में रहने लगता है। शुरू में संघर्ष प्रच्छन्न रूप से चलता है क्योंकि दैवी व आसुरिक शक्तियों का भेद अभी पूरी तरह व्यक्त नहीं हुआ है, पर धीरे-धीरे वह बढ़ता चला जाता है। इन दो शक्तियों के प्रभाव क्षेत्र को अलग-अलग बाँट देने की चेष्टाएँ विफल हो जाती हैं, और यह ठीक भी है, क्योंकि जहाँ केवल सर्वव्यापी एकत्व हो वहाँ बँटवारा कैसा? और इसलिए क्रिया व प्रतिक्रिया का होना अनिवार्य है। बहरहाल, जीव व उसके साथी नीचे की ओर खींचने वाली आसुरिक शक्तियों की माया द्वारा छले जाते हैं और उन्हें दीर्घकाल के लिए वीरानों में मारा-मारा फिरना पड़ता है। इस अवधि में, जो वास्तव में कई दीर्घ युगों तक चलने वाली होती है, जीव एक योनि से दूसरी में भटकता है, कर्म करता है और उनका फल भोगता है। अपना वैभव डुबो देने के बावजूद वह धीरे-धीरे अपने विविध अनुभवों द्वारा ज्ञानार्जन करता है। यद्यपि इस प्रकार जीव असंख्य दुःख व भय झेलता है फिर भी अपने स्वामी **परमात्मन्** की कृपा से वह पूर्ण विनाश से बच जाता है। इस दौरान अनुभव, ज्ञान और शक्ति का संचय होता रहता है क्योंकि इसी काल में अर्जुन अपने वे विचित्रास्त्र प्राप्त करता है जो बाद में उसके इतने काम आते हैं। इस बीच संसार में आसुरिक शक्तियों का अँधाधुंध शासन रहता है और आख़िरकार तेरहवाँ वर्ष, जो अज्ञातवास का वर्ष है, आता है जिसमें जीव व उसके भाइयों को अपने अस्तित्त्व तक को छिपाकर रहना पड़ता है।

यह उषाकाल से पहले रात्रि का अन्धतम प्रहर है। जीव को भृत्यवृत्ति करनी पड़ रही है और ऐसा लगता है जैसे उसे सब कोई बिल्कुल ही भूल गए हों। भौतिकवाद की शक्तियाँ विजयासन्न प्रतीत होती हैं और इतना ही नहीं कि जीव के अस्तित्त्व पर संदेह प्रकट किया जा रहा हो, बल्कि उसे तो पूरी तरह अस्वीकार तक किया जाने लगा है।

परन्तु जीव को इस तरह सदा के लिए अन्धकार में नहीं धकेला जा सकता। नियत अवधि का अन्त आ गया है और ***जीवात्मा*** अपनी दिव्य शक्तियों के साथ गुमनामी से बाहर निकलता है। यह बड़े महत्त्व की बात है कि सबसे पहली घटना धर्म की रक्षा के लिए राजा विराट के पक्ष में लड़ी गई लड़ाई है। यद्यपि जीव यह लड़ाई भी छद्मवेश में ही लड़ता है परन्तु उसका शौर्य प्रकट हो ही जाता है और आसुरिक शक्तियाँ भाग खड़ी होती हैं। एक पक्ष की ओर से ***जीवात्मा*** का हस्तक्षेप इतना निर्णायक होता है कि कोई अन्य शक्ति उसके सामने टिक नहीं पाती। उदीयमान तारे को सब पहचान लेते हैं और सबको यह आभास हो जाता है कि एक भीषण संघर्ष होने ही वाला है।

परन्तु जीव केवल अपने लिए कोई निरंकुश अधिकार नहीं चाहता। वह तो अपने भाइयों के लिए, जिनसे उनकी प्रभुता छीन ली गई थी, उन दैवी सर्ग के लिए ही, हथियार उठा रहा है। इन भाइयों के लिए भी वह अनन्य प्रभुत्व नहीं मांगता। वह जानता है कि दैवी शक्तियों की तरह आसुरिक शक्तियाँ भी विश्वलीला का अंग हैं और इसलिए वह राज्य का न्यायोचित बँटवारा करने को तैयार है।

वयोवृद्ध योद्धा व परामर्शदाता भीष्म तथा द्रोण, जो अन्धविश्वास और स्थापित सुव्यवस्था व प्राचीन परम्परा के प्रतीक हैं, होने वाले युद्ध की भयावहता को पहचानते हैं। अन्तरात्मा के प्रतीक सञ्जय की भांति वे भी समझौता कराने का प्रयत्न करते हैं। स्वयं श्रीकृष्ण अनुनयपूर्ण शब्दों में शान्तिमय सामञ्जस्य के लाभ बताते हैं, पर इस सबका कुछ असर नहीं होता। दुर्योधन कुछ भी सुनने को तैयार नहीं होता और बूढ़ा राजा अपने उद्दण्ड पुत्रों को काबू कर पाने में अपनी असमर्थता घोषित कर देता है। अतः युद्ध अवश्यम्भावी हो जाता है। दैवी व आसुरिक शक्तियों का संघर्ष टल नहीं सकता और दोनों पक्षों की सेनाएँ एक

दूसरे के सामने कुरुक्षेत्र के मैदान में डट जाती हैं। ऐसे महान निर्णायक क्षण में गीता का प्रारम्भ होता है। विरोधी पक्ष युद्ध के लिए व्यूहबद्ध खड़े हैं और जिस संघर्ष की बहुत दिनों से प्रत्याशा थी वह अब हुआ ही चाहता है।

धृतराष्ट्र ने कहा : "हे सञ्जय, धर्मक्षेत्र कुरुक्षेत्र में इकट्ठा हुए मेरे व पाण्डु के युद्धातुर पुत्रों ने क्या किया?"

अध्याय 1

अर्जुन विषाद योग

धृतराष्ट्रः उवाच

(1) *धर्मक्षेत्रे कुरुक्षेत्रे समवेताः युयुत्सवः ।*
मामकाः पाण्डवाः च एव किम् अकुर्वत सञ्जय ॥

धृतराष्ट्र ने कहा : हे सञ्जय, धर्मक्षेत्र कुरुक्षेत्र में इकट्ठा हुए मेरे व पाण्डु के युद्धातुर पुत्रों ने क्या किया?

सञ्जयः उवाच

(2) *दृष्ट्वा तु पाण्डवानीकम् व्यूढम् दुर्योधनः तदा ।*
आचार्यम् उपसंगम्य राजा वचनम् अब्रवीत् ॥

सञ्जय ने कहा : उस समय राजा दुर्योधन ने व्यूहरचनायुक्त पाण्डवों की सेना को देखा और आचार्य (द्रोण) के पास जाकर यह वचन कहा :

(3) *पश्य एताम् पाण्डुपुत्राणाम् आचार्य महतीम् चमूम् ।*
व्यूढाम् द्रुपदपुत्रेण तव शिष्येण धीमता ॥

हे आचार्य, आपके बुद्धिमान शिष्य द्रुपदपुत्र (धृष्टद्युम्न) द्वारा व्यूह बना कर खड़ी की हुई पाण्डुपुत्रों की इस महान सेना को देखिए।

(4) *अत्र शूराः महेश्वासाः भीमार्जुनसमाः युधि ।*
युयुधानः विराटः च द्रुपदः च महारथः ॥

इस में बड़े बड़े धनुषों वाले, युद्ध में भीम और अर्जुन के समान, बहुत से शूरवीर हैं, सात्यकि और विराट तथा महारथी द्रुपद

(5) *धृष्टकेतुः चेकितानः काशिराजः च वीर्यवान् ।*
पुरुजित् कुन्तिभोजः च शैब्यः च नरपुङ्गवः ॥

और धृष्टकेतु, चेकितान तथा बलवान काशिराज, मनुष्यों में श्रेष्ठ पुरुजित्, कुन्तिभोज और शैब्य,

(6) *युधामन्युः च विक्रान्तः उत्तमौजाः च वीर्यवान् ।*
सौभद्रः द्रौपदेयाः च सर्वे एव महारथाः ॥

और पराक्रमी युधामन्यु तथा बलवान उत्तमौजा, सुभद्रापुत्र (अभिमन्यु) और द्रौपदी के पाँचों पुत्र जो सब ही महारथी हैं।

(7) *अस्माकम् तु विशिष्टाः ये तान् निबोध द्विजोत्तम ।*
नायकाः मम सैन्यस्य संज्ञार्थम् तान् ब्रवीमि ते ॥

हे ब्राह्मणश्रेष्ठ, हमारे पक्ष में भी जो प्रधान हैं उनको जान लीजिए, अपनी सेना के जो सेनानायक हैं उनको आपकी सूचना के लिए बताता हूँ।

(8) *भवान् भीष्मः च कर्णः च कृपः च समितिञ्जयः ।*
अश्वत्थामा विकर्णः च सौमदत्तिः तथा एव च ॥

एक तो स्वयं आप और (पितामह) भीष्म तथा कर्ण और संग्रामविजयी (आचार्य) कृप, तथा वैसे ही अश्वत्थामा, विकर्ण और सोमदत्त का पुत्र (भूरिश्रवा)।

(9) *अन्ये च बहवः शूराः मदर्थे त्यक्तजीविताः।*
नानाशस्त्रप्रहरणाः सर्वे युद्धविशारदाः ॥

अन्य भी बहुत से शूरवीर, अनेक प्रकार के शस्त्रास्त्रों से लैस, सबके सब युद्धविद्या में चतुर, मेरे लिए जीवन न्यौछावर करने को तैयार हैं,

(10) *अपर्याप्तम् तत् अस्माकम् बलम् भीष्माभिरक्षितम् ।*
पर्याप्तम् तु इदम् एतेषाम् बलम् भीमाभिरक्षितम् ॥

और भीष्म द्वारा रक्षित हमारी वह सेना सब प्रकार से अजेय है जबकि भीम द्वारा रक्षित इन लोगों की यह सेना जीतने में सुगम है।

(11) *अयनेषु च सर्वेषु यथाभागम् अवस्थिताः ।*
भीष्मम् एव अभिरक्षन्तु भवन्तः सर्वे एव हि ॥

इसलिए, सब मोर्चों पर अपनी अपनी जगह डटे रह कर आप सबके सब लोग निःसंदेह भीष्म (पितामह) की ही सब ओर से रक्षा करें।

(12) *तस्य सञ्जनयन् हर्षम् कुरुवृद्धः पितामहः ।*

सिंहनादम् विनद्य उच्चैः शंखम् दध्मौ प्रतापवान् ॥

कौरवों में वृद्ध, बड़े प्रतापी पितामह (भीष्म) ने उस (दुर्योधन) के (हृदय में) उत्साह को बढ़ाने के लिए ऊँचे स्वर से सिंह के समान गर्जना कर शंख बजाया ।

(13) *ततः शङ्खाः च भेर्यः च पणवानकगोमुखाः ।*

सहसा एव अभ्यहन्यन्त सः शब्दः तुमुलः अभवत् ॥

तब शंख और नगाड़े तथा ढोल, मृदंग और नृसिंहादि बाजे एक साथ ही बज उठे और उनका वह नाद अत्यन्त भयंकर हुआ ।

(14) *ततः श्वेतैः हयैः युक्ते महति स्पन्दने स्थितौ ।*

माधवः पाण्डवः च एव दिव्यौ शंखौ प्रदध्मतुः ॥

तदोपरान्त, सफ़ेद घोड़ों से युक्त उत्तम रथ में बैठे हुए माधव (श्रीकृष्ण) और पाण्डव (अर्जुन) ने भी दिव्य शंख बजाए ।

(15) *पाञ्चजन्यम् हृषीकेशः देवदत्तम् धनञ्जयः ।*

पौण्ड्रम् दध्मौ महाशङ्खम् भीमकर्मा वृकोदरः ॥

हृषीकेश (श्रीकृष्ण) ने पाञ्चजन्य, धनञ्जय (अर्जुन) ने देवदत्त और भयानक कर्म करनेवाले वृकोदर (भीम) ने पौण्ड्र नामक महाशंख बजाया ।

(16) *अनन्तविजयम् राजा कुन्तीपुत्रः युधिष्ठिरः ।*

नकुलः सहदेवः च सुघोषमणिपुष्पकौ ॥

कुन्तिपुत्र राजा युधिष्ठिर ने अनन्तविजय और नकुल तथा सहदेव ने सुघोष व मणिपुष्पक नाम वाले शंख बजाए ।

(17) *काश्यः च परमेष्वासः शिखण्डी च महारथः ।*

धृष्टद्युम्नः विराटः च सात्यकिः च अपराजितः ॥

श्रेष्ठ धनुषवाले काशीराज, महारथी शिखण्डी और धृष्टद्युम्न तथा राजा विराट और अजेय सात्यिक ।

(18) *द्रुपदः द्रौपदेयाः च सर्वशः पृथवीपते ।*
सौभद्रः च महाबाहुः शङ्खान् दध्मुः पृथक् पृथक् ॥

राजा द्रुपद और द्रौपदी के (पाँचों) पुत्र, सुभद्रा के बड़ी भुजा वाले पुत्र (अभिमन्यु), इन सब ने, हे राजन्, अलग अलग शंख बजाए।

(19) *सः घोषः धार्तराष्ट्राणाम् हृदयानि व्यदायरत् ।*
नभः च पृथिवीम् च एव तुमुलः व्युनुनादयन् ॥

और आकाश व पृथ्वी को कँपा देने वाले उस भयानक नाद ने धृतराष्ट्र के पुत्रों के हृदय विदीर्ण कर दिए।

(20) *अथ व्यवस्थितान् दृष्ट्वा धार्तराष्ट्रान् कपिध्वजः ।*
प्रवृत्ते शस्त्रसंपाते धनुः उद्यम्य पाण्डवः ॥

इसके पश्चात कपिध्वज पाण्डव (अर्जुन) ने मैदान में खड़े हुए धृतराष्ट्रपुत्रों को देखा; और बस शस्त्र चलने ही वाले थे कि धनुष उठा कर।

(21) *हृषीकेशम् तदा वाक्यम् इदम् आह महीपते ।*
अर्जुनः उवाच
सेनयोः उभयोः मध्ये रथम् स्थापय मे अच्युत ॥

हे महीपति, श्रीकृष्ण से कहा : हे अच्युत मेरे रथ को दोनो सेनाओं बीच में खड़ा कीजिए,

(22) *यावत् एतान् निरीक्षे अहम् योद्धुकामान् अवस्थितान् ।*
कैः मया सह योद्धव्यम् अस्मिन् रणसमुद्यमे ॥

ताकि मैं इन सामने खड़े युद्ध की कामना वालों को अच्छी प्रकार देख लूँ कि इस युद्धरूपी व्यापार में मुझे किन-किन से लड़ना है।

(23) *योत्स्यमानान् अवेक्षे अहम् ये एते अत्र समागताः ।*
धार्तराष्ट्रस्य दुर्बुद्धेः युद्धे प्रियचिकीर्षवः ॥

युद्ध में दुर्बुद्धि दुर्योधन का कल्याण चाहने वाले जो योद्धा इस सेना में आए हैं मैं उनको देखना चाहता हूँ।

सञ्जयः उवाच

(24) *एवम् उक्तः हृषीकेशः गुडाकेशेन भारत ।*

सेनयोः उभयोः मध्ये स्थापयित्वा रथोत्तमम् ॥

सञ्जय ने कहा : हे भरतवंशी (धृतराष्ट्र), गुडाकेश (अर्जुन) के ऐसा कहने पर हृषीकेश (श्रीकृष्ण) दोनों सेनाओं के बीच में उत्तम रथ को ले गए –

(25) *भीष्मद्रोणप्रमुखतः सर्वेषाम् च महीक्षिताम् ।*

उवाच पार्थ पश्य एतान् समवेतान् कुरून् इति ॥

भीष्म और द्रोण के सामने तथा इस धरती के सब राजाओं के सामने – और फिर बोले : हे पार्थ (अर्जुन) इन इकट्ठा हुए कौरवों को देखो ।

(26) *तत्र अपश्यत् स्थितान् पार्थः पितॄन् अथ पितामहान् ।*

आचार्यान् मातुलान् भ्रातॄन् पुत्रान् पौत्रान् सखीन् तथा ॥

तब पृथापुत्र (अर्जुन) ने उन दोनों सेनाओं में अपने चाचा, ताऊ, दादा, गुरु, मामा, भाई, भतीजे, पोते, साथी,

(27) *श्वसुरान् सुहृदः च एव सेनयोः उभयोः अपि ।*

तान् समीक्ष्य सः कौन्तेयः सर्वान् बन्धून् अवस्थितान् ॥

ससुर और मित्र भी खड़े देखे । इन सब बन्धुओं को खड़ा देख कर परम करुणा में डूब, कुन्तीपुत्र (अर्जुन)

(28) *कृपया परया आविष्टः विषीदन् इदम् अब्रवीत् ।*

अर्जुनः उवाच

दृष्ट्वा इमम् स्वजनम् कृष्ण युयुत्सुम् समुपस्थितम् ॥

दुःखी होकर यह बोला : हे कृष्ण, इस युद्ध की इच्छा से खड़े स्वजनों को देख कर,

(29) *सीदन्ति मम गात्राणि मुखम् च परिशुष्यति ।*

वेपथुः च शरीरे मे रोमहर्षः च जायते ॥

मेरे अंग शिथिल हुए जाते हैं, मुँह सूखा जाता है, शरीर काँप रहा है, रोंगटे खड़े हो रहे हैं,

(30) *गाण्डीवम् स्रंसते हस्तात् त्वक् च एव परिदह्यते ।*
न च शक्नोमि अवस्थातुम् भ्रमति इव च मे मनः ॥

हाथ से गाण्डीव (धनुष) खिसक रहा है, त्वचा जल रही है । मेरा मन भ्रमित सा हो रहा है इसलिए मैं खड़ा रहने में भी असमर्थ हूँ ।

(31) *निमित्तानि च पश्यामि विपरीतानि केशव ।*
न च श्रेयः अनुपश्यामि हत्वा स्वजनम् आहवे ॥

हे केशव, मैं लक्षणों को भी विपरीत ही देख रहा हूँ, और न ही अपने बन्धुओं को युद्ध में मारने में कोई लाभ देख रहा हूँ ।

बहुत से पाठक गीता के पहले अध्याय को केवल परिचयात्मक और अधिक महत्व का न समझ कर उतावली में पढ़ बैठते हैं । किन्तु ऐसा करना भूल है । इसमें कोई संदेह नहीं कि यह एक परिचयात्मक अध्याय है, परन्तु परिचय किस विषय का? महाभारत काव्य में वर्णित किसी ऐतिहासिक स्थिति या दार्शनिक शिक्षा का ही परिचय न होकर यह अध्याय स्वयं योग का भी परिचय है और अगर इसे ठीक से समझा जाय तो हमारे लिए बहुत महत्त्वपूर्ण हो सकता है[1] । अन्य सब अध्यायों के समान इसे भी एक योग कहा गया है और "अर्जुन विषाद योग" का नाम दिया गया है ।

श्लोक (24-28) जैसा कि हम पहले कह आए हैं, गीता उस समय आरम्भ होती है जब नींद से उठने वाले किसी व्यक्ति के समान विस्मृति के अंधेरे में दबा जीव भी अपनी नींद से बाहर निकलने लगता है । अर्जुन रूपी जीव अपने को कुरुक्षेत्र के मैदान में ऐसी स्थिति में पाता है जिसमें भयंकर संघर्ष अवश्यंभावी है और जिसमें उसके अपने मित्रगण, सगे-सम्बन्धी व पुराने गुरुजन उससे लड़ने के लिए कटिबद्ध हैं । इस

[1] यहाँ यह कहने का कोई इरादा नहीं है कि इस अध्याय में जिन राजाओं व योद्धाओं का नाम लिया गया है उनमें से प्रत्येक का कोई प्रतीकात्मक महत्त्व है । इनके ऐसे अर्थ लगाने के प्रयास किए गए हैं, लेकिन मैंने जो भी देखे हैं उनमें नकलीपन झलकता है ।

मैदान में, जिसको बड़े सार्थक रूप से "धर्मक्षेत्र" कहा गया है, ***प्रवृत्ति*** और ***निवृत्ति*** की विरोधी सेनाएँ आमने-सामने खड़ी हैं और यहाँ दैवी कृष्ण के निर्देशन में जीव दोनों सेनाओं के बीच में पहुँच कर पूरी स्थिति का विहंगावलोकन करता है।

जब तक जीव आन्तरिक लोकों में ही छिपा रहता है तब तक संघर्ष खुल्लमखुल्ला नहीं होता और, जैसा कि भूमिका में वर्णन किया जा चुका है, व्यक्ति एक अनुभव से दूसरे में, बिल्कुल अव्यवस्थित ढँग से, धक्के खाता रहता है। परन्तु ऐसी स्थिति हमेशा तो बनी नहीं रह सकती और जाग्रति की उन्मत्तता की प्रतीक, राजा विराट के लिए युद्ध में प्राप्त विजय की स्मृति क्षीण होने पर जीव अपने को निस्सन्देह घोर विषाद की स्थिति में पाता है।

युद्ध के आह्वान में शंखनाद करना और प्रवृत्ति की आसुरिक शक्तियों से लड़ने की प्रत्याशा से रोमाञ्चित हो जाना तो सरल था, परन्तु विरोधी मानसिक रुझानों के बीच असमञ्जस में निश्चेष्ट पड़े जीव को एक झटके में जब अन्तर्दृष्टि आती है तब अर्जुन की समझ में आता है कि इस संघर्ष में दाँव पर क्या लगा है। सगे-सम्बन्धी बाल्यकाल के मित्रगण और पूज्य गुरुजन भी उसके शत्रुओं के साथ साँठगाँठ लगाए हैं और ऐसा लगता है जैसे स्वयं उसका रक्त ही उसके विरुद्ध हो गया है। अपनी घोर स्मृति निद्रा की दीर्घ अवधि में जीव ने न जाने कितने प्रकार के सम्बन्ध स्थापित कर लिए हैं, कितने ही आदर्शों और परम्पराओं के निर्देशन को स्वीकार कर लिया है, और अब जाकर यह समझ में आ रहा है कि इन सम्बन्धों को नष्ट करना होगा और उन आदर्शों को, जिन्हें कितनी ही बार उसने जीवन का परम लक्ष्य ही समझ लिया था, युद्ध की बलिवेदी पर कठोरता से चढ़ाना होगा क्योंकि वे ***प्रवृत्ति*** की बहिर्मुखी शक्तियों से मिले हुए हैं और जीव की भवितव्य विजय के विरोधी हैं।

श्लोक (14)

अब तक जाति और कुटुम्ब के संकीर्ण दायरे में रहने से ही व्यक्ति संतुष्ट रहा है। नातों-रिश्तों के बन्धनों में बंधे हुए, उसने समझा है कि बस इतना ही काफ़ी है कि वह समाज व राष्ट्र के प्रति अपना कर्तव्य निभाता रहे और जिन धार्मिक व नैतिक मान्यताओं के बीच उसने जन्म लिया है उनका – यानि अपने गुरुओं के

आदर्शों का – अनुसरण करने का प्रयास करता रहे । परन्तु समाज व जाति तो अनित्य होते हैं जब कि जीव नित्य है और वह अन्त में अपने आपके अलावा और किसी पर आश्रित नहीं रह सकता । "अच्छा या बुरा, लेकिन है तो अपना देश" यह सरल-सा सिद्धान्त विरोधी वफ़ादारियों के संघर्ष में नष्ट-भ्रष्ट हो जाता है । जिन आदर्शों ने पहले उसे ऊपर उठाया था वे अब और आगे मार्गनिर्देशन करने में असमर्थ हैं क्योंकि अब पता लग गया है कि वे केवल मानसिक परिकल्पनाएँ हैं और जीव की आवश्यकताओं के लिए अपर्याप्त हैं ।

और यह संघर्ष केवल बाह्य सम्बन्धों, सुस्थापित प्रथाओं व सुपरिचित आचार-विचार विषयक मान्यताओं के साथ ही नहीं है । आन्तरिक लोक में भी उसके सामने ऐसी ही स्थिति है । अपने विरुद्ध वह अपनी कामनाओं की सेना खड़ी देखता है । केवल ऐसी कामनाएँ ही शत्रु नहीं हैं जिन्हें परम्परानुसार "बुरी" माना जाता है बल्कि अन्य बहुत सी कामनाएँ भी हैं, जैसे निर्दोष भोगविलास की कामना, समाज में इष्ट मित्रों से घिरे नाम कमाने की कामना तथा सुविधापूर्ण व निश्चित जीवन-यापन की कामना । ऐसी अनेक कामनाएँ जीव के विरुद्ध खड़ी हो गई हैं – उन आदर्शों के नेतृत्व में जो स्वयं उन कामनाओं के वश में हैं । ख़ून के रिश्ते की पुकार, जमी-जमाई आदतों और रूढ़ियों की प्रतिष्ठा तथा वे विचारधाराएँ जिनसे पहले काम चल जाता था – ये सब ही अब शत्रुपक्ष में खड़े हैं । और सब से कटुसत्य तो यह है कि देशभक्ति, कुटुम्ब-स्नेह और धार्मिक निष्ठा के चमकते आदर्शों ने भी कौरवों का "नमक खा लिया है"[2] । यद्यपि पहले ये ही आदर्श गुरु का काम करते थे, मार्ग-निर्देशन करते थे, परन्तु अब भीष्म और द्रोण की भाँति उन्होंने भी जीव के विरुद्ध हथियार उठा लिए हैं और इसलिए उनका वध करना ही होगा ।

[2] भीष्म ने भरी कौरव सभा में द्रौपदी के चीर-हरण को चुपचाप सहन करने का कारण बहुत समय से कौरवों का नमक खाना बताया था । अर्थात्, लम्बी अवधि से प्राचीन परम्परा की सेवा में रत विश्वास की शक्ति, इस परम्परा के मूढ़ाग्रह में पतित हो जाने पर, आसुरिक शक्ति बन जाती है ।

(32) *न कांक्षे विजयम् कृष्ण न च राज्यम् सुखानि च ।*
किम् नः राज्येन गोविन्द किम् भोगैः जीवितेन वा ॥

हे कृष्ण, मैं न विजय चाहता हूँ न राज्य और न ही सुख । हे गोविन्द, क्या करना है हमें राज्य से और भोग से? जीवन का ही क्या करना है?

(33) *येषाम् अर्थे कांक्षितम् नः राज्य भोगाः सुखानि च ।*
ते इमे अवस्थिताः युद्धे प्राणान् त्यक्त्वा धनानि च ॥

जिनके लिए हम राज्य और सुखभोग की इच्छा रखते हैं, वे सब धन और जीवन की आशा त्याग कर युद्ध में खड़े हैं –

(34) *आचार्याः पितरः पुत्राः तथा एव पितामहाः ।*
मातुलाः श्वशुराः पौत्राः श्यालाः सम्बन्धिनः तथा ॥

गुरुजन, ताऊ-चाचे, लड़के और वैसे ही दादा, मामा, ससुर, पोते, साले व अन्य सम्बन्धी लोग भी ।

(35) *एतान् न हन्तुम् इच्छामि घ्नतः अपि मधुसूदन ।*
अपि त्रैलोक्यराजस्य हेतोः किम् नु महीकृते ॥

इसलिए, हे मधुसूदन (कृष्ण), ये चाहे मुझे मार ही क्यों न दें मैं इन सब को नहीं मारना चाहता, पृथ्वी के लिए क्या तीनों लोकों के राज्य के लिए भी नहीं ।

(36) *निहत्य धार्तराष्ट्रान् नः का प्रीतिः स्यात् जनार्दन ।*
पापम् एव आश्रयेत् अस्मान् हत्वा एतान् आततायिनः ॥

हे जनार्दन, धृतराष्ट्र के पुत्रों को मार कर भी हमें क्या ख़ुशी मिलेगी, इन आततायियों की हत्या का पाप ही लगेगा ।

(37) *तस्मात् न अर्हाः वयम् हन्तुम् धार्तराष्ट्रान् स्वबान्धवान् ।*
स्वजनम् हि कथम् हत्वा सुखिनः स्याम् माधव ॥

इसलिए, हे माधव, हमें अपने बन्धुगण, धृतराष्ट्र के पुत्रों, का वध नहीं करना चाहिए । अपने ही स्वजनों को मार हम कैसे सुखी रह सकेंगे?

(38) *यद्यपि एते न पश्यन्ति लोभोपहतचेतसः ।*
कुलक्षयकृतम् दोषम् मित्रदोहे च पातकम् ॥

यद्यपि लोभ से भ्रष्ट हुई बुद्धि के कारण इन्हें कुलक्षय के दोष और मित्रदोह के पाप नहीं दीखते

(39) *कथम् न ज्ञेयम् अस्माभिः पापात् अस्मात् निवर्तितुम् ।*
कुलक्षयकृतम् दोषम् प्रपश्यद्भिः जनार्दन ॥

परन्तु, हे जनार्दन, कुलक्षय के दोषों को स्पष्ट देख सकने वाले हम लोग क्यों न इस पाप से हटने का विचार करें?

(40) *कुलक्षये प्रणश्यन्ति कुलधर्माः सनातनाः ।*
धर्मे नष्टे कुलम् कृत्स्नम् अधर्मः अभिभवति उत ॥

कुलक्षय से सनातन कुलधर्म नष्ट हो जाते हैं, धर्म के नाश होने से पूरे ही कुल को पाप और भी दबा लेता है ।

(41) *अधर्माभिभवात् कृष्ण प्रदुष्यन्ति कुलस्त्रियः ।*
स्त्रीषु दुष्टासु वार्ष्णेय जायते वर्णसंकरः ॥

अधर्म के बढ़ने से कुल की स्त्रियाँ दूषित हो जाती हैं और, हे वार्ष्णेय, स्त्रियों के दूषित होने पर वर्णसंकर उत्पन्न होता है ।

(42) *संकरः नरकाय एव कुलघ्नानाम् कुलस्य च ।*
पतन्ति पितरः हि एषाम् लुप्तपिण्डोदकक्रियाः ॥

वर्णसंकर कुलघातियों को और कुल को नरक में ही डालता है । पिण्ड और जल की क्रिया का लोप होने से पितृगणों का भी पतन हो जाता है ।

(43) *दोषैः एतैः कुलघ्नानाम् वर्णसंकरकारकैः ।*
उत्साद्यन्ते जातिधर्माः कुलधर्माः च शाश्वताः ॥

इन वर्णसंकर-कारक दोषों से कुलघातियों के सनातन कुलधर्म और जातिधर्म नष्ट हो जाते हैं ।

(44) *उत्सन्नकुलधर्माणाम् मनुष्याणाम् जनार्दन ।*

नरके अनियतम् वासः भवति इति अनुशुश्रुम ॥

हे जनार्दन, हमने तो सुना है कि जिन मनुष्यों का कुलधर्म नष्ट हो गया हो उनका अनन्त काल तक नरक में वास होता है ।

(45) *अहो बत महत्पातम् कर्तुम् व्यवसिताः वयम् ।*

यत् राज्यसुखलोभेन हन्तुम् स्वजनम् उद्यताः ॥

हाय ! कैसे शोक की बात है कि हम बुद्धिमान होकर भी इतना बड़ा पाप करने को तैयार हैं, राज्य और सुख के लोभ से अपने स्वजनों को मारने को उद्यत हुए हैं ।

(46) *यदि माम् अप्रतीकारम् अशस्त्रम् शस्त्रपाणयः ।*

धार्तराष्ट्राः रणे हन्युः तत् मे क्षेमतरम् भवेत् ॥

यदि धृतराष्ट्र के सशस्त्र पुत्र मुझ निःशस्त्र और प्रतिकार न करने वाले को रण में मारें तो वह मरना भी मेरे लिए अति कल्याणकारी होगा ।

सञ्जयः उवाच

(47) *एवम् उक्त्वा अर्जुनः संख्ये रथोपस्थे उपाविशत् ।*

विसृज्य सशरम् चापम् शोकसंविग्नमानसः ॥

सञ्जय ने कहा : रणभूमि में अपने धनुष बाण फेंक कर अर्जुन शोकसंविग्न मन से रथ में निढाल सा हो बैठ गया ।

यह वह स्थिति है जिसमें प्रत्येक आकांक्षी अपने को पाता है और जिसमें होकर सभी को कभी न कभी गुज़रना ही पड़ता है । कोई बड़े आश्चर्य की बात नहीं कि हताश अर्जुन का धनुष उसके अशक्त हाथों से फिसल जाता है और वह एक असह्य शोक में डूब जाता है । ऐसे विषाद का अनुभव प्रत्येक साधक को अनिवार्य रूप से होता है । जिनके लिए हम राज्य, सुख और भोग की आकांक्षा करते हैं यदि उन सब को पहले युद्धभूमि पर मृत देखना है तो ऐसी विजय है किस काम की? यदि कामना मात्र का त्याग करना है तो क्या सारा जीवन ही एक वीरानगी श्लोक (29-30)

श्लोक (32-35) नहीं हो जाएगा – एक विशाल मरुभूमि जिसमें विजयी जीव बर्बादी के सिंहासन पर बैठा अर्थहीन थोथा राज्य चलाएगा? आख़िर हमसे ऐसा भीषण बलिदान करने के लिए क्यों कहा जा रहा है, और अन्त में इससे हमें मिलेगा भी क्या? ऐसी रक्तरंजित दावत खाने से अच्छा तो भिखारी के टुकड़ों पर जीवित रहना ही है[3]। अर्थात्, इस दुर्गम पथ पर चलने से तो अच्छा यह है कि जो सहज भोग इस जीवन में उपलब्ध हों उनका सुख उठा लिया जाय। अन्यथा इस पथ का तो लक्ष्य भी अभी तक कल्पनातीत है, और इस पर चलने का सिर्फ़ एक ही नतीजा निश्चित मालूम होता है कि हमें अपने प्रियजनों की लाशों के ऊपर से गुज़रना होगा।

इसके अलावा एक और संशय हृदय में उत्पन्न होता है। "कुलक्षय से सनातन कुलधर्म नष्ट हो जाते हैं और इन परम्पराओं के नष्ट होने से समस्त समाज में अराजकता फैल जाती है"। इन सारी कामनाओं, और विशेष रूप से उन आदर्शों, के नष्ट होने से क्या संसार में अस्त-व्यस्तता नहीं फैल जाएगी? समाज तो अपने सदस्यों की सामान्य कामनाओं पर आधारित होता है और प्रचलित विचारधाराओं के एकतरफ़ापन से बँधा रहता है। एक अज्ञात लक्ष्य की ओर जीव की प्रगति के नाम पर क्या ऐसे सन्तुलन को बिगाड़ना उचित है जो कम-से-कम समय की कसौटी पर तो पूरा उतरा ही है? क्या आकांक्षी अपनी कामनाओं के त्याग से अपने को संसार के दिन-प्रतिदिन के जीवन, यानी स्वजनों के सुख-दुःख में भाग लेने, के अयोग्य नहीं बना देगा और इस तरह पुरातन परम्पराओं के आदर्शों को तोड़कर क्या संसार में विप्लव नहीं हो जाएगा?

". . . Wilt thou dare
Put by our sacred books, dethrone our gods,
Unpeople all the temples, shaking down
That law which feeds the priests and props the realm?"[4]

---

[3] गीता 2, 5।

[4] *लाइट ऑफ़ एशिया 4* (*Light of Asia*, iv)।

"जुर्रत करेगा तू
हमारे पवित्र धर्मग्रन्थों को ठुकराने और देवताओं को अपदस्थ करने की?
करने की हमारे देवालयों को वीरान?
जीविका पुरोहितों की और राज्य की सत्ता जिस पर टिकी है,
गिरा डालने की वह विचारधारा?"

कुछ पक्की तथा कुछ कच्ची धारणाओं पर आधारित ऐसी शंकाएँ हृदय में आती हैं । चाहे कोई पूरी तरह माने या न माने, इनका उद्गमस्थान निराशा की उस भावना में होता है जो हृदय में ऐसे जीवन की कल्पना करने पर भर आती है जिसमें सब क्षुद्र स्वार्थपरक कामनाओं का पूर्ण त्याग और हनन करना होगा ।

और न ही इस अवस्था में प्रकाश की कोई किरण अन्धकार को आलोकित करती दिखती है । यद्यपि गुरु जीव के सन्निकट खड़ा है पर अभीतक उसकी वाणी सुनाई नहीं पड़ी है । अपने भूतकालीन विकास के फलस्वरूप युद्धभूमि तक लाया गया और युद्धासन्न स्थिति में दुविधा में पड़ा जीव साहस खो बैठता है और भयावह परिणाम की संभावना से भयभीत होकर युद्ध से मुँह फेर लेता है – परिणाम भी ऐसा जिसमें विजय और पराजय दोनों ही समान रूप से निष्प्रभ होती हैं ।

इस विषाद का असली कारण, जैसा कि पहले कहा जा चुका है, ऐसे भावी जीवन की कल्पना है जिसमें सब इच्छाएँ व महत्त्वाकांक्षाएँ मृत होंगी । हम ऐसे जीवन के, जिसमें सब कर्म कामना पर आधारित होते हैं, इतने अभ्यस्त होते हैं कि किसी और जीवन की कल्पना भी नहीं कर सकते और दुःखित मन से पूछते हैं कि ऐसे अस्तित्त्व का प्रयोजन क्या है? अभीतक जीव ने यह नहीं सीखा है कि यदि कृष्ण हैं तो सब कुछ है, कि माता-पिता, पत्नी और पुत्र-पुत्री स्वयं माता-पिता इत्यादि के लिए नहीं बल्कि "***आत्मन्*** के लिए" प्यारे होते हैं[5] ।

फिर भी, जैसा कि हम बुद्धदेव के चार "आर्य सत्यों" में से पहले सत्य में देख सकते हैं, जहाँ उन्होंने अतिसुन्दर शब्दों में जीवन के सारभूत दुःख की व्याख्या की है, विषाद का यह अनुभव होना बहुत ज़रूरी है ।

---

[5] *बृहदारण्यक उपनिषद्* 2, 4 ।

कृष्ण की वाणी केवल नीरवता में सुनी जा सकती है, और जब तक हृदय कामना के कोलाहल से भरा हो तब तक उस वाणी की झनकार सुनाई नहीं पड़ती। जब बाहरी दुनिया बिल्कुल अँधेरी हो जाती है तब जाकर ही दैवी तारक के प्रकाश की किरण हमें दिखती है। यद्यपि वह चमकता तो सदा ही रहता है परन्तु हमें उसकी अनुभूति पहले पहल तब होती है जब तथाकथित जीवन की, चकाचौंध कर देने वाली, चमक निस्तेज हो जाती है।

यही तारक बाद में ऐसे प्रकाश से चमकेगा कि "*आकाश में एक साथ चमकते सहस्त्र सूर्यों की आभा सम्भवतः उस महात्मा के तेज के समान हो*"[6], और इस दुनिया का सारा तमुलनाद हमारे कानों को उस गौरवपूर्ण वाणी की लय व ताल के लिए बहरा नहीं कर पाएगा। यह वह वाणी है जो आत्मा की तरंगों के संसार तट पर टकराने से अनन्तकाल में गूँजती रहती है।

परन्तु इन महिमाओं का समय अभी नहीं आया है। प्रारम्भ में तो ज्योति एक हल्के से टिमटिमाते तारे के समान और वाणी केवल "बुलबुल के अपने जीवन-संगी को विरह गीत सुनाने"[7] के समान होती है। इसीलिए ऐसा है कि दिव्य सूर्यपथ पर चलने से पहले साधक को विषाद की उपत्यका में प्रवेश करना अनिवार्य होता है और संसार के उजाले व खिलखिलाहट की ओर से अपने आँख-कान बन्द करने होते हैं। बड़े शोक के साथ उसे यह अनुभूति होती है कि वह जो कुछ है, और उसके पास जो कुछ है वह सब नहीं के बराबर है। इसके उपरांत ही वह आनन्दपूर्ण अनुभूति प्राप्त हो सकेगी कि उसके हृदय के अन्दर ही सब कुछ है।

श्लोक (47) "*अपने धनुष बाण फेंक कर अर्जुन शोकसंविग्न मन से रथ में निढाल सा हो बैठ गया*" और इस प्रकार शोक और विषाद के वातावरण में पथ का प्रथम चरण, गीता का पहला अध्याय, समाप्त होता है।

---

[6] गीता 11, 12।

[7] *वॉयस ऑफ़ साइलेंस* (*Voice of Silence*)।

अध्याय 2

सांख्य योग

सञ्जयः उवाच

(1) *तम् तथा कृपया आविष्टम् अश्रुपूर्णाकुलेक्षणम् ।*
विषीदन्तम् इदम् वाक्यम् उवाच मधुसूदनः ॥

सञ्जय ने कहा : इस प्रकार उस आँसूभरी व्याकुल आँखोंवाले शोकयुक्त (अर्जुन) पर कृपा कर मधुसूदन (कृष्ण) ने यह वचन कहे :

श्रीभगवान् उवाच

(2) *कुतः त्वा कश्मलम् इदम् विषमे समुपस्थितम् ।*
अनार्यजुष्टम् अस्वर्ग्यम् अकीर्तिकरम् अर्जुन ॥

हे अर्जुन, तुमको इस विषमस्थल में यह अज्ञान कैसे प्राप्त हुआ? क्योंकि यह न तो श्रेष्ठ पुरुषों के आचरण जैसा है न स्वर्ग को देने वाला और न ही कीर्ति को लाने वाला ।

(3) *क्लैब्यम् मा स्म गमः पार्थ न एतत् त्वयि उपपद्यते ।*
क्षुद्रम् हृदयदौर्बल्यम् त्यक्त्वा उतिष्ठ परंतप ॥

नपुंसक मत बनो, अर्जुन ! हे परंतप, यह तुम्हें शोभा नहीं देता । हृदय की क्षुद्र दुर्बलता को त्याग कर युद्ध के लिए खड़े हो जाओ ।

अर्जुनः उवाच

(4) *कथम् भीष्मम् अहम् संख्ये द्रोणम् च मधुसूदन ।*
इषुभिः प्रति योत्स्यामि पूजार्हौ अरिसूदन ॥

इसपर अर्जुन ने कहा : हे मधुसूदन, मैं रणभूमि में भीष्मपितामह और (आचार्य) द्रोण पर बाणों से प्रहार कर कैसे युद्ध कर सकता हूँ? क्योंकि, हे अरिसूदन, वे दोनों ही पूजनीय हैं ।

(5) *गुरुन् अहत्वा हि महानुभावान् श्रेयः भोक्तुम् भैक्ष्यम् अपि इह लोके ।*
हत्वा अर्थकामान् तु गुरुन् इह एव भुञ्जीय भोगान् रुधिरप्रदिग्धान् ॥
इस लोक में भिक्षा का अन्न खा कर रहना भी मुझे महानुभाव गुरुजनों को मारने से अधिक कल्याणकारी लगता है। यदि गुरुओं की हत्या की भी तो यहाँ इस ख़ून से सने हुए अर्थ और काम को ही तो भोगूँगा।

(6) *न च एतत् विद्मः कतरत् नः गरीयः यद्वा जयेम यदि वा न जयेयुः ।*
यान् एव हत्वा न जिजीविषामः ते अवस्थिताः प्रमुखे धार्तराष्ट्राः ॥
फिर हम यह भी तो नहीं जानते कि हमारे लिए क्या करना श्रेष्ठ है, और यह भी नहीं कि हम उन पर विजय प्राप्त करेंगे या वे हम पर। जिन धृतराष्ट्र के पुत्रों को मार कर हमें जीना भी गवारा नहीं वे ही हमारे सामने खड़े हैं।

(7) *कार्पण्यदोषोपहतस्वभावः पृच्छामि त्वाम् धर्मसंमूढचेताः ।*
यत् श्रेयः स्यात् निश्चितम् ब्रूहि तत् मे शिष्यः ते अहम् शाधि माम् त्वाम् प्रपन्नम् ॥
कायरता से विचलित और धर्म के बारे में भ्रमित चित्त वाला मैं आपसे पूछता हूँ कि जो कुछ पक्की तरह मेरे लिए कल्याणकारक हो वह बताइए क्योंकि मैं आपका शिष्य हूँ, आपकी शरण आया हूँ। मुझे शिक्षा दीजिए।

इस अध्याय का सूत्रपात करने के लिए सम्वाद के प्रारम्भ में अर्जुन की मनोदशा का सही चित्रण करने वाले निम्नलिखित वचन उपयुक्त हैं जो प्राचीन काल में राजा जनक ने सांख्य आचार्य पञ्चशिखा से कहे थे "यदि मुक्ति का अर्थ सुखभोग के समस्त वस्तुविषयों से सम्बन्ध विच्छेद करना ही है तो मनुष्य उत्कण्ठा से कर्म करने की इच्छा क्यों रखेंगे? ज्ञानप्राप्ति से लाभ और अज्ञान से हानि ही क्या है?"

श्लोक (2,3,7) चारों ओर वीरानगी से घिरे जीव के पास सिवाय इसके और कोई चारा नहीं कि वह अन्तर्मुखी होकर सद्गुरु को ढूँढे। इस दिशा के अलावा वह जहाँ कहीं भी देखता है उसे केवल एक कड़ुवा खोखलापन ही दिखाई देता है और उसे अपने पौरुष व सहनशक्ति की याद दिलाई जाने पर भी कुछ काम नहीं चलता, क्योंकि

जब किसी की सारी दुनिया ही उजड़ रही हो तो मात्र पौरुष क्या कर लेगा[1] । काफ़ी मात्रा में आत्मदया से भरपूर, स्वयं अपनी दुर्दशा (***कार्पण्यदोष***) से ग्रस्त, परम नैराश्य में जीव अन्ततः अपने अन्दर के दैवी कृष्ण की ओर उन्मुख होता है और विनय करता है "मैं आपका शिष्य हूँ, आपकी शरण आया हूँ । मुझे शिक्षा दीजिए" ।

(8) *न हि प्रपश्यामि मम अपनुद्यात् यत् शोकम् उच्छोषणम् इन्द्रियाणाम् ।*
अवाप्य भूमौ असपत्नम् ऋद्धम् राज्यम् सुराणाम् अपि च आधिपत्यम् ॥
यदि मुझे धरती पर निष्कण्टक धनधान्यसम्पन्न राज्य और देवताओं का अधिपत्य मिले तब भी अपनी इन्द्रियों को सुखा देने वाले इस शोक को दूर करने का उपाय नहीं देख पा रहा हूँ ।

सञ्जयः उवाच
(9) *एवम् उक्त्वा हृषीकेशम् गुडाकेशः परंतप ।*
न योत्स्ये इति गोविन्दम् उक्त्वा तूष्णीम् बभूव ह ॥
सञ्जय ने कहा : हे राजन्, निद्रा को जीतने वाले अर्जुन (गुडाकेश) ने अन्तर्यामी (श्रीकृष्ण) से यह कह चुकने पर फिर स्पष्ट कहा : हे गोविन्द, मैं लड़ूँगा नहीं, और कह कर चुप हो गया ।

परन्तु जीव अभी तक अपने को वास्तव में गुरु-चरणों में समर्पित करने के लिए तैयार नहीं है । सच्चा आत्मनिवेदन तो बाद में ही सम्भव होगा, क्योंकि साफ़ दिख रहा है कि उन्हीं गुरु-चरणों के पास जिनकी शरण में उसने अभी क्षणभर पहले श्लोक (9)

[1] बर्टरण्ड रसल (Bertrand Russell) की *ए फ़्री मैन्स वर्शिप* (*A Free Man's Worship*) से तुलना कीजिए । रसल की यह उक्ति कि हमें प्रोमीथियस (Prometheus) के समान "निराशा की अटल चट्टान के आधार पर" संसार की अवज्ञा करनी चाहिए, चाहे आरामकुर्सी पर बैठनेवाले संशयवादियों को पुलकित भले ही कर दे, उस व्यक्ति के कुछ मतलब की नहीं जो सचमुच ग़र्त में पड़ा हो । अपनी ईमानदारी के बावजूद रसल की वाग्मिता थोथी ही रह जाती है ।

समर्पण किया था, अर्जुन अपने विचार को छोड़ने से इन्कार करता है और अत्यन्त शोकातुर होकर कहता है : "*न योत्स्ये* – मैं लड़ूँगा नहीं"।

ये शब्द अत्यन्त सारगर्भित हैं क्योंकि ये हमारी उस ग़लती को व्यक्त करते हैं जो हम सब बराबर किया करते हैं। शिष्य अन्तर्यामी परमेश्वर अथवा उनके मानवीय प्रतीक गुरु से शिक्षा की याचना करता है, और उनकी पूर्ण रूप से सेवा करने का दम भरता है परन्तु कही या अनकही एक शर्त फिर भी उसके मन में रह जाती है : "हे प्रभो, मैं आपका हूँ और आपकी आज्ञा का पालन करूँगा, बस मुझ से एक बात के लिए मत कहिए क्योंकि वह मेरे बस में नहीं है – मैं लड़ूँगा नहीं"। यही कारण है कि प्रायः गुरु से की गई विनती का कुछ नतीजा नहीं निकलता मालूम होता, और बहुतों का तो गुरु की उपस्थिति तक से विश्वास उठ जाता है क्योंकि वे सोचते हैं कि यदि गुरुदेव सचमुच होते तो उनकी वाणी अवश्य सुनाई देती।

(10) *तम् उवाच हृषीकेशः प्रहसन् इव भारत ।*
सेनयोः उभयोः मध्ये विषीदन्तम् इदम् वचः ॥

और तब, हे भरतवंशी (धृतराष्ट्र), दोनों सेनाओं के बीच में शोक में डूबे (अर्जुन) से मुस्कुराते हुए अन्तर्यामी (कृष्ण) ने यह कहा :

श्रीभगवान् उवाच

(11) *अशोच्यान् अन्वशोचः त्वम् प्रज्ञावादान् च भाषसे ।*
गतासून् अगतासून् च न अनुशोचन्ति पण्डिताः ॥

श्रीकृष्ण बोले : तुम वचन तो ज्ञानियों जैसे बोल रहे हो परन्तु जिनके लिए शोक नहीं मनाना चाहिए उनके लिए रो रहे हो। ज्ञानीजन तो न उनके लिए शोक मनाते हैं जो चले गए हैं और न ही उनके लिए जो नहीं गए।

(12) *न तु एव अहम् जातु न आसम् न त्वम् न इमे जनाधिपाः ।*
न च एव न भविष्यामः सर्वे वयम् अतः परम् ॥

न तो ऐसा है कि मैं किसी काल में नहीं था या तुम नहीं थे अथवा ये राजा लोग नहीं थे, और न ही ऐसा है कि भविष्य में हम नहीं रहेंगे ।

(13) *देहिनः अस्मिन् यथा देहे कौमारम् यौवनम् जरा ।*
तथा देहान्तरप्राप्तिः धीरः तत्र न मुह्यति ॥

जैसे जीव की इस देह में कुमार, युवा और वृद्ध अवस्था होती है वैसे ही मृत्यु के पश्चात अन्य शरीर की प्राप्ति होती है । धीर पुरुष इस बात से मोहित नहीं होते ।

(14) *मात्रास्पर्शाः तु कौन्तेय शीतोष्णसुखदुःखदाः ।*
आगमापायिनः अनित्याः तान् तितिक्षस्व भारत ॥

हे कुन्तीपुत्र, सर्दी-गर्मी और सुख-दुःख के अनुभव तो इन्द्रियों तथा उनके विषयों के संयोग से होते हैं और आते जाते रहते हैं । उनको सहन करो, भरतवंशी !

परन्तु असम्भव की माँग नहीं की जा रही है । यदि धैर्य के साथ अनवरत प्रयत्न किया जाय तो धीरे धीरे एक दैवी व नया ज्ञान ***जीवात्मा*** के भीतर एक अस्पष्ट-से रूप में गुपचुप प्रवेश कर जाता है तथा उसके अन्धकार को धीमे से प्रकाश से उज्ज्वलित करता प्रतीत होता है । सच्चा ज्ञान तो ***जीवात्मा के*** अन्दर ही पाया जा सकता है; जो केवल पुस्तकों से प्राप्त हो या सुना सुनाया हो वह वास्तविक ज्ञान नहीं होता । बाह्य शिक्षा इतना तो कर सकती है कि जो शुरू में अन्तर्बोध द्वारा अस्पष्ट-सा प्रतीत हुआ हो उसे स्पष्ट करने में सहायता कर दे, परन्तु वह स्वयं अन्तर्बोध की जगह नहीं ले सकती । किसी भी सद्गुरु का कार्य तो केवल उसको आविर्भूत कर देना होता है जो अन्दर पहले से ही विद्यमान है । इसी बात को कवि ब्राउनिंग (Browning) ने अति सुन्दर रूप से कहा है –

"Truth lies within us ourselves; it takes no rise
From outward things, whatever you may believe.
There in an utmost centre in us all
Where truth abides in fullness; and to know

Rather consists in opening out a way
Whence the imprisioned slendour may escape,
Than in effecting entry for a light
Supposed to be without."

"यों कोई जो चाहे माने, पर
सत्य तो होता है हमारे अपने ही भीतर
बाहरी चीजों से जन्म नहीं लेता वह ।
एक अन्तरंग केन्द्र होता है हम सब में
जहाँ सत्य अपनी पूर्णता में विराजता है ।
जानने का अर्थ यही है कि उस बन्दी प्रकाश को
बाहर निकलने का मार्ग खोल दिया जाय
यह नहीं कि बाहर की कोई रोशनी ही भीतर आए" ।

इस आन्तरिक ज्ञान की अभिव्यक्ति का प्रथम चरण इस अनुभूति के रूप में आता है कि स्वयं अपने अन्दर ही "वह" है जो अमर है । यह अनुभूति बड़े बुनियादी महत्त्व की है क्योंकि इसके बिना आध्यात्मिक जीवन का कोई स्थायी आधार नहीं हो सकता । यहाँ व्यक्तिगत उत्तर-जीविता का सवाल नहीं है, परन्तु यदि मनुष्य के अस्तित्त्व का बीजकोष किसी अमर वस्तु पर आधारित न हो तो फिर उसके जीवन में कोई आधारभूत मूल्य नहीं हो सकता, क्योंकि अन्त में तो महाकाल सब कुछ को निगल ही जाएगा ।

"कि मानव का सृजन ऐसे कारणों द्वारा हुआ है जिनको उस लक्ष्य का पूर्वज्ञान नहीं था जिसे प्राप्त करने में वे लगे हुए थे; उसका मूल, उसका विकास, उसकी आशाएँ व आशंकाएँ, उसके अनुराग व विश्वास विभिन्न परमाणुओं के अकस्मात इकट्ठा हो जाने मात्र से बने हैं; कि कोई लगन, कोई शौर्य या विचार अथवा भावना की प्रगाढ़ता व्यक्तिगत सत्ता को मृत्यु के पार बनाए रखने में समर्थ नहीं है; कि युगों से किया गया उद्यम, युगों की भक्ति, प्रेरणा, मानवीय मेधा की चमक, सब के सब सौरमण्डल की महान मृत्यु में लुप्त हो जाएँगे और मानव के

सारे किए-कराए का पूरा मन्दिर ही अनिवार्यतः एक उजड़े विश्व के मलवे में दब जाएगा । ये सब बातें यदि एकदम विवाद रहित न भी हों तो भी लगभग इतनी तो निश्चित हैं कि इनको अस्वीकार करने वाला कोई भी दार्शनिक टिक सकने की आशा नहीं कर सकता"[2] ।

बहरहाल, रसल महाशय की यह सर्वनाश की गुहार अनावश्यक है । इस प्रारम्भिक अवस्था में भी हृदय के अन्दर उस "अमर्त्य" की धुँधली-सी अनुभूति होने लगती है । शुरुआत में अनुभूति सम्भवतः इस अपरिष्कृत सिद्धान्त के रूप में हो सकती है कि शरीर के अन्दर ही एक शाश्वत ***जीवात्मा*** का निवास है । समय के साथ यह बात स्पष्ट हो जाएगी और तब तक केवल सिद्धान्त की अपरिष्कृति के कारण ही उसमें निहित इस मूलभूत सत्य से आँखें नहीं मूँद लेनी चाहिए कि हमारे अन्दर ही ऐसा कुछ है जो शाश्वत है । श्लोक (13)

अभी इस वर्तमान मन्ज़िल में हमें ऐसी साफ़ नज़र की आशा नहीं रखनी चाहिए जो बाद में अपने समय पर आएगी । परन्तु फिर भी शिष्य को इतना तो एहसास हो ही जाना चाहिए कि जो अन्तरंग का निवासी है वह उस [देह] से भिन्न है जिसमें वह निवास करता है । इन्द्रियों के स्पर्श (***मात्रास्पर्शाः***) तो आते जाते रहेंगे परन्तु शिष्य को प्रतीत हो जाएगा कि उसका उनसे तादात्म्य नहीं है, बल्कि वे तो ऐसी बातें हैं जो उसके साथ घटित होती हैं और उसे इन सब को धैर्यपूर्वक सहन करने के लिए तत्पर रहना चाहिए । श्लोक (14)

"वस्तुएँ स्वयं जीवात्मा को नहीं छू पाती, ज़रा भी नहीं ... अपनी आत्मा के उस भाग को, जो तेरा नेतृत्व करता है और जो तुझ पर शासन करता है, शरीर की सुख-दुःखात्मक चेष्टाओं से विचलित न होने दे, और उसे शरीर की उन चेष्टाओं से युक्त न होने दे, बल्कि उसके चारों ओर घेरा डाल कर सुखों व दुःखों को उनकी अपनी जगह पर ही सीमित रख "[3] ।

---

[2] बर्टरण्ड रसल *ए फ़्री मैन्स वर्शिप* ।

[3] मार्कस आॅरेलियस, *मेडिटेशन्स* (Marcus Aurelius, *Meditations*) ।

(15) *यम् हि न व्यथयन्ति एते पुरुषम् पुरुषर्षभ ।*
समदुःखसुखम् धीरम् सः अमृतत्वाय कल्पते ॥
क्योंकि, हे पुरुषश्रेष्ठ, दुःख-सुख को समान समझने वाले जिस धीर पुरुष को ये (इन्द्रियों के विषय) व्यथित नहीं करते केवल वही अमरत्व पाने के योग्य होता है ।

(16) *न असतः विद्यते भावः न अभावः विद्यते सतः ।*
उभयोः अपि दृष्टः अन्तः तु अनयोः तत्त्वदर्शिभिः ॥
असत् वस्तु का अस्तित्त्व नहीं होता और सत् का अभाव नहीं । सत्य को जानने वाले (तत्त्वदर्शी) इन दोनों को अच्छी तरह जानते हैं ।

श्लोक (15) जो इस प्रकार दृढ़तापूर्वक अपने को ऐन्द्रिक जीवन से अलग करने का प्रयत्न करता है केवल वही अमरत्व प्राप्त करने योग्य होता है । जैसे-जैसे वह इस संघर्ष में रत रहता है वैसे-वैसे उसे यह अनुभूति होने लगती है कि नामरूप का यह
श्लोक (16) "अति ठोस संसार" केवल वह अनित्य छायाचित्र मात्र ही है जो चिर अव्यक्त व नित्य शाश्वत सत्य के ऊपर पर्दा डाल कर उसे हमारी आँखों से ओझल किए रहता है । "*असत् वस्तु का अस्तित्त्व नहीं होता और सत् का अभाव नहीं*" । इसी सत्य की गूँज कवि शेली (Shelley) की इन पंक्तियों में मिलती है –

"The One remains, the Many change and pass;
Heaven's light for ever shines, Earth's shadows fly.
Life like a dome of many-coloured glass
Stains the white radiance of Eternity."

"एक स्थिर रहता है, अनेक बदलते और गुज़र जाते हैं
दैवी ज्योति सदा चमकती है, संसार की छायाएँ ओझल होती रहती हैं,
बहुरंगी काँच के गुम्बद का जीवन
अनन्त की शुभ्र ज्योत्सना को दूषित कर देता है" ।

(17) *अविनाशि तु तत् विद्धि येन सर्वम् इदम् ततम् ।*

विनाशम् अव्ययस्य अस्य न कश्चित् कर्तुम् अर्हति ॥

जो सम्पूर्ण जगत में व्याप्त है, पक्की तरह जानो कि वह अविनाशी है । इस अव्यय को नष्ट करने की क्षमता किसी में नहीं है ।

(18) *अन्तवन्तः इमे देहाः नित्यस्य उक्ताः शरीरिणीः ।*

अनाशिनः अप्रमेयस्य तस्मात् युध्यस्व भारत ॥

इस अविनाशी, असीम, नित्यस्वरूप जीवात्मा के यह सब शरीर नाशवान कहे गए हैं । इसलिए, हे भरतवंशी (अर्जुन), युद्ध करो ।

(19) *यः एनम् वेत्ति हन्तारम् यः च एनम् मन्यते हतम् ।*

उभौ तौ न विजानीतः न अयम् हन्ति न हन्यते ॥

जो इस (आत्मा) को मारने वाला मानता है, या जो इसे मरा हुआ मानता है, वे दोनों ही (कुछ) नहीं जानते । यह आत्मा न तो मारता है न मारा जाता है ।

(20) *न जायते म्रियते वा कदाचित् न अयम् भूत्वा भविता वा न भूयः ।*

अजः नित्यः शाश्वतः अयम् पुराणः न हन्यते हन्यमाने शरीरे ॥

यह आत्मा न कभी जन्मता है न मरता है, और न ही कभी अस्तित्त्व वाला होकर फिर अस्तित्त्वहीन हो जाता है । यह तो अजन्मा, नित्य, शाश्वत और पुरातन है । शरीर के नाश होने पर भी यह नष्ट नहीं होता ।

(21) *वेद अविनाशिनम् नित्यम् यः एनम् अजम् अव्ययम् ।*

कथम् सः पुरुषः पार्थ कम् घातयति हन्ति कम् ॥

हे पृथापुत्र (अर्जुन), जो इस आत्मा को अविनाशी, नित्य, अजन्मा और अव्यय जानता है वह व्यक्ति कैसे किसी को मार सकता है या मरवा सकता है?

(22) *वासांसि जीर्णानि यथा विहाय नवानि गृह्णाति नरः अपराणि ।*

तथा शरीराणि विहाय जीर्णानि अन्यानि संयाति नवानि देही ॥

जैसे मनुष्य पुराने वस्त्रों को त्याग कर अन्य नए वस्त्र पहन लेता है, वैसे ही देही (देह के भीतर रहने वाला, यानी जीवात्मा) पुराने शरीरों को त्याग कर नए शरीरों में चला जाता है ।

(23) *न एनम् छिन्दन्ति शस्त्राणि न एनम् दहति पावकः ।*
न च एनम् क्लेदयन्ति आपः न शोषयति मारुतः ॥

इस आत्मा को शस्त्र काट नहीं सकते, आग जला नहीं सकती, पानी गीला नहीं कर सकता और न ही वायु सुखा सकता है ।

(24) ***अछेद्यः अयम् अदाह्यः अयम् अक्लेद्यः अशोष्यः एव च ।***
नित्यः सर्वगतः स्थाणुः अचलः अयम् सनातनः ॥

यह तो अच्छेद्य, अदाह्य, अक्लेद्य और अशोष्य है । यह (आत्मा) नित्य, सर्वव्यापक तथा अचल है, इसे हिलाया नहीं जा सकता और यह सनातन है ।

(25) ***अव्यक्तः अयम् अचिन्त्यः अयम् अविकार्यः अयम् उच्यते ।***
तस्मात एवम् विदित्वा एनम् न अनुशोचितुम् अर्हसि ॥

यह अव्यक्त, अचिन्त्य, विकार-रहित कहा जाता है । इसलिए, इसे ऐसा जानने पर तुम्हें शोक नहीं करना चहिए ।

श्लोक (17-25) इस अनुभूति के साथ यह यथार्थ रूप में दीख जाता है कि वह सदा एक-सा ही रहने वाला नित्य, वह अव्यक्त जिसमें सब प्राणियों के **अहम्** का अस्तित्त्व होता है, अविनाशी है । इस अविनाशी (***अक्षर***) को "*शस्त्र काट नहीं सकते, आग जला नहीं सकती*" और न कोई इसकी विनष्टि की सोच ही सकता है । दिन का सर्वव्यापी प्रकाश जैसे उन नाना रूप वाली वस्तुओं के साथ नष्ट नहीं होता जिनको वह प्रकाशित करता है, बल्कि या तो पुराने नामरूपों की जगह आ जाने वाले अन्य रूपों में प्रतिबिम्बित होता हैं या स्वयं अपने ही अव्यक्त रूप में रहता है, वैसे ही "नित्य" भी एक नामरूप से दूसरे में ऐसे चला जाता है जैसे कोई मनुष्य अपने फटे पुराने कपड़े बदल लेता है । इस प्रकार यह "सदा सर्वदा एक सा रहने वाला" अदृश्य होते हुए भी सदैव बना रहता है चाहे सारा संसार ही नष्ट क्यों न हो जाय ।

यह शास्त्रीय रूढ़ि का कोई ऐसा अंश नहीं है जिस पर आँख मूँद कर विश्वास करना ज़रूरी हो । गीता का वस्तुविषय विश्वास नहीं बल्कि ज्ञान है, और उक्तलिखित एक ऐसा सत्य है जो इस अवस्था में भी शिष्य को साफ़-साफ़ समझ में आ जाता है । ***जीवात्मा*** को यह जान कर बड़ी शान्ति मिलती है कि न तो कोई किसी को मार सकता है और न स्वयं मरता ही है । नामरूप और व्यक्तित्त्व तो अनिवार्यतः आते हैं और चले जाते हैं, परन्तु "वह" जो इन सब की पृष्ठभूमि में रहता है न आ सकता है न जा सकता है क्योंकि वह तो सदा "है" ।

(26) ***अथ च एनम् नित्यजातम् नित्यम् वा मन्यसे मृतम् ।***
तथापि त्वम् महाबाहो न एवम् शोचितुम् अर्हसि ॥

परन्तु यदि तुम इसको सदा जन्म लेने व मरने वाला मानो तो भी, हे महाबाहु, तुम्हें इसके लिए शोक नहीं करना चाहिए ।

(27) ***जातस्य हि ध्रुवः मृत्युः ध्रुवम् जन्म मृतस्य च ।***
तस्मात् अपरिहार्ये अर्थे न त्वम् शोचितुम् अर्हसि ॥

क्योंकि जन्म लेने वाले की मृत्यु तो निश्चित है, और मरने वाले का जन्म भी । जिसने होना ही है उस पर शोक नहीं करना चाहिए ।

(28) ***अव्यक्तादीनि भूतानि व्यक्तमध्यानि भारत ।***
अव्यक्तनिधनानि एव तत्र का परिदेवना ॥

हे भारत, जन्म से पहले सब प्राणी अव्यक्त होते हैं, मरणोपरांत भी अव्यक्त होते हैं । केवल बीच में ही व्यक्त होते हैं । तो फिर रोने का क्या काम?

और फिर नामरूप चाहे हाड़-मांस के हों चाहे आचार-विचार के, होते तो वे सब वस्तुतः एक ही हैं । अतः जीव सुपरिचित सामाजिक व्यवस्था व हृदय में संजोये धार्मिक मतों के समाप्त हो जाने पर शोक न करना सीख जाता है । वह यह जान जाता है कि वह वास्तविकता जिसने इन सब मतादि को जन्म दिया सदा एक ही रहती है और वह न तो किसी धर्म के प्रादुर्भाव के साथ उत्पन्न होती है और न उसके क्षय के साथ नष्ट होती है । अव्यक्त से ही उनका अभ्युदय होता है, अव्यक्त पर ही वे स्थित रहते हैं और फिर अव्यक्त में ही उनका विलय हो जाता

श्लोक (27, 28)

है। *"तो फिर रोने का क्या काम?"* क्योंकि सारे के सारे नामरूप ही अनित्य होते हैं और उन्हें तो एक दिन समाप्त होना ही होता है, जबकि जो वास्तविक है वह नित्य है और युग-युगान्तर तक नष्ट नहीं होता।

(29) ***आश्चर्यवत् पश्यति कश्चित् एनम् आश्चर्यवत् वदति तथा एव च अन्यः।***
आश्चर्यवत् च एनम् अन्यः शृणोति श्रुत्वा अपि एनम् वेद न च एव कश्चित्॥

कोई इस को आश्चर्य के समान देखते हैं, कोई आश्चर्य के समान इसके बारे में बोलते हैं, कोई इसे आश्चर्य के समान सुनते हैं और कोई तो सुन कर भी इसके बारे में कुछ नहीं समझते।

(30) ***देही नित्यम् अवध्यः अयम् देहे सर्वस्य भारत।***
तस्मात् सर्वाणि भूतानि न त्वम् शोचितुम् अर्हसि॥

देह में रहने वाला यह देही सब के शरीर में सदा ही अवध्य है, हे भरतवंशी। इसलिए यह उचित नहीं है कि तुम किसी भी भूतप्राणी के लिए शोक करो।

(31) ***स्वधर्मम् अपि च अवेक्ष्य न विकम्पितुम् अर्हसि।***
धर्मात् हि युद्धात् श्रेयः अन्यत् क्षत्रियस्य न विद्यते॥

और अपने धर्म पर ग़ौर कर भी तो तुम्हें अपने कर्तव्य से नहीं हिलना चाहिए, क्योंकि युद्ध से बढ़ कर क्षत्रिय के लिए कुछ भी नहीं होता।

(32) ***यदृच्छया च उपपन्नम् स्वर्गद्वारम् अपावृतम्।***
सुखिनः क्षत्रियाः पार्थ लभन्ते युद्धम् ईदृशम्॥

हे पार्थ, भाग्यवान् क्षत्रियों के सामने ही खुले स्वर्ग के द्वार जैसा इस प्रकार का युद्ध अपने आप सामने आता है।

(33) ***अथ चेत् त्वम् इमम् धर्म्यम् संग्रामम् न करिष्यसि।***
ततः स्वधर्मम् कीर्तिम् च हित्वा पापम् अवाप्स्यसि॥

और यदि तुम इस धर्मयुक्त संग्राम को नहीं करोगे तो स्वधर्म तथा कीर्ति खो कर पाप करोगे।

(34) *अकीर्तिम् च अपि भूतानि कथयिष्यन्ति ते अव्ययाम् ।*
संभावितस्य च अकीर्तिः मरणात् अतिरिच्यते ॥
सारी दुनिया सदा तुम्हें बदनाम करेगी और बदनामी माननीय व्यक्ति के लिए मृत्यु से भी बुरी होती है ।

(35) *भयात् रणात् उपरतम् मंस्यन्ते त्वाम् महारथाः ।*
येषाम् च त्वम् बहुमतः भूत्वा यास्यसि लाघवम् ॥
महारथी लोग समझेंगे कि तुम भय के कारण युद्ध से पीछे हट गए हो । जो इतना मानते थे वे अब तुम्हें तुच्छ मानेंगे ।

(36) *अवाच्यवादान् च बहुन् वदिष्यन्ति तव अहिताः ।*
निन्दन्तः तव सामर्थ्यम् ततः दुःखतरम् नु किम् ॥
तुम्हारे वैरी तुम्हारी महान् शक्ति की निन्दा करेंगे, न कहने योग्य वचन कहेंगे, फिर उससे अधिक दुःख क्या होगा?

(37) *हतः वा प्राप्यसि स्वर्गम् जित्वा वा भोक्ष्यसे महीम् ।*
तस्मात् उतिष्ठ कौन्तेय युद्धाय: कृतनिश्चयः ॥
यदि युद्ध में मारे गए तो स्वर्ग को प्राप्त होओगे और यदि जीते तो इस पृथ्वी को भोगोगे, इसलिए, हे कौन्तेय, उठो और युद्ध करने की ठान लो ।

अतएव – चाहे धुँधली सी ही सही – ऐसी अनुभूति हो जाने पर कि "वही" अद्भुत अलौकिक सब देहों में रहने वाला देही भी है, जीव को अब इस ओर प्रेरित किया जा रहा है कि जो स्वभाव से ही अनित्य है उसके लुप्त हो जाने पर व्यर्थ पछतावा न करे और अपने सामने आए कर्तव्य को निपटाने के लिए कमर कस कर तैयार हो जाए । श्लोक (29-36)

श्लोक (37) यदि शिष्य युद्ध में पराजित हुआ तब भी अपने शौर्य का फल भविष्य में मिलने वाले सुअवसरों के रूप में पाएगा[4]। यदि विजयी हुआ तो इस मही को भोगेगा क्योंकि वह समस्त प्रव्यक्त जगत का स्वामी होगा। अब वह हर्मीस के शब्दों में "भाग्य का जलूस" मात्र न रह कर ज्योतिर्मय सिंहासन का अधिपति, समस्त अस्तित्त्व का सम्राट, होता है।

इस ज्ञान को ही गीता में सांख्य ज्ञान कहा गया है, परन्तु यह काफ़ी बाद की प्रतिभावान परन्तु निरी पाण्डित्यपूर्ण सांख्यकारिकाओं में दिए गए ज्ञान से भिन्न है। प्राचीन सांख्य शिक्षा के कुछ अंश *महाभारत* के *शांतिपर्व* में पाए जाते हैं और उनको पढ़ने से स्पष्ट हो जाता है कि बाद वाली सांख्य व्यवस्था स्पष्टतया द्वैतवादी है जब कि पुरानी अद्वैतवादी थी। पुराने सांख्य में संसार की व्यवस्था एक क्रमबद्ध प्रव्यक्ति-शृंखला के रूप में की गई है जो उस नित्य-सत्य से शुरू होती है जिसे "वह" (***तत्***) या ***अव्यक्त*** कहा गया है। इसमें उस उत्तरकालीन धारणा के पार जाया जाता है जिसमें प्रकृति व पुरुष का सतत् भेद है। पुरातन सांख्य में इन दोनों को ही अव्यक्त के दो पहलू माना जाता है जो अन्ततः उसी में समा जाते हैं[5]।

इस प्रकार हम देखते हैं कि सारभूत रूप में सांख्य शिक्षा प्रणाली नित्य-तत्त्व की उस अनुभूति को सुसंगत विचारों में व्यक्त करने का प्रयत्न है जो अपने समय पर शिष्य के हृदय में उत्पन्न और गुरु के वचनों द्वारा क्रियाशील होती है।

---

[4] *वॉयस ऑफ़ साइलेंस* से तुलना कीजिए : "क्योंकि वह या तो जीतेगा या हारेगा ... और यदि हारा तो भी वह बेकार नहीं जाएगा; पिछले युद्ध में मारे हुए शत्रु उसके अगले जीवनों में वापस नहीं आयेंगे"।

[5] *शांतिपर्व*, अध्याय 219, में कपिल के शिष्य और पुरातन सांख्य के आचार्य पञ्चशिखा की शिक्षा देखिए। जीव (*क्षेत्रज्ञ*) का आसन ***मनस्*** है (उपक्रम में देखिए जहाँ ***मनस्*** को उच्च अहंभाव कहा गया है) और वह मुक्ति, अर्थात अव्यक्त में तल्लीनता, समस्त प्रव्यक्त जगत को पूरी तरह त्यागने पर पाता है।

अन्य पुरानी व्याख्याओं के लिए *शांतिपर्व* अध्याय 311 व 312, तथा दासगुप्ता की *हिस्ट्री ऑफ़ इण्डियन फ़िलॉसफ़ी* के पृष्ठ 213 पर दिया गया चरक का वर्णन देखिए।

जैसा कि शंकराचार्य ने ठीक कहा है, यह ज्ञानयोग की एक प्रणाली है और ऐसी सब आंशिक प्रणालियों के समान थोड़ा-बहुत ऐसे एकांगीपन से ग्रस्त है जिसे सुधारने का प्रयत्न श्रीकृष्ण करते हैं। जिस समय गीता बोली गई थी उस समय भी आज ही के समान ऐसी अनेक योग-प्रणालियां विद्यमान थीं। आगे चल कर हम देखेंगे कि गीता के पहले छः अध्याय (या यों कहिए कि अध्याय 2 से 6 तक) इन विभिन्न शिक्षाओं के हिसाब से पथ की व्याख्या करते हैं और उनकी कमियों को पूरा करते हैं।

जब जीव को नित्य-सत्य का एक धुँधला-सा आभास होता है तो सबसे पहले वह सुसंगत सिद्धान्तों की एक ऐसी प्रणाली चाहता है जिसकी सहायता से वह उस नव-अर्जित ज्ञान को अपने आप को समझा सके। इसीलिए इस अध्याय में हमें सांख्य का मार्ग दिखाया जा रहा है। परन्तु सविस्तार विवरण की इस माँग में एक ख़तरा भी है, और वह यह कि मौलिक अनुभूति अति सुलझी हुई विचारात्मक अभिव्यक्ति में फँस जाय, और यह भी कि पथ के अन्य दो पहलुओं, भक्ति और कर्म, से विलग कोरे ज्ञान को ही सब कुछ मान बैठा जाय।

उपनिषदों को पढ़ कर "***एकम् एव अद्वितीयम्***" ***आत्मन्*** की स्फुरण-भरी अन्तःप्रेरणाओं का अनुभव बहुतों को हुआ होगा, परन्तु जब इन्हें दृढ़ करने का प्रयत्न किया जाता है तो वे धुँधली और लुप्त होने लगती हैं, भले ही ऐसा प्रयत्न इन अन्तःप्रेरणाओं को अपने दर्शन सिद्धान्त का आधारस्तम्भ बनाने वाले शंकराचार्य जैसे लेखक की सहायता से किया गया हो। ठीक उसी क्षण जब हमें लगता है कि ***आत्मन्*** की दिव्य आभा हमारी पकड़ में आ गई है, वह निकल भागती है और फलस्वरूप हमें अपने घटते संग्रहण के लिए बस एक और मरी हुई तितली ही हाथ आती है।

अतः शिष्य को सदा ध्यान में रखना चाहिए कि जिस वैचारिक सुस्पष्टता और पकड़ की उसे इतनी लालसा है, और जो कुछ हद तक "सांख्य ज्ञान" के अध्ययन से मिल सकती है, वह एक अनुकल्प मात्र होती है, केवल उस वास्तविक ज्ञान का प्रतीक जिसके गतिशील व दिव्य पंख ही ***जीवात्मा*** को ऊपर ले जा सकते हैं।

शुद्धसांख्य का एकतर्फ़ापन अब प्रकट होता है । जैस-जैसे वह आन्तरिक अनुभूति धुँधली होती जाती है वैसे-वैसे शिष्य उसके सार को पकड़ने और उसे जीवन में दृढ़ता से स्थापित करने की जी तोड़ कोशिश करता है । कर्म और भावना के जगत से अपने को बराबर विमुख करता हुआ, वह अब नितान्त अमूर्त कल्पनाओं के क्षेत्र में चला जाता है और अपनी सम्पूर्ण मनोशक्ति उसमें लगा कर बहुधा वह स्वयं उन कल्पनाओं में एक प्रकार जैसे प्राण फूँक देता है, परन्तु साथ ही इस प्रक्रिया से उसके अपने स्वभाव में अनेक उग्र व प्रबल विकृतियाँ भी पैदा हो जाती हैं । ऐसे जीवन में जो सन्तुलन का अभाव होता है उससे ही यह स्पष्ट हो जाता है कि वह जीव का असली जीवन नहीं है । जीवकुसुम तो पूर्ण सन्तुलन और सामञ्जस्य में ही स्फुटित व विकसित हो सकता है और ऐसी अस्वाभाविक व बलपूर्वक खींचतान द्वारा शिष्य सच्चे लक्ष्य पर नहीं पहुँच सकता । जिस अवस्था को हिन्दू परम्परा में *ब्रह्मचर्य* कहा गया है उस पर ऑराइगन (Origen) का स्व-नपुंसीकरण नहीं पँहुचा सकता । और न ही अपने को पर्वत की कन्दरा में बन्द कर लेने से संसार के चलायमान छायाचित्रों के प्रति वह आन्तरिक वैराग्य उत्पन्न होता है जिसकी आधारभूमि में ही सच्चे ज्ञान का फूल खिल सकता है ।

(38) *सुखदुःखे समे कृत्वा लाभालाभौ जयाजयौ ।*
ततः युद्धाय युज्यस्व न एवम् पापम् अवाप्स्यसि ॥

सुख-दुःख, लाभ-हानि और जय-पराजय को समान मानो और फिर युद्ध के लिए तैयार हो जाओ । ऐसे में कोई पाप नहीं लगेगा ।

(39) *एषा ते अभिहिता सांख्ये बुद्धिः योगे तु इमाम् शृणु ।*
बुद्ध्या युक्तः यया पार्थ कर्मबन्धम् प्रहास्यसि ॥

ज्ञानयोग के बारे में तो यह तुम्हें समझा दिया गया है । अब वह समझो, हे पार्थ, जिससे तुम अपने कर्मबन्धनों को तोड़ सकोगे ।

(40) *न इह अभिक्रमनाशः अस्ति प्रत्यवायः न विद्यते ।*
स्वल्पम् अपि अस्य धर्मस्य त्रायते महतः भयात् ॥

इसमें न तो अधूरे प्रयत्न बेकार जाते हैं और न ही उलटे असर होते हैं । इस धर्म की थोड़ी सी ही साधना की जाय तो महान भय से छुटकारा मिलता है ।

जीवन-संघर्ष से भागने से काम नहीं चलेगा, उसमें विजय प्राप्त करनी होगी । इसलिए, एकबार फिर कटिबद्ध होने का उपदेश देने के बाद शिष्य को अति महत्त्वपूर्ण ***बुद्धियोग*** की शिक्षा दी जाती है जो शुद्धसांख्य की गतिहीन वैश्लेषिक क्रियाशैली की कमियों को पूरा करती है । सांख्य तो ज़बरदस्ती प्रव्यक्त संसार से विमुख होकर अपने लक्ष्य कैवल्य पर पहुँचने की चेष्टा करता है । पहले तो यह सम्भव ही नहीं है, परन्तु यदि हो भी तो यह एक अप्राकृतिक व मार-ज़बरदस्ती की उपलब्धि होगी । सच्चा पथ उच्च तत्त्वों के साथ उत्तरोत्तर योग द्वारा, निचली प्रव्यक्तियों से विरक्ति प्रदान करवाना चाहता है । यह पथ पूर्वोक्त पथ से उतना ही भिन्न है जितना फूल का स्वाभाविक ढँग से खिलना कली को बलात् खोल देने से भिन्न है । श्लोक (38, 39)

इसलिए जिस बात पर ज़ोर दिया गया है वह ***बुद्धियोग*** है, अर्थात् ***बुद्धि*** से समागम करना, जो लक्ष्य की नितान्त सर्वातीत अवस्था से पहले का आरंभिक चरण है । यदि पथ के बारे में केवल बात ही नहीं करनी है, बल्कि उस पर चलना भी है, तो ***मनस्*** को चाहिए कि उसका अब तक इन्द्रियों से जो गठबन्धन था उसे तोड़ कर बुद्धियुक्त हो जाय । यानी, उस से जुड़ जाय जो अपने से उच्चतर है । सीढ़ी पर धीरे-धीरे चढ़ने पर उस प्रयास हानि का भय नहीं होता जो एक ही छलाँग में संसार की चोटी पर पहुँचने की चेष्टा करने वाले के लिए जैसे संजो कर रखी रहती है । इस क्रमबद्ध प्रगति से समस्त प्राणि-जगत की एकता के नियम[6]

[6] सब कुछ को त्याग कर अव्यक्त की ओर जीव की उड़ान कुछ मायनों में इस नियम की अवहेलना है । इसी कारण बौद्ध *महायान* संप्रदाय में इस मार्ग पर चलने वालों (*प्रत्येक बुद्धों*) पर आध्यात्मिक स्वार्थपरायणता का लांछन लगाया जाता है ।

की अवहेलना भी नहीं होती। और अब यहाँ पर *बुद्धि* के बारे में कुछ शब्द कह देना आवश्यक है।

(41) *व्यवसायात्मिका बुद्धिः एका इह कुरुनन्दन ।*
बहुशाखाः हि अनन्ताः च बुद्धयः अव्यवसायिनाम् ॥
हे कुरुनन्दन, एक लक्ष्य वालों की व्यवसायात्मिका बुद्धि एक ही होती है। जो दृढ़ निश्चय नहीं होते उनकी बुद्धियाँ अनेक होती हैं।

(42) *याम् इमाम् पुष्पिताम् वाचम् प्रवदन्ति अविपश्चितः ।*
वेदवादरताः पार्थ न अन्यत् अस्ति इति वादिनः ॥
हे पार्थ, वेदवाक्यों में उलझे रहने वाले, दिखावटी तौर पर यह कहने वाले कि और कुछ नहीं है, अविवेकीजन,

(43) *कामात्मानः स्वर्गपराः जन्मकर्मफलप्रदाम् ।*
क्रियाविशेषबहुलाम् भोगैश्वर्यगतिम् प्रति ॥
कामना-भरे मनों वाले, स्वर्ग को परम श्रेष्ठ मानने वाले, भोग तथा ऐश्वर्य की प्राप्ति के लिए विस्तार से की जाने वाली क्रियाओं को करने वाले ही नये जन्मों के कारण होते हैं।

(44) *भोगैश्वर्यप्रसक्तानाम् तया अपहृतचेतसाम् ।*
व्यवसायात्मिका बुद्धिः समाधौ न विधीयते ॥
भोग और ऐश्वर्य में आसक्ति वाले, ऐसे मतिभ्रष्ट लोगों के अन्तःकरण में लक्ष्य निश्चित करने वाली व्यवसायात्मिका बुद्धि नहीं होती।

(45) *त्रैगुण्यविषयाः वेदाः निस्त्रैगुण्यः भव अर्जुन ।*
निर्द्वन्द्वः नित्यसत्त्वस्थः निर्योगक्षेमः आत्मवान् ॥
हे अर्जुन, तीन गुण वेदों के विषय हैं, इन तीनों गुणों तथा द्वन्द्व से मुक्त होओ, नित्य वस्तुओं पर ही अपना मन रखो, कुछ पाने और पाने पर उसे बनाए रखने की इच्छा से छुटकारा पाओ, आत्मपरायण बनो।

(46) *यावान् अर्थः उदपाने सर्वतः संप्लुतोदके ।*
तावान् सर्वेषु वेदेषु ब्राह्मणस्य विजानतः ॥
जिस ब्राह्मण को ब्रह्म का अच्छी प्रकार ज्ञान हो, उसके लिए वेद उतने ही काम के होते हैं जितना बाढ़ आ जाने पर कोई छोटा सा जलाशय ।

(47) *कर्मणि एव अधिकारः ते मा फलेषु कदाचन ।*
मा कर्मफलहेतुः भूः मा ते सङ्गः अस्तु अकर्मणि ॥
तुम्हारा अधिकार तो कर्म करने मात्र का है, उसका फल पाने का कदापि नहीं । अपने कर्म के फल की इच्छा करने वाले मत होओ, कर्म न करने में प्रीति रखने वाले भी नहीं ।

(48) *योगस्थः कुरु कर्माणि सङ्गम् त्यक्त्वा धनञ्जय ।*
सिद्ध्यसिद्ध्योः समः भूत्वा समत्वम् योगः उच्यते ॥
योग में स्थित होकर कर्म करो, हे धनञ्जय, आसक्ति को त्याग कर सिद्धि तथा असिद्धि में समान रुचि रखो । इस समान भाव को ही योग कहते हैं ।

(49) *दूरेण हि अवरम् कर्म बुद्धियोगात् धनञ्जय ।*
बुद्धौ शरणम् अन्विच्छ कृपणाः फलहेतवः ॥
सकाम कर्म निश्चय ही उस कर्म की तुलना में तुच्छ होता है जिसे करने में फल की चिन्ता से मन विचलित नहीं हुआ रहता । हे धनञ्जय, संतुलित मन का आश्रय ग्रहण करो । फल की आशा से कर्म करने वाले अभागे होते हैं ।

(50) *बुद्धियुक्तः जहाति इह उभे सुकृतदुष्कृते ।*
तस्मात् योगाय युज्यस्व योगः कर्मसु कौशलम् ।
समत्वबुद्धि वाला व्यक्ति इस जीवन में ही पुण्य-पाप से मुक्ति पा जाता है । इस योग की प्राप्ति की चेष्टा करो । कर्म में कुशलता ही योग है ।

(51) *कर्मजम् बुद्धियुक्ताः हि फलम् त्यक्त्वा मनीषिणः ।*
जन्मबन्धविनिर्मुक्ताः पदम् गच्छन्ति अनामयम् ॥

समत्वबुद्धि वाले ज्ञानीजन अपने कर्मों से उत्पन्न होने वाले फल को त्याग कर जन्मबन्धन से मुक्त हो जाते हैं और सब दोषों के पार वाले पद को प्राप्त हो जाते हैं ।

(52) ***यदा ते मोहकलिलम् बुद्धिः व्यतितरिष्यति ।***
तदा गन्तासि निर्वेदम् श्रोतव्यस्य श्रुतस्य च ॥

जब तुम्हारी बुद्धि मोह के दलदल के पार पहुँच जाएगी तब सुनी हुई और सुनी जाने वाली बातों के प्रति वैराग्य प्राप्त हो जाएगा ।

(53) ***श्रुतिविप्रतिपन्ना ते यदा स्थास्यति निश्चला ।***
समाधौ अचला बुद्धिः तदा योगम् अवाप्स्यसि ॥

जब विभिन्न मतों को सुनने से विचलित हुई तुम्हारी बुद्धि आत्मन् के स्वरूप पर निश्चित होकर ठहर जाएगी तब जाकर योग सिद्ध होगा ।

उत्तरकालीन सांख्य का ख़ालिस दिमाग़ीपन इतना स्पष्ट और कहीं नहीं होता जितना उसमें ***बुद्धि*** को केवल "मति" अथवा "मेधा" (अर्थात एक सामान्य ज्ञानशक्ति) के रूप में लिया जाना । इस धारणा के अनुसार *बुद्धि* वह सामान्य ज्ञानशक्ति है जिसके द्वारा कुछ देर की हिचकिचाहट और संशय के बाद मन किसी निश्चय पर पहुँचता है । यह सच है कि *बुद्धि* वह शक्ति है जो निश्चयात्मक ज्ञान दती है (***निश्चयात्मिका बुद्धि***) परन्तु जो ज्ञान वह देती है वह केवल मतिमान उक्तियों का संग्रहण नहीं बल्कि एक जीवन्त ज्ञान होता है जिसे अन्तःप्रेरणा कहना अधिक उचित होगा । अन्तर इतना है कि अन्तःप्रेरणा से हमारा अर्थ किसी यदाकदा होने वाले स्फुरणों से होता है जब कि ***बुद्धि*** अपने स्तर पर अक्षुब्ध तेज से जलने वाली ज्योति है । *कठोपनिषद्* में ***बुद्धि*** को ***ज्ञानात्मन्*** कहा गया है और वह ***आत्मन्*** का ज्ञान ही नहीं इस ज्ञान को प्राप्त करने की शक्ति भी है । प्रतीकात्मक रूप में वह कृष्ण का पीताम्बर है, और शिष्य के लिए तो विशेष महत्त्व की बात यह है कि ***बुद्धि*** व्यक्तित्त्व की सीमाओं के पार होती है ।

मनस् के स्तर पर एकमात्र ***आत्मन्*** की ज्योति ऐसी अनेक विशिष्टताओं में बिखर जाती है जो प्रत्येक अपनी-अपनी जगहों पर अद्वितीय होती हैं । परन्तु स्वयं ***बुद्धि*** अवैयक्तिक और सब के लिए एक ही होती है ।

यह ***व्यवसायात्मिका बुद्धि***, जो सब प्राणियों में एक ही होती है, साधारण मनुष्य के चञ्चल व ढुलमुल विचारों[7] से नितान्त भिन्न होती है । यह समस्त असली ज्ञान का स्रोत होती है और जो इसे प्राप्त कर पाता है उसके लिए सब परम्परागत शास्त्रों को स्थानच्युत कर दती है । इसका यह मतलब नहीं कि शास्त्रों का कुछ महत्त्व ही नहीं है । नित्यसत्य को कर्मकाण्ड के आवरण में ढकते हुए वे सामान्य जनसमूह का मार्गदर्शन करते हैं तथा उनकी अतिस्थूल माननाओं पर नियंत्रण रखने में सहायक होते हैं; परन्तु विचारशील ज्ञानाकांक्षी के लिए उनकी उपयोगिता कम ही है । गीता का कहना है कि वेदों के विषय तीन गुण[8] हैं (***त्रैगुण्य विषया वेदा***) परन्तु शिष्य को सतोगुण में दृढ़ रहते हुए तीनों के पार पहुँचने की चेष्टा करनी चाहिए । अधिकांश जनसमूह की असफलता का कारण यह होता है कि वे आशा व आशंका (क्रमशः ***रजस्*** व ***तमस्*** की प्रवृत्तियों) पर निर्भर होते हैं जब कि इस पथ के पथिक के लिए तो केवल सत्य के प्रति अनन्य आस्था दरकार है । रूढ़िवादी अपने शास्त्रों के आश्वासनों की दुहाई दिया करें पर उनकी सब पोथियाँ ***विजानत*** शिष्य (***विजानत*** = जिसके पास ज्ञान या ***बुद्धि*** हो) के लिए उतने ही काम की होती हैं जितनी किसी सब ओर जलमग्न जगह में कोई तलैया होती है । इसीलिए ***बुद्धियोग*** का इतना महत्त्व है क्योंकि जब यह योग सम्पन्न हो जाता है तब "हृदय की ग्रन्थियों" से यानी उन बेड़ियों से जिनसे

श्लोक (42-46)

श्लोक (45)

[7] *उच्चतर मनस्* के अलावा *बुद्धि* शब्द का प्रयोग साधारण बोलचाल में सामान्य मानसिक ज्ञान के लिए भी किया गया है । इसी अध्याय के श्लोक 41 के उत्तरार्ध में बुद्धि का बहुवचन रूप है ।

[8] *मूल प्रकृति* के तीन गुण *सत्त्व, रजस्,* और *तमस्,* और इसीलिए उससे निकले समस्त नामरूपों के तीन गुण । इन शब्दों का अनुवाद करना कठिन है पर इन्हें क्रमशः सामञ्जस्यपूर्ण शुद्धता, मनोवेगपूर्ण क्रियाशीलता तथा अन्धकारमय आलस्य कहा जा सकता है । अध्याय 14 देखिए ।

जीव एक पृथक व्यक्तित्त्व के कारागार में बंधा रहता है, छुटकारा मिल जाता है। ऐसी उपरिविष्ट-बुद्धि से युक्त होकर ही जीव मोह के जाल से निकल, जीवन के साधारण सुख-दुःखों और सत्य के परस्पर विरोधी व एकांगी दर्शनों से क्लांत हुए
श्लोक (52, 53) बिना, अडिग स्थित रह सकता है। ***बुद्धि*** की सहायता के बिना अकेला ***मनस्*** निश्चय ही इन क्लांतियों में ग्रस्त रहता है।

श्लोक (51) जो इस प्रकार की ***प्रज्ञा*** (***बुद्धि*** का पर्यायवाची शब्द) में स्थित होगा वह ही ***अनामयम् पदम्*** यानी शोकरहित स्थिति को प्राप्त करने की दिशा में सफलता की आशा रख सकता है। *बुद्धि* के साथ इस प्रकार युक्त होने का उपाय बताया गया है – कर्म में कुशलता (***कर्मसु कौशलम्***), और सफलता तथा असफलता के प्रति एक सा संतुलित दृष्टिकोण बनाए रखना [***समत्वम् योगः उच्यते***]। शिष्य को अपने मन को अपने कर्मों के फल से पूरी तरह विरक्त रखना है, लेकिन साथ ही
श्लोक (47-51) जो कुछ भी अपना कर्तव्य हो उसे नितान्त निस्संग भाव से करते भी जाना है। इस प्रकार कर्म करने से शिष्य को ***बुद्धि*** के अवैयक्तिक ज्ञान का निर्देशन प्राप्त होगा और वह स्वार्थपरक पाप-पुण्य की सीमा के पार चला जाएगा।

यह है उस ***कर्मयोग*** की विधि जो अगले अध्याय का विषय विशेष है और जिसके सैद्धान्तिक आधार पर वहीं विचार-विमर्श किया जाएगा। इस संदर्भ में यह कह देना काफ़ी है कि ***कर्मयोग*** का उद्देश्य कामना-प्रेरित इन्द्रिय विषय-भोग की प्रवृत्तियों पर नियन्त्रण प्राप्त करना और मन को सुसंगत करना है ताकि वह ***बुद्धि*** से युक्त हो सके और दैवी ज्ञान को प्रस्फुटित होने दे। यह ज्ञान केवल ***बुद्धि*** के माध्यम से ही पूरी तरह चमक सकता है। ***बुद्धि*** से नीचे के स्तर पर विच्छिन्न विशिष्टताओं की लीला इस ज्ञान के रास्ते में अवरोध पैदा करती है और उसे खण्डित कर देती है। जब वे उस से संयुक्त हो जाते हैं जो स्वयं उन से परे है तब जाकर ही एकरूप करने वाला दैवी ज्ञान प्रव्यक्त हो पाता है और द्वैत भावना की कड़ियाँ टूटने लगती हैं।

अर्जुनः उवाच

(54) *स्थितप्रज्ञस्य का भाषा समाधिस्थस्य केशव ।*

स्थितधीः किम् प्रभाषेत किम् आसीत व्रजेत किम् ॥

तब अर्जुन ने पूछा : हे केशव, समाधि में स्थित, स्थिर बुद्धिवाले व्यक्ति (**स्थितप्रज्ञ**) के क्या लक्षण होते हैं? ऐसा व्यक्ति कैसे बोलता है, कैसे बैठता है, कैसे चलता है?

श्रीभगवान् उवाच

(55) *प्रजहाति यदा कामान् सर्वान् पार्थ मनोगतान् ।*

आत्मनि एव आत्माना तुष्टः स्थितप्रज्ञः तदा उच्यते ॥

इस पर श्रीकृष्ण ने उत्तर दिया : हे पृथापुत्र अर्जुन, जब कोई व्यक्ति मन में स्थित सम्पूर्ण कामनाओं को त्याग देता है, आत्मा से ही आत्मा में संतुष्ट रहता है, तब वह स्थितप्रज्ञ कहलाता है ।

(56) *दुःखेषु अनुद्विग्नमनाः सुखेषु विगतस्पृहः ।*

वीतरागभयक्रोधः स्थितधीः मुनिः उच्यते ॥

जिसका मन दुःख में उद्वेगरहित तथा सुख में उत्कण्ठारहित बना रहता हो, और जो राग, भय व क्रोध से मुक्त हो गया हो, उसे स्थिर बुद्धिवाला मुनि कहा जाता है ।

(57) *यः सर्वत्र अनभिस्नेहः तत् तत् प्राप्य शुभाशभम् ।*

न अभिनन्दति न द्वेष्टि तस्य प्रज्ञा प्रतिष्ठिता ॥

जो सब जगह अनासक्त रहता हो, शुभ तथा अशुभ को पाकर न तो प्रसन्न होता हो न द्वेष करता हो, उसकी बुद्धि स्थिर होती है ।

(58) *यदा संहरते च अयम् कूर्मः अंगानि इव सर्वशः ।*

इन्द्रियाणि इन्द्रियार्थेभ्यः तस्य प्रज्ञा प्रतिष्ठिता ॥

और जो अपनी इन्द्रियों को उनके विषयों से इस तरह खींच सकता है जैसे कछुआ अपने अंगों को समेट सकता है, उसकी बुद्धि स्थिर होती है ।

(59) *विषयाः विनिवर्तन्ते निराहारस्य देहिनः ।*
रसवर्जम् रसः अपि अस्य परम् दृष्ट्वा निवर्तते ॥

विषयों का भोग न करने वाले व्यक्ति की विषयों से मुक्ति तो हो जाती है लेकिन फिर भी भोग की लालसा का अन्त नहीं हो पाता । जिसने परमात्मा का दर्शन कर लिया हो उसकी तो लालसा भी समाप्त हो जाती है ।

(60) *यततः हि अपि कौन्तेय पुरुषस्य विपश्चितः ।*
इन्द्रियाणि प्रमाथीनि हरन्ति प्रसभम् मनः ॥

हे कौन्तेय, आत्मप्राप्ति के यत्न में लगे हुए बुद्धिमान व्यक्ति के मन को भी यह उपद्रवी इन्द्रियाँ बलपूर्वक हर लेती हैं ।

(61) *तानि सर्वाणि संयम्य युक्तः आसीत मत्परः ।*
वशे हि यस्य इन्द्रियाणि तस्य प्रज्ञा प्रतिष्ठिता ॥

इन सब को वश में कर समाहित चित्त वाला मुझे परम लक्ष्य मानता है । उसकी बुद्धि स्थिर होती है और इन्द्रियाँ वश में ।

श्लोक (59) "मन को बुद्धियुक्त करो" यह कहना तो आसान है, परन्तु प्रायः ऐसे वचन शिष्य के लिए कुछ मायने नहीं रखते क्योंकि उसे अभी तक ***बुद्धि*** की कोई अनुभूति नहीं हुई होती है और वह नहीं जानता कि ***बुद्धि*** वास्तव में है क्या । इसके
श्लोक (56-58) अलावा मन हठपूर्वक अपनी पृथकता बनाए रहता है और अपने को किसी और के साथ संयुक्त करने को तैयार नहीं होता । इसीलिए सांख्य की सैद्धान्तिक प्रणाली को एक ऐसे आभास से सम्पूरित करना बहुत आवश्यक है जिससे मन को व्यावहारिक रूप में नियन्त्रित और सुसंगत किया जा सके । अर्जुन के इस प्रश्न के उत्तर में कि बुद्धियुक्त मनुष्य के क्या लक्षण होते हैं, श्रीकृष्ण कहते हैं कि अपने को अन्दर के अनुभावित सत्य के साथ युक्त कर शिष्य को इन्द्रिय-विषय-वासना के जीवन से अपने आप को ऐसे खींच लेना चाहिए जैसे कछुआ अपने अंगों को बाह्य जगत के सम्पर्कों से खींच लेता है । परन्तु केवल इन्द्रियों के प्रत्याहार से ही काम नहीं चलता, क्योंकि यद्यपि सतत् इन्द्रिय निग्रह करने वाले पर इन्द्रिय-विषयों

का वश नहीं चलता फिर भी विषयों की कामना तो उसके हृदय में तब तक रहती ही है जब तक इन्द्रिय विषयात्मक जीवन से ऊँचा और कुछ नहीं दीख पड़ता ।

(62) *ध्यायतः विषयान् पुंसः संगः तेषु उपजायते।*
संगात् सञ्जायते कामः कामात् क्रोधः अभिजायते ॥
विषयों के बारे में सोचते रहने से उनमें आसक्ति हो जाती है, आसक्ति से उनको प्राप्त करने की कामना और कामना पूरी न होने पर क्रोध उत्पन्न होता है ।

(63) *क्रोधात् भवति संमोहः संमोहात स्मृतिविभ्रमः ।*
स्मृतिभ्रंशात् बुद्धिनाशः बुद्धिनाशात् प्रणश्यति ॥
क्रोध से अविवेक पैदा होता है और अविवेक से स्मृति भ्रमित हो जाती है । स्मृति भ्रमित हो जाने से बुद्धि भ्रष्ट हो जाती है और बुद्धि खो देने वालों का विनाश होता है ।

(64) *रागद्वैषवियुक्तैः तु विषयान् इन्द्रियैः चरन् ।*
आत्मवश्यैः विधेयात्मा प्रसादम् अधिगच्छति ॥
परन्तु, रागद्वेष रहित, आत्मसंयमी व स्वनियन्त्रित व्यक्ति इन्द्रियों द्वारा विषयों को भोगता हुआ भी अन्तःकरण की शांति को प्राप्त होता है ।

अंततः ***आत्मन्*** के दर्शन के अतिरिक्त और किसी भी कारण से कामना जड़ से नहीं उखड़ती और इसीलिए शिष्य को यह शिक्षा दी जाती है कि वह नकारात्मक निग्रह से ही संतुष्ट न रहे बल्कि अपनी दृष्टि अपने भीतर ***आत्मन्*** पर केन्द्रित रखे चाहे वह अभी अनदेखा ही क्यों न हो । "अपने विचारों को चुप करा और अपना ध्यान पूरी तरह अपने स्वामी पर लगा जिसे तू अभी देखता नहीं पर महसूस करता है"[9] । थोड़ा सा भी विचलन, मन का थोड़ा सा भी उस इन्द्रिय भोग-विलास वाले जीवन की ओर मुड़ना जिसकी ओर शिष्य ने एक बार पीठ फेर ली हो, नए सिरे से उन कामनाओं को शक्ति प्रदान कर देता है जिन्हें छोड़ने का प्रयत्न किया जा श्लोक (62-63)

[9] *वॉयस ऑफ़ सायलेंस ।*

रहा है। जैसे-जैसे शिष्य के कामभाव (जिसे कुछ मनोवैज्ञानिक *अचेतित मन*[10] या *Unconscious* कहते हैं) में तनाव बढ़ता है वैसे-वैसे ही ये कामनाएँ भीषण क्रोध के रूप में फूट निकलती हैं और आध्यात्मिक प्रगति को तहस-नहस कर आन्तरिक अनुभूतिओं को नष्टभ्रष्ट कर डालती हैं। जिन "स्मृतियों" के सहारे वह ऊपर उठने की आशा रखता था वे भूल जाती है।

(65) ***प्रसादे सर्वदुःखानाम् हानिः अस्य उपजायते।***
प्रसन्नचेतसः हि आशु बुद्धिः पर्यवतिष्ठते॥
अन्तःकरण की शान्ति से सब दुःखों का अभाव हो जाता है। प्रसन्नचित्त व्यक्ति की बुद्धि शीघ्र ही अविचल पर स्थिर हो जाती है।

(66) ***न अस्ति बुद्धिः अयुक्तस्य न च अयुक्तस्य भावना।***
न च अभावयतः शान्तिः अशान्तस्य कुतः सुखम्॥
जिसका मन डगमगाता हो उसमें बुद्धि नहीं होती, और न ही भावना। बिना भावना वाले को शान्ति नहीं होती और अशान्त को कैसे सुख हो सकता है?

(67) ***इन्द्रियाणाम् हि चरताम् यत् मनः अनु विधीयते।***
तत् अस्य हरति प्रज्ञाम् वायुः नावम् इव अम्भसि॥
क्योंकि जैसे जल पर वायु नाव को उड़ा ले जाती है वैसे ही इन्द्रियों के पीछे फिरता मन बुद्धि का हरण कर लेता है।

---

[10] "अचेतित-मन" से यहाँ हमारा तात्पर्य तथाकथित unconscious mind से है जिसके लिए फ्रॉयड (Freud) ने जर्मन भाषा का *unbewuuste* शब्द चुना था और जिसका अर्थ अंग्रेज़ी में unconsciouss*ed* होना चाहिए था परन्तु unconscious हो गया। यह ग़लती भले ही अंग्रेज़ी में अब इतनी प्रचलित हो गई हो कि इसे ठीक करने की कोई चेष्टा नहीं की जाती परन्तु हिन्दी में ऐसा करने की कोई आवश्यकता नहीं है। अचेतित-मन चेतनाशून्य (unconscious) नहीं होता; बस हमें उसकी चेतना नहीं होती, अर्थात् वह हमारे द्वारा *अचेतित* होता है। *चेतित्-मन* हमारा वह अंश है जिससे हमें अन्य की चेतना होती है और जिसकी चेतना हमें होती है। (अनुवादक)

(68) *तस्मात् यस्य महाबाहो निगृहीतानि सर्वशः ॥*

इन्द्रियाणि इन्द्रियार्थेभ्यः तस्य प्रज्ञा प्रतिष्ठिता ॥

इसलिए, हे महाबाहु, जिस व्यक्ति की इन्द्रियाँ उनके विषयों से खींच ली गई हों उसकी बुद्धि स्थिर होती है ।

(69) *या निशा सर्वभूतानाम् तस्याम् जागर्ति संयमी ।*

यस्याम् जाग्रति भूतानि सा निशा पश्यतः मुनेः ॥

जो सब भूतप्राणियों के लिए रात्रि है उसमें संयमी जागता है । जिसमें सब भूतप्राणि जागते हैं उसे मुनि रात के रूप में देखता है ।

(70) *आपूर्यमाणम् अचलप्रतिष्ठम् समुद्रम् आपः प्रविश्यन्ति यद्वत् ।*

तद्वत् कामाः यम् प्रविश्यंति सर्वे सः शांतिम् आप्नोति न कामकामी ॥

जिस स्थिर बुद्धिवाले व्यक्ति में सब कामनाएँ बिना कोई विकार उत्पन्न किए इस तरह समा जाती हैं जैसे सब ओर से परिपूर्ण, अचल प्रतिष्ठा वाले समुद्र में अनेक नदियाँ समा जाती हैं, उसे ही परम शांति प्राप्त होती है, कामनाओं की इच्छा करने वाले को नहीं ।

(71) *विहाय कामान् यः सर्वान् पुमान् चरति निःस्पृहः ।*

निर्ममः निरहंकारः सः शान्तिम् अधिगच्छति ॥

जो व्यक्ति सब कामनाओं को त्याग कर, किसी चीज़ की लालसा न रख कर, "मैं" और "मेरा/मेरी" की भावना के बिना रहता है वह शान्ति को प्राप्त होता है ।

(72) *एषा ब्राह्मी स्थितिः पार्थ न एनम् प्राप्य विमुह्यति ।*

स्थित्वा अस्याम् अन्तकाले अपि ब्रह्मनिर्वाणम् ऋच्छति ॥

हे पार्थ, यह है ब्राह्मी स्थिति, इसको पाकर फिर कोई भ्रम में नहीं रहता । जो अंतकाल में भी इसमें स्थित होता है वह व्यक्ति ब्रह्मनिर्वाण को पाता है ।

ऐसा नहीं है कि इन्द्रिय-जीवन को एकदम समाप्त, या बाह्य रूप से उसका निरोध, करने को कहा जा रहा हो, जो कि कुछ अव्यावहारिक सांख्यशास्त्री ऐसा ही

उपदेश देते हैं । आवश्यक तो यह है कि आन्तरिक परावर्तन का अभ्यास किया जाय जिसके द्वारा उच्चतर स्तरों तक पहुँचा जा सके । ऐसा करने से अपने आप ही वह बाहरी सामञ्जस्य आ जाता है जो ***बुद्धि*** की उपलब्धि के लिए आवश्यक होता है । अपने रथ के पुराने प्रतीक में इन्द्रियों के अश्वों को ***मनस्*** की लगाम द्वारा रोके रहना (***निगृहीत*** किए रहना) इंगित है, परन्तु इरादा घोड़ों को रथ से खोल देने का या उनकी चाल को एकदम रोक देने का नहीं है । इस अभ्यास का उद्देश्य तो यह है कि कम-से-कम कुछ हद तक मन निष्काम कर्म करने से शुद्ध हो जाय और आसक्तियों के दासत्व से थोड़ा बहुत मुक्त होकर हरदम अपने ही दृष्टिकोण पर अड़ा रहना बन्द कर दे । फिर जैसे-जैसे कामना का तूफ़ान हल्का पड़ता जाएगा, शिष्य के हृदय में एक दिव्य शान्ति व ज्ञान के प्रतिबिम्बित होने का आभास होगा, ठीक वैसे ही जैसे सनातन तारागण किसी सरोवर की गहराइयों में प्रतिबिम्बित होते हैं, और शिष्य ***बुद्धि*** के असली स्वभाव की प्रारम्भिक अनुभूति प्राप्त कर लेगा । यह अनुभूति उसके लिए केवल पुस्तकों में लिखे विवरणों से हज़ार गुना अधिक काम की होती है ।

श्लोक (61) ***मनस्*** को बुद्धियुक्त करने के आदेश का मतलब पहली बार उसकी समझ में आने लगेगा और तब जाकर ही सफलता की कुछ आशा लेकर वह अपने को साधना में लगा सकेगा । उसके सिर के ऊपर बहुत दूर, ***परम आत्मन्*** का तारा, उसके प्रयत्नों का लक्ष्य, चमकता रहेगा, हालाँकि उसकी प्रखर ज्योति अभी एक
श्लोक (69) छोटे से बिन्दु के समान लगेगी । अँधेरे में वह धीमा सा चमकेगा और जैसे-जैसे उसकी किरणें बीच के चलायमान वायुमण्डल को बींध कर निकलेंगी, वह टिमटिमाता सा नज़र आएगा । परन्तु एक बार देख लेने पर उसे फिर भुलाया नहीं जा सकता और अपने आप को श्रद्धा व भक्ति के साथ उसे समर्पित कर, अंधकार की भयावह खाई के उस पार देख सकने के लिए अपनी दृष्टि को पूरी तरह लगाए हुए शिष्य को और आगे बढ़ते ही जाना होगा । जो अनास्तित्त्व उसे अंधकार की खाई जैसा लगता है वह ज्ञानी पुरुष की पूर्ण सजग दृष्टि में दीप्त प्रकाशपुञ्ज होता है –

"ज्योति जो टूटे दीपक से परे चमकती है, अनन्त दिवस का प्रभावान प्रकाश "[11] ।

"*हे पार्थ, यह है ब्राह्मी स्थिति, इसको पा कर फिर कोई भ्रम में नहीं रहता* ।" और यद्यपि अभी तक शिष्य को उस पार की दूर से ही झलक मिली है तथा
विस्मृति की छायाएँ अभी बार बार आती रहेंगी और ज्योति को उसकी आँखों से श्लोक (72)
ओझल करती रहेंगी, फिर भी उसकी स्मृति सदा शिष्य के साथ रहेगी क्योंकि अब वह "धार में पहुँच गया है" (*श्रोतापन्न* स्थिति को प्राप्त हो गया है) और परम मुक्ति का वचन दे दिया गया है : "*जो अंतकाल में भी इसमें स्थित होता है वह व्यक्ति ब्रह्मनिर्वाण पाता है*" ।

---

[11] प्लॉटाइनस से तुलना कीजिए : "इन्द्रियों का क्षेत्र जीवात्मा की सुषुप्ति का है, क्योंकि जितना भी जीव शरीर में स्थित है वह सोया हुआ है और असली जागना शारीरिक रूप से नहीं शरीर से जागना होता है" । *ऑन दि इंपैसिविटी ऑफ़ दि इनकॉरपोरियल (On the Impassivity of the Incorporeal)*, 6 ।

अध्याय 3

कर्म योग

अर्जुनः उवाच

(1) *ज्यायसी चेत् कर्मणः ते मता बुद्धिः जनार्दन ।*
तत् किम् कर्मणि घोरे माम् नियोजयसि केशव ॥

अर्जुन ने कहा : हे जनार्दन, हे केशव, यदि आप ज्ञान को कर्म से उत्तम मानते हैं तो फिर मुझे इस घोर कर्म में क्यों लगा रहे हैं?

(2) *व्यामिश्रेण इव वाक्येन बुद्धिम् मोहयसि इव मे ।*
तत् एकम् वद निश्चित्य येन श्रेयः अहम् आप्नुयाम् ॥

इन परस्पर विरोधी से लगने वाले वाक्यों द्वारा तो आपने मेरी समझ को ही झमेले में जैसे डाल दिया है । निश्चित रूप से वह एक बात बताइए जिससे मेरा कल्याण हो ।

तीसरे अध्याय का आरम्भ शिष्य की संशयग्रस्त अवस्था से होता है । "*यदि आप ज्ञान को कर्म से उत्तम मानते हैं तो, हे कृष्ण, फिर मुझे इस घोर कर्म में क्यों लगा रहे हैं?*" गुरु ने पहले सांख्य ज्ञान की प्रशंसा की परन्तु फिर उस कर्म को करने की आवश्यकता पर भी ज़ोर दिया जिसे सांख्य मतानुयायी बिल्कुल छोड़ चुके थे । अन्त में एक बार फिर वार्तालाप को ज्ञान की श्रेष्ठता की ओर मोड़ दिया गया है और ऐसी अवस्था का वर्णन किया गया है जिसमें कर्म और कुछ नहीं तो अनावश्यक तो है ही । कोई आश्चर्य की बात नहीं कि शिष्य उलझन में पड़ा है और गुरु से लक्ष्य तक पहुंचने के एक निश्चित मार्ग को स्पष्ट रूप से समझाने की विनती करता है ।

श्लोक (1)

जो भी हो, शिक्षा में तो कोई उलझन नहीं है । बात तो सिर्फ़ इतनी है कि ज्ञान के ऐसे निरूपण का आग्रह, जो एकदम अति सुलझा हुआ, बिल्कुल निर्णयात्मक और अन्तिम हो, एक ऐसी माँग है जो पूरी नहीं की जा सकती । सद्गुरु के सिखाने

का तरीका यह नहीं होता कि हमेशा के लिए मान्य किसी पाण्डित्यपूर्ण प्रणाली को स्वीकार करने पर ज़ोर देकर शिष्य के मन पर हावी हो जाया जाय । यदि शिष्य ऐसी स्वीकृति दे भी दे तो भी वह बिल्कुल बेकार होगी क्योंकि इससे वह ***मनस्*** के विचारात्मक स्तर के ऊपर नहीं उठ पाएगा । सच्चा गुरु तो ऊपर से विरोधी लगने वाले परन्तु वास्तव में सम्पूरक, सत्य के विभिन्न पहलुओं को सामने रख कर शिष्य को ***बुद्धि*** के उच्चतर अन्तःप्रेरणात्मक ज्ञान की सहायता से विचार के सामान्य स्तर से ऊपर उठने को बाध्य करता है और इस प्रकार उसके हृदय में एक ऐसे संश्लिष्ट ज्ञान को जन्म देता है जो उसकी रग-रग में समा सकेगा ।

यदि इस बात को ठीक से न समझा गया तो पाठकगण या तो गीता की विचारधारा को परिभ्रमित समझने की ग़लती कर सकते हैं या अन्य पहलुओं को छोड़ उसके किसी एक ऐसे पहलू को ही चुन लेने की जो उन्हें ठीक लगता हो । परन्तु गीता न तो परिभ्रमित सारसंग्रहवाद है और न ही एकपक्षीय सम्प्रदायवाद । उसका उद्देश्य परम लक्ष्य तक पहुंचाने वाले पथ, यानी योग, को अपने समानुगत व सम्पूर्ण रूप में प्रस्तुत करना है । परन्तु ऐसा करने में यह अनिवार्य है कि विचारों के केवल एक ही सिलसिले को लेकर बस उस ही के तार्किक परिणाम पर पहुंचने की प्रबल इच्छा रखने वाले मन को समय-समय पर झटका देकर अन्य पहलुओं को भी समझने के लिए मजबूर किया जाय ।

श्रीभगवान् उवाच

(3) ***लोके अस्मिन् द्विविधा निष्ठा पुरा प्रोक्ता मया अनघ ।***
ज्ञानयोगेन सांख्यानाम् कर्मयोगेन योगीनाम् ॥

श्रीकृष्ण ने कहा : हे निष्पाप (अर्जुन) सृष्टि के आरम्भ में ही मैंने इस लोक में निष्ठा का दोहरा पथ बता दिया है – विचारकों के लिए ज्ञानयोग और सक्रिय लोगों के लिए कर्मयोग ।

शिष्य के प्रश्न के उत्तर में गुरु का कहना है कि आदिकाल से ही प्रव्यक्त संसार के द्वैत के अनुरूप ज्ञानाकांक्षी दो मुख्य वर्गों में बंटे रहे हैं । आधुनिक मनोविज्ञान

श्लोक (3) अन्तर्मुखी और बहिर्मुखी व्यक्तियों की बात करता है जिनकी स्वाभाविक मनोवृत्ति, क्रमशः आत्मपरक और बाह्य जगत की ओर होती है । इन्हीं के अनुरूप सांख्यवादियों का ***ज्ञानयोग*** और कर्मयोगियों का ***कर्मयोग*** है । स्वयं अपने-अपने स्वभाव के असंतुलन से प्रेरित होकर एकपक्षीय भाष्यकार सदा इन दोनों में से एक को मुख्य शिक्षण और दूसरे को गौण बताने का प्रयत्न करते हैं । परन्तु विश्व का द्वैत आधारभूत तो है नहीं – अन्त में तो सब कुछ एकात्मक ब्रह्म में समा जाता है – और इसलिए कोई भी एकपक्षीय मत पूर्ण सत्य का प्रवक्ता नहीं हो सकता ।

(4) ***न कर्मणाम् अनारम्भात् नैष्कर्म्यम् पुरुषः अश्नुते ।***
न च संन्यसनात् एव सिद्धिम् समधिगच्छति ॥

केवल कर्मों का करना बन्द कर देने से जीव नैष्कर्म्य की स्थिति पर नहीं पहुंचेगा और न ही कर्मों को त्याग देने मात्र से उसे सिद्धि प्राप्त होती है ।

(5) ***न हि कश्चित् क्षणम् अपि जातु तिष्ठति अकर्मकृत् ।***
कार्यते हि अवशः कर्म सर्वः प्रकृतिजैः गुणैः ॥

बिना कर्म किए तो कोई एक क्षणभर भी नहीं बैठ सकता, क्योंकिप्रकृतिजन्य गुण उसे सक्रिय रहने को विवश किए रहते हैं ।

(6) ***कर्मेन्द्रियाणि संयम्य यः आस्ते मनसा स्मरन् ।***
इन्द्रियार्थान् विमूढात्मा मिथ्याचारः सः उच्यते ॥

जो मूर्ख कर्मेन्द्रियों को हठपूर्वक रोक कर मन ही मन इन्द्रियभोग का चिन्तन करता है उसे मिथ्याचारी (ढोंगी या पाखण्डी) कहते हैं ।

(7) ***यः तु इन्द्रियाणि मनसा नियम्य आरभते अर्जुन ।***
कर्मेन्द्रियैः कर्मयोगम् असक्तः सः विशिष्यते ॥

परन्तु हे अर्जुन, जो मन के द्वारा इन्द्रियों को वश में कर कर्मेन्द्रियों से कर्मयोग के पथ पर चलता है वह विशिष्ट होता है ।

कर्मयोगियों का सिद्धान्त इस सीधी-सादी बात से आरम्भ होता है कि कर्म मात्र की निवृति एकदम असम्भव है । मोटे-मोटे बाहरी कर्मों से बलपूर्वक अलग रहने

पर भी आन्तरिक कर्म बेरोक-टोक होते रहते हैं । और इतना ही नहीं, ज़बरदस्ती की बाहरी अकर्मण्यता के कारण वे और अधिक उच्छृंखल हो जाते हैं । मनोवैज्ञानिक रूप से यह निश्चित है कि अत्याधिक व लम्बी अवधि तक अन्तर्मुखी रहने के परिणाम मानसिक स्वास्थ्य के लिए अनर्थपूर्ण होंगे – जैसा कि युंग (Jung) ने कहा है : अपने जाल में फँसाने वाले सब बाहरी सम्बन्धों से निकल भागने के प्रयत्नों के फलस्वरूप मनस्तापी (neurotic) व निम्नकोटि के सम्बन्ध अहंभाव पर हावी हो जाते हैं । *"केवल कर्मों का करना बन्द कर देने से जीव नैष्कर्म्य की स्थिति पर नहीं पहुंचेगा"*, और क्योंकि कर्म आवश्यक है इसलिए हमें कर्म को पूरी तरह समझने की चेष्टा करनी चाहिए ताकि उसके घातक फंदे से बच सकें । श्लोक (4)

साधारणतया कर्म जिस प्रकार किए जाते हैं उसकी असली ख़राबी यह है कि वे फल से सम्बन्धित होते हैं; हम अपने कर्मों के फलों से बँधे रहते है और उनके परिणाम, चाहे सुखदायक हों चाहे दुःखदायक, झेलने ही पड़ते हैं । यह तथाकथित "कर्म का विधान" पाश्चात्य मानस को एक अप्रमाणिक धार्मिक सिद्धान्त, या बहुत हुआ तो किसी दार्शनिक सिद्धान्त, का परिकल्पन मात्र लगेगा । परन्तु वास्तव में वह ऐसा नहीं बल्कि एक प्राकृतिक तथ्य है, जिसे कोई भी अपने अनुभव से जान सकता है । अनुभव के साधारण स्तर पर भी यह स्पष्ट है कि हमारा भाग्य अधिकतर हमारे अपने चरित्र-गुणों से निर्धारित होता है और ये हमारे भूतकाल की समस्त विचार-शृंखला द्वारा निर्मित होते हैं – ख़ास तौर से उन विचारों द्वारा जो अमल में लाए गए हों । जो मनुष्य क्रूर विचारों का चिन्तन करता है उसके कर्म भी सामान्यतः क्रूर ही होते हैं और इस तरह अन्य मनुष्यों में भय व घृणा का पात्र बन कर वह कम से कम अपने ऊपर क्रूरता को आमन्त्रित तो करता ही है । साधारण दिन-प्रतिदिन के अनुभव शायद हमें इस प्रकार की सम्भावना से अधिक और कुछ नहीं समझा सकते; परन्तु इन मामलों में साधारण अनुभव अन्तिम निर्णायक नहीं होता और जो आन्तरिक पथ, ज्ञान के मार्ग, पर आगे बढ़ता है उसे तत्काल ही यह मालूम हो जाता है कि जिसकी हम चर्चा कर रहे हैं वह कोरी सम्भावना नहीं वरन एक अटल सत्य विधान है –

"By which the slayer's knife did stab himself
The unjust judge hath lost his own defender."

"जिसके द्वारा ख़ूनी का ख़ञ्जर ख़ुद उसको ही घायल करता है
और अन्यायी जज ख़ुद अपना पैरोकार खो बैठता है" ।

गतिविज्ञान के जगत में यही विधान न्यूटन (Newton) के इस प्रसिद्ध नियम में व्यक्त है कि क्रिया और प्रतिक्रिया बराबर और विपरीत होती हैं । अपने ऐक्य में प्राणिजगत भौतिक जगत से कुछ कम नहीं है और सब अलग-अलग जीवन एक दूसरे में गुँथे हुए एक विशाल सम्पूर्ण प्राण रूप बने होते हैं। अतएव प्रत्येक कर्म – कर्म ही नहीं प्रत्येक विचार भी – उस सम्पूर्ण में तनाव पैदा करता है जिसका प्रत्युत्तर चाहे कितनी ही देर में क्यों न आए "बराबर और विपरीत" प्रतिक्रिया के रूप में आता ज़रूर है । मैं फिर से कहना चाहूँगा कि यह सिर्फ़ एक दिमाग़ी उड़ान नहीं है जो किसी प्राच्य दर्शनशास्त्र की रूपरेखा में ही ठीक बैठती हो । यह तो एक अनुभवजन्य गहन सत्य है जिसकी अवहेलना करना अपने लिए उतना ही विपत्तिजनक है जितना प्रकृति के किसी और नियम की अवज्ञा करना । "हिन्दू दर्शन" से बिल्कुल सम्बन्धित न होने वाले ईसा के इन दिव्य शब्दों में कि "जो तलवार उठाते हैं, तलवार से ही मारे जाते हैं," यही अनुभूति है ।

इस तरह, कर्म अपरिहार्य तो है ही, बन्धन में डालने वाला भी है । सृष्टिक्रम में जीव की अच्छी या बुरी अपनी जो भी स्थिति होती है उससे बाँध कर कर्म उसे "पूर्ण" के साथ समागम द्वारा मिलने वाली उस आत्मातीत स्थिति (बे-ख़ुदी) से वंचित कर देता है जो परम लक्ष्य होती है ।

कर्मयोगियों द्वारा बताया मार्ग यह था कि कर्मकाण्ड में निर्धारित उस विधान का सख़्ती-सावधानी से पालन किया जाय जो हिन्दू आचार नीति के अनुसार ब्राह्मण के जीवन और दिनचर्या को पूरी तरह विनियमित करता था । साथ ही कर्मयोगी को शास्त्रों में परिलक्षित सांसारिक वैभव, स्वर्गप्राप्ति आदि फलों की कामना न रखते हुए ये कर्म करने होते थे । इस तरह कर्मयोगी कर्म की अपरिहार्यता और इतनी ही निश्चित उसकी बन्धन-शक्ति द्वारा उत्पन्न विकट स्थिति से बच निकलने

की आशा करते थे । उन्होंने यह निष्कर्श बिल्कुल ठीक निकाला कि बन्धन-शक्ति कर्म से नहीं बल्कि उस कामना से उत्पन्न होती है जिससे कर्म किया जाता है, और इसलिए उन्होंने यह सिखाया कि यदि फल की इच्छा को काटा जा सके तो कर्मरूपी सांप के ज़हरीले दांत उखड़ जायेंगे ।

(8) *नियतम् कुरु कर्म त्वम् कर्म ज्यायः हि अकर्मणः ।*
शरीरयात्रा अपि च ते न प्रसिद्ध्येत् अकर्मणः ॥

कर्म न करने की अपेक्षा कर्म करना श्रेष्ठ है, और कर्म न किया जाय तो शरीर-निर्वाह भी नहीं हो सकता, इसलिए नियत कर्मों को करो ।

(9) *यज्ञार्थात् कर्मणः अन्यत्र लोकः अयम् कर्मबन्धनः ।*
तदर्थम् कर्म कौन्तेय मुक्तसङ्गः समाचर ॥

यज्ञ के लिए किए गए कर्म के अतिरिक्त अन्य कर्म में लगा हुआ यह संसार ही कर्मबन्धन में जकड़ा हुआ है । इसलिए, हे कौन्तेय, यज्ञ के लिए आसक्ति रहित कर्म करो ।

(10) *सहयज्ञाः प्रजाः सृष्ट्वा पुरा उवाच प्रजापतिः ।*
अनेन प्रसविष्यध्वम् एषः वः असतु इष्टकामधुक् ॥

प्रजापति (ब्रह्मा) ने सृष्टि के आरम्भ में मानव जाति और यज्ञ दोनों की रचना की और कहा : "यज्ञ से तुम्हारी वृद्धि होगी, तुम्हारी मनोकामनाएँ पूर्ण होंगी ।

(11) *देवान् भावयत अनेन ते देवाः भावयन्तु वः ।*
परस्परम् भावयन्तः श्रेयः परम् अवाप्स्यथ ॥

इस यज्ञ से तुम देवताओं की उन्नति करो और देवता तुम्हारी उन्नति करें । इस प्रकार परस्पर कर्तव्य समझ कर उन्नति करते हुए परम कल्याण को प्राप्त होओगे ।

(12) *इष्टान् भोगान् हि वः देवाः दास्यन्ते यज्ञभाविताः ।*
तैः दत्तान् अप्रदाय एभ्यः यः भुङ्क्ते स्तेनः एव सः ।

यज्ञ द्वारा उन्नत देवता तुम्हारी इच्छा के विषय तुम्हें देंगे" । अतएव, जो देवताओं के दिए भोगों को बिना कुछ वापस दिए भोगता है वह चोर हुआ ।

(13) *यज्ञशिष्टाशिनः सन्तः मुच्यन्ते सर्वकिल्बिषैः ।*

भुञ्जन्ते ते तु अघम् पापाः ये पचन्ति आत्मकारणात् ॥

यज्ञ का अवशेष खाने वाले सन्त सब पापों से मुक्त हो जाते हैं, पर जो सिर्फ़ अपने लिए खाना पकाते हैं वे पाप का भक्षण करते हैं।

(14) *अन्नात् भवति भूतानि पर्जन्यात् अन्नसम्भवः ।*

यज्ञात् भवन्ति पर्जन्यः यज्ञः कर्मसमुद्भवः ॥

अन्न से समस्त भूतप्राणि उत्पन्न होते हैं, अन्न वर्षा से उत्पन्न होता है, वर्षा यज्ञ से होती है और यज्ञ कर्मों से उत्पन्न होता है।

(15) *कर्म ब्रह्मोद्भवम् विद्धि ब्रह्म अक्षरसमुद्भवम् ।*

तस्मात् सर्वगतम् ब्रह्म नित्यम् यज्ञे प्रतिष्ठितम् ॥

कर्म को वेद से उत्पन्न हुआ जानो और वेद अविनाशी (ब्रह्म) से, इसलिए सर्वव्यापी ब्रह्म सदैव यज्ञ में स्थित होता है।

(16) *एवम् प्रवर्तितम् चक्रम् न अनुवर्तयति इह यः ।*

अघायुः इन्द्रियारामः मोघम् पार्थ सः जीवति ॥

जो दुनिया में इस संसार-चक्र का अनुसरण नहीं करता, हे अर्जुन, ऐसा इन्द्रियों में लिप्त प्राणी व्यर्थ ही जीता है।

(17) *यः तु आत्मरतिः एव स्यात् आत्मतृप्तः च मानवः ।*

आत्मनि एव च संतुष्टः तस्य कार्यम् न विद्यते ॥

परन्तु जो मानव आत्मन् में प्रीति रखता है और आत्मन् में ही तृप्त रहता है तथा आत्मन् में ही संतुष्ट हो उसके लिए कोई कर्तव्य नहीं होता।

(18) *न एव तस्य कृतेन अर्थः न अकृतेन इह कश्चन ।*

न च अस्य सर्वभूतेषु कश्चित् अर्थव्यपाश्रयः ॥

उसे इस संसार में कर्म करने से कुछ लाभ प्राप्त नहीं करना होता और कुछ न करने से किसी हानि का भय भी नहीं होता – अपने किसी भी काम के लिए उसे किसी पर आश्रित होने की आवश्यकता नहीं रहती।

“यज्ञ का अवशेष खाने वाले सन्त सब पापों से मुक्त हो जाते हैं, पर जो सिर्फ़ अपने लिए खाना पकाते हैं वे पाप का भक्षण करते हैं ।”

सांख्य के वैराग्य के समान इस सिद्धान्त का भी यथाशब्द मतलब लगाना पर्याप्त नहीं होगा । यथाशब्द और असम्बद्ध रूप में लेने पर यह सिद्धान्त विफल हो जाता है क्योंकि वह ओजस्वी व सर्जनात्मक कर्म-जीवन को प्राणहीन नीरस क्रियाकलापों में परिणत कर डालता है, और आत्मा को ऐसे औपचारिक झमेले में फँसा कर त्रस्त कर देता है जो जीवन के सामान्य कर्मों पर बिल्कुल भी लागू नहीं होता । कर्मयागियों के लिए तो (गीता काल में) कर्म वह अनिवार्य मुसीबत हो गई थी जिससे जीव को तब तक छुटकारा नहीं मिल सकता था जब तक वह सशरीर रहे; और वे वीरानगी में व क्लान्ति के त्रास में कामना से मुक्ति प्राप्त करने की चेष्टा करते थे । शुद्ध सांख्ययोगियों के समान उनको भी यह विपुल व आश्चर्यमय जीवन विधाता की एक भयानक भूल लगती होगी, जो न हुई होती तो ही अच्छा होता ।

श्रीकृष्ण कर्म को ऐसे क्षुद्र व अधम रूप में नहीं देखते । कर्मयागियों के समान वे भी कर्म को यज्ञ मानते हैं – परन्तु ब्राह्मणों के औपचारिक कर्मकाण्ड के अनुष्ठानों से नितान्त भिन्न । निम्नस्तरीय, या *इन्द्रिय-मनस्* की, उच्चस्तरीय के लिए यज्ञ में आहुति देनी होती है, और जैसा कि पिछले अध्याय में कहा गया है, उस उच्चस्तरीय को ***बुद्धि*** से युक्त करना होता है ।

अब इस बारे में कुछ कहने का समय आ गया है कि वह कौन सी प्रक्रिया है जिससे ऐसा किया जा सकता है । उपक्रम में हम देख चुके हैं कि ***उच्चस्तरीय-मनस्*** अर्जुन और ***निम्नस्तरीय-मनस्*** धृतराष्ट्र के बीच होता है दूसरा सारथी सञ्जय, जो हृदय में सनातन मान्यताओं की बात करने वाली आत्मा की वाणी होता है । ठीक उसी तरह जिस तरह *बुद्धि* “अद्वय प्राण” (***महत् आत्मन्***) और व्यक्तिगत अहंभाव के बीच की कड़ी होती है, वैसे ही निचले स्तर पर सञ्जय आनुभाविक व्यक्तित्त्व और विशिष्ट जीवात्मा के बीच की कड़ी है । बुद्धियुक्त होकर मन उत्कर्ष की ओर उठता है और इसी तरह आनुभाविक व्यक्तित्त्व, या

निम्नस्तरीय मनस्, सञ्जय के वचनों को मानने से स्वयं विकसित होकर अपने सच्चे स्वरूप से समागम करता है।

यही कारण है कि कर्म को कर्तव्य समझ कर करने पर इतना ज़ोर दिया गया है। क्षुद्र अहम् को कठोर आत्म-दमन द्वारा नष्ट नहीं करना है, बल्कि उसे प्रत्येक स्थिति में उच्चतर पक्ष की वाणी के आदेश का पालन करने की सिखलाई देना है, ताकि वह उससे मिल कर एक हो सके। "सत्कर्म" तो करने ही हैं, लेकिन सत्कर्म वे होते हैं जो इस वाणी के अनुरूप हों, न कि किसी बाहरी शास्त्रीय नियम के। शिष्य को सदा इस वाणी को सुनना चाहिए और सुन कर उस पर अमल करना चाहिए। इस तरह क्षुद्र अहम् अपनी कामनाओं की आसक्ति से मुक्त होगा और समय आने पर ***उच्चतर अहम्*** से मिल जाएगा। जब तक यह समागम नहीं होता तब तक अगला चरण, यानी ***बुद्धि*** से समागम, (*महायान* बौद्धों की *ध्यान पारमिता*) सम्भव नहीं है[1]।

श्लोक (8)

कर्म के व्यावहारिक महत्त्व को समझाने के बाद श्रीकृष्ण उसके नैतिक और सार्वभौमिक महत्त्व पर आते हैं। संक्षेप में वे उस यज्ञ-चक्र[2] का विवरण देते हैं जिससे प्रव्यक्त विश्व बनता है और जो यह दिखाता है कि कर्म किस प्रकार अविनाशी पर आधारित है। दिग्दिगन्त में सब ओर परम पुरुष का बलिदान-जन्य प्राण-रक्त बह रहा है। इस पोषक प्राण के अभाव में तो समस्त लोक नष्ट हो

श्लोक (10, 16)

---

[1] अध्याय 6 देखिए जहाँ इस चरण का ज़िक्र है।

[2] श्लोक 14, 15 को कोई प्राचीन वारिश लाने वाला जादू नहीं समझ लेना चाहिए। "अन्न" का अर्थ है स्थूल भौतिक जगत जिससे नाम–रूप बने होते हैं। "पर्जन्य" यानी वर्षा का अर्थ है वे काम–शक्तियाँ जो इन नाम–रूपों को जन्म देती हैं। "यज्ञ" वह आत्म–परीसीमन रूपी बलिदान है जिसके द्वारा एक से अनेक बनते हैं, और "कर्म" ***मूलप्रकृति*** है जिससे सब कृत्य निकलते हैं (गीता अध्याय 8, श्लोक 3 और अध्याय 13 श्लोक 9 से तुलना कीजिए)। समस्त कर्म के उद्भव स्थान के रूप ***मूलप्रकृति*** को कर्म कहा गया है, उसी को ***महत्–योनि*** (गीता अध्याय 14 श्लोक 3) यानी जीवमात्र के उद्भव स्थान के रूप में ***ब्रह्म*** (श्लोक 15) कहा है। स्पष्ट है कि "अक्षर" का तात्पर्य ***परब्रह्म*** से है।

जाएँगे । और इसीलिए वह सर्वोत्तम, लोकहित के लिए, निरन्तर इस प्रकार कर्मयज्ञ में अपनी आहुति देता रहता है । सब लोकों में, सब प्राणियों में, होकर वह महाप्राण अथक चक्कर लगाता रहता है और कोई भी प्राणी दम्भपूर्वक यह नहीं कह सकता कि उसका औरों से कुछ मतलब नहीं है । संसार का जो ज्ञान आज हमें इतनी सरलता से उपलब्ध है उसके लिए हम भूतकाल के असंख्य मनीषियों और अन्वेषणकर्ताओं के आभारी हैं, और किसी भी नगर की सड़क पर हम पुराने ज़माने के अनेक अज्ञात मज़दूरों की झुकी हुई कमरों के ऊपर पैर रखे बिना नहीं चल सकते । हमारी मति भी अपनी आज की समस्त विचार सम्भावनाओं के लिए उन सब की आभारी है जिन्होंने सदियों पहले नई धारणाओं को समझने के लिए कठिन प्रयत्न किए थे, और हमारी दृष्टि भी आज जो कुछ है वह उस लम्बे कठोर संघर्ष का ही फल है जिसका लेखा-जोखा अब कहीं नहीं मिलता । परन्तु साधारण लेखा न सही, कर्म की पोथी में तो वह ऋण स्पष्ट अमर अक्षरों में दर्ज है जिसका भुगतान हमें अपने कृत्यों द्वारा करना होता है, और जिससे हिमालय की कन्दरा में बैठे किसी बड़े योगी को भी छूट नहीं मिल सकती चाहे वह इस ऋण की अवज्ञा भले ही कर ले । "*जो दुनिया में इस संसार-चक्र का अनुसरण नहीं करता, हे अर्जुन, ऐसा इन्द्रियों में लिप्त प्राणी व्यर्थ ही जीता है*" ।

इस तरह कर्म को शरीरधारी व्यक्तियों के लिए केवल एक भौतिक आवश्यकता ही नहीं समझना चाहिए । वह तो एक नैतिक आवश्यकता भी है क्योंकि यज्ञ (बलिदान) कर्म से ही संसार उत्पन्न होते हैं और उस यज्ञ से ही पोषित होकर "केन्द्रीय सूर्य" के चारों ओर घूमते हैं । चैतन्य (देवतागण) नाम-रूपों का पालन-पोषण करता है और नाम-रूप इस चैतन्य को साकार रूप में बनाए रखते हैं । इस तरह समस्त जगत एक महायज्ञ में बँधा हुआ है और प्रत्येक अलग लगने वाला हिस्सा बाकी सब से सम्बन्धित होता है ।

परन्तु यह समझना आवश्यक है कि बिना ***आत्मन्*** के ज्ञान के यह यज्ञ-कर्म असली मायनों में सम्भव नहीं है । इसीलिए सांख्य ज्ञान की शिक्षा कर्म की शिक्षा से पहले दी गई है । जब तक अद्वय ***आत्मन्,*** या कम से कम उसकी दिव्य (श्लोक 17, 18)

ज्योति, का ज्ञान नहीं होता तब तक कर्मफल की कामना का पूर्ण त्याग किसी प्रकार सम्भव नहीं है और ऐसे त्याग की केवल लच्छेदार शब्दों में बात ही की जा सकती है । ***आत्मन्*** की ज्योति का थोड़ा-बहुत ज्ञान तो होना ही चाहिए, और जैसे-जैसे यह ज्ञान बढ़ता जाता है – सिर्फ़ सैद्धान्तिक रूप में नहीं बल्कि अनुभव के प्रत्येक क्षण में विद्यमान एक जीवन्त सत्य के रूप में – वैसे-वेसे शिष्य कर्मफल की कामना का त्याग कर पाता है, या यूँ कहिए कि कर्मफल की कामना बिल्कुल बेमतलब लगने लगती है और अपने आप छूट जाती है, यद्यपि ऐसा तब ही तक होगा जब तक शिष्य उस ज्योति में केन्द्रित रहेगा । अन्त में जब लम्बे और अनवरत संघर्ष के बाद जीवन का *आत्मन्* में यह केन्द्रीकरण स्थायी हो जाएगा, अर्थात जब शिष्य *आत्मन्* से ही तुष्ट और उस ही में मग्न रहेगा, तो उसको और किसी उपलब्धि की आवश्यकता नहीं होगी और "*अपने किसी भी काम के लिए उसे किसी पर आश्रित होने की आवश्यकता नहीं रहती*" ।

(19) ***तस्मात् असक्तः सततम् कार्यम् कर्म समाचर ।***
असक्तः हि आचरन् कर्म परम् आप्नोति पूरुषः ॥
इसलिए जो कर्तव्य है उस कर्म को अनासक्त होकर करो, अनासक्त कर्म करता हुआ व्यक्ति "परम्" को प्राप्त होता है ।

(20) ***कर्मणा एव हि संसिद्धिम् आस्थिताः जनकादयः ।***
लोकसंग्रहम् एव अपि संपश्यन् कर्तुम् अर्हसि ॥
जनक आदि ज्ञानीजन भी कर्म द्वारा ही परम सिद्धि को प्राप्त हुए हैं; और लोगों के सामने उदाहरण रखने के लिए भी तुम्हें कर्म करना ही चाहिए ।

(21) ***यत् यत् आचरति श्रेष्ठः तत् तत् एव इतरः जनः ।***
सः यत् प्रमाणम् कुरुते लोकः तत् अनुवर्तते ॥
जैसा श्रेष्ठ पुरुष करता है जनता भी वैसा ही करती है । जो कुछ वह कर दिखाता है लोग भी उसके ही अनुसार करते है ।

(22) ***न मे पार्थ अस्ति कर्तव्यम् त्रिषु लोकेषु किञ्चन ।***
न अनवाप्तम् अवाप्तव्यम् वर्ते एव च कर्मणि ॥

हे पार्थ, मेरे लिए तो तीनों लोकों में ज़रा भी कर्तव्य नहीं है, कोई वस्तु अप्राप्त नहीं है, कुछ भी प्राप्त करने योग्य नहीं है, तो भी मैं कर्म में लगा रहता हूँ ।

(23) *यदि हि अहम् न वर्तेयम् जातु कर्मणि अतन्द्रितः ।*
मम वर्त्म अनुवर्तन्ते मनुष्याः पार्थ सर्वशः ॥

यदि मैं भी अतंद्रित (बिना थके या तंग आए) कर्म न करूँ तो सब मनुष्य भी वैसा ही करने लगें ।

(24) *उत्सीदेयुः इमे लोकाः न कुर्याम् कर्म चेत् अहम् ।*
संकरस्य च कर्ता स्याम् उपहन्याम् इमाः प्रजाः ॥

यदि मैं कर्म न करूँ तो ये सब लोक भ्रष्ट हो जाएँ और मैं सुव्यवस्था को बिगाड़ देने वाला और सब भूतप्राणियों के अन्त का कारण बन जाऊँ ।

(25) *सक्ताः कर्मणि अविद्वांसः यथा कुर्वन्ति भारत ।*
कुर्यात् विद्वान् तथा असक्तः चिकीर्षुः लोकसंग्रहम् ॥

हे भारत, जैसे अज्ञानीजन कर्म में आसक्त होकर [अनवरत] काम करते हैं वैसे ही विद्वान भी लोगों के लिए उदाहरण बन कर अनासक्त होकर ऐसे ही काम करता है ।

(26) *न बुद्धिभेदम् जनयेत् अज्ञानाम् कर्मसंगिनाम् ।*
जोषयेत् सर्वकर्माणि विद्वान् युक्तः समाचरन् ॥

ज्ञानी पुरुष को चाहिए कि कर्म करना छोड़ कर अज्ञानियों को भ्रम में न डाले; स्वयं अच्छी तरह अनासक्त कर्म करते रह कर उनको भी वैसा ही करने के लिए प्रेरित करे ।

इस प्रकार "निजी" कर्म से निवृत्त होकर शिष्य दैवी व सार्वभौमिक कर्म से संयोग स्थापित कर लेगा । स्वयं श्रीकृष्ण के समान ही उसके बारे में भी यह कहा जाएगा कि यद्यपि तीनों लोकों में कुछ भी ऐसा नहीं जो उसने प्राप्त न कर लिया हो, फिर भी लोकहित के लिए वह अथक कर्म करने में लगा रहता है । यहाँ

श्लोक (22-24) ***अतन्द्रित*** शब्द, जिसका अर्थ है "बिना थके या तंग आए", ध्यान देने योग्य है। शिष्य जिन यज्ञ कर्मों के साथ संयोग करने की आकांक्षा रखता है वे ऐसे प्राणहीन व नीरस कृत्य नहीं हैं जिनका चित्रण प्रायः हमारे मानस पटल पर ***त्याग*** व ***कर्तव्य*** जैसे शब्दों को सुनने से हो जाया करता है। हम देख चुके हैं कि पथ के आरम्भ में यह सोच कर शिष्य कितना उदास हो जाता है कि उसके लिए तो अब एक नीरस जीवन ही बचा रह जाएगा क्योंकि ऐसा लगता है कि अपनी उन सब कामनाओं का हनन करना पड़ेगा जिनके कारण ही यह जीवन जीने योग्य होता है। परन्तु यह एक भ्रम है जिसे दूर करना पड़ता है, "*जैसे अज्ञानीजन कर्म में*
श्लोक (25) *आसक्त होकर [अनवरत] काम करते हैं वैसे ही विद्वान भी लोगों के लिए उदाहरण बन कर अनासक्त होकर ऐसे ही काम करता है*"। सांसारिक लोगों के कामना प्रेरित कर्म का आवेश, नवयौवन का उत्साह और महत्त्वाकांक्षियों की अथक शक्ति, साधक को इन्हें नीरसता के मरुस्थल में बहा कर नष्ट नहीं होने देना है, बल्कि इन्हें बनाए रख कर इनका रूपान्तर किसी महत्तर शक्ति में करना होता है। सच्चा वैरागी कोई ऐसा नीरस, निर्जीव "पवित्र" पुरुष नहीं होता जिसके कारण आज धर्म के नाम से ही अनेक लोगों को चिढ़ हो गई है। वह तो ब्रह्म के उस अनन्त आनन्द पर आधारित उल्लासमय अनुप्राणित जीवन का स्रोत होता है जो अपनी सहज पूर्णता के कारण सृष्टि में परिप्लावित हो उठता है।

(27) ***प्रकृतेः क्रियमाणानि गुणैः कर्माणि सर्वशः।***
अहंकारविमूढात्मा कर्ता अहम् इति मन्यते॥

प्रकृति के गुण ही सब कर्मों को करते हैं। अहंकार के कारण भ्रमित हुई बुद्धि वाला व्यक्ति ही अपने आप को कर्ता समझता है।

(28) ***तत्त्ववित् तु महाबाहो गुणकर्मविभागयोः।***
गुणाः गुणेषु वर्तन्ते इति मत्वा न सज्जते॥

परन्तु, हे महाबाहु, गुण और कर्म के विभाग के तत्त्व को समझने वाला व्यक्ति जानता है कि इन्द्रियरूपी गुण विषयरूपी गुणों में रहते भर हैं, और इसलिए ऐसा व्यक्ति उनमें लिप्त नहीं होता।

(29) *प्रकृतेः गुणसंमूढाः सज्जन्ते गुणकर्मसु ।*
तान् अकृत्स्नविदः मन्दान् कृत्स्नवित् न विचालयेत् ॥
प्रकृति के गुणों से मोहित हुए व्यक्ति गुण और कर्मों में आसक्त होते हैं । ठीक से समझने वाले व्यक्ति इन नासमझ मन्दबुद्धि लोगों को विचलित नहीं करते ।

(30) *मयि सर्वाणि कर्माणि संन्यस्य अध्यात्मचेतसा ।*
निराशीः निर्ममः भूत्वा युध्यस्व विगतज्वरः ॥
सब कर्मों को मुझ में समर्पण कर, आत्मन् में केन्द्रित हो, आशा, स्वार्थ तथा अपने मानसिक ज्वर को त्याग कर युद्ध करो ।

यह है कर्म का वास्तविक स्वरूप – यह तथ्य कि समस्त ब्रह्माणड यज्ञ (बलिदान) पर आधारित है, औपचारिक आहुति-समारोहों पर नहीं बल्कि उस पर जिसके ये बाह्य प्रतीक मात्र हैं । यह वही महायज्ञ है जिसके बारे में हम वेदों[3] में पढ़ते हैं और वह जिसमें "परम पुरुष" की बलि विश्वाग्नि में दी गई थी और ओसाइरिस (Osiris) के समान जिसके अंग दिग्दिगन्त में बिखरा दिए गए थे । इस महायज्ञ में योगदान करने को ही शिष्य से कहा जा रहा है । यद्यपि वह बराबर कर्म करता रहेगा फिर भी बन्धन में नहीं फँसेगा क्योंकि सांख्यज्ञान के परिचय से वह जान गया है कि सब कर्म केवल प्रकृति के रूपभेद द्वारा ही किए जाते हैं । उनके स्थूल व सूक्ष्म शरीर क्रियाशील अवश्य होते हैं और अज्ञानी इन कर्मों में उलझ जाते हैं, परन्तु जिसने पिछले अध्याय की शिक्षा को ठीक से समझ लिया हो वह जानता है कि सच्चा स्वरूप, ***आत्मन्,*** सदैव केवल निस्संग, निष्पक्ष और शान्त साक्षी ही रहता है । अब उसे कर्म बाँध नहीं सकते और न शस्त्र उसे काट ही सकते हैं । इस ज्ञान को दृढ़तापूर्वक अपने हृदय में जमा कर कृष्ण को महायज्ञ का प्रतीक समझ, उन्हें अपने सब कर्म अर्पित करते हुए, स्वार्थपरक आशा व

श्लोक (27-30)

[3] *ऋग्वेद* 10, 90 ।

आशंका से मुक्त हो, वह उत्साहपूर्वक पाप और दुःख से युद्ध में जुट जाता है, पाप उसके अपने निचले मन का और दुःख अपने बन्धु-बान्धवों का।

(31) *ये मे मतम् इदम् नित्यम् अनुतिष्ठन्ति मानवाः।*
श्रद्धावन्तः अनूसुयन्तः मुच्यन्ते ते अपि कर्मभिः॥
जो भी दोषबुद्धि रहित व्यक्ति श्रद्धापूर्वक मेरे इस मत के अनुसार जीवन यापन करते हैं वे भी सब कर्मों से मुक्त हो जाते हैं।

(32) *ये तु एतत् अभ्यसूयन्तः न अनुतिष्ठन्ति मे मतम्।*
सर्वज्ञानविमूढान् तान् विद्धि नष्टान् अचेतसः॥
परन्तु जो मेरे इस मत को नहीं मानते और उसके अनुसार जीवन यापन नहीं करते उन मूर्खों को नष्ट हुआ ही जानो।

(33) *सदृशम् चेष्टते स्वस्याः प्रकृतेः ज्ञानवान् अपि।*
प्रकृतिम् यान्ति भूतानि निग्रहः किम् करिष्यति॥
ज्ञानवान् व्यक्ति भी अपनी प्रकृति के अनुसार कर्म करता है, सब प्राणी अपनी प्रकृति के वश में होते हैं, निग्रह क्या कर सकता है?

(34) *इन्द्रियस्य इन्द्रियस्य अर्थे रागद्वेषौ व्यवस्थितौ।*
तयौः न वशम् आगच्छेत् तौ हि अस्य परिपन्थिनौ॥
सभी इन्द्रियों के भोगों में स्थित जो राग और द्वेष होते हैं कोई उनके वश में न आए क्योंकि वे उसके कल्याण मार्ग में विघ्न उत्पन्न करने वाले होते हैं।

(35) *श्रेयान् स्वधर्मः विगुणः परधर्मात् स्वनुष्ठितात्।*
स्वधर्मे निधनम् श्रेयः परधर्मः भयावहः॥
गुणरहित अपना स्वधर्म भी अच्छी प्रकार आचरण किए हुए दूसरे के धर्म से उत्तम होता है। अपना धर्म निर्वाह करते हुए मरना भी श्रेय है; दूसरे का धर्म भयावह होता है।

कोई यह न समझ ले कि रणभेरी बजते ही युद्ध में विजय प्राप्त हो जाती है। जो ज्ञान दिया गया है उसे निरंतर अभ्यास व संघर्ष द्वारा हृदय में कूट-कूट कर भरना

होगा । अभी तो लड़ाई कई बार लड़नी होगी और जो कोई अपनी कमियों की और आँख, और दुःखी मानव जाति के आर्तनाद की ओर कान, बन्द करवाने वाले मिथ्या तर्क के फन्दे में फँस कर अपनी उपलब्धियों के गर्व में फूलेगा, वह अब तक प्राप्त हुए ज्ञान के लिए कुपात्र साबित होगा । इस समय वह जो कुछ भी समझे, उसका पतन निश्चित है ।

निस्सन्देह संशय उत्पन्न होंगे और यह कह कह कर हृदय को त्रस्त करेंगे कि संघर्ष करना व्यर्थ है ।

"All things are vain and vain the knowledge of their vanity
Rise and go hence, there is no better way
Than patient scorn, nor any help for man
Nor any staying of this whirling wheel."[4]

व्यर्थ है सब कुछ
और इस व्यर्थता का ज्ञान भी तो व्यर्थ है ।
छोड़ चलो इस सब को,
एक धीर उपेक्षा के अलावा
मानव के लिए न तो और कोई सूरत है
और न उसके भाग्यचक्र के रुकने की कोई सम्भावना ।

सब प्राणी अपने अपने भाग्यचक्र का अनुसरण करते हैं । ***आत्मन्*** सब का तटस्थ साक्षी रहता है । भलाई और बुराई तो ख़ाली शब्दमात्र होते हैं, अर्थात्, बुराई से लड़ना भी व्यर्थ ही है । जब सब कर्म अनिवार्य रूप से प्रकृति के गुणों द्वारा ही करवाए जाते हैं और जीवात्मा तो माया के इस खेल का साक्षी मात्र है तो फिर निग्रह करने का क्या फ़ायदा? श्लोक (33)

ऐसे अधकचरे सत्यों के ऊपर विजय प्राप्त करनी होती है । यह सच है कि प्रकृति के नियम अटल हैं और प्रत्येक कारण का अपना निश्चित परिणाम होता है ।

---

[4] *लाइट ऑफ़ एशिया ।*

श्लोक (34-35) ब्रह्माण्ड के अन्तरंग में आकर्षण और प्रत्याकर्षण की वह शक्ति छिपी है जो सब वस्तुओं को चलाती और बदलती रहती है। विलयन-प्रवृत्ति वाले रासायनिक तत्त्वों से लेकर राग व द्वेष करने वाले मानव तक सब के सब विवशता के फ़ौलादी पञ्जे की इस शक्ति पर आश्रित होते हैं – हाँ, सब के सब, अतिरिक्त उसके जिसने कामना को जीत लिया हो और जो सब कर्म केवल अपना कर्तव्य (***स्वधर्म***) समझ कर ही करता है। जब तक शिष्य कुछ कर्म इसलिए करता है कि वे उसे अच्छे लगते हैं और कुछ इसलिए नहीं करता कि वे उसे बुरे लगते हैं, तब तक वह कालचक्र पर निस्सहाय घूमता ही रहेगा। भले ही वह "धर्म भीरु" प्रकृति का होने के कारण केवल "सत्कर्म" ही करता हो, परन्तु होता वह अपनी प्रकृति का दास ही है।

अर्जुनः उवाच

(36) *अथ केन प्रयुक्तः अयम् पापम् चरति पूरुषः ।*
अनिच्छन् अपि वार्ष्णेय बलात् इव नियोजितः ॥

अर्जुन ने पूछा : हे कृष्ण, फिर, न चाहते हुए भी मनुष्य किसकी प्रेरणा से पापकर्म करता है, जैसे बलात् वह किया जा रहा हो?

श्रीभगवान् उवाच

(37) *कामः एषः क्रोधः एषः रजोगुणसमुद्भवः ।*
महाशनः महापाप्मा विद्धि एनम् इह वैरिणम् ॥

श्रीकृष्ण ने कहा : रजोगुण से उत्पन्न हुए इस काम की प्रेरणा से, यही क्रोध है; भयंकर लालसा व महापाप है यह काम। इसको ही अपना वैरी जानो।

(38) *धूमेन आव्रियते वह्निः यथा आदर्शः मलेन च ।*
यथा उल्बेन आवृतः गर्भः तथा तेन इदम् आवृतम् ॥

जैसे धुएँ से आग, धूल से दर्पण और झिल्ली से गर्भ में भ्रूण ढका होता है वैसे ही उस [काम] से यह [ज्ञान] ढका होता है।

(39) *आवृतम् ज्ञानम् एतेन् ज्ञानिनः नित्यवैरिणा ।*

कामरूपेण कौन्तेय दुष्पूरेण अनलेन च ॥

हे कौन्तेय, कभी तृप्त न हो सकने वाली, ज्ञानियों की नित्यशत्रु, इस कामाग्नि के आवरण से ढका होता है ज्ञान ।

(40) *इन्द्रियाणि मनः बुद्धिः अस्य अधिष्ठानम् उच्यते ।*

एतैः विमोहयति एषः ज्ञानम् आवृत्य देहिनाम् ॥

इन्द्रियाँ, मन और बुद्धि इसके वासस्थान कहे जाते हैं और यह काम इनके द्वारा ही ज्ञान को ढक कर जीवात्मा को मोहित करता है ।

(41) *तस्मात् त्वम् इन्द्रियाणि आदौ नियम्य भरतर्षभ ।*

पाप्मानम् प्रजहि हि एनम् ज्ञानविज्ञाननाशनम् ॥

इसलिए, हे अर्जुन, तुम पहले इन्द्रियों को वश में कर ज्ञान और विज्ञान को नष्ट करने वाले इस काम को निश्चित रूप से मारो ।

(42) *इन्द्रियाणि पराणि आहुः इन्द्रियेभ्यः परम् मनः ।*

मनसः तु परा बुद्धिः यः बुद्धेः परतः तु सः ॥

इन्द्रियों को शरीर से श्रेष्ठ कहते हैं, मन इन्द्रियों से श्रेष्ठ होता है और मन से श्रेष्ठ है बुद्धि । जो बुद्धि से भी बढ़कर है वह आत्मन् है ।

(43) *एवम् बुद्धेः परम् बुद्ध्वा संस्तभ्य आत्मानम् आत्मना ।*

जहि शत्रुम् महाबाहो कामरूपम् दुरासदम् ॥

इस प्रकार, आत्मन् को बुद्धि से उच्चतर जान कर निचले क्षुद्र अहम् को आत्मन् द्वारा नियन्त्रित कर, हे महाबाहु, इस कठिनाई से क़ाबू आने वाले कामरूपी शत्रु को मारो ।

परन्तु "वह" अद्वय *आत्मन्* तो सदैव अपने आप में स्वतन्त्र होता है । हाँ, वह बँधा हुआ सा तब प्रतीत होता है जब उसका तादात्म्य अपनी निचली उपाधियों से हो जाता है – उन उपाधियों से जो मुकुर के समान उसकी ज्योति को प्रतिबिम्बित करती हैं । जैसे-जैसे शिष्य अन्तरात्मा की सीढ़ियों पर चढ़ता जाता है वैसे-वैसे

आत्मन् की सहज स्वाधीनता और अधिक प्रदीप्त होती जाती है और प्रकृति की लीला को आँख बन्द कर सहने के बजाय उस पर प्रभुता स्थापित करती जाती है।

जो मन के कहने पर चलता है वह इन्द्रियों के कहने पर चलने वाले से अधिक स्वतन्त्र होता है, और उस से भी अधिक स्वतन्त्र वह होता है जिसका ***मनस्*** बुद्धियुक्त हो और ***बुद्धि*** के प्रकाश से भरपूर हो – उस प्रकाश से जो उसपार वाली दिव्य ज्योति से आता है। अतएव अपने इन्द्रिय-जन्य राग और द्वेष के प्रभाव से मुक्त होकर शिष्य को केवल कर्तव्यपालन हेतु कर्म करते हुए निरन्तर अपनी सत्ता के उच्चतर स्तरों तक उठने के सतत प्रयत्न करने चाहिए। प्रत्येक स्तर पर वह अपनी प्रकृति द्वारा बँधा तो होता है परन्तु ***आत्मन्*** की सहज स्वाधीनता के कारण उसे इस बात का फ़ैसला करने की स्वतन्त्रता होती है कि वह अपनी उच्चतर प्रकृति के कहे पर चले या निम्नतर के। जैसे-जैसे वह ऊपर उठता जाएगा आज की "उच्चतर" कल की "निम्नतर" होती जाएँगी और प्रत्येक मंज़िल पर उसकी स्वाधीनता तब तक बढ़ती जाएगी जब तक वह अगम्य पर नहीं पहुँच जाता और समस्त कामनाएँ उस एकता की अग्नि में वैसे ही नष्ट नहीं हो जाती जैसे दरवाज़े पर बाहर की बर्फ़ीली हवा को छूते ही पतंगा नष्ट हो जाता है।

श्लोक (42)

"*इस प्रकार, आत्मन् को बुद्धि से उच्चतर जान कर निचले क्षुद्र अहम् को आत्मन् द्वारा नियन्त्रित कर, हे महाबाहु, इस कठिनाई से क़ाबू आने वाले कामरूपी शत्रु को मारो*"। शिष्य को इस अन्तिम श्लोक पर मनन करना चाहिए क्योंकि इसके थोड़े से शब्दों में कामना को वश में करने का वह मर्म है जो बहुत से तपस्वियों और दार्शनिकों की समझ में नहीं आया है। यह सच है कि यह मर्म शब्दों में नहीं समझाया जा सकता और इसका अनुभव तो हृदय में करना होता है, परन्तु जिसने "***संस्तभ्य आत्मानम् आत्मना***" यानी "निचले क्षुद्र अहम् को ***आत्मन्*** द्वारा नियन्त्रित कर" का अर्थ थोड़ा बहुत भी समझ लिया है वह निश्चित जान ले कि उसका पाँव अब सीढ़ी पर है और यदि वह दृढ़तापूर्वक अपने ज्ञान को व्यवहार में लाएगा तो उसकी प्रगति निश्चित है। न तो देवता और न मानव ही उसकी लक्ष्यप्राप्ति को अन्ततः रोक सकते हैं।

अध्याय 4

आंशिक ज्ञान योग[1]

(ज्ञानविभाग योग)

श्रीभगवान् उवाच

(1) *इमम् विवस्वते योगम् प्रोक्तवान् अहम् अव्ययम् ।*
विवस्वान् मनवे प्राह मनुः इक्ष्वाकवे अब्रवीत् ॥

श्रीकृष्ण ने कहा : जिस अविनाशी योग को बहुत युगों पूर्व मैंने विवस्वान् को सिखाया था, विवस्वान् ने अपने पुत्र मनु को बताया और मनु ने अपने पुत्र इक्ष्वाकु को ।

(2) *एवम् परम्पराप्राप्तम् इमम् राजर्षयः विदुः ।*
सः कालेन इह महता योगः नष्टः परंतपः ॥

इस प्रकार परम्परा से प्राप्त हुए इस योग को राजर्षियों ने जाना, परन्तु, हे अर्जुन, इस योग का इस संसार में समय के साथ क्षय हो गया है ।

(3) *सः एव अयम् मया ते अद्य योगः प्रोक्तः पुरातनः ।*
भक्तः असि मे सखा च इति रहस्यम् हि एतत् उत्तमम् ॥

उसी प्राचीन योग की आज फिर तुम्हारे लिए व्याख्या कर रहा हूँ, क्योंकि तुम मेरे भक्त हो, मेरे सखा हो, और यह योग अति उत्तम और रहस्यमय है ।

---

[1] इस अध्याय में यज्ञ-कर्म से संबन्धित ज्ञान की चर्चा है । इसके संस्कृत शीर्षक का शाब्दिक अनुवाद होगा "ज्ञान के विभाग का योग" जो सातवें अध्याय में चर्चित पूर्णज्ञान से भिन्न है । जैसे पिछले दो अध्यायों की पृष्ठभूमि सांख्ययोगियों और कर्मयोगियों के सिद्धान्तों से बनी थी वैसे ही मीमांसकों के यज्ञ के सिद्धान्त इस अध्याय की पृष्ठभूमि का गठन करते हैं ।

"जिस अविनाशी योग को बहुत युगों पूर्व मैंने विवस्वान्[2] को सिखाया था ... उसी प्राचीन योग की आज फिर तुम्हारे लिए व्याख्या कर रहा हूँ" । इस तरह चौथे अध्याय का आरम्भ होता है और श्रीकृष्ण अपने द्वारा दी जाने वाली शिक्षा का स्रोत व प्रमाण स्पष्ट करते हैं । यह कोई ऐसी "नई" विद्या नहीं है जो किसी आचार्य विशेष की निजी सम्पत्ति हो । न ही यह ऐसा कुछ है जिससे कोई ऐसा नया सम्प्रदाय चलाया जाय जो चारों ओर के जीवन से रूढ़ि की दीवारों द्वारा अलग कर दिया गया हो – वे दीवारें जिन्हें बाद में कठिन परिश्रम द्वारा तोड़ कर ही कारागार ग्रस्त जीव मुक्त हो सकते हैं ।

श्लोक (1-3)

यह बिल्कुल साफ़ साफ़ समझ लेना चाहिए कि विचारों के क्षेत्र में मिल्कियत नहीं चलती और विचार विचारक की सम्पत्ति नहीं होते, जैसा कि प्लेटो ने ठीक सिखाया है, जब हमारे मन में कोई "नया" विचार आता है तो हम उस चीज़ में भाग ले रहे होते हैं जो सनातन है तथा जब दो व्यक्ति किसी एक ही विचार का "चिन्तन" करते हैं तो उनकी एकता का आधार यही होता है कि वे दोनों ही नित्यज्ञान के किसी पक्ष विशेष में भाग ले रहे होते हैं । विचार उन सीमित मनों से बढ़कर होते हैं जो उनका चिन्तन करते हैं और ज्ञान किसी भी आश्चर्य से बड़ा होता है । इसीलिए तो भगवान् बुद्ध ने मौलिकता का दावा नहीं भरा और बस इतना कह कर संतुष्ट रहे कि उन्होंने जो कुछ सिखाया वह पूर्वबुद्धों की प्रतिध्वनि मात्र है । ठीक इसीलिए श्रीकृष्ण यह साफ़-साफ़ बताते हैं कि जो योग वे अर्जुन को सिखा रहे हैं वह केवल उस नित्यज्ञान का पुनर्कथन मात्र है जो ऐसे ही दैवी प्रमाण के साथ युगों पहले विवस्वान् को सिखाया गया था ।

---

[2] विवस्वान्, मनु व इक्ष्वाकु को प्रागैतिहासिक काल के राजाओं का प्रतीक माना जा सकता है । औपनिषदिक काल तक भी ब्राह्मणों को क्षत्रियों के पास गुप्त ज्ञान प्राप्त करने के लिए जाते हुए देखा जा सकता है । मिस्र में भी ऐसा ही था । सब पुरोहितों से ऊँचा फ़राऊन होता था । राम, कृष्ण, बुद्ध सब के सब क्षत्रिय थे – इस धरा के शासक और मनुष्यों के हृदय के भी । तिलक के अनुसार यही नाम वैष्णव सम्प्रदाय के अति प्राचीन *पाञ्चारत्रिक भागवत* की गुरु परम्परा में भी आते हैं । *महाभारत* का शान्तिपर्व देखिए ।

परन्तु यहाँ कोई यह न समझ बैठे कि "नित्यज्ञान" का अर्थ किसी ऐसे शिक्षण से है जो किसी अतिप्राचीन ग्रंथ में सांगोपांग रूप से संजोया हुआ है । यह ज्ञान तो ऐसा शब्दरहित सत्य है जो सदा सार्वभौमिक परिकल्पना में विद्यमान रहता है; (श्लोक (2)) यह वह कसौटी है जिस पर सब शिक्षाओं का मूल्यांकन होता है; वह स्रोत है जिससे सब धर्म और दर्शनशास्त्रों का उद्भव हुआ है; और जो वैयक्तिकता के स्तर के पार एकदम अवैयक्तिक होता है । यही परम सत्य है । अति भाग्यशील होता है वह व्यक्ति जिसके मन के माध्यम से इस ज्ञान ज्योति की एक किरण भी प्रव्यक्त हो पाती है, क्योंकि यद्यपि उससे भी कितनी ही ग़लतियाँ हो सकती हैं फिर भी उसके हाथ में वह सूत्र होता है जिसके सहारे यदि वह आगे बढ़ता रहे तो सिद्धान्तों की भूलभुलैया और संशय के दलदल से बच निकलेगा । यही वह ज्ञान है जिसने पुरातन काल के ऋषि-मुनि और उन दैवी राजाओं को प्रेरित किया था जिनका उल्लेख सब प्राचीन जातियों के विवरणों में आता है । इस ज्ञान का, या इसके प्रव्यक्त रूप का, ही "इस *संसार में समय के साथ क्षय हो गया है*" जबकि आपस में झगड़ते हुए विभिन्न मत व सम्प्रदाय अपने-अपने प्रवर्तकों की दिव्य वाणी को अपने सिद्धान्तों के दायरे में सीमित करने की चेष्टा करते हैं । ऐसी चेष्टाएँ असफल तो होंगी ही, और ये वैसी ही बेकार और बेमतलब होती हैं जैसे किसी जीवित प्राणी को हवाबन्द डिब्बे में रख कर उसके प्राण को पकड़े रहने की चेष्टा ।

ज्ञानयोग, कर्मयोग, भक्तियोग, ध्यानयोग ये सब के सब उस महान (श्लोक (3)) "अक्षरयोग" की एक-पक्षीय झलकियाँ या छोटे-छोटे टुकड़े होते हैं जिसके सम्पूर्ण सुन्दर रूप की शिक्षा देना श्रीकृष्ण का उद्देश्य है ।

वास्तव में स्वयं श्रीकृष्ण ही यह ज्ञान हैं जो एक बार नहीं अनेक बार इस धरा पर अवतरित होते हैं और अपनी एक-एक लीला से सब शिक्षाओं में छिपे उस गूढ़ अर्थ को दर्शाते हैं जो उनके गुप्त दैवी स्वरूप का परम रहस्य है और मन की पहुँच के बिल्कुल परे है ।

अर्जुनः उवाच

(4) ***अपरम् भवतः जन्म परम् जन्म विवस्वतः ।***
कथम् एतत् विजानीयाम् त्वम् आदौ प्रोक्तवान् इति ॥

अर्जुन ने कहा : आपका जन्म तो बाद का है और विवस्वान् (सूर्य) का जन्म अतिप्राचीन, इसलिए मैं किस तरह मान लूँ कि आप यह सब कुछ पहले कह चुके हैं?

श्रीभगवान् उवाच

(5) ***बहूनि मे व्यतीतानि जन्मानि तव च अर्जुन ।***
तानि अहम् वेद सर्वाणि न त्वम् वेत्थ परंतप ॥

श्रीकृष्ण ने कहा : हे अर्जुन, मेरे और तुम्हारे बहुत से जन्म हो चुके हैं। उन सब को, हे परंतप, मैं तो जानता हूँ परन्तु तुम नहीं जानते ।

(6) ***अजः अपि सन् अव्ययात्मा भूतानाम् ईश्वरः अपि सन् ।***
प्रकृतिम् स्वाम् अधिष्ठाय सम्भवामि आत्ममायया ॥

यद्यपि मैं अजन्मा, अपरिवर्तनशील और सब भूतप्राणियों का स्वामी हूँ, फिर भी अपनी प्रकृति को अधीन कर अपनी माया से प्रकट हो जाता हूँ।

(7) ***यदा यदा हि धर्मस्य ग्लानिः भवति भारत ।***
अभ्युत्थानम् अधर्मस्य तदा आत्मानम् सृजामि अहम् ॥

हे भारत, जब जब धर्म की अवनति और अधर्म की वृद्धि होती है तब-तब ही मैं अपने आप को प्रकट कर देता हूँ।

(8) ***परित्राणाय साधूनाम् विनाशाय च दुष्कृताम् ।***
धर्मसंस्थापनार्थाय सम्भवामि युगे युगे ॥

भले लोगों का कल्याण और दुष्कृत्यों का नाश करने के लिए, धर्म को पुनः स्थापित करने के लिए, मैं युग युग में प्रकट होता हूँ।

मानवीय जीवात्मा में इस ज्ञान का जन्म ही प्रतिवर्ष जन्माष्टमी[3] के रूप के रूप में मनाया जाता है। यह वह ज्ञान है जो अज्ञान व स्वार्थ के असुरों का संहार करता है और जिसके अन्य नाम भक्ति (प्रेम) व त्याग हैं। यद्यपि वह अज्ञात और अमर होता है फिर भी यह ज्ञान-प्रेम मानव हृदय में समय-समय पर प्रव्यक्त होता रहता

श्लोक (6-8)

---

[3] हिन्दुओं का क्रिसमस, श्रीकृष्ण का जन्मदिवस, जो प्रत्येक वर्ष अगस्त-सितम्बर में आता है।

है, विशेष कर ऐसे आध्यात्मिक संकट के समय जब भौतिकवाद और असंतुलन की विश्व शक्तियाँ मनुष्य के व्यक्तित्व पर छाई होती हैं और बरबस उन्हें अपने आन्तरिक साक्षी से अलग होने पर विवश करती होती हैं। ऐसे काल में आन्तरिक जगत में ऐसा आध्यात्मिक तनाव पैदा हो जाता है जो मानव हृदय में मानसिक अशान्ति के रूप में व्यक्त होता है। यही तनाव संसार के विभिन्न जनसमूहों में भी बेचैनी पैदा कर उन्हें तुच्छ तृणों के समान युद्ध व विप्लव के दुःख-सागर की लहरों के थपेड़े खिलाता है।

(9) *जन्म कर्म च मे दिव्यम् एवम् यः वेत्ति तत्त्वतः ।*
त्यक्त्वा देहम् पुनः जन्म न एति माम् एति सः अर्जुन ॥

हे अर्जुन, जो मेरे दैवी जन्म तथा कर्म को तत्त्वतः जानता है वह अपने देहान्त के पश्चात जन्म नहीं लेता [बल्कि] मुझे प्राप्त होता है।

ऐसी घनघोर आधी रात के समय, अन्धकार में बिजली की चमक के समान, श्लोक (9)
महान रहस्य, अजन्मा का जन्म, अकर्मा का कर्म, उद्घाटित होता है और विश्व की ज्योति एक बार फिर अन्धकार में रहने वालों के लिए प्रकट होती **है**। इसीलिए श्रीकृष्ण कहते हैं कि जो उनके दैवी जन्म व लीला[4] को "तत्त्वतः" जानते हैं वे दुःख के चक्र में न भटक कर महत्तर पद को प्राप्त होते हैं।

(10) *वीतरागभयक्रोधाः मन्मयाः माम् उपाश्रिताः ।*
बहवः ज्ञानतपसा पूताः मद्भावम् आगताः ॥

आसक्ति, भय और क्रोध से मुक्त होकर मुझ में ही मग्न रह कर, मेरी शरण में ही रह कर, ज्ञानाग्नि से पवित्र होकर [पहले भी] बहुत से [व्यक्ति] मेरे स्वरूप को प्राप्त हो चुके हैं।

परन्तु यह जन्म बाह्य जगत की ऋतु विशेष में ही नहीं होना चाहिए। उत्कण्ठापूर्ण व अतीतोन्मुख नेत्रों से उस ज्योति की ओर देखते रहने से ही काम नहीं चलेगा

---

[4] परिशिष्ट "घ" में अवतार पर टिप्पणी देखिए।

जो किसी समय मथुरा, बुद्धगया या नज़ारथ में ऐसी दीप्ति से प्रज्ज्वलित हुई थी। प्रत्येक शिष्य के अन्धकारपूर्ण हृदय में श्रीकृष्ण का जन्म होना ही होगा। प्रत्येक देशकाल में बहुतों ने काम, क्रोध और भय के असुरों का नाश करने वाले नवजात ज्ञान से परिपूर्ण हो कर उस सनातन सँकरी राह (उपनिषदों के ***अणुः पंथा पुराणः***) पर क़दम बढ़ाए हैं और अन्धकार को चीरते हुए श्रीकृष्ण के परमधाम को प्राप्त हुए हैं।

(11) ***ये यथा माम् प्रपद्यन्ते तान् तथा एव भजामि अहम्।***
मम वर्त्म अनुवर्तन्ते मनुष्याः पार्थ सर्वशः॥
हे अर्जुन, जो मुझे जैसे भजते हैं मैं भी उनकी इच्छापूर्ति वैसे ही करता हूँ। सब प्रकार से मनुष्य मेरे ही पथ पर चलते हैं।

"*सब प्रकार*[5] *से मनुष्य मेरे ही पथ पर चलते हैं*" ऐसा श्रीकृष्ण का कहना है,
श्लोक (11) और वास्तव में दूसरा पथ है भी नहीं – "***नान्याः पंथा विद्यते यनाय***"[6], दुःखसागर के आरपार तो केवल प्रकाश सेतु ही है – सतरंगा इन्द्रधनुषी पुल, और [शिष्य] विभिन्न मञ्ज़िलों को चाहे कोई भी नाम क्यों न दे, और चाहे मुख्यतः ज्ञानशक्ति की लाठी के सहारे, या भावना अथवा निस्वार्थ कर्म के द्वारा यात्रा पूरा करने का प्रयास करे, पथ है एक ही – आत्माओं का सोपान (Ladder of Souls) जो अनेक मिस्री प्रपत्रों[7] में अन्कित है और जिसे संसार के सब प्राचीन आचार्य जानते थे – "*ऐसी सीढ़ी जिसका तल शिष्य की असफलताओं और पापों के दलदल में होता है और चोटी निर्वाण के दिव्य प्रकाश में खोई रहती है*"[8]।

---

[5] एक अन्य अनुवाद "सब दिशाओं से" है, परन्तु शंकराचार्य और श्रीधरस्वामी दोनों ने ही ***सर्वशः*** का अर्थ ***सर्व प्रकारैः*** लिया है।

[6] *श्वेताश्वतर उपनिषद्* 6, 15।

[7] उदाहरणार्थ *बुक ऑफ़ दि डेड* 48 (*Book of the Dead*) देखिए, थीबीस (*Thebes*) संस्करण।

[8] *वॉयस ऑफ़ सायलेंस*।

हर्मीस ट्रिस्मेजिस्टस ने इस बारे में सच ही कहा है "यदि तू इस पथ पर पैर रखेगा तो यह तुझे हर जगह दिखाई देने लगेगा, जब और जहाँ तू उसकी आशा भी नहीं रखता था तब और वहाँ भी"।

(12) *काङ्क्षन्तः कर्मणाम् सिद्धिम् यजन्ते इह देवताः ।*
क्षिप्रम हि मानुषे लोके सिद्धिः भवति कर्मजा ॥

इस संसार में कर्मों के फल की चाह रखते हुए [मनुष्य] देवताओं को पूजते हैं, क्योंकि मनुष्यलोक में कर्मों से उत्पन्न हुई सफलता शीघ्र ही मिलती है।

(13) *चातुर्वर्ण्यम् मया सृष्टम् गुणकर्मविभागशः ।*
तस्य कर्तारम् अपि माम् विद्धि अकर्तारम् अव्ययम् ॥

गुण और कर्मों के भेद के अनुसार चार वर्ण मेरे बनाए हुए हैं। यद्यपि मैं बनाने वाला हूँ फिर भी यह जानो कि मैं कर्ता नहीं हूँ।

परन्तु केवल पथ के सैद्धान्तिक ज्ञान भर से शिष्य उसका अनुसरण करने की क्षमता प्राप्त नहीं कर सकता। "*इस पथ पर जहाँ कहीं भी कोई जाता है उसकी आत्मा स्वयं वह जगह ही बन जाती है*"[9]। चेतना को पग-पग उठाना होता है और कुछ सांख्यवादियों के समान यह सोचना बिल्कुल बेकार है कि यदि केवल कर्म का त्याग किया जा सके तो आत्मा पिंजरे से छूटे हुए पक्षी के समान फुर्र से ऊपर उड़ चलेगी। सोचना बेकार इसलिए है कि यदि स्थूल बाहरी कर्म ज़बरदस्ती छोड़ भी दिए जाँय तो भी मन के सूक्ष्म कर्म तो बने ही रहते हैं और आत्मा को हमेशा की तरह पूरी तरह जकड़े रहते हैं[10]।

(14) *न माम् कर्माणि लिम्पन्ति न मे कर्मफले स्पृहा ।*
इति माम् यः अभिजानाति कर्मभिः न सः बध्यते ॥

कर्म मुझे मलिन नहीं करते और न ही मैं कर्मों के फल की इच्छा रखता हूँ। जो मेरे को इस प्रकार सचमुच जानता है वह भी कर्मबन्धन में नहीं फँसता।

---

[9] *ज्ञानेश्वरी* 6, 160।

[10] श्लोक 13 के *चातुर्वर्ण्य* के बारे में अध्याय 18 पृष्ठ 338 तथा तदोपरांत देखिए।

वास्तव में पथ पर चलने का एकमात्र उपाय कृष्ण का ज्ञान, यानी उस ***आत्मन्*** का ज्ञान, है जो हर छोटे-बड़े कर्म की अदृष्य भूमिका के रूप में सदैव उपस्थित रहता है – चाहे वह लेखनी को इस पृष्ठ पर चलाने का कर्म हो चाहे लाखों मनुष्यों को युद्ध में झोंकने का। जैसे कोई भी गति-चेष्टा अन्तरिक्ष के विधान के अन्दर ही हो सकती है; वैसे-ही जो कुछ भी घटित होता है वह ***आत्मन्*** के प्रकाश के अन्दर ही होता है। साथ-ही जैसे स्वयं अन्तरिक्ष किसी भी हरकत से लिप्त नहीं होता वैसे ही *आत्मन्* भी किसी कर्म में लिप्त नहीं होता। इसीलिए श्रीकृष्ण कहते हैं कि जो उनको जानते हैं वे कर्मपाश से मुक्त हो जाते हैं।

श्लोक (14)

(15) ***एवम् ज्ञात्वा कृतम् कर्म पूर्वैः अपि मुमुक्षुभिः ।***
कुरु कर्म एव तस्मात् त्वम् पूर्वैः पूर्वतरम् कृतम् ॥

ऐसा जान कर, प्राचीन काल में मोक्ष की कामना करने वाले भी कर्म करते थे। तुम भी उन पूर्वजों के समान कर्म करो।

(16) ***किम् कर्म किम् अकर्म इति कवयः अपि अत्र मोहिताः ।***
तत् ते कर्म प्रवक्ष्यामि यत् ज्ञात्वा मोक्ष्यसे अशुभात् ॥

क्या कर्म है और क्या अकर्म, इस प्रश्न पर तो ऋषिगण (कवि) भी असमंजस में पड़ जाते हैं। इसलिए मैं तुम्हें ठीक से समझाता हूँ कि कर्म क्या है ताकि उसे जान कर तुम अशुभ से बचो।

(17) ***कर्मणः हि अपि बोद्धव्यम् बोद्धव्यम् च विकर्मणः ।***
अकर्मणः च बोद्धव्यम् गहना कर्मणः गतिः ।

कर्म की गति गहन है, इसलिए कर्म का सच्चा स्वरूप जानना चाहिए और निषिद्ध कर्म तथा अकर्म का भी।

(18) ***कर्मणि अकर्म यः पश्येत् अकर्मणि च कर्म यः ।***
सः बुद्धिमान् मनुष्येषु सः युक्तः कृत्स्नकर्मकृत् ॥

जो [अहंभाव रहित किए] कर्म में अकर्म और अकर्म [अहंभाव सहित किए किन्तु कहने के लिए त्यक्त कर्म] में कर्म देखता है वह मनुष्यों में बुद्धिमान होता है, वह योगी होता है, उसके सब कर्म पूरे हुए होते हैं।

(19) *यस्य सर्वे समारम्भाः कामसंकल्पवर्जिताः ।*

ज्ञानग्निदग्धकर्माणम् तम् आहुः पण्डितम् बुधाः ॥

जिसके सब कार्य कामना व संकल्प रहित होते हैं और जिसके कर्म ज्ञानरूपी अग्नि द्वारा भस्म हो जाते हैं उसे ज्ञानीजन पण्डित कहते हैं ।

(20) *त्यक्त्वा कर्म फलासंगम् नित्यतृप्तः निराश्रयः ।*

कर्मणि अभिप्रवृत्तः अपि न एव किञ्चित करोति सः ॥

जो उन सब कार्यों को, जिनमें वह हाथ डालता है, किसी विशेष प्रयोजन से और किसी विशेष फल की आशा से नहीं करता, सदैव संतुष्ट रह कर, किसी पर आश्रित न हो कर कर्म करने में लगा रहता है वह कुछ भी कर्म नहीं करता ।

(21) *निराशीः यतचित्तात्मा त्यक्तसर्वपरिग्रहः ।*

शारीरम् केवलम् कर्म कुर्वन् न आप्नोति किल्बिषम् ॥

जिसने अन्तःकरण व शरीर पर नियन्त्रण प्राप्त कर लिया हो, जिसे किसी बात की आशा न हो [और न ही आशंका], जिसने सब भोगों की सामग्री त्याग दी हो, ऐसा व्यक्ति शरीर से कर्म करता हुआ भी कोई बुराई नहीं कर सकता ।

(22) *यदृच्छालाभसंतुष्टः द्वन्द्वातीतः विमत्सरः ।*

समः सिद्धौ असिद्धौ च कृत्वा अपि न निबध्यते ॥

जो कुछ अपने आप मिल जाय, उससे संतुष्ट, [हर्ष, शोक आदि] द्वन्द्वों के पार, ईर्षा रहित, तथा सफलता व असफलता में समत्व भाव बनाए रखने वाला व्यक्ति कर्म करने पर भी उससे नहीं बँधता ।

(23) *गतसंगस्य मुक्तस्य ज्ञानावस्थितचेतसः ।*

यज्ञाय आचरतः कर्म समग्रम् प्रविलीयते ॥

जो आसक्ति-रहित, बन्धन-मुक्त तथा विचारों को ज्ञान में केन्द्रित रखने वाला हो, और जिसके सब क्रियाकलाप त्यागपरक हों, उसके सब कर्म धुल जाते हैं ।

कृष्ण को जानने वाले ऐसे व्यक्ति बुद्धिमान होते हैं क्योंकि वे कर्म में अकर्म और अकर्म में कर्म देखते हैं । अर्थात, वे यह देख पाते हैं कि यद्यपि समस्त चलायमान जगत के बीचों-बीच चिन्तनरत ***आत्मन्*** अचल रहता है, फिर भी समस्त कर्मों का उद्भव इसी ***आत्मन्*** से होता है, या यूँ कहिए कि सब कर्म इस शांत निस्संग ज्योति के दायरे में ही होते हैं । यही है वह ज्ञान जिसकी अग्नि सब कर्मों को भस्म कर देती है और स्वार्थपरक फलों की कामना को नष्ट कर उस मनुष्य को साधु बना देती है जो अपने तन व मन के सदा कर्मरत रहते हुए भी कुछ नहीं करता, क्योंकि उसको किसी से भी आसक्ति नहीं होती ।

श्लोक (18, 19-23)

"जो आसक्ति-रहित, बन्धन-मुक्त तथा विचारों को ज्ञान में केन्द्रित रखने वाला हो, और जिसके सब क्रियाकलाप त्यागपरक हों, उसके सब कर्म धुल जाते हैं" ।

जो सहज मानव-वृत्ति बहुत से लोगों को तर्क-वितर्क के बावजूद अकर्मण्य जीवन से मुख मोड़ लेने को प्रेरित करती है वह निस्सन्देह सही है । कर्म को अस्वीकार करना ब्रह्म और जगत में ऐसा द्वैत स्थापित करना है जिससे जगत हमारे बीच केवल एक विशाल सार्वभौमिक भूल या, उससे भी बदतर, एक ऐसी भयंकर नृशंसता के रूप में ही रह जाता है जिसकी घृणित दुर्गन्ध दिग्दिगान्त में ही व्याप्त हो । परन्तु ऐसा है नहीं । वास्तव में कोई बुनियादी द्वैत नहीं होता । बाँधने वाला कर्म नहीं होता क्योंकि प्रव्यक्त विश्व के उमड़ते ज्वार भी **परब्रह्म** की उतनी ही सच्ची प्रव्यक्ति हैं जितना निर्मल साक्षी **आत्मन्** का प्रशान्त आनन्द । बाँधते तो हम को कर्म के प्रति हमारे भ्रान्त मनोभाव हैं, वे "हृदय ग्रन्थियाँ" जो अज्ञान से उत्पन्न होती हैं और हमें इस बहकावे में डाल देती हैं कि हम सब ऐसे अलग-अलग व्यक्ति हैं जिनका एक दूसरे से कोई मतलब नहीं है और जिन्हें अपनी स्वार्थपूर्ति के लिए मनचाहे कर्म करने की आज़ादी है । यह है जो हमें बाँधता है, कर्म नहीं, और इसीलिए कृष्ण बार-बार कर्मफल से आसक्ति न रखने के विषय पर आते हैं । स्वार्थपरक कर्म करने वाले को उतनी ही आज़ादी होती है जितनी जाल में फँसे पक्षी को ।

(24) ***ब्रह्म अर्पणम् ब्रह्म हविः ब्रह्माग्नौ ब्रह्मणा हुतम् ।***
ब्रह्म एव तेन गन्तव्यम् ब्रह्मकर्मसमाधिना ।
अर्पण करने की क्रिया ब्रह्म है, आहुति ब्रह्म है, हवन कर्ता ब्रह्म है और जिस अग्नि में आहुति डाली जाती है वह भी ब्रह्म है; ब्रह्मकर्म में लीन व्यक्ति ब्रह्म को ही प्राप्त होता है ।

जब एकबार साफ़ साफ़ समझ में आ जाय कि प्रव्यक्ति भी परब्रह्म का ही एक पहलू है, तो यह ज़ाहिर हो जाएगा कि कर्म करने का कोई ऐसा तरीक़ा भी अवश्य होगा जो जीव को बन्धन में नहीं डालता । अब यही बोध शिष्य के हृदय में होना आरम्भ होता है । सत्य की अनुभूति को अपने पूरे अस्तित्त्व में उतार पाने के लिए तो अभी बड़ा लम्बा व कठिन मार्ग तय करना होगा, परन्तु विवेकबुद्धि से वह देख लेता है कि कर्ता, कर्म और क्रिया, सब के सब निर्मल-सत्य के प्रव्यक्त रूप हैं, और यदि समस्त कर्म ब्रह्माग्नि में आहुति के रूप में समर्पित कर दिए जाँय तो कर्म का बन्धन नहीं रह जाता, क्योंकि इस बन्धन का मूल कारण, वह अज्ञान जो बुनियादी एकता की जगह द्वैत या अनेकता स्थापित करता था, अब हट चुका है । यह अज्ञान-जन्य द्वैत या अनेकता की भावना चाहे पूरी तरह न भी मिटी हो फिर भी इतना तो मालूम हो ही गया है कि वह मात्र असार छायाभास है – ठीक वैसे ही जैसे धोखे से रस्सी सर्प के समान दिखाई देती है । श्लोक (24)

(25) ***दैवम् एव अपरे यज्ञम् योगिनः पर्युपासते ।***
ब्रह्माग्नौ अपरे यज्ञम् यज्ञेन एव उपजुह्वति ॥
कुछ योगी देवताओं के लिए ही यज्ञ करते हैं, कुछ ब्रह्माग्नि में यज्ञ के द्वारा यज्ञ की ही आहुति देते हैं ।

(26) ***श्रोत्रादीनि इन्द्रियाणि अन्ये संयमाग्निषु जुह्वति ।***
शब्दादीन् विषयान् अन्ये इन्द्रियाग्निषु जुह्वति ॥
अन्य योगी कान इत्यादि इन्द्रियों को संयम की अग्नि में हवन करते हैं और कोई शब्द आदि इन्द्रिय विषयों की आहुति इन्द्रियों की अग्नि में डालते हैं ।

(27) *सर्वाणि इन्द्रिय कर्माणि प्राणकर्माणि च अपरे ।*
आत्मसंयमयोगाग्नौ जुह्वति ज्ञानदीपिते ॥
सब इन्द्रियों के कर्मों को तथा प्राण के कर्म को भी कुछ योगी ज्ञान से सुलगी आत्मसंयमयोग की अग्नि में अर्पण करते हैं

(28) *द्रव्ययज्ञाः तपोयज्ञाः योगयज्ञाः तथा अपरे ।*
स्वाध्यायज्ञानयज्ञाः च यतयः संशितव्रताः ॥
ऐसे भी होते हैं जो धन, तप व योग का अर्पण करते हैं और कोई स्वाध्यायज्ञान, आत्मनिरोध तथा तीक्ष्णव्रत का अर्पण करते हैं ।

(29) *अपाने जुह्वति प्राणम् प्राणे अपानम् तथा अपरे ।*
प्राणापानगती रुद्ध्वा प्राणायामपरायणाः ॥
और फिर अन्य ऐसे हैं जो अपानवायु में प्राणवायु को या प्राणवायु में अपानवायु का हवन करते हैं, कोई प्राणवायु और अपानवायु को रोक कर सदैव प्राणायाम परायण होते हैं ।

(30) *अपरे नियताहाराः प्राणान् प्राणेषु जुह्वति ।*
सर्वे अपि एते यज्ञविदः यज्ञक्षपितकल्मषाः ।
कोई योगीजन नियमित आहार कर प्राणों को प्राणों में हवन करते हैं । इन सब यज्ञों को जाननेवाले व्यक्तियों के पाप यज्ञों द्वारा नाश हो जाते हैं ।

श्लोक (25-30)

यदि इस ज्ञान को सार्थक करना है तो इसे व्यवहार में लाना होगा और इसलिए अब गुरु उन विभिन्न अभ्यासों को बताते हैं जिनसे यह ज्ञान शिष्य के सम्पूर्ण जीवन में व्याप्त किया जा सकता है । कोई इन्द्रिय-निग्रह का अभ्यास करते हैं ताकि आगे उस ऊँचे स्तर पर पहुँच सकें जिसमें संयमित इन्द्रियाँ उस ***आत्मन्*** की सेवा में निवेदित की जा सकें जो सब प्राणियों में स्थित है । कोई अपने धन, ज्ञान या तपस्या से प्राप्त घनीभूत चरित्रबल से यथाशक्ति सेवा करने का प्रयत्न करते हैं । और कुछ योगाभ्यास द्वारा उस आन्तरिक संतुलन को प्राप्त करने का प्रयास करते हैं जो कर्म के कोलाहल में आत्मसंतुलन बनाए रखता है और जिसके द्वारा यथासमय दूसरों को सहायता भी दी जा सकती है ।

(31) ***यज्ञशिष्टामृतभुजः यान्ति ब्रह्म सनातनम् ।***

न अयम् लोकः अस्ति अयज्ञस्य कुतः अन्यः कुरुसत्तम ॥

यज्ञों के अवशेष अमृत को खाने वाले परब्रह्म को प्राप्त होते हैं। हे कुरुश्रेष्ठ, यज्ञरहित व्यक्ति के लिए तो यह मनुष्यलोक भी नहीं होता, फिर परलोक कैसा?

(32) ***एवम् बहुविधाः यज्ञाः वितताः ब्रह्मणः मुखे ।***

कर्मजान् विद्धि तान् सर्वान् एवम् ज्ञात्वा विमोक्ष्यसे ॥

ऐसे बहुत से यज्ञ वेदवाणी में दिए हुए हैं । उन सब को कर्म द्वारा उत्पन्न जानो और ऐसा जान कर मोक्ष प्राप्त करो ।

(33) ***श्रेयान् द्रव्यमयात् यज्ञात् ज्ञानयज्ञः परंतप ।***

सर्वम् कर्म अखिलम् पार्थ ज्ञाने परिसमाप्यते ॥

हे परंतप, ज्ञानयज्ञ भौतिक वस्तुओं से किए गए यज्ञ से श्रेष्ठ होता है क्योंकि, हे पार्थ, सम्पूर्ण कर्म की पराकाष्ठा ज्ञान में है ।

ऐसे सब साधक, विभिन्न प्रकार के यज्ञों में, सब जीवधारियों में स्थित ***आत्मन्*** के
लिए अपने आप की आहुति देने को तत्पर रहते हैं, परन्तु इन सब यज्ञों की उत्कर्ष श्लोक (33)
सिद्धि होती है ज्ञानयज्ञ[11] में, जो जीवनप्रद ज्ञान को पाने का प्रयास होता है । यह प्रयास अपने आप को ज्ञानी बनाने के लिए नहीं किया जाता, बल्कि इसलिए किया जाता है कि इस ज्ञान में ही सब की मुक्ति निहित होती है ।

(34) ***तत् विद्धि प्रणिपातेन परिप्रश्नेन सेवया ।***

उपदेक्ष्यन्ति ते ज्ञानम् ज्ञानिनः तत्त्वदर्शिनः ॥

यह जानो कि ज्ञानियों से विनयपूर्वक प्रश्न करोगे और उनकी सेवा करोगे तो वे तुम्हें उस ज्ञान का उपदेश देंगे ।

सब कर्मों और सब प्रयत्नों की सार्थकता तथा सफलता इस ज्ञान को पाने में ही है, परन्तु जैसे नया प्राण किसी प्राणी से ही उत्पन्न होता है वैसे ही ज्ञान की ज्योति

[11] ज्ञानयज्ञ के अर्थ के लिए अध्याय 18 श्लोक 70 देखिए ।

श्लोक (34) भी ऐसों के संसर्ग से ही प्रज्ज्वलित हो सकती है जिनके हृदय में वह पहले से दीप्तिमान हो । शिष्य को किसी ऐसे ज्ञानी गुरु के चरणों का आश्रय लेना चाहिए जो सब के हृदय में वास करने वाले "उस" जगद्गुरु-स्वरूप सनातन ज्ञान का प्रतिरूप हो । कुछ कहेंगे कि यदि गुरु हृदय में पहले से ही उपस्थित है तो फिर बाह्य गुरु की आवश्यकता ही क्या है । निस्सन्देह गुरु अपने अन्दर है परन्तु हम केवल कामना की चीख़ पुकार सुनने के इतने आदी होते हैं कि हृदय में गूँजता, पर अभी तक धीमा वह स्वर अनसुना ही रह जाता है । प्रायः ऐसा होता है कि शिष्य कामना और अशुद्ध भावना के बहकावों को अन्तःप्रेरणा रूपी गुरुवाणी समझने की भूल कर बैठता है । इसीलिए उसे किसी ऐसे व्यक्ति द्वारा मार्ग-निर्देशन की आवश्यकता होती है जिसका सम्पूर्ण अस्तित्त्व उस ज्ञान से भर गया हो और इसलिए स्वयं उसकी वाणी अन्तर्यामी गुरु की वाणी ही हो गई हो, लेकिन उसे वह ऐसे शब्दों में अभिव्यक्त करता हो, जिन्हें शिष्य के बाहरी कानों से सुना जा सकता है ।

क्योंकि पृथ्वी कभी भी सत्य को जानने वालों से विहीन नहीं रहती, ऐसे गुरु उचित समय पर सदा मिल ही जाते हैं । ऐसे ज्ञानी व्यक्ति चाहे कितने ही बिखरे हुए और एक दूसरे से असम्बन्धित क्यों न प्रतीत होते हों, होते तो सब एक ही जाति के हैं – उस महान जाति के जिसका प्रकाश अन्धकार में चमकता है यद्यपि अन्धकार उसकी थाह नहीं ले पाता; जो जाति सदा अमर रहती है क्योंकि जैसे-जैसे युग-प्रतियुग ज्ञान की ज्योति एक हाथ से दूसरे में दी जाती रहती है वैसे-वैसे इस जाति को नया जीवन मिलता जाता है ।

परन्तु बेचैनी के साथ दुनिया भर की ख़ाक छानने से गुरु नहीं मिलता । जिस
श्लोक (34) रास्ते पर जाने से आन्तरिक व बाह्य दोनों ही गुरु मिलते हैं वह रास्ता आन्तरिक है और उस पर प्रारम्भिक चरण अपने आप रख लेने के पश्चात ही बाहरी मार्गदर्शक मिल सकता है । इस मञ्ज़िल पर पहुँचने पर ही, यानी जब शिष्य अपने अहम् को सब में व्याप्त ***आत्मन्*** पर न्योछावर करने को तैयार हो, गुरु सामने आ सकता है और आता है : "*जब शिष्य तैयार होता है तब गुरु प्रकट हो जाता*

है"[12]। जिसके ध्येय स्वार्थमय हों, चाहे वह स्वार्थ कितना भी "परिष्कृत" क्यों न हो, उसके लिए कोई गुरु प्रकट नहीं होगा, क्योंकि गुरु से उसका कोई फ़ायदा नहीं हो सकता। गुरु का काम तो आन्तरिक वाणी को स्पष्टतर करना होता है और यदि शिष्य ने उस वाणी को सुनना ही नहीं सीखा है तो आँख मूँद कर किसी बाहरी अनुशासन का अनुसरण करने से हानि ही अधिक हो सकती है। इससे उसका अपना स्वावलम्बन नष्ट हो जाता है और जो वाणी पहले ही धीमी थी वह और भी धीमी हो जाती है।

परन्तु जब शिष्य विकास की समुचित अवस्था पर पहुँच जाता है और उसे अपना गुरु मिल जाता है तब उसे आत्मविलोप के अनुशासन और गुरुचरणों में आत्मसर्पणरूप सेवा के द्वारा गुरु के साथ ऐसा तादात्म्य बना लेना चाहिए जिससे जो गुरु में चमकता है वही शिष्य में भी प्रकाशित होने लगे।

(35) ***यत् ज्ञात्वा न पुनः मोहम् एवम् यास्यसि पाण्डव।***
येन भूतानि अशेषेण द्रक्ष्यसि आत्मनि अथो मयि॥

इसे जान कर फिर इस प्रकार तुम्हें मोह नहीं होगा, और हे पाण्डव, इस ज्ञान से तुम सब भूतप्राणियों को अपने और मेरे भीतर देखोगे।

अब जाकर शिष्य देखने लगेगा कि सब भूतप्राणी (***भूतानि अशेषेण***) एकमात्र ***महत् आत्मन्*** की ज्योति के अन्दर वैसे ही स्थित हैं जैसे सब वस्तुएँ आकाश के गर्भ में होती **हैं**। और इस ज्ञानप्रकाश की नौका में वह उस पार जाने लगेगा। जैसे आग ईंधन को भस्म कर देती है ठीक वैसे ही ज्ञान का प्रकाश भिन्नता व श्लोक (35)

[12] लौकिक मूढ़ाग्रह के अनुसार कोई गुरु बिना दक्षिणा के दीक्षा नहीं दे सकता। यद्यपि ऐसी रीतियाँ प्रायः भ्रष्ट होती हैं फिर भी एक गहन सत्य की प्रतीक तो होती ही हैं। जो लोग गुरु को ढूँढते हैं उनसे पूछा जाता है : "जिस ज्ञान को तुम पाना चाहते हो उसके बदले में क्या अर्पण करते हो और क्या दोगे?"

अनेकता को नष्ट कर देता है[13] । जो कर्म ***क्षुद्र अहम्*** को इतनी बुरी तरह जकड़े रहते हैं वे उसके सच्चे स्वरूप का कुछ नहीं बिगाड़ सकते क्योंकि कर्म अज्ञान से बाँधते हैं और ***सच्चा स्वरूप*** ज्ञान के कारण मुक्त रहता है ।

ज्ञान की शरण लेने से पुराने पापों के बन्धन तो कट जाते हैं लेकिन कोई यह न समझ ले कि यहाँ स्वेच्छाचारिता की कोई गुंजाइश है । ईश्वर और माया दोनों की सेवा एक साथ कोई नहीं कर सकता । अहंकारपूर्वक आत्मविशिष्टता का दावा करना ही पाप का मूल है, और जो ऐसा करता है वह ज्ञान से बहुत दूर रहता है क्योंकि ज्ञान का सार तो आत्मोत्सर्ग होता है ।

(36) ***अपि चेत् असि पापेभ्यः सर्वेभ्यः पापकृत्तमः ।***
सर्वम् ज्ञानप्लवेन एव वृजिनम् सन्तरिष्यसि ॥
यदि तुम सब पापियों में सबसे बड़े पापी हो तो भी ज्ञान के बेड़े से पाप को पार कर लोगे ।

(37) ***यथा एधांसि समिद्धः अग्निः भस्मसात कुरुते अर्जुन ।***
ज्ञानाग्निः सर्व कर्माणि भस्मसात् कुरुते तथा ॥
हे अर्जुन, जैसे धधकती आग ईंधन को भस्म कर देती है वैसे ही ज्ञानग्नि सब कर्मों को भस्म कर देती है ।

(38) ***न हि ज्ञानेन सदृशम् पवित्रम् इह विद्यते ।***
तत् स्वयम् योगसंसिद्धः कालेन आत्मनि विन्दति ॥
इस संसार में अग्नि के समान पवित्र करने वाला तो कुछ भी नहीं है । योग में सिद्ध हो जाने पर, समय आने पर, इस बात को मनुष्य स्वयं अपने हृदय में जान जाता है ।

---

[13] जो ईसाई धर्मावलम्बी मूढ़ाग्रह में अधिक नहीं फँसे हैं वे शायद यहाँ महात्मा ईसा में श्रद्धा रखने के फलस्वरूप पापियों की मुक्ति का अर्थ समझ जाएँगे । मसीह का रक्त ज्ञानप्रकाश है जो सब के हितों में अहम् का बलिदान देने पर बहता है । इस प्रकाश में स्वभावतः इतनी शक्ति होती है कि यदि बड़े से बड़ा पापी भी इसकी शरण में आ जाय तो वह तर जाएगा ।

(39) ***श्रद्धावान् लभते ज्ञानम् तत्परः संयतेन्द्रियः ।***
ज्ञानम् लब्ध्वा पराम् शान्तिम् अचिरेण अधिगच्छति ॥
श्रद्धावान्, तत्पर व जितेन्द्रिय व्यक्ति इस ज्ञान को प्राप्त करता है । ज्ञान प्राप्ति कर तुरन्त परम शान्ति को प्राप्त होता है ।

यह सच है कि ज्ञान सबके हृदय में छिपा होता है, महापापियों के हृदय में भी, परन्तु जो योग में सिद्ध (***योगसंसिद्ध***), यानी यज्ञकर्म करने में सिद्ध, हो वही उसे समय आने पर अपने हृदय में पाता है । इसके लिए शिष्य को श्रद्धा[14] की आवश्यकता होती है । यह श्रद्धा सम्प्रदाय-वादियों का अन्धविश्वास नहीं बल्कि जीव की आमसमर्पण करने की वह दृढ़ आकांक्षा होती है जो ज्ञान के उदय से पहले इस ज्ञान की ही एक छाया होती है । और फिर केवल इस श्रद्धा से ही काम नहीं चलता । शिष्य का अपनी इन्द्रियों के ऊपर नियन्त्रण भी होना चाहिए, अन्यथा वे उसे उड़ा ले जाएँगी, "*जैसे जल पर वायु नाव को उड़ा ले जाती है*", और जो आकांक्षा के पाल अमरत्व की यात्रा के लिए चढ़ाए गए थे वही जीव को तेज़ी से मृत्यु की काली चट्टान की ओर ले जाएँगे ।

श्लोक (36-39)

(40) ***अज्ञः च अश्रद्दधानः च संशयात्मा विनश्यति ।***
न अयम् लोकः अस्ति न परः न सुखम् संशयात्मनः ॥
अज्ञानी, श्रद्धाविहीन, संशयवाला व्यक्ति नष्ट हो जाता है । संशयात्मा के लिए न यह लोक है न परलोक और न ही सुख ।

(41) ***योगसंन्यस्तकर्माणम् ज्ञानसंछिन्नसंशयम् ।***
आत्मवन्तम् न कर्माणि निबध्नन्ति धनञ्जय ॥
हे धनञ्जय, जिसने योग द्वारा कर्मों का त्याग कर लिया हो तथा ज्ञान द्वारा संशयों को नष्ट कर दिया हो, उस आत्मवन्त व्यक्ति को कर्म अपने बन्धनों में नहीं बाँधते ।

[14] श्रद्धा के स्वरूप की विवेचना अध्याय 17 में और अधिक की जाएगी ।

(42) *तस्मात् अज्ञानसम्भूतम् हृत्स्थम् ज्ञानसिना आत्मनः ।*
छित्त्वा एनम् संशयम् योगम् आतिष्ट उत्तिष्ठ भारत ॥

इसलिए, हे अर्जुन, परम आत्मन् के ज्ञान रूपी खड्ग से अपने हृदय में जमे अज्ञान-जन्य संशय को काट कर योगातिष्ठ होओ और उठो ।

श्लोक (40) और सबसे अधिक शिष्य को संशय[15] से बचना चाहिए, उस संशय से जो सागर के ऊपर कोहरे के समान धीरे-धीरे छा जाता है और दिशा-सूचक तारों को छिपा कर जीव को हताश कर देता है । समय-समय पर जैसे ही शिष्य आगे बढ़ने का प्रयास करता है, संशय का यह कोहरा उसके हृदय को आच्छादित करता रहता है । जिस ज्योति से उसका मार्ग-निर्देशन होता रहा है वह मन्द पड़ जाती है और छिप
श्लोक (42) जाती है, तथा उसे अब तक की सारी उपलब्धि व्यर्थ की प्रवंचना लगने लगती है । शिष्य को अब दिखाना होगा कि वह किस मिट्टी का बना है, क्योंकि यदि वह हिल गया और हतोत्साह हो गया तो सब कुछ खो बैठेगा । उस ज्ञानरूपी कुतुबनुमे का सहारा पकड़े हुए, जिसकी अब उसके पास बस एक दिमाग़ी याद भर रह गई है, उसे बढ़ते ही जाना होगा – इस विश्वास के साथ कि समय आने पर कोहरा उड़ जाएगा और वे जाने-पहचाने तारे एक बार फिर चमकने लगेंगे । अन्ततः ज्ञान ही संशय को चुप करा सकता है । जब तक किसी भिन्न अस्तित्त्व में विश्वास बना रहता है तब तक ही उस अस्तित्त्व के अनिष्ट का डर लगा रहता है, क्योंकि जो अलग है वह एक दिन समाप्त होगा ही । केवल वह ज्ञान ही जो आत्मन् को "अनेक-में-व्याप्त-एक" के रूप में जानता है भय की फुसफुसाहट को बन्द कर

---

[15] यहाँ केवल उस दिमाग़ी संशय के बारे में नही कहा जा रहा है जो ज्ञान की प्रत्येक प्रगति से पहले आमतौर पर हुआ करता है । और यह रूढ़िवादी सिद्धान्तों के प्रति उठने वाले संशय के बारे में भी नहीं कहा जा रहा है क्योंकि ऐसे सब सिद्धान्तों के अवलम्बन को जड़ से निकालना ज़रूरी होता है । जिस संशय से बचने को कहा जा रहा है वह तो अब तक हुई अनुभूति की वास्तविकता के बारे में होने वाला संशय है और प्रत्येक दिशा में प्रगति की प्रतिक्रिया स्वरूप अनिवार्यतः उत्पन्न होता है । यदि इस पर विजय प्राप्त हो सकी तो और प्रगति होगी परन्तु यदि इसके सामने घुटने टेक दिए तो सब विकास बन्द हो जाता है ।

सकता है और संशय के कोहरे को भेद सकता है । जो मरने से नहीं डरता वही जीवित रह सकता है, और ऐसी निर्भयता उसी की हो सकती है जिसने बुद्धियोग द्वारा प्रकाश से तादात्म्य स्थापित कर लिया हो और कर्मयोग द्वारा क्षुद्र अहम् को परम् आत्मन् पर न्योछावर कर दिया हो । जब क्षुद्र अहम् दुःख की जलती हुई आँधी में सूखे पत्तों की तरह बिखर रहे होंगे तब ऐसे व्यक्ति की ही चट्टान की भाँति आत्मन् में स्थिति रहेगी ।

"इसलिए हे अर्जुन, परम् आत्मन् के ज्ञान रूपी खड्ग से अपने हृदय में जमे अज्ञान-जन्य संशय का काट कर योगातिष्ठ होओ और उठो " ।

अध्याय 5

संन्यास योग

(कर्मसंन्यास योग)

अर्जुनः उवाच

(1) *संन्यासम् कर्मणाम् कृष्ण पुनः योगम् च शंससि ।*
यत् श्रेयः एतयोः एकम् तत् मे ब्रूहि सुनिश्चितम् ॥

अर्जुन ने कहा : हे कृष्ण, आप पहले कर्मों के त्याग की प्रशंसा करते हैं और फिर (कर्म) योग की । निश्चयात्मक रूप से मुझे बताइए कि इन दोनों में श्रेष्ठ कौन है ।

श्रीभगवान् उवाच

(2) *संन्यासः कर्मयोगः च निःश्रेयसकरौ उभौ ।*
तयौः तु कर्मसंन्यासात् कर्मयोगः विशिष्यते ॥

श्रीकृष्ण ने कहा : कर्म त्यागने और कर्म करने, इन दोनों से ही कल्याण होता है, परन्तु इन दोनों में से कर्मयोग कर्मसंन्यास से श्रेष्ठतर है ।

(3) *ज्ञेयः सः नित्यसंन्यासी यः न द्वेष्टि न कांक्षति ।*
निर्द्वन्द्वः हि महाबाहो सुखम् बन्धात् प्रमुच्यते ॥

नित्य संन्यासी उसे ही समझना चाहिए जो न किसी व्यक्ति से द्वेष करता है और न किसी बात की आकांक्षा । हे महाबाहु, ऐसा निर्द्वन्द्व व्यक्ति बन्धनों से सरलता से छूट जाता है ।

(4) *सांख्ययोगौ पृथक् बालाः प्रवदन्ति न पण्डिताः ।*
एकम् अपि आस्थितः सम्यक् उभयोः विन्दते फलम् ॥

सांख्य और कर्म में भेद बच्चे करते हैं, पण्डित नहीं । जो एक में ठीक से स्थित होता है वह दोनों के फल पाता है ।

(5) ***यत् सांख्यैः प्राप्यते स्थानम् तत् योगैः अपि गम्यते ।***
एकम् सांख्यम् च योगम् च यः पश्यति सः पश्यति ॥

जिस पद को सांख्य योगी प्राप्त करते हैं उसी को कर्म योगी भी प्राप्त करते हैं । जो सांख्य और कर्म को एक ही [समान] देखता है [केवल] वही [ठीक] देखता है ।

"हे कृष्ण, आप पहले कर्मों के त्याग की प्रशंसा करते हैं और फिर [कर्म] योग की । श्लोक (1)
निश्चयात्मक रूप से मुझ बताइए कि इन दोनों में श्रेष्ठ कौन है" । अब जो ज्ञान छन कर शिष्य की चेतना में जा रहा है वह विभिन्न पंथों का ऐसा दिमाग़ी ज्ञान नहीं है जो किसी अंशमात्र को ही पूर्ण मान कर चलता हो । यह तो वह एकात्मकारक ज्ञान है जो मन की छिन्न ज्योतियों का उस जीवंत एकता में सायुज्य कर देता है जिस तक बिना सहायता के अकेली मति नहीं पहुँच पाती । जो इस अवस्था पर पहुँच गया हो वह आसनस्थ बुद्ध की विभूति को देख कर अपने हृदय में यह जाने बिना नहीं रह सकता कि केवल त्याग ही शान्ति दे सकता है । इसी प्रकार वह जब भगवान् श्रीकृष्ण का बहुमुखी प्रतिभा स्वरूप – योद्धा, राजनीतिज्ञ, प्रेमी, मित्र इत्यादि – देखेगा तो विश्व-चक्र के बीचों-बीच नितान्त मुक्त दैवी कर्म की इस अद्भुत प्रव्यक्ति को पहचाने बिना भी न रह सकेगा ।

तर्कपरक मन तो आग्रहपूर्वक कहेगा कि ये असंगत आदर्श हैं और थोथे तर्क से शिष्य को एक या दूसरी और ले जाने का प्रयत्न करेगा । परन्तु शिष्य को
अपनी आत्मा के उस आन्तरिक ज्ञान को पकड़े रहना चाहिए जो उसे यह श्लोक (4, 5)
सिखाएगा कि ये अनमेल लगने वाले वास्तव में एक ही सत्य के दो पहलू हैं । वही व्यक्ति ठीक से देखता है जो यह देख लेता है कि सांख्य वालों के सिखाए कर्मसंन्यास का सच्चा अर्थ वही है जो कर्मयागियों के कर्म का है । वास्तव में, शब्द तो केवल उन उँगलियों के समान होते हैं जो चन्द्रमा को इंगित करती हैं, और यद्यपि मन की विश्लेषणात्मक पकड़ उँगली से चिपकी रहती है, आत्मा अपनी अन्तःप्रेरणा के द्वारा "उस" तक पहुँच जाती है जो उस पार होता है ।

(6) *संन्यासः तु महाबाहो दुःखम् आप्तुम् आयोगतः ।*
योगयुक्तः मुनिः ब्रह्म नचिरेण अधिगच्छति ॥
कर्मयोग के बिना, हे महाबाहु, संन्यास बहुत कठिन होता है । परन्तु मनन करने वाला कर्म योगी शीघ्र ही ब्रह्म को प्राप्त हो जाता है ।

श्लोक (6) सच्चा त्याग इच्छाशक्ति का ज़ोर लगा कर एकाएक नहीं किया जा सकता, यद्यपि जब वह आता है तब बिजली की गति व तेज सा प्रतीत होता है । *कर्मयोग के बिना, हे महाबाहु, संन्यास बहुत कठिन होता है*। जब तक एक अलग ख़ुदी की भावना बनी रहती है तब तक सच्चा त्याग असम्भव होता है क्योंकि आसक्ति तो उस व्यक्तिगत अहम् पर आधारित होती है जो आसक्तियों और राग-द्वेष का ऐसा काल्पनिक या मायावी केन्द्र होता है जिससे मनुष्य का तथाकथित स्वरूप बनता है ।

(7) *योगयुक्तः विशुद्धात्मा विजितात्मा जितेन्द्रियः ।*
सर्वभूतात्मभूतात्मा कुर्वन् अपि न लिप्यते ॥
शुद्ध मन वाले, शरीर पर विजय प्राप्त कर लेने वाले, जितेन्द्रिय और सब प्राणियों में अपना आत्मन् देखने वाले पर कर्म करने पर भी दाग़ नहीं लगता ।

(8) *न एव किंचित् करोमि इति युक्तः मन्यते तत्त्ववित् ।*
पश्यन् शृण्वन् स्पृशन् जिघ्रन् अश्नन् गच्छन् स्वप्न् श्वसन् ॥
"निस्सन्देह मैं कुछ भी नहीं करता हूँ" तत्त्व जानने वाले को ऐसा मानना चाहिए – देखते, सुनते, छूते, सूँघते, खाते, चलते, सपना देखते, साँस लेते,

(9) *प्रलपन् विसृजन् गृह्णम् उन्मिषन् निमिषन् अपि ।*
इन्द्रियाणि इन्द्रियार्थेषु वर्तन्ते इति धारयान् ॥
बोलते, लेते, देते, आँख खोलते व बन्द करते भी यह धारणा बनाए रहना चाहिए कि ऐसे में तो इन्द्रियाँ ही अपने विषयार्थों में घूम रही होती हैं ।

(10) *ब्रह्मणि आधाय कर्माणि सङ्गम् त्यक्त्वा करोति यः ।*
लिप्यते न सः पापेन पद्मपत्रम् इव अम्भसा ॥

जो व्यक्ति अपने कर्मों का शाश्वत में स्थापन कर, आसक्ति को त्याग, कर्म करता है उस पर पाप ऐसे ही नहीं लगता जैसे कमल के पत्ते पर पानी नहीं लगता।

मनोवैज्ञानिक बताते हैं कि अस्मिता-विहीन शिशु में कैसे धीरे-धीरे अहम् बनता है, कैसे अनुभव के साथ वह विकसित व जटिल होता जाता है और कैसे अग्रथित अनुभव में होने वाले तनावों के फलस्वरूप यह अहम् विकृत होकर दो या अधिक व्यक्तित्त्वों में विभाजित हो जाता है, और फिर कैसे विरोधी तनावों में सामञ्जस्य ला कर इन्हें एकरूप किया जा सकता है। जैसा कि बुद्धदेव ने बहुत पहले सिखाया था, वैसे ही मनोवैज्ञानिक भी कहते हैं कि इस सदा बदलते अनुभव-प्रवाह में ऐसा कुछ भी अमर, स्थायी, दृढ़ व अपरिवर्तनशील केन्द्र नहीं है जिसे वास्तव में अहम् या ख़ुदी कहा जा सके। यह अहम् जिसे हम इतना प्यारा मानते हैं, और जिसके लिए और सब कुछ छोड़ने को तैयार रहते हैं, किसी भंवर के खोखले केन्द्र के समान निरा खोखलापन होता है, गणित के एक बिन्दु के समान जो बराबर अपनी स्थिति साल-के-साल नहीं बल्कि प्रत्येक घण्टे ऐसे बदलता रहता है जैसे कोई व्यक्ति व्यवसाय में एक, और क्लब में दूसरा, व्यक्तित्त्व-ग्रथन बदल लेता है।

इसीलिए, श्रीकृष्ण कहते हैं कि शिष्य को चाहिए कि अहम् के बारे में ऐसी मिथ्या भावना को पूरी तरह नष्ट कर दे और यह समझे कि "*बोलते, लेते, देते*" आदि समय वह जो कुछ भी करता है उसका उसके अपने सच्चे स्वरूप से मतलब नहीं होता बल्कि इन क्रियाओं में केवल "*इन्द्रियाँ ही अपने विषयार्थों में घूम रही होती हैं*"। श्लोक (7-9)

परन्तु चाहे उसका केन्द्र खोखला[1] ही क्यों न हो, भंवर तो असली होता है और यद्यपि भिन्न-भिन्न जीवधारियों में कोई स्थायी अहम् नहीं होता फिर भी स्वयं जीवन की सच्चाई तो निश्चित होती है। एक ऐसा जीवन अवश्य होता है जो

[1] यानी किसी वस्तुत्व से विहीन। परिशिष्ट "ख" देखिए।

मानव मात्र का प्रकाश होता है – "*ऐसा प्रकाश जो अन्धकार में चमकता है यद्यपि अन्धकार को उसकी थाह नहीं मिलती*" । यह महाप्राण, यह ***आत्मन्***, सब जीवधारियों का वास्तविक स्वरूप, सनातन की श्वास है जिसके बारे में ऋग्वेद का कहना है "*आनीत् अवातं स्वधया तत् एकं तस्मात् ह अन्यत् परः किं चन आस –* बस वह एक, श्वासहीन, अपने ही स्वभाव से सप्राण था, उसके अलावा बस कुछ भी नहीं था और" ।

श्लोक (10) यही महत् जीवन सब जीवधारियों का प्राण है, यही सब का आन्तरिक मर्म है और यदि उसे अहम् कहा जा सके तो यही सब का सच्चा अहम् है । इस महत् जीवन में ही अमरत्व मिल सकता है । जब यह समझ में आ जाय कि सब कर्म-भंवरों की स्थिति उस प्रकाश समुद्र की गोद में ही है, तब जा कर ही शिष्य "*अपने कर्मों का शाश्वत में स्थापन*" कर सकता है और मायावी सीमित केन्द्र को त्याग कर आसक्ति से ऐसा छुटकारा पा सकता है जिसके कारण उसके कर्म मुक्त व दिव्य हो जाते हैं ।

(11) ***कायेन मनसा बुद्ध्या केवलैः इन्द्रियैः अपि ।***
योगिनः कर्म कुर्वन्ति सङ्गम् त्यक्त्वा आत्मशुद्धये ॥

कर्म योगी केवल शरीर, मन, बुद्धि और इन्द्रियों से ही, आसक्ति को त्याग, आत्मशुद्धि के लिए कर्म करते हैं ।

श्लोक (11) अब शिष्य को अपनी अहंवादिता से छुटकारा पाने की कोशिश करनी चाहिए । अपनी भिन्न – भिन्न अहंताओं के लिए कर्म करना छोड़ उसे अब उस महत्तर अहम् के लिए कर्म करना चाहिए जो सब में स्थित होता है । इसका व्यावहारिक अर्थ यह है कि उसे धन व प्रतिष्ठा लाभ की इच्छा न रखते हुए लोक-कल्याण के लिए कर्म करना चाहिए । शरीर मन व इन्द्रियाँ पहले की तरह काम करती रहें परन्तु उनके कार्यों की सार्थकता केवल उनके अपने अन्दर के बिन्दु में ही नहीं बल्कि उस रहस्यमय वृत्त में देखी जानी चाहिए जिसका केन्द्र सब जगह है और परिधि कहीं नहीं ।

जब इस निष्काम कर्म के योग में उसे कुछ सफलता मिलने लगेगी तो शिष्य को अपने अन्दर कुछ परिवर्तन होता हुआ दिखाई देगा । मायावी वैयक्तिक केन्द्र के खोखले व नीरस आधार बिन्दु की जगह, जहाँ अभी तक अँधेरा था, वहाँ उसे एक ज्योति जगमगाती दीखेगी । जहाँ पहले एकदम सन्नाटा था, वहाँ अब नाद सुनाई देगा ।

इस अवस्था के बारे में ही चीनी *सीक्रेट आॅफ़ दि गोल्डन फ़्लावर* का कहना है : "*जब कोई इस जादू का इस्तेमाल करने लगता है तो ऐसा लगता है कि जैसे अपने अस्तित्त्व के बीचों-बीच कोई अनास्तित्त्व हो । समय आने पर जब कार्य सम्पन्न हो जाता है और शरीर के पार एक अन्य शरीर बन जाता है तो ऐसा लगता है जैसे अनास्तित्त्व के बीचों-बीच अस्तित्त्व हो । एक सौ दिन के सम्पन्न कार्य के पश्चात ही ज्योति वास्तविक बन पाती है और तब जाकर ही वह आत्माग्नि बनती है । सौ दिन के बाद अपने आप ज्योति के बीचों-बीच सच्चे ज्योतिपुञ्ज [योग] का बिन्दु विकसित होता है । अकस्मात् बीज-मुक्ता उत्पन्न हो जाती है, जैसे स्त्री और पुरुष ने आलिंगन किया हो और गर्भाधान हो गया हो*" ।

(12) ***युक्तः कर्मफलम् त्यक्त्वा शान्तिम् आप्नोति नैष्ठिकीम् ।***
अयुक्तः कामकारेण फले सक्तः निबध्यते ॥

सन्तुलित व्यक्ति कर्मफल को त्याग कर निष्ठा से उत्पन्न शान्ति को प्राप्त होते हैं; असन्तुलित व्यक्ति काम के पीछे भागते हुए कर्मफल में आसक्ति के कारण बँध जाते हैं ।

(13) ***सर्वकर्माणि मनसा संन्यस आस्ते सुखम् वशी ।***
नवद्वारे पुरे देही न एव कुर्वन् न कारयन् ॥

अपने मन द्वारा सब कामना प्रेरित कर्मों का त्याग कर शरीर के नौ द्वार वाले नगर में न कर्म करता हुआ न करवाता हुआ, अन्तर्यामी अधिष्ठाता आनन्द से बैठा रहता है ।

बात यह है कि हमारे अन्दर का केन्द्र मायावी तब तक ही होता है जब तक हम उसे एक स्वाधीन अहम्, अन्य सब से अलग इकाई, मानते हैं । वास्तव में अन्दर श्लोक (13)

जो बिन्दु होता **है वह** तो एक झरोखा होता है, यानी एक दृष्टिकोण, जिसके ज़रिये अविनाशी स्वयं दृष्टा होकर बाहर अपने आप को एक बाह्य विषय के रूप में देखता है । जैसे झरोखा ख़ुद तो ख़ाली होता है परन्तु फिर भी ऐसा केन्द्रस्थान होता है जिसके द्वारा सर्वव्यापी सूर्य की ज्योति उस वस्तुजगत को प्रकाशित करती है जिसकी वस्तुएँ भी ज्योति कहलाने वाली ऊर्जा के ही अन्य रूप होते हैं, वैसे ही अहम् भी एक अभिसरण केन्द्र होता है जिसके द्वारा अद्वय चैतन्य की ज्योति उस बाह्य जगत को प्रकाशित करती है जो ***महत् आत्मन्*** या सार्वभौमिक ***मनस्*** का ही दूसरा पहलू होता है ।

(14) ***न कर्तृत्वम् न कर्माणि लोकस्य सृजति प्रभुः ।***
न कर्मफलसंयोगम् स्वभावः तु प्रवर्तते ॥

कर्तापन और कर्मों को प्रभु नहीं बनाता, न ही वह कर्मों के फल के संयोग को बनाता है । प्रकृति ही यह सब कुछ करती है ।

(15) ***न आदत्ते कस्यचित् पापम् न च एव सुकृतम् विभुः ।***
अज्ञानेन आवृतम् ज्ञानम् तेन मुह्यन्ति जन्तवः ॥

सर्वव्यापी (परमात्मा) न तो किसी के पापकर्म और न किसी के शुभकर्म ग्रहण करता है । अज्ञान द्वारा ज्ञान के ढके रहने के कारण ही सब जीव मोहित होते हैं ।

श्लोक (14, 15) प्राणी जगत के असंख्य अन्य केन्द्रस्थानों द्वारा दीप्तिमान होने वाली ज्योति से नितान्त अभिन्न वह महाज्योति ही सच्चा अहम् होती है और जैसा श्लोक 13 में लिखा है वह आनन्दपूर्वक देह में निवास करती हुई न कर्म करती है न करवाती है । अपने आप में अविक्षुब्ध यह ***आत्मन्*** व्यक्तित्त्व के भले-बुरे कर्मों द्वारा छुआ भी नहीं जाता और ऐसा अभेद्य दुर्ग होता है जिसमें आश्रय पाकर शिष्य को युद्ध के उतार चढ़ाव से किसी हानि का भय नहीं रह सकता । साथ ही ऐसा करना स्वार्थपरक पृथकता का द्योतक भी नहीं होता क्योंकि ऐसी अवस्था में तो उसका समस्त अस्तित्त्व से तादात्म्य हो जाता है ।

जैसा कि *विभु* (= सर्वव्यापी) शब्द के प्रयोग से स्पष्ट है, इस आन्तरिक स्वरूप को कोई ऐसी इकाई नहीं मान बैठना चाहिए जो प्रत्येक शिष्य के लिए पृथक-पृथक हो । समस्त लोकों में ब्रह्म के अतिरिक्त और कुछ भी स्थायी नहीं है, और इस आन्तरिक बिन्दु को एक स्थायी पृथक स्वरूप, चाहे उच्चतर स्वरूप ही क्यों न सही, मानना वही ग़लती एक उच्चतर स्तर पर करना होगा जो सामान्य जीवन में हम अपने को औरों से बड़ा समझने में करते हैं[2] । श्लोक (15)

(16) *ज्ञानेन तु तत् अज्ञानम् येषाम् नाशितम् आत्मनः ।*
तेषाम् आदित्यवत् ज्ञानम् प्रकाशयति तत्परम् ॥

परन्तु जिनका अज्ञान आत्मज्ञान द्वारा नष्ट हो गया हो यह ज्ञान सूर्य के समान उन पर उस (तत्) परम् (ब्रह्म) को प्रकाशित कर देता है ।

(17) *तद्बुद्धयः तदात्मानः तन्निष्ठाः तत्परायणाः ।*
गच्छन्ति अपुनरावृत्तिम् ज्ञाननिर्धूतकल्मषाः ॥

जिनकी बुद्धि "उस" (तत्) में हो, जिनका मन "उस" में हो, जिनकी निष्ठा "उस" में हो, जिनका परम लक्ष्य "वही" हो, ऐसे ज्ञान द्वारा पापरहित हुए व्यक्तियों की फिर वापसी नहीं होती ।

जब तक पृथकता का यह भ्रम रहता है तब तक "*ज्ञान अज्ञान से ढका होता है*" श्लोक (15-17)
परन्तु जब इस पृथक अस्तित्त्व से चिपटे रहने की इच्छा को त्याग दिया जाता है

---

[2] यही *सत्काय दृष्टि* का वह महान मिथ्या सिद्धान्त है जिसके विरुद्ध अपने शिक्षण में बुद्धदेव इतने सक्रिय रहे । इस सिद्धान्त के अनुसार ऐसे स्थायी विदाणु (soul monads) होते हैं जो सदा एक दूसरे से पृथक होते हैं । जिसको इस पुस्तक में उच्चतर स्वरूप या सच्चा अहंभाव कहा गया है वह निस्सन्देह आपेक्षिक रूप से स्थायी वैयक्तिक केन्द्र तो होता है, परन्तु वास्तव में ***महत् आत्मन्*** का अभिसरण बिन्दु ही होता है, कोई अलग इकाई नहीं । इसकी पृथकता केवल इसके अनुभवों के वस्तुविषयों में होती है न कि अपने आप में । यदि बिल्कुल सही–सही कहा जाय तो ***महत् आत्मन्*** भी स्थायी नहीं होता क्योंकि वह भी प्रव्यक्त विश्व का भाग होता है और प्रलय के समय वापस ***परब्रह्म*** में चला जाता है । इस तरह यथार्थतः तो केवल ***परब्रह्म*** ही नित्य होता है ।

तब शिष्य हृदय के आन्तरिक द्वार से होकर उस प्रदेश में पहुंच जाता है जिसमें वह सब के साथ मिल कर एक हो जाता है और जहाँ अद्वय ***आत्मन्*** की ज्ञान ज्योति निर्विरोध चमक कर उस नामरहित नित्य परम को प्रकाशित करती है। सब नाम मन के विभेदकारी विश्लेषण पर ही तो आधारित होते हैं, और इसीलिए जो सब में एक व अविभेद्य हो उसको कोई नाम कैसे दिया जा सकता है? यही कारण है कि प्राचीन ऋषियों ने उसे केवल ***तत्*** ही कहा है, वह सत्य "*जिससे, समझ न सकने के कारण, इन्द्रियों समेत मन वापस लौट जाता है*"[3]।

(18) ***विद्याविनयसंपन्ने ब्राह्मणे गवि हस्तिनि।***
शुनि च एव श्वपाके च पण्डिताः समदर्शिनः॥

ब्राह्मण, गाय, हाथी, कुत्ते और चाण्डाल, इन सभी को विद्या और विनययुक्त पण्डित समभाव से ही देखते हैं।

(19) ***इह एव तैः जितः सर्गः येषाम् साम्ये स्थितम् मनः।***
निर्दोषम् हि समम् ब्रह्म तस्मात् ब्रह्मणि ते स्थिताः॥

जिनका मन समत्वभाव में स्थित हो उन्होंने यह संसार जीत लिया होता है। और क्योंकि ब्रह्म में कोई खोट नहीं होता तथा वह सम होता है, वे ब्रह्म में ही स्थित होते हैं।

श्लोक (18, 19) शिष्य को ***तत्*** का का यह पहला पहला बोध नहीं हो रहा है। बहुत पहले अध्याय दो में उसको इसकी पहली अन्तर्प्रेरणात्मक झलक मिली थी। परन्तु उस समय वह शिष्य के सामने ***अव्यक्त*** के रूप में प्रकट हुआ था – ब्रह्माण्ड में जो कुछ भी है उसकी अपरिवर्त्य भूमिका के रूप में। फिर अध्याय चार के स्तर पर पहुंच कर उसने "उसे" संसार के सब कर्मों के रहस्यमय उद्गमस्थान के रूप में थोड़ा और अधिक स्पष्ट देखा। इस तरह एक प्रगतिशील उत्थानचक्र में घूमते हुए उसकी नज़र अधिकाधिक साफ़ होती जा रही है, और अब खुले हुए आन्तरिक द्वार में से झांक कर वह देख रहा है कि जो नित्य है वह तो सब में एक ही है –

[3] *तैत्तिरीय उपनिषद्*, 2, 4, 1।

विद्वान ब्राह्मण में या तुच्छ चाण्डाल में, पशुओं में या मनुष्यों में। परम सनातन ***ब्रह्म*** निर्मल और सब में बराबर होता है। जिस शिष्य ने यह ज्योति देख ली वह वास्तव में देख लेता है कि यह सोचना कि मनुष्यों के भले बुरे कर्मों से उस पर ज़रा भी असर पड़ सकता है, एकदम मूर्खता है। जैसे सूर्य का शुद्ध प्रकाश गन्दी वस्तुओं पर पड़ कर दूषित नहीं होता वैसे ही ब्रह्मज्योति पर उन शरीरों की विभिन्नता का कोई असर नहीं पड़ता जिन्हें वह प्रकाशित करती है। यह एक सीधा-सादा तथ्य है जिसे जो चाहे देख सकता है और जो इसे देख लेता है वह अपने सह-जीवधारियों को एक बिल्कुल नए तरीके से देखने लगता है। सुन्दर हो या वीभत्स, सब मुखौटों के पीछे एक ही शुद्धज्योति होती है और शिष्य अब मनुष्यों को मात्र प्रशंसनीय, विवेचनीय या दण्डनीय प्राणियों के रूप में ही नहीं देख सकता। अब उसकी दृष्टि केवल उस ज्योति पर जमी रहती है और उसका एकमात्र विचार यही होता है कि शरीरों के अवरोध को पार कर कैसे इस ज्योति को और तेज़ी से चमकने में सहायता की जाय। इस विचार से कर्म करते रहने पर धीरे-धीरे उसके व्यवहार में स्वार्थपरक कर्मों का वह परित्यजन आ जाता है जो सच्चा त्याग होता है।

इस पथ पर कर्म और आत्मदर्शन साथ-साथ चलते हैं और इसीलिए गीता की शिक्षा बारी-बारी से कभी कर्म की ओर इस तरह झुकती है कि निरे दिमाग़ी लोग चक्कर में पड़ जाते हैं। शुद्ध व अनुशासित कर्म, आन्तरिक चक्षु को खोल कर, शिष्य को सर्वोच्च का वह दर्शन कराता है जिसको देखने की क्षमता अब आ गई है। परन्तु यह दर्शन एक निजी आह्लाद बन कर नहीं रह जाना चाहिए। कर्म में परिवर्तित हो कर इसे व्यक्तित्त्व में एकदम घुलमिल जाना चाहिए और उसके बाद ही आन्तरिक चक्षु के सामने अन्य कोटि के दर्शन आ सकेंगे और प्रगति का एक नया दौर शुरू हो सकेगा।

(20) *न प्रहृष्येत् प्रियम् प्राप्य न उद्विजेत् प्राप्य च अप्रियम्।*
स्थिरबुद्धिः असंमूढः ब्रह्मवित् ब्रह्मणि स्थितः॥

जो अपनी प्रिय वस्तु को प्राप्त कर हर्षित नहीं होते और अप्रिय को प्राप्त कर उद्वेलित नहीं होते, ऐसे स्थिरबुद्धि संशयरहित ब्रह्मवेत्ता व्यक्ति ब्रह्म में स्थित होते हैं।

(21) *बाह्यस्पर्शेषु असक्तात्मा विन्दति आत्मनि यत् सुखम् ।*
सः ब्रह्मयोगयुक्तात्मा सुखम् अक्षयम् अश्नुते ॥
सांसारिक भोगों में आसक्ति न रखने वाला व्यक्ति आन्तरिक सुख को प्राप्त होता है । ब्रह्म के ध्यान में रत वह अक्षय आनन्द का अनुभव करता है ।

(22) *ये हि संस्पर्शजाः भोगाः दुःखयोनयः एव ते ।*
आद्यन्तवन्तः कौन्तेय न तेषु रमते बुधः ॥
चूँकि इन्द्रियों व उनके विषयों के संयोग से उत्पन्न होने वाले सब भोग दुःख को जन्म देने वाले होते हैं और उनका अन्त भी होता है, इसलिए, हे कौन्तेय, बुद्धिमान व्यक्ति उनमें नहीं रमते ।

(23) *शक्नोति इह एव यः सोढुम् प्राक् शरीरविमोक्षणात् ।*
कामक्रोधोद्भवम् वेगम् सः युक्तः सः सुखी नरः ॥
जो व्यक्ति यहाँ इस संसार में शरीर के नाश होने से पहले काम और क्रोध से उत्पन्न हुए वेग को सहन कर सकता है वह युक्त (योगी) होता है, सुखी होता है ।

(24) *यः अन्तःसुखः अन्तरारामः तथा अन्तर्ज्योतिः एव यः ।*
सः योगी ब्रह्मनिर्वाणम् ब्रह्मभूतः अधिगच्छति ॥
जिसका सुख अपने अन्दर है, जिसका आराम अपने अन्दर है तथा जिसकी ज्योति अपने अन्दर है, वह योगी ही ब्रह्म बन कर ब्रह्मनिर्वाण को प्राप्त होता है ।

इस खण्ड (दृष्टान्त के लिए श्लोक 17 या 24) को सरसरी तौर पर पढ़ने से शायद ऐसा प्रतीत हो कि यह संपूर्ण उपलब्धि का वर्णन है और अब शिष्य एकदम सीधे व शॉर्टकट वाले रास्ते से आगे जा सकता है । परन्तु शिष्य की दशा इस अवस्था में उस व्यक्ति के समान होती है जिसका सिर तो आन्तरिक द्वार से निकल गया हो परन्तु शरीर बहुत बड़ा होने के कारण न निकल पा रहा हो । जिसका दर्शन हुआ है उसे एक बार फिर अमल में लाना होगा । शिष्य के शरीर यानी व्यक्तित्त्व का, आत्मदर्शन से प्रकाशित कर्म द्वारा, ऐसा परिमार्जन करना होगा

कि आगे निकलने में वह अब कोई अवरोध न बन सके । ये श्लोक संपूर्ण उपलब्धि की स्थिति का वर्णन करते प्रतीत होते हैं, परन्तु हैं ये केवल हौसला बढ़ाने के लिए, और मन में उस लक्ष्य को बनाए रखने के लिए जिसकी ओर सारी कष्टपूर्ण साधना और आत्मनियन्त्रण के प्रयत्न प्रवृत्त होते रहे हैं ।

अतः दृढ़तापूर्वक उस ज्योति पर अपनी दृष्टि जमा कर जिसे उसने इन्द्रियों के छायाचित्रों के पीछे देखा है, उसे नित्य में स्थित रहने का प्रयास करना चाहिए और वास्तविकता के निर्मल सन्तुलन को व्यवहार में ला कर इन्द्रिय स्पर्शों के सुखद या दुःखद झोंकों में न बह जाने का प्रयास करना चाहिए । श्लोक (21, 22)

इन्द्रियस्पर्श तो अब भी पहले ही की तरह आते-जाते रहेंगे परन्तु उसे जो आन्तरिक दर्शन की उपलब्धि हुई है वह उसे इन्द्रियों के सुख व दुःख के अनुभव होते रहने पर भी उनसे अलग बने रहने की एक नई शक्ति प्रदान करेगा । सुख या दुःख का भेद इन्द्रियबोधों के किसी गुण विशेष के कारण इतना नहीं होता जितना हमारे अन्दर होने वाली आकर्षण या प्रत्याकर्षण की भावना के कारण । जब शाश्वत प्रकाश के सहारे शिष्य इस आन्तरिक प्रत्याकर्षण पर विजय प्राप्त कर लेता है तो उसे पता चलता है कि यद्यपि दुःख के इन्द्रियबोध अपने आप में वैसे के वैसे ही बने रहते हैं, तथापि किसी अवर्णनीय ढंग से वे कुछ बदल से जाते हैं और उनमें अब शिष्य की सत्ता पर हावी रहने और उससे आँख बन्द कर प्रतिक्रिया करवाने की शक्ति नहीं रह पाती; यद्यपि नियन्त्रित व युक्तिपूर्ण प्रतिचेष्टा की उसमें अब पहले से अधिक शक्ति आ जाती है । ये इन्द्रियबोध अब उसके स्वामी नहीं रह जाते जो जब जी में आया तब धड़धड़ाते हुए चेतना में घुस आयें और अपनी सहज अन्धी प्रतिक्रियाओं की अनिवार्य रूप से मांग करें । अब तो वे केवल ऐसी घटनाएँ होकर रह जाते हैं जिन पर ध्यान दिया जाता है, जिनका अध्ययन किया जाता है, और आवश्यकता पड़ने पर जिनकी परिचर्या भी की जाती है । तीसरे अध्याय के अन्त में दी गई काम को वश में करने की शिक्षा अब फलीभूत होने लगती है । पहले शिष्य के पास अवांछनीय इन्द्रियबोधों को झेलने के लिए न तो कठोरतापूर्वक मन को मारने के अतिरिक्त और कोई साधन था और श्लोक (23)

न कामना के ज्वार को रोकने के लिए व्यक्तिगत इच्छाशक्ति के अलावा और कोई उपाय। निस्सन्देह यह अपर्याप्त उपाय बहुत बार असफल रहा होगा। परन्तु अब बात दूसरी ही है। अब तो उसे बस इतना करना है कि अपने आप को आन्तरिक दुर्ग में स्थापित कर ले, कम से कम जब तक वह वहाँ रहेगा कामनाएँ उसकी आँखों के सामने ऐसी ख़त्म होती जाएँगी जैसे किसी गर्म मकान से निकलने पर बर्फ़ानी हवा को छूते ही पतंगे ख़त्म हो जाते हैं। हाँ, यह कामनाएँ फिर जीवित हो कर उठ खड़ी होंगी और फिर से उनका सामना करना पड़ेगा, परन्तु यह बहुत बड़ी उपलब्धि है कि जहाँ पहले ज़ोर से, दाँत भींच कर कामना पर विजय प्राप्त करनी पड़ती थी वहाँ अब इच्छाशक्ति के अपेक्षाकृत छोटे से प्रयत्न से ही शिष्य अपने दुर्ग में पहुंच सकता है और वहाँ पहुंचने पर तो विजय निश्चित ही होती है।

(25) *लभन्ते ब्रह्मनिर्वाणम् ऋषयः क्षीणकल्मषाः।*
छिन्नद्वैधाः यतात्मानः सर्वभूतहिते रताः॥

सब पाप नष्ट और द्विविधा दूर हो जाने पर ऋषिगण अपनी इन्द्रियों को नियन्त्रण में रखे हुए सब प्राणियों के कल्याण में रत ब्रह्मनिर्वाण पाते हैं।

परन्तु इस अवस्था में यदि थोड़ा सा भी वैयक्तिक अभिमान तरंगित हो गया तो सब कुछ नष्ट हो जाता है। कामना पर इच्छानुसार क़ाबू कर सकने की यह शक्ति होती तो महान है परन्तु ब्रह्मनिर्वाण प्राप्ति के लिए यानी वैयक्तिक कामनाओं को शाश्वत के शान्त प्रकाश में पूरी तरह "बुझाने" के लिए अभी बहुत कुछ करना बाक़ी होता है। इसके बाद ही शिष्य ऋषि बन सकता है और भगवान् बुद्ध के इस इस विजयघोष को गुंजायमान कर सकता है :

> "देख लिया अब तुझे हे घर बनाने वाले ! अब फिर तू मेरे लिए घर नहीं बनाएगा। सारी कड़ियाँ टूट चुकी हैं और शहतीर के टुकड़े टुकड़े हो गए हैं। मेरा चित्त शाश्वत में स्थिर हो गया है, सब कामनाएँ बुझ गई हैं"[4]।

---

[4] धम्मपद, 154।

अभिमान का अर्थ है द्वैत भावना का होना और इस भावना को तो हमेशा के लिए समूल नष्ट करना ही होगा । इसीलिए शिष्य को फिर से बताया जा रहा है कि उस दुर्ग में संसार के दुःख व क्लेश से भाग कर अपने स्वार्थ हेतु छिपने के लिए नहीं जाना चाहिए । ब्रह्म तो सब में वही एक है, और जिसने अपने आप में बोधिसत्त्व की सर्वग्राही करुणा विकसित कर ली हो, वही बुद्ध का परमबोध प्राप्त कर सकता है । श्लोक (25)

(26) ***कामक्रोधवियुक्तानाम् यतीनाम् यतचेतसाम् ।***
अभितः ब्रह्मनिर्वाणम् वर्तते विदितात्मनाम् ॥

काम क्रोध से मुक्त, मन को वश में किए आत्मज्ञानी के लिए सब तरफ़ ब्रह्मनिर्वाण ही होता है ।

(27) ***स्पर्शान् कृत्वा बहिः बाह्यान् चक्षुः च एव अन्तरे भ्रुवोः ।***
प्राणापानौ समौ कृत्वा नासभ्यन्तरचारिणौ ॥

बाहर के विषयों को बाहर ही छोड़ कर, दृष्टि को भृकुटियों के बीच स्थापित कर, नासिका से चलने वाली प्राण और अपान वायु को समान कर,

(28) ***यतेन्द्रियमनोबुद्धिः मुनिः मोक्षपरायणः ।***
विगतेच्छाभयक्रोधः यः सदा मुक्तः एव सः ॥

इन्द्रिय, मन और बुद्धि को नियन्त्रण में कर, मोक्ष को अपना परम लक्ष्य बना कर, इच्छा, भय व क्रोध से रहित होकर, वह सदा मुक्त रहता है ।

(29) ***भोक्तारम् यज्ञतपसाम् सर्व लोकमहेश्वरम् ।***
सुहृदम् सर्वभूतानाम् ज्ञात्वा माम् शान्तिम् ऋच्छति ॥

मुझे सब यज्ञों और तपों को भोगने वाला, सब लोकों का महेश्वर, सब प्राणियों का प्रेमी जान कर वह शान्ति को प्राप्त होता है ।

फिर भी इस स्तर तक पहुंच पाना ही बहुत बड़ी बात है । यदि वैयक्तिक अभिमान का दमन किया जा सके तो शिष्य की और प्रगति सुनिश्चित है क्योंकि जो ***आत्मन्*** को जानते हैं उनके "*सब तरफ़ ब्रह्मनिर्वाण ही होता है*", और इसलिए, वे पहले श्लोक (26)

बताए अभ्यास द्वारा अपने को काम-क्रोध से विमुक्त कर लेते हैं। अगले अध्याय में वह विधि इंगित की जाएगी जिससे शिष्य की चेतना उस खाई को लाँघ सकेगी जो उसके चेतित मन (conscious mind) और उस पार के प्रकाश के बीच अभी मौजूद है। परन्तु यहाँ याद रखना चाहिए कि जो यहाँ तक पहुंच चुका हो, जिसने आन्तरिक द्वार के उस पार का प्रकाश देख लिया हो, जिसने अपने ***क्षुद्र अहम्*** पर पूरा क़ाबू पा लिया हो और जो सब प्राणियों के कल्याण में रत हो (***सर्वभूतहिते रताः***) ब्रह्मनिर्वाण केवल उस ही के सब तरफ़ होता है[5]।

श्लोक (28) जो अब तक पथ पर श्रद्धापूर्वक नहीं चला है उसके लिए किसी ध्यानयोग द्वारा चेतना को बोधि की ओर स्फुरित करने का प्रयास बिल्कुल बेकार होता है। ऐसे समयपूर्व अभ्यास से तो बस ख़तरनाक माध्यमीय मनोविकार, व्यक्तित्त्व का मनस्तापी विसंघटन या शायद विक्षिप्ति ही हो सकती है।

---

[5] श्लोक 27 आँखें ऊपर पलट कर अचेतावस्था में कुछ हठयोगियों के समान बैठने के बारे में नहीं है, बल्कि इस स्तर तक पहुंचने के बाद शिष्य के सहज स्वभाव का वर्णन है। इन्द्रियस्पर्श का बाह्यीकरण कर, यानी उन्हें अपने से बाहर की चीज़ समझ कर शिष्य अपनी आँख, अर्थात् दृष्टिकेन्द्र. को भृकुटियों के बीच के प्रतीक स्वरूप बिन्दु पर ले जाता है। साधारण आँख से देखने का मतलब है सामान्य दृष्टि से देखना; हृदय द्वारा या हृदय में देखने का अर्थ है व्यक्तिगत सच्चे ***अहम्*** या ***मनस्*** से देखना और भृकुटियों के बीच के बिन्दु से देखने का अर्थ है तीसरे, आध्यात्मिक ज्ञान के, नेत्र से देखना या ***बुद्धि*** के सर्वप्रकाशक अविक्षुब्ध ज्ञान से देखना। महायान बौद्ध शास्त्रों के प्रतीकात्मक विवरण से तुलना कीजिए, *सद्धर्म पुण्डरीक* के उपक्रम में लिखा है : "*और उस समय भगवान् बुद्ध की भौंहों के बीच के भँवर से एक किरण निकली। वह अट्ठारह लाख बुद्ध क्षेत्रों में व्याप्त हुई ... और जो भी प्राणी छः दशाओं में से एक में थे वे सब के सब दृष्टिगोचर हो गए*"। *वायस आॅफ़ सायलेन्स* में भी देखिए : "*तब हृदय से उठ कर यह शक्ति छठे मध्यवर्ती स्थान में आएगी, उस स्थान में जो तेरी आँखों के बीच में है। वहाँ वह अद्वय प्राण की साँस बन जाएगी। तेरे गुरु की वाणी सब कुछ को परिपूरित कर देने वाली वाणी बन जाएगी*"। ***बुद्धि*** ही अद्वय प्राण या ***महत्*** की साँस है।

परन्तु योग्य शिष्य के लिए, उसके लिए जिसने इन्द्रिय, मन व बुद्धि[6] पर क़ाबू पा लिया हो, जो सब स्वार्थी उद्देश्यों से मुक्त हो, जिसने सुख भोग की कामना, कर्म-परिणाम का भय और बाधा पहुंचाने वालों के प्रति क्रोध पर विजय प्राप्त कर ली हो, जिसने उस शाश्वत कृष्ण को देख लिया हो जो सब की एकमात्र आत्मा है, जिसके लिए विश्वयज्ञ किया गया था, जो सर्वलोकों का महेश्वर है, जो सब प्राणियों का प्रेमी (***सुहृदम् सर्वभूतानाम्***) है, उस शिष्य के लिए सब दरवाज़े खुल जाते हैं, उसकी प्रगति सुनिश्चित होती है और वह जल्दी ही शान्ति प्राप्त कर लेता है – ऐसी शान्ति जो सत्यबोध से ही मिल सकती है। श्लोक (29)

[6] बुद्धि पर विजय पाने को यहाँ पूर्वानुमानिक समझना चाहिए। यह विजय मुक्ति प्राप्ति से पहले होती है।

अध्याय 6

ध्यान योग

(अध्यात्म योग)

कुछ मनीषी आध्यात्मिक पथ को विशुद्धि-मार्ग, प्रज्ञा-मार्ग व ऐक्य-मार्ग नामक तीन अवस्थाओं में विभाजित करते हैं। कुछ हद तक गीता के पहले छः अध्याय विशुद्धि-मार्ग के समरूप हैं। छठा अध्याय प्रज्ञा-मार्ग में अवस्थान्तरण होने का द्योतक है। जैसा पिछले अध्याय में कहा गया, इसमें मानसिक साधना की एक विधि दी गई है जो चेतना को अटूट रूप में, साधारण जाग्रतावस्था से उठा कर उन ऊँचे स्तरों तक पहुंचा सकती है जो अब तक पर्दे के पीछे से ही काम करते लगते थे। उनकी झलक कभी-कभी प्रेरणा के स्फुरणों में दिख तो जाती थी परन्तु वह सदा उस पार, इच्छाशक्ति से बाहर किसी अज्ञात नियम के अनुसार स्वच्छन्द रूप से क्रियाशील रहते थे।

इस विधि को "ध्यानयोग" कहते हैं और यह लगभग पतञ्जलि के योगसूत्रों में प्रणालीबद्ध की गई विधि के समरूप है, परन्तु आरम्भ में ही साफ़-साफ़ समझ लेन चाहिए कि यह अभ्यास किस व्यक्ति पर असर करेगा और किस पर नहीं। यह बड़े मर्म की बात है, क्योंकि, बहुतेरे लोग ध्यानाभ्यास को सर्वश्रेष्ठ योग समझते हैं और अतिमहत्त्वपूर्ण प्रारम्भिक अवस्थाओं को पार किए बिना ही इसका अभ्यास करने को आतुर रहते हैं। जैसा कि पहले कहा जा चुका है, पिछले अध्याय के अन्त में दिए गए गुणों से विहीन व्यक्ति ध्यानाभ्यास से केवल भूत-पिशाचादि के प्रभाव और मानसिक विकृतियों को ही आमन्त्रित करेगा[1]।

---

[1] समयपूर्व ध्यानाभ्यास के प्रति यह चेतावनी केवल उन लोगों के लिए है जो आत्मा के सोपान (Ladder of the Soul) पर ध्यान की प्रणाली से ज़बरदस्ती चढ़ने का प्रयास करते हैं। परमेश्वर के प्रतीक या गुरु के स्वरूप का ध्यान करना, आत्मा व संसार विषयक नित्य सत्यों पर मनन और अपने स्वभाव का शान्त विश्लेषण ऐसे अभ्यास हैं जो पथ की प्रत्येक अवस्था में लाभकर व उपयोगी होते हैं।

श्रीभगवान् उवाच

(1) *अनाश्रितः कर्मफलम् कार्यम् कर्म करोति यः ।*
सः संन्यासी च योगी च न निरग्निः न च अक्रियः ॥

श्रीकृष्ण ने कहा : जो अपने निर्दिष्ट कर्म को कर्मफलों की इच्छा के बिना करता है वह संन्यासी होता है, योगी होता है; केवल अग्नि को त्याग देने वाला और क्रियाओं को त्याग देने वाला नहीं ।

सच्चा योगी या संन्यासी वह नहीं होता जो सामाजिक कर्तव्यों की प्रतीक "अग्नि" व "क्रियाओं" को छोड़ कर ध्यानमग्न होने के लिए हिमालय की कन्दराओं की ओर दौड़ जाता है, बल्कि वह जो अपने निर्दिष्ट कर्तव्यों को कर्मफल की इच्छा के बिना करता है । श्लोक (1)

(2) *यम् संन्यासम् इति प्राहुः योगम् तम् विद्धि पाण्डव ।*
न हि असंन्यस्तसंकल्पः योगी भवति कश्चन ॥

हे पाण्डव, जिसको संन्यास कहते हैं उस ही को योग जानो क्योंकि संकल्प को त्यागे बिना कोई योगी नहीं हो सकता ।

त्याग कर्म का नहीं बल्कि उस "संकल्प" यानी रचनात्मक इच्छाशक्ति का करना होता है जो बस अपने ही लक्ष्यों को पूरा करना चाहती है । इस प्रकार का मनोभाव कितने ही ऐसे प्रयत्नशील योगियों में देखा जा सकता है जो योग द्वारा *आत्मन्* को पाने के बजाय वह मनोबल प्राप्त करना चाहते हैं जो परिस्थिति को उनकी व्यक्तिगत इच्छाओं के अनुरूप बदल सके । श्लोक (2)

(3) *आरुरुक्षोः मुनेः योगम् कर्म कारणम् उच्यते ।*
योगारूढस्य तस्य एव शमः कारणम् उच्यते ॥

योगारूढ़ होने की इच्छा रखने वाले मननशील व्यक्ति के लिए [निष्काम] कर्म करने को ही कहा गया है और वह जब योगारूढ़ हो जाय तो सब संकल्पों को त्याग देने (शमः) को कहा गया है ।

(4) *यदा हि न इन्द्रियार्थेषु न कर्मसु अनुषज्जते ।*
सर्वसंकल्पसंन्यासी योगारूढः तदा उच्यते ॥

जब न तो इन्द्रिय-विषयों में आसक्ति रहती है और न कर्म में, तब सब संकल्पों को त्याग देने वाले को योगारूढ़ कहा जाता है ।

श्लोक (3, 4) सच तो यह है कि कर्म, केवल निष्काम कर्म, ही योग का द्वार होता है । कली को बलात खोलने से फूल खिल नहीं जाता, और जब शिष्य "योगारूढ़" हो जाता है तब जाकर ही ध्यान में वह सौम्यता आती है जो आगे बढ़ने में सहायक हो सकती है । अपने को इस अवस्था में मान बैठना एक आम ग़लती है लेकिन यह मञ्ज़िल दरअसल है बहुत ऊँची । योगारूढ़ उस ही को कहा जा सकता है जिसकी आसक्ति अब इन्द्रिय विषयों में और स्वार्थपरक क्रियाकलापों में न रह गई हो और जिसने भावी को अपने संकल्प द्वारा मनचाहे ढाँचे में ढालने की इच्छा को पूरी तरह छोड़ दिया हो ।

(5) *उद्धरेत् आत्मना आत्मानम् न अत्मानम् अवसादयेत् ।*
आत्मा एव हि आत्मनः बन्धुः आत्मा एव रिपुः आत्मनः ॥

अपने आप ही अपना उद्धार करना चाहिए और अपने को नीचे नहीं गिराना चाहिए । निश्चय ही यह आत्मा अपना मित्र है और अपना शत्रु भी ।

(6) *बन्धुः आत्मा आत्मनः तस्य येन आत्मा एव आत्मना जितः ।*
अनात्मनः तु शत्रुत्वे वर्तेत आत्मा एव शत्रुवत् ॥

जिस अहम् ने अपने मन व इन्द्रियों पर विजय प्राप्त कर ली हो वह अपना मित्र होता है । परन्तु जिसने ऐसा न किया हो वह अपना ही शत्रु होता है और [बाहरी] शत्रु के समान बर्ताव करता है ।

श्लोक (5, 6) अभी तक जो खाई ***वैयक्तिक अहम्*** को जीवात्मा या ***उच्चतर अहम्*** से अलग किए है उसके पार ***क्षुद्र अहम्*** में केन्द्रित चैतन्य को ध्यानभ्यास द्वारा स्फुरित कर सकने से पहले यह आवश्यक है कि दोनों स्वरूपों में सामञ्जस्य स्थापित हो जाय । यदि ऐसा सामञ्जस्य हो, ***निचला अहम्*** अपनी वैयक्तिक शक्ति का दावा

न करता हो, अपने आवेगों को नियन्त्रण में रखे हो और अपने आप को ***उच्चतर अहम्*** के काम के लिए निमित्तमात्र बनाने में समर्थ हो तो ***आत्मन्*** उसका मित्र हो कर उसे प्रेरणा व मार्ग निर्देशन प्रदान करता है । यह है वह आन्तरिक गुरु जिसका पहले उल्लेख हो चुका है । परन्तु यदि ***क्षुद्र अहम्*** को जड़ता के अवसाद में डूबने दिया जाय और वह अपने क्षुद्र लक्ष्यों की सिद्धि में ही लगा रहे तथा गर्वपूर्वक अपनी विशिष्टता के दावे पर अड़ा रहे तो अवश्य उसे ***आत्मन्*** शत्रुवत् लगेगा । प्रेरणादायक न होकर अब ***आत्मन्*** उन दुर्भाग्यों, अरिष्टों व "तक़दीर की मार" के रहस्यमय मूल के रूप में प्रकट होता है जो इस विधान की याद दिलाता है कि वास्तव में समस्त जीवन एक ही है[2] ।

(7) *जितात्मनः प्रशान्तस्य परमात्मा समाहितः ।*
शीतोष्णसुखदुःखेषु तथा मानापमानयोः ॥

स्वनियन्त्रित, शान्त व्यक्ति सर्दी-गर्मी, सुख-दुःख तथा मान-अपमान में परमात्मा में मग्न रहता है ।

(8) *ज्ञानविज्ञानतृप्तात्मा कूटस्थः विजितेन्द्रियः ।*
युक्तः इति उच्यते योगी समलोष्टाश्मकाञ्चनः ॥

जो ज्ञान-विज्ञान से तृप्त हो, अविचल हो, जिसने इन्द्रियों पर विजय प्राप्त कर ली हो, जिसके लिए मिट्टी, पत्थर और सोना एक समान हों, उस योगी को युक्त कहते हैं ।

(9) *सुहृन्मित्रार्युदासीनमध्यस्थद्वेष्यबन्धुषु ।*
साधुषु अपि च पापेषु समबुद्धिः विशिष्यते ॥

विशिष्ट वह होता है जो शुभचिन्तक, मित्र, शत्रु, निष्पक्ष, मध्यस्थता करने वाले, द्वेषी, रिश्तेदार, भले और बुरे, सभी को एक दृष्टि से देखता है ।

---

[2] भले ही किसी अन्य दृष्टिकोण से हो, शायद यह इस सत्य की ही अनुभूति थी जिसके कारण युंग (Jung) ने कहा है "केवल अ-सामञ्जस्य में ही हमें साइकी (psyche) का पता चलता है; हमें ऐसा कुछ मिलता है जो हमारी इच्छाशक्ति की अवहेलना करता है और जो विचित्र होने के साथ ही हमारे प्रति शत्रुवत् भी हो सकता है" ।

श्लोक (7-9) यह जानने के लिए कि वह इस अवस्था पर पहुंच गया है या नहीं गीता में कुछ लक्षण दिए गए हैं और आगे बढ़ने की चेष्टा करने से पहले शिष्य को अपने मन में निष्पक्षतापूर्वक जाँच करके यह देख लेना चाहिए कि वे उसमें हैं या नहीं। यदि ***निचला अहम्*** सचमुच नियन्त्रित या सामञ्जस्यपूर्ण है तो ***उच्चतर अहम्*** सदा मन के सब क्रियाकलापों की शान्त भूमिका के रूप में प्रतीत होगा, जो "विरोधी शक्तियों का द्वन्द्व" अन्य लोगों के मन को उद्वेलित किए रहता है वह इस आन्तरिक सौम्यता को विक्षुब्ध करने की क्षमता नहीं रखता। योगी कहलाने का दम भरने वालों के दो अचूक परीक्षक – मान का परितोषण व अपमान का मृत्युतुल्य दंश – उस व्यक्ति पर कुछ भी असर नहीं कर सकते जिसका एकमात्र मान अपने गुरु की स्वीकृति और एकमात्र अपमान ***उच्चतर अहम्*** को ***निचले अहम्*** के अधिपत्य में रहने देने का कलंक होता है। जो अपने अन्दर पवित्र ज्ञान की प्राणमय सरिता को महसूस कर सकता है उसके लिए धन कुछ भी नहीं होता, और जो भेद-प्रभेद औरों के लिए इतने महत्त्वपूर्ण होते हैं वे उस व्यक्ति को बिल्कुल वाहियात लगते हैं जिसने सब में "उस" अद्वय प्राण की झलक देख ली हो।

अब जा कर ध्यानयोग के अभ्यास का समय आता है। अतएव गीता में इस विधि पर कुछ शिक्षण दिया गया है। बुनियादी तौर पर विधि यह है कि चित्तवृत्तियों पर इतना क़ाबू हो जाय कि उन्हें इच्छानुसार शान्त किया जा सके ताकि चैतन्य में सत्य की अनुभूति ऐसे हो सके जैसे प्रशान्त सरोवर में शाश्वत तारागण प्रतिबिम्बित होते हैं।

मूलपाठ में निर्देश सूक्ष्म तौर पर दिए गए हैं क्योंकि पूरी प्रक्रिया लिखी नहीं जा सकती। यह प्रक्रिया प्रत्येक शिष्य के लिए भिन्न होती है और गुरु से सीखनी पड़ती है। जैसा कि पहले कहा जा चुका है इस अवस्था पर गुरु सदैव उपलब्ध होता है। यह सच है कि ऐसी पुस्तकें भी हैं जो ऐसे अभ्यास के बारे में ख़ुलासा आदेश देती प्रतीत होती हैं परन्तु उनके इन आदेशों की "पूर्णता" भ्रान्तिजनक होती है। चित्रकारी पर लिखा कोई ग्रन्थ पढ़ कर कलाकार बन जाना ध्यान-विधि

की पुस्तकें पढ़ कर योगी बन जाने से सरल है और इस से कोई फ़रक़ नहीं पड़ता कि ऐसी पुस्तकें कल लिखी गई थीं कि पाँच हज़ार साल पहले ।

यहां जो थोड़ी बहुत टिप्पणियाँ दी गई हैं वे पाठक को मूलपाठ पढ़ने में सहायता देने के लिए हैं और इन में अभ्यास के लिए यथेष्ठ निर्देश बिल्कुल नहीं है ।

(10) ***योगी युञ्जीत सततम् आत्मानम् रहसि स्थितः ।***
एकाकी यतचित्तात्मा निराशीः अपरिग्रहः ॥

योगी को चाहिए कि शरीर व मन पर नियन्त्रण कर सब आशाओं और सम्पत्ति को त्याग कर अकेला एकान्त में अपना ध्यान सदैव परमात्मा में लगाए ।

(11) ***शुचौ देशे प्रतिष्ठाप्य स्थिरम् आसनम् आत्मनः ।***
न अत्युच्छ्रितम् न अतिनीचम् चैलाजिनकुशोत्तरम् ॥

न बहुत ऊँचे न बहुत नीचे, शुद्धस्थान पर, कुशा, मृगचर्म तथा कपड़ा बिछा कर अपना आसन स्थापित करे ।

(12) ***तत्र एकाग्रम् मनः कृत्वा यतचित्तेन्द्रियक्रियः ।***
उपविश्य आसने युञ्ज्यात् योगम् आत्मविशुद्धये ॥

फिर मन को एकाग्रकर, शरीर व इन्द्रियों को वश में रख अन्तःकरण की शुद्धि के लिए योग का अभ्यास करे ।

पहली आवश्यकता ऐसे शान्त स्थान की है जहाँ मित्रों व मिलने वालों के आने से ध्यानाभ्यास में विघ्न न पड़े । ऐसे आनेवालों की उपस्थिति से शिष्य के मन के यों उद्वेलित होने की आशंका होती है कि अमुक मेरे बारे में क्या सोच रहा होगा । इस कथन का तात्पर्य, कि देश "शुच" होना चाहिए, भी यही है कि स्थान ऐसे अवगुणों से रहित हो जिनसे शिष्य के मन में क्षोभ उत्पन्न हो और वह इधर-उधर भटके । कतिपय प्राकृतिक स्थल जैसे नदी-तट, पर्वत-शिखर या खुला आकाश विशेष तौर पर अच्छे होते हैं क्योंकि ये मन को शान्त करते हैं और साथ ही

श्लोक (10, 11)

इनका प्रतीकात्मक महत्त्व भी होता है जिनका प्रभाव – चाहे उनकी ओर सचेत रूप से ध्यान न भी दिया जाय – बड़ा सबल होता है।

आसन के बारे में निर्देश एकदम व्यावहारिक है। आसन न तो इतना ऊँचा हो कि तन्मयावस्था (या अधिकतर निद्रा!) आने पर गिरने का भय हो, और न इतना नीचा कि बिच्छू इत्यादि विषैले कीड़ों का भय रहे। अन्य विशेष निर्देश ये हैं कि आसन आराम से बैठ सकने लायक मुलायम हो और योगी को सीलन से बचाए रख सके। इसीलिए बरसाती कपड़ों से पहले के युग में मृगचर्म का उपयोग होता रहा। इन छोटी-मोटी बातों से अधिक महत्त्व का निर्देश यह है कि शिष्य अपने मन को शान्त तथा आशा व लोभ से मुक्त रखे, अर्थात् उस मनोवृत्ति का त्याग करे जो चीज़ों को अपने लिए हासिल करने के चक्कर में रहती है और निचले मन की विशेषता होती है[3]।

(13) ***समम् कायशिरोग्रीवम् धारयान् अचलम् स्थिरः ।***
संप्रेक्ष्य नासिकाग्रम् स्वम् दिशः च अनवलोकयन् ॥

शरीर, सिर और गर्दन को एक सीध में रख अचल तथा दृढ़ कर, इधर-उधर न देखते हुए अपनी नासिका के अग्रभाग पर दृष्टि जमा कर,

(14) ***प्रशान्तात्मा विगतभीः ब्रह्मचारिव्रते स्थितः ।***
मनः संयम्य मच्चित्तः युक्तः आसीत मत्परः ॥

भयरहित, शान्त अन्तःकरण से ब्रह्मचर्य व्रत का पालन करे हुए, सावधान मन को वश में रख कर मेरे ध्यान में बैठे।

---

[3] ध्यान (पाली *झान*) प्रारम्भ करने से पहले पाँच बाधाओं (*कामःछन्द* यानी मद; *व्यापाद* यानी मात्सर्य; *स्तान-मृत्य* यानी मन्दता; *औधत्य-कुकृत्य* यानी चिन्ता और *वित्कित्सा* यानी व्याकुलता) को मन से हटाने की बौद्ध विधि से तुलना कीजिए। श्लोक 16 व 17 में बौद्ध "सम्यक मार्ग" पर दिए गए ज़ोर पर भी ग़ौर कीजिए। इस सादृश्य को दिखाने का मन्तव्य यह नहीं है कि वस्तु-विषय एक जगह से दूसरी जगह उधार ले लिया गया है, बल्कि यह कि सच्चा योग जहाँ कहीं भी मिलता है एक ही होता है।

अगला विषय है अंगविन्यास, और इसे भी आसन ही कहा जाता है। इस योग में जिन आसनों का ज़िक्र आता है उनका शरीर में स्थित किन्हीं स्नायविक या तान्त्रिक चक्रों पर दबाव डालने से कुछ मतलब नहीं है। जैसा कि पतञ्जलि ने कहा है, आसन सुखद और स्थिर होना चाहिए। सुखद का अर्थ यह नहीं कि आसन आरामकुर्सी पर लेटने जैसा हो क्योंकि उससे तो ध्यान लगने के बजाय नींद आने की अधिक संभावना होती है। आसन ऐसा होना चाहिए जिसे काफ़ी देर तक, बिना अंगों के सोए या थकावट महसूस किए, क़ायम रखा जा सके और साथ ही जो मानसिक जागरूकता बनाए रखने में भी सहायक हो। इसीलिए मेरुदण्ड को सीधा रखने का परम्परागत निर्देश है। श्लोक (13)

नेत्रों की दृष्टि की दिशा के बारे में भी लोगों में काफ़ी भ्रम है। इधर-उधर घूमती नज़र का अर्थ होता है इधर-उधर घूमता मन और इसीलिए दृष्टि को एक दिशा में लगाए रहना चाहिए। व्यवहार में देखा गया है कि ऐसा करने का सबसे अच्छा उपाय यह है कि नज़र को नाक की रेखा की दिशा में रख कर पलकों को आधा बन्द किया जाय। इस स्थिति को "भृकुटियों के बीच में दृष्टि को स्थित करना" नहीं समझ लेना चाहिए जिसका बहुधा उल्लेख होता है और जिसका असली मतलब यह होता है कि चेतना के केन्द्र को बुद्धि में ले जाया जाय (पिछले अध्याय के पृष्ठ 96 पर पादटीका 5 देखिए), "जब कोई अपना चिन्तन दो नेत्रों के बीच कर लेता है तब प्रकाश अपने आप प्रवाहित होने लगता है"[4]।

---

[4] विल्हेल्म (Wilhelm) द्वारा अनुवादित चीनी दाओ (Tao) पुस्तक "*दि सीक्रेट आॅफ़ दि गोल्डन फ़्लावर*"। इसी पुस्तक के निम्नलिखित उद्धरण से भी तुलना कीजिए : "इसीलिए जीवन-संवर्धन के क्षेत्र में प्रवेश करने के तरीक़े को गुरु विशेष रूप से स्पष्ट करता है और लोगों से दोनो आँखों द्वारा नासिका के अग्रभाग को देखने, पलकों को झुकाने, दृष्टि अन्तर्निहित करने, चुपचाप सीधा बैठने और हृदय को परिस्थितियों के मध्य वाले चक्र (यानी, "दृष्टिकोण" या केन्द्रीय सन्दर्भ बिन्दु अर्थात् उच्च अहंभाव) पर केन्द्रित करने को कहता है। विचारों को नेत्रों के मध्यस्थान पर रखने से ज्योति का निःसरण हो पाता है। तत्पश्चात आत्मा (बुद्धि) घनीभूत होकर परिस्थितियों के मध्य वाले चक्र में प्रवेश करती है। परिस्थितियों के मध्य का चक्र निचला अमृतक्षेत्र (निचला अमर यानी उच्चतर अहंभाव) होता है जो शक्तिपीठ (यानी इच्छाशक्ति का आसन) होता है"। कोष्ठकों के अन्दर के शब्द जोड़े गए हैं।

यद्यपि यहाँ पर इसका उल्लेख नहीं है (पिछले अध्याय में हो चुका है), साँस भी नियमित व निर्विघ्न होनी चाहिए क्योंकि विचारों के प्रवाह व साँस की लय में अति महत्त्वपूर्ण सम्बन्ध होता है। जिस चीनी पुस्तक का अभी ज़िक्र हुआ है उसके अनुसार "साँस हृदय से आती है, अतः लयरहित साँस हृदय की विक्षुब्धता से निकलती है। इसीलिए साँस धीरे-धीरे लेनी चाहिए ताकि वह कान से सुनी न जा सके"। बस इतना ही है। लम्बी चौड़ी प्राणायाम विधियों का इस योग से कुछ मतलब नहीं होता।

ये सब तो तैयारियाँ हैं जिन्हें कोई भी समझ सकता है परन्तु योग का सार इससे अधिक कठिन है और ऐसा है कि उसे शब्दों से नहीं सिखाया जा सकता। वह तो "मन की वृत्तियों का उपसंहार करना", "हृदय को परिस्थितियों के मध्य में स्थित करना", "चित्त को एकाग्र करना" और उसे ***आत्मन्*** अर्थात "दो नेत्रों के बीच अपने आप प्रवाहित होने वाले प्रकाश की ओर मोड़ना" होता है। यही आवश्यक बात है और यह बात ही कामभाव के प्रति उस विरक्ति को उत्पन्न करती, तथा बुद्धियोग को स्थापित करती, है जिससे ज्ञान प्राप्त होता है। कुछ आलोचकों के अनुसार यह दशा मानसिक शून्यता की होती है परन्तु ऐसा है नहीं, और न ही यह दशा किसी गुप्त तान्त्रिक उपकरण द्वारा उत्पन्न हो सकती है। चैतन्य का केन्द्र अपना ध्यान बाहरी ऐन्द्रिक व वैचारिक दृश्यजगत से खींच, मध्यबिन्दु से होकर – जो वह स्वयं ही होता है – ***बुद्धि*** के आध्यात्मिक जगत में निकल आता है। और असलियत तो यह है कि यह जगत वही पुराना जगत होता है जो अब एक नई दृष्टि से देखा जाता है। यह वही जगत इसलिए है क्योंकि वास्तव में तो सब ही जगत मिथ्या होते हैं। जो कुछ भी सच्चे अस्तित्त्व वाला होता है वह उस "एक" में होता है और हम जो कुछ भी जगद्स्वरूप देखते हैं वह हमारे दृष्टिकोण पर निर्भर होता है, हम जिसे देखते हैं वह "एक" होता है। जैसा कि मैत्रि उपनिषद् में कहा गया है : "विचार ही संसार है और इसीलिए इसकी शुद्धि ध्यानपूर्वक की जानी चाहिए। जिसका विचार जैसा हो वैसा ही वह बन जाता है। यह एक सनातन रहस्य है"[5]।

---

[5] *मैत्रि उपनिषद्*, 6, 34।

आजकल के प्रचलित पदों का प्रयोग करते हुए एक थोथी स्पष्टता लाने का प्रयास करना बेकार है । जो इसके लिए तैयार हो उसकी समझ में यह प्रक्रिया आ जाएगी । "यहाँ इसी संसार में यह ब्रह्म तक पहुँचने का मार्ग है । यहाँ इसी संसार में यह द्वार का खुलना है । इससे मनुष्य अँधकार के उस पार जाता है । जब पाँचों इन्द्रियज्ञान [निचले] ***मनस्*** के साथ रुक जाते हैं और बुद्धि [यहाँ ***उच्च मनस्***] भी निश्चल हो जाती है तो कहते हैं कि वही सर्वोत्तम पथ होता है"[6] ।

यहाँ ब्रह्मचर्य और आकांक्षा की नितान्त शुद्धता परम आवश्यक होती है । श्लोक (14) ब्रह्मचर्य को निरे यतीजनोचित यौन निग्रह से नहीं गड़बड़ाना चाहिए; इसका मतलब यौन आवेग के निरोधन मात्र से नहीं, अपितु उस पर नियन्त्रण से है और यह नियन्त्रण अलग-अलग परिस्थितियों में अलग-अलग तरह से किया जाता है । चाहे उसका नपुंसीकरण शारिरिक हो या मानसिक, नपुंसक के यौन-भावहीन आचरण में कोई ख़ूबी नहीं होती, और हिन्दू परम्परा इस बात की पुष्टि करने में बिल्कुल सही है कि अपने यौन जीवन पर नियन्त्रण रखने वाला गृहस्थ भी सचमुच उतना ही ब्रह्मचारी होता है जितना पूर्ण कौमार्यव्रत का पालन करने वाला यती । जो कुछ भी हो, यह याद रखना चाहिए कि काम वासना की मनोरथ सृष्टि का आन्तरिक जगत भी उतना ही महत्त्वपूर्ण होता है जितना प्रजनन का बाह्य जगत । यौन-भाव के आन्तरिक व बाह्य दोनों रूपों के नियन्त्रण के बिना ध्यानयोग से खिलवाड़ करना सरासर आग से खेलना है ।

---

[6] *मैत्रि,* 6, 30 । हर्मीस के शब्दों से भी तुलना कीजिए : "जब भी मैं अपने अन्दर उस सरल (अर्थात् अनेकात्मक नहीं एकात्मक) दर्शन को आते देखता हूँ ... तब मैं अपने आप को भेद कर एक ऐसे शरीर में चला जाता हूँ जो अमर है, और अब मैं जो पहले था वह नहीं रहता बल्कि "मनस्" में जन्म लेता हूँ । ऐसा कर सकने की विधि सिखलाई नहीं जाती" (*सीक्रेट सर्मन ऑन द माउन्ट* से । कोष्ठकों में दिए गए शब्द जोड़े गए हैं) ।

श्लोक (14) दूसरी ज़रूरी बात यह है कि आकांक्षा पूर्णरूपेण "उस" ***एकम् एव अद्वितीयम्*** पर ही केन्द्रित होनी चाहिए अन्यथा ध्यानाभ्यास से भ्रान्तिपूर्ण मायावी दृश्य दिखाई देंगे जिनसे शिष्य पथभ्रष्ट होकर मानसिक इन्द्रजाल में फँस जाएगा और शायद अपने आप को अवतार या कोई अन्य महापुरुष समझने लगेगा[7]।

ऐसी भ्रान्तियों से बचने का उपाय केवल आकांक्षा की शुद्धता और सद्गुरु का सान्निध्य ही होता है। यह कभी नहीं भूलना चाहिए कि कोई भी दृश्य या अतीन्द्रिय अनुभव (psychic experience) किसी भी बात का तिलमात्र भी प्रमाण नहीं हो सकता। सच्चा ज्ञान तो केवल ***आत्मन्*** का होता है और किसी भी द्वैतभाव वाले ज्ञान पर भरोसा नहीं किया जा सकता चाहे वह बाहरी इन्द्रिओं के माध्यम से हो या भीतरी। उदाहरणार्थ ईसा के सूली पर चढ़ाए जाने अथवा कृष्ण के जन्म का मानसिक दर्शन कर लेने को इन घटनाओं की ऐतिहासिकता का प्रमाण समझ लेना घोर मूर्खता होती है। यदि ये ऐसे प्रमाण हों भी तो इससे कोई महत्त्व की बात साबित नहीं होती क्योंकि ऐसे मानसिक दर्शन उक्त घटनाओं के आन्तरिक महत्त्व को समझने में वैसे ही असमर्थ होते हैं जैसे उन घटनाओं के भौतिक दर्शन उस समय के देखने वालों को समझा सकने में थे। वास्तविकता तो यह है कि प्रत्येक परिस्थिति में ***आत्मन्*** का ज्ञान ही सच्चा ज्ञान होता है। इसलिए कहा गया है कि सुरक्षित वही है "जो मुझ ***आत्मन्*** को सब में और सब भूतप्राणियों को मुझ में देखता है – ***यो माम् पश्यति सर्वत्र सर्वम् च मयि पश्यति*** (श्लोक 30)"।

(15) ***युञ्जन् एवम् सदा आत्मानम् योगी नियतमानसः।***
शान्तिम् निर्वाणपरमाम् मत्संस्थाम् अधिगच्छति॥

इस प्रकार आत्मा को निरन्तर परमात्मा से जोड़ते हुए स्वाधीन मन वाला योगी मुझ में स्थित परमनिर्वाण की शान्ति को प्राप्त होता है।

---

[7] ऐसे भ्रम भारत व अन्य देशों में प्रायः देखने में आते हैं और सदैव जानबूझ कर किए गए पाखण्ड ही नहीं होते। ऐसे भ्रम का सबसे पहला शिकार, अधिकतर, स्वयं "अवतार" ही होता है।

(16) *न अति अश्नतः तु योगः अस्ति न च एकान्तम् अनश्नतः ।*
न च अति स्वप्नशीलस्य जाग्रतः न एव च अर्जुन ॥

हे अर्जुन, यह योग न तो बहुत खाने वाले का और न बिल्कुल न खाने वाले का सिद्ध होता है, न अधिक सोने वाले का और न ही बहुत जागने वाले का ।

(17) *युक्ताहारविहारस्य युक्तचेष्टस्य कर्मसु ।*
युक्तस्वप्नावबोधस्य योगः भवति दुःखहा ॥

यह दुःखों का नाश करने वाला योग तो यथायोग्य आहार और विहार करने वाले, कर्मों में यथायोग्य चेष्टा करने वाले, तथा यथायोग्य जागने और सोने वाले का ही सिद्ध होता है ।

(18) *यदा विनयतम् चित्तम् आत्मनि एव अवतिष्ठते ।*
निःस्पृहः सर्वकामेभ्यः युक्तः इति उच्यते तदा ॥

जब इस प्रकार योग के अभ्यास से किसी का पूरी तरह वश में किया हुआ चित्त आत्मन् में स्थित हो जाता है तो उसे कामनाओं से मुक्त और "युक्त" कहा जाता है ।

(19) *यथा दीपः निवातस्थः न इङ्गते सा उपमा स्मृता ।*
योगिनः यतचित्तस्य युञ्जतः योगम् आत्मनः ॥

जिस प्रकार वायु रहित स्थान में दीपक की लौ अविचल रहती है वैसी ही उपमा ध्यानमग्न योगी के जीते हुए चित्त की दी जाती है ।

(20) *यत्र उपरमते चित्तम् निरुद्धम् योगसेवया ।*
यत्र च एव आत्मना आत्मानम् पश्यन् आत्मनि तुष्यति ॥

योगावस्था में नियन्त्रित मन किसी विषय को नहीं चाहता और आत्मन् अपने आप को पा कर अपने में ही संतुष्ट रहता है,

(21) *सुखम् आत्यन्तिकम् यत् तत् बुद्धिग्राह्यम् अतीन्द्रियम् ।*
वेत्ति यत्र न च एव अयम् स्थितः चलति तत्त्वतः ॥

और इन्द्रियों के पार के आत्यन्तिक सुख को बुद्धि द्वारा ग्रहण करता है । जिस अवस्था में योगी भगवद्स्वरूप से अलग नहीं होता,

(22) *यम् लब्ध्वा च अपरम् लाभम् मन्यते न अधिकम् ततः ।*
यस्मिन् स्थितः न दुःखेण गुरुणा अपि विचाल्यते ॥

और जिसको प्राप्त कर इससे बड़ा अन्य कोई लाभ प्रतीत नहीं होगा तथा ऐसी स्थिति में बड़े भारी दुःख से भी मन विचलित नहीं होगा ।

(23) *तम् विद्यात् दुःखसंयोगवियोगम् योगसंज्ञितम् ।*
सः निश्चयेन योक्तव्यः योगः अनिर्विण्णचेतसा ॥

दुःख के साथ जोड़ने वाली इस कड़ी के टूटने को ही योग समझना चाहिए और इस योग की अवस्था को पाने के लिए तत्पर चित्त से निश्चयपूर्वक प्रयत्न करना चाहिए ।

(24) *संकल्पप्रभवान् कामान् त्यक्त्वा सर्वान् अशेषतः ।*
मनसा एव इन्द्रियग्रामम् विनियम्य समन्ततः ॥

इसलिए मनुष्य को चाहिए कि संकल्प से उत्पन्न सब कामनाओं तथा वासनाओं को त्याग कर मन से इन्द्रियों को वश में कर,

(25) *शनैः शनैः उपरमेत् बुद्ध्या धृतिगृहीतया ।*
आत्मसंस्थम् मनः कृत्वा न किंचित अपि चिन्तयेत् ॥

धीरे धीरे अभ्यास करते हुए, बुद्धि को धैर्य से पकड़े हुए शान्ति को प्राप्त होवे और मन को आत्मन् में स्थित कर अन्य कुछ भी चिन्तन न करे ।

(26) *यतः यतः निश्चरति मनः चञ्चलम् अस्थिरम् ।*
ततः ततः नियम्य एतत् आत्मनि एव वशम् नयेत् ॥

जब-जब चञ्चल, अस्थिर, मन सांसारिक पदार्थों में विचरे तब-तब उसे बारबार रोक कर आत्मन् में लगाना चाहिए ।

(27) *प्रशान्तमनसम् हि एनम् योगिनम् सुखम् उत्तमम् ।*
उपैति शान्तरजसम् ब्रह्मभूतम् अकल्मषम् ॥

क्योंकि जिसका मन शान्त व पापरहित हो और जिसमें रजोगुण कम हो गया हो, ब्रह्म के साथ एकीभाव बनाने वाले उस योगी को अति उत्तम आनन्द प्राप्त होता है ।

(28) *युञ्जन एवम् सदा आत्मानम् योगी विगतकल्मषः ।*
सुखेन ब्रह्मसंस्पर्शम् अत्यन्तम् सुखम् अश्नुते ॥

पापरहित योगी इस प्रकार निरन्तर आत्मा को परमात्मा से जोड़ते हुए सुखपूर्वक ब्रह्मसंस्पर्श के अनन्त आनन्द का अनुभव करता है ।

(29) *सर्वभूतस्थम् आत्मानम् सर्वभूतानि च आत्मनि ।*
ईक्षते योगयुक्तात्मा सर्वत्र समदर्शनः ॥

आत्मा और परमात्मा को जोड़ लेने वाला योगी, सब को समभाव से देखने वाला योगी, आत्मन् को सब प्राणियों में व्याप्त और सब प्राणियों को आत्मन् में [स्थित] देखता है ।

(30) *यः माम् पश्यति सर्वत्र सर्वम् च मयि पश्यति ।*
तस्य अहम् न प्रणश्यामि सः च मे न प्रणश्यति ॥

जो व्यक्ति सब प्राणियों में मुझको देखता है और सब प्राणियों को मुझ में देखता है उसके लिए मैं अदृश्य नहीं हूँ और मेरे लिए वह अदृश्य नहीं होता ।

इसीलिए ***आत्मन्*** पर इतना ज़ोर दिया गया है । योगी को अपना ध्यान ***आत्मन्*** पर केन्द्रित कर, ***आत्मन्*** द्वारा ***आत्मन्*** पर दृष्टि जमा कर ***आत्मन्*** से योग स्थापित श्लोक (30) करना चाहिए । यह कहने की आवश्यकता नहीं है कि कोई भी सच्चा योग, बिना सहायता, केवल वैयक्तिक इच्छाशक्ति द्वारा सम्भव नहीं होता । विचारों को स्तब्ध कर केवल अचेतावस्था पर तो पहुचा जा सकता है परन्तु अहंता को ***आत्मन्*** के सामने समर्पित किए बिना वास्तविक योग नहीं हो सकता । यह सच है कि ध्यानावस्थित होने का प्रारम्भिक प्रयास निचले स्तर से ही किया जा सकता है परन्तु केवल इच्छाशक्ति द्वारा मन को पूरी तरह शान्त करना किसी कोणस्तूप को उसके शिखर के बल खड़ा करने के समान है, और ऐसी सन्तुलन क्रिया यदि सफलतापूर्वक सम्पन्न की भी जा सके तो इतनी अस्थिर होती है कि उससे कुछ उपयोगी नतीजा नहीं निकल सकता ।

सच्चा ध्यान तो तब लगता है जब शिष्य अपने आप को ***आत्मन्*** के हवाले श्लोक (19)
कर देता है और “उस” के साथ तादात्म्य स्थापित कर लेता है जो प्रत्येक विचार

व इन्द्रियज्ञान के अटल साक्षी के रूप में विद्यमान रहता है। जब ऐसा हो जाता है तब जा कर ही योगी का मन "*वायुरहित स्थान में दीपक की लौ*" के समान अविचल हो पाता है[8]।

जिस किसी ने भी गम्भीरता से ध्यान लगाने का प्रयास निचले स्तर से ही किया हो वह जानता है कि ऐसी अवस्था प्राप्त करना अति कठिन व विलक्षण मानसिक कलाबाज़ी के समान लगता है। सच्ची प्रक्रिया कठिन तो है परन्तु उस निचले प्रयास से अपेक्षाकृत बहुत सरल है जिसमें असफलता इतने लोगों के अवसाद का कारण होती है।

श्लोक (3)

उच्चस्तरीय स्वरूप की कुछ अनुभूति के बिना ध्यान में सफलता प्राप्त कर पाने की इस असम्भवता के कारण ही इसके अभ्यास के बारे में अब छठे अध्याय में पहुँच कर शिक्षण दिया गया है। अब तक कर्म को कारण कहा गया है – ***कर्म कारणम् उच्यते*** – यानी चैतन्य के उच्चतर स्तर या योग देने वाली ***बुद्धि*** की प्रारम्भिक अनुभूति देने का उपाय कर्म को ही बताया गया है[9]।

श्लोक (25, 22)

"*धीरे धीरे अभ्यास करते हुए, बुद्धि को धैर्य से पकड़े हुए शान्ति को प्राप्त होवे*" और इस प्रकार पक्की तरह उस ***आत्मन्*** में स्थित होकर, जिस तक पहुंचने के लिए ***बुद्धि*** सेतु के समान है, शिष्य के लिए यह सम्भव हो जाएगा कि सब विचारों के रुक जाने के बावजूद वह ऐसी स्थिर, प्रशान्त चेतना की स्थिति में बना रहे "*जिसको प्राप्त कर इससे बड़ा अन्य कोई लाभ प्रतीत नहीं होगा*" और जिसे संसार के सब के सब दुःख व कष्टों के आघात भी विचलित नहीं कर सकते।

श्लोक (23, 25)

"*दुःख के साथ जोड़ने वाली इस कड़ी के टूटने को ही योग समझना चाहिए*"। अति गहन हैं ये शब्द जिनकी गहनता भगवान् बुद्ध के इस कथन को याद कर

---

[8] स्पष्टतः गीता से बहुत पुरानी इस उपमा का अर्थ समझने में बहुत से लोग चूक जाते हैं। जहाँ हवा चल रही हो वहाँ दीपक की लौ को अविचल करने की चेष्टा व्यर्थ है। अविचल होने से पहले मन को उस देश में जागना होगा जहाँ वासना की आँधियाँ नहीं चलतीं।

[9] अध्याय 2 देखिए।

और भी बढ़ जाती है कि अनुभव मात्र ही दुःख है क्योंकि वह सीमित और अनित्य होता है । सब सीमित अनुभवों से यह सम्बन्ध-विच्छेद ही सफल योग का रहस्य है या यूँ कहिए कि यह उसका आधा रहस्य है और शेष आधा है ***आत्मसंस्थम्*** यानी ***आत्मन्*** में स्थित रहना । ये दोनों नकारात्मक व सकारात्मक प्रक्रियाएं वैसे ही साथ चलती हैं जैसे सीढ़ी चढ़ते हुए कोई व्यक्ति एक डण्डे की पकड़ ढीली करते हुए साथ ही अगले डण्डे को पकड़ लेता है ।

यही दो प्रक्रियाएं श्लोक 35 में वर्णित "वैराग्य व अभ्यास" हैं । इनके बिना चंचल व अस्थिर मन का निग्रह तथा सीढ़ी पर ऊपर चढ़ना सम्भव नहीं है । असंख्य युगों से मन बहिर्मुखी रहा है और उसे वासना विषयों से आसक्त होने की खुली छूट मिली रही है । इसलिए यह आशा नहीं करनी चाहिए कि इन सब विषयों से एक झटके में ही उसे मुक्त किया जा सकता है । जो बाँस अधिक समय तक भार से दबा रहा हो वह भार हटाते ही सीधा नहीं हो जाता, उस में आए हुए मोड़ को दूर करने के लिए अथक परिश्रम करना पड़ता है । मन के साथ भी ऐसा ही होता है; दीर्घकाल से वासना की शक्ति द्वारा मुड़े हुए मन को पहले इन वासनाओं से मुक्त करना होगा और फिर सतत अभ्यास द्वारा उस तत्त्व से जोड़ना होगा जो स्वयं उस से ऊपर होता है ।

यह अभ्यास एक या कई घण्टे प्रतिदिन ध्यान में बैठने की बात नहीं है । दिन भर (और एक हिसाब से तो सोते समय भी) जितना हो सके उतना, ध्यान की अवधि में प्राप्त वैराग्य और अन्तर्दृष्टि को अपनी चेतना में बनाए रखने का सतत प्रयत्न करना चाहिए । शिष्य को चाहिए कि शान्ति के इन क्षणों में जो कुछ भी समझ हासिल हुई हो उसे पूरे दिन मज़बूती से पकड़े रहे क्योंकि अनियन्त्रित चिन्तन का थोड़ा सा भी समय, निराशा का एक घण्टा या केवल पाँच मिनट भर का क्रोध सब करे-कराए पर पानी फेर देता है और पेनैलपी के जाल (web of Penelope) के समान सुबह से शाम तक का बुना-बनाया अगले दिन उधड़ जाता है ।

(31) *सर्वभूतस्थितम् यः माम् भजति एकत्वम् आस्थितः ।*
सर्वथा वर्तमानः अपि सः योगी मयि वर्तते ॥

जो व्यक्ति एकीभाव में स्थित हो कर सब प्राणियों में रहने वाले मुझ को भजता है वह योगी सब कुछ करता हुआ भी मेरा ही काम करता है।

(32) *आत्मौपम्येन सर्वत्र समम् पश्यति यः अर्जुन ।*
सुखम् वा यदि वा दुःखम् सः योगी परमः मतः ॥

हे अर्जुन, जो सब प्राणियों को और उनके सुख-दुःख को भी एक समान देखता है वह योगी परम श्रेष्ठ माना गया है।

अर्जुनः उवाच

(33) *यः अयम् योगः त्वया प्रोक्तः साम्येन मधुसूदन ।*
एतस्य अहम् न पश्यामि चञ्चलत्वात् स्थितम् स्थिराम् ॥

अर्जुन ने कहा : हे मधुसूदन, मन की चञ्चल प्रकृति होने के कारण मुझे नहीं लगता कि यह ध्यानयोग जिसकी आपने इतने समत्वभाव से व्याख्या की है बहुत देर तक बना रह सकता है।

(34) *चञ्चलम् हि मनः कृष्ण प्रमाथि बलवत् दृढम् ।*
तस्य अहम् निग्रहम् मन्ये वायोः इव सुदुष्करम् ॥

क्योंकि मन बड़ा चञ्चल, शैतान, ढीठ और बलवान होता है इसलिए, हे कृष्ण, उसको वश में करना मैं वायु को वश में करने के समान दुष्कर मानता हूँ।

श्रीभगवान् उवाच

(35) *अशंसयम् महाबाहो मनः दुर्निग्रहम् चलम् ।*
अभ्यासेन तु कौन्तेय वैराग्येण च गृह्यते ॥

श्रीकृष्ण ने कहा : हे महाबाहु, मन निस्सन्देह चञ्चल तथा कठिनाई से वश में होने वाला होता है परन्तु, हे कौन्तेय, अभ्यास और वैराग्य से वश में आ जाता है।

(36) ***असंयतात्मना योगः दुष्प्रापः इति में मतिः ।***

वश्यात्मना तु यतता शक्यः अवाप्तुम् उपायतः ॥

मन को वश में न करने वाले मनुष्य द्वारा योग दुष्प्राप्य है, ऐसा मेरा मत है, [परन्तु] स्वाधीन मन वाले सतत प्रयत्नशील व्यक्ति के लिए प्राप्त होना सहज है ।

अर्जुनः उवाच

(37) ***अयतिः श्रद्धया उपेतः योगात चलितमानसः ।***

अप्राप्य योगसंसिद्धिम् काम् गतिम् कृष्ण गच्छति ॥

इस पर अर्जुन बोला : हे कृष्ण, जिस शिथिल यत्न करने वाले परन्तु श्रद्धायुक्त व्यक्ति का मन योग से उचाट हो गया हो वह योग साधना में असफल हो कर किस गति को प्राप्त होता है?

(38) ***कच्चित न उभयविभ्रष्टः छिन्नाभ्रम् इव नश्यति ।***

अप्रतिष्ठः महाबाहो विमूढः ब्रह्मणः पथि ॥

हे महाबाहु, क्या वह भगवद्प्राप्ति से विमूढ़ आश्रय-रहित-व्यक्ति बिखरे हुए बादलों के समान दोनों ओर [ब्रह्मप्राप्ति तथा सांसारिक भोग] से हाथ धो बैठता है?

(39) ***एतत् मे संशयम् कृष्ण छेत्तुम् अर्हसि अशेषतः ।***

त्वदन्यः संशयस्य अस्य छेत्ता न हि उपपद्यते ॥

मेरे इस संशय को, हे कृष्ण, पूरी तरह आप ही दूर कर सकते हैं क्योंकि संशय मिटाने वाला आपके अतिरिक्त नहीं मिल सकता ।

श्रीभगवान् उवाच

(40) ***पार्थ न एव इह न अमुत्र विनाशः तस्य विद्यते ।***

न हि कल्याणकृत् कश्चित् दुर्गतिम् तात गच्छति ॥

श्रीकृष्ण ने कहा : हे पार्थ, उस व्यक्ति का न तो इस लोक में और न परलोक में नाश होता है क्योंकि, हे मित्र, कोई भी कल्याणकार्य करने वाला दुर्गति को प्राप्त नहीं होता ।

(41) *प्राप्य पुण्यकृताम् लोकान् उषित्वा शाश्वतीः समाः ।*
शुचीनाम् श्रीमताम् गेहे योगभ्रष्टः अभिजायते ॥
भ्रष्टयोगी या तो पुण्यवानों के स्वर्गादिक उत्तम लोकों को प्राप्त कर बहुत समय उन में वास करता है और फिर अच्छे लोगों के घर में जन्म लेता है,

(42) *अथवा योगिनाम् एव कुले भवति धीमताम् ।*
एतत् हि दुर्लभतरम् लोके जन्म यत् ईदृशम् ॥
अथवा, ज्ञानवान योगियों के ही कुल में जन्म लेता है, परन्तु ऐसा जन्म संसार में निस्सन्देह अति दुर्लभ है ।

(43) *तत्र तम् बुद्धिसंयोगम् लभते पौर्वदेहिकम् ।*
यतते च ततः भूयः संसिद्धौ कुरुनन्दन ॥
वहाँ अपने पूर्वजन्म की साधना को शीघ्र ही उपलब्ध कर लेता है और, हे कुरुनन्दन, पुराने संस्कारों के प्रभाव से पुनः साधना के यत्न करता है ।

(44) *पूर्वाभ्यासेन तेन एव ह्रियते हि अवशः अपि सः ।*
जिज्ञासुः अपि योगस्य शब्दब्रह्म अतिवर्तते ॥
विषयो के वश में होता हुआ भी वह पूर्वाभ्यास के कारण आन्तरिक पथ की ओर आकर्षित किया जाता है, तथा ऐसा योग का जिज्ञासु सकाम कर्मों के फल के पार चला जाता है ।

(45) *प्रयत्नात् यतमानः तु योगी संशुद्धकिल्बिषः ।*
अनेकजन्मसंसिद्धः ततः याति पराम् गतिम् ॥
अनेक जन्मों से अपने अन्तःकरण को शुद्ध करने वाला और बड़ी लगन से प्रयास करने वाला योगी अपनी सब कमियों को दूर कर अपनी साधना के प्रभाव से परम गति को प्राप्त हो जाता है ।

यह एक लम्बा व कठिन संघर्ष है जो शिष्य को हताशप्राय लगेगा । प्रगति धीरे-धीरे होती है और उपलब्धि बहुत दूर नज़र आती है । हो सकता है कि मञ्ज़िल पर पहुंचने से पहले मृत्यु की रात आ जाय, परन्तु उसे धैर्य नहीं खोना चाहिए क्योंकि

श्लोक (37, 43, 45)

यह ऐसा पथ है जिस पर अनेक जन्मों तक चलना होता है और शिष्य निश्चिन्त होकर इस सार्वभौमिक नियम पर अवलम्बित रहे कि छोटे से छोटा प्रयत्न भी कभी व्यर्थ नहीं जाता और जैसे कोई व्यक्ति आज के अधूरे काम को कल पूरा करता है वैसे ही अपने अगले जन्म में वह वहाँ से शुरु कर सकेगा जहाँ इस जन्म में छोड़ा है।

यदि प्रयास निरन्तर बना रहता है तो अन्ततः सफलता सुनिश्चित है और जैसे जाड़ों के तुषारापात द्वारा जकड़ा हुआ वृक्ष एकाएक वसन्तऋतु में हराभरा हो जाता है वैसे ही कई जन्मों की कठोर तपस्या भी सफल हो जाती है और शिष्य ज्योति में प्रस्फुटित होकर ब्रह्मसंस्पर्श प्राप्त करता है। संपर्क स्थापित हो जाने के पश्चात सनातन सत्य अब पहले के समान केवल धुँधली सी पृष्ठभूमि या आन्तरिक द्वार से कभी-कभी दिखने वाली झलक नहीं बल्कि एक वास्तविक संस्पर्श के रूप में प्रतीत होता है, ऐसा स्पर्श जो जीव को आनन्दविभोर कर देता है। श्लोक (44, 28)

अपने वैयक्तिक हानि-लाभ व आशा-आशंका वाले पृथक और सीमित अहम् का भाव अब समाप्त हो जाता है और उसकी जगह यह अनुभव ले लेता है कि एकमात्र अद्वय **आत्मन्** सब जीवधारियों में स्थित है और सब जीवधारी उस व्यापक आनन्दसागर की भँवरों के समान हैं। इस अवस्था को तीसरा मुख्य मार्गचिन्ह समझना चाहिए। पहला था पथ में प्रवेश; दूसरा हृदय में दैवी जन्म की चेतना; और अब कहा जा सकता है कि अद्वय **आत्मन्** में समस्त जीवन के ऐक्य की प्रचुर अनुभूति के रूप में यह तीसरा चिन्ह भी आ गया है जिसे कुछ परम्पराओं में अलौकिक या रहस्यमय परिणय (Mystic Marriage) भी कहा जाता है। यह बौद्धजनों की पाँचवीं (किसी परम्परा में छठी) अवस्था अथवा **ध्यानपारमिता** है जिसके पश्चात तेजस्वी प्रज्ञापथ शिष्य के सामने खुला पड़ा होता है। जो यहाँ तक पहुंच सका हो वह त्रिविध-महान होता है। **क्षुद्र अहम्** को **सच्चे स्वरूप** से अलग करने वाला सेतु अब पार किया जा चुका है और दैवी ज्योति की अद्भुत किरणों से व्यक्तित्त्व के प्रकाशित होने में अब कोई बाधा नहीं रह गई है। श्लोक (29)

श्लोक (31) अब योगी कहीं भी हो और कुछ भी करता हो, वह बराबर अमर्त्य दैवी एकत्व में स्थित रहता है। नित्य कृष्ण के स्पर्श से उसके हृदय में प्रेम की ज्योति जग उठी है, उस प्रेम की ज्योति जो महान मुक्तिदाता होता है और सब बाधाओं को नष्ट कर देता है। स्वयं अपने आप से मुक्त होकर "उस" की उत्ताल तरंगों पर बहते हुए अब वह अपने को या औरों को ही नहीं बल्कि हर कहीं और हर वस्तु में श्रीकृष्ण का नीलवर्ण स्वरूप ही देखता है। शत्रु की क्रुद्ध भृकुटियों के नीचे और मित्र की मुस्कराती नज़रों में उसे केवल दैवी प्रियतम के दिव्य नेत्र ही दिखाई देते हैं और वह सबके हृदय में बसने वाले इस अविनाशी की पूजा हेतु अपना सर्वस्व उँडेल देता है।

पूजा एक ऐसा शब्द है जिसका सुन कर हमारे मनों में मन्दिरों व गिरजों की स्तुति व अर्चना तथा स्वर्ग के सुखभोग की तस्वीरें आने लगती हैं। परन्तु शिष्य अब जिस पूजा को करता है वह नितान्त भिन्न होती है। इसमें तो आत्मसपर्पण से कम और कुछ हो ही नहीं सकता। यह प्रेम की प्रभुतावान शक्ति द्वारा कराई गई आत्मविस्मृति की सेवा-रूपी पूजा होती है।

जिसका आराध्य देव प्रत्येक नामरूप में विराजमान हो उसे मन्दिर की क्या आवश्यकता? और, दैवी सौन्दर्य को संसार की निराशामय वीभत्सता द्वारा विकृत होता देख व दैवी आनन्द को मनुष्यों के अगणित दुःखों से ढका पा कर वह अपनी सेवा किए बिना कैसे रह जाएगा?

(46) *तपस्विभ्यः अधिकः योगी ज्ञानिभ्यः अपि मतः अधिकः।*
कर्मिभ्यः च अधिकः योगी तस्मात् योगी भव अर्जुन ॥

योगी तपस्वियों से श्रेष्ठ होता है और शास्त्रों के ज्ञान वालों से भी श्रेष्ठ माना गया है तथा सकाम कर्म करने वालों से भी, इसलिए, हे अर्जुन, तुम योगी बनो।

(47) *योगिनाम् अपि सर्वेषाम् मद्गतेन अन्तरात्मना।*
श्रद्धावान् भजते यः माम् सः मे युक्ततमः मतः ॥

सब योगियों में भी जो श्रद्धावान योगी सदैव मेरा कार्य करता है मेरे मत में वह सर्वश्रेष्ठ योगी होता है ।

अपने को अनुशासित कर लेने वाला तपस्वी महान होता है; सत्य के प्रशान्त ज्ञान में स्थित ज्ञानी महान होता है; कर्मरत मनुष्य भी महान होता है क्योंकि वह, चाहे अचेतन रूप से ही सही, निरन्तर सक्रिय सार्वभौमिक शक्तियों का निमित्त होता है । परन्तु इन सब से श्रेष्ठ होता है योगी, क्योंकि उसमें इन तीनों का संश्लेषण होता है । अपने हृदय में दैवी प्रियतम से आलिंगनबद्ध हुआ वह उसे सब में स्थित ***आत्मन्*** के रूप में देखता है और अपने अनुशासित व्यक्तित्त्व को आत्मसपर्पण की बलिवेदी पर रख, निरन्तर सृष्टि के कल्याण में रत, वह "ज्ञानप्रेम" की अथक सेवा में लगा रहता है । "*मेरे मत में वह सर्वश्रेष्ठ योगी होता है*" । श्लोक (46)

अध्याय 7

ज्ञान योग

(ज्ञानविज्ञान योग)

श्रीभगवान् उवाच

(1) *मयि आसक्तमनाः पार्थ योगम् युञ्जन् मदाश्रयः ।*
असंशयम् समग्रम् माम् यथा ज्ञास्यसि तत् शृणु ॥

श्रीकृष्ण ने कहा : हे मुझ में आसक्त हुए मन वाले पार्थ, मुझ में आश्रय लिए और योगसाधना में लगे हुए तुम मुझे किस प्रकार बिना किसी संशय के पूरी तरह जान सकते हो, यह सुनो ।

(2) *ज्ञानम् ते अहम् सविज्ञानम् इदम् वक्ष्यामि अशेषतः ।*
यत् ज्ञात्वा न इह भूयः अन्यत् ज्ञातव्यम् अवशिष्यते ॥

मैं तुम्हें रहस्य सहित उस तत्त्वज्ञान को पूरी तरह बताऊँगा जिसको जान लेने पर यहाँ और कुछ जानने को बचा नहीं रहता ।

श्लोक (2) इस अध्याय के साथ बौद्धजनों का प्रज्ञामार्ग आरम्भ होता है और शिष्य के आन्तरिक नेत्र के सामने उस दिव्य ज्ञान का उदयन होने लगता है "*जिसको जान लेने पर यहाँ और कुछ जानने को बचा नहीं रहता*" । परन्तु यह मान लेना भूल होगी कि आने वाले श्लोकों में इस ज्ञान का विवरण है या दिया जा सकता है । किसी दो-आयामात्मिक चित्र का जैसा सम्बन्ध उसकी तीन आयाम वाली वास्तविकता से होता है, या नक़्शे का असली ज़मीन के साथ होता है, केवल वैसा ही सम्बन्ध इस या किसी और विवरण का उस अद्भुत ज्ञान के साथ होता है और कोई अपने आप को इस भ्रम में न डाले कि इस व्याख्या के कथनों को समझना और प्रबुद्ध हो जाना एक ही बात है ।

(3) ***मनुष्याणाम् सहस्त्रेषु कश्चित यतति सिद्धये ।***
यतताम् अपि सिद्धानाम् कश्चित माम् वेत्ति तत्त्वतः ॥

हज़ारों मनुष्यों में से कोई [बिरला] व्यक्ति ही मेरी प्राप्ति के यत्न करता है और उन यत्न करने वालों में भी कोई ही मुझे यथार्थ मर्म से जानता है ।

श्लोक (3)

प्रारम्भ से ही इस बात को ध्यान में रखना चाहिए कि यह ज्ञान अति दुर्लभ होता है । अधिकतर लोगों को तो इस ज्ञान के अस्तित्त्व तक के बारे में कुछ पता नहीं होता और यद्यपि कठोर प्रयत्नों के फलस्वरूप थोड़े बहुत के पैर इस ज्ञान की ओर ले जाने वाले पथ पर पहुंच भी जाते हैं तथापि किसी एक समय इसके पूर्ण स्वरूप को एक या दो ही प्राप्त कर पाते हैं । यह सब कुछ शिष्य को हतोत्साहित करने के लिए नहीं बल्कि इसलिए कहा जा रहा है कि अब, जब वह प्रज्ञामार्ग पर आ पहुंचा है, वह अपने को नम्र बनाए रख सके । कहीं थोड़ा सा प्रकाश देख लेने पर ही वह अपने को कोई देवता न समझ बैठे और छोटी सी पहाड़ी की चोटी पर चढ़ कर यह न समझने लगे कि वह शाश्वत हिमशिखर पर आ पहुंचा है ।

यह अद्भुत ज्ञान, जिसका अब विवरण दिया जाने वाला है, आख़िर है क्या? यह है कृष्ण का ज्ञान – अमर आत्मा का ज्ञान, उस निर्मल सनातन सत्ता का ज्ञान जो समस्त परिवर्तनों की पृष्ठभूमि होता है । इस बात को, आगे जो कुछ दिया गया है उसे पढ़ते समय, ध्यान में रखे रहना चाहिए क्योंकि कृष्ण की पूजा करने वाले तो बहुतेरे होते हैं परन्तु पथ पर पहुंचने वालों में से भी थोड़े ही ऐसे होते हैं जो उनके वास्तविक स्वरूप को जान पाते हैं । वास्तव में कृष्ण क्या या कौन हैं यही इस व अगले चार अध्यायों में बताने का प्रयास किया गया है । यहाँ शिष्य को शब्दों से सतर्क रहना चाहिए क्योंकि जैसा उपनिषद् में कहा गया है – "***यस्य अमतम् तस्य मतम् मतम् यस्य न वेद सः***" – *जो इसे जानता है वह इसे नहीं जानता परन्तु जो इसे नहीं जानता वह जानता है*[1] । जिस ज्ञान का शब्दों में वर्णन हो सकता है वह सच्चा ज्ञान नहीं होता । यदि केवल दिमाग़ में ही इसके मतलब

[1] *केनोपनिषद्* 2, 3 ।

लगाए जाने हैं तो यह विवरण व्यर्थ है । इसके शब्द तो ऐसे झिलमिलाते पर्दों के समान हैं जिनसे होकर शिष्य को "उस" तक पहुंचना होता है "*जिस तक पहुंचने में 'असमर्थ' वाणी मन समेत वापस लौट आती है –* ***यतः वाचः निवर्तन्ते अप्राप्य मनसा सह*** (तैत्तिरीय उपनिषद् 2, 4, 1)" ।

(4) ***भूमिः आपः अनलः वायुः खम् मनः बुद्धिः एव च ।***
अहंकारः इति इयम् मे भिन्ना प्रकृतिः अष्टधा ॥

मेरी प्रकृति को आठ भागों में बाँटा जाता है, पृथ्वी, जल, अग्नि, वायु, आकाश, मन, बुद्धि और अहंकार ।

(5) ***अपरा इयम् इतः तु अन्याम् प्रकृतिम् विद्धि मे पराम् ।***
जीवभूताम् महाबाहो यया इदम् धार्यते जगत् ॥

यह आठ प्रकार के भेदों वाली तो अपरा (जड़) प्रकृति है परन्तु, हे महाबाहु, यह जानो कि इसके अतिरिक्त मेरी जीवभूत परा (चेतन) प्रकृति है जिससे यह सम्पूर्ण जगत धारण किया जाता है ।

श्लोक (4, 5) परम ऐक्य को समझ सकने से पहले शिष्य को प्रव्यक्त विश्व की दोहरी प्रकृति को समझना पड़ता है । चाहे स्थूल हो या सूक्ष्म, चाहे जीवित प्राणी हो या वह जिसे हम "मृत" पदार्थ कहते हैं, समस्त प्रव्यक्त वस्तुओं के दो पहलू होते हैं और इन्हें समझना चाहिए । ये हैं सदा परिवर्तनशील नामरूप और कभी न बदलने वाला चैतन्य जिस पर वे आधारित होते हैं । पञ्चतत्त्वों[2] के हों या विचार क्षेत्र के, सूक्ष्म से सूक्ष्म नामरूप भी वह अनित्य लीला ही होते हैं जो उच्चतर या ***जीवभूत*** प्रकृति पर आश्रित होते हैं । इस साक्षी चैतन्य से अलग तो किसी नामरूप का अस्तित्त्व ही नहीं हो सकता ।

यह पूछा जा सकता है कि चलिए यहाँ तक तो ठीक है, परन्तु उस जड़ पदार्थ (brute matter) के बारे में हमें क्या कहना है जिससे सारी दुनिया का अस्तित्त्व

---

[2] "चैतन्य" के लिए परिशिष्ट "क" देखिए, "अधिभूत" के लिए परिशिष्ट "ख" और पञ्चतत्त्वों के लिए परिशिष्ट "ज" ।

बना है? आज जब भौतिक वैज्ञानिकों ने भी पदार्थ को "सम्भाव्यता की तरंगों (waves of probability)" के रूप में स्वीकार कर लिया है हमारा यह उत्तर, कि ऐसा पूर्णतया जड़ पदार्थ होता ही नहीं, जनसाधारण को अधिक मान्य होगा । जड़ का विश्लेषण करते जाइए तो अन्त में वह जैसे ग़ायब ही हो जाता है या एक ऐसा कुछ होकर रह जाता है जो अज्ञेय ही नहीं अभौतिक भी होता है । जैसा कि प्लॉटाइनस ने वाक़ई ठीक कहा था, अपने आप में अधिभूत एक अस्वीकरण मात्र होता है – चैतन्य में नित्य परिवर्तनशील नामरूपों का अव्यक्त आधार ।

(6) ***एतद्योनीनि भूतानि सर्वाणि इति उपधारय ।***
अहम् कृत्स्नस्य जगतः प्रभवः प्रलयः तथा ॥
ऐसा समझो कि सम्पूर्ण भौतिक जगत इन दोनों ही प्रकृतियों से बना होता है और मैं ही उसकी उत्पत्ति तथा प्रलय का कारण हूँ ।

(7) ***मत्तः परतरम् न अन्यत् किञ्चित अस्ति धनञ्जय ।***
मयि सर्वम् इदम् प्रोतम् सूत्रे मणिगणाः इव ॥
हे धनञ्जय, मेरे अतिरिक्त किञ्चित मात्र भी दूसरी वस्तु नहीं है, यह सम्पूर्ण जगत सूत्र में मणियों के समान मुझ में गुँथा हुआ है ।

इस विषय पर आगे चल कर और भी कहा जाएगा । यहाँ इतना जान लेना ही पर्याप्त है कि चैतन्य और नामरूप[3] दोनों ही वह महागर्भ हैं जिससे सब जीवधारी जन्म लेते हैं । परन्तु इस द्वैत के पार है "वह", जिससे यहाँ श्रीकृष्ण अपना तादात्म्य बना रहे हैं । वह "अद्भुत अबोधनीय" जो फ़िलॉसफ़ी की थोथी "परम एकता" नहीं बल्कि वह भरपूर अकथनीय आश्चर्य है जो चैतन्य व नामरूप दोनों का ही आधार होता है और जिस पर सबकुछ ऐसा पिरोयां होता है जैसे धागे पर मणियाँ । श्लोक (6, 7)

यह है कृष्ण का वह वास्तविक स्वरूप जिसके बारे में वे स्वयं कहते हैं कि वहाँ तक बहुत कम व्यक्ति पहुंच पाते हैं । इस अद्भुत आश्चर्य के सामने – ऐसी शून्यता के सामने जो परिपूर्ण होती है, ऐसी पूर्णता जो शून्य होती है – शब्द

---

[3] ***महत् आत्मन्*** के स्तर पर संयुक्त ।

निरर्थक परिचय पत्रों के समान बेकार साबित होते हैं। पूरे विश्व की थाह ले सकने वाला मन भी यहाँ चकरा कर डूब जाता है और मौन धारण कर लेता है। जिन्होंने भी इस स्वरूप को जाना है उनके होंठ आदरपूर्ण भय से सिल जाते हैं और यह जान कर कि वे उसे नहीं जानते वे इस अगाध समुद्र में अपने विचार की डोर से थाह लेना बन्द कर देते हैं। इस पावन रहस्य के आगे हमें नतमस्तक हो जाना चाहिए और अपने शब्दों को उस क्षेत्र के लिए ही रखे रखना चाहिए जो उनके लिए उपयुक्त हो।

परन्तु जानना तो इस अगाध रहस्य को ही है, और इसलिए कोई ऐसा उपकरण, कोई ऐसा रास्ता, निकालना ही होगा जो "उस" का ज्ञान करा सके जिस तक मन की पहुंच नहीं है। इसीलिए कृष्ण कहते हैं कि यद्यपि प्रव्यक्त विश्व माया है परन्तु है वह माया दैवी, और उसके स्पंदनशील हृदय में वे स्वयं ही विराजमान हैं।

(8) *रसः अहम् अप्सु कौन्तेय प्रभा अस्मि शशिसूर्ययोः।*
प्रणवः सर्ववेदेषु शब्दः खे पौरुषम् नृषु ॥

हे कुन्तीपुत्र, जल में मैं रस हूँ, चन्द्रमा और सूर्य में प्रकाश, सम्पूर्ण वेदों में ओंकार, आकाश में शब्द और पुरुषों में पुरुषत्व हूँ,

(9) *पुण्यः गन्धः पृथिव्याम् च तेजः च अस्मि विभावसौ।*
जीवनम् सर्वभूतेषु तपः च अस्मि तपस्विषु ॥

पृथ्वी में पवित्र गन्ध, अग्नि में तेज, सब प्राणियों में उनका जीवन और तपस्वियों में तप हूँ।

(10) *बीजम् माम् सर्वभूतानाम् विद्धि पार्थ सनातनम्।*
बुद्धिः बुद्धिमताम् अस्मि तेजः तेजस्विनाम् अहम् ॥

हे पार्थ, सम्पूर्ण भूतों का सनातन कारण मुझ को ही जानो, मैं बुद्धिमानों की बुद्धि और तेजस्वियों का तेज हूँ।

(11) *बलम् बलवताम् च अहम् कामरागविवर्जितम्।*
धर्माविरुद्धः भूतेषु कामः अस्मि भरतर्षभः ॥

हे भरतर्षभ, मैं बलवानों का आसक्तिरहित व कामनारहित बल हूँ और सब प्राणियों में धर्मानुकूल कामभाव हूँ ।

(12) ***ये च एव सात्त्विकाः भावाः राजसाः तामसाः च ये ।***
मत्तः एव इति तान् विद्धि न तु अहम् तेषु ते मयि ॥

और भी जो सत्त्वगुण, रजोगुण तथा तमोगुण से उत्पन्न होने वाले भाव हैं उन सब को तुम मुझ से ही उत्पन्न होने वाला जानो, परन्तु उनमें मैं और मुझ में वे नहीं हैं ।

प्रत्येक वस्तु में, पृथ्वी में, अग्नि में, जल में, सूर्य में, चन्द्र में और समस्त प्रभावान वस्तुओं में, बलवान, ज्ञानी तथा तपस्वी मनुष्यों में, व समस्त प्राणियों में शिष्य को वह सार खोजने का प्रयत्न करना चाहिए जिससे उनका अस्तित्त्व बनता है । बाह्य नामरूप तो आकस्मिक घटना स्वरूप और मायावी होते हैं । उनसे विचलित हुए बिना शिष्य को उस वास्तविक सार को दृढ़ता से पकड़े रहना चाहिए जिसकी बेडौल आकृतियाँ ही ये नामरूप होते हैं । ये वास्तविक सार ही वे दैवी परिकल्पनाएँ होती हैं जो सदैव जीवित रहती हैं और ये ही प्रत्येक वस्तु को अन्दर से ढालती हैं, "*अन्धी मिट्टी को रूप देती हैं*"[4] । श्लोक (8-12)

(13) ***त्रिभिः गुणमयैः भावैः ऐभिः सर्वम् इदम् जगत् ।***
मोहितम् न अभिजानाति माम् एभ्यः परम् अव्ययम् ॥

इन भावों से मोहित, समस्त गुणमय जगत इन सब के पार स्थित अव्यय "मुझ" को नहीं जानता ।

(14) ***दैवी हि एषा गुणमयी मम माया दुरत्यया ।***
माम् एव ये प्रपद्यन्ते मायाम् एताम् तरन्ति ते ॥

वस्तुतः मेरी यह त्रिगुणमयी दैवी माया बहुत दुस्तर है और जो निरन्तर मुझे भजते हैं केवल वही इसे पार कर पाते हैं ।

[4] *लाइट ऑफ़ एशिया* ।

श्लोक (13, 14)

शारीरिक आँख तो केवल परिवर्तनशील नामरूपों को ही देखती है और इस झूठे दृश्य से ही पूरी तरह परिभ्रमित हो जाती है। प्लेटो के गुफा-निवासियों की भाँति मनुष्य केवल दीवार पर चलती छायाओं को ही देखते हैं। वे न तो प्रकाश को देखते हैं और अभी तक न ही उन सत्यतर रूपों को देख पाते हैं जिनकी ये छायाएँ होती हैं। इस दैवी माया को पार करना निस्सन्देह कठिन है क्योंकि दीर्घकाल से भौतिक वस्तुओं में ही फँसे रहने के कारण हमारे मन केवल बाहरी बातों पर अटके रहना ही सीख गए हैं। रोग या आरोग्य के ही हिसाब से शरीर को देखने में प्रशिक्षित डाक्टर आसानी से कलाकार की दृष्टि द्वारा नहीं देख सकता और बाहरी तत्त्वों को ही महत्त्व देने के कारण प्रकृति के स्वामी बन जाने वाले हम आसानी से उच्चतर दृष्टि प्राप्त नहीं कर पाते और न ही अपनी परम्परागत विचार-प्रणाली को उलट पाते हैं।

दृष्टि या विचार प्रणाली का यह परिवर्तन है ज्ञान-योग, और जैसा कि कठोपनिषद् का कहना है – "... कः चित् धीरः प्रत्यगात्मानम् ऐक्षत् आवृत्तचक्षुः अमृतत्वम् इच्छन् – अमरत्व की इच्छा रखने वाले कुछ धीर पुरुषों ने पलटी आँखों से उस अनश्वर आत्मन् को देखा"। शिष्य को इस बहुरूपिया माया की ओर से आँख पलटनी होगी। माया के स्थान पर उसे "मुझे" देखना होगा – "मुझे" जो समस्त तेजस्वी वस्तुओं में अग्नि का दैवी परिकल्पन है, समस्त बलशाली वस्तुओं में दैवी बल और समस्त प्राणियों में दैवी जीवन है।

(15) ***न माम् दुष्कृतिनः मूढाः प्रपद्यन्ते नराधमाः।***
मायया अपहृतज्ञानाः आसुरम् भावम् आश्रिताः॥

जिन आसुरी स्वभाव वालों का ज्ञान माया द्वारा हर लिया गया हो वे दूषित कर्म वाले मूढ़ नराधम मुझे नहीं भजते।

(16) ***चतुर्विधाः भजन्ते माम् जनाः सुकृतिनः अर्जुन।***
आर्तः जिज्ञासुः अर्थार्थी ज्ञानी च भरतर्षभ॥

हे भरतर्षभ, चार प्रकार के सुकर्मी जन मेरा भजन करते हैं, आर्त (जो संकट निवारण चाहते हैं), जिज्ञासु (जो उस ज्ञान को चाहते हैं जिससे जीवन पर

अपना अधिपत्य स्थापित होता है), अर्थार्थी (जो मोक्ष चाहते हैं) और ज्ञानी (जो केवल आत्मन् को आत्मन् के लिए चाहते हैं) ।

इस तरह नित्य ***आत्मन्*** की ओर उन्मुख हो कर ही माया को पार किया जा सकता है । बाहर की ओर से देखने वाले और माया से मोहित हो जाने वाले, आसुरिक पथ[5] पर चलने वाले, व्यक्ति इस संसार में अपने पैर नहीं जमा सकते और इसकी निरन्तर चलायमान तरंगों के थपेड़ों के साथ यहाँ से वहाँ धक्के खाते रहते हैं । श्लोक (15)

इनके विपरीत वे लोग होते हैं जो आन्तरिक पथ पर चलते हैं और कृष्ण की सेवा[6] करते हैं । इनका वर्गविभाजन इनकी ही अनुभूति के अनुसार किया जाता है । सबसे पहले आते हैं "आर्त" जिन्होंने देख लिया है कि जीवन केवल दुःख ही दुःख है । श्लोक (16)

"Ache of birth, ache of the helpless days.
Ache of hot youth and ache of manhood's prime;
Ache of the chill grey years and chocking death
These fill your piteous time.[7]

दर्द जन्मने का, दर्द असहाय दिनों का
उन्मत्त कौमार्य और यौवन के उभार का दर्द
बुढ़ापे के रसहीन वर्ष, छटपटाते मृत्यु के क्षण
इन्हीं से भरा है तेरा दयनीय जीवन । "

जीवन अनित्य है और सब कुछ एक न एक दिन चला जाता है, यह देख लेने पर इस वर्ग के मनुष्य दुःखी होकर इस सब कुछ से मुँह मोड़ लेते हैं और उस कृष्ण

---

[5] आसुरिक पथ, बाहर ले जाने वाला प्रवृत्ति मार्ग, जिसके बारे में आगे चल कर और कहा जाएगा । अध्याय 16 देखिए ।

[6] "***भजन्ते***" शब्द, जिसका अर्थ आमतौर से "पूजा करना" लगाया जाता है, "**भज्**" धातु से बना है जिसका अर्थ है "सेवा करना" ।

[7] *लाइट आॅफ़ एशिया*।

से अपने मन को सांत्वना देना चाहते हैं जो समस्त दुःखों के पार और अविचल होता है।

भगवान बुद्ध के चार आर्य सत्यों में यही सब से पहली अवस्था है। इसे पहली इसलिए कहा गया है क्योंकि यह केवल दुःख से भागने की प्रवृत्ति पर आधारित है।

अपनी अन्तर्दृष्टि से ऐसे शिष्य ने यह देख लिया होता है कि जीवन में दुःख ही दुःख है और जिन्हें सुख कहते हैं वे निरे धोखे होते हैं, इसलिए वह निराश होकर अपनी आँखें फेर लेता है। यदि जीवन थोड़ा भी सुखमय होता तो वह इस तरह कृष्ण की ओर उन्मुख न होता।

अगला वर्ग है "जिज्ञासु" यानी उन जनों का जो ज्ञान की खोज करते हैं। ज्ञान से प्रभुत्त्व व बल प्राप्त होता है और दुःखमय जीवन को देख लेने के बाद ऐसे व्यक्ति उस ज्ञान को ढूँढते हैं जिससे जीवन पर अपना अधिपत्य स्थापित किया जा सके।

इसके बाद अर्थ की इच्छा रखने वाले अर्थार्थी[8] आते हैं। यह जान कर कि कामना की बहिर्मुखी प्रवृत्तियाँ ही दुःख का कारण होती हैं और समस्त प्रव्यक्त जीवन अपने स्वभाव से ही अनित्य होता है, वे समस्त कामनाओं व प्रव्यक्त वस्तुओं से अपना मुँह मोड़ कर ***अनामयम् पदम्*** मोक्ष की शोकमुक्त दशा की इच्छा रखते हैं जो संसार के शोकसागर से बहुत ऊपर होती है।

(17) ***तेषाम् ज्ञानी नित्ययुक्तः एकभक्तिः विशिष्यते ।***
प्रियः हि ज्ञानिनः अत्यर्थम् अहम् सः च मम प्रियः ॥

इनमें भी दृढ़व्रती और केवल "एक" का भक्त ज्ञानी विशिष्ट होता है क्योंकि ज्ञानी को मैं अत्यन्त प्रिय हूँ और ज्ञानी मुझे प्रिय होता है।

---

[8] अर्थार्थी को प्रायः ग़लत समझा जाता है और इसके मायने उस व्यक्ति से लगाए जाते हैं जो धन व सांसारिक पदार्थों की कामना रखता है। श्लोक के शब्दों के क्रम से स्पष्ट है कि यह वास्तविक अर्थ नहीं है। अर्थार्थी उस "अर्थ" की इच्छा रखने वाला नहीं होता जो "अनर्थ" होता है बल्कि उसका जो वास्तविक अर्थ, "परमार्थ" होता है।

(18) *उदाराः सर्वे एव एते ज्ञानी तु आत्मा एव मे मतम् ।*
आस्थितः सः हि युक्तात्मा माम् एव अनुत्तमाम् गतिम् ॥

ये सब [आर्त, जिज्ञासु तथा अर्थार्थी] बहुत अच्छे होते हैं परन्तु ज्ञानी को तो मैं साक्षात अपना ही स्वरूप मानता हूँ क्योंकि वह स्थिर बुद्धि वाला मुझ परम लक्ष्य में ही स्थित होता है ।

(19) *बहूनाम् जन्मनाम् अन्ते ज्ञानवान् माम् प्रपद्यते ।*
वासुदेवः सर्वम् इति सः महात्मा सुदुर्लभः ॥

बहुत जन्मों के उपरान्त यह समझने पर कि सब कुछ वासुदेव ही है, ज्ञानवान व्यक्ति मेरे पास आता है, ऐसा महात्मा अति दुर्लभ होता है ।

परन्तु इस अवस्था के पार एक और अवस्था भी होती है जो आत्मसमर्पण के मार्ग पर चलने वाले ज्ञानी की अवस्था होती है । मुक्ति की इच्छा रखने वाले के लिए संसार और निर्वाण में द्वैत भावना होती है और वह एक को छोड़ कर दूसरे की ओर जाता है । परन्तु ज्ञानी वह होता है जो यह जानता है कि समस्त द्वैतभाव मिथ्या होता है । जैसा "यहाँ" वैसा ही "वहाँ", और उसके खुले नेत्र एक अद्वय के अतिरिक्त कुछ नहीं देखते । वह अपने लिए इस आग में जलते संसार की सीमाओं से मुक्ति नहीं चाहता क्योंकि उसने यह देख लिया होता है कि *"सब कुछ वासुदेव*[9] *ही है"* और उपनिषद् के शब्दों में उसे मालूम होता है कि *"जो वहाँ है वह ही यहाँ भी है; और जो यहाँ नहीं वह कहीं भी नहीं"* । श्लोक (17-19)

असंख्य जन्मों के प्रयास के फल स्वरूप ही यह अति दुर्लभ, अति अद्भुत दिव्य अनुभूति प्राप्त होती है । पथ पर चलने वाले सब व्यक्ति श्रेष्ठ होते हैं परन्तु उन सब में श्रेष्ठ ज्ञानी होता है क्योंकि उसकी अनुभूति उसे सब प्राणियों में वास करने वाले ***आत्मन्*** से जोड़ देती है । किसी स्वार्थपरक लाभ की इच्छा न रखते हुए वह संसार के कड़ुए पानी का परित्याग नहीं करता बल्कि अपने प्रभु की सेवा में वह उस में मिठास घोलने का प्रयत्न करता है । उसे अपनी अस्मिता प्यारी नहीं

---

[9] कृष्ण का पैतृक नाम, परन्तु यहाँ इसका अर्थ है "सब में स्थित ज्योति" ।

बल्कि अद्वय ***आत्मन्*** प्यारा होता है और इसीलिए वह कृष्ण का परम प्रिय होता है। क्योंकि उसे पता होता है कि कृष्ण के अतिरिक्त और किसी का अस्तित्त्व ही नहीं होता इसलिए वह कृष्ण की सेवा के अतिरिक्त और किसी लाभ या लक्ष्य की आकांक्षा नहीं रखता। कृष्ण के ही समान वह प्रेम व बलिदान की भावना से प्रेरित होकर अपने आप को अर्पण कर देता है। कृष्ण के आत्मन् से वह पूरी तरह एक हो जाता है और इस तरह अपने आप को सब के भीतर स्थित अद्वय जान कर सर्वोच्च पथ पर आरूढ़ हो जाता है।

(20) ***कामैः तैः तैः हृतज्ञानाः प्रपद्यन्ते अन्यदेवताः ।***
तम् तम् नियमम् आस्थाय प्रकृत्या नियताः स्वया ॥

इस या उस कामना से प्रेरित हुए विवेकहीन व्यक्ति अपनी अपनी प्रकृति के अनुसार विभिन्न नियमों में आस्था रखते हुए अन्य देवताओं को पूजते हैं।

इन ऊँचाइयों तक पहुँचने वाले बिरले ही होते हैं। किसी पारितोषिक की इच्छा रखे बिना पूर्ण रूप से आत्मसमर्पण करना उनके बस का नहीं जिनके हृदय कामना से
श्लोक (20) मलिन हों। चाहे वह कृष्ण का नाम अपनी स्तुतियों में क्यों न लेते हों, जो पूजा अधिकतर लोग करते हैं वह कृष्ण की वास्तविक पूजा नहीं होती। अपने स्वार्थ से प्रेरित होकर वे "*अपनी प्रकृति के अनुसार*" अन्य देवताओं की पूजा करते हैं।

कौन हैं ये देवता और कैसी पूजा होती है उनकी? जैसा कि हम देख चुके हैं समस्त प्रव्यक्त प्रकृति में अधिभूत और अधिदैव का द्वैत होता है। कहीं भी नामरूप रहित जीवन नहीं होता और कहीं भी बिना अधिदैव के नामरूप नहीं होता। आधुनिक दृष्टिकोण से मृत कही जाने वाली प्राकृतिक "शक्तियाँ" वास्तव में उस एक "जीवन्त शक्ति" के विभिन्न रूप होते हैं जो समस्त विश्व को अपनी नित्य लीला में नचाती रहती है। ये शक्तियाँ "व्यक्ति" स्वरूप नहीं होतीं परन्तु प्राचीन काल में इनकी जीवन्त प्रकृति[10] के प्रतीक के रूप में इन्हें व्यक्तिगत नामरूप

---

[10] यहाँ यह भी याद रखना चाहिए कि सिद्धियाँ (psychic Powers) जब प्रकट होती हैं (कम से कम जब मनुष्यों में प्रकट होती हैं) तो मानवीय या अर्धमानवीय रूप में होती हैं। "व्यक्तित्त्वकरण" मानसिक (Psychic) जगत का विशेष गुण है।

दिया जाता था। इन्द्र, अग्नि, तथा अन्य वैदिक देवगण प्राकृतिक शक्तियों के प्राण उस "जीवन्त शक्ति" के ही विशिष्टीकृत प्रतीक हैं। जिस प्रकार हमें अपने शारीरिक ढाँचे को उसमें स्थित आत्मा नहीं मान लेना चाहिए उसी प्रकार इस शक्ति के भौतिक स्वरूपों को भी स्वयं "वह" शक्ति नहीं समझ बैठना चाहिए[11]।

आधुनिक मानव इन प्राकृतिक शक्तियों के बाहरी नियमों की जानकारी करके उनसे अपने मतलब सिद्ध करना चाहता है। यही काम करने के लिए प्राचीन काल में मनुष्य अन्य साधनों का प्रयोग करता था। विभिन्न विधियों द्वारा वह प्रकृति और अपनी चेतना में व्याप्त महाप्राण के बीच तालमेल स्थपित कर प्रकृति की जीवन्त किन्तु इच्छाशक्ति रहित शक्तियों को मानुषिक कल्पना व इच्छाशक्ति प्रदान कर उन्हें भीतर से अपने नियन्त्रण में रखने की चेष्टा करता था।

(21) ***यः यः याम् याम् तनुम् भक्तः श्रद्धया अर्चितुम् इच्छति।***
तस्य तस्य अचलाम् श्रद्धाम् ताम् एव विदधामि अहम्।
जो भी भक्त जिस भी स्वरूप की श्रद्धा से पूजा करता है मैं उसकी श्रद्धा को दृढ़ करता हूँ।

(22) ***सः तया श्रद्धया युक्तः तस्य आराधनम् ईहते।***
लभते च ततः कामान् मया एव विहितान् हि तान्॥
उस श्रद्धा से युक्त वह उस देवता की आराधना करता है और उस से मेरे ही विधान के अनुसार इच्छित फल प्राप्त करता है।

---

[11] यह आधुनिक धारणा, कि चूँकि वायु और तरंगें नियम के अनुसार चलती हैं इसलिए वे "मृत" हैं, ग़लत है। क्या हमारे शरीर नियमों के अनुसार काम नहीं करते? बात तो यह है कि सारे ब्रह्माण्ड में कोई ऐसा नामरूप नहीं है जो महानियम के अधीन न हो और न ही कोई वस्तु ऐसी है जो "मृत" हो। सब नामरूप सर्वव्यापी महाप्राण में स्थित होते हैं और इसी में विचरते हैं।

वैदिक देवताओं का एक दूसरा पहलू भी है जिसमें वे चैतन्य के विभिन्न स्तर होते हैं। परन्तु यहाँ हमारा इस पहलू से कोई मतलब नहीं है।

श्लोक (21, 22) इस प्रकार "देवताओं" से अपना अभीष्ट प्राप्त करना सम्भव है। परन्तु ऐसा इसलिए होता है क्योंकि इन अनेकाअनेक शक्तियों के पीछे एक महाशक्ति – सार्वभौमिक संगति – होती है, जिसे वैदिक काल में "***ऋत***" कहा जाता था। यही वह कृष्ण हैं जो पर्दे के पीछे से ऐसे भक्तों की श्रद्धा को दृढ़ किया करते हैं और अपने सनातन नियमों द्वारा इसके आराधकों को उनके कामों का फल दिलवाते हैं।

(23) ***अन्तवत् तु फलम् तेषाम् तत् भवति अल्पमेधसाम् ।***
देवान् देवयजः यान्ति मद्भक्ताः यान्ति माम् अपि ॥
परन्तु इन अल्पबुद्धि वालों की पूजा के फल सीमित होते हैं। देवताओं के उपासक देवताओं को प्राप्त होते हैं और मेरे भक्त मुझ को।

श्लोक (23) यदि उपयुक्त साधन का ज्ञान हो तो सब कुछ उपलब्ध हो सकता है परन्तु कीमत सब की चुकानी पड़ती है क्योंकि सब कुछ कर्म के नियम के अधीन होता है और क्रिया व प्रतिक्रिया को अलग नहीं किया जा सकता। इसीलिए कहा गया है कि इन पूजाओं के फल सीमित होते हैं और "*देवताओं के उपासक देवताओं को प्राप्त होते हैं और मेरे भक्त मुझ को*"।

(24) ***अव्यक्तम् व्यक्तिम् आपन्नम् मन्यते माम् अबुद्धयः ।***
परम् भावम् अजानन्तः मम अव्ययम् अनुत्तमम् ॥
मूर्ख लोग मुझे [साधारण मर्त्य के समान] अव्यक्त स्थिति से प्रव्यक्त में आने वाला समझते हैं, यह नहीं जानते कि मैं तो अव्यय परम हूँ।

(25) ***न अहम् प्रकाशः सर्वस्य योगमायासमावृत्तः ।***
मूढः अयम् न अभिजानाति लोकः माम् अजम् अव्ययम् ॥
अपनी योगमाया से छिपा हुआ मैं सबके सामने प्रत्यक्ष नहीं होता हूँ, मुझ अजन्मे अव्यय को मूढ़ संसार नहीं जानता।

श्लोक (24) कोई यह न समझ ले कि [जिस तत्त्व को श्रीकृष्ण] "मैं" कह रहे है वह देवतागणों में से ही एक देवता विशेष है। कृष्ण तो अव्यक्त, सनातन, अविनाशी सर्वोत्तम हैं परन्तु उनके भी किसी एक स्वरूप विशेष को सर्वोपरि मानना सही नहीं है – यदि इसके पीछे बराबर यह भावना हो कि वे कई देवताओं में से एक देवता

हैं और चूँकि वे हमारे आराध्य हैं इसलिए सर्वश्रेष्ठ हैं । समस्त प्रव्यक्ति आपेक्षित और अनुबन्धित होती है । प्रव्यक्त अनेकता में सब एक दूसरे पर आश्रित होते हैं और कोई सर्वोच्च नहीं होता । सनातन अद्वय अनेकों में एक नहीं है, वह तो सदा "***एकम् एव अद्वितीयम्***" गुप्त, अजन्मा व नित्य परिवर्तनशील माया के पार होता है । प्रव्यक्त जगत में उसे कोई नहीं पा सकता । अनेकता की माया में फँस कर मनुष्य उसे बेकार ही "अरे वह यहाँ है, अरे वह वहाँ है" कह कर ढूँढते हैं, परन्तु वे अनेक पहलुओं में से किसी एक के अलावा और कुछ नहीं पाते और इस तरह उस अदृश्य को कभी प्राप्त नहीं कर पाते[12] । श्लोक (25)

केवल द्वन्द्व को ही देख पाने वाले मनुष्य इस संसार के मोहजाल में फँसे रहते हैं । राग व द्वेष के भँवर में चक्कर खाते हुए, सिर्फ़ अनेकता को ही देखते हुए, वे निरन्तर "*मृत्यु से मृत्यु*" को ही प्राप्त होते रहते हैं । वे कृष्ण के अविनाशी रूप को नहीं जान सकते क्योंकि अद्वय को केवल अद्वय ही जान सकता है ।

कृष्ण का यह स्वरूप केवल उस योग द्वारा ही पाया जा सकता है जो अद्वय को अनेकों के भीतर[13] व साथ ही उनके पार भी ढूँढता है, और जैसा कि उपनिषद् का कहना है "*उसे जान कर मनुष्य पूरी तरह मृत्यु को पार कर लेता है । वहाँ जाने का कोई अन्य पथ नहीं है*"[14] । सब अग्नियों की अग्नि, जीवनों का जीवन, ज्योतियों की ज्योति "वह" समस्त नामरूपों के उस पार होता है । भूत, वर्तमान, भविष्य सब उसके लिए एक होते हैं ।

---

[12] एॅकहार्ट (Eckhart) के कथन से तुलना कीजिए : "कुछ लोग ईश्वर को ऐसे देखने की आशा रखते हैं जैसे वे किसी गाय को देखते हैं" ।

[13] "अनेकों में एक" और "अनेकों के भीतर" में फ़र्क़ पर ग़ौर कीजिए । वास्तव में "अनेकों के भीतर" भी पूर्णतया सही नहीं है, क्यों कि जैसा हम अध्याय 9 में देखेंगे "वह" अनेकों के भीतर नहीं बल्कि अनेक उस के भीतर हैं । फिर भी इस अवस्था में "उस" की अनुभूति ऐसे होती है जैसे वह उनके अन्दर हो ।

[14] श्वेताश्वतर उपनिषद् 6, 15

(26) ***वेद अहम् समतीतानि वर्तमानानि च अर्जुन ।***

भविष्याणि च भूतानि माम् तु वेद न कश्चन ॥

हे अर्जुन, मैं सब भूतकाल के, वर्तमान के और भविष्य में होने वाले भूतप्राणियों को जानता हूँ, परन्तु मुझे कोई नहीं जानता ।

(27) ***इच्छाद्वेषसमुत्थेन द्वन्द्वमोहेन भारत ।***

सर्वभूतानि संमोहम् सर्गे यान्ति परंतप ॥

हे भारत, हे परंतप, इच्छा और द्वेष से उत्पन्न हुए द्वन्द्वों के मोह के कारण सब प्राणी संसार में अज्ञानता को प्राप्त होते हैं ।

(28) ***येषाम् तु अन्तगतम् पापम् जनानाम् पुण्यकर्मणाम् ।***

ते द्वन्द्वमोहनिर्मुक्ताः भजन्ते माम् दृढव्रताः ॥

जिनका पाप नष्ट हो गया हो उन पुण्यकर्म करने वालों की द्वन्द्वमोह से छुट्टी हो जाती है और ऐसे व्यक्ति मुझे दृढ़ता से भजते हैं ।

परन्तु यह ज्ञान उसी को प्राप्त हो सकता है जिसके पापों का अन्त आ पहुँचा हो ।
श्लोक (28) पाप का अर्थ किन्हीं सामाजिक मतों के अनुसार बनाए हुए नैतिक नियमों का या किन्हीं "पुनीत" ग्रन्थों में दिए हुए नियमों का उल्लंघन करना नहीं होता । पाप तो अपनी पृथकता को बनाए रहने का दुराग्रह होता है, जहाँ एकता हो वहाँ अनेकता बनाए रहने का हठ । पाप वह अज्ञान होता है जो पृथक ***वैयक्तिक अहम्*** को वास्तविकता समझता है और अपनी ही स्वार्थसिद्धि में लगा रहता है, चाहे उससे सारी दुनिया ही क्यों न नष्ट हो जाय[15] । दुराग्रह के कारण ही सब पाप होते हैं और सत्य तक वही पहुँच पाता है जिसने इस पाप का परित्याग कर दिया हो और जिसके

[15] भगवान् बुद्ध के इस शिक्षण का अर्थ कि जब तक आत्मा (यहाँ इस का अर्थ पृथक अहम् से है) में विश्वास रहेगा तब तक निर्वाण नहीं हो सकता, यही है । ईसाई भी यही कहते हैं कि पाप से मुक्ति केवल ईसा मसीह से ही मिलती है । जो यह मानते हैं कि ईसा सब में विद्यमान ***आत्मन्*** है वे इसका अर्थ समझ सकते हैं । इसीलिए ईसा ने कहा था : "*बस मेरे द्वारा ही परमपिता तक पहुँचा जा सकता है, अन्यथा नहीं*" ।

शुद्ध निष्काम कर्म सबके हृदय में वास करने वाले अद्वय की सेवा में ही अर्पित होते हों ।

(29) ***जरामरणमोक्षाय माम् आश्रित्य यतन्ति ये ।***
ते ब्रह्म तत् विदुः कृत्स्नम् अध्यात्मम् कर्म च अखिलम् ॥
जो मेरा आश्रय लेकर जरा व मरण से छुटकारा पाने का यत्न करते हैं वे "उस" ब्रह्म, अध्यात्म तथा अखिलकर्म को सम्पूर्ण रूप से जान लेते हैं ।

(30) ***साधिभूताधिदैवम् माम् साधियज्ञम् च ये विदुः ।***
प्रयाणकाले अपि च माम् ते विदुः युक्तचेतसः ॥
जो मुझे अधिभूत, अधिदैव तथा अधियज्ञ से जानते हैं वे मृत्यु के समय भी संयुक्त चेतना से मुझे जानते हैं ।

अद्वय ***आत्मन्*** पर आश्रित ऐसे निस्वार्थ पुण्यकर्मीजन सदैव जन्म व मृत्यु के जाल से इस ***आत्मन्*** की मुक्ति में तत्पर रहते हैं । ये मुक्ति के साधक ही सच्चे मुमुक्षु होते हैं क्योंकि इन्होंने जान लिया होता है कि सब जीवधारी वस्तुतः एक ही हैं, और [इसलिए] निरी अपनी ही मुक्ति की इच्छा की ये अवहेलना कर देते हैं । सच्चे ज्ञानी भी यही होते हैं क्योंकि वे आद्य अव्यक्त त्रिमूर्ति – अद्वय सनातन ***ब्रह्म*** और उसके दो पहलू, ***अव्यक्त आत्मन्*** (कठोपनिषद् का ***शान्त आत्मन्***) और ***अव्यक्त मूलप्रकृति*** जिसे यहाँ अखिलकर्म[16] [की सम्भाव्यता] कहा गया है – को पहचानते हैं । श्लोक (28-30)

परन्तु केवल इतना ज्ञान ही यथेष्ठ नहीं होता । जिन तीन मूर्तियों का ज़िक्र ऊपर किया गया है वे सदैव अभिन्न होती हैं । वे उस "खाई" के पार स्थित हैं जो अव्यक्त तथा व्यक्त को अलग करती है और जो "स्वार्थी" मार्ग पर चलता है वह उनके असीम अनन्त आनन्द में सदैव के लिए खो जाना चाहता है । कृष्ण का भक्त ऐसा नहीं चाहता । वह तो यज्ञ (बलिदान) पथ पर चल कर ओसाइरिस

---

[16] पारिभाषिक शब्दों की व्याख्या के लिए अगला अध्याय देखिए ।

(Osiris) के क्षतविक्षत अङ्गों को फिर से जोड़ना और भवसागर में डूबी मणियों का संचय कर भण्डार में (अध्याय 9 श्लोक 18) रखना चाहता है।

श्लोक (30) ऐसे साधक के लिए सर्वातीत सनातन का यह ज्ञान पर्याप्त नहीं होता। निर्वाण और संसार दो पृथक सत्य नहीं हैं क्योंकि जो कुछ है वह सब वासुदेव ही है और जो कुछ वहाँ है वह यहाँ भी है। जो इस पथ पर चल कर ***आत्मन्*** का ज्ञान केवल उसकी नित्यता में ही नहीं वरन् यहाँ परिवर्तनशील जीवन और नामरूप की लीला में भौतिकता की सूली पर अपनी बलि देकर पाना चाहता है वह ईसा के शब्दों में "मनुष्यों का मछुआ" बन जाता है। अन्य लोग भले ही संसार को तिरस्कारपूर्ण नेत्रों से देखें और मृत्यु की घड़ी आने पर अन्धकार के पार अकेले ही अकेले की ओर उड़ान भरें, परन्तु जो पूर्ण रूप से संयुक्त हो गया हो और जिसने यहाँ अनेकों में "एक" देख लिया हो उसके लिए मौत की काली खाई रह ही नहीं जाती। वह चैतन्य के पूर्ण प्रकाश में दैवी यात्रा के फल समेट कर ईशोपनिषद् के शब्दों में "***अविद्यया मृत्युम् तीर्त्वा विद्यया अमृतम् अश्नुते*** – *अनेक के ज्ञान द्वारा मृत्यु को पार कर "एक" के ज्ञान द्वारा अमरत्व प्राप्त करता है*"।

अध्याय 8

अक्षर ब्रह्म योग

शिष्य पथ पर जितना ही आगे बढ़ता जाता है उसके हृदय में प्रवेश करने वाली ज्योति उतनी ही निर्मल होती जाती है। पिछले अध्याय के अन्त में कुछ पारिभाषिक शब्द आए थे और अब समझ में आने लगता है कि ये पद उस "अस्तित्त्व की सीढ़ी" या "इन्द्रधनुषी पुल" के बारे में हैं जिससे जीव नीचे उतरा है और जिससे उसे अब ऊपर चढ़ना होगा। इस सीढ़ी का वर्णन विभिन्न पुरातन परम्पराओं में विभिन्न शब्दों द्वारा किया गया है, उदाहरण के लिए यहूदियों के कबाला का सफ़ीरी वृक्ष, परन्तु जो शिष्य इस अवस्था तक पहुँच गया हो वह महान आचार्यों के इन विभिन्न प्रतीकों का अर्थ समझ लेता है क्योंकि वास्तविकता तो उन सब के पीछे एक ही होती है।

अर्जुनः उवाच

(1) *किम् तत् ब्रह्म किम् अध्यात्मम् किम् कर्म पुरुषोत्तम।*
अधिभूतम् च किम् प्रोक्तम् अधिदैवम् किम् उच्यते॥

अर्जुन ने पूछा : हे पुरुषोत्तम, "वह" ब्रह्म क्या है, अध्यात्म क्या है, कर्म क्या है, अधिभूत और अधिदैव किसे कहा जाता है?

(2) *अधियज्ञः कथम् कः अत्र देहे अस्मिन् मधुसूदन।*
प्रयाणकाले च कथम् ज्ञेयः असि नियतात्मभिः॥

हे मधुसूदन, यहाँ इस देह में अधियज्ञ किस तरह है? और जो अपने को नियन्त्रण में रखते हैं उनको मृत्यु के समय आप कैसे प्रतीत होते हैं?

श्रीभगवान् उवाच

(3) *अक्षरम् ब्रह्म परमम् स्वभावः अध्यात्मम् उच्यते।*
भूतभावोद्भवकरः विसर्गः कर्मसंज्ञितः॥

श्रीकृष्ण ने कहा : जो अक्षर (अविनाशी) है वह परम ब्रह्म है। उसका प्रत्येक शरीर में रहना अध्यात्म कहलाता है और प्राणियों के अस्तित्त्व तथा उद्भव के लिए उत्सर्ग करने को कर्म कहते हैं।

सबकुछ के पार और एकदम अकेला स्थित है वह परम सनातन ***अक्षर ब्रह्म***,
श्लोक (3) गुह्यातिगुह्य व अज्ञेय, जो कुछ भी है, था या होगा उस सब का महामूल। अब नामों के पार इस अकथनीय परमपुरुष में न तो द्रष्टा और न दृश्य, न ज्ञाता, न ज्ञान और न ज्ञेय का ही अस्तित्त्व रह सकता है।

समस्त प्रव्यक्ति इस ***ब्रह्म*** के आत्मपरिसीमन के फलस्वरूप ही उत्पन्न होती है। जब द्रष्टारूप होकर ***ब्रह्म*** स्वयं अपने को दृश्यरूप में देखता है तो पहला द्वैत पैदा होता है, यद्यपि वह अभी तक अव्यक्त ही होता है। "सर्वातीत द्रष्टा" के रूप में अद्वय का स्वभाव, जिसे यहाँ "अध्यात्म" कहा गया है, अलग जैसा हो जाता है और ***ब्रह्म*** का दूसरा पहलू ***मूलप्रकृति*** सनातन दृश्य के रूप में रह जाता है[1]। समस्त दृश्यजगत की आधारशिला, यह ***मूलप्रकृति*** ही प्रव्यक्त "अनेकों" की जननी होती है। अद्वय ***आत्मन्*** की ज्योति को प्रतिबिम्बित करने वाली, यही समस्त अनेकता की मूल है। इसके श्यामवर्ण अस्तित्त्व में ही वे सब कर्मबीज संचित रहते हैं जो "सूर्य" की किरणों के प्रकाश में अंकुरित होकर महान "संसार वृक्ष"[2] बन जाते हैं।

क्योंकि वह इस प्रकार कर्म की मूल है, गीता ने इसे कर्म कहा है (***कर्मसंज्ञितः***) परन्तु यह याद रखना चाहिए कि ***मूलप्रकृति*** अपनी स्वतन्त्र सत्ता रखने वाला ऐसा कोई आदिपदार्थ नहीं है जिसकी उन्नीसवीं शताब्दी के वैज्ञानिक कल्पना करते थे। वह तो ***ब्रह्म*** का बहिर्व्यक्त पक्ष मात्र है। इसी अव्यक्त आधार में सब नामरूपों का अस्तित्त्व होता है, इसी में वे रहते हैं और इसी में विचरण

---

[1] इस सार्वभौमिक आविर्भाव के अधिक ख़ुलासा विवरण के लिए अध्याय 13 तथा परिशिष्ट "च" देखिए; परिशिष्ट "ङ" का चित्र भी देखें।

[2] कबाला की एक रुचिकर समानता के लिए परिशिष्ट "च" देखिए।

करते हैं । ***मूलप्रकृति ब्रह्म*** का ही एक पक्ष है और उस ***ब्रह्म*** से पृथक उसका कोई अस्तित्त्व नहीं होता । इस बात को न समझ सकने के कारण ही उत्तरकालीन सांख्य मत द्वैतवाद की ओर चला गया था । बस इस द्वैतवादी समझ[3] को हटाइए और ***मूलप्रकृति*** उस ***ब्रह्म*** में विलीन हो जाती है जिसकी वह प्रतिमूर्ति मात्र होती है । यदि ***ब्रह्म*** को बाहरी रूप में प्रकट होना हो तो वह ***मूलप्रकृति*** के रूप में ही हो सकता है ।

अब प्रव्यक्त विश्व की ओर आने पर हम देखते हैं कि अव्यक्त पुरुष व अव्यक्त प्रकृति के समागम से एक तरफ़ तो परिवर्तनशील संसार – ***अधिभूत*** – उत्पन्न होता है और दूसरी तरफ़ साक्षी चैतन्य[4] अद्वय प्राण अथवा ***अधिदैव*** का जन्म होता है जिसे कठोपनिषद् में ***महत् आत्मन्***[5] कहा गया है । श्लोक (4)

(4) ***अधिभूतम् क्षरः भावः पुरुषः च अधिदैवतम् ।***
अधियज्ञः अहम् एव अत्र देहे देहभृताम् वर ॥

जिस किसी वस्तु का क्षरण होता है वह अधिभूत है और भीतर वास करने वाला अधिदैव है । हे देहधारियों में श्रेष्ठ, इस शरीर में मैं ही अधियज्ञ हूँ ।

तत्पश्चात ***अधियज्ञ*** या वह अलौकिक यज्ञ आता है जिसके द्वारा अद्वय प्राण, कृष्ण, अनित्य नामरूपों से अपने आप को संयुक्त करता है । ठीक जैसे "अव्यक्त

---

[3] यह द्वैतपरक समझ वैयक्तिक नहीं वरन् सार्वभौमिक होती है और उस अद्भुत "कुछ" पर आधारित होती है जिसे विभिन्न मतों में ईश्वर-इच्छा (Will of God), दैवी-लीला, सनातन-विधान (Eternal Law) या माया कह कर पुकारा जाता है । ये सब नाम उस "एक" के कुछ पहलुओं को ही व्यक्त करते हैं । परन्तु प्रव्यक्ति से बाहर होने के कारण वह स्वयं शब्दातीत होता है । अति गूढ़ होने के कारण उसके स्वभाव की कल्पना भी नहीं की जा सकती, परन्तु उसकी वास्तविकता का प्रमाण यही है कि अन्ततः सृष्टि का सृजन तो हुआ है । इसे समझाने के प्रयास में शंकराचार्य असामञ्जस्यपूर्ण व परस्पर विरोधी कथन कर बैठे और बुद्धदेव ने तो इस विषय पर चुप रहना ही उचित समझा ।

[4] श्वेताश्वतर उपनिषद् (6, 11) में ***साक्षी चेता*** (अनुवादक) ।

[5] किसी किसी परम्परा में इसे तृतीय नाद (The Third Logos) भी कहा गया है ।

द्वय" की एकता अव्यक्त ***ब्रह्म*** में मिलती है वैसे ही व्यक्त प्राण व नामरूप का मिलन कृष्ण के यज्ञकर्म में होता है। यही ऋग्वेद का वह अलौकिक यज्ञ है जिसमें पुरुष के शरीर के टुकड़े कर जीवधारियों का जगत निर्मित किया गया था। यही ईसा का भौतिकता की सूली पर चढ़ना और अपना रक्त अर्पण करना है ताकि संसार के द्वैत का समाधान हो सके।

अनेकानेक आकृतियों में अपना प्रतिबिम्ब देख कर अद्वय ***आत्मन्*** ने अपने गुह्ययोग की इच्छाशक्ति द्वारा उनसे अपना तादात्म्य स्थापित किया व उनकी परिमितता में हाथ बँटाया। इस प्रकार व्यक्तियों, यानी दैवी ऑसाइरिस, के बिखरे अंगों का जन्म हुआ, अर्थात मानव की उस केन्द्रीय सत्ता का जन्म हुआ जिसे कभी [उच्च] ***मनस्*** और कभी ***अहंकार***[6] कहा गया है। यही वे अमर चिन्गारियाँ (Immortal Sparks), वे दिव्य जगमगाते तन्तु (Shining Threads) हैं जो अगणित नामरूपों में मरते रहते हैं और फिर भी अदृश्य रूप से कल्प भर के अमरत्व में एक जन्म से दूसरे में जाते रहते हैं।

इस महायज्ञ का वर्णन हर्मीस ट्रिस्मेजिस्टस के पोमाण्ड्रीस (Poemandres) में भी है :

> "पुरुष (The Cosmic Man) ने उस (प्रकृति) के जल में अपने जैसा रूप देखा और उस पर आसक्त हो उसके अन्दर रमण करना चाहा। इस इच्छा के साथ ही कर्म भी आया और इसलिए पुरुष ने विवेकहीन नामरूप

---

[6] "***अहंकार*** का शब्दार्थ है "***मैं*** को बनाने वाला"। इस पद का उपयोग ***वैयक्तिक अहम्*** तथा ***उच्चतर अहम्*** दोनों के ही लिए किया जा सकता है। उत्तरकालीन लेखनों में इसका अर्थ निचले अहम् से है परन्तु गीता में अधिकतर निचले के लिए "मनस्" और उच्चतर के लिए अहंकार का उपयोग किया गया है। "उच्च मनस्" पद का उपयोग गीता में नहीं किया गया है, परन्तु जैसा पहले कहा जा चुका है मैत्रि उपनिषद् (6, 24) में इसे ***शुद्ध मनस्*** कहा गया है। अहंकार का अर्थ भी यही है पर ज़ोर अभिज्ञता करने वाले पहलू पर न होकर "मैं" अथवा अपने अस्तित्त्व पर है।

में प्राण डाल दिया । और प्रकृति ने अपने प्रियतम को आलिंगन में ले अपने को उसके चारों ओर लपेट लिया । और प्रेमी होने के नाते वे एक-दूसरे में घुल मिल गए । यही कारण है कि संसार में सब प्राणियों से ज़्यादा मनुष्य में ही दोहरापन होता है । शरीर के नाते वह मर्त्य होता है परन्तु असली मानवता के नाते वह अमर्त्य होता है" ।

(5) *अन्तकाले च माम् एव स्मरन् मुक्त्वा कलेवरम् ।*
यः प्रयाति सः मद्भावम् याति न अस्ति अत्र संशयः ॥
और जो व्यक्ति अन्तकाल में मुझे ही स्मरण करता हुआ शरीर छोड़ कर जाता है वह मेरे भाव को ही प्राप्त होता है, इसमें किसी प्रकार का कोई भी संदेह नहीं है ।

(6) *यम् यम् वा अपि स्मरन् भावम् त्यजति अन्ते कलेवरम् ।*
तम् तम् एव एति कौन्तेय सदा तद्भावभावितः ॥
हे कौन्तेय, मनुष्य जिस-जिस भाव को स्मरण करता हुआ शरीर त्यागता है वह उस-उस भाव को ही प्राप्त होता है क्योंकि वह उस ही भाव का चिन्तन करता रहता है ।

(7) *तस्मात् सर्वेषु कालेषु माम् अनुस्मर युध्य च ।*
मयि अर्पितमनोबुद्धिः माम् एव एष्यसि असंशयम् ॥
इसलिए, सदैव मुझे स्मरण कर युद्ध करो । मुझ में अर्पित मन व बुद्धि के साथ तुम अवश्य मेरे पास आओगे ।

मनुष्य की इस दोहरी प्रकृति के कारण ही यह अति आवश्यक है कि प्रत्येक घड़ी, और विशेष रूप से शरीर छोड़ने के समय, शिष्य उस से अपना तादात्म्य बनाए जो उसके अन्दर अमर होता है । उसे अमर्त्य कृष्ण को पकड़े रहना चाहिए न कि मर्त्य शरीर को । कल्पना ही समस्त विश्व को चलाने वाली शक्ति है । विश्व का द्वैत कल्पना से ही आया और कल्पना द्वारा संयुक्त होकर ही अधियज्ञ सम्पन्न हुआ । मनुष्य जैसा सोचता है वैसा ही हो जाता है । इसलिए यह अत्यन्त श्लोक (5-7)

आवश्यक है कि शिष्य अपनी कल्पनाशक्ति का उचित प्रयोग करे। अपने चिन्तन में विनाशी शरीर से तादात्म्य स्थापित कर वह उस शरीर के साथ ही मृत्यु को प्राप्त हो जाता है, परन्तु यदि वह अपने को उससे जोड़ सके जो अमर्त्य है तो वह भी अमरत्व लाभ कर लेगा।

यहाँ प्राचीन शास्त्रों के प्रमाण की दुहाई नहीं दी जा रही है। यह तो एक सीधा-सादा तथ्य है जिसके बारे में गीता का कहना है कि "***न अस्ति अत्र संशयः*** – *इस में किसी प्रकार का कोई भी संदेह नहीं है*"। जिसे संदेह हो उससे केवल यही कहना है "अपने को इस योग्य बनाओ, प्रयत्न करो और फल पाओ"। प्रयत्न करो और देखो, तुम स्वयं ही तो आत्मा हो : "*तू मरने के लिए उत्पन्न नहीं हुआ था रे अमर पक्षी! कोई भी भूखी पीढ़ियाँ तुझे रौंद न पाएँगी*"।

(8) ***अभ्यासयोगयुक्तेन चेतसा नान्यगामिना।***
परमम् पुरुषम् दिव्यम् याति पार्थ अनुचिन्तयन्॥

सतत अभ्यास द्वारा अन्य दिशाओं में न जाने वाले नियन्त्रित मन से निरन्तर परम दिव्य पुरुष का चिन्तन करने वाला व्यक्ति उस पुरुष को ही प्राप्त होता है।

श्लोक (8) परन्तु जैसा कि पौराणिक कथा में बताया गया है, अमृत भवसागर के मन्थन से ही निकलता है। जो अपने को बस यह शरीर माने बैठा हो, आत्मा का अमरत्व उसका क्या भला करेगा? जब मृत्यु शय्या पर पहुंच गए उस समय के सद्विचारों पर ही निर्भर रहना बेकार है। जो जीवन में ***अभ्यासयोगयुक्तेन*** अर्थात् सतत अभ्यास द्वारा अपने को अजर-अमर रूप में जानने का प्रयत्न करता है वही शान्तचित्त हो कर प्रयाणकाल के भ्रमों से बच सकता है और "आत्मा के पुल" पर से हो कर अपनी सत्ता को नित्य सत्य में स्थापित कर पाता है।

(9) ***कविम् पुराणम् अनुशसितारम् अणोः अणीयांसम् अनुस्मरेत् यः।***
सर्वस्य धातारम् अचिन्त्यरूपम् आदित्यवर्णम् तमसः परस्तात॥

जो प्राचीन द्रष्टा, अन्तर्यामी अधिष्ठाता, छोटे से भी छोटे, सबके धारण पोषण करने वाली (= बुद्धि), अचिन्त्य रूप, आदित्यवर्ण, अन्धकार के पार को स्मरण करता है,

(10) *प्रयाणकाले मनसा अचलेन भक्त्या युक्तः योगबलेन च एव ।*
भ्रुवोः मध्ये प्राणम् आवेश्य सम्यक् सः तम् परम् पुरुषम् उपैति दिव्यम् ॥

मृत्यु के समय भी भक्तिपूर्ण होकर अचल मन द्वारा, योगबल से भृकुटि के मध्य प्राण का ठीक से स्थापन करता है वह व्यक्ति परम दिव्य पुरुष को ही प्राप्त होता है ।

(11) *यत् अक्षरम् वेदविदः वदन्ति विशन्ति यत् यतयः वीतरागाः ।*
यत् इच्छन्तः ब्रह्मचर्यम् चरन्ति तत् ते पदम् संग्रहेण प्रवक्ष्ये ॥

जिसको वेदों के जानने वाले "अक्षर" कहते हैं, जिसमें आसक्तिरहित यत्नशील (संन्यासी) प्रवेश करते हैं, जिसको चाहने वाले ब्रह्मचर्य का आचरण करते हैं, उसे मैं संक्षेप में तुम्हें बताता हूँ ।

(12) *सर्वद्वाराणि संयम्य मनः हृदि निरुध्य च ।*
मूर्ध्नि आधाय आत्मनः प्राणम् अस्थितः योगधारणाम् ॥

सब इन्द्रियों के द्वारों को बन्द कर, मन को हृदय में स्थिर कर, प्राण को मस्तक में खींच, योगधारणा में स्थित हो कर,

(13) *ॐ इति एकाक्षरम् ब्रह्म व्याहरन् माम् अनुस्मरन् ।*
यः प्रयाति त्यजन् देहम् सः याति परमाम् गतिम् ॥

जो व्यक्ति इस तरह एकाक्षर ब्रह्म ॐ का उच्चारण करता हुआ मुझे स्मरण कर शरीर त्यागता है वह परम गति को प्राप्त होता है ।

इस "इन्द्रधनुषी पुल" पर पाँच मञ्ज़िलें हैं – चैतन्य के पाँच द्वार जिन में से हो श्लोक (9)
कर जीव को निकलना पड़ता है । सब से पहले आता है ***कविम् पुराणम्*** –

"प्राचीन द्रष्टा"[7], सृष्टिकर्ता जो कामना के रक्तिम वर्ण का होता है। यह वह ज्योति है जिसे हम काम-चेतना के रूप में जानते हैं और जो आन्तरिक व बाह्य इन्द्रियों के द्वारा प्रकाशित होने वाली ज्योति है। इसी ज्योति से जीवधारियों के जगत का निर्माण होता है और इस स्तर से ही आरोहण आरम्भ होता है।

इसके बाद आता है ***अनुशासितारम्*** अर्थात अन्तर्यामी अधिष्ठाता जो ***अणोः अणीयांसम्*** यानी छोटे से भी छोटा होता है। यह ***उच्चतर स्वरूप,*** या अध्याय पाँच का आन्तरिक "बिन्दु", होता है जो ***शुद्ध मनस्*** में चमकता है। यही खेत बोने वाला और यही फ़सल काटने वाला होता है। धन्य है वह व्यक्ति जो इस अन्तर्यामी स्वामी के अधिपत्य में रहता है।

इसके ऊपर होता है बुद्धि का स्तर – ***सर्वस्य धातारम्*** यानी सब का आधार – जो प्रकाश का सागर होता है और जिसमें अलग अलग चिङ्गारियाँ मिलकर एक प्राणमय ज्योति बन जाती हैं। यह वह ज्योति है जो ***मनस्*** से ऊपर चमकती है और जो विभिन्न दृष्टिकोणों को एक सर्वदर्शी ज्ञान में संयुक्त करती है। यह वह गुफा है जिसके उस पार अकल्पनीय रूप की महासत्ता, वह सार्वभौमिक परिकल्पना है जिसे

---

[7] "कवि" शब्द का प्रयोग वेदों के कवि-ऋषियों के लिए भी हुआ है और इस से यह प्रकट होता है कि सृजन क्रिया मूलतः परिकल्पन क्रिया है। इस पहली मञ्ज़िल का स्तर वही है जो नॉस्टिक इल्डाबओथ (Gnostic Ilda-Baoth) का है। "ब्रह्मा" शब्द का प्रयोग भी अन्य मायने में किया गया है। दृष्टांत के लिए इसी अध्याय का श्लोक 16 देखिए जहाँ इसका प्रयोजन प्रव्यक्त सत्ता के सर्वोच्च स्तर से यानी सार्वभौमिक परिकल्पना या सृजनात्मक जगत के स्तर से है। ऐसे दोहरे प्रयोग के कारण उलझन नहीं होनी चाहिए। दोनों ही सृजनात्मक शक्ति के प्रतीक हैं परन्तु एक तो एकता के, यानी *प्रव्यक्त* एकता के, स्तर पर है और दूसरा अनेकता के स्तर पर यानी जो जीवधारियों के जगत का स्तर है उस पर। श्वेताश्वतर उपनिषद् (5, 2) में एक ***ऋषिम् प्रसूतम् कपिलम् यः तम् अग्रे*** – आरम्भ में पैदा किए गए लाल से रंग के ऋषि – का ज़िक्र है। पाँच स्तरों के लिए परिशिष्ट ङ देखिए।

कृष्ण[8] कहते हैं और जो प्रव्यक्त विश्व की चरम सीमा है । यह सृजनात्मक जगत का स्तर है और जो इसकी उत्तुंगता तक पहुंच गया हो वह अखिल सृष्टि में व्याप्त रहस्यमय भवसागर के अनवरत उतार-चढ़ाव की गर्जना को सुन सकता है ।

इसके पार है ***अव्यक्त प्रकृति*** का अचिन्त्य गूढ़ रहस्य और फिर उसके भी पार ***अव्यक्त आत्मन्*** की वह शांत शुभ्र ज्योति जो तिमिरातीत सूर्य होती है ।

और फिर इसके भी पार होता है परम शाश्वत, अनामी रहस्य जिसको एकाक्षर ॐ[9] से प्रतीयमान किया जाता है । जो व्यक्ति चैतन्य पथ का अनुसरण कर पाता है और इन्द्रियों को मन में, मन को ***बुद्धि*** में, और ***बुद्धि*** को ***महत् आत्मन्*** में विलय कर उसके भी पार हो जाता है वह उस परम शाश्वत के परमानन्द में प्रवेश कर लेता है और पुनः जन्म नहीं लेता ।

हमने पथ का जो विवरण अब तक दिया है वह कठोपनिषद् से लिया गया है । श्लोक (12, 13) गीता में यही बात कुछ और अधिक प्रतीकात्मक रूप से लिखी गई है । चैतन्य को इन्द्रियों से खींच कर उनके द्वार बन्द करना और निम्नस्तरीय व्यक्तित्व, यानी ***मनस्*** को ***उच्चतर स्वरूप*** में, जिसे यहाँ हृदय कहा गया है, विलय करना होता है । तत्पश्चात, शंकराचार्य के शब्दों में, "*सूक्ष्म मार्ग द्वारा सिर तक चढ़ कर*" योगी को

---

[8] यानी कृष्ण का एक पहलू । पूरी गीता में श्रीकृष्ण अपना तादात्म्य विभिन्न स्थानों पर विभिन्न स्तरों से स्थापित करते हैं ।

[9] पाश्चात्य देशों में ॐ और उसके "कम्पन" के बारे में बहुत बकवास सी लिखी गई है जिसमें से कुछ अब वापस भारतवर्ष आ रही है । मैने एक हिन्दी धार्मिक पत्रिका में पढ़ा कि एक पाश्चात्य वैज्ञानिक ने कैसे ॐ के मंत्रोच्चरण से उत्पन्न कम्पनों द्वारा काँच का गिलास तोड़ डाला और बैंक ऑफ़ इंग्लैंड या ऐसी ही किसी इमारत को चूरचूर करने से ज़रा पहले ही रुक गया ! इस अक्षर का सही अर्थ माण्डूक्य उपनिषद् में देखना चाहिए । आवश्यकतानुसार "कम्पन" जैसे विषयों पर लिखने से न चूकने वाली एच. पी. ब्लावात्स्की (H.P. Blavastky) से भी जब शिष्यों ने "ॐ" के शुद्ध उच्चारण के बारे में पूछा तो उन्होंने कहा "ॐ का अर्थ है सत्कर्म करना, केवल होठों से आवाज़ निकालना नहीं, उसका उच्चारण अपने आचरण से करना" ।

बुद्धि में (जिसे श्लोक 12 में ***आत्मनः प्राणम्*** कहा गया है) स्थित होना होता है। इसके बाद अब सनातन सत्य के प्रतीक की धारणा रखते हुए वह महाप्रयाण करता है।

(14) ***अनन्यचेताः सततम् यः माम् स्मरति तित्यशः।***
तस्य अहम् सुलभः पार्थ नित्ययुक्तस्य योगिनः॥
जो कभी भी किसी और वस्तु के बारे में नहीं सोचता तथा केवल मेरा स्मरण करता है उस दृढ़निश्चयी योगी को मैं आसानी से मिल जाता हूँ।

(15) ***माम् उपेत्य पुनर्जन्म दुःखालयम् अशाश्वताम्।***
न आप्नुवन्ति महात्मानः संसिद्धिम् परमाम् गताः॥
परम सिद्धि को प्राप्त हुए महात्माजन मुझे पा कर दुःखों के घर क्षणभंगुर पुनर्जन्म को प्राप्त नहीं होते।

(16) ***आब्रह्मभुवनात् लोकाः पुनरावर्तिनः अर्जुन।***
माम् उपेत्य तु कौन्तेय पुनर्जन्म न विद्यते॥
हे अर्जुन, ब्रह्मलोक तक के सब लोक वापस आने वाले होते हैं परन्तु मुझे पाकर, हे कौन्तेय, पुनर्जन्म नहीं होता।

(17) ***सहस्रयुगपर्यन्तम् अहः यत् ब्रह्मणः विदुः।***
रात्रिम् युगसहस्रान्ताम् ते अहोरात्रविदः जनाः॥
जो एक हज़ार युग लम्बे ब्रह्मा के दिन और एक हज़ार युग लम्बी ब्रह्मा की रात को जानते हैं,

(18) ***अव्यक्तात् व्यक्तयः सर्वाः प्रभवन्ति अहरागमे।***
रात्र्यागमे प्रलीयन्ते तत्र एव अव्यक्तसंज्ञके॥
वे यह भी जानते है कि ब्रह्मा के दिन के आते ही अव्यक्त जगत व्यक्त हो जाता है और ब्रह्मा की रात आते ही प्रव्यक्त जगत फिर अव्यक्त में लीन हो जाता है।

(19) *भूतग्रामः सः एव अयम् भूत्वा भूत्वा प्रलीयते ।*
रात्र्यागमे अवशः पार्थ प्रभवति अहरागमे ॥

जो भूतप्राणियों का समुदाय ब्रह्मा के पिछले दिन बार-बार जन्म लेकर आता है, रात आते ही, हे पार्थ, वह अव्यक्त में विलीन होने तथा अगले दिन फिर प्रव्यक्त होने के लिए विवश होता है ।

(20) *परः तस्मात् तु भावः अन्यः अव्यक्तः अव्यक्तात् ।*
सनातनः यः सः सर्वेषु भूतेषु नश्यत्सु न विनश्यति ॥

परन्तु इस अव्यक्त के पार वह विलक्षण अव्यक्त, सनातन भाव, है जो सब भूतों के नष्ट होने पर भी नष्ट नहीं होता ।

(21) *अव्यक्तः अक्षरः इति उक्तः तम् आहुः परमाम् गतिम् ।*
यम् प्राप्य न निवर्तन्ते तत् धाम् परमम् मम ॥

इस अव्यक्त, अक्षर कहे जाने वाले, को परम लक्ष्य कहते हैं । यह मेरा परम धाम है और इसे प्राप्त करने वाला वापस नहीं आता ।

अव्यक्त और प्रव्यक्त के बीच एक ऐसी खाई है जिसे विचार कभी पार नहीं कर सकता । जिसे यहाँ ब्रह्मलोक कहा गया है, यानी प्रव्यक्त अस्तित्त्व, महत् आत्मन्, या सार्वभौमिक परिकल्पना, उसकी चरम सीमा तक सब वस्तुएँ नश्वर ही होती हैं भले ही वे सहस्त्रों युगों तक अपना अस्तित्त्व क्यों न बनाए रहें । प्रत्येक सृष्टि के उषाकाल में ये वस्तुएँ गहन अँधेरी अव्यक्त प्रकृति से उत्पन्न होती हैं । परन्तु सार्वभौमिक दिन व रात के स्पन्दन के प्रभाव में होने के कारण अगणित युगों तक रहने के पश्चात भी एक ऐसा समय आता है जब वे फिर सृष्टि के अव्यक्त मूल में ऐसे विलय हो जाती हैं जैसे फूलने के बाद पौधे मिट्टी में मिल जाते हैं । जगज्जननी के इस श्याम गर्भ के भीतर प्रलय की महारात्रि में अगली सृष्टि की उषा तक उन सब वस्तुओं के बीज निहित रहते हैं जिनका कभी अस्तित्त्व रहा हो । सार्वभौमिक दिन व रात का यह महान स्पन्दन, जिसके बारे में केवल धुँधला-सा ज्ञान आधुनिक वैज्ञानिकों को शायद होने लगा है, प्राचीन काल के महान ऋषियों को अच्छी तरह ज्ञात था । वे जानते थे कि सृष्टि की कोई भी चीज़ नित्य नहीं

श्लोक (16, 21)

रहती और अव्यक्त जगदम्बा मूलप्रकृति भी प्रत्येक सृष्टि के उषाकाल में अपनी नई कोंपलें फिर से निकालती है। इसीलिए वे उस "नित्य" में स्थित रहने की आकांक्षा करते थे जो अव्यक्त परब्रह्म, अक्षर और परमाम् गतिम् (सर्वोच्च लक्ष्य) होता है। अखिल सृष्टि के ज्वार-भाटे के उस पार सदैव अविचल यह महानिर्वाण परमधाम भी कहलाता है। इस धाम को प्राप्त होने वाले "दिन" व "रात" के प्रभाव के बाहर होते हैं और जैसे अग्नि द्वारा भस्म हुआ बीज फिर नहीं उपजता वैसे ही इन्हें भी किसी सृष्टि की उषा दुःख के संसार में वापस नहीं ला सकती। ऐसे महापुरुषों के बारे में प्रज्ञापारमिता के इस महामन्त्र के सिवा और कुछ नहीं कहा जा सकता "गते गते पार गते पारसंगते बोधि स्वाहा – हे ज्ञान प्राप्त, उस पार गए हुए, उस तट तक पहुंचे हुए, स्वाहा"[10]।

(22) *पुरुषः सः पर पार्थ भक्त्या लभ्यः तु अनन्यया।*
यस्य अन्तःस्थानि भूतानि येन सर्वम् इदम् ततम्॥

हे पृथापुत्र, जिसमें सर्वभूत स्थित हैं और जो सम्पूर्ण विश्व में परिव्याप्त है, वह परम पुरुष अनन्य भक्ति द्वारा प्राप्त किया जा सकता है।

श्लोक (22)

यह तो रहा वह लक्ष्य जो सतरंगे इन्द्रधनुषी पुल के उस पार है। परन्तु इस पथ का अनुसरण कैसे करें? चैतन्य के विभिन्न स्तरों के बारे में जानना तो एक बात है परन्तु इच्छाशक्ति द्वारा अपने को उच्चतर स्तरों तक उठा पाना दूसरी ही बात है। इस कार्य को सम्पन्न करने का सर्वोत्तम उपाय "उस" की "अनन्य भक्ति" है "*जिसमें सर्वभूत स्थित हैं और जो सम्पूर्ण विश्व में परिव्याप्त है*"। इस विषय में किसी को ग़लतफ़हमी नहीं होनी चाहिए। उक्त कथन इस भावना से नहीं किया गया है जिसके कारण कितने ही भक्तिसम्प्रदाय ज्ञानमार्ग से स्पर्धा रखने के कारण कलुषित हो गए हैं। ज्ञान तो स्वयं ही पथ है। ज्ञान के विभिन्न स्तरों से ही इस पथ का निर्माण होता है और, जैसा कि हम पहले देख चुके हैं, ज्ञानी को स्वयं

[10] "स्वाहा" अग्नि में आहुति देने का मन्त्र है। इस ब्रह्मयज्ञ में [क्षुद्र] अहम् की आहुति दी जाती है और वह शाश्वत अग्नि में भस्म हो जाता है।

कृष्ण का आत्मन् कहा गया है । परन्तु यह भी याद रहे कि यह ज्ञान किताबी ज्ञान नहीं है । इसकी प्राप्ति उच्चतर स्तरों के आरोहण से होती है । अब प्रश्न यह है कि यह आरोहण हो कैसे । कौन है ऐसा जिसने पथ पर चलने का प्रयास किया हो और जो इस बात को न समझ पा रहा हो? ठीक हमारे ऊपर पूर्णचन्द्र के समान हमारा अपना ***उच्चतर स्वभाव*** चमकता रहता है । हम उसे वहाँ देखते तो हैं और वह अपने सौन्दर्य से हमारे हृदय को आकर्षित भी करता है, परन्तु हमारे सब प्रयत्नों के उपरांत भी वह हमारी पकड़ के बाहर ही रहता है ।

आरोहण करने का सब से अच्छा व सरल तरीक़ा यह है कि शिष्य अपने आप को प्रेम व भक्ति पूर्वक उसे समर्पित कर दे जो उसके तत्कालीन स्तर से ऊँचा हो । अपनी परिमितता को पार करने का सबसे आसान तरीक़ा प्रेममय भक्ति ही है । यह वह महाशक्ति है जो शिष्य को उसकी अपनी चहारदीवारी के बाहर निकाल लाती है[11] । अपना अहम् सब को प्यारा होता है, परन्तु जो अनन्य भाव से प्रेम या भक्ति करता है वह अपना अहम् खो कर अपने प्रियतम या पूज्य में एक ***उच्चतर***

[11] प्रेम और भक्ति के इस बल का कारण यह है कि दोनों की जड़ें बुद्धि में और इस प्रकार वैयक्तिक अनेकता के पार स्थित होती हैं । सामान्य जीवन में प्रेम व भक्ति जिस तरह नज़र आते हैं और प्रकट होते हैं उस में ***निम्न मनस्*** के कामभव का बहुत गहरा प्रभाव होता है और इसलिए सामान्य अनुभव में इन का स्वरूप कभी-कभी असंतोषजनक रहता है । लेकिन चाहे जो कुछ भी हो इन का उद्गम ***बुद्धि*** में ही होता है और इसलिए इन में वह बल होता है जो शिष्य को उसके ***उच्चतर अहम्*** के ठीक केन्द्र से होकर ऊपर खींच लेता है । इस बल के बिना कितने ही इस ***उच्चतर मनस्*** के स्तर पर ही रुक जाते हैं और अपने ***क्षुद्र अहम्*** को कम करने की प्रत्येक चेष्टा के साथ उसे सूक्ष्म रूप से बढ़ावा ही देते जाते हैं । बुद्धिजन्य होने के कारण ही प्रेम व भक्ति की इन "उच्चतर भावनाओं" में अभिज्ञान का एक पहलू होता है और वे एक ऐसा ज्ञान दे सकती हैं जो मन के विश्लेषणात्मक ज्ञान से परे होता है । युंग (Jung) के इन शब्दों से तुलना कीजिए : " जब मेधा आध्यत्मिक ज्ञान को जानने का दावा करने लगती है तो अनिवार्यतः जीव को सब कुछ से अलग कर देती है । परन्तु मेधा में ऐसा ज्ञान रखने की क्षमता नहीं होती, क्योंकि अध्यात्म मेधा से ऊँचा होता है । उस में मेधा (intellect) व भावना (feeling) दोनों का समावेश होता है" ।

अहम् प्राप्त कर लेता है । इस तरह वह अपने आप को उस स्तर पर पाता है जिसकी झलक तो कभी-कभी दिखती थी पर जो उसकी पकड़ के बाहर होता था । इस तरह वह इन्द्रियों को मन में, मन को ***बुद्धि*** में, इत्यादि विलय करता हुआ पथ पर चलता है और उस अद्वय दिव्य ***आत्मन्*** तक जा पहुंचता है जिसमें सब का निवास होता है ।

यह ***आत्मन्*** उसके लिए अपने गुरु या किसी अवतार में प्रतीयमान हो सकता है । परन्तु सब प्रतीकों में उसे यह अच्छी तरह समझ लेना चाहिए चाहिए कि वह अद्वय ***आत्मन्*** की ही पूजा करता है, क्योंकि जैसा बृहदारण्यक उपनिषद् में कहा गया है, पुत्र या पति के नाते पुत्र या पति प्यारे नहीं लगते बल्कि उस ***आत्मन्*** के नाते प्यारे लगते हैं जो सबका प्रिय होता है । यद्यपि अस्तित्त्व की ऊँचाइयां एक बार में नहीं चढ़ी जा सकती फिर भी प्रेम के सहारे एक-एक पग रखते हुए, अपने आप को उसे अर्पित करते हुए जो अपने से ऊँचा होता है, परम लक्ष्य तक पहुँचा जा सकता है ।

यह भी सच है कि आरोहण के अन्य साधन भी होते हैं । प्लाॅटाइनस का कहना था कि ***अद्वय आत्मन्*** को वही प्राप्त होता है जिसका स्वभाव प्रेमी अथवा दार्शनिक का हो । दर्शन से उनका तात्पर्य था ज्ञान की अनासक्त लगन, और इस लगन में वह शक्ति है जो मनुष्य को उसके व्यक्तित्त्व से अलग कर ऊपर उठा सकती है और सार्वभौमिक सत्यों के चिन्तन में लगा कर उसे उसके (क्षुद्र) ***अहम्*** के प्रति अनजान बना सकती है । परन्तु इस राह पर चल सकने वाले बिरले ही होते हैं । प्रबल ज्ञानाकांक्षा रखने वाले तो बहुत होते हैं परन्तु इन में से अधिकांश ज्ञान को उस बलप्राप्ति के लिए ही चाहते हैं जो उसके साथ आती है, और केवल ज्ञान के लिए ज्ञान नहीं चाहते । केवल सत्य के लिए ज्ञानार्जन की इच्छा रखने वाला दुर्लभ व्यक्ति ही अपने सारे (क्षुद्र) अहम्-समूह को इस खोज में गँवा सकता है ।

जो कुछ भी हो, हमें ऊपर उठाने वाली शक्ति प्रेम ही होती है, वह प्रेम चाहे सत्य का हो चाहे सौन्दर्य का या चाहे इन सब से श्रेष्ठ उस ***अद्वय आत्मन्,*** कृष्ण,

का हो जो उन सब चीज़ों में झलकता है जो मनुष्य के प्रेम व पूजा के पात्र होते हैं । अन्ततः सब सच्चाईयों के सत्य (***सत्यस्य सत्यम्***), सब सुन्दरताओं के सौन्दर्य, सब प्यारी वस्तुओं के प्राण, उस कृष्ण में आ कर ही प्रत्येक व्यक्ति अपने आप को खो कर अपनी आत्मा को प्राप्त करता है ।

Lamp of Earth! Where'er thou movest
Its dim shapes are clad with brightness
And the souls of whom thou lovest
Walk upon the wind with lightness
Till they fail as I am failing
Dizzy, lost, yet unbewailing!

ओ जग के दीपक तू जहाँ-जहाँ जाता है
जगमग हो जाती हैं सब धुँधली आकृतियाँ
प्यार जिन्हें तू करता है उनकी आत्माएँ
पवन-पथों पर चलती हैं हलकापन पाए
आख़िर मेरी तरह बहक कर,
चकरा कर, थक कर निढाल हो जाती हैं वे – बिन पछताए !

अपने आप को खो कर मदहोश जीव जब ज्योति की ओर उड़ान भरता है तो शॅली (Shelley) की उक्त पंक्तियों में उस आह्लाद का जो वर्णन है उसे मैं अपने शब्दों में नहीं कह सकता ।

(23) ***यत्र काले तु अनावृत्तिम् आवृत्तिम् च एव योगिनः ।***
प्रयाताः यान्ति तम् कालम् वक्ष्यामि भरतर्षभ ॥

और, हे भरतर्षभ, अब तुम्हें यह बताऊँगा कि किस काल (पथ) से वह जाता है जो वापस नहीं आता, और किस (दूसरे पथ) से वह जो फिर वापस आता है ।

(24) ***अग्निः ज्योतिः अहः शुक्लः षण्मासाः उत्तरायणम् ।***
तत्र प्रयाताः गच्छन्ति ब्रह्मविदः जनाः ॥

जो अग्नि, ज्योति, दिन, शुक्लपक्ष, और उत्तरायण के छः महीनों के पथ पर जाते हैं, वे ब्रह्म को जानने वाले योगीजन ब्रह्म को प्राप्त होते हैं।

प्रत्येक जीवात्मा को दो शाश्वत पथों में से एक पर चलना ही होता है। एक "*से वह जाता है जो वापस नहीं आता, और दूसरे से वह जो फिर वापस आता है*"। ये दो ही हर्मीस ट्रिस्मेजिस्टस के "ऊपर वाला रास्ता" और "मौत का रास्ता" हैं, और शायद "विज़न ऑफ़ ऐर" (Vision of Er) में प्लेटो द्वारा वर्णित दो मार्ग – आकाश मार्ग व पाताल मार्ग – भी यही हैं। प्रकाश और अन्धकार के इन पथों को युगयुगान्तर से प्रतीकों में छिपा कर रखा गया है। ये प्रतीक-विशेष गीता से भी बहुत पुराने हैं और जिसको "***काल***" कहा गया है वह समय नहीं है। कोई व्यक्ति कब प्राण त्यागता है इससे कुछ अन्तर नहीं पड़ता। यदि उसे ज्ञान है तो वह ऊपर वाले मार्ग पर जाएगा और यदि नहीं है तो दुःख व भय के मार्ग से बार-बार जन्म और मृत्यु को प्राप्त होगा।

श्लोक (24) ये "***काल***" उन पथों की मञ्ज़िलें हैं जो जीवों को तय करने होते हैं। एक तो चैतन्य का शुभ्रपथ, सर्वातीत पथ, है जिस पर वह चलता है जो सब में ***आत्मन्*** को देखता है। दूसरा अधिभूत का अन्धकारमय पथ है जिस पर अज्ञानी चलता है। पहले पथ पर चलने वाला व्यक्ति आन्तरिक पथ की कठोर चढ़ाई चढ़ कर जुगनू की टिमटिमाहट से "नित्य दिवस" के सूर्यप्रकाश तक पहुंचता है। एक ज्योति से दूसरी तक निरन्तर बढ़ती हुई दीप्ति के साथ वह पदचिन्ह रहित हँसपथ पर तब तक चलता रहता है जब तक उसे अपने दिव्य लक्ष्य की प्राप्ति नहीं हो जाती।[12]

(25) ***धूमः रात्रिः तथा कृष्णः षण्मासाः दक्षिणायनम् ।***
तत्र चान्द्रमसम् ज्योतिः योगी प्राप्य निवर्तते ॥

धुँआ, रात, कृष्णपक्ष और दक्षिणायन के छः महीनों के पथ पर जाने वाले चन्द्रमा की ज्योति को प्राप्त होकर वापस आते हैं।

---

[12] परिशिष्ट "छ" देखिए।

दूसरा पथ दुःख व भय का पथ है । यहाँ अधिभूत के चन्द्र में प्रतिबिम्बित होने वाला प्रकाश ही एकमात्र ज्योति है । इस अस्पष्ट रोशनी का पथिक शत्रुओं को मित्र समझता हुआ, मायाविक नामरूपों में अपने को भूलाता हुआ, अमरत्व को न जानता हुआ एक मृत्यु से दूसरी को प्राप्त होता है । श्लोक (25)

(26) ***शुक्लकृष्णे गती हि एते जगतः शाश्वते मते ।***
एकया याति अनावृत्तिम् अन्यया आवर्तते पुनः ॥
जगत के ये दो प्रकार के पथ शाश्वत माने गए हैं एक के द्वारा गया हुआ पीछे न आने वाली परमगति को प्राप्त होता है तथा दूसरे द्वारा जाने वाला वापस आता है ।

(27) ***न एते सृती पार्थ जानन् योगी मुह्यति कश्चन ।***
तस्मात् सर्वेषु कालेषु योगयुक्तः भव अर्जुन ॥
हे पार्थ, इन दोनों पथों को जानने वाला कोई योगी मोहित नहीं होता, इसलिए, हे अर्जुन, तुम सदैव योग में दृढ़ रहो ।

जिस व्यक्ति को इन पथों का ज्ञान हो उसके पास तो जैसे वह मार्ग-दर्शन यन्त्र होता है, जो जीवन और मृत्यु दोनों में ही सदैव पथप्रदर्शन करता रहता है । यह नहीं समझना चाहिए कि ये शिक्षाएँ इस दुनिया और जीवन के लिए ही हैं । मनुष्य तो अनेक लोकों का नागरिक होता है और पथभ्रष्ट होने का ख़तरा तथा प्रलोभन सिर्फ़ अपनी इस दुनिया में ही नहीं होता । मृत्यु के उस पार भी अति दुस्तर भ्रम घात लगाए बैठे होते हैं । जो यह समझते हैं कि केवल यह साबित कर देने से कि मरने के बाद भी जीवन होता है सब कुछ प्राप्त हो जाता है, या जो माध्यमों की कपोल कल्पनाओं को सच मान लेते हैं, वे ऐसे ख़तरे मोल लेते हैं जिनसे कोई ओझा उनकी रक्षा नहीं कर सकता । श्लोक (27)

स्थूल भौतिक शरीर की बेड़ियों से मुक्त मन उन लोकों में अपने उस पथ पर चलता है जिसका निर्माण स्वयं उसने अपने इस "जीवन काल" में अपने विचारों व कर्मों द्वारा किया होता है । या तो मन अपने ही प्रकाश में शान्त व दीप्तिमान

बना रहता है अथवा अपनी ही लगाई काम-क्रोध की उस आग में जलता है जिसे ***त्रिविधम् नरकस्य द्वारम्*** (आध्याय 16, श्लोक 21) कहा गया है। इस नरक की असलियत सिर्फ़ इसलिए ही कम नहीं हो जाती कि वह मन की उपज होता है। जीव भयंकर भ्रमों[13] में पड़ जाता है और जिसे इन पथों का ज्ञान नहीं होता वह असहाय यहाँ से वहाँ भटकता रहता है। ***अद्वय आत्मन्*** की अभय निर्मल ज्योति से मुख मोड़ कर वह अपनी कामनाओं को दिखने में सुन्दर परन्तु वास्तव में भयंकर छायाओं का आलिंगन करता है। ऐसा करते ही सुन्दरता का लोप हो जाता है और उसकी जगह रह जाते हैं जघन्य ग्लानि के गढ़े जिनके माध्यम से जीव पुनः जन्म लेता है और एक बार फिर दुःख के दारुण पथ का अनुसरण करता है।

पुराने ज़माने की जादू की कहानियों में जो कुछ लिखा है वह बहुत हद तक इस विचित्र लोक में सच होता है। टेनिसन (Tennyson) की कृति में सर गेवेन (Sir Gawain) जब परम लक्ष्य (Grail) खोजते खोजते थक जाता है तो मैदान में ख़ुशमिजाज़ नाज़नीनों से भरा एक रेशमी शामियाना देखता है,

...but the gale
Tore my pavillion from the penting pin
And blew my merry maidens all about.

... लेकिन तूफ़ान ने
मेरा शामियाना उखाड़ फेंका
और मेरी मस्त नाज़नीनों को
चारों ओर बिखरा दिया।

---

[13] मरणोपरांत भ्रमों का एक अच्छा विवरण लामा काज़ी दावा संदूप तथा डॉक्टर एवन्स वेन्ट्ज़ (Lama Kazi Dawa Samdup and Dr. Evans Wentz) द्वारा अंग्रेज़ी में अनुवादित "*टिबेटन बुक ऑफ़ दि डेड*" (*Tibetan Book of the Dead*) में दिया गया है। इस पुस्तक को पढ़ने में निरे तिब्बती परिकल्पन द्वारा निर्मित रूपों के लिए कुछ गुंजाइश रखनी चाहिए और यह भी याद रखना चाहिए कि मृत्यु शय्या के संस्कारों को करवाने वाले पुरोहितों के हाथ पड़ जाने से इस में कुछ ग़लतियाँ भी आ गई हैं।

ये भ्रम पर्दे के पीछे से अपने दर्दनाक जादू का असर हम पर इस जीवन में भी डालते हैं । परन्तु मृत्यु के बाद अशरीर मन पर तो वे पुरानी मिथक के दृष्टान्तों की तरह पूरी तरह हावी हो जाते हैं । जो इन भ्रमों में फँस गए वे जैसे टेनिसन के गेवेन के भूत ने अन्त में आर्थर (Arthur) से कहा था वैसे ही कहते हैं :

Farewell! There is an isle of rest for thee.
But I am blown along a wandering wind,
And hollow, hollow, hollow all delight.

अलविदा ! तुम्हारे लिए तो एक विश्राम है द्वीप है,
मगर मैं तो झंझा के झोंको से झझकोरा जाता हूँ,
और सारा आह्लाद खोखला, खोखला, खोखला पाता हूँ ।

(28) ***वेदेषु यज्ञेषु तपःसु च एव दानेषु यत् पुण्यफलम् प्रदिष्टम् ।***
अत्येति तत् सर्वम् इदम् विदित्वा योगी परम् स्थानम् उपैति च आद्यम् ॥
वेद पाठ, यज्ञ, तप व दान करने से जो भी पुण्यफल मिलते हैं योगी उन सब को पार कर सनातन परमपद को प्राप्त होता है ।

मनुष्य के लिए बस ये ही दो पथ हैं और इनके अतिरिक्त कोई तीसरा नहीं है । श्लोक (28) या तो योग द्वारा ***आत्मन्*** में स्थिति रखो या ***अधिभूत*** (जड़ता) से तादात्म्य बना अपने को खो डालो । यह चयन संक्षिप्त तो है ही, साथ ही निरन्तर चलने वाला भी है क्योंकि प्रत्येक मोड़ पर राह फट कर दो में बँट जाती है : कोई चाहे तो ऊपर चढ़े, चाहे नीचे जाए । क्या करना है इसका निश्चय अभी कर लेना चाहिए – जब कि हृदय में जीवन की नम्यता होती है, क्योंकि मरने के बाद तो मन अपने पुराने विचारों के प्रभाव में मौत की नक़ाब के समान पथरा-सा जाता है । ऐसी स्थिति में चयन कर पाने की सम्भावना नाममात्र की ही रहती है । अपने पुराने विचारों व कर्मों के बल से या तो जीव भयावह स्वप्न जैसे भ्रमों से होता हुआ ***अधिभूत*** में जन्म लेगा या दिव्य ज्योति के लोकों में से गुज़रता हुआ बिना कहीं रुके लक्ष्य तक पहुंचेगा – अमर और परम शाश्वत स्थिति को प्राप्त करेगा ।

अध्याय 9

राजविद्या राजगुह्य योग

एकः हंसः भुवनस्य अस्य मध्ये सह एव अग्निः सलिले संनिविष्टः ।
तम् एव विदित्वा अति मृत्यम् एति न अन्यः पंथा विद्यते अयनाय ॥

विश्व के हृदय में स्थित है अद्वय हँस
वही, हाँ वही है वह अग्नि जो जल में प्रवेश कर गई है ।
उसे जान कर ही लाँघ सकते हैं मृत्यु को,
वहाँ जाने का कोई और मार्ग ही नहीं है ।

(श्वेताश्वतर उपनिषद् 6, 15)

श्रीभगवान् उवाच

(1) *इदम् तु ते गुह्यतमम् प्रवक्ष्यामि अनुसूयवे ।*
ज्ञानम् विज्ञानसहितम् यत् ज्ञात्वा मोक्ष्यसे अशुभात् ॥

श्रीकृष्ण ने कहा : तुम्हारे जैसे दोषदृष्टि रहित व्यक्ति के लिए इस परम गोपनीय ज्ञान की रहस्य समेत व्याख्या करूँगा जिसे जान कर तुम्हें दुःख से छुटकारा मिल जाएगा ।

श्लोक (1)

राज-रहस्य का शब्दों में वर्णन नहीं किया जा सकता । संसार भर में एक ऐसे आश्चर्यमय रहस्य की परम्परा पाई जाती है जिसकी खोज विभिन्न नामों से मनुष्य प्रत्येक युग में करते आए हैं । पारस पत्थर (Philosopher's Stone), अमृत, (Elixir of Immortality), पुनीत चषक (Holy Grail), ईश्वर का गुप्त नाम (Hidden Name of God), इन सब को ही मनुष्य ने ढूँढा है, और यदि ठीक से समझा जाए तो ये सब एक ही हैं । बहुत से खोजने वाले तो सदा "चलायमान ज्योतियों" के ही पीछे लगे रहते हैं और कितनों ने ही धन व यश के लालच में पड़ कर अपनी खोज बन्द की है । परन्तु प्रत्येक युग में थोड़े से ऐसे भी अवश्य हुए हैं जो सच्चे पथ पर चले है और जिन्होंने इस दिव्य रहस्य को ढूँढ निकाला है ।

इस रहस्य को न तो कोई लेखनी लिख सकती है और न ही कोई जिह्वा बोल सकती है । परन्तु वह मनुष्य के अन्तरतम हृदय में लिखा हुआ है और युग युगान्तरों से वहाँ इसलिए पड़ा रहा है ताकि एक दिन शिष्य अज्ञान के आवरणों को चीर कर इसके ज्वलंत अक्षरों को अपने हृदय में देख सके । चाहे कोई कितना ही पापी व दुष्टात्मा क्यों न हो, ऐसा कोई नहीं होता जिसके हृदय में यह रहस्य न लिखा हो । हाँ, इसके संजीवनी शब्दों को पढ़ने वाले कम ही होते हैं ।

(2) *राजविद्या राजगुह्यम् पवित्रम् इदम् उत्तमम् ।*
प्रत्यक्षावगमम् धर्म्यम् सुसुखम् कर्तुम् अव्ययम् ॥

विद्याओं का राजा, रहस्यों में सर्वश्रेष्ठ, पवित्रों में सर्वोत्तम तथा प्रत्यक्ष रूप से अनुभूत होने वाला यह ज्ञान, धर्मयुक्त, साधन करने में सुगम और अविनाशी है ।

यही है इस कथन का अर्थ कि यह *प्रत्यक्षावगमम्* यानी प्रत्यक्ष रूप से जाना जाने वाला है । इस पथ पर अन्धविश्वास नाम की कोई चीज़ नहीं होती । विश्वास की दलील देने वाले विभिन्न मत सम्प्रदाय अपने अनुयायियों से तथाकथित ईश्वरप्रदत्त शास्त्रों में लिखी बातें आँख मूंद कर मान लेने को कहते हैं । परन्तु गीता इस तरह के बन्धनों से मनुष्य की जन्मसिद्ध स्वतन्त्रता की घोषणा करती है । इस पथ का पथिक सत्य को अपनी आँखों से यहाँ इसी जीवन में देखता है, मरने के बाद किसी स्वर्ग में नहीं । यहाँ आँख मूंद कर आज्ञापालन करने की माँग करने वाली पोथियाँ या स्वर्ग-नरक के द्वार की कुञ्जियाँ दिखाने वाले पुरोहित नहीं हैं । एक बार दिख जाने पर सत्य स्वयं अपने प्रकाश से दीप्त रहता है और जो एक बार भी इस सोते का पानी पी लेता है उसे "फिर प्यास नहीं लगती" । श्लोक (2)

(3) *अश्रद्धानाः पुरुषाः धर्मस्य अस्य परंतप ।*
अप्राप्य माम् निवर्तन्ते मृत्युसंसारवर्त्मनि ॥

हे परंतप, इस धर्म के प्रति श्रद्धा न रखने वाले मुझे प्राप्त न हो कर मृत्यु वाले जीवनचक्र में भ्रमण करते रहते हैं ।

श्लोक (3)

निस्संदेह इस ज्ञान तक पहुंचने के लिए श्रद्धा की आवश्यकता है परन्तु यह श्रद्धा किन्हीं मतों अथवा नियमों या किन्हीं कर्मकाण्ड के विधानों[1] की क्षमता पर निरा दिमाग़ी विश्वास नहीं है। जिस श्रद्धा की आवश्यकता है वह उस प्रकार का आन्तरिक दृढ़ विश्वास होता है जिसने भगवान बुद्ध को अपनी अकेली खोज पर भेजा था – कि "हो न हो, आख़िर कहीं न कहीं, कभी न कभी, उनकी जिज्ञासु आँखों पर पड़ा पर्दा ज़रूर उठेगा"[2], कि कहीं न कहीं ऐसा ज्ञान अवश्य है जो संसार का दुःख हरण कर लेगा, और यह दृढ़ निश्चय कि जब तक वह ज्ञान मिल न जाए तब तक चैन से बैठना नहीं है। ऐसी श्रद्धा और निश्चय ने ही समस्त युगों के जिज्ञासु जनों को उनकी खोज के लिए प्रेरित किया है। इसकी जड़ें मति (मेधा) में नहीं बल्कि स्वयं आन्तरिक ज्ञान में होती हैं और वहीं से निकल कर – यद्यपि अधिभूत उसकी प्रखरता को धूमिल कर देता है – उसकी किरणें मानव हृदयों को लक्ष्य की ओर प्रेरित करती हैं [3]।

यह ज्ञान शब्दों की दुनिया से कितना दूर है इसका कुछ आभास उन परस्पर विरोधी विवरणों से मिलता है जो हमारी इन नीचे की दुनियाओं के छोरों पर अटके मिलते हैं। उपनिषदों के ऋषियों ने इसे *पूर्ण* अथवा ***आत्मन्*** का ज्ञान कहा और बौद्धों ने *शून्य* या *अनात्मन्* का ज्ञान। ऐसा होने पर भी ये दोनों एक ही सर्वातीत सत्य के विवरण के प्रयास हैं। दोनों को ही उस सत्य का ज्ञान था परन्तु शब्दों में ढालने पर वही सत्य परस्पर विरोधी रूपों में प्रकट होता है।

(4) ***मया ततम् इदम् सर्वम् जगत् अव्यक्तमूर्तिना।***
मत्स्थानि सर्वभूतानि न च अहम् तेषु अवस्थितः॥

मुझ अव्यक्त मूर्ति से यह समस्त जगत व्याप्त है और सर्वभूत मुझ में स्थित हैं, परन्तु मैं उन में नहीं हूँ।

---

[1]जैसा कि भगवान बुद्ध ने सिखाया, वास्तव में मात्र कर्मकाण्ड तथा विधिविधान में विश्वास करना तो उन बन्धनों में बँधना है जिन्हें इस पथ के पथिक को काट फेंकना होता है।

[2] *लाइट ऑफ़ एशिया*।

[3] उच्चतर भावनाओं पर पिछले अध्याय में दी गई पादटीका सं. 11 देखिए।

(5) *न च मत्स्थानि भूतानि पश्य मे योगम् ऐश्वरम् ।*
भूतभृत् न च भूतस्थः मम आत्मा भूतभावनः ॥

और मेरी योगमाया का प्रताप देखो कि ये सर्वभूत [सचमुच] मुझ में स्थित नहीं हैं ! सर्वभूतों का धारण-पोषण करने वाला मेरा आत्मन् भी उन में स्थित नहीं है !

गीता में भी ऐसे विरोधाभास का प्रयोग किया गया है । सब जीवधारी ***अद्वय आत्मन्*** में स्थित होते हैं, और नहीं भी । इस कथन को थोड़ा-बहुत समझने के लिए भी – क्योंकि पूरी समझ तो प्रत्यक्ष ज्ञान से ही आती है – यह याद रखना ज़रूरी है कि गीता में श्रीकृष्ण निरन्तर अलग-अलग स्तरों से बोलते हैं । श्लोक 4 में वे अपनी अव्यक्त मूर्ति, ***परब्रह्म,*** अर्थात सृष्टि के मूलहीन मूल के बारे में बोल रहे हैं । यह ***परम्*** समस्त जगत में व्याप्त है । स्वयं तो वह किसी पर आधारित नहीं परन्तु सर्वभूत उसके भीतर स्थित होते हैं । श्लोक (4, 5)

इसके बारे में प्लॉटाइनस ने लिखा है : "सब की जन्मदात्री 'एकता' किसी का अंश नहीं है, वह न तो कोई वस्तु है न गुण, न मति है न जीव, न चलायमान है न अचल, न किसी देश में है न काल में । वह स्वयंभू है, अपने ही रूप वाली, या यह कहना बेहतर होगा कि उसका कोई रूप ही नहीं है । रूप, गति व अगति तो इस परम सत्ता की उपाधियाँ होती हैं और उसके एक से अनेक बनने के उपकरण मात्र हैं, और इन उपाधियों से पहले आता है उसका अस्तित्त्व" ।[4]

(6) *यथा आकाशस्थितः नित्यम् वायुः सर्वत्रगः महान् ।*
तथा सर्वाणि भूतानि मत्स्थानि इति उपधारय ॥

जैसे सर्वत्र विचरने वाला महान वायु सदैव आकाश में स्थित रहता है वैसे ही सब भूतप्राणी मुझ में स्थित रहते हैं, ऐसा जानो ।

पर साथ ही यह भी सच है कि उस परब्रह्म में सब जीवधारियों के स्थित होने की बात करना ठीक नहीं होगा क्योंकि जब तक इस "एक" से "दो", यानी अव्यक्त श्लोक (6)

---

[4]प्लॉटाइनस 6, 9 ।

पुरुष तथा अव्यक्त प्रकृति, नहीं निकलते तब तक जीवधारियों का अस्तित्त्व हो ही नहीं सकता। इन दोनों के ***योगम् ऐश्वरम्*** यानी गुह्य परिणय से ही सर्वभूतों का आविर्भाव होता है और इस प्रकार ये जीवधारी "एक" में नहीं बल्कि "दो" में स्थित होते हैं। फिर भी उनका अन्तिम आधार "एक" ही होता है और चाहे वह "एक" अपने-आप को उन पर आधारित नहीं रखता और न स्वयं उन में परिणित ही होता है, उनकी उत्पत्ति का आदि कारण वही है। आकाश के समान वह सब कुछ को अपने अन्दर रखता हुआ भी स्वयं सब से अछूता रहता है।

(7) *सर्वभूतानि कौन्तेय प्रकृतिम् यान्ति मामिकाम्।*
कल्पक्षये पुनः तानि कल्पादौ विसृजामि अहम्॥
हे कौन्तेय, कल्प का अन्त होने पर सब भूतप्राणी मेरी प्रकृति में विलय हो जाते हैं, और [अगले] कल्प के आरम्भ में मैं पुनः उनका सृजन करता हूँ।

(8) *प्रकृतिम् स्वाम् अवष्टभ्य विसृजामि पुनः पुनः।*
भूतग्रामम् इमम् कृत्स्नम् अवशम् प्रकृतेः वशात्॥
अपनी प्रकृति को प्राणान्वित कर मैं बार-बार प्रकृति के वश में रहने वाले इस सम्पूर्ण भूतसमुदाय का सृजन करता हूँ।

इस रहस्य को थोड़ा-बहुत समझने के लिए शायद सबसे अच्छा उपाय है हर्मीसीय नियम (Hermetic axiom) को याद रखना और सृजनात्मक प्रक्रिया का पिण्डाण्ड में अध्ययन करना। जैसा कि "ज़ोहर" (Zohar) में कहा गया है "गूढ़ दृष्टि से देखें तो नीचे का मानव [नर] ऊपर के महामानव [नारायण] का पूरी तरह समरूप है"। किसी रचनात्मक लेखक की सृजन-प्रक्रिया पर विचार कीजिए। यदि
श्लोक (8) हम उसके मन में झाँक सकें तो पायेंगे कि वहाँ अनेक व्यक्ति अपना-अपना पार्ट अर्ध-स्वतन्त्र रूप से खेल रहे हैं। सबके स्वभाव व कार्य भिन्न हैं और सब ही अचेतित गर्भ से उत्पन्न होकर चैतन्य की ज्योति से प्रकाशित हुए हैं। यद्यपि सब के ऊपर कोई निर्धारिणी शक्ति शासन करती है तथापि इन प्राणियों का जीवन स्वतन्त्र सा ही लगता है। उनका बनाने वाला उन्हें अपनी इच्छानुसार न तो मार

सकता है न ही उन्हें उनके कर्मों के परिणाम से बचा ही सकता है । वे पहले के व्यक्तिगत व जातीय अनुभवों के उन बीजों से उत्पन्न होते हैं जो "उस" अंधेरे अचेतित गर्भ में दबे होते हैं । यही वह रंगमंच है जिस पर वे अपनी छोटी-बड़ी भूमिका अदा करते हैं । परन्तु वह अंधेरा रंगमंच उनका वास्तविक मूल नहीं होता । वह तो मूल का ऐसा दिखावा मात्र होता है जिसे वह प्रकृति तब सामने कर लेती है जब चैतन्य उस पर दृष्टि डालता है । यह दिखावा उस गहन वास्तविकता को ढक लेता है जो नामरूप और साक्षी चैतन्य दोनों ही का स्रोत है[5] । अब आइए एक बार फिर ब्रह्माण्ड पर विचार करें । वहाँ गुह्य परिणय यानी श्लोक 5 के ***योगम् ऐश्वरम्*** द्वारा अव्यक्त ***आत्मन्*** अव्यक्त ***मूलप्रकृति*** के साथ अपनी कल्पना शक्ति द्वारा संयुक्त होता है । ***आत्मन्*** श्यामा ***प्रकृति*** का आलम्बन लेता है अर्थात आलिंगन करता है, और इस आलिंगन के साथ ही भीतर दबे पिछले विश्वों से चले आ रहे अनेकता के बीज प्राणान्वित होकर खिल उठते हैं और महान् अवतरण का आरम्भ हो जाता है । यह अवतरण बहिर्मुखी प्रव्यक्ति की क्रमबद्ध अनुभूति होती है । जैसे-जैसे ***आत्मन्*** प्रत्येक स्तर पर दृष्टि डालता जाता है वैसे-

---

[5] इसका मतलब यह नहीं कि पिण्डाण्ड के सृजनक्रम का यह विवरण सच होता है । हाँ रॉबर्ट लुई स्टीवेन्सन (R.L. Stevenson) जैसे कुछ कलाकारों के लिए यह अवश्य सच है । यहाँ सबकुछ केवल सुझाव की रूपरेखा के तौर पर ही दिया गया है । ***परब्रह्म*** को आधुनिक मनोवैज्ञानिकी के "सामूहिक अचेतित" (Collective Unconsciousness) या शोपेनहावर (Schöpenhauer) अथवा फ़ॉन हार्टमन (Von Hartmann) की "पराभौतिक अचेतित इच्छाशक्ति" (metaphysical unconscious will) के समरूप भी नहीं माना जा रहा है । अस्तित्त्व के ऊँचे स्तर हमें अन्धकारमय इसलिए लगते हैं क्योंकि उनका प्रकाश हमारे मस्तिष्कों के लिए अत्याधिक उज्ज्वल होता है, ठीक वैसे ही जैसे अल्ट्रावायलेट किरणों से भरा कमरा हमारी आँखों को तो अँधेरा लगता है पर कैमरे को ऐसा नहीं लगता । हर्मीस के शब्दों से भी तुलना कीजिए : "इस साधना को यदि तू व्यवहार में समझना चाहता है तो इस बात पर ध्यान दे कि जब तुझे प्रजनन की कामना होती है उस समय तेरे भीतर क्या कुछ होता है" । (*हर्मेटिक कॉर्पस* 11, 14)

वैसे इस बहिर्मुखी प्रव्यक्ति में वृद्धि होती जाती है, और इस तरह अस्तित्त्व के स्तर पर स्तर बनते जाते हैं। इस प्रकार विभिन्न स्तरों[6] पर हुए अलौकिक योग द्वारा स्थूल जड़ पदार्थ तक समस्त विश्वयन्त्र अन्तर्यामी प्राण से गतिमान हुआ रहता है, क्योंकि जैसा हर्मीस ने कहा है : "इस विश्व में एक भी मृत वस्तु न तो कभी थी, न है और न कभी होगी"।

(9) ***न च माम् तानि कर्माणि निबध्नन्ति धनञ्जय।***
उदासीनवत् आसीनम् असक्तम् तेषु कर्मसु॥

हे धनञ्जय, ये कर्म मुझे नहीं बाँधते, मैं तो सब कर्मों में सर्वथा अनासक्त, उदासीन की भाँति स्थित रहता हूँ।

(10) ***मया अध्यक्षेण प्रकृतिः सूयते स चराचरम्।***
हेतुना अनेन कौन्तेय जगत् विपरिवर्तते॥

हे कौन्तेय, मेरी अध्यक्षता के कारण प्रकृति इस चराचर जगत को उत्पन्न करती है, इसी के कारण यह संसार घूमता रहता है।

श्लोक (8-10)

यह प्रक्रिया ऐसी नहीं कि बस एक बार सम्पन्न होकर फिर वैसी ही बनी रहे। जैसा कि पिछले अध्याय में कहा गया है प्रवृत्ति की प्रचण्ड साँस बार-बार निकलती है और अनेक विश्वों में अगणित जीवधारी अपने अपने रास्तों पर तब तक चलते रहते हैं जब तक वे उस अगली विश्वरात्रि में विलीन नहीं हो जाते जिसमें "अकेला 'वह', श्वासहीन, साँस लेता है"।

"*हे मित्र, सत्य तो यह है कि जैसे किसी धधकती आग से हज़ारों एक जैसी चिंगारियाँ निकलती हैं वैसे ही उस अविनाशी से अनेक जीवधारी निकलते हैं और उसी में वापस समा जाते हैं*"[7]।

जो कुछ यहाँ लिखा गया है और लिखा जा सकता है वह तो शब्दों का जाल मात्र है, और एक ऐसी सीढ़ी है जिसकी सहायता से हम शाश्वत के दुर्ग की

---

[6] ***तत्त्वस्य तत्त्वेन समेत्य योगम्*** – तत्त्व के बाद तत्त्व से लगातार संयोग करने पर (श्वेताश्वतर उपनिषद् 6, 3)

[7] मुण्डकोपनिषद् 2, 1, 1।

दीवारों पर चढ़ने का प्रयत्न करते हैं । यदि ज्ञानचक्षुओं से देखा जाए तो संसार के सारे द्वंद्व संघर्ष, चिर एरण से निकली चिंगारियाँ, एक विशाल मायावी चित्र के ही अंग हैं । न तो कोई चीज़ साँस में बाहर निकलती है और न ही नीचे उतर कर कोई चीज़ फिर ऊपर उठती है । सब कुछ शाश्वत मनस् के दृश्यमात्र हैं, और बराबर बदलते रहने वाले सीमित बिन्दु – हम – भी उस विशाल सम्पूर्ण के भीतर स्थित अगणित दृष्टिकोण ही तो हैं, क्योंकि "समस्त संसार में कुछ भी ऐसा नहीं है जो 'वह' न हो "।[8]

परन्तु, ऐसे बिरले ही होते हैं जिनकी आत्मा इस कोटि की हो कि वे सर्वोच्च सत्य को देख कर भी जीवित रह पाएँ। जिसके ज्ञानचक्षु जीवात्मा के तैयार होने से पहले ही खुल जाते हैं उसमें उस ज्ञान की बर्फ़ीली हवाओं से प्रेम व करुणा का अन्त हो जाता है । लाखों जन्म-जन्मान्तरों का प्रयास विफल हो जाता है और जो दुःखी मानवता के लिए दीपक बन सकता था वह निर्वाण का वरण कर हमारे बीच से ऐसे लुप्त हो जाता है जैसे कहावत का "गधे के सिर से सींग" ।

आइए, एक बार फिर हम अपने शब्दों के जाल को पकड़ें, वरना कहीं अत्याधिक ज्ञान हमें अपनी जगह पर ही "गॉर्गन के सिर" (Gorgon's Head) के समान पत्थर का न बना **दे** । यद्यपि ***अद्वय आत्मन्*** ही विश्वचक्र का प्रवर्तन करता है और उस में अपने प्राण की फूँक डालता है फिर भी वह उसके घूमते अरों में फंसता नहीं है । "अद्वय प्राण" से भरे अगणित प्राणी, सुख-दुःख भोगते, अपना-अपना कर्म करते मृत्यु को, और फिर जन्म को, प्राप्त होते हैं, परन्तु वह ***अद्वय आत्मन्*** सदैव मुक्त रहता है – "*सब कर्मों में सर्वथा अनासक्त, उदासीन की भाँति स्थित*" । श्लोक (9)

I saw the king of kings descend the narrow doorway to the dust
With all his fires of morning still, the beauty, bravery and lust,
And yet He is the life within the Ever-living living Ones,

[8] हर्मिटिक कॉर्पस 5, 9 ।

The Ancient with Eternal youth, the cradle of the infant Suns.[9]

मैने राजराजेश्वर को देखा
मृत्यु के धूल भरे ग़र्त में उतरते हुए
देखा उनका सौन्दर्य, शौर्य और कामरूपी तेज धीमा होते हुए।
फिर भी वही हैं, हाँ वही, सब जीवित अमर्त्यों के प्राण सनातन चिरकुमार
वही हैं, हाँ वही, सब उदय होते सूर्यों के पालनहार।

मनुष्य पाप और पुण्य करते हुए उनका फल भोगते हैं पर उनके हृदय में स्थित वह ***आत्मन्***, जिसका प्राण ही सबकुछ चलाता है, वह सबसे कर्म करवाता हुआ भी मृत्युदंश का अनुभव न कर सदा जीवित रहता है और कर्मों के जाल के बीचों-बीच रह कर भी एकदम मुक्त व अनासक्त रहता है। यही है दैवी कर्म का रहस्य। जो इस रहस्य को जानता है वह फिर जन्म नहीं लेता (अध्याय 4 श्लोक 9)। लेखक के आन्तरिक मंच पर, उसी के द्वारा जीवन प्रदत्त, उसी की सत्ता से निर्मित, विभिन्न व्यक्ति अपने-अपने कर्मों के अनुसार अपने जीवन जीते हैं परन्तु लेखक का ध्यानावस्थित चैतन्य इन सब से मुक्त रहता है[10]। इसी प्रकार ***आत्मन्*** भी सदैव मुक्त रहता है भले ही विश्वचक्र उसके जीवन से ही चलता हो। "वह सदा कर्मरत रहता है और जो कुछ भी वह करता है स्वयं वही बन जाता है। यदि वह अपने आप को दुनिया से खींच ले तो सब कुछ नष्टभ्रष्ट हो जाए"[11]।

---

[9] ए. ई. (A.E) की कविता *कृष्ण* से।

[10] जिनके हृदय में इस विचार से क्षोभ उत्पन्न होता हो कि मुक्त ***आत्मन्*** सदा बन्धनग्रस्त जीवों को निस्संग भाव से ऐसे देखता रहता है जैसे उसका उन से कुछ मतलब ही न हो, उन्हें यह याद रखना चाहिए कि ***आत्मन्*** विश्व के पार कोई व्यक्तिवाचक "भगवान" नहीं है। वह तो हमारा ही अपना सच्चा आत्मा – हमारी ख़ुदी – है जो हमारे ही हृदय में स्थित है। यदि वह नित्य मुक्त न होता तो हम अपने बन्धन कभी तोड़ न पाते। केवल उसी में मुक्ति, सत्य और अमरत्व होता है।

[11] हर्मिटिक कॉर्पस 11-14 (मीड का अनुवाद)।

(11) ***अवजानन्ति माम् मूढाः मानुषीम् तनुम् आश्रितम् ।***
परम् भावम् अजानन्तः मम भूतमहेश्वरम् ॥

इस सम्पूर्ण भूतों के स्वामी, मेरे परम भाव, को न जानने वाले [परन्तु] मनुष्य शरीर में रहने वाले मूढ़ व्यक्ति मुझ पर ध्यान नहीं देते ।

(12) ***मोघाशाः मोघकर्माणः मोघज्ञानाः विचेतसः ।***
राक्षसीम् आसुरीम् च एव प्रकृतिम् मोहिनीम् श्रिताः ॥

इन वृथा आशा, वृथा कर्म और वृथा ज्ञान वाले अज्ञानी जनों का स्वभाव राक्षसों और असुरों की मोहिनी प्रकृति वाला होता है ।

श्लोक (11, 12)

संसार में दो प्रकार के मनुष्य देखने में आते हैं । एक तो वे जो अपने अस्तित्त्व को बाहरी मोहिनी प्रकृति यानी नश्वर नामरूपों के सदा परिवर्तनशील जगत से संयुक्त करते हैं । ऐसे मूर्ख दिव्य ***आत्मन्*** की उपेक्षा कर केवल उन नाशवान शरीरों को देखते हैं जिनमें ***आत्मन्*** का केवल निवास होता है । इसीलिए उन्हें ***मोघाशा*** कहा गया है क्योंकि आज आने और कल चले जाने वाले नामरूपों में आख़िर कैसी आशा रखी जा सकती है । और इसीलिए उन्हें ***मोघकर्मणा*** भी कहा गया है क्योंकि अद्वय सनातन सत्ता की सेवा के अतिरिक्त अन्य सब कर्म वृथा ही होते हैं ।

(13) ***महात्मानः तु माम् पार्थ दैवीम् प्रकृतिम् आश्रिताः ।***
भजन्ति अनन्यमनसः ज्ञात्वा भूतादिम् अव्ययम् ॥

परन्तु, हे पार्थ, दैवी प्रकृति पर आश्रित रहने वाले महात्मा मुझे सब भूतप्राणियों का अव्यय आदिस्थान जान कर अनन्य मन से मेरी सेवा करते हैं ।

(14) ***सततम् कीर्तयन्तः माम् यतन्तः च दृढव्रताः ।***
नमस्यन्तः च माम् भक्तया नित्ययुक्ताः उपासते ॥

सदैव मेरी कीर्ति का बखान करते हुए, दृढ़ निश्चय से मुझे प्राप्त करने का यत्न करते हुए, मुझे प्रणाम करते हुए, वे डट कर मेरी सेवा करते है ।

(15) ***ज्ञानयज्ञेन च अपि अन्ये यजन्तः माम् उपासते ।***
एकत्वेन पृथक्त्वेन बहुधा विश्वतोमुखम् ॥

अन्य लोग भी ज्ञानयज्ञ के द्वारा मुझ विराट परमात्मन् की "एक" के रूप में अथवा पृथक-पृथक रूपों में उपासना करते हैं ।

इनके विपरीत होते हैं विज्ञजन जो अपने अस्तित्त्व को सर्वभूतों के उद्गमस्थान से निकलने वाली उस निर्मल धारा से संयुक्त करते हैं जो तीनों लोकों में समस्त नामरूपों को जीवन प्रदान करने वाली गंगा के समान प्रवाहित दैवी प्रकृति है। इस प्राणमय ज्योति से नित्ययुक्त हो, अपने ***क्षुद्र अहम्*** को ***आत्मन्*** की सेवा में अर्पित करने का दृढ़व्रत[12] रख कर, ऐसे जन अपनी दृष्टि अन्तर्मुखी कर लेते हैं
श्लोक (13, 15) और उस तेजस्वी स्रोत को सब नामरूपों के पार "एक" के रूप में (***एकत्वेन***) और साथ ही साथ विभिन्न प्राणियों के हृदय में अलग अलग रूपों में (***पृथक्त्वेन***) भी देखते हैं।

(16) ***अहम् क्रतुः अहम् यज्ञः स्वधा अहम् अहम् औषधम्।***
मन्त्रः अहम् अहम् एव आज्यम् अहम् अग्निः अहम् हुतम्।
[क्योंकि] मैं क्रतु (श्रौतकर्म नामक वैदिक कर्म) हूँ, यज्ञ (स्मृति में बताई गई पूजा), स्वधा (पितृों के निमित्त दिया जाने वाला अन्न), औषधि (वनस्पति) हूँ, और मन्त्र, [अग्नि में डाला जाने वाला] घी, अग्नि अथवा हवन क्रिया भी मैं ही हूँ।

(17) ***पिता अहम् अस्य जगतः माता धाता पितामहः।***
वेद्यम् पवित्रम् ओंकारः ऋक् साम यजुः एव च॥
मैं इस जगत का पिता, माता, धारण करने वाला, पितामह, एकमात्र जानने योग्य विषय, पवित्र करने वाला, ओंकार, और ऋग्वेद, सामवेद तथा यजुर्वेद भी हूँ।

(18) ***गतिः भर्ता प्रभुः साक्षी निवासः शरणम् सुहृत्।***
प्रभवः प्रलयः स्थानम् निधानम् बीजम् अव्ययम्॥
[जगत का] लक्ष्य, भरण पोषण करने वाला, प्रभु, साक्षी, निवास, शरण, मित्र, प्रभव (सृष्टि), विलय, आधार, भण्डार तथा अविनाशी बीज [मैं ही हूँ]।

---

[12] यहाँ दिए गए दृढ़व्रत (श्लोक 14) की बोधिसत्त्व के व्रत से तुलना कीजिए – "जब तक जन्म-मरण का अनन्त क्रम चलता रहेगा तब तक प्राणियों के कल्याण के लिए मैं पवित्र जीवन व्यतीत करूँगा"। (*शान्तिदेव*)

(19) *तपामि अहम् अहम् वर्षम् निगृह्णामि उत्सृजामि च ।*
अमृतम् च एव मृत्युः च सत् असत् च अहम् अर्जुन ॥

मैं (सूर्य रूप में) उष्णता प्रदान करता हूँ, वर्षा को भेजता हूँ और रोकता हूँ, तथा हे अर्जुन, मैं ही अमृत व मृत्यु एवम् सत् व असत् भी हूँ ।

विश्व के माता, पिता, सर्वभर्ता इस स्रोत से ही प्राण का अनल और काम का सृजनात्मक जल उत्पन्न होता है । जो कुछ प्रव्यक्त है तथा अभी तक जो कुछ अव्यक्त है वह सब इस आश्चर्यमय भण्डार (***निधानम्***) से ही निकलता है । श्लोक (19)

(20) *त्रैविद्याः माम् सोमपाः पूतपापाः यज्ञैः इष्ट्वा स्वर्गतिम् पार्थयन्ते ।*
ते पुण्यम् आसाद्य सुरेन्द्रलोकम् अश्नन्ति दिव्यान् दिवि देवभोगान् ॥

तीनों विद्याओं (वेदों) को जानने वाले, सोमरस का पान करने वाले, पापों से पवित्र हुए व्यक्ति मुझे यज्ञों द्वारा पूज कर स्वर्गप्राप्ति की प्रार्थना करते हैं और पुण्य इन्द्रलोक में पहुंच कर स्वर्ग के दिव्य देवभोग भोगते हैं ।

मनुष्य इस ज्योतिपथ पर जितना ही ऊपर उठता जाता है उसके भावी जन्म उतने ही अधिक तेजोमय होते जाते हैं । और ऐसे बहुत से होते हैं जो कुछ ऊँचाई चढ़ कर अपने को स्वार्गिक सुखों में खो बैठते है[13] । इस कामना के सामने घुटने टेक देने से आरोहण शक्ति सुखभोग में क्षीण होती जाती है और उसके पूर्णतया समाप्त होने पर अथक कालचक्र जीव-पथिक को भली या बुरी परिस्थितियों में फिर इसी मर्त्यलोक में घसीट ले आता है जहाँ उसे अपनी आरोहण यात्रा फिर एक बार नए सिरे से आरम्भ करनी पड़ती है । मिट्टी के अन्धेरे में दबे बीज बाहर निकल कर खुली हवा में फलते फूलते हैं, जैसे प्राचीन मिस्र के *आहलू* (*Ahloo*) के खेतों में वर्णित सात हाथ ऊँचा अनाज जो बीज बन कर फिर एक बार मिट्टी में पहुंच जाता है । श्लोक (20)

(21) *ते तम् भुक्त्वा स्वर्गलोकम् विशालम् क्षीणे पुण्ये मर्त्यलोकम् विशन्ति ।*
एवम् त्रयीधर्मम् अनुप्रपन्नाः गतागतम् कामकामाः लभन्ते ॥

---

[13] गीता के लेखनकाल में मृत्यु के उपरांत इन स्वार्गिक सुखों की प्राप्ति को ही वेदों द्वारा बताया मार्ग समझा जाने लगा था । (श्लोक 20 व 21)

उस विशाल स्वर्गलोक को भोग कर अपने पुण्यों के क्षीण होने पर मर्त्यलोक में प्रवेश करते हैं और त्रयीधर्म (तीनों वेदों में कहे गए नियमों) के अनुसार, भोगों की कामना करने वाले वे निरन्तर आवागमन करते हैं।

श्लोक (21) यद्यपि इस आवागमन चक्र को पिछले अध्याय में अन्धकारमय पथ क्हा गया है, यह जानना चाहिए कि ऐसा केवल दिव्य प्रकाशमय पथ की तुलना में ही है। वास्तव में यह मानव जीवन के उद्भव का वह चक्रमय पथ है जिस पर काम द्वारा लुभाए (***कामकामाः***) जीव प्रत्येक दुःख की अनुभूति किए बिना निवृत्ति पथ पर नहीं आ सकते।

(22) ***अनन्याः चिन्तयन्तः माम् ये जनाः पर्युपासते ।***
तेषाम् नित्याभियुक्तानाम् योगक्षेमम् वहामि अहम् ॥

मुझे अनन्य समझ कर निरन्तर मेरा चिन्तन करते हुए जो लोग सदैव एकीभाव से सब प्राणियों में मेरी उपासना करते हैं, मैं उन्हें जिस चीज़ की कमी हो वह देता हूँ और जो कुछ उनके पास हो उसे भी सुरक्षित रखता हूँ।

(23) ***ये अपि अन्यदेवताः भक्ताः यजन्ते श्रद्धया अन्विताः ।***
ते अपि माम् एव कौन्तेय यजन्ति अविधिपूर्वकम् ॥

हे कौन्तेय, जो भक्त श्रद्धापूर्वक अन्य देवताओं की पूजा करते हैं वे भी अविधिपूर्वक मेरी ही पूजा करते हैं।

(24) ***अहम् हि सर्वयज्ञानाम् भोक्ता च प्रभुः एव च ।***
न तु माम् अभिजानन्ति तत्त्वेन अतः च्यवन्ति ते ॥

क्योंकि सब यज्ञों का भोक्ता व स्वामी केवल मैं ही हूँ, परन्तु मुझे वास्तव में न जानने के कारण वे (मर्त्यलोक में) गिर जाते हैं।

श्लोक (24) शिष्य की विकसित आत्मा के लिए इस दूसरे मार्ग के फन्दे से बचना ख़ास तौर पर ज़रूरी होता है क्योंकि उसने कामना का त्याग किया होता है और वह निर्लज्जता से स्वर्ग के सुखों के सामने झुक नहीं सकता। उसका एकमात्र कर्तव्य होता है अपने आप को भगवत्सेवा की आहुति के रूप में चराचर के प्रभु को

अर्पित कर देना । अन्य कोई पूजा उसके लिए बाधा स्वरूप ही होती है । निश्चय ही हम मानवों की दुनिया से परे अन्य साइकीय (psychic) लोक भी होते हैं जिनके पितरों व देवताओं के प्रति मानव आत्मा पूजाभाव से आकर्षित होती है । परन्तु पूजा-भक्ति का फल तो पूज्य के अस्तित्त्व में घुलमिल जाना ही होता है और कोई भी सीमित देवता जीवात्मा को वह पद नहीं दे सकता जो सब सीमाओं के पार है । ये देवता मनुष्यों के जीवन-तरु का उच्चतर लोकों में विकास कर उसके अस्तित्त्व के फूलों की खिलने में सहायता तो कर सकते हैं, परन्तु फूल कभी-न-कभी तो मुरझाएगा ही और इस नीरस किन्तु रहस्यमय मर्त्यलोक में वापस आ जाएगा क्योंकि जीवन का पौधा इस लोक में ही पनप सकता है ।

(25) *यान्ति देवव्रताः देवान् पितॄन् यान्ति पितृव्रताः ।*
भूतानि यान्ति भूतेज्याः यान्ति मद्याजिनः अपि माम् ॥

देवताओं को पूजने वाले देवताओं को प्राप्त होते हैं, पितरों को पूजने वाले पितरों को, भूतों को पूजने वाले भूतों को प्राप्त होते हैं और मेरे भक्त मुझ को ।

मुक्ति का पथ केवल मानवगण के लिए ही होता है । देवगण तो इस रास्ते की मञ्ज़िलें होती हैं जो अधिकांश के लिए आकर्षक परन्तु निवृत्तिपथ के पथिक के लिए ग्राह के मुख के समान होते हैं, क्योंकि एक बार वहाँ फँसने के बाद दुबारा फिर इस पृथ्वी की योनि से उत्पन्न हुए बिना आगे बढ़ना सम्भव नहीं होता । इस अवस्था तक पहुंचे शिष्य को नामरूपों से मुँह मोड़ कर उस ज्योति को देखना चाहिए जो सबके माध्यम से चमकती है और जिसके प्रकाश से सब कुछ चमकता है । देवताओं की पूजा करने वाले अज्ञानी होते हैं क्योंकि वे केवल रूप ही देख पाते हैं और उस शाश्वत की ज्योति को नहीं देखते जिसके बिना रूपों का अस्तित्त्व ही नहीं होता । श्लोक (25)

(26) *पत्रम् पुष्पम् फलम् तोयम् यः मे भक्त्या प्रयच्छति ।*
तत् अहम् भक्त्युपहृतम् अश्नामि प्रयात्मनः ॥

भक्तिभाव से जो भी मुझे एक पत्ता, पुष्प, फल अथवा जल अर्पित करे मैं उस प्रेमपूर्वक किए गए अर्पण को ग्रहण करता हूँ ।

(27) ***यत् करोषि यत् अश्नासि यत् जुहोषि ददासि यत् ।***
यत् तपस्यसि कौन्तेय तत् कुरुष्व मदर्पणम् ॥
हे कौन्तेय, तुम जो कुछ भी करते हो, खाते हो, यज्ञ में अर्पण करते हो, किसी को देते हो या तप करते हो, वह सब मुझे अर्पण करो ।

(28) ***शुभाशुभफलैः एवम् मोक्ष्यसे कर्मबन्धनैः ।***
संन्यासयोगयुक्तात्मा विमुक्तः माम् उपैष्यसि ॥
इस तरह तुम कर्मों के भले-बुरे फलों से मुक्त हो जाओगे, और संन्यासयोग में पूरी तरह जम कर मोक्षप्राप्ति कर मेरे पास आ जाओगे ।

श्लोक (26-28)

परन्तु प्रश्न उठता है कि इस ज्योति की पूजा कैसे की जाए? उस विमल, प्रशान्त, सनातन, सर्वातीत कृष्ण तक हम पहुंचें कैसे, "***यतः वाचः निवर्तन्ते अप्राप्य मनसा सह*** *– जिस तक पहुंचने में 'असमर्थ' वाणी मन समेत वापस लौट आती है*"[14] । इस कृष्ण तक पहुंचने का मार्ग कोई लम्बी-चौड़ी पूजा-विधि व कर्मकाण्ड नहीं बल्कि अनन्य समर्पण मात्र है । इसके लिए शिष्य को लोलुपता की उस प्रक्रिया को उलटना पड़ता है जिससे ***व्यक्तिगत अहम्*** का निर्माण होता है और साथ ही उसे भोग में रत रहने के बजाय निरन्तर त्याग का प्रयास करते रहना पड़ता है । पहले पत्र, पुष्प, फल इत्यादि के प्रतीकात्मक अर्पण से और फिर अपने अहंकार के बलिदान से, यानी सब कर्मों को भगवत्सेवा के रूप में करने के व्रत से, ऐसा किया जा सकता है । किसी को ऐसा नहीं सोचना चाहिए कि उसकी भेंट स्वीकार नहीं होगी । छोटी-बड़ी प्रत्येक भेंट स्वीकार की जाती है क्योंकि प्रत्येक दानकर्म से वे दीवारें कमज़ोर पड़ती जाती हैं (तथा टूट जाती हैं) जो जीवात्मा को उसके बाहर के विशाल जीवन से पृथक किए रहती हैं । छोटे से छोटा दानकर्म भी उस पथ पर अग्रसर एक चरण होता है जो शनैः शनैः उस अवस्था पर पहुँचा देता है जहाँ सारा वैयक्तिक जीवन अपने सब कर्मों, विचारों व भावनाओं के साथ अनेक में स्थित 'एक' की सेवा में अर्पित कर दिया जाता है और जहाँ कर्म अपने

---

[14] तैत्तिरीय उपनिषद् 2, 4, 1 ।

बन्धनों में बाँधने की शक्ति इसलिए खो बैठते हैं कि ***क्षुद्र अहम्*** के समाप्त हो जाने के पश्चात बाँधने के लिए कुछ रह ही नहीं जाता।

(29) ***समः अहम् सर्वभूतेषु न मे द्वेष्यः अस्ति न प्रियः ।***
ये भजन्ति तु माम् भक्त्या मयि ते तेषु च अपि अहम् ॥

मैं सब के लिए समरूप हूँ, न कोई मेरे लिए द्वेष्य है न प्रिय । परन्तु जो भक्ति से मेरी सेवा करते हैं वे मुझमें रहते हैं और मैं उन में ।

इस पथ की शिक्षा तो दी जाती है परन्तु चलना उस पर प्रत्येक शिष्य को स्वयं ही पड़ता है । "मैं सब के लिए समरूप हूँ, न कोई मेरे लिए द्वेष्य है न प्रिय"। इस पथ पर किसी को विशेषाधिकार नहीं मिलते । जो आज आसानी से ऊपर चढ़ता नज़र आता है वह देवताओं का प्रियपात्र न हो कर अपने कल के कठिन परिश्रम के फल बटोरता साधक होता है, और आज इस दुर्गम पर्वतपथ पर चढ़ने में जिसकी साँस फूल रही हो वह निश्चय रूप से यह जाने कि यदि वह अपने काम पर डटा रहेगा तो वह दिन अवश्य आएगा जब उसके पैर भी किसी दक्ष पर्वतारोही की तरह समर्थ हो जाएँगे । श्लोक (29)

सेवा भाव से अपने अहम् का समर्पण करने के अतिरिक्त कृष्ण तक पहुंचने का अन्य कोई उपाय नहीं है । प्रत्येक व्यक्ति को स्वयं अपने प्रयास से ही पथ पर चढ़ना पड़ता है, परन्तु श्रीकृष्ण हृदय में सदैव विराजमान रहते हैं और जो भी आत्मसमर्पण करना चाहता है उसे अवश्य अवसर दिया जाता है । यद्यपि ऐसा प्रतीत होता है कि क्लांत निर्जनता में उसे पथ पर अकेले ही चलना पड़ रहा है तथापि वह अकेलापन केवल भ्रम ही होता है क्योंकि वहाँ "साँस से भी क़रीब, हाथ-पैरों से भी निकट" अदृश्य, उसका सनातन सखा, उसका अन्तरात्मा उपस्थित होता है । उसके और अन्तरात्मा के बीच अहंकार के उस आवरण के अलावा और कुछ भी नहीं होता जिसका निर्माण स्वयं उसी ने किया होता है, और प्रत्येक स्वार्थहीन दानकर्म के साथ यह आवरण घिसता व कमज़ोर पड़ता जाता है ।

(30) ***अपि चेत् सदुराचारः भजते माम् अनन्यभाक् ।***
साधुः एव सः मन्तव्यः सम्यक् व्यवसितः हि सः ॥

कोई बहुत दुराचारी भी अनन्य भाव से निरन्तर मेरी सेवा करता है तो वह भी साधु ही मानने योग्य है क्योंकि उसने [अब] सही निश्चय कर लिया है।

श्लोक (30) इसीलिए कहा जा रहा है कि यदि अतिशय दुराचारी व्यक्ति भी अपना मुख "उसकी" ओर मोड़ कर अनन्य भाव से श्रीकृष्ण का भजन करे तो उसे साधु समझना चाहिए क्योंकि अब उसने अपने पाँव निवृत्ति-पथ पर बढ़ा दिए हैं। जो कर्म पहले किए जा चुके हैं उन्हें मिटाया तो नहीं जा सकता, अतः, अपने संचित पाप के कारण ऐसे स्वार्थपरक व्यक्ति को विरासत में ऐसी प्रवृत्तियाँ मिलती हैं जिन पर क़ाबू पाने के लिए उसे निरन्तर संघर्ष करते रहना पड़ता है। ऐसे कर्मों के फल को जादू या प्रार्थना द्वारा धो डालने की इच्छा रखना घोर मूढ़ाग्रह होता है। परन्तु फिर भी याद रहे कि कोई भी व्यक्ति नितान्त पाशबद्ध नहीं होता। हज़ारों बार पाप कर मनुष्य अपने ***क्षुद्र अहम्*** को इतना शक्तिशाली अवश्य बना सकता है कि एक बार फिर पाप करना लगभग निश्चित ही हो, परन्तु ऐसी सम्भावना "लगभग" तक ही सीमित रहेगी क्योंकि प्रत्येक व्यक्ति के हृदय में सदैव मुक्त रहने वाला ***आत्मन्*** विराजता है, और जहाँ वह है वहाँ कोई भी बन्धन पक्का नहीं हो सकता। मनुष्य यदि चाहे तो अपना रुख़ मोड़ कर ऊर्ध्वगामी पथ पर पाँव बढ़ा सकता है क्योंकि उसके हृदय की दैवी स्वतन्त्रता को तो कोई मिटा नहीं सकता और अन्ततः उसकी पाप करने की शक्ति भी उसके हृदय में स्थित अद्वय निर्मल ***आत्मन्*** से ही आती है।

(31) ***क्षिप्रम् भवति धर्मात्मा शाश्वत् शान्तिम् निगच्छति।***
कौन्तेय प्रति जानीहि न मे भक्तः प्रणश्यति॥

हे कौन्तेय, वह शीघ्र ही धर्मात्मा हो जाता है और शाश्वत शान्ति प्राप्त कर लेता है। यह अच्छी तरह जान लो कि मेरा भक्त कभी नष्ट नहीं होता।

श्लोक (31) ***क्षुद्र अहम्*** के बजाय ***उच्चतर स्वरूप*** के लिए ही सब कर्म करने का संकल्प कर लेने और फिर उस संकल्प को निभाए रखने से आगे प्रगति तेज़ी से होती है और उस पथ पर प्रवेश हो जाता है जो अन्त में परम शान्ति को पहुंचाता है। अभी कई बार असफलताएँ मिलेंगी और क़दम डगमगाएँगे, परन्तु एक बार दैवी

आत्मन् से सम्पर्क स्थापित हो जाने पर शिष्य दुबारा निपट अन्धेरे ग़र्त में नहीं गिर सकता । अब उसके भीतर ऐसा कुछ जाग गया होता है जो उसे निरी भौतिकता की ही सीमा में बैठे रहने पर चैन नहीं लेने देगा । यद्यपि वह कभी कभी उसके विपरीत जाने की चेष्टा करेगा लेकिन वह भीतरी खिंचाव बार बार असर दिखाएगा और मछुए की पतली सी डोर पर अटकी बड़ी मछली की तरह वह आख़िर नदी के बाहर किनारे पर निकाल ही लिया जाएगा । श्रीकृष्ण का कहना है : "*मेरा भक्त कभी नष्ट नहीं होता*"[15] ।

(32) ***माम् हि पार्थ व्यपाश्रित्य ये अपि स्युः पापयोनयः ।***
स्त्रियः वैश्याः तथा शूद्राः ते अपि यान्ति पराम् गतिम् ॥

हे पार्थ, मेरी शरण में आ कर पापयोनि में जन्म लेने वाले – स्त्रियाँ, वैश्य तथा शूद्र – भी परम गति को प्राप्त होते हैं,

आत्मन् सब के हृदय में वास करता है, इसलिए यह पथ धर्म, जाति, लिंग इत्यादि के भेदभाव बिना सबके लिए खुला होता है । वैदिक पथ पर पाण्डित्य की आवश्यकता होती थी और इसलिए वह अनिवार्यतः स्त्री, शूद्र इत्यादि उन वर्गों के लिए वर्जित था जिन्हें सामाजिक नियमों के अनुसार वेदाध्ययन का अधिकार नहीं था[16] । केवल निष्ठापूर्वक आत्मसमर्पण की माँग करने वाले इस पथ पर शास्त्रीय श्लोक (32)

---

[15] दैवी-मछुए की डोर में फँसे जीवात्मा का प्रतीक प्राचीन काल के अनेक रहस्यों में आता है और ईसा का "मनुष्यों के मछुए" (fishers of men) वाला कथन इसी प्रतीक पर आधारित है । पूर्ण वृतान्त के लिए आइस्लर (Eisler) का *आर्फ़ियस दि फ़िशर* (*Orpheus the Fisher*) देखिए । कलियुग के आरम्भ में विष्णु पुराण के अनुसार महर्षि व्यास के शब्दों को याद रक्खें । पापमोचिनी गंगा के तट पर उन्होंने कहा था : "स्त्रियाँ भाग्यशील हैं, शूद्र भाग्यशील हैं" । इस का कारण पूछने पर उन्होंने कहा : "स्त्रियाँ भाग्यशील हैं क्योंकि आत्मसमर्पण उनका जन्मजात स्वभाव होता है, और शूद्र भाग्यशील हैं क्योंकि सेवा उनका धर्म होता है" ।

[16] यह नहीं समझना चाहिए कि श्लोक 32 इस बात का समर्थन करता है कि समाज में स्त्रियों का स्थान हीन हो । गीता के लेखन काल में (और काफ़ी हद तक आज भी) समाज में स्त्रियों का स्थान वास्तव में हीन था और उन्हें शिक्षा की सुविधा उपलब्ध नहीं थी । श्रीकृष्ण इस का समर्थन नहीं कर रहे हैं, बल्कि यह कह रहे हैं कि इन बाधाओं के रहते हुए भी उनके

या दार्शनिक ज्ञान की कोई आवश्यकता नहीं होती, और इसलिए यह सब को उपलब्ध होता है क्योंकि जो भी अपने आप को अर्पण कर सकता है उसके पास सब आवश्यक ज्ञान अपने आप आ जाता है।

(33) *किम् पुनः ब्राह्मणाः पुण्याः भक्ताः राजर्षयः तथा ।*
अनित्यम् असुखम् लोकम् इमम् प्राप्य भजस्व माम् ॥
पुण्य ब्राह्मणों और भक्त क्षत्रियों के बारे में तो कहना ही क्या? [अतएव] इस क्षणभंगुर सुख-रहित संसार में फँसे तुम मेरी सेवा करो।

(34) *मन्मनः भव मद्भक्तः मद्याजी माम् नमस्कुरु ।*
माम् एव एष्यसि युक्त्वा एवम् आत्मानम् मत्परायणः ॥
मन को मुझ में स्थित करो, भक्तिपूर्वक मुझे आत्मसमर्पण करो, मुझे नमस्कार करो और मुझे ही अपना लक्ष्य मानो। तुम अवश्य मुझको ही प्राप्त होओगे।

श्लोक (34) इसीलिए सारी शिक्षा का सार गुरुदेव एक ऐसे संक्षिप्त श्लोक में देते हैं जो इतना महत्त्वपूर्ण है कि केवल एक छोटे से परिवर्तन के साथ वह पूरी गीता के निष्कर्श रूप में अट्ठारहवें अध्याय के अन्त में भी दिया गया है।

"मन को मुझमें स्थित करो, भक्तिपूर्वक मुझे आत्मसमर्पण करो, मुझे नमस्कार करो और मुझे ही अपना लक्ष्य मानो। तुम अवश्य मुझ को ही प्राप्त होओगे"। अपनी विशुद्ध मानसिक दृष्टि से शिष्य को सब में इस अद्वय को ही देखना चाहिए और परम प्रेमपूर्वक अपने आप को अर्पण कर देना चाहिए। अपनी क्रियाशक्ति को उत्सर्गकर्म में लगाना चाहिए और अपने क्षुद्र अहम् को महान "पूर्ण" के सामने तुच्छ समझ कर नमस्कार करना चाहिए। इस तरह एकांगी मतिवादिता,

---

लिए यह पथ खुला है। "पापयोनि" शब्द का उपयोग यह इंगित करता है कि भूतकाल में प्राप्त अवसर गँवा देने का कार्मिक दण्ड यह होता है कि भविष्य में वे अवसर नहीं मिलते और इस प्रकार समाज के उन वर्गों में जन्म प्राप्ति होती है जिन्हें देश व काल विशेष के अनुसार स्वाधीनता व अवसर प्राप्त नहीं होते। ऐसा कहने का यह अर्थ नहीं है कि समाज की उस स्थिति विशेष को उचित व न्यायसंगत ठहराया जा रहा है।

भावात्मकता या क्रियात्मकता से बचते हुए अपने दिल, दिमाग़ व शरीर, सब को "उस" में एकाग्र कर, "उस" से भर कर उसके अनुरूप बन कर शिष्य राजपथ पर अग्रसर होता है । इस पथ पर अपने क्षुद्र अहम् की बलि दे कर जीव फिर उच्चतर स्वरूप की उपलब्धि करता है, "सनातन हंस" को पहचानता है और पहचान कर मृत्यु को सर्वथा पार कर जाता है ।

अध्याय 10

विभूति योग

"*प्रत्येक चाह को छोड़ कर अपने आप को पूरी तरह मुझे अर्पित कर दो*" – यह है अब तक की (यानी अध्याय 9 तक की) शिक्षा का सारांश। लेकिन कौन है वह जो इस तरह जीवात्मा पर अपना प्रभुत्त्व जता रहा है? श्रीकृष्ण कहते हैं "*तुम मेरी पूजा करो*" और उनके इन शब्दों की गूँज ईसा के इन शब्दों में भी मिलती है : "*बस मेरे द्वारा ही परमपिता तक पहुंचा जा सकता है, अन्यथा नहीं*"। पूर्व और पश्चिम दोनों में ही सम्प्रदायवादियों ने इन कथनों को पकड़ कर अपने उपास्य देवों की महानता और अनोखेपन का ढिंढोरा पीटा है और उन्हें जीवात्माओं की रक्षा करने हेतु संसार में अवतरित ईश्वर का पुत्र या स्वयं भगवान ही कहा है। अब या तो हम यह मान लें कि ये महात्मागण स्वयं इतने परिभ्रमित थे कि अपने आप को परमेश्वर तक पहुंचने का एकमात्र मार्ग समझते थे, और या यह समझें – जो कि सच है – कि उन्होंने जो कुछ कहा वह अलग अलग व्यक्तियों की हैसियत से नहीं बल्कि उस अनादि, अनन्त, शाश्वत ***ब्रह्म*** के रूप में कहा जिस में सब की स्थिति है और जिससे सब कुछ आच्छादित है।

इस अद्वय सनातन का ज्ञान ही सातवें अध्याय से शिष्य के हृदय में उदय हो रहा है। यही वह ज्ञान है "**यत् ज्ञात्वा न इह भूयः अन्यत् ज्ञातव्यम् अवशिष्यते** – जिस को जान लेने पर यहाँ और कुछ जानने को बचा नहीं रहता"[1]। हालाँकि, जैसा हम पूरे शिक्षण के अन्त में देखेंगे, ईसा व कृष्ण के तथाकथित व्यक्तित्त्व के हृदय में एक अतिगूढ़, महानतम रहस्य छिपा है, परन्तु फिर भी उनका केवल वैयक्तिक रूप जान लेने से ही काम नहीं चलता। सत्य के हृदय तक पहुंचने के लिए एक प्रत्यक्ष मार्ग है जो ईश्वर की मूर्त निस्सीमिता से होकर जाता है और जिसमें भगवान मानवीय शरीर द्वारा अकर्मा के कर्म कर दिखाते हैं और

---

[1] गीता 7, 2।

मानवीय वाणी द्वारा शब्दहीन सनातन ज्ञान सुनाते हैं । परन्तु यहाँ पर इस परम गुह्य पथ की नहीं बल्कि सर्वव्यापी दैवी उपस्थिति की बात की जा रही है ।

श्रीभगवान् उवाच

(1) *भूयः एव महाबाहो शृणु मे परमम् वचः ।*
यत् ते अहम् प्रीयमाणाय वक्ष्यामि हितकाम्यया ॥

श्रीकृष्ण ने कहा : हे प्रसन्नता से मेरी बात सुनने वाले महाबाहु, तुम फिर से मेरे परम वचन सुनो जो तुम्हारा हितैषी होने के नाते मैं कहूँगा ।

(2) *न मे विदुः सुरगणाः प्रभवम् न महर्षयः ।*
अहम् आदिः हि देवानाम् महर्षीणाम् च सर्वशः ॥

मेरी उत्पत्ति को न देवता जानते हैं और न महर्षिगण, क्योंकि मैं देवताओं और महर्षियों का भी आदिकारण हूँ ।

यहाँ पर श्रीकृष्ण उस ***ब्रह्म*** की हैसियत से बोल रहे हैं जिससे सब जीव आते हैं और जिसमें समय आने पर वे फिर वापस चले जाते हैं । इस ***ब्रह्म*** के रहस्य सदा के लिए "उस" अनादि अन्धकार में छिपे रहते हैं । देवता या महर्षि कोई भी उसके मूलहीन अस्तित्त्व की थाह नहीं पा सकते क्योंकि वही तो सब का उत्पादक है और जो भी उसके परम रहस्य को जानने की इच्छा से वहाँ जाते हैं वे न देवता ही रह पाते हैं न मनुष्य ही, और उस दिव्य ज्योति में घुल जाते हैं जिसे ऊँचे से ऊँचा द्वैतपरक ज्ञान अन्धकार ही समझता है । श्लोक (2)

(3) *यः माम् अजम् अनादिम् च वेत्ति लोकमहेश्वरम् ।*
असंमूढः सः मर्त्येषु सर्वपापैः प्रमुच्यते ॥

जो मुझे अजन्मा, अनादि तथा [सब] लोकों का महान स्वामी जानता है मर्त्यलोकवासियों में वह ज्ञानवान मनुष्य सब पापों से मुक्त हो जाता है ।

(4) *बुद्धिः ज्ञानम् असंमोहः क्षमा सत्यम् दमः शमः ।*
सुखम् दुःखम् भवः अभावः भयम् च अभयम् एव च ॥

बुद्धि, ज्ञान, अमूढ़ता, क्षमा, सत्य, इन्द्रिय दमन, मन का निग्रह, सुख, दुःख, जन्म, मृत्यु, भय तथा अभय भी,

(5) *अहिंसा समता तुष्टिः तपः दानम् यशः अयशः ।*
भवन्ति भावाः भूतानाम् मत्तः एव पृथग्विधाः ॥
और अहिंसा, समता, संतोष, तप, दान, कीर्ति तथा अपकीर्ति, भूतप्राणियों के ये नाना प्रकार के भाव, मुझ से ही उत्पन्न होते हैं ।

श्लोक (4, 5) हम तो बस इतना ही जान पाते हैं कि सारे अलग अलग गुण व विशेषताएँ सकारात्मक तथा नकारात्मक मनोदशाएँ एक होकर उस दिव्य अन्धकार के पलबिन्दुओं के समान होती हैं और उस से निकल कर भिन्न भिन्न प्रकार के मानवीय रूपों में प्रकट होती हैं ।

(6) *महर्षयः सप्त पूर्वे चत्वारः मनवः तथा ।*
मद्भावाः मानसाः जाताः येषाम् लोके इमाः प्रजाः ॥
सात महर्षि, पहले चार [तपस्वी] तथा मनु, जिन्होंने इस संसार का सर्जन किया है सब मेरे भाव तथा मनस् से उत्पन्न हुए हैं ।

श्लोक (6) सप्त महाज्योतियों[2], यानी अस्तित्त्व के स्तरों, के आविर्भाव का वर्णन किया जा चुका है (अध्याय 8 व 9) । इन सात ज्योतियों अथवा स्तरों का यहाँ तीन मुख्य वर्गों में विभाजन किया गया है । पहले आते हैं "***पूर्वे चत्वारः*** – पहले चार[3]" यानी अस्तित्त्व के उच्च चार स्तर (जिनमें से दो अव्यक्त होते हैं) जो समस्त पृथकीकरण की पहुंच के सर्वथा बाहर होते हैं । इन को उन चार सनातन ब्रह्मचारी तपस्वियों या कुमारों से प्रतीयमान किया जाता है जिन्होंने सन्तानोत्पत्ति करना

---

[2] श्लोक 6 : मुनि के अतिरिक्त ऋषि शब्द का अर्थ ज्योति या किरण भी होता है और इसी अर्थ में इस का प्रयोग किया गया है । संस्कृत भाषा की अनेकार्थता का उपयोग अमूर्त सत्यों को वैयक्तिक रूपों में व्यक्त करने के लिए किया गया है । पुराणों के सप्तऋषि इसी के उदाहरण हैं ।

[3] कुछ लोग इसका अर्थ "प्राचीन काल के चार मनु" के रूप में लगाते हैं, परन्तु पुराणों के अनुसार प्राचीन काल में चार से अधिक मनु थे और इसलिए यह दिखाने के लिए कि चार का ही ज़िक्र क्यों आया है, टीकाकार को अनेकानेक विचित्र युक्तियाँ देनी पड़ती हैं । कठोपनिषद् में इन चार स्तरों को ***शांत आत्मन्, अव्यक्त (मूलप्रकृति), महत् आत्मन्*** तथा ***ज्ञानात्मन् (बुद्धि)*** कहा गया है । परिशिष्ट ङ देखिए ।

अस्वीकार कर अद्वय के ध्यान में मग्न रहने का निश्चय किया था। इस प्रतीक का तात्पर्य यह है कि ये चार एकता के स्तर हैं और इन में अभी अनेक व्यक्तित्त्व निर्मित नहीं हुए हैं।

इसके बाद आते हैं "मनु" जिनसे यहाँ मतलब है पृथक व्यक्तित्त्व, या **जीव**, यानी सर्वदर्शी ज्योति के अन्दर "विभिन्न दृष्टिको"[4]। इन युगजीवी बिन्दुओं से सतत परिवर्तन के चक्र में जन्म लेते व मरते मनुष्यों की जाति उत्पन्न हुई।

ये "मनु" समस्त अनेकात्मक सृष्टि के केन्द्र बिन्दु या उभयनिष्ठ बिन्दु होते हैं जिन पर तराज़ू के काँटे के समान सब कुछ सन्तुलित होता है[5]। [पहले चार के दो अव्यक्त स्तरों को छोड़ कर बचने वाले] दो व्यक्त उच्चतर स्तर [यानी ***महत् आत्मन्*** व ***ज्ञानात्मन्***] मुख्यतः अन्तर्मुखी होते हैं और इसीलिए इन्हें ब्रह्मचारी तपस्वियों से प्रतीयमान किया जाता है। ["मनु" के पश्चात आने वाले तीसरे वर्ग में] नीचे के दो[6], जीवधारियों के सदा परिवर्तनशील लोक, बहिर्मुखी स्वभाव के होते हैं और दोनों के बीचोंबीच सन्तुलन बिन्दुओं के समान होते हैं "मनु" जो स्वयं अपने आप में स्थित होते हैं। इनसे या इनके द्वारा ही परिवर्तनशील प्राणी, मनु के पुत्र मानव, उत्पन्न होते हैं। ये मनु ईश्वर के पुत्र (Sons of God) होते हैं और इसलिए इनके अलावा परम पिता तक पहुंचने का और कोई उपाय नहीं होता। डेल्फ़ीय देवासन (Delphic Oracle) पर आदेश अंकित था "अपने को जान", और जो

---

[4] मनु शब्द का प्रयोग वैष्णव *पञ्चरात्र आगम* में देखा जा सकता है। श्रेडर कृत *पञ्चरात्र* की प्रस्तावना (Schrader's Introduction to the Panchratra) देखिए। यह स्तर उच्च मनस्, या अन्य प्रणालियों में जिसे "अहंकार" कहा गया है उसके समरूप है।

[5] इस स्तर को कभी कभी ***स्थाणु*** यानी स्थिर भी कहा जाता है और यही गीता के अध्याय आठ का ***अधियज्ञ*** है।

[6] कठोपनिषद् के अनुसार "इन्द्रियाँ" व "इन्द्रिय विषय", यानी ***कामभाव*** तथा ***स्थूलजगत***। विश्व का यह ढाँचा ही उस प्राचीन प्रतीक का अर्थ है जो दो त्रिकोणों को उलटा एक के ऊपर दूसरा रख कर बनता है : ⧗ (शिव के डमरू से तुलना कीजिए), ऊपर का त्रिकोण अस्तित्त्व के जगतों का प्रतीक है, नीचे का त्रिकोण परिवर्तनशील माया की धूपछाँह के जगत का प्रतीक है।

भी उस पार के उच्चतर लोकों में जाना चाहता है उसे हृदय के अन्दर के सँकरे द्वार को ढूँढ, उससे होकर (यानी अपने को पहचान कर) ही आगे जाना होता है।

(7) *एताम् विभूतिम् योगम् च मम यः वेत्ति तत्त्वतः ।*
सः अविकम्पेन योगेन युज्यते न अत्र संशय ॥

जो मेरे अस्त्तित्व की इस बहुमुखी प्रव्यक्ति और मेरी योगशक्ति को सचमुच जानता है वह अविकल योग द्वारा [मुझ] से मिल जाता है, इसमें कुछ भी संशय नहीं है।

श्लोक (7) विश्व के सब स्तरों पर अद्वय ***आत्मन्*** अन्तर्यामी सर्वव्यापी विभूति के रूप में नामरूपों के साथ गुह्ययोग द्वारा संयुक्त रहता है (पिछला अध्याय देखिए)। इसीलिए कहा गया है कि जो इस विभूति (यानी व्यापक शक्ति) और परम योग को तत्त्वतः जानता है वह "उस" के साथ अविकल योग द्वारा जुड़ जाता है।

(8) *अहम् सर्वस्य प्रभवः मत्तः सर्वम् प्रवर्तते ।*
इति मत्वा भजन्ते माम् बुधाः भावसमन्विताः ॥

मैं सब की उत्पत्ति का कारण हूँ, सब कुछ का विकास मुझ से ही होता है, इस बात को समझ कर बुद्धिमान व्यक्ति श्रद्धा भक्ति से मेरी सेवा करते हैं।

श्लोक (8) श्रीकृष्ण कहते हैं कि मैं ही सब का उद्गमस्थान हूँ और मुझ से ही सब कुछ चलता है। यह इसलिए कि ***मूलप्रकृति*** के रूप में वही सब नामरूपों के उद्गमस्थान हैं और अद्वय ***परम् आत्मन्*** के रूप में उनका योग ही इन नामरूपों को गतिमान करता है। साधारण मनुष्य अनित्य छायाओं को ही देखता है और उन्हीं में अपनी आशाएँ व अस्तित्त्व केन्द्रित किए रहता है। ये आकृतियाँ आईं और वह ख़ुश हो जाता है, वे गईं और उसका मन दुःख में डूब जाता है, और यही आना-जाना रोज़ लगा रहता है क्योंकि नामरूप सदा स्थिर रह ही नहीं सकते। परन्तु इस प्रकार यह जान कर कि सब का स्रोत व प्राण एक ही है, शिष्य अपने चारों ओर की आकृतियों के बदलते रहने पर भी उस "एक" में आनन्दपूर्वक स्थित रहता है।

(9) *मच्चित्ताः मद्गतप्राणाः बोधयन्तः परस्परम् ।*
कथयन्तः च माम् नित्यम् तुष्यन्ति च रमन्ति च ॥

वे निरन्तर मुझ में मन लगा, अपनी इन्द्रियों का रुख़ मेरी तरफ़ किए, एक दूसरे को समझाते हुए तथा मेरे बारे में बात करते हुए सन्तुष्ट व प्रसन्न रहते हैं ।

(10) *तेषाम् सततयुक्तानाम् भजताम् प्रीतिपूर्वकम् ।*
ददामि बुद्धियोगम् तम् येन माम् उपयान्ति ते ॥

उन निरन्तर मेरे ध्यान में लगे व प्रेमपूर्वक भजन करने वालों को मैं वह बुद्धियोग देता हूँ जिससे वे मुझे प्राप्त होते हैं ।

जो अपने को इस प्रकार "उस" में स्थित कर पाते हैं और "उसको" सदैव प्रीतिपूर्वक भजते हैं, उन्हें "अद्वय" वह बुद्धियोग प्रदान करता है जिसके द्वारा वे उस तक पहुंच जाते हैं । बुद्धि वह ज्ञान होता है जो सब में "एक" को देखता है । साथ ही यह वह क्षमता भी है जिससे ऐसी दृष्टि मिलती है । हम देख चुके हैं कि जीव कैसे अन्तर्मुखी और बहिर्मुखी शक्तियों के बीच संतुलित होता है । निम्न स्तरों से संयुक्त हो जीव बाहर की ओर प्रवाहित होकर नामरूपों में चला जाता है और उनकी मृत्यु के साथ जैसे वह भी नष्ट हो जाता है । परन्तु उच्चतर स्तरों से संयुक्त होकर वह निवृत्तिपरक विश्वज्वार के साथ वापस "घर की ओर" जाता है । श्लोक (10)

(11) *तेषाम् एव अनुकम्पार्थम् अहम् अज्ञानजम् तमः ।*
नाशयामि आत्मभावस्थः ज्ञानदीपेन भास्वता ॥

उन के प्रति अनुकम्पा के कारण ही उनके अन्तरात्मा में स्थित मैं भासमान दीप द्वारा उनके अज्ञानजन्य अन्धकार का नाश करता हूँ ।

"उन के प्रति अनुकम्पा के कारण ही उनके अन्तरात्मा में स्थित मैं भासमान दीप द्वारा उनके अज्ञानजन्य अन्धकार का नाश करता हूँ" । यह नहीं समझना चाहिए कि यह अनुकम्पा किसी अविवेकी राजा की झक के समान की जाती है । सूर्य की किरणें तो सभी के ऊपर पड़ती हैं और उनके बिना सब का अन्त हो जाता है, परन्तु जो अपने शरीर पर धूप की उष्णता को महसूस करना चाहे उसे अपनी बन्द श्लोक (11)

गुफा से निकल कर बाहर खुली हवा में आना पड़ेगा। ठीक ऐसे ही, जो दैवी अनुकम्पा का अनुभव करना चाहे उसे अपने **क्षुद्र अहम्** की गुफा को छोड़ कर **उच्चतर अस्तित्त्व** को पाने का प्रयत्न करना पड़ेगा। उसे ऊपर उठने, अपने अहम् की चहारदीवारी को तोड़ कर बाहर निकलने का प्रयास करना होगा ताकि आख़िर वह घर वापस ले जाने वाले ज्वार की लहरों के स्पर्श का अनुभव करे और वे उसे बहा ले जाएँ।

अस्तित्त्व के उच्चतर स्तरों पर लहराती ये वापसी ज्वार की लहरें जिन्हें प्रायः "भगवद्कृपा"[7] की संज्ञा दी जाती है, वास्तव में वह दैवी अनुकम्पा होती हैं जो जीव को अद्वय सनातन तक ले जाती हैं। परन्तु इन लहरों का अनुभव करने से पहले शिष्य को पूरी शक्ति लगा कर अति साहसिक भाव से श्रीकृष्ण से लगे रहना चाहिए और केवल अपने ही परिश्रम से कारागार की दीवारें तोड़ने का प्रयत्न करते रहना चाहिए।

जो यह कहता है कि "हमें भगवान के दर्शन करा दो, बस इतना ही काफ़ी है" उसके लिए यह जवाब है : "तुझ में जो सर्वोच्च है वही भगवान है – उसका वह अंश जो तू अभी देख सकता है। इसे पकड़े रह और तू उस तक पहुंच जाएगा"।

इस तरह कृष्ण से अनुरक्त रहने पर बुद्धि से छन कर आते हुए **आत्मन्** के प्रशान्त प्रकाश द्वारा मन चमक उठता है। इसका असर यह होता है कि मन का दिमाग़ी ज्ञान बुद्धि के अन्तर्बोध से प्रदीप्त होकर और अधिक पक्का हो जाता है। गीता में यह बात बारहवें और उसके बाद वाले श्लोकों द्वारा स्पष्ट बताई गई है।

---

[7] "कृपा" शब्द का उपयोग यदि करना ही हो तो सही तौर पर वह उस रहस्यमयी शक्ति के लिए करना चाहिए जिसके अस्तित्त्व को पूर्व और पश्चिम दोनों के ही अगम्यवादियों ने स्वीकार किया है। इस शक्ति का उपयोग कृष्ण और मानवीय गुरु दोनों ही करते हैं और वह इतनी गूढ़ होती है कि इसका बौद्धिक निरूपण करना बहुत कठिन है। बस हम इतना ही कह सकते हैं कि यह नितान्त स्वतन्त्र होती है और इसका मूलस्थान परम सनातन अद्वय के उस पहलू में होता है जो हम सब में व्यक्तित्त्व के रूप में प्रव्यक्त होता है।

अर्जुनः उवाच

(12) ***परम् ब्रह्म परम् धाम पवित्रम् परमम् भवान् ।***

पुरुषम् शाश्वतम् दिव्यम् आदिदेवम् अजम् विभुम् ॥

अर्जुन ने कहा : आप ही परंब्रह्म, परंधाम, पवित्र, दिव्य, शाश्वत पुरुष, आदिदेव, अजन्मा और सर्वव्यापी हैं ।

(13) ***आहुः त्वाम् ऋषयः सर्वे देवर्षिः नारदः तथा ।***

असितः देवलः व्यासः स्वयम् च एव ब्रवीषि मे ॥

सब ऋषिगणों ने, देवर्षि नारद तथा असित ने, देवल व व्यास ने भी यही कहा और अब तो आप स्वयं भी मुझे यही बता रहे हैं ।

"*आप ही परंब्रह्म, परंधाम, पवित्र, दिव्य, शाश्वत पुरुष, आदिदेव, अजन्मा और सर्वव्यापी है*" । अब तक यह सब कुछ पुराने ऋषि मुनियों द्वारा अनुमोदित सुने सुनाए अमूर्त ज्ञान के रूप में था परन्तु अब तो "***स्वयम् च एव ब्रवीषि मे*** – *आप स्वयं भी मुझे यही बता रहे हैं*" । एक नई उल्लासभरी उष्णता, जिसका स्रोत बुद्धि में है, अब सारे मन को भर शिष्य को उसकी क्षुद्रता से ऊपर उठा ले जाती है । मानसिक दृष्टि के सामने आधे पहचाने से नये दृष्टिक्रम आते हैं और जिन शब्दों व विचारों को पहले दिमाग़ी तौर से ही सत्य समझा जाता था वे अब परिवर्तित हो कर एक अज्ञात विचित्र प्रकाश में प्रदीप्त हो उठते हैं । इस नई अनुभूति व उसकी दीप्ति का शब्दों में वर्णन करने का प्रयास व्यर्थ है । वह तो अर्जुन के गद्गद शब्दों में भरे रोमांच से ही स्पष्ट है । जैसे किसी रागहीन वाद्य पर यों ही उँगलियाँ चलाते चलाते अनायास सुमधुर संगीत बह निकला हो । अभी तक जो नीरस आत्मनिर्भर कहलाने वाले निरे दिमाग़ी विचार थे, अब उन से मनोहर रागिनियाँ फूट निकलती हैं जिनकी प्रतिध्वनियाँ वहाँ भी गूंजने लगती हैं जहाँ अभी तक सुनसान नज़र आता था । अब कुछ भी अलग नहीं लगता, प्रत्येक चीज़ एक दूसरे से जुड़ी हुई तथा किसी विशाल व अद्भुत चित्र का अंग नज़र आती है, यद्यपि उसे पूरी तरह समझ पाना अभी सम्भव नहीं है । श्लोक (12, 13)

(14) ***सर्वम् एतत् ऋतम् मन्ये यत् माम् वदसि केशव ।***
न हि ते भगवन् व्यक्तिम् विदुः देवाः न दानवाः ॥

हे केशव, जो कुछ भी आप मुझ से कह रहे हैं वह मैं सच मानता हूँ । हे भगवन्, आपकी प्रव्यक्ति को न देवता जानते हैं न दानव ।

(15) ***स्वयं एव आत्मना आत्मानम् वेत्थ त्वम् पुरुषोत्तम ।***
भूतभावन भूतेश देवदेव जगत्पते ॥

हे पुरुषोत्तम, सब जीवधारियों के स्रोत, [जीवों के ईश्वर] देवाधिदेव, जगत्पति, आप अपने को अपने द्वारा ही जानते हैं ।

श्लोक (15) इस धूमिल अर्धानुभूति को सत्य ज्ञान के सूर्यप्रकाश में परिणत करने के लिए अभी और आगे बढ़ने की आवश्यकता है । ***आत्मन्*** को आत्मन् ही प्राप्त करता है[8] । या जैसा गीता में कहा गया है, "*हे पुरुषोत्तम, सब जीवधारियों के स्रोत, [जीवों के ईश्वर] देवाधिदेव, जगत्पति, आप अपने को अपने द्वारा ही जानते हैं*" । बुद्धि भी स्वयं अपने प्रकाश से प्रकाशित नहीं होती । उसके भी पार होती है ***महत् आत्मन्*** की ज्योति, यानी सार्वभौमिक परिकल्पना, जिसमें भूतकाल, वर्तमान व भविष्य के दैवी आदिरूप एक विशाल परस्पर अनुबन्धित सम्पूर्ण[9] के रूप में स्थित होते हैं । यही है दैवी प्रकाश से प्रदीप्त विश्व का दिव्यरूप – पारलौकिक सद्स्वरूपों की अद्भुत एकता ।

"वहाँ सब कुछ पारदर्शक है, न किसी प्रकार का अवरोध है न कोई अनजान है । सब सबसे पूरी तरह परिचित हैं – चौड़ाई में भी, गहराई में भी; प्रकाश प्रकाश में

---

[8] कठोपनिषद् 1, 2, 23 के सुप्रसिद्ध शब्दों से तुलना कीजिए : ***यम् एव एषः वृणुते तेन लभ्यः*** । इसका अर्थ लगाया जा सकता है "जिस (***आत्मन्***) को शिष्य चुनता है (यानी जिस पर अवलम्बित रहता है) उस (***आत्मन्***) के द्वारा ही वह प्राप्त होता है" ।

[9] प्लॉटाइनस से तुलना कीजिए : "इस तरह हम सार (यानी ***महत् आत्मन्***) तक क़रीब क़रीब ऐसे पहुंचते है जैसे वह कोई इन्द्रिय विषय हो : बौद्धिक विश्व की अनुभूति ऐसे होती है जैसे वह जीव के ऊपर, उसके पिता के समान हो ... *अनेकतत्त्वीय परन्तु साथ ही अविभाज्य और भिन्नतापूरक*" ।

होकर बहता है । वहाँ व्यष्टि में समष्टि का समावेश होता है और साथ ही व्यष्टि औरों में भी सम्पूर्ण को देखती है । इस तरह सब तरफ़ पूर्ण ही पूर्ण होता है, सब पूर्ण है, प्रत्येक पूर्ण है और ऐश्वर्य निस्सीम है । प्रत्येक महान है, क्षुद्र भी महान है : सूर्य वहाँ समस्त तारापुञ्ज है तथा प्रत्येक तारा सब तारों व सूर्य के बराबर है । यद्यपि अस्तित्त्व का कोई ढंग-विशेष प्रत्येक में विशेष रूप से पाया जाता है तथापि प्रत्येक अन्य सब में प्रतिबिम्बित होता है[10] ।

(16) *वक्तुम् अर्हसि अशेषेण दिव्याः हि आत्मविभूतयः ।*
याभिः विभूतिभिः लोकान् इमान् त्वम् व्याप्य तिष्ठसि ॥

अपनी उन दिव्य विभूतियों के बारे में आप ही पूर्ण रूप से बोल सकते हैं जिन से इन सब लोकों को व्याप्त कर आप स्थित हैं ।

संसार में जो कुछ भी है वह "उस" दिव्य सत्ता के किसी अंग का प्रतिबिम्ब होने के कारण ही है । उसके भीतर समस्त अनेकताओं की एकता है । जैसा कि पहले कहा जा चुका है वह प्रव्यक्त अस्तित्त्व की उच्चतम सीमा है । उसके ऊपर जो कुछ भी होता है वह अव्यक्त होता है । अब जीव को बुद्धियुक्त होकर इस हिमशिखर का आरोहण करना होगा और पहले मानसिक चक्षु द्वारा व तदोपरांत प्रत्यक्ष अन्तर्बोध द्वारा उन सब दिव्य विभूतियों को देखना होगा जिनसे सब लोकों को भरते हुए "वह परम" स्थित होता है । यही वे दैवी परिकल्पनाएँ हैं जिनका प्लेटो ने ज़िक्र किया है – वे सार्वभौमिक शक्तियाँ या विभूतियाँ जो इस अध्याय का विषय हैं । श्लोक (16)

"दैवी परिकल्पनाओं" का अर्थ कितने ही कोरे पण्डितों के समान ग़लती से यह नहीं लगाना चाहिए कि वे दार्शनिकों की निर्जीव अमूर्त "सार्वभौमिक" धारणाएँ होती हैं[11] । यहाँ इंगित परिकल्पनाएँ या विचार केवल मानसिक धारणाएँ नहीं बल्कि सजीव आधिदैविक शक्तियाँ होती हैं जो गीता के अनुसार स्वयं अपने

[10] प्लॉटाइनस, *एनिएड्स* 5, *ट्रैक्टेट* 8 ।

[11] निरे दार्शनिकों की ऐसी धारणाएँ केवल मन द्वारा निर्मित चित्र ही होती हैं और यद्यपि वे "दैवी परिकल्पनाओं" की ओर इशारा कर सकती हैं तथापि वे कभी सच्ची परिकल्पनाएँ नहीं हो सकतीं ।

स्वभाव में नित्यरूप से स्थित होती हैं और संसारक्रम में प्रतिबिम्बित हो विभिन्न जीवधारियों को उनका नामरूप व स्वभाव-विशेष प्रदान करती हैं। वे जीवधारियों से निकाले गए उनके गुणों के सार का स्वरूप नहीं होतीं बल्कि उनका निर्माण करने वाली और इस जगत की प्रत्येक वस्तु का प्रतिमान होती हैं।

Out of the dark it wrought the heart of man,
Out of dull shells the pheasant's pencilled neck
Ever at toil, it brings to loveliness
All ancient wrath and wreck.

अन्धेरे से मानव हृदय को है ढाला,
और निष्प्रभ छिलकों से खुमरी की माला।
जुट कर बनाती जाती सदा ये,
सौन्दर्य प्राचीन वीभत्सता से।

इस दैवी जगत तक पहुंचना ही अब शिष्य का लक्ष्य होता है और इसलिए अर्जुन का कहना है :

(17) ***कथम् विद्याम् अहम् योगिन् त्वाम् सदा परिचिन्तयन्।***
केषु केषु च भावेषु चिन्त्यः असि भगवन् मया॥
हे योगिन्, निरन्तर ध्यान द्वारा मैं आप को किस प्रकार जानूँ? और हे भगवन् मैं आप के किन पहलुओं का चिन्तन करूँ?

श्लोक (17) हे योगिन्[12], निरन्तर ध्यान द्वारा मैं आप को किस प्रकार जानूँ? और हे भगवन् मैं आप के किन पहलुओं का चिन्तन करूँ? दैविक वास्तविकताएँ इन शारीरिक आँखों द्वारा नहीं दिखाई देतीं और न ही किसी अधकचरी गुह्यविद्या की तथाकथित दूरदर्शी आँखों से जो अधिक से अधिक साइकीय (psychic = सूक्ष्म

[12] ध्यान दीजिए कि यहाँ कृष्ण को "योगी" कह कर सम्बोधित किया गया है क्योंकि इस स्तर पर ही "***योगम् ऐश्वरम्***" सम्पन्न होता है। यही अद्वय अव्यक्त ***शांत आत्मन्*** अद्वय अव्यक्त ***मूलप्रकृति*** से संयुक्त होता है। पिछला अध्याय देखिए।

मानसिक) जगत की वस्तुओं को ही देख सकती हैं । इन्हें तो केवल बुद्धि के दिव्यचक्षु से ही देखा जा सकता है[13] ।

यद्यपि ये चक्षु अब शिष्य को उपलब्ध हैं फिर भी पहले उसे उन्हें खोलना सीखना पड़ेगा और फिर उन्हें इस्तेमाल करने का अभ्यास करना होगा । जैसे अपनी समस्त विचारशक्तियों वाला मन प्रत्येक मनुष्य को अपने जन्मसिद्ध अधिकार के समान मिलता है, परन्तु इन शक्तियों को विकसित करने के लिए उसे लम्बा व कठिन परिश्रम करना पड़ता है, वैसे ही जिस शिष्य ने मन को बुद्धि से संयुक्त कर लिया हो उसे अब धीरे धीरे और प्रयत्नपूर्वक अपनी नई दृष्टि को विकसित करना होगा । वह जिस मानसिक जीवन में अधिकांशतः आधारित रहा है उसका अब उच्च दृष्टि द्वारा रूपान्तर करना होगा । जब जन्मांध को नेत्र मिल जाते हैं तो उसे यह नया इन्द्रियज्ञान अनजान व अटपटा सा लगता है और वह इस विचित्र ज्ञान का इस्तेमाल करने के बजाय कुछ समय तक अपने अति विकसित स्पर्शज्ञान पर ही अधिक भरोसा करता है ।

(18) *विस्तरेण आत्मनः योगम् विभूतिम् च जनार्दन ।*
भूयः कथय तृप्तिः हि शृण्वतः न अस्ति मे अमृतम् ॥

हे जनार्दन, अपनी योगशक्ति एवम् विभूतियों को फिर विस्तारपूर्वक बताइए, आपके अमृत को सुनते हुए मुझे तृप्ति नहीं होती ।

श्रीभगवान् उवाच

(19) *हन्त ते कथयिष्यामि दिव्याः हि आत्मविभूतयः ।*
प्राधान्यतः कुरुश्रेष्ठ न अस्ति अन्तः विस्तरस्य मे ॥

श्रीकृष्ण ने कहा : हे कुरुश्रेष्ठ, अब मैं अपनी विभूतियों के बारे में उनकी प्रधानता के अनुसार तुम से कहूँगा । मेरे विस्तार का अन्त नहीं है ।

---

[13] हर्मीस 6, 4 से तुलना कीजिए : "क्योंकि आँख के आगे आने वाली प्रत्येक वस्तु, छाया वस्तु यानी चित्ररूप ही होती है और जो आँख से न दिखे वही वास्तविक होता है" ।

इसीलिए गुरु अब ऐसी विधि बतलाता है जिसके अनुशासन द्वारा जीव बुद्धिचक्षु का प्रयोग कर और उससे देखे अनोखे अनजान दृश्यों पर मन की दृष्टि[14] द्वारा देखे गए जाने-पहचाने दृश्यों से अधिक भरोसा कर सके।

आगे दिए गए श्लोकों (20-24) को किसी वैयक्तिक ईश्वर की आत्मप्रशंसा नहीं समझना चाहिए जो आस्तिकों को इतनी प्रिय होती है। यह एक बार फिर कह देना ज़रूरी है कि इन श्लोकों का "मैं" केवल वैयक्तिक कृष्ण[15] ही नहीं बल्कि ***महत् आत्मन्*** है। इन श्लोकों में वह व्यावहारिक विधि है जिससे जीव अपनी दृष्टि का प्रयोग करना और उस पर भरोसा करना सीख सकता है।

(20) ***अहम् आत्मा गुडाकेश सर्वभूताशयस्थितः।***
अहम् आदिः च मध्यम् च भूतानाम् अन्तः एव च॥

हे गुडाकेश, मैं सब भूतप्राणियों के हृदय में स्थित आत्मन् हूँ, सब भूतों का आदि, मध्य और अन्त भी मैं ही हूँ।

श्लोक (20)

शिष्य को सब वस्तुओं में उनकी पृथक सत्ता के बजाय उस ***महत् आत्मन्*** को देखने के लिए कहा गया है जिसकी विभूतियों से उन्हें अपना नामरूप व स्वभाव प्राप्त होता है। संसार में प्रत्येक प्रकार का प्राणी जो कुछ भी है वह उस ***आत्मन्*** के ही किसी पहलू के प्रतिबिम्ब[16] के कारण है। यह प्रतिबिम्ब उन वस्तुओं में

---

[14] मन विश्लेषण और पृथकीकरण द्वारा देखता है तथा जीवन की एकता को पहलुओं की अनेकता में बाँट कर उन्हें आधुनिक विज्ञान के पटल पर कीट-पतंगों की तरह लगा देता है। बुद्धि सब में एकता देखती है और इसीलिए श्रीकृष्ण अर्जुन को सिखा रहे हैं कि यहाँ नीचे की दुनिया में कैसे दैवी विभूतियों को देखना चाहिए।

[15] श्लोक 37 में यह बिल्कुल स्पष्ट हो जाता है जहाँ वसुदेव के पुत्र वैयक्तिक कृष्ण कोई और हैं और बोलने वाला "मैं" कोई और।

[16] *"हमारे कहने का यह अर्थ नहीं कि 'चेतन' (Idea) स्थानीय तौर पर पृथक होकर 'जड़' (Matter) में ऐसा दिखता है जैसे पानी में प्रतिबिम्ब। जड़ तो चेतन के साथ बराबर लगा रहता है हालाँकि यह लगाव भौतिक सम्पर्क द्वारा नहीं होता और इस निकटता के कारण ही – क्योंकि उनको अलग रखा ही नहीं जा सकता – जड़ यथाशक्ति चेतन को ग्रहण कर लेता है परन्तु चेतन जड़ में प्रवेश न कर स्वपरिमित रहता है"*। (प्लॉटाइनस 6, 5, 8)

अधिक स्पष्ट दिखाई देता है जो अपने अपने वर्गों में मुख्य होती हैं क्योंकि उनमें दैवी आदिरूप सब से अच्छी तरह प्रव्यक्त होता है । कृष्ण द्वारा दी गई लम्बी सूची का यही अर्थ है[17] । प्रत्येक वस्तु में, देवों, मानवों अथवा ऋषियों में, तथाकथित "मृत" वस्तुओं में या मानसिक गुणों में, सब में "उस" को ही ढूँढ निकालना होता है और प्रत्येक वर्ग में जो सर्वश्रेष्ठ है उसमें "उसका" ध्यान करना होता है[18] क्योंकि सब जीवधारियों की आत्मा, उनका ***सच्चा स्वरूप***, उनका आधार, वही होता है ।

(21) ***आदित्यानाम् अहम् विष्णुः ज्योतिषाम् रविः अंशुमान् ।***
मरीचिः मरुताम् अस्मि नक्षत्राणाम् अहम् शशी ॥

[अदिति के पुत्र, बारह] आदित्यों में मैं विष्णु हूँ, ज्योतियों में अंशुमान सूर्य हूँ, वायु देवताओं में मरीचि और नक्षत्रों में चन्द्रमा ।

(22) ***वेदानाम् सामवेदः अस्मि देवानाम् अस्मि वासवः ।***
इन्द्रियाणाम् मनः च अस्मि भूतानाम् अस्मि चेतना ॥

वेदों में सामवेद हूँ, देवताओं में वासव (इन्द्र), इन्द्रियों में मन और भूतप्राणियों में चेतना हूँ ।

---

[17] इस सूची में जितने भी पौराणिक नाम व प्रतीक आए हैं वे उन लोगों के हृदय में बिल्कुल सजीव थे जिनके लिए गीता दो या तीन हज़ार वर्ष पहले लिखी गई थी, यद्यपि इनमें से कई अब सजीव नहीं बचे हैं, हिन्दू मानस तक में नहीं । दृष्टांत के लिए यक्षों का राजा वित्तेश आज हमारे लिए अधिक से अधिक एक ऐसा प्रतीक है जिसका अर्थ बहुत सोचसमझ कर लगाना आवश्यक है और मोटी अक़्ल वालों के लिए जिसे केवल प्राचीनकाल का कपोलकल्पित व्यक्ति भी समझा जा सकता है । परन्तु उन दिनों अधिकांश जनसमूह के लिए वह एक सचमुच का प्राणी था, ठीक वैसे ही जैसे हमारे लिए कोई एस्कीमो हो, और कुछ लोगों के लिए तो वह एक ऐसा प्रतीक था जिसका तात्पर्य समझना कोई कठिन काम नहीं था ।

[18] प्लॉटाइनस 6, 9 से तुलना कीजिए : *"यहाँ वस्तुएँ चिन्हरूप होती हैं इसीलिए समझदार शिक्षकों को वे परमेश्वर तक पहुंचने का रास्ता बताती हैं । ज्ञानी गुरु इन चिन्हों को पढ़ कर पुण्य स्थानों में प्रवेश कर सकता है और जो दुर्गम है उसकी झलक को असलियत में बदल सकता है" ।*

(23) *रुद्राणाम् शंकरः च अस्मि वित्तेशः यक्षरक्षसाम् ।*
वसूनाम् पावकः च अस्मि मेरुः शिखरिणाम् अहम् ॥

मैं रुद्रों में शंकर हूँ, यक्ष और राक्षसों में वित्तेश (कुबेर), [आठ] वसुओं में पावक (अग्नि) तथा शिखरों में मेरु हूँ।

(24) *पुरोधसाम् च मुख्यम् माम् विद्धि पार्थ बृहस्पतिम् ।*
सेनानीनाम् अहम् स्कन्दः सरसाम् अस्मि सागर ॥

पुरोहितों में, हे पार्थ, मुझे बृहस्पति जानो, सेनापतियों में स्कंद और जलाशयों में सागर।

(25) *महर्षीणाम् भृगुः अहम् गिराम् अस्मि एकम् अक्षरम् ।*
यज्ञानाम् जपयज्ञः अस्मि स्थावराणाम् हिमालयः ॥

महर्षियों में भृगु, शब्दों में ॐ, यज्ञों में जपयज्ञ तथा स्थिर रहने वालों में मैं हिमालय हूँ।

(26) *अश्वत्थः सर्ववृक्षाणाम् देवर्षीणाम् च नारदः ।*
गन्धर्वाणाम् चित्ररथः सिद्धानाम् कपिलः मुनिः ॥

सब वृक्षों में मैं अश्वत्थ (पीपल) हूँ, देवर्षियों में नारद, गन्धर्वों में चित्ररथ और सिद्धों में कपिल मुनि।

(27) *उच्चैःश्रवसम् अश्वानाम् विद्धि माम् अमृतोद्भवम् ।*
ऐरावतम् गजेन्द्राणाम् नरानाम् च नराधिपम् ॥

अश्वों में मैं अमृत से उत्पन्न होने वाला उच्चैश्रवा हूँ, उत्तम हाथियों में ऐरावत तथा मनुष्यों में राजा हूँ।

(28) *आयुधानाम् अहम् वज्रम् धेनूनाम् अस्मि कामधुक् ।*
प्रजनः च अस्मि कन्दर्पः सर्पाणाम् अस्मि वासुकिः ॥

आयुधों में वज्र हूँ, गायों में कामधेनु, प्रजनन के लिए कामदेव, और सर्पों में वासुकि हूँ।

(29) *अनन्तः च अस्मि नागानाम् वरुणः यादसाम् अहम् ।*
पितॄणाम् अर्यमा च अस्मि यमः संयमताम् अहम् ॥
नागों में मैं [विष्णु शय्या] अनन्त हूँ, जलचरों में [उन का स्वामी] वरुण हूँ, पितरों में अर्यमा तथा शासकों में यम हूँ ।

(30) *प्रह्लादः च अस्मि दैत्यानाम् कालः कलयताम् अहम् ।*
मृगानाम् च मृगेन्द्रः अहम् वैनतेयः च पक्षिणाम् ॥
दैत्यों में प्रह्लाद हूँ, गिनने, मापने वाली वस्तुओं में [महा]काल हूँ, पशुओं में सिंह और पक्षियों में विनता पुत्र [गरुड़] हूँ ।

(31) *पवनः पवताम् अस्मि रामः शस्त्रभृताम् अहम् ।*
झषाणाम् मकरः च अस्मि स्रोतसाम् अस्मि जाह्नवी ॥
पवित्र करने वालों में पवन हूँ, शस्त्रधारियों में राम हूँ मैं, मछलियों में मकर और नदियों में जाह्नवी (गंगा) हूँ ।

(32) *सर्गाणाम् आदिः अन्तः च मध्यम् च एव अहम् अर्जुन ।*
अध्यात्मविद्या विद्यानाम् वादः प्रवदताम् अहम् ॥
सृष्टियों का आदि, अन्त तथा मध्य भी मैं ही हूँ, हे अर्जुन, विद्याओं में अध्यात्मविद्या तथा वादविवाद में सत्य तक पहुंचने का यत्न व ध्येय हूँ ।

(33) *अक्षराणाम् अकारः अस्मि द्वन्द्वः सामासिकस्य च ।*
अहम् एव अक्षयः कालः धाता अहम् विश्वतोमुखम् ॥
अक्षरों में मैं "अ" हूँ, समासों में द्वन्द्व हूँ, केवल मैं ही अक्षय महाकाल हूँ और विराटस्वरूप सब का धारण पोषण करने वाला मैं ही हूँ ।

(34) *मृत्युः सर्वहरः च अहम् उद्भवः च भविष्यताम् ।*
कीर्तिः श्रीः वाक् च नारीणाम् स्मृतिः मेधा धृतिः क्षमा ॥
सब को पकड़ने वाली मृत्यु, आगे होने वालों की उन्नति और स्त्री गुणों में कीर्ति, श्री, वाक्, स्मृति, मेधा, धृति तथा क्षमा हूँ ।

(35) *बृहत्साम् तथा साम्नाम् गायत्री छन्दसाम् अहम् ।*
मासानाम मार्गशीर्षः अहम् ऋतूनाम् कुसुमाकरः ॥

[गायन करने योग्य] स्वरों में मैं बृहत्साम् हूँ, छन्दों में गायत्री, महीनों में मार्गशीर्ष और ऋतुओं में वसन्त ।

(36) *द्यूतम् छलतयताम अस्मि तेजः तेजस्विनाम् अहम् ।*
जयः अस्मि व्यवसायः अस्मि सत्त्वम् सत्त्ववताम् अहम् ॥

छलकपटियों में मैं जुआ हूँ, तेजस्वियों में तेज, विजेताओं की विजय हूँ, परिश्रमियों का परिश्रम और सात्त्विकों का सत्त्व ।

(37) *वृष्णीणाम् वासुदेवः अस्मि पाण्डवानाम् धनञ्जयः ।*
मुनीनाम् अपि अहम् व्यासः कवीनाम् उशना कविः ॥

वृष्णियों में मैं वासुदेव हूँ, पाण्डवों में धनञ्जय, मुनियों में व्यास और कवियों में उशना (शुक्राचार्य) ।

(38) *दण्डः दमयताम् अस्मि नीतिः अस्मि जिगीषताम् ।*
मौनम् च अस्मि गुह्यानाम् ज्ञानम् ज्ञानवताम् अहम् ॥

मैं दमन करने वालों का दण्ड हूँ, विजय की कामना करने वालों की मैं नीति हूँ, गोपनीयों में मौन हूँ तथा ज्ञानवानों का ज्ञान मैं ही हूँ ।

श्लोक (21-38) देवताओं को दिव्य व शक्तिमान कौन बनाता है? "उस" अद्वय की ज्योति व शक्ति । वेदों को पवित्र तथा पूज्य भी ज्ञान का प्राचीन मूलादर्श ही बनाता है । क्या है वह जिसके कारण [उन्नत] पर्वतशिखरों को देख हम में भी ऊपर उठने की आकांक्षा जाग उठती है, शीतल जल हमारे हृदय को ठण्डा कर देता है, वृक्षों की सरसराहट हमारे कानों में बात कहती है, पशुओं को देखकर हमारा हृदय क्षुब्ध हो जाता है [19] या चमचमाते शस्त्रों को देख कर बाँसों उछलने लगता है? इन सब में अपनी विभूतियों द्वारा भासित "उस" के अलावा और कुछ नहीं । यदि हम "उसे"

[19] "निम्न कोटि के पशुओं" के प्रति असहिष्णु व तिरस्कारपूर्ण बर्ताव करने के बावजूद मनुष्य को उन में एक विचलित सा कर देने वाले विचित्र मूलादर्श की उपस्थिति का ज्ञान रहा है । तथाकथित आदिमजातियों के टोटमवाद (totemism), ईसापूर्व यूनानियों तथा ईसाइयों द्वारा तिरस्कृत प्राचीन मिस्रवासियों के पशुदेवता, और आकाश के राशिमण्डलों को पशु चिन्हों द्वारा इंगित करने की पद्धति का मूल कारण यही है ।

नाम देने की धृष्टता भी करें तो वह सर्वथा अपर्याप्त और हमारी अपनी दुर्बलता की द्योतक होगी ।

दुष्टता को ही सत्कर्म बताने वाले अतिदुष्ट मनुष्य में, दुर्योधन के प्रचण्ड अभिमान में और शेक्सपियर के रिचर्ड तृतीय जैसे कुटिल व नृशंस चरित्र में भी हमें उसकी उपस्थिति का आभास होता है, और वह आश्चर्यमय ही नहीं सराहनीय भी लगता है – भले ही हमारे स्वभाव की नैतिकता अपना रोष दिखाती रहे । श्लोक (36)

इस अनुभूति को केवल कवियों की कपोल कल्पना मान कर बहुत से लोगों की तरह यह नहीं कहना चाहिए कि हर जानवर महज़ एक जानवर है और तलवार बस लोहे का टुकड़ा भर है । सर्वभूतों में जिस उपस्थिति का इस तरह आभास होता है वह काल्पनिक नहीं बल्कि अभी तक धुँधली सी ही दिखाई देने वाली आन्तरिक सच्चाई होती है । शिष्य को चाहिए कि अन्तर्बोध की इन अनुभूतियों को पकड़े रह कर निरन्तर ध्यानाभ्यास द्वारा उन्हें तब तक अधिक स्पष्ट बनाता रहे जब तक वह बाहरी नामरूप मिथ्या न लगने लगें जिनके अर्धपारदर्शक खोलों के माध्यम के पीछे आश्चर्यमय दैवी विभूतियाँ अपनी पूरी प्रतिभा के साथ जगमगाती रहती हैं ।

जैसे जैसे शिष्य आगे बढ़ेगा उसकी दृष्टि में अन्तर आता जाएगा । इतना ही नहीं कि वह नामरूपों में आध्यात्मिक विभूतियाँ देखने लगेगा; चूँकि ये विभूतियाँ स्वयं एक सजीव "सम्पूर्ण" से जुड़ी होती हैं उसे सर्वभूतों के पारस्परिक सम्बन्ध[20], जिन्हें वह पहले केवल सोच ही सकता था, अब स्पष्टतः दिखाई देने लगेंगे ।

इस लोक में सब कुछ किसी अंश से निकला अंश ही होता है आंशिक होने के अलावा और कुछ हो भी नहीं सकता । परन्तु "वहाँ" प्रत्येक वस्तु सम्पूर्ण की एक नित्यफल होती है और साथ ही वह सम्पूर्ण भी होती है, उसकी विशिष्ट प्रव्यक्ति भी जो परादृष्टि को अपने असली सम्पूर्ण रूप में दिखती है"[21] ।

---

[20] इन सम्बन्धों के धुँधले से अन्तर्बोध से ही कविता व कला को जीवन मिलता है । जिसे कवि धीमा सा महसूस करता है और जिसे "उपमा" (metaphor) से अधिक मानने का उसे साहस नहीं होता उसे सजग द्रष्टा साफ़-साफ़ देखता है । इन सम्बन्धों का उपयोग कबाला व अन्य पद्धतियों के, काले व सफ़ेद दोनों प्रकार के, जादुओं का अभिन्न अंग होता है ।

[21] प्लॉटाइनस 5, 8 ।

इस प्रकार द्रष्टा की आँख के सामने प्रत्येक वस्तु प्रत्येक दूसरी से एक सार्वभौमिक सुविन्यास में जुड़ी होती है। हरियाली के फूल और गहन नीलाकाश के तारे एक ही लगते हैं। इस साढ़े तीन हाथ के अस्थिपञ्जर में समस्त अन्तरिक्ष की हवाएँ बहती हैं, और मनुष्य के हृदय में प्राचीन काल के उन साम्राज्यों का ऐश्वर्य और नृशंस सौन्दर्य अभी भी मौजूद है जिनके भग्नावशेष अब मरुस्थलों या समुद्र की तरंगों के नीचे दबे हैं।

कहते हैं कि किन्हीं विशेष दिनों यदि कोई द्वारका नगरी से समुद्र की ओर जाए तो कृष्ण की नगरी की अट्टालिकाओं की हलकी सी रूपरेखा लहरों के नीचे दिखाई दे जाती है। यह तो ख़ैर कहना ही है क्योंकि द्वारका तो वहाँ थी ही नहीं, परन्तु हमारे हृदय की तूफ़ानग्रस्त सतह के नीचे लुप्त अतीत सदा मौजूद रहता है। इन गहराइयों में अदृष्य प्राचीन काल के युद्ध लड़े जाते हैं, एटलान्टिस (Atlantis) महाद्वीप की सभ्यता का पहले उत्थान और फिर पतन होता है, श्रीकृष्ण इस धरती पर चलते हैं और भगवान बुद्ध लोक कल्याण के लिए गृहत्याग करते हैं।

समाप्त कुछ भी नहीं होता और सनातन महामनस् के जल की गहराइयों में सब कुछ सदा के लिए संभाल कर रखा रहता है। जो भी अपने अन्दर गोता लगा सकता है वह सार्वभौमिक हृदय में निवास करने लगता है और देख सकता है कि कैसे इस हृदय के विराट स्पन्दन कालचक्र को अपने परिवर्तनशील पथ पर भेजते हैं और कैसे वह चक्र शाश्वत की नीली गहराइयों में वापस आता है।

(39) *यत् च अपि सर्वभूतानाम् बीजम् तत् अहम् अर्जुन।*
न तत् अस्ति विना यत् स्यात् मया भूतम् चराचरम्॥

और, हे अर्जुन, जो सब भूतों का बीज है वह भी मैं ही हूँ। चराचर जगत में कोई भी भूत ऐसा नहीं जिसका अस्तित्त्व मेरे बिना हो।

(40) *न अन्तः अस्ति मम दिव्यानाम् विभूतिनाम् परंतप।*
एषः तु उद्देशतः प्रोक्तः विभूतेः विस्तरः मया॥

हे परंतप, मेरी दिव्य विभूतियों का अन्त नहीं है, यह तो मैंने विभूतियों का संक्षिप्त वर्णन किया है।

(41) ***यत् यत् विभूतिमत् सत्त्वम् श्रीमत् ऊर्जितम् एव वा ।***
तत् तत् एव अवगच्छ त्वम् मम तेजोऽशसंभवम् ॥

जो जो भी विभूतियुक्त, श्रीयुक्त अथवा शक्तियुक्त वस्तुएँ हैं उन सब को मेरे तेज के अंश से उत्पन्न हुआ जानो ।

(42) ***अथवा बहुना एतेन किम् ज्ञातेन तव अर्जुन ।***
विष्टभ्य अहम् इदम् कृत्स्नम् एकांशेन स्थितः जगत् ॥

अथवा यह सब जानने से तुम्हारा क्या प्रयोजन है, अर्जुन? इस सम्पूर्ण जगत को मैं अपने अंशमात्र से स्थापित कर फिर भी बना रहता हूँ ।

कहा जाता है कि कमल के बीज में एक छोटा सा परिनिष्पन्न कमल होता है । ऐसे ही उस ***पुरुषम् महान्तम्*** में दिव्य अध्यात्मलोक रूपी, इन्द्रियज्ञान से परे, सर्वभूतों[22] का सूक्ष्मातिसूक्ष्म बीज होता है । यह अगणित बीजरूप भी है और एक अद्भुत महाबीज भी, मनस् की पहुंच के पार परन्तु महामनस् द्वारा गम्य भी । श्लोक (39)

जो कुछ भी तेजस्वी, सुन्दर या बलवान हो वह उस परमसत्ता के एक अंश के प्रतिबिम्ब की आभा से ही भासित होता है । हम व्यर्थ ही संसार में ऐसा प्रतीक ढूँढते हैं जो उसकी सब विभूतियों का चित्रण कर सके । प्राचीन मिस्र व कलदिया (Chaldea) में केवल तारों भरा आकाश ही उसका एकमात्र प्रतीक था – वह आकाश जिसके परस्पर सम्बन्धित व सुगठित तारागण ध्रुव के चारों ओर दिव्य सामञ्जस्य में घूमते हैं । परन्तु ब्रह्माण्ड की गहराइयों की सारी शोभाश्री और उसके मन को चकरा देने वाले देशकाल के परिणाम, जो साधारणतया सनातन श्लोक (40)

---

[22] गीता श्लोक 39-42 । इसकी तथाकथित नासीन अभिलेख (Nassene document) से तुलना कीजिए । *"अतएव उन (मिस्त्रियों) का 'बीज के सार' (Essence of the Seed) के बारे में कहना है कि वह प्रजनन के संसार में सब वस्तुओं को उत्पन्न तो करता है पर स्वयं वह उन में से कोई भी नहीं होता । प्रत्येक उत्पन्न हुई वस्तु को पैदा करते हुए उसकी भावना यह होती है : मैं जो इच्छा करूँगा बन जाऊँगा और जो मैं हूँ सो हूँ । इसीलिए वह जो सब को गतिमान करता है स्वयं गतिशून्य होता है क्योंकि वह जो है वही रहता है । वह सब का सृजन करता है पर स्वयं उन में से कुछ भी नहीं बनता ।* (मीड का अनुवाद) । स्टॉइक (Stoic) दार्शनिकों के बीज सिद्धान्तों (*logoi spermatikoi*) से भी तुलना कीजिए ।

विधान और सौन्दर्य के प्रतीक होते हैं, वे सब उस ***महत् आत्मन्*** के एक पल मात्र होते हैं – निस्सीम के ऊपर निस्सीम, सजीव आध्यात्मिक शक्तियों का अद्भुत क्रम जिसमें प्रत्येक प्रत्येक होता है और सम्पूर्ण भी, और सब आनन्दविभोर हो ब्रह्माण्ड सामञ्जस्य[23] के संगीत के स्वरों के साथ नृत्य कर रहे होते हैं।

श्लोक (40)

दैवी कल्पना का यह विश्वरूपी आध्यात्मिक स्तर चिन्तन की पहुँच से तो बहुत दूर है ही परन्तु इससे भी अधिक दूर है ***तत्,*** अद्वय सनातन, अमूल का मूल ***परब्रह्म***[24]। सब देवताओं से परे, समस्त देशकाल के पार, समस्त अस्तित्त्व के पार उसकी सर्वातीत श्यामज्योति जलती रहती है।

इसी सनातन ब्रह्म से समस्त चिन्तन से बृहत्तर ***महत आत्मन्*** निकलता है, और विशद आकाश को भरने वाले अगणित विश्वभी। परन्तु वह स्वयं इतना महान है कि ये सब अद्भुत प्रव्यक्तियाँ समुद्र से निकली बूँद के बराबर होती हैं और वह कूलहीन समुद्र सदैव परिपूर्ण रहता है। इसीलिए उस ब्रह्म की हैसियत से श्रीकृष्ण कहते हैं : "*इस सम्पूर्ण जगत को मैं अपने अंशमात्र से स्थापित कर फिर भी बना रहता हूँ*"।

ॐ पूर्णम् अदः पूर्णम् इदम् पूर्णात् पूर्णम् उदच्यते।
पूर्णस्य पूर्णम् आदाय पूर्णम् एव अवशिष्यते॥[25]

ॐ पूर्ण है वह पूर्ण यह है, उस पूर्ण से यह पूर्ण आया।
पूर्ण से जब पूर्ण निकला, जो बचा वह पूर्ण ही है।

---

[23] इस ब्रह्माण्ड सामञ्जस्य को पायथागोरस पन्थी (Pythagoreans) "मण्डलों का संगीत" (music of the spheres) और वैदिक परम्परा ***ऋतम्*** कहती थी, जिसका तात्पर्य था वह ब्रह्माण्ड व्यवस्था जिसमें देवताओं का वास हो। जो पाठकगण वेदों में केवल अव्यवस्थित बहुदेववाद या जो उनमें केवल प्रारम्भिक एकेश्वरवाद ही देखते हैं वे दोनों ही ग़लत हैं। वहाँ एकता अवश्य थी परन्तु वह किसी वैयक्तिक सत्ता की नहीं बल्कि दैवी अवैयक्तिक ब्रह्माण्ड सुविन्यास की सत्ता थी जिसमें इन्द्र, वरुण, अग्नि तथा अन्य देवताओं का अपना अपना स्थान था।

[24] सही तौर पर तो ***महत् आत्मन्*** व ***परब्रह्म*** के बीच "अव्यक्त द्वय" (***शान्त आत्मन्*** एवम् ***मूलप्रकृति***) होते हैं, परन्तु यहाँ सुविधा के लिए उन्हें ***परब्रह्म*** में ही शामिल कर लिया गया है।

[25] ईशोपनिषद् की शान्ति।

अध्याय 11

विश्वरूप दर्शन योग

ग्यारहवें अध्याय का प्रारम्भ होने पर हम शिष्य को एक ऐसे महान अनुभव के छोर पर पाते हैं जिसकी महानता के कारण बहुत से जिज्ञासु यह समझ बैठते हैं कि यही अन्तिम लक्ष्य होता है और इसके आगे कुछ है ही नहीं। यदि ऐसा होता तो इस अध्याय के साथ ही गीता भी समाप्त हो जाती। बहरहाल, जिसको यह दर्शन हो गया हो वह उस तीसरी मञ्ज़िल पर पहुंच जाता है जिसे बौद्धजन *अनागामी*[1] कहते हैं और जिसके बाद बस एक ही और मञ्ज़िल तय करनी बाक़ी रहती है।

अर्जुनः उवाच

(1) ***मदनुग्रहाय परमम् गुह्यम् अध्यात्मसंज्ञितम्।***
यत् त्वया उक्तम् वचः तेन मोहः अयम् विगतः मम॥

अर्जुन ने कहा : मुझ पर अनुग्रह करने के लिए आप ने जो परम गोपनीय अध्यात्म विषयक उपदेश दिया है उससे मेरा अज्ञान नष्ट हो गया है।

(2) ***भावाप्ययौ हि भूतानाम् श्रुतौ विस्तरशः मया।***
त्वत्तः कमलपत्राक्ष महात्म्यम् अपि च अव्ययम्॥

हे कमलपत्राक्ष, मैंने आप से विस्तारपूर्वक सर्वभूतों की उत्पत्ति तथा विलय के बारे में, और आपका अव्यय महात्म्य भी सुना है।

---

[1] *अनागामी* का शब्दार्थ है "जो फिर [जन्म लेकर] नहीं आता"। सामान्य मत यह है कि अनागामी मृत्यु के उपरांत किसी उच्चतर लोक में सीधा निर्वाण को प्राप्त होता है। परन्तु वास्तविक अर्थ यह है कि *आलय विज्ञान* (***महत् आत्मन्***) को प्राप्त होकर वह सब के साथ एक हो जाता है और कभी यह नहीं सोचता कि "मैं जन्म लेता हूँ या मरता हूँ"।

बुद्धि की सहायता से मन जितना जान सकता है, अब तक तीन महान रहस्यों का कम से कम उतना ज्ञान हो गया है। पहला है उस सर्वातीत ***आत्मन्*** का महान रहस्य जो सब का उद्गम स्रोत होते हुए भी स्वयं सदा अविचल रहता है। इस शाश्वत की आँखों तले सीमित-प्राणियों का निरन्तर आवागमन वाला अनित्य संसार प्रवाहित हो निकलता है। इन दोनों के बीच की कड़ी है वह अक्षर महानता,[2] यानी वह आध्यात्मिक विश्व, जो परिवर्तनों के बीच अपरिवर्त्य और अचलता में चलायमान होता है।

श्लोक (1, 2)

उषाकाल आ गया है, रात का अँधेरा जा चुका है। बस थोड़ी ही देर में सूर्योदय होगा। और अधिक प्रकाश के लिए व्यग्र शिष्य आँखें फाड़ प्राची की ओर देख रहा है और अपने हृदय में स्थित उस गुरु का आवाहान कर रहा है जो स्वयं उसका अपना ***उच्चतर स्वरूप*** – अखिल विश्व की आत्मा – ही है। यह न जानते हुए कि यह दर्शन उसके अभी अवशेष ***क्षुद अहम्*** को कितना विकराल लगेगा वह उस दिव्य स्वरूप को देखने की अभिलाषा लगाए है जिसे कोई मर्त्य प्राणी नहीं देख सकता।

(3) ***एवम् एतत् यथा आत्थ त्वम् आत्मानम् परमेश्वर।***
द्रष्टुम् इच्छामि ते रूपम् ऐश्वरम् पुरुषोत्तम॥

हे परमेश्वर, आप ने अपने को जैसा बताया आप वैसे ही हैं परन्तु, हे पुरुषोत्तम, मैं आपके ऐश्वर्यरूप को देखना चाहता हूँ।

(4) ***मन्यसे यदि तत् शक्यम् मया द्रष्टुम् इति प्रभो।***
योगेश्वर ततः मे त्वम् दर्शय आत्मानम् अव्ययम्॥

हे प्रभु, यदि आप मुझे उसे देखने योग्य समझते हैं तो, हे योगेश्वर, मुझे अपना अव्यय आत्मन् स्वरूप दिखा दें।

---

[2] *महत् आत्मन्*।

श्रीभगवान् उवाच

(5) *पश्य मे पार्थ रूपाणि शतशः अथ सहस्रशः ।*
नानाविधानि दिव्यानि नानावर्णाकृतीनि च ॥

श्रीकृष्ण ने कहा : हे पार्थ, मेरे सैकड़ों तथा हज़ारों नाना प्रकार के और नाना वर्णों व आकृति के दिव्य रूप देखो ।

(6) *पश्य आदित्यान् वसून् रुद्रान् अश्विनौ मरुतः तथा ।*
बहूनि अदृष्टपूर्वाणि पश्य आश्चर्याणि भारत ॥

हे भारत, [बारह] आदित्य, [आठ] वसु, [ग्यारह] रुद्र, [दोनों] अश्विनी और [उनचास] मरुतगणों को देखो तथा और भी पहले न देखे हुए आश्चर्यमय रूपों को देखो ।

(7) *इह एकस्थम् जगत् कृत्स्नम् पश्य अद्य सचराचरम् ।*
मम देहे गुडाकेश यत् च अन्यत् द्रष्टुम् इच्छसि ॥

हे पार्थ, अब मेरे इस शरीर में एक जगह स्थित हुए सम्पूर्ण जगत को देखो व अन्य जो कुछ भी देखना चाहो देखो ।

(8) *न तु माम् शक्यसे द्रष्टुम् अनेन एव स्वचक्षुषा ।*
दिव्यम् ददामि ते चक्षुः पश्य मे योगम् ऐश्वरम् ॥

परन्तु, तुम अपने इन नेत्रों से निस्संदेह मुझे नहीं देख पाओगे, अतः मैं तुम्हें दिव्यचक्षु देता हूँ, अब मेरे ऐश्वर्य तथा योगशक्ति को देखो ।

"हे प्रभु, यदि आप मुझे उसे देखने योग्य समझते हैं तो, हे योगेश्वर, मुझे अपना अव्यय आत्मन् स्वरूप दिखा दें" । इस परमेश्वर रूप को कोई शारिरिक आँख नहीं देख सकती । केवल **आत्मन्** की सदा खुली रहने वाली आँख ही **आत्मन्** को देख सकती है । परन्तु "जिसने अपने आन्तरिक चिन्तन को संसार की माया के प्रति अजनबी बना लिया हो"[3], अपने में से ही होकर बाहर उस पार के जीवन में श्लोक (4, 8)

[3] हर्मीस 13, 1 ।

निकल आ सकता हो, उस शिष्य के लिए अब वे दैवी चक्षु उपलब्ध होते हैं जिनकी दिव्य दृष्टि से सब कुछ दिखाई देता है।

सञ्जयः उवाच

(9) *एवम् उक्त्वा ततः राजन् महायोगेश्वरः हरिः ।*
दर्शयामास पार्थाय परमम् रूपम् ऐश्वरम् ॥

सञ्जय ने [धृतराष्ट्र से] कहा : हे राजन्, ऐसा कह कर महायोगेश्वर हरि ने पार्थ को अपना परम ऐश्वर्ययुक्त दिव्य स्वरूप दिखाया।

(10) *अनेकवक्त्रनयनम् अनेकाद्भुतदर्शनम् ।*
अनेकदिव्याभरणम् दिव्यानेकोद्यतायुधम् ॥

अनेक मुखों व आँखों वाला, अनेक अद्भुत दर्शनों वाला, अनेक दिव्य आभूषणों से युक्त तथा अनेक दिव्य आयुध हाथों में उठाए हुए,

(11) *दिव्यमाल्याम्बरधरम् दिव्यगन्धानुलेपम् ।*
सर्वाश्चर्यमयम् देवम् अनन्तम् विश्वतोमुखम् ॥

दिव्य माला व वस्त्र धारण किए हुए, दिव्य गन्ध का अनुलेपन किए हुए, सब प्रकार से आश्चर्यमय, अनन्त, विराट स्वरूप देव [को अर्जुन ने देखा]।

(12) *दिवि सूर्य सहस्रस्य भवेत् युगपत् उत्थिता ।*
यदि भाः सदृशी सा स्यात् भासः तस्य महात्मनः ॥

यदि आकाश में एक साथ चमकते सहस्र सूर्य उदय हों, तो उनकी आभा सम्भवतः इस महात्मा के तेज के समान हो।

(13) *तत्र एकस्थम् जगत् कृत्स्नम् प्रविभक्तम् अनेकधा ।*
अपश्यत् देवदेवस्य शरीरे पाण्डवः तदा ॥

तब पाण्डव ने वहाँ देवों के देव के शरीर में अनेक प्रकार से विभक्त सम्पूर्ण जगत को देखा।

शिष्य की नज़रों के सामने एक ऐसा प्रकाश फूट पड़ता है जैसे आकाश में दस हज़ार सूर्य एक साथ चमक रहे हों, और इस अति उज्ज्वल आध्यात्मिक ज्योति में – जो अब आन्तरिक चक्षुओं को चकाचौंध नहीं कर पाती – वह ***महत् आत्मन्*** की अनेकानेक विभूतियाँ देखता है । वहाँ उस असीम सत्ता के शरीर में वे सब विभूतियाँ मौजूद होती हैं जिनको मनुष्य ने देवता समझ कर पूजा है और ये सब वहाँ अलग अलग नहीं बल्कि सम्पूर्ण की ही विभिन्न झाँकियों के रूप में होती हैं तथा एक दूसरे से ऐसे गुँथी हुई होती हैं कि देखने वाला यह नहीं जान पाता कि जो वह देख रहा है वह एक महत् सत्ता है या अलग अलग अनेक शक्तियाँ । श्लोक (12, 13)

विगत काल के समान आज भी पथ पर चलने वालों को इस विराटरूप का दर्शन होता है और जिन्होंने इसे देखा है वे जानते हैं कि ***महत् आत्मन्*** के दृष्टिगोचर होने पर हृदय कैसे विस्मय व भय मिश्रित आनन्दातिरेक से भर जाता है ।

समस्त सांसारिक वस्तुओं के लिए मृतवत् हो, अपने से बाहर स्थित होकर, शिष्य महाकाश को दिव्य प्रकाश में काँपते हुए नीलवर्ण के समान देखता है – प्रलय करने को आतुर एकत्रित हुए वज्रसमूह, बवंडरों से खलभलाता महासागर जिसमें भँवरग्रस्त जीव भरे पड़े हैं, आतंकपूर्ण महानाद के समान जो किसी विराट यंत्र की भाँति विश्व के कोने कोने तक पहुंचने वाले ज्वार व भाटों को गतिमान कर रहा हो । परन्तु उस बवंडर के पार शब्दातीत आनन्दमय अविचल शांति दमकती है ।

ये सब और ऐसी अन्य बहुत सी वर्णनातीत बातें शिष्य साफ़ साफ़ ऐसे देखता है जैसे साधारण मानवीय दृष्टि से स्पष्ट दिखने वाली वस्तुएँ भी नहीं दिखती । परन्तु ये सब भी "उस" अनन्त की पृष्ठभूमि पर बने प्रतीक ही होते हैं जिनमें न तो नाद है न आकाश, न समुद्र है न बवंडर, और न किसी प्रकार का रूप ही है [4] ।

---

[4] ऐसे दर्शनों के लिए ही नहीं बल्कि हमारे साधारण अनुभव के लिए भी यह सच होता है । सब अनुभूतियाँ सरासर प्रतीकात्मक होती हैं । जब हम कोई लकड़ी का दरवाज़ा देखते हैं तो भी वास्तव में ब्रह्म के एक पल का प्रतीक ही देखते हैं ।

(14) *ततः सः विस्मयाविष्टः हृष्टरोमा धनञ्जयः ।*
प्रणम्य शिरसा देवम् कृताञ्जलीः अभाषत ॥

तत्पश्चात, विस्मय से भरे धनञ्जय के रोंगटे खड़े हो गए और सिर झुका कर व हाथ जोड़ कर उन देव से प्रणाम करते हुए बोला।

दर्शन प्राप्त होने पर अतिविस्मित शिष्य के हृदय में गुह्यज्ञान का स्रोत फूट पड़ता है और गद्गद कण्ठ से एक भावमय स्तुति के रूप में प्रकट होता है।

अर्जुनः उवाच

(15) *पश्यामि देवान् तव देव देहे सर्वान् तथा भूतविशेषसङ्घान् ।*
ब्रह्माणम् ईशम् कमलासनस्थम् ॠषीन् च सर्वान् उरगान् च दिव्यान् ॥

अर्जुन ने कहा : हे देव, मैं आपके शरीर में सब देवताओं तथा अनेक भूतों के समुदाय और कमलासन पर बैठे भगवान् ब्रह्मा तथा सब ऋषियों व दिव्य सर्पों को देख रहा हूँ।

(16) *अनेकबाहूदरवक्त्रनेत्रम् पश्यामि त्वाम् सर्वतः अनन्तरूपम् ।*
न अन्तम् न मध्यम् न पुनः तव आदिम् पश्यामि विश्वेश्वर विश्वरूप ॥

हे विश्वेश्वर विश्वरूप, आपकी अनेक भुजा, उदर, मुख तथा नेत्र देख रहा हूँ, सब तरफ़ आपके अनन्तरूप को देख रहा हूँ, न तो आप का अन्त, न मध्य और न ही आदि देख पा रहा हूँ।

(17) *किरीटिनम् गदिनम् चक्रिणम् च तेजोराशिम् सर्वतः दीप्तमन्तम् ।*
पश्यामि त्वाम् दुर्निरीक्ष्यम् समन्तात् दीप्तानलार्कद्युतिम् अप्रमेयम् ।

आपको मैं मुकुट, गदा, चक्र तथा सब तरफ़ से दीप्त ज्योतिपुञ्ज, प्रज्वलित अग्नि व सूर्य के सदृश्य द्युतिमान, देखने के लिए अति कठिन तथा अमापनीय देखता हूँ।

श्लोक (15-17) उसे इस अनन्त रूप में महान सृजनात्मक शक्ति, ब्रह्मा, व इस जगत की प्रत्येक वस्तु के मूलादर्श, अन्य देवगण, दिखाई देते हैं। ऊपर जाने वाला पथ, ध्यानमग्न

ऋषिगण व दैवी प्रेरणा से सर्पपथ द्वारा नीचे आती काम-शक्तियाँ[5] भी शिष्य को दिखाई देती हैं । सर्वभक्षी अनेक मुख, असीम सर्वदृष्टि वाले नेत्र, सर्वनियंत्रक अगणित भुजाएँ, सर्वग्राही उदर, काल की प्रभुत्वशाली गदा व उसका नित्य गतिमान चक्र, प्रभुता का किरीट – ये सब विश्व को भस्म कर देने वाले दीप्तिमान अप्रमेय अनल की ज्योति में दिख पड़ते हैं ।

(18) ***त्वम् अक्षरम् परमम् वेदितव्यम् त्वम् अस्य विश्वस्य परम् निधानम् ।***
त्वम् अव्ययः शाश्वतधर्मगोप्ता सनातनः त्वम् पुरुषः मतः मे ॥

मेरे मत में आप ही जानने योग्य परम अक्षर हैं और आप ही इस जगत के परम आश्रय हैं, आप ही शाश्वत धर्म के संरक्षक हैं और आप ही सनातन पुरुष हैं ।

सृष्टि के युगयुगान्तरों के समाप्त होने पर भी अविनाशी रहने वाला यह परम पुरुष विश्व की मणियों को संभाल कर रखने वाले "परम निधान" के रूप में सदैव स्थित रहता है । विश्व व्यवस्था के रूप में यही पुरुष शाश्वत धर्म यानी उन सिद्धान्तों को बनाए रहता है जिसके अनुसार सब वस्तुएँ अन्य सब वस्तुओं से त्रुटिहीन सामञ्जस्य में जुड़ी होती हैं : श्लोक (18)

It seeth everywhere and marketh all:
Do right – it recompenseth! Do one wrong -
The equal retribution must be made,
Though Dharma tarry long.[6]

सब पर सदा रहती है,
सजग दृष्टि धर्म की ।
शुभ फल हर भले का, अशुभ हर बुरे का,
चाहे दिया देर से ही ।

[5] वैदिक *सृष्टि सूक्त* की ऋचा 5 को परिशिष्ट "च" में देखिए ।

[6] *लाइट ऑफ़ एशिया* ।

(19) *अनादिमध्यान्तम् अनन्तवीर्यम् अनन्तबाहुम् शशिसूर्यनेत्रम् ।*
पश्यामि त्वाम् दीप्तहुताशवक्त्रम् स्वतेजसा विश्वम् इदम् तपन्तम् ॥

मैं आप को आदि, मध्य और अन्त रहित, अनन्त सामर्थ्यवान, अनन्त भुजायुक्त, जिसके सूर्य तथा चन्द्र नेत्र हों, जो धधकते मुख वाला हो तथा जो अपने तेज से इस विश्व का तपायमान किए हुए हो, ऐसा देख रहा हूँ ।

श्लोक (19) यही प्राचीन "स्वर्गिम मानव" (Heavenly Man) या कबाला का *आदम कादमोन* (*Adam Kadmon*) है । उसी की दो आँखें सूर्य और चन्द्र यानी अधिदैव और अधिभूत हैं[7]। उसका धधकता मुख (***दीप्त हुताशवक्त्रम्***) समस्त विश्व को भस्म करता रहता है – एक अनवरत यज्ञ में स्वयं अपनी आहुति देता और स्वीकार करता हुआ जीवन ।

(20) *द्यावापृथिव्योः इदम् अन्तरम् हि व्याप्तम् त्वया एकेन दिशः च सर्वाः ।*
दृष्ट्वा अद्भुतम् रूपम् उग्रम् तव इदम् लोकत्रयम् प्रव्यथितम् महात्मन् ॥

हे महात्मन्, द्यौस और पृथ्वी के बीच का अन्तरिक्ष तथा सब दिशाएँ आप से ही भरी हुई हैं । आप के इस अद्भुत तथा उग्र रूप को देख कर तीनों लोक भय से काँप रहे हैं ।

श्लोक (20) जाग्रत, स्वप्न और सुषुप्ति की तीन अवस्थाओं[8] से बह कर आती हुई चैतन्य की चौथी अजर-अमर तूरीयावस्था अपने स्पन्दनों से कम्पायमान रहती है । यही वह ज्योति है जिसे देख तो सब सकते हैं पर छू कोई नहीं सकता ।

(21) *अमी हि त्वाम् सुरसंघाः विशन्ति केचित् भीताः प्राञ्जलयः गृणन्ति ।*
स्वस्ति इति उक्त्वा महर्षिसिद्धसंघाः स्तुवन्ति त्वाम् स्तुतिभिः पुष्कलाभिः ॥

---

[7] *प्रश्नोपनिषद्* 1, 5 ।

[8] परिशिष्ट "ग" देखिए ।

देवताओं के ये समूह आप में ही समा जाते हैं और भयभीत हो कर कई-एक हाथ जोड़े हुए आप के नाम का गुणगान कर रहे हैं । महर्षि तथा सिद्धगण "स्वस्ति" (कल्याण हो) कह कर उत्तम स्तोत्रों द्वारा आपकी स्तुति कर रहे हैं ।

प्राचीन युगों के महान गुरु, महर्षि व सिद्धगण भी इस दिव्य पुरुष में किसी अज्ञेय रूप से विद्यमान होते हैं । ईसा, कृष्ण, बुद्ध सभी वहाँ होते हैं और जो भी इन में से किसी एक का भजन करता है वह उन सब के ही निकट खिंचता चला आता है । श्लोक (21)

(22) *रुद्रादित्याः वसवः ये च साध्याः विश्वे अश्विनौ मरुतः च ऊष्मपाः च ।*
गन्धर्वयक्षासुरसिद्धसंघाः वीक्षन्ते त्वाम् विस्मिताः च एव सर्वे ॥

[ग्यारह] रुद्र, [बारह] आदित्य, [आठ] वसु, साध्यगण, विश्वदेव, अश्विनीकुमार, मरुद्गण, उष्मपा (पितृगण), गन्धर्व, यक्ष, असुर तथा सिद्धगण, ये सब विस्मित हुए आप को देख रहे हैं ।

(23) *रूपम् महत् ते बहुवक्त्रनेत्रम् महाबाहो बहुबाहूरूपादम् ।*
बहूदरम् बहुदंष्ट्राकरालम् दृष्ट्वा लोकाः प्रव्यथिताः तथा अहम् ॥

हे महाबाहु, आपके अनेक मुख व नेत्र वाला महान रूप देखकर, जिसकी अनेक भुजाएँ हैं, अनेक उदर हैं व अनेक विकराल दाढ़ें हैं, सब लोक भयभीत हो रहे हैं, और मैं भी ।

(24) *नभःस्पृशम् दीप्तम् अनेकवर्णम् व्यात्ताननम् दीप्तविशालनेत्रम् ।*
दृष्ट्वा हि त्वाम् प्रव्यथितान्तरात्मा धृतिम् न विन्दामि शमम् च विष्णो ॥

हे विष्णु, आप को आकाश छूते हुए, देदीप्यमान, अनेक वर्णों से युक्त, फैलाए हुए मुख और प्रज्वलित विशाल नेत्रों से युक्त देखकर मैं हृदय में भयभीत हूँ और मुझे न धैर्य मिल रहा है न शान्ति ।

(25) *दंष्ट्राकरालानि च ते मुखानि दृष्ट्वा एव कालानलसन्निभानि ।*
दिशः न जाने न लभे च शर्म प्रसीद देवेश जगन्निवास ॥

आपके विकराल दाढ़ों वाले और कालानल के समान मुखों को देखकर मुझे दिशाज्ञान नहीं रहा है और न ही चैन हो रहा है। हे देवेश, हे जगन्निवास, आप प्रसन्न हों!

श्लोक (24) यही पृथ्वी से आकाश तक के शून्य को भरने वाला "सतरंगा" पुल है जिसके अवयव सब देवतागण हैं। ऊपर नीचे जाती प्रकाश की तरंगें इस अद्वय का अनेकवर्ण परिधान बुनती हैं और इसी में सुवर्ण ज्योति वाले प्रशान्त आदित्यगण व अपने अग्निशिखा युक्त शूलों से नीचे की ओर वार करने वाले मरुद्गण [9] भी होते हैं।

श्लोक (25) परन्तु यह दृश्य भयावह भी होता है क्योंकि इस में सब नामरूप समाप्त होते दिखाई देते हैं। दैव में केवल वही रह सकता है जो दैवी हो, और जो कुछ मानवीय होता है वह भीतर प्रवेश करते ही मृत्यु को प्राप्त हो जाता है। हमारे भीतर जो अंश तथाकथित "प्रकृति की नृशंसता" से डरता है, निर्मम समुद्र की लहरों से घबराता है, नामरूप अथवा व्यक्तित्व का परित्याग करने को तैयार नहीं होता, वह इस विश्वरूप में साक्षात यमराज को अपने अग्निपंख वाहन पर आता देखता है।

जैसे भूचाल आने पर मनुष्यों की इतनी भयाकुल दशा केवल मृत्यु की आशंका से ही नहीं होती बल्कि इसलिए होती है कि स्थिरता की अचेतित प्रतीक, यह ठोस धरती, पैरों तले हिलने व खिसकने लगती है, वैसे ही विश्वरूप दर्शन में अपने जाने पहचाने थल चिन्हों को शून्य में विलय होते देख ***क्षुद्र अहम्*** भयातुर हो जाता है। उसे कहीं भी टिके रहने भर की जगह नहीं मिलती क्योंकि सब कुछ प्रलयकाल की नाचती हुई अग्निशिखाओं में पिघला जाता है।

(26) ***अमी च त्वाम् धृतराष्ट्रस्य पुत्राः सर्वे सह एव अवनिपालसंघैः।***
भीष्मः द्रोणः सूतपुत्रः तथा असौ सह अस्मदीयैः अपि योधमुख्यैः॥

धृतराष्ट्र के वे सब पुत्र, राजाओं के समुदाय, भीष्म, द्रोण, सूतपुत्र [कर्ण] और हमारे पक्ष के मुख्य योद्धाओं सहित,

---

[9] शब्दावली देखिए।

(27) ***वक्त्राणि ते त्वरमाणाः विशन्ति दंष्ट्राकरालानि भयानकानि ।***
केचित् विलग्नाः दशनान्तरेषु संदृश्यन्ते चूर्णितैः उत्तमाङ्गैः ॥

बड़े वेग से आपके विकराल दाढ़ों वाले भयानक मुखों में प्रवेश कर रहे हैं और कितने ही तो अपने चूर्ण किए सिरों सहित आपके दान्तों के बीच फँसे हुए हैं ।

(28) ***यथा नदीनाम् बहवः अम्बुवेगाः समुद्रम् एव अभिमुखाः द्रवन्ति ।***
तथा तव अमी नरलोकवीराः विशन्ति वक्त्राणि अभिविज्वलन्ति ॥

जैसे नदियों के अनेक जलप्रवाह समुद्र की ओर बहते हैं वैसे ही नरलोक के शूरवीर समुदाय आपके प्रज्वलित मुख में प्रवेश करते हैं ।

धृतराष्ट्र के सौ पुत्र, यानी ***क्षुद्र अहम्*** के विभिन्न पहलू, अन्धविश्वास और प्राचीन परम्परा के प्रतीक भीष्म व द्रोण, आदर्शों पर पूर्ण निष्ठा से चलने वाला परन्तु उन्हें अधिभौतिक स्तर पर ही स्वीकार करने वाला महावीर कर्ण, सब के सब अथक काल के दांतों में पिसे नज़र आते हैं । हमारे ये अलग अलग ***क्षुद्र अहम्*** जिनसे हमें इतना मोह होता है वास्तव में मानसिक दशाओं की वे धाराएँ होती हैं जो अटल कार्य-कारण विधान द्वारा एक दूसरे से जुड़ी होती हैं और महाकाल के कार्यक्षेत्र से गुज़रती हुई तेज़ी से समुद्र की ओर बहती नदियों के समान होती हैं[10] ।

श्लोक (26, 28)

(29) ***यथा प्रदीप्तम् ज्वलनम् पतङ्गाः विशन्ति नाशाय समृद्धवेगाः ।***
तथा एव नाशाय विशन्ति लोकाः तव अपि वक्त्राणि समृद्धवेगाः ॥

[10] सम्बोधि प्राप्त करने की रात भगवान बुद्ध के अनुभव से तुलना कीजिए : *मानवीय दृष्टि से कई गुना श्रेष्ठ दिव्यचक्षुओं से मैंने ऊँचे-नीचे, अच्छे-बुरे, सुखी-दुःखी, विभिन्न प्राणियों का एक जगह से लुप्त होते और अन्य जगह प्रकट होते देखा । मैंने उन सब को अपने-अपने कर्मों के अनुसार फल भोगते देखा।* (*मज्झिम निकाय*, सूत्त 4)
वैयक्तिक अहम् के लिए उपयुक्त बौद्ध पद "सन्तान" से भी तुलना कीजिए, जिसका अर्थ है "अविरत प्रवाह" ।

जैसे पतंगे अपने नाश के लिए जलती हुई अग्नि में वेग के साथ प्रवेश करते हैं वैसे ही ये सब प्राणी भी नाश के लिए आपके मुखों में वेग के साथ प्रवेश कर रहे हैं।

श्लोक (29) अपने-अपने कर्मों के अनुसार सब नामरूप आते जाते रहते हैं। वे स्थायी नहीं रहते। सूर्य की परिक्रमा करने वाले जगत भी दीपक के चारों और फड़फड़ाते पतंगों के समान ही होते हैं और इनकी प्राचीन चट्टानें व "चिरस्थायी" पर्वत पतंगों के रोओं के समान धूल हो जाते हैं। कर्म की सूक्ष्म धाराओं के अतिरिक्त और कुछ भी शेष नहीं रहता और मनुष्य के लिए अदृश्य किन्तु सर्वोत्तम इस्पात के तार से भी शक्तिशाली ये धाराएँ विश्व के प्रत्येक प्रतिरूप को पूर्वकालीन विश्वों से जोड़े रहती हैं।

(30) ***लेलिह्यसे ग्रसमानः समन्तात् लोकान् समग्रान् वदनैः ज्वलद्भिः ।***
तेजोभिः आपूर्य जगत् समग्रम् भासः तव उग्राः प्रतपन्ति विष्णो ॥

अपने प्रज्वलित मुखों से सब कुछ को निगलते हुए आप चाट रहे हैं। हे विष्णु, आपका उग्र प्रकाश सम्पूर्ण जगत को तेज से भर कर जला रहा है।

(31) ***आख्याहि मे कः भवान् उग्ररूपः नमः अस्तु ते देववर प्रसीद ।***
विज्ञातुम् इच्छामि भवन्तम् आद्यम् न हि प्रजानामि तव प्रवृत्तिम् ॥

हे उग्ररूप, आप मुझे बताइए कि आप कौन हैं? हे देववर, आप को नमस्कार। आप प्रसन्न हों! हे आदि पुरुष, मैं आप को जानना चाहता हूँ। मैं वास्तव में आपकी प्रवृत्ति नहीं जानता।

इस विश्वभक्षी कालग्नि को देख मनुष्य का सारा अहंकार अकथनीय भय से काँप उठता है। अब जाकर समझ में आता है कि विश्व से बाहर स्थित किसी मानव-तुल्य सृष्टिकर्ता ईश्वर की कल्पना दुर्बल हृदयों के स्वप्न से बढ़ कर और कुछ नहीं है और यह स्वप्न मानवीय आँखों से अकाल-पुरुष के अनन्त सागर की भीषण गहराइयों को छिपाने के अतिरिक्त और कुछ भी नहीं करता। "*यह जगत-सुविन्यास जो समस्त प्राणियों के लिए एक ही है न किसी देवता ने बनाया है न*

मनुष्य ने । यह तो सदा परिमाण में जलाई व परिमाण में बुझाई जाने वाली शाश्वत अग्नि थी, है, और रहेगी'[11] ।

यदि कोई दुर्बल हृदय वाला इस विश्वरूप का दर्शन कर ले तो वह घबराकर रूढ़ि व रीति-रिवाज़ की दुनिया में शरण लेना चाहेगा और अनन्त से अन्य कोई प्रश्न करने की हिम्मत ही नहीं करेगा । परन्तु परिपक्व शिष्य की सबल आत्मा, जो ***क्षुद्र अहम्*** में नहीं बल्कि ***बुद्धि*** में स्थित होती है, इससे अधिक गहरे ज्ञान की आकांक्षा रखती है और इन जलती चहारदीवारियों के पार अद्वय को ढूँढती है । क्या है वह जो इस प्रकार सतत प्रवाहित होता रहता है, वह विश्वानल जिसकी प्रज्वलित तरंगें उसके हृदय को सदा थपथपाती रहती हैं? श्लोक (31)

श्रीभगवान् उवाच

(32) ***कालः अस्मि लोकक्षयकृत् प्रवृद्धः लोकान् समाहर्तुम् इह प्रवृत्तः ।***
ऋते अपि त्वाम् न भविष्यन्ति सर्वे ये अवस्थिताः प्रत्यनीकेषु योधाः ॥

श्रीकृष्ण ने कहा : लोकों का नाश करने वाला बढ़ा हुआ महाकाल हूँ मैं । इस समय इन लोकों को नष्ट करने के लिए व्यक्त हुआ हूँ । तुम्हारे बिना भी प्रतिपक्षी सेनाओं के ये योद्धा नहीं बचेंगे ।

आकांक्षा के साथ ही उत्तर भी मिल जाता है; जहाँ कोई बोलने वाला नहीं होता वही एक वाणी सुनाई देती है; आग की लहरों पर प्रकाश के अक्षर तैरते नज़र आते हैं; सहसा अपनी अन्तर्दृष्टि द्वारा शिष्य की समझ में आता है कि जो वह देख रहा है वह उस महाकाल[12] की परिवर्तनमयता है जो जीव के अतिरिक्त अन्य श्लोक (32)

---

[11] हेराक्लाइटस, फ़ैगमेन्ट डी 30 (Heracleitus Fragment D 30) ।

[12] यहाँ जिस काल के बारे में कहा जा रहा है वह गणित-भौतिकी का सैद्धान्तिक काल नहीं है जो घटनाओं के बीच के सम्बन्धों का मापन मात्र है । वास्तविक समय की आधारिक विशेषता, उसकी अपरिवर्त्यता, का कोई स्पष्ट कारण किसी वैज्ञानिक सिद्धान्त में नहीं दिया जाता । यहाँ पर जिस महाकाल का उल्लेख है वह विश्व को गति देने वाला आदिकारण है । इसका मूल दैवी चैतन्य में होता है और यह स्वयं इस चैतन्य का क्रियाशील पहलू होता है । चार आयाम वाली देश-काल श्रृंखला जो एक मानसिक रचना मात्र ही है, इस सिलसिले में

सब के लिए मृत्यु है । "*इस तरह काल के गर्जन करते करघे को मैं चलाता हूँ और परमेश्वर के लिए वह वस्त्र बुनता हूँ जिसके कारण तू उसे देख पाता है*"[13] । सब आकृतियाँ आती हैं और कालक्षय द्वारा नष्ट हो कर वापस चली जाती हैं । परन्तु उपरोक्त बोध के पश्चात ऐसी किसी क्षति-व्यथा का अनुभव नहीं होता जैसा विलॉन (Villon) के इन शब्दों में झलका है : "*गत वर्ष की वे हिमराशियाँ कहाँ गईं?*" इसके विपरीत ऐसा लगता है जैसे किसी बड़ी झंझट से छुटकारा मिल गया हो – जैसे शिष्य ऐसी अटल चट्टान पर सुरक्षित खड़ा हो जिसके चारों और बराबर भयंकर बवंडर की लहरें गर्जना कर रही हों । जैसे किसी पर्वत की चोटी से पथिक अपनी मञ्ज़िल की ओर आती बलखाती सड़क को देख लेता है वैसे ही इस अन्तर्दृष्टि के गिरि-शिखर से शिष्य अपना पथ देख लेता है और निश्चयपूर्वक जान लेता है कि सब अवरोध पार हो जाएँगे ।

परम लक्ष्य से निकला पथ वापस वहीं पहुंच कर समाप्त हो जाता है । आना और जाना, ये दोनों ***आत्मन्*** में ही स्थित होते हैं । आवागमन, बन्धन, मुक्ति, ये सब भ्रम ही होते हैं जिन्हें ज्ञान का प्रकाश मिटा देता है । लक्ष्य तो सदा अपने स्वर्णिम तेज से प्रदीप्त रहता है और एक तरह से तो वही स्वयं पथ बन जाता है । लक्ष्य, पथ तथा पथिक सब एक ही तो होते हैं । उस अद्वय ***आत्मन्*** के अतिरिक्त, जो स्तब्ध होते हुए भी सदैव अपने अन्दर श्वास लेता रहता है, और कहीं कुछ है ही नहीं ।

इस अद्भुत अन्तर्दृष्टि का वर्णन शब्दों में करना असम्भव है । इसमें सब वस्तुएँ एक सी रहते हुए भी बदलती रहती हैं । काल सम्पूर्ण सनातनत्व में सशरीर स्फुरित हो जाता है, जिसे सतत प्रवाहित होने वाली धार ही समझते थे वह स्वयं सदा गतिमान रहते हुए भी अचल रहने वाला शाश्वत सत्य हो जाता है ।

अप्रासंगिक है । असली समय को समझने के लिए सब से अच्छी शुरुआत होगी चेतना की चयनात्मक चिन्तन क्षमता ।

[13] गेटे (Goethe) ।

(33) *तस्मात् त्वम् उत्तिष्ठ यशः लभस्व जित्वा शत्रून् भुंक्ष्व राज्यम् समृद्धम् ।*
मया एव एते निहताः पूर्वम् एव निमित्तमात्रम् भव सव्यसाचिन् ॥

इसलिए, खड़े होओ, यश प्राप्त करो तथा शत्रुओं को जीत कर समृद्ध राज्य को भोगो । ये सब मेरे ही द्वारा पहले ही मारे हुए हैं, बस तुम केवल निमित्तमात्र बन जाओ, हे सव्यसाचिन् (जो बाँये हाथ से भी बाण चला सकता हो) ।

इस अन्तर्दृष्टि से ही शिष्य उस अवस्था पर आ पहुंचता है जिसे बौद्धजन *अनागामी,* यानी फिर जन्म ने लेने वाला, कहते हैं । सनातन की ज्योति में जीवन और मृत्यु लुप्त हो जाते हैं, और यद्यपि अभी कुछ रास्ता तय करना बाक़ी रहता है, वह इस ज्ञान के साथ तय होगा कि शत्रु स्वयं कृष्ण द्वारा *पहले ही मारे हुए हैं* और इस पथ पर चलने वाला भी उन के अलावा और कोई नहीं है । श्लोक (33)

(34) *द्रोणम् च भीष्मम् च जयद्रथम् च कर्णम् तथा अन्यान् अपि योधवीरान् ।*
मया हतान् त्वम् जहि मा व्यथिष्ठाः युध्यस्व जेतासि रणे सपत्नान् ॥

मेरे द्वारा मारे हुए द्रोण, भीष्म, जयद्रथ, कर्ण तथा अन्य वीर योद्धाओं को मारो । व्यथित न होओ, तुम युद्ध में वैरियों पर विजय प्राप्त करोगे, लड़ो ।

सञ्जयः उवाच

(35) *एतत् श्रुत्वा वचनम् केशवस्य कृताञ्जलिः वेपमानः किरीटी ।*
नमस्कृत्वा भूयः एव आह कृष्णम् सगद्गदम् भीतभीतः प्रणम्य ॥

सञ्जय ने कहा : केशव के ये वचन सुन कर किरीटी (मुकुटधारी [अर्जुन]) हाथ जोड़कर, भय से थर थर काँपता हुआ, नमस्कार करता, पुनः प्रणाम करते हुए कृष्ण से बोला ।

अन्तर्दृष्टि के किरीट[14] से सुशोभित दीक्षित शिष्य अब महिमापूर्ण ज्योति रहस्य को निहारते हुए और उसके तेजोमय वस्त्राभूषणों से सज्जित परम सनातन की अर्चना में लीन हो जाता है। जो ब्रह्मज्ञान उसकी आत्मा में अवतरित होता है उसे गद्गद कण्ठ से एक और स्तुति में व्यक्त करता है।

स्तुति के इन श्लोकों को, जिनके समरूप हर्मिसीय परम्परा के *पोमाण्ड्रिस* (*Poemandres*) व *सीक्रेट सरमन ऑन दि माउन्ट* (*Secret Sermon on the Mount*) में देखे जा सकते हैं, बाह्य धर्मों की सामान्य स्तुति नहीं समझना चाहिए। मन में प्रविष्ट सद्ज्ञान को मानसिक पदों में अभिव्यक्त करने के प्रयास में लगे हुए मन का सहज प्रवाह इस स्तुति के रूप में प्रकट होता है। उच्चतर के स्पर्श से निम्नतर में हुए तत्त्वान्तरण-जन्य अन्तर्वेग को मिली वाणी होती है यह स्तुति। पूर्वकालीन (जैसे श्लोक 15) और उत्तरकालीन (जैसे श्लोक 36) स्तुतियों में अन्तर ध्यान देने योग्य है। पूर्वकालीन स्तुतियाँ तो मुख्यतः उस भय को व्यक्त करती हैं जो कालाग्नि में अपना संसार भस्म होता देख शिष्य के हृदय में उत्पन्न होता है। उत्तरकालीन स्तुतियाँ उस प्रफुल्लित रोमांच की अभिव्यक्ति हैं जिसके साथ वह अग्निशिखाओं के भीतर दिव्य अधिदैविक विश्व को देखता है।

अर्जुनः उवाच

(36) ***स्थाने हृषीकेश तव प्रकीर्त्या जगत् प्रहृष्यति अनुरज्यते च।***
रक्षांसि भीतानि दिशः द्रवन्ति सर्वे नमस्यन्ति च सिद्धसङ्घाः॥

अर्जुन ने कहा : हे हृषीकेश (अन्तर्यामी), यह ठीक ही है कि संसार आपकी कीर्ति से हर्षित व अनुरागित होता है तथा भयभीत होकर राक्षसगण विभिन्न दिशाओं में भागते हैं और सब सिद्धगण आपको नमस्कार करते हैं।

---

[14] ध्यान दीजिए कि अब (श्लोक 35 में) शिष्य को "किरीटी" कहा गया है। यह दीक्षितों को मिलने वाले ज्ञानकिरीट की ओर संकेत है। इसकी समरूपता मिस्री रहस्यकाण्ड में ओसाइरिस (Osiris) द्वारा उपयुक्त "आतफ़" (Atef) मुकुट में मिलती है। मार्शम ऐडम्स (Marsham Adams) के अनुसार यह मुकुट प्रांगण पार कर सिंहासन के सामने पहुँचने पर दीक्षित के सिर पर रखा जाता था।

अपनी दृष्टि को अन्तर्मुखी कर वह देखता है कि एक सजीव अधिदैविक विधान सब पर शासन करता है । ज्वार-भाटे के समान काम करने वाली दो महान शक्तियाँ समस्त लोकों को चलाती हैं और दोनों ही जीवन्त अधिदैविक शक्तियाँ होती हैं । एक तो वह है जिसमें भयभीत हुए राक्षसगण विश्व की सब दिशाओं में भाग रहे हैं । यह बाहर जाती महान सृजनात्मक साँस है जिससे न केवल सारे विश्व का देश-काल में विस्तार होता है बल्कि विचार व भावना का समस्त आन्तरिक जीवन बाहर की ओर जो मिले उसे खाने को दौड़ा रहता है[15]। प्रवृत्ति की यह शक्ति ही आत्माधिकार-आग्रह व आत्म-विस्तार की सर्वव्यापी इच्छा है और यही समर्थ की अतिजीविता (survival of the fittest) या प्रकृति की घोर नृशंसता (nature, red in tooth and claw) के रूप में प्रतीत होती है । युद्धों व स्वार्थी प्रतियोगिताओं का आन्तरिक कारण भी यही होता है और इसी के प्रभाव से सबको अपनी अपनी पड़ी रहती है भले ही बाक़ी सब भाड़ में जा रहे हों । परन्तु साथ ही यह मानव मन को प्रेरित करने वाली वह शक्ति भी होती है जिसके प्रभाव में मन की सीमाएँ बृहत्तर होती जाती हैं । श्लोक (36)

सिद्धजनों के प्रतीक द्वारा इंगित दूसरी शक्ति निवृत्ति की है और यही "वापस घर ले जाने वाली" लहर होती है । इसके द्वारा अनुभव के सब मूल्यवान रत्न, "संसार वृक्ष के फल", एक बार फिर इकट्ठा होकर अद्वय ***आत्मन्*** की ओर ऐसे प्रेरित होते हैं जैसे विशाल नदियाँ समुद्र की ओर बहती हैं[16]।

(37) ***कस्मात् च ते न नमेरन् महात्मन् गरीयसे ब्रह्मणः अपि आदिकर्त्रे ।***
अनन्त देवेश जगन्निवास त्वम् अक्षरम् सत् असत् तत्परम् यत् ॥

---

[15] सृष्टि के उस पौराणिक वृतांत से तुलना कीजिए जिसमें ब्रह्मा ने पहले राक्षसों की रचना की परन्तु वे ब्रह्मा को ही खाने के लिए दौड़ पड़े । इस मिथक का अर्थ यह है कि प्रवृत्ति की शक्तियाँ यदि निरंकुश छोड़ दी जाँय तो वे तत्काल विश्व का विघटन करने लगेंगी ।

[16] इन दो गतियों के बारे में और अधिक विवरण के लिए अध्याय 16 देखिए ।

और नमन् क्यों न करें वे, हे ब्रह्मा से भी बड़े व उनके आदिकर्ता महात्मन्, हे अनन्त, हे देवेश, हे जगन्निवास? आप अक्षर हैं, आप सत्, असत् तथा उनके पार जो ["तत्"] है वह भी आप ही हैं।

(38) *त्वम् आदिदेवः पुरुषः पुराणः त्वम् अस्य विश्वस्य परम् निधानम् ।*
वेत्ता असि वेद्यम् च परम् च धाम त्वया ततम् विश्वम् अनन्तरूप ॥

आप आदिदेव, पुरातन पुरुष, इस जगत के परम आश्रय, जानने वाले व जानने योग्य तथा परमधाम हैं। हे अनन्तरूप, यह विश्व आप से व्याप्त है।

शिष्य देखता है कि इन दोनों गतियों का उद्भवस्थान ***महत् आत्मन्*** ही है – सब प्राचीन रहस्यों का आदिपुरुष, विश्व का ***परम् निधान,*** दिव्य ज्योति का साम्राज्य, वेत्ता व वेद्य का संयुक्त रूप। सार्वभौमिक परिकल्पन के वस्त्रों में वह उस अचल सनातन को देखता है जो अकेला स्थित रहता है, जो सत् है और असत् भी है, तथा इन दोनों के पार "***तत्***" भी जिसका कोई नाम नहीं और जिसका पूजन केवल मन के मौन से ही किया जा सकता है।

(39) *वायुः यमः अग्निः वरुणः शशांकः प्रजापतिः त्वम् प्रपितामहः च ।*
नमः नमः ते अस्तु सहस्रकृत्वः पुनः च भूयः अपि नमः नमः ते ॥

आप वायु, यम, अग्नि, वरुण, चन्द्रमा, प्रजापति और पितामह (ब्रह्मा) के पिता हैं। आपके लिए हज़ारों बार नमस्कार, और पुनः नमस्कार, नमस्कार।

(40) *नमः पुरस्तात् अथ पृष्ठतः ते नमः अस्तु ते सर्वतः एव सर्व ।*
अनन्तवीर्य अमितविक्रमः त्वम् सर्वम् समाप्नोषि ततः असि सर्वः ॥

हे सर्व, अनन्तवीर्य व अमितविक्रम, आपके लिए सामने से, पीछे से तथा सब ओर से नमस्कार हो क्योंकि आप समस्त संसार में व्याप्त हैं और इसलिए सर्वरूप हैं।

यहाँ गिनाए गए सात देवता, यानी विश्व के सात महान स्तर, इसी "एक" के भीतर स्थित होते हैं। शिष्य इस "एक" के सामने अपना श्रद्धायुक्त हृदय उँडेल तो देना चाहता है परन्तु उसकी समझ में नहीं आता कि किस तरफ़ नमस्कार करूँ। जहाँ भी

देखता है "वही" नज़र आता है । जिस धूल पर वह स्वयं खड़ा है वह भी अब पुनीत है । ऊपर-नीचे, बाँए-दाँए सब तरफ़ क्षुद्र धूल मिट्टी के ढेले से लेकर सदैव सब संसारों के पार अपना प्रकाश फैलाने वाले अव्यक्त, सर्वातीत ***शान्त आत्मन्*** तक सब कुछ अपने अन्दर लिए हुए वह ***एकम् एव अद्वितीयम्*** ही है [17]।

(41) ***सखा इति मत्वा प्रसभम् यत् उक्तम् हे कृष्ण हे यादव हे सखे इति ।***
अजानता महिमानम् तव इदम् मया प्रमादात् प्रणयेन वा अपि ॥

आप की महिमा न जानते हुए अनजाने में आपको अपना सखा मान कर मैंने प्रेम से व प्रमाद से भी आप को "हे कृष्ण", "हे यादव", "हे सखा" इत्यादि जो कुछ भी हठपूर्वक कहा है,

(42) ***यत् च अवहासार्थम् असत्कृतः असि विहारशय्यासनभोजनेषु ।***
एकः अथवा अपि अच्युत तत्समक्षम् तत् क्षामये त्वाम् अहम् अप्रमेयम् ॥

---

[17] हर्मीस ट्रिस्मेजिस्टस की इस भव्य स्तुति से तुलना कीजिए :

Whither, again, am I to turn my eyes to sing Thy praise:
above, below, within, without?
There is no way, no place is there about Thee, nor any other thing of things that are.
All are in Thee; all are from Thee, O Thou who givest all and takest naught,
For Thou…art all and there is nothing else which Thou art not.

Hermetic Corpus, v, 10.

तेरे गुण गाने को किधर दृष्टि डालूँ मैं –
ऊपर या नीचे, भीतर या बाहर?
कोई राह, कोई जगह ऐसी नहीं जो हो तो, पर तेरी न हो ।
जो कुछ भी है, तुझ में ही है, तुझ से ही है ।
हे प्रभु, तू देता सब कुछ है पर लेता नहीं,
क्योंकि तू ही तो सब कुछ है – कुछ भी तो ऐसा नहीं जो तू न हो ।

हर्मिटिक कार्पस 5, 10 ।

और हे अच्युत, हँसी में अकेले अथवा उन मित्रों के सामने, विहार करते, आराम करते अथवा भोजन खाते समय आप को अपमानित किया है उन सब अगणित अपराधों के लिए, हे अप्रमेय, मुझे क्षमा कीजिए।

(43) *पिता असि लोकस्य चराचरस्य त्वम् असि पूज्यः च गुरुः गरीयान्।*
न त्वत्समः अस्ति अभ्यधिकः कुतः अन्यः लोकत्रये अपि
अप्रतिमप्रभाव ॥

आप इस चराचर जगत के पिता हैं, गुरु से भी बड़े हैं एवम् अति पूजनीय हैं। तीनों लोकों में कोई आप के समान नहीं है फिर आप से बढ़ कर कैसे हो सकता है?

श्लोक (41-43) अब शिष्य ऐसा नहीं सोच सकता कि जिस हृदय-में-स्थित गुरु की उसने पूजा की है, जो उसका रात-दिन का साथी था, वह कोई व्यक्तिगत पुरुष, मानव, महानमानव या देवता था। इसके विपरीत वह देखता है कि रूप चाहे कुछ भी क्यों न रहा हो, वास्तव में वह नित्य सत्य की ज्योति ही थी, जो स्वयं पथ भी है और लक्ष्य भी, और जिसने प्रेमपूर्ण परन्तु केवल प्रतीक रूप नेत्रों से झलक कर उसका पथ पर निर्देशन किया है।

(44) *तस्मात् प्रणम्य प्राणिधाय कायम् प्रसादये त्वाम् अहम् ईशम् ईड्यम्।*
पिता इव पुत्रस्य सखा इव सख्युः प्रियः प्रियायाः अर्हसि देव सोढुम् ॥

इसलिए, हे देव, मैं, अपने शरीर को दण्डवत् कर, प्रणाम् करता हूँ और आप प्रभु से प्रसन्न होने की विनती करता हूँ। जैसे पिता पुत्र के, मित्र मित्र के तथा प्रेमी प्रिया के अपराध क्षमा करता है वैसे ही आप भी मेरे अपराधों को क्षमा कर सकते हैं।

(45) *अदृष्टपूर्वम् हृषितः अस्मि दृष्ट्वा भयेन च प्रव्यथितम् मनः मे।*
तत् एव मे दर्शय देव रूपम् प्रसीद देवश जगन्निवास ॥

हे देवेश, हे जगन्निवास, पहले न देखे हुए आपके इस आश्चर्यमय रूप को देख कर मैं हर्षित तो होता हूँ परन्तु मेरा मन भयाकुल भी हो रहा है । अतएव, हे देव, उस [पुराने] रूप को ही दिखाइए ।

(46) ***किरीटिनम् गदिनम् चक्रहस्तम् इच्छामि त्वाम् द्रष्टुम् अहम् तथा एव ।***
तेन एव रूपेण चतुर्भुजेन सहस्रबाहो भव विश्वमूर्ते ॥

पहले के समान मैं आप को मुकुट धारण किए हुए, हाथ में गदा व चक्र लिए देखना चाहता हूँ । इसलिए, हे विश्वरूप, हे सहस्रबाहु, चार अंग वाले रूप में आ जाइए ।

परन्तु जब तक वह स्वयं मानव है तब तक उसे नामरूप तो चाहिए ही । वह बहुत श्लोक (44)
देर तक उस प्रचण्ड दिव्य ज्योति पर अपनी आँख नहीं टिकाए रह सकता जो उसके अस्तित्त्व को क्षत-विक्षत किए दे रही है । कोई भी मानवीय मन और शरीर बहुत देर तक हिमशिखरों पर नहीं रह सकता । उसे नीचे उतरना ही पड़ेगा । इस प्रचण्ड ज्योति को पिता, प्रियतम अथवा सखा के परिचित रूप से ढकना ही पड़ेगा । अभी पथ की चौथी अवस्था पर चलना बाक़ी है और जब तक उसे शरीर की आवश्यकता होगी तब तक ज्योति को मानव रूप में ही देखना होगा[18] ।

इसीलिए शिष्य एक बार फिर अपने हृदय व अन्य सब के हृदय में स्थित अपने श्लोक (46)
सद्गुरु का रूप देखता है, भले ही विश्वरूप दर्शन की याद दिलाने के लिए यह रूप महाकाल के प्रतीक चक्र व गदा को धारण किए हो । अब वह जानता है कि जो उसके हृदय में स्थित है वह कालातीत सिंहासन पर विराजने वाला है और

---

[18] श्लोक 46 के चतुर्भुज रूप का अनुवाद "चार अंगवाला" (यानी दो हाथ व दो पैर वाला) करना चाहिए और अधिकांश अनुवादों में उपयुक्त "चार हाथ वाला" नहीं । "भुज" के अर्थ अंग व हाथ दोनों ही हैं । श्लोक 49 व 51 में स्पष्ट है कि यहाँ मानवीय रूप की बात हो रही है जिसके केवल चार अंग होते हैं और प्रतीकात्मक विराटरूप वाले हज़ार हाथ पैर नहीं । निस्संदेह विष्णु रूप में चार हाथ होते हैं परन्तु महाभारत जैसे अतिप्राचीन ग्रन्थों में कृष्ण के हमेशा साधारण मनुष्यों के समान दो हाथ बताए गए हैं । इस अर्थ के लिए मैं अपने मित्र पण्डित जगदीशचन्द्र चटर्जी विद्यावारिधि का आभारी हूँ ।

चाहे युद्ध में कैसे भी संकट क्यों न आएँ उसकी अन्तिम विजय सुनिश्चित है, क्योंकि जो उसके हृदय का नाथ है वही समस्त जगतों का भी स्वामी है।

श्रीभगवान् उवाच

(47) ***मया प्रसन्नेन तव अर्जुन इदम् रूपम् परम् दर्शितम् आत्मयोगात् ।***
तेजोमयम् विश्वम् अनन्तम् आद्यम् यत् मे त्वदन्येन न दृष्टपूर्वम् ॥

श्रीकृष्ण ने कहा : हे अर्जुन, मैंने प्रसन्न हो कर अपनी योगशक्ति के प्रभाव से अपना यह परम तेजोमय, आद्य, अनन्त, विराट रूप तुम्हें दिखाया है जो तुम्हारे अतिरिक्त अन्य किसी ने पहले नहीं देखा।

श्लोक (47) इस प्रकार ***आत्मन्*** के साथ योग स्थापित करने से उत्पन्न हुआ विराट रूप दर्शन समाप्त होता है परन्तु उसका ज्ञान शिष्य के हृदय में सदा शेष रहेगा। अब आगे उसकी सब समझ इस आन्तरिक ज्ञान पर ही अवलम्बित होनी होगी और यही उसके जीवन के कोलाहलपूर्ण वर्षों को सनातन शान्ति के क्षणों के समान बनाएगा। जो उसने देखा है उसे वह कभी भुलाए नहीं। उसे चाहिए कि *जो पूर्ण दिखता है उसकी शून्यता और जो शून्य दिखता है उसकी पूर्णता*[19] को सदा ध्यान में रखे। उसके लिए कवि की अन्तःप्रेरणा के रूप में नहीं बल्कि वास्तव में यह होगा कि :

...in a season of calm weather
Though inland far we be
Our souls have sight of that immortal sea
Which brought us hither,
Can in a moment travel thither
And see the children sport upon the shore
And hear its mighty waters rolling evermore.[20]

---

[19] *दि वॉयस ऑफ़ सायलेन्स*।

[20] वर्ड्सवर्थ (Wordsworth) कृत *ओड ऑन दि इन्टिमेशन्स ऑफ़ इम्मॉर्टैलिटी* (*Ode on the Intimations of Immortality*)।

शान्त स्तब्ध मौसम में
चाहे हम तट से कितनी दूर भीतर हों
वह अमर सागर जो यहाँ तक लाया है
हमारी अन्तर्दृष्टि से ओझल नहीं होता
क्षण भर की यात्रा में ही वहाँ पहुँच
हम तट पर क्रीड़ामग्न बच्चों को देख
और सागर की सबल तरंगों का गर्जन सुन सकते हैं।

(48) ***न वेदयज्ञाध्ययनैः न दानैः न च क्रियाभिः न तपोभिः उग्रैः ।***
एवंरूपः शक्यः अहम् नृलोके द्रष्टुम् त्वदन्येन कुरुप्रवीर ॥

हे कुरुप्रवीर, न वेदाध्ययन से, न यज्ञ से, न दान से, न [धार्मिक] क्रिया से और न उग्र तपों से तुम्हारे अतिरिक्त अन्य लोगों द्वारा मेरा यह रूप देखा जा सकता है।

(49) ***मा ते व्यथा मा च विमूढभावः दृष्ट्वा रूपम् घोरम् ईदृक् मम इदम् ।***
व्यपेतभीः प्रीतमनाः पुनः त्वम् तत् एव मे रूपम् इदम् प्रपश्य ॥

मेरे इस विकराल रूप को देख कर न तो डरो और न ही विमूढभाव में जाओ। भयरहित व प्रीतियुक्त मन से मेरे इस पुराने [चार अंग] वाले रूप को देखो।

सञ्जयः उवाच

(50) ***इति अर्जुनम् वासुदेवः तथा उक्त्वा स्वकम् रूपम् दर्शयामास भूयः ।***
आश्वासयामास च भीतम् एनम् भूत्वा पुनः सौम्यवपुः महात्मा ॥

सञ्जय ने कहा : अर्जुन के प्रति ऐसा कह कर वासुदेव फिर अपने [चार अंग वाले] रूप में आ गए और तब महात्मा [कृष्ण] ने सौम्यमूर्ति होकर भयभीत हुए [अर्जुन] को धीरज दिया।

अर्जुनः उवाच

(51) *दृष्ट्वा इदम् मानुषम् रूपम् तव सौम्यम् जनार्दन ।*
इदानीम् अस्मि संवृत्तः सचेताः प्रकृतिम् गतः ॥

हे जनार्दन, आपके इस सौम्य मानव रूप को देख कर अब मैं शान्तचित्त हो अपने स्वभाव को प्राप्त हो गया हूँ ।

श्रीभगवान् उवाच

(52) *सुदुर्दर्शम् इदम् रूपम् दृष्टानसि यत् मम ।*
देवाः अपि अस्य रूपस्य नित्यम् दर्शनकांक्षिणः ॥

श्रीकृष्ण ने कहा : मेरा जो रूप तुमने देखा है वह अतिदुर्लभ है । देवता भी सदैव इस रूप के दर्शनाकांक्षी रहते हैं ।

(53) *न अहम् वेदैः न तपसा न दानेन न च इज्यया ।*
शक्यः एवंविधः द्रष्टुम् दृष्टवानसि माम् यथा ॥

मुझे जैसा तुम ने देखा है वह न वदों से, न तप से और न ही दान अथवा यज्ञ से देखा जा सकता है ।

(54) *भक्त्या तु अनन्यया शक्यः अहम् एवंविधः अर्जुन ।*
ज्ञातुम् द्रष्टुम् च तत्त्वेन प्रवेष्टुम् च परंतप ॥

परन्तु, हे अर्जुन, अनन्य भक्ति द्वारा मेरे इस रूप का ज्ञान हो सकता है, इसे तत्त्वतः देखा जा सकता है तथा, हे परंतप, इसमें प्रवेश भी किया जा सकता है ।

श्लोक (47-54) तेरे अतिरिक्त (***त्वदन्येन***), अर्थात मानव के अमर जीवात्मा के अतिरिक्त, न तो अवैयक्तिक ज्योतिपुञ्ज रूप देवतागण और न ही पृथक मन व शरीर वाले मनुष्यों ने यह विश्वरूप कभी देखा है या देखेंगे । कोई रहस्यमयी धार्मिक क्रिया, कोई शास्त्र अध्ययन, कोई कठोर तप, कोई दान इसे नहीं दिखा सकता क्योंकि ये **सब** मन के दायरे तक ही सीमित होते हैं । केवल शाश्वत की ओर उन्मुख प्रेम की शक्ति – जो जीवात्मा की अपनी शक्ति होती है – ऐसा प्रेम जो सदैव अपने को

अर्पित करने में रत रहता है, वही जीव को अद्वय ***आत्मन्*** के साथ युक्त कर इस विश्वरूप के दर्शन और अन्ततः इसमें प्रविष्टि करा सकता है ।

(55) ***मत्कर्मकृत् मत्परमः मद्भक्तः सङ्गवर्जितः ।***
निर्वैरः सर्वभूतेषु यः सः माम् एति पाण्डव ॥

हे पाण्डव, जो प्रेमपूर्वक अपने अहम् को मुझे अर्पित करता है, मुझे अपना लक्ष्य मानता है, (सब जीवधारियों में स्थित) मेरे लिए ही कर्म करता है, सब नामरूपों से आसक्ति रहित होता है तथा सर्वभूतों के प्रति निर्वैर होता है वह मुझे प्राप्त होता है ।

इसीलिए अध्याय का अन्त उस पथ की अभिपुष्टि द्वारा होता है जो एक शुद्ध परमार्थिक पथ है और ऐसी रहस्यमय धार्मिक क्रियाओं व बाहरी पुण्यकर्मों से नितान्त भिन्न है जिन्हें साधारण तौर पर धर्म की संज्ञा दी जाती है । हे *पाण्डव, जो प्रेमपूर्वक अपने अहम् को मुझे अर्पित करता है, मुझे अपना लक्ष्य मानता है, (सब जीवधारियों में स्थित) मेरे लिए ही कर्म करता है, सब नामरूपों से आसक्तिरहित होता है तथा सर्व भूतों के प्रति निर्वैर होता है वह मुझे प्राप्त होता है* ।[21] श्लोक (55)

[21] आदि शंकराचार्य ने इस श्लोक को समस्त गीता का सार बताया है ।

अध्याय 12

भक्ति योग

अर्जुनः उवाच

(1) *एवम् सततयुक्ताः ये भक्ताः त्वाम् पर्युपासते ।*
ये च अपि अक्षरम् अव्यक्तम् तेषाम् के योगवित्तमाः ॥

अर्जुन ने कहा : डट कर निरन्तर जो भक्त इस प्रकार (यानी जैसा पिछले अध्याय के अन्तिम श्लोक में वर्णन है) आप को पूजते हैं तथा जो अक्षर, अव्यक्त को ही पूजते हैं उनमें से उत्तम योग को कौन जानते हैं?

श्रीभगवान् उवाच

(2) *मयि आवेश्य मनः ये माम् नित्ययुक्ताः उपासते ।*
श्रद्धया परया उपेताः ते मे मुक्ततमाः मताः ॥

श्रीकृष्ण ने कहा : एकाग्र चित्त से मुझ पर ध्यान रख, श्रद्धापूर्वक व डट कर जो मेरी पूजा करते हैं, मेरे मत में वे ही सब से उत्तम योगी होते हैं ।

(3) *ये तु अक्षरम् अनिर्देश्यम् अव्यक्तम् पर्युपासते ।*
सर्वत्रगम् अचिंत्यम् च कूटस्थम् अचलम् ध्रुवम् ॥

परन्तु जो अक्षर, अकथनीय, अव्यक्त, सर्वव्यापी, अचिंत्य, कूटस्थ, अचल, शाश्वत को पूजते हैं,

(4) *संनियम्य इन्द्रियग्रामम् सर्वत्र समबुद्धयः ।*
ते प्राप्नुवन्ति माम् एव सर्वभूतहिते रताः ॥

जिन्होंने इन्द्रियों को अच्छी प्रकार वश में कर लिया हो, जिनकी बुद्धि सब परिस्थितियों में एक जैसी हो तथा जो सर्वभूतों के हित में रत हों, वे भी मुझे ही प्राप्त होते हैं ।

(5) ***क्लेशः अधिकतरः तेषाम् अव्यक्तासक्तचेतसाम् ।***
अव्यक्ता हि गतिः दुःखम् देहवद्भिः अवाप्यते ॥

जिनका मन अव्यक्त पर आसक्त हो उनको परिश्रम अधिक करना पड़ता है क्योंकि देहधारियों के लिए अव्यक्त को प्राप्त होना बहुत कठिन होता है ।

जैसा कि कहा जा चुका है, विश्वरूप दर्शन और परम लक्ष्य की प्राप्ति एक ही बात नहीं हैं । इस दर्शन को या पाश्चात्य अगम्यवाद के "दिव्य दर्शन" (Beatific Vision) को लक्ष्य समझ लेना गीता की सम्पूर्ण रूपरेखा की अवहेलना करना होगा । यह दर्शन बस दर्शन ही है, उपलब्धि नहीं । दर्शन की समाप्ति पर शिष्य फिर नामरूप के स्तर पर आ जाता है, यह हम देख ही चुके हैं । अभी लक्ष्यप्राप्ति से पहले उसे पूर्णरूप से सत्य में स्थित होना सीखना पड़ेगा और अपने निम्न स्वभाव के प्रत्येक अणु का तत्त्वान्तरण करना होगा । इस विषय पर आगे चल कर हम फिर आएँगे परन्तु अभी तो हमें इस दर्शन से उत्पन्न हुई समस्याओं से निपटना है ।

शिष्य ने सर्वभूतों में प्रव्यक्त अद्वय महाप्राण, ***महत् आत्मन्*** का विराटरूप देखा है और उससे कहा गया है (अध्याय 11, श्लोक 54) कि केवल भक्ति द्वारा ही यह रूप देखा जा सकता है व उसमें प्रवेश किया जा सकता है । परन्तु इस दर्शन में ही उसने विश्वप्रक्रिया के पीछे अपरिवर्तनशील अव्यक्त की झलक भी देख ली है (अध्याय 11, श्लोक 37) और उसकी समझ में नहीं आता कि प्रव्यक्त रूप की भक्ति तथा सब के हृदय में स्थित अद्वय ***आत्मन्*** की सेवा से वह प्रव्यक्ति के पार कैसे पहुँच सकता है । यह तो ठीक हुआ कि सर्वभूतों के प्राण की भक्ति से वह उस महाप्राण तक पहुँच जाएगा, परन्तु यह भक्ति क्या इसके आगे भी ले जा सकती है? यह भक्ति क्या उसे वहीं पर ऐसे नहीं छोड़ देगी जैसे देवताओं की भक्ति मनुष्य को स्वार्गिक सुखभोग में फँसा छोड़ देती है? श्लोक (1)
यह जानने पर कि अविनाशी अव्यक्त इस ***महत् आत्मन्*** के भी पार है, क्या उसे दृढ़तापूर्वक समस्त प्रव्यक्ति से मुँह मोड़ कर सब नामरूपों से अलग होकर अपनी

पूरी शक्ति को शून्य की ओर उड़ान भरने में[1] नहीं लगा देना चाहिए? क्या ये दो पथ भिन्न हैं? यदि हाँ तो कौन सा श्रेष्ठ है?

श्लोक (2) शिष्य के इस प्रश्न का उत्तर कृष्ण यह देते हैं कि जो सर्वभूतों में स्थित अद्वय प्राण रूप में उनकी उपासना करते हैं तथा जो वर्णनातीत अचिंत्य सनातन की उपासना करते हैं वे दोनों ही उन्हें प्राप्त होते हैं, परन्तु जिनका अपनी देह से लेशमात्र भी तादात्म्य बना रहता है उपर्युक्त मार्ग उन लोगों के लिए अत्याधिक क्लेशपूर्ण होता है।

इस उत्तर को समझने के लिए याद रखना चाहिए कि अध्याय 3 के श्लोक 4 व उसके बाद के श्लोकों में कुछ सांख्यवादियों का विरोध इसलिए किया गया है कि अव्यक्त लक्ष्य तक शुद्ध अमूर्तिकरण द्वारा पहुँचने का उनका प्रयत्न सर्वथा अव्यावहारिक है। निश्चय ही सब कर्मों से मुँह मोड़ कर और नामरूप से रिश्ता तोड़ कर अव्यक्त तक नहीं पहुँचा जा सकता क्योंकि ऐसा करना असम्भव है। ऐसे मार्ग के बारे में मन ही मन कोई कितना ही क्यों न सोच ले परन्तु वास्तव में यह मार्ग नाम भर का ही होता है। निवृत्ति का मार्ग चराचर सृष्टि की अनुभवजन्य उपलब्धियों को बटोरने का पथ है, दुनिया से भागने और अनुभवों को यह कह कर अस्वीकार कर देने का नहीं कि विश्वप्रक्रिया स्त्रष्टा की एक ऐसी भयानक भूल है जो होनी ही नहीं चाहिए थी।

श्लोक (3) सच पूछा जाए तो बस एक ही पथ है और यदि हम इस अध्याय के श्लोक 4 में दिए अव्यक्त के उपासकों के गुणों की श्लोक 13 से 19 में दिए अद्वय ***आत्मन्*** के भक्त के गुणों से तुलना करें तो देखेंगे कि वे वास्तव में एक ही हैं।

श्लोक (4) इन्द्रिय अनुभव का परित्याग करने की असम्भव चेष्टा से नहीं बल्कि इन्द्रियों का संयम करने से, और सब नामरूपों से मुँह मोड़ कर नहीं बल्कि सर्वत्र सब नामरूपों को समभाव देखकर (***समबुद्धयः***) तथा संसार के सुख-दुःख के प्रति कठोर उदासीनता रखकर नहीं बल्कि "*सर्वभूतों के हित में रत*" रहकर ही अव्यक्त का सच्चा उपासक अपने लक्ष्य की प्राप्ति करता है।

---

[1]The flight of the alone to the Alone प्लॉटाइनस (6, 9, 11) *एनीएड्स* (अनुवादक)।

यदि ये दोनों पथ वास्तव में एक ही हैं तो फिर अव्यक्त वाले पथ की विशेष कठिनाई कहाँ रही? कठिनाई इस बात में है कि अव्यक्त के उपासक के पास ऐसा कुछ नहीं होता जिस पर वह अपना मन केन्द्रित कर सके, क्योंकि "वह अद्वय" तो इन्द्रियातीत ही नहीं मानसातीत भी होता है । इसी बात को प्लॉटाइनस ने बड़ी अच्छी तरह कहा है : *"मुख्य कठिनाई यह है कि इस तत्त्व (यानी अद्वय) का बोध न तो जानने से उत्पन्न होता है और न उस शुद्ध बुद्धि-प्रकरण (noësis) द्वारा जो बौद्धिक तत्त्वों (विश्वरूप में देखी आध्यात्मिक शक्तियों) को ढूँढ निकालती हैं । यह बोध तो ज्ञानातीत अस्तित्व के माध्यम से होता है । हमारा ज्ञान हमें समस्त ज्ञान के पार ले जाता है । एकता से भटक कर कहीं भी नहीं जाया जा सकता, ज्ञान व ज्ञेय सब पीछे छोड़ने पड़ते हैं, ऊँची से ऊँची चिन्तनीय वस्तु से भी परे जाना होता है । कारण यह है कि जो कुछ भी श्रेष्ठ है वह "उस" का उत्तरवर्ती होता है और उससे ही आता है, ठीक वैसे ही जैसे सूर्य से दिन का पूरा प्रकाश ।*[2] श्लोक (5)

यदि शिष्य "उस" को ईश्वर या सनातन मनस् के रूप में लेता है तो भी, जैसे प्लॉटाइनस ने कहा है, *"वह 'उस' के प्रति ओछे विचार रखता है"* । ईश्वर शब्द के प्रयोग में व्यक्तित्त्व निहित है और सनातन मनस् उस "एक" से नीचे है क्योंकि वह सार्वभौमिक परिकल्पन का स्तर होता है । ऐसी महानीरवता में शिष्य कैसे पहुँचे? कौन से क़दम उठाए वह वहाँ तक जाने के लिए? वह "एक" केवल विचार के ही परे नहीं है बल्कि प्रेम के सबल पंख भी, जो जीव को ऊपर की उड़ान पर ले जाते हैं, उस शून्यता में व्यर्थ ही फड़फड़ाते हैं और चोट खाया जीव निराश होकर गिर पड़ता है । नामरूप भी गँवा बैठा और नामरूप के उस पार अद्वय भी न मिला ।

ऐसी दशा में प्रेम रहित व नीरस होकर अपना सर्वनाश कर बैठना जीव के लिए बहुत सरल है । बाहरी दिखावे बनाए रखना तो सम्भव है परन्तु यदि हृदय खोखला हो गया हो तो अन्य सब नामरूपों को ठुकरा कर, तथा अपनी आत्मा को बन्धनों से बचाने के प्रयास में साधारण करुणा-कृत्यों को करने से भी डरता

[2] प्लॉटाइनस 6, 93, कोष्ठकों में लिखा भाग स्पष्टता के लिए जोड़ा गया है ।

हुआ, ऐसा शिष्य झूठे अव्यक्त पथ का अनुसरण करने लगता है। *"वह निश्चय ही नष्ट हो जाएगा जो 'मारा' (Mara) के इस डर से किसी मनुष्य की सहायता नहीं करता कि कहीं ऐसा करने में वह अपने क्षुद्र अहम् के लिए कर्म न कर बैठे"* ।[3]

इसीलिए श्रीकृष्ण उस दूसरे पथ पर चलने का परामर्श देते हैं जो जीवन की एकता पर आधारित प्रव्यक्त पथ है। अद्वय तो यहाँ भी वही है और लक्ष्य भी वही है परन्तु इस पथ पर वह अद्वय सब के हृदय में प्रव्यक्त नारायण (नर+अयन, यानी जो नर में निवास करता है) के रूप में देखा जाता है। प्लेटो ने भी इसी पथ का ज़िक्र किया है जिसमें एक के प्रेम से अनेक के प्रेम की ओर, अधिभूत के प्रेम से अधिदैविक सौन्दर्य के प्रेम की ओर उठते हुए चरण शनैः शनैः "उस" तक ले जाते हैं जो उस पार होता है। गोपियों द्वारा दिखाया गया पथ भी यही है। पहले कृष्ण को उनकी इन्द्रिय सुलभ सुन्दरता के कारण प्रेम करना, फिर उनकी उपस्थिति का अभ्यास अपने हृदय में करना, और अन्ततः अपने सारे अहंभाव के समाप्त हो जाने पर उच्चतर स्तर तक उठ कर उनके सनातन पुरुष से युक्त हो जाना।[4]

(6) ***ये तु सर्वाणि कर्माणि मयि संन्यस्य मत्पराः ।***
अनन्येन एव योगेन माम् ध्यायन्तः उपासते ॥

परन्तु जो मुझे परम लक्ष्य मान कर अपने सब कर्म मुझे अर्पण कर देते हैं तथा अनन्य भाव से ध्यानयोग द्वारा मुझे उपासते हैं,

(7) ***तेषाम् अहम् समुद्धर्ता मृत्युसंसारसागरात् ।***
भवामि नचिरात् पार्थ मयि आवेशितचेतसाम् ॥

---

[3] *वॉयस ऑफ़ सायलेन्स ।*

[4] कुछ मान्यता प्राप्त विचारों के विपरीत इस दृष्टिकोण की अभिपुष्टि के लिए श्रीमद्भागवत् 10,29; 5,12; 10,47; 5,9; 10,82; 5,48 (व अन्य कई जगह) पढ़ें जहाँ इन तीन अवस्थाओं का स्पष्ट वर्णन है। बीच की अवस्था के लिए तो बहुत से प्रमाण उद्धृत किए जा सकते हैं।

हे पार्थ, उन प्रेम से भरे भक्तों का मैं शीघ्र ही मृत्युरूप संसार सागर से उद्धार करता हूँ ।

इस पथ पर शिष्य सब कर्म अपने लिए न कर प्रियतम के लिए करता है । प्रेम के लिए वह कर्म करता है, प्रेम ही के लिए वह बोलता है व विचारता है और इस तरह प्रेम के द्वारा वह शीघ्र ही लक्ष्य तक ऊपर उठ जाता है । जहाँ प्रेम होता है वहाँ कोई भी बलिदान बहुत बड़ा नहीं लगता । प्रेम के लिए तो पशु तक अपनी जान दे देते हैं और असंख्य मनुष्यों ने अपने प्रेम के पात्र, देश, मानव अथवा ईश्वर, की सेवा के लिए भयंकर से भयंकर प्रकार की मृत्यु हँस कर स्वीकार की है तथा अपने प्राणोत्सर्ग में गर्व का अनुभव किया है । श्लोक (6, 7)

In this is seen why there is hope for man
And where we hold the wheel of life at will.[5]

इससे तो दिखता है कि मानव के लिए आशा क्यों है,
और हम जीवन की नौका के कर्णधार कहाँ बन सकते हैं ।

सब मनुष्यों के हृदय में उपस्थित यही वह शक्ति है जिससे सनातन के शिखर तक पहुँचा जा सकता है । लेकिन पहले कुछ ज्ञान व आन्तरिक पथ पर चलने तथा लक्ष्य प्राप्ति की इच्छा होना ज़रूरी है । गीता में जिस जगह इस शक्ति का ज़िक्र आया है उससे भी यही इंगित होता है । इस ज्ञान, श्रद्धा तथा आकांक्षा के बिना देह के पार जाने की अभिलाषा नहीं रहती और स्वयं प्रेम भी ***क्षुद्र अहम्*** द्वारा धूल में घसीटा जाकर बस वासना बन जाता है और बर्बादी का कारण हो जाता है ।

परन्तु यही प्रेम की शक्ति यदि ज्ञान तथा महत्त्वाकांक्षा के निर्देशन में रहे तो जीव को ऊपर उठाने में उस से सक्षम और कुछ नहीं होता । इसका प्रमाण इस तथ्य में देखा जा सकता है कि चाहे थोड़े समय के लिए ही क्यों न हो, प्रेम की शक्ति एकदम साधारण से मनुष्यों के जीवन की भी कायापलट कर उसे सुन्दर व सरस बना देती है । जिस बेख़ुदी को पाने के लिए योगी को बड़े यत्न से अपने

---

[5] *लाइट आॅफ़ एशिया* (*Light of Asia*) । मूल में “this” की जगह “thee” है ।

मन को नियन्त्रित करने में कई वर्ष लगाने पड़ सकते हैं और जो उपलब्ध होने पर भी उस "बाग़ के बिरवा" के समान ही रहती है जिसे अपने को औरों से भिन्न समझने की प्रवृत्तिरूपी तुषार का ख़तरा बराबर बना रहता है, वही बेख़ुदी प्रेम की उर्वरा धरा पर वन के विशाल वृक्ष के समान मज़बूती से विकसित हो सकती है।

ज्ञान व महत्त्वाकांक्षा की कमी के कारण ही प्रेम की तत्त्वान्तरण करने की शक्ति बहुधा इतनी अल्पायु होती है । जो प्रेम ज्ञान के निर्देशन में इतना शक्तिशाली होता है कि इस देह तक को अपनी उड़ान के साथ ले जा सकता है वही प्रेम उस अज्ञान से अन्धा होकर अपने पंख खो बैठता है, बाहरी वस्तुओं को ही सब कुछ मानता है और उनके अतिरिक्त अन्य किसी वास्तविकता को स्वीकार नहीं करता । इस प्रकार प्रेम भी पतित होकर इस मृत्युलोक में आ गिरता है और सब मर्त्य वस्तुओं की गति को प्राप्त होता है ।

And or ever the garden's last petals are shed,
In the lips that had whispered, the hearts that had lightened,
Love lies dead.

बगिया का अन्तिम फूल, पत्ता भी झरेगा ही
प्यारी बातें करने वाले अधरों के, हर्षपूर्ण हृदयों के
साथ-साथ प्यार भी मरेगा ही ।

(8) ***मयि एव मनः आधत्स्व मयि बुद्धिम् निवेशय ।***
निवसिष्यसि मयि एव अतः ऊर्ध्वम् न संशयः ॥

अपना मन मुझमें लगाओ, अपनी बद्धि मुझमें लगाओ । तब तुम मुझमें ही निवास करोगे, इसमें कुछ संशय नहीं है ।

श्लोक (8) इसीलिए श्रीकृष्ण शिष्य से कहते हैं कि वह मन को बुद्धिसंयुक्त कर उन में ही लगाए रहे और इस प्रकार सर्वभूतों में व्याप्त अमर जीवन में वास करे [6]। प्रारम्भ

[6] यह याद रखना चाहिए कि प्रेम का आधार बुद्धि में होता है । अध्याय 8 की पादटीका संख्या 11 देखिए।

में कृष्ण के जिस रूप पर मन जाएगा वह वही मानवीय मूर्ति होगी जो शिष्य के हृदय को प्रेम व श्रद्धा से खींचेगी । प्रेम व भक्ति द्वारा पूजित यह मानवीय रूप जीव के लिए सनातन मानस का प्रतीक होगा और उसको अपने अनुरूप बना लेगा । जैसा कि प्लॉटाइनस ने कहा है : *"हम अपने आप को Nous यानी अधिदैव (सनातन मनस्) के रूप में ढाल लेते हैं, हम अपनी आत्मा को इस अधिदैव (Nous) के सुपुर्द कर देते हैं और उसे पक्की तरह "उस" में स्थित कर देते हैं, इसके फलस्वरूप जो कुछ "वह" देखता है जीव भी जाग कर वही देखने लगता है । अधिदैव (Nous) के द्वारा ही हम "एकता" के दर्शन कर पाते हैं"* । अतएव, यदि ज्ञानचक्षु खुल जायँ तो मूर्तरूप हृदय में विराजमान हो जाएगा और उस प्रवेश द्वार का काम करेगा जिस में से निकल कर जीव नीलाकाश की ओर उड़ान भर सकता है ।

(9) ***अथ चित्तम् समाधातुम् न शक्नोषि मयि स्थिरम् ।***
अभ्यासयोगेन ततः माम् इच्छ आप्तुम् धनञ्जय ॥

हे धनञ्जय, यदि तुम चित्त को मुझ में स्थिरतापूर्वक स्थापित नहीं कर सकते हो ता अभ्यासयोग से मुझे पाने की इच्छा करो ।

परन्तु अपना पूर्ण अस्तित्त्व सनातन मनस् में केन्द्रित करने की शक्ति एकदम ही नहीं आ जाती । निरन्तर अभ्यास की आवश्यकता पड़ती है । श्वेताश्वतर उपनिषद् में इस प्रक्रिया का वर्णन काठ के टुकड़ों को घिस कर आग जलाने की प्रक्रिया के दृष्टान्त से दिया गया है : *"अपने शरीर (यानी **क्षुद्र अहम्**) को नीचे की लकड़ी तथा (चैतन्य की ज्योति के प्रतीक) प्रणव को ऊपर की लकड़ी बना कर सतत ध्यानाभ्यास के घर्षण द्वारा अपने अन्दर छिपे ईश्वर को देखना चाहिए"* । श्लोक (9)

सीधे-सादे शब्दों में अभ्यास का अर्थ है सदैव कामभाव से अपना मन खींच अपना तादात्म्य ऊँचे स्तरों से स्थापित करते रहना । यह प्रयास दोहरा होता है – एक तरफ़ तो घिस कर आग पैदा करने का प्रयत्न करना होता है यानी अनुभव के विश्लेषणात्मक मनन द्वारा कार्य रत अहम् को साक्षी स्वरूप से अलग करने का प्रयत्न और दूसरी तरफ़ इच्छाशक्ति द्वारा अपना तादात्म्य साक्षी के साथ स्थापित

करने व वहाँ से कार्यरत अहम् पर शासन करने का प्रयत्न । यदि इस दोहरे अभ्यास को निरन्तर किया जाए तो अवश्य ही सफलता प्राप्त होती है और स्थायी तौर पर सनातन मनस् में केन्द्रित हो जाने की क्षमता आ जाती है ।

(10) ***अभ्यासे अपि असमर्थः असि मत्कर्मपरमः भव ।***
मदर्थम् अपि कर्माणि कुर्वन् सिद्धिम् अवाप्स्यसि ॥

यदि अभ्यास करने में भी असमर्थ हो तो केवल मेरे लिए ही कर्म करने का संकल्प करो । मेरे लिए कर्म करने से भी तुम्हें सिद्धि प्राप्त होगी ।

श्लोक (10) परन्तु यदि इस ध्यानाभ्यास को करने में शिष्य अभी असमर्थ हो तो उसे कृष्ण की सेवा में तत्पर रहना चाहिए । प्राण चाहे मानव में हो चाहे पशु में या वनस्पति में, वह उस अद्वय सनातन महाप्राण का ही आविर्भाव होता है जो सदैव अधिभूत पर अपना स्वामित्व व्यक्त करने में प्रयत्नशील रहता है । सब चेष्टारत नामरूपों व सब क्षुद्र व्यक्तित्त्वों के पीछे महाप्राण का सागर लहराता और नामरूप के तंग दायरे पर टक्करें मारता रहता है । शिष्य को ऐसा जीवन यापन करना चाहिए जिससे उसके समस्त कर्म इस महाप्राण की प्रव्यक्ति में सहायक हो सकें । "*उसे प्रकृति की सहायता व उससे सहयोग करना चाहिए*" और निरन्तर सबके हृदय में इस समय भी उपस्थित सौन्दर्य, आनन्द व शक्ति को रोकने वाली बाधाओं को हटाने में लगे रहना चाहिए । इस तरह एक समय आएगा जब वह अपने आप को भूल कर उस महाप्राण के साथ एक हो जाएगा जिसे उसने अपना हृदय अर्पण कर दिया है । इस तरह सब कर्म कृष्ण के लिए करते हुए वह अपने लक्ष्य पर पहुँच जाएगा ।

(11) ***अथ एतत् अपि अशक्तः असि कर्तुम् मद्योगम् आश्रितः ।***
सर्वकर्मफलत्यागम् ततः कुरु यतात्मवान् ॥

यदि यह भी न कर सको तो मन को जीत कर मेरी शरण में आकर सब कर्मों के फल का त्याग कर दो ।

श्लोक (11) यदि यह निस्स्वार्थ प्रेम-प्रेरित कर्म भी अभी अपनी पहुँच के बाहर हो तो भी एक रास्ता बाक़ी है : शिष्य अपने कर्म तो करे परन्तु कर्म-फल का त्याग कर दे ।

लोकहित के लिए कर्म करने में अशक्त ऐसा व्यक्ति कर्मों को अपने लिए करे परन्तु फल उस शक्ति के हवाले कर दे जिसे कोई ईश्वर और कोई सनातन विधान कहते हैं[7] । इस कर्तव्यपरायणता तक पहुँचने के लिए उसे कृष्ण के उस योग, यानी ***योगम् एश्वरम्*** पर आश्रित होना होगा जिसमें सनातन ज्योति नामरूपों से संयोग तो करती है लेकिन फिर भी उन से सदैव पृथक ही रहती है । व्यावहारिक रूप में इसका अर्थ यह है कि शिष्य को ***बुद्धि*** में, यानी निश्चयात्मक ज्ञान देने वाली क्षमता में, आश्रय लेना चाहिए । इससे भी पहले की अवस्थाओं में, जब ***बुद्धि*** भी अपनी पहुँच के बाहर हो तब, अपने ***निम्न मनस्*** को "सञ्जय" के माध्यम से ***उच्चतर मनस्*** या "अन्तरात्मा की वाणी" से संयुक्त कर, इस वाणी के कहने पर ही चलना चाहिए । जैसा कि हम देख चुके हैं अन्तरात्मा की वाणी एक प्रकार से ***बुद्धि*** का ही प्रतिबिम्ब है । प्रमुख अन्तर यह है कि ***बुद्धि*** सत्य को एक सर्वग्राही सम्पूर्ण के रूप में देखती है जब कि अन्तरात्मा की वाणी स्वयं विशिष्टीकरण की सीमा के इस पार का तत्त्व होने के कारण अनेकों में से उस एक दृष्टिकोण को ही देख पाती है जो इस समय के लिए उपयुक्त हो और केवल उस ही के बारे में निश्चयात्मक रूप से कुछ कह पाती है ।

बुद्धि एक ऐसी ज्ञानशक्ति है जो होती तो सब के पास है परन्तु उस का उपयोग कुछ ही लोग करते हैं । वह आँखों के बीच की ज्योति तथा हृदय में निःशब्द बोलने वाली वाणी है । इस ज्योति को देखने के लिए शारीरिक आँखों को बन्द करना और इस वाणी को सुनने के लिए शारीरिक कानों को बहरा कर लेना होता है । चाहे थोड़ी देर के लिए ही सही, जब कभी कामना का कोलाहल बन्द हो जाता है तब जाकर ही उस आन्तरिक शिक्षक की आवाज़ सुनाई देती है जिसे कृष्ण की वाणी कहते हैं । इसके स्वरों के निर्देशन में शिष्य को अपने सामने

---

[7] इन दो प्रकार के कर्मों में अन्तर यह है कि पहला शिष्य सब में व्याप्त ***आत्मन्*** की सेवा के विचार से कर्म करता है परन्तु दूसरे के मन में ऐसे कोई स्पष्ट विचार नहीं होते और जिसे वह अपने लिए ठीक समझता है करता है । पहला भूखों को प्रेमवश भोजन देता है, दूसरा इसलिए कि उसे मालूम है कि दानशील होना अच्छी बात है ।

कर्तव्य-पथ स्पष्ट रूप से दिखाई देता है और अगर वह उस पर क़दम बढ़ाएगा तो वह अपने हृदय के द्वन्द्वों को पार करता जाएगा।

(12) ***श्रेयः हि ज्ञानम् अभ्यासात् ज्ञानात् ध्यानम् विशिष्यते।***
ध्यानात् कर्मफलत्यागः त्यागात् शान्तिः अनन्तरम् ॥

ज्ञान [बिना समझे] अभ्यास से श्रेष्ठ होता है और ध्यान कोरे ज्ञान से। ध्यान से भी श्रेष्ठ होता है कर्मफलत्याग और त्याग से तत्काल शान्ति प्राप्त होती है।

श्लोक (12) यह सब से सरल मार्ग है, इस से सरल मार्ग की माँग करना बच्चों की तरह चन्दा मामा की माँग करना है – शाश्वत के लौहद्वार को निर्बल पंखों से तोड़ने का प्रयत्न है, या उसे प्राप्त करने की चेष्टा करना है जो न कभी था न कभी होगा ही। कर्मफल त्याग करने के मार्ग को सर्वश्रेष्ट बता कर उसकी सराहना इसलिए की गई है क्योंकि वह अन्य सब मार्गों से सरल है और उस पर चलने से अन्य सब मार्गों पर स्वयं ही पहुँचा जाता है। फल त्याग करने से हृदय में शान्ति भर जाती है और इस शान्ति में अभ्यास योग सम्भव हो जाता है। अभ्यास से सत्य का ज्ञान प्राप्त होता है तथा वह अविचल ध्यानावस्था मिल जाती है जिसमें सोते, जागते, काम करते, आराम करते, सभी दशाओं में आन्तरिक स्वरूप सनातन में स्थित रहता है।

कुछ लोग कहेंगे कि अब यहाँ पहुँचकर असमर्थता की बात करने का क्या प्रयोजन है? सरल मार्ग पर चलने का आग्रह क्यों किया जा रहा है? प्रारम्भिक अवस्थाएँ तो बहुत पहले पार हो चुकी हैं, दिव्य विश्वरूप के दर्शन तक हो चुके हैं, फिर ये बातें कैसी? ऐसी शंका से यही पता चलता है कि पूछने वाला पथ पर चलने की विधि से अनभिज्ञ है। बड़ी-बड़ी चढ़ाइयाँ ज़रूर पार हो गई हैं, परन्तु सम्पूर्ण अस्तित्त्व द्वारा नहीं। किसी खड़ी चढ़ाई पर चढ़ने वाला पहले अपने हाथों से पकड़ में आने वाली कोई चीज़ ढूँढता है, और फिर उसे मज़बूती से पकड़ पूरी शक्ति से अपने शरीर को ऊपर खींचता है। ऐसा ही इस पथ का आरोही भी अपने में जो कुछ श्रेष्ठतम है उस से तत्त्वदर्शन रूपी पकड़ प्राप्त करता है परन्तु उसके बाद उसे अपनी निम्न प्रकृति को तब तक ऊपर खींचते रहना पड़ता है जब तक वह दृढ़ता से शिखर पर खड़ा न हो जाए।

यह प्रश्न प्लॉटाइनस ने भी पूछा है कि जीव उपलब्धि के जिस स्तर पर पहुँच गया है उसे बनाए क्यों नही रख सकता और फिर स्वयं ही उत्तर दिया है कि "*कारण यह है कि वह अभी पूरी तरह मुक्त नहीं हुआ है । परन्तु एक समय आएगा जब अविच्छिन्न तत्त्वदर्शन हो जाएगा व शरीर जीव के रास्ते में बाधा नहीं रहेगा । ये बाधाएँ हमारे अन्दर के उस अंश को आक्रान्त नहीं करतीं जिसने निश्चयात्मक दर्शन प्राप्त कर लिया हो । ये [बाधाएँ] तो जीव के दूसरे पक्ष को कष्ट देती हैं और यह भी तब ही होता है जब हम दर्शन की स्मृति से ध्यान हटा प्रमाण, तर्क, युक्ति इत्यादि मानसिक उपकरणों से ज्ञान प्राप्त करने की चेष्टा करते हैं*" ।

इसीलिए शिक्षण को इस प्रकार दोहराया जा रहा है । जो अभी तक अंशमात्र के लिए किया गया था वह अब फिर सम्पूर्ण अस्तित्त्व के लिए करना पड़ेगा ताकि पूरी तरह नवजीवन प्राप्त किया जा सके और दर्शनजन्य स्फुरण का प्रकाश-बिन्दु अन्धकार के पार अविक्षुब्ध दीप्तिमान सूर्य के समान प्रज्वलित हो सके ।

अब श्लोक 13 से अध्याय के अन्त तक श्रीकृष्ण भक्ति पथ पर चलने वाले व्यक्ति के गुणों का वर्णन करते हैं । यह तो पहले ही कहा जा चुका है कि तत्त्वतः ये गुण वही हैं जो अव्यक्त के सच्चे पथ पर चलने वालों के होते हैं । बहुधा अनेक लोग भक्तिपथ का अर्थ अनियमित भावावेश में आ जाना लगाते हैं । असली भक्तिपथ क्या है इन श्लोकों के अध्ययन से समझ में आ जाएगा । शिष्य को इन गुणों को अपने चरित्र में उतारना चाहिए ।

(13) ***अद्वेष्टा सर्वभूतानाम् मैत्रः करुणः एव च ।***
निर्ममः निरहंकारः समदुःखसुखः क्षमी ॥

जो सर्वभूतों से द्वेषरहित, मैत्रीपूर्ण, करुणावान्, ममता तथा अहंकार रहित सुख-दुःख में एक समान और क्षमावान होता है,

(14) ***संतुष्टः सततम् योगी यतात्मा दृढनिश्चयः ।***
मयि अर्पितमनोबुद्धिः यः मद्भक्तः सः मे प्रियः ॥

जो सदैव संतुष्ट और सतत ध्यान में लगा रहता है, आत्मनियन्त्रित, दृढ़निश्चय वाला होता है और जिसका मन व बुद्धि मुझे अर्पित होते हैं वह भक्त मुझे प्रिय होता है ।

(15) *यस्मात् न उद्विजते लोकः लोकात् न उद्विजते च यः ।*
हर्षामर्षभयोद्वेगैः मुक्तः यः सः च मे प्रियः ॥

जिससे संसार उद्विग्न नहीं होता और जो संसार से उद्विग्न नहीं होता, जो हर्ष, ईर्षा, भय और उद्वेग से मुक्त होता है वह भक्त मुझे प्रिय होता है ।

श्लोक (13) असली भक्त किसी से द्वेषभाव न रखता हुआ सब को प्रेम व करूणा की दृष्टि से देखता है क्योंकि उसे मालूम होता है कि जो मित्र के समान मुसकराता है या शत्रु के समान तेवर चढ़ाता है वह वही अद्वय महाप्राण है जो अनित्य नामरूपों के द्वारा व्यक्त होने की चेष्टा में लगा हुआ है ।

श्लोक (14, 15) यह जानते हुए कि उसके सारे सुखदुःख उसी के पिछले कर्मों के फल हैं वह सदा संतुष्ट रहता है और किसी भी सीमित सांसारिक वस्तु को प्राप्त करने की चेष्टा नहीं करता, बल्कि बुद्धि के द्वारा मन को अद्वय सनातन में लगाए वह समय के तूफ़ान के बीच अटल चट्टान के समान खड़ा रहता है । वह न तो किसी के संताप का कारण बनता है और न ही किसी के वचन अथवा कर्म द्वारा स्वयं संतप्त होता है क्योंकि उसे भली प्रकार ज्ञात होता है कि कष्ट अनिवार्यतः उसी के पास वापस लौट कर आता है जो कष्ट का कारण बनता है । इसीलिए वह भूले से भी अपने सच्चे स्वरूप यानी अन्य प्राणियों के कष्ट का कारण नहीं बनना चाहता । जो दूसरों के कटु वचनों पर दुःखी होता है वह उस दीवार के समान होता है जिस से टकरा कर वह दुःख वापस बोलने वाले के ही पास जा पहुँचता है, परन्तु जिसने सब भय, उल्लास व व्यग्र-क्रोध पर क़ाबू पा लिया हो वह सबकुछ शान्तिपूर्वक समाहित कर लेने वाले समुद्र के समान होता है । इस प्रकार संसार में कुल जितना कष्ट व द्वेष है वह वास्तव में कम हो जाता है और अब हमारी समझ में बुद्धदेव के ये शब्द आने लगते हैं : "*द्वेष का अन्त द्वेष से नहीं प्रेम से होता है, यही सनातन विधान है*" ।

(16) *अनपेक्षः शुचिः दक्षः उदासीनः गतव्यथः ।*
सर्वारंभपरित्यागी यः मद्भक्तः सः मे प्रियः ॥

जो व्यक्ति आकांक्षा-रहित, शुद्ध, दक्ष, पक्षपात-रहित, व्यथारहित तथा सब समारम्भों का त्यागी हो, वह मेरा भक्त मुझे प्रिय होता है ।

अपने लिए किसी वस्तु की इच्छा न रखते हुए भक्त सब समारम्भों का परित्याग श्लोक (16)
कर देने वाला होता है । इसका अर्थ है कि वह सब कर्मफल त्याग देता है क्योंकि जैसा आगे चल कर बताया जाएगा [8], समस्त कर्म का त्याग देहधारियों के लिए न तो उचित ही होता है और न सम्भव । सब में स्थित उस "एक" के लिए ही कर्म करने वाले इस भक्त के सब कर्म दक्ष, पवित्र और शान्त होते हैं । "दक्ष" शब्द पर ध्यान दीजिए । ऐसे लोग भी बहुत होते हैं जो भक्ति के नाम पर अपने हाथ से जीवन की बागडोर खिसक जाने देते हैं और जीवन में सब ही कामों को किसी न किसी तरह गिरते-पड़ते पूरा कर आध्यात्मिकता के बहाने अपनी अव्यावहारिकता पर पर्दा डालने की चेष्टा करते हैं । सच्चा शिष्य भावावेश में लीन, दिन में तारे गिनने वाला, ऐसा बेढब व्यक्ति नहीं होता जो शाश्वत प्रकाश से यूँ चकाचौंध हो गया हो कि यहाँ की छायाओं में उसे अपना रास्ता ही नहीं सूझता । इसके विपरीत, क्योंकि "***योगः कर्मसु कौशलम्*** – योग कर्म में कौशल है", वह सब काम अन्य लोगों से अधिक कौशल से कर यह दिखाता है कि इस पथ का प्रयोजन संसार पर स्वामित्त्व स्थापित करना है, उस से दुम दबा कर भागना नहीं ।

(17) ***यः न हृष्यति न द्वेष्टि न शोचति न कांक्षति ।***
शुभाशुभपरित्यागी भक्तिमान् यः सः मे प्रियः ॥

जो न हर्षित होता है न द्वेष करता है, न शोच करता है न कामना, सब कर्मों के शुभ व अशुभ फल का त्यागी होता है, वह भक्तिमान मुझे प्रिय होता है ।

(18) ***समः शत्रौ च मित्रे च तथा मानापमानयोः ।***
शीतोष्णसुखदुःखेषु समः सङ्गविवर्जितः ॥

जो शत्रु मित्र में व मान अपमान में एक सा रहता है, सर्दी-गर्मी व सुख-दुःख में समान और संसार में सब आसक्तियों से मुक्त होता है,

(19) ***तुल्यनिन्दास्तुतिः मौनी संतुष्टः येन केनचित् ।***
अनिकेतः स्थिरमतिः भक्तिमान् मे प्रियः नरः ।

---

[8] गीता अध्याय 18, श्लोक 2 व 11 देखिए जहाँ इस विषय का विस्तारपूर्वक वर्णन है ।

तथा जो निन्दा व स्तुति को एक तुल्य मानता है, मौन रहता है, जो कुछ मिले उस ही से संतुष्ट रहता है, बिना घरबार वाला होता है वह बुद्धिवाला भक्तिमान नर मुझे प्रिय होता है ।

यदि कर्म में कौशल योग की एक परिभाषा है तो समत्त्व[9] यानी मन का संतुलन दूसरी परिभाषा समझिए । साधारण मनुष्य सर्दी-गर्मी, सुख-दुःख, मित्रता-शत्रुता, आकर्षण-प्रत्याकर्षण इत्यादि द्वन्द्वों के वश में होता है । उसका पूरा जीवन ही इन
श्लोक (17, 18) द्वन्द्वों के चक्कर में घूमते गुज़रता है । परन्तु योगी वह होता है जिसका मन इनके प्रभावों के बीच संतुलित हो, और जिसका जीवन आकर्षण-प्रत्याकर्षण की अन्धी शक्तियों के वश में न हो कर सब में व्याप्त अद्वय ***आत्मन्*** की सेवा की महत्त्वाकांक्षा से प्रेरित हो ।

सत्कर्म व दुष्कर्म के बारे में लोगों की सामान्य धारणाएँ भी इस योगी के कर्मों को विचलित नहीं करतीं । अपने कृत्यों की सफ़ाई या अपने शत्रुओं को दोष देने के लिए मानवगण सदा इन दो महान शब्दों की दुहाई देते आए हैं, परन्तु ये अधिक से अधिक मन द्वारा निर्मित धारणाएँ ही होती हैं और योगी के कुछ मतलब की नहीं होतीं क्योंकि उसकी स्थिति तो अब मनोतीत क्षेत्र में होती है । इसीलिए वह इन दोनों के पार जाकर केवल परम विधान को ही मानता है जिसके अनुसार उसे शाश्वत जीवन की अनन्त लीला में अपना योगदान करना होता है, उस लीला में जिस में शाश्वत जीवन कभी नामरूपों से प्रभासित होता है और कभी उन से छिपता है ।

श्लोक (19) अपने कर्मों के कारण हुई अपनी सराहना व निन्दा के प्रति वह एकदम उदासीन रहता है, भले ही उसके कर्म मनुष्यों के प्रचलित व नैतिक मानदण्डों के अनुकूल हों अथवा, जैसा कभी कभी देखने में आता है, अधिकांश जनसाधारण ही नहीं बल्कि अधिकांश भद्रजनों के विचारों के भी प्रतिकूल हों । यह सिद्धान्त भयास्पद जैसा भले ही लग सकता है, परन्तु है यह सत्य । जिसे अधिकांश लोग सदाचार कहते हैं उसका मतलब कर्मों व उनके फलों से सम्बन्धित होता है और, जैसा कि

[9] गीता अध्याय 2, श्लोक 48 ।

हम देख आए हैं, शिष्य व्यक्तिगत कर्मफल का परित्याग कर चुका है । परन्तु वह नितान्त उच्छृंखल या अनुशासनहीन नहीं होता क्योंकि वह उस सर्वातीत-नियम यानी सनातन-विधान को मानता है जिसका अर्थ है हृदय में स्थित परमगुरु की आज्ञा का पालन करना[10] । हृदय के अन्दर की इस मौन वाणी के सामने संसार के मानदण्डों का कलरव नगण्य हो जाता है । सदैव उस अन्तर्यामी की वाणी को सुनते हुए वह अपना काम अविचल बना रह करता रहता है – "*पृथ्वी की तरह अविचल, स्तम्भ के समान दृढ़, तरंगहीन सरोवर की भाँति निर्मल*"[11]।

जैसे शुद्ध पर्वतीय समीर देवदार के वृक्षों में प्रवाहित होकर सब का परागण तो करता जाता है परन्तु किसी पर आसक्त हो कर रुक नहीं जाता, वैसे ही शिष्य भी जन समुदाय के बीच रहता है । चाहे वह बड़े बड़े नगरों में रहे चाहे पर्वत शिखर पर, होता वह बिना घरबार वाला (***अनिकेतः***) ही है क्योंकि वह चाहे सब सामाजिक कर्तव्य निभाता रहे फिर भी कुल, जाति, धर्म इत्यादि के बन्धनों से मुक्त होता है । हर्मीस के शब्दों में "*उसने अपना तम्बू उखाड़ लिया है*" और चाहे वह बाहर से संन्यासी के वस्त्र धारण न भी करे, संसार में कोई जगह ऐसी नहीं जिसके बारे में उसे ऐसा आभास होता हो कि "*यह मेरी है, मैं यहाँ का हूँ*" । श्लोक (19)

(20) ***ये तु धर्म्यामृतम् इदम् यथा उक्तम् पर्युपासते ।***
श्रद्दधानाः मत्परमाः भक्ताः ते अतीव मे प्रियाः ॥

---

[10] इस कथन का अर्थ सामान्य अनैतिकता की अभिपुष्टि नहीं समझना चाहिए । ये शब्द केवल उस शिष्य पर ही लागू होते हैं जो इतना अहंकारहीन हो कि सदा गुरुवाणी सुन सकता हो, इतना सन्तुलित हो कि उस वाणी व अन्य आवाज़ों का भेद पहचान सके और इतना भक्तिमय हो कि उसके आदेशों का पालन कर सके । जब तक यह न हो तब तक सिर्फ़ दिमाग़ी समझ से प्रचलित नैतिक व शिष्ट आचार-विचारों के खोखलेपन को जान कर ही उनकी अवहेलना नहीं करनी चाहिए । इस सिलसिले में जर्मन दार्शनिक नीत्शे (Nietzsche) की दुर्गति को चेतावनी समझना चाहिए ।

[11] *धम्मपद*।

जो श्रद्धापूर्वक इस उपर्युक्त अमर्त्य धर्म का पालन करते हैं, मेरी पर्युपासना करते हैं, वे मेरे परायण भक्त मुझे प्रिय होते हैं।

श्लोक (20) यह है भक्तिपथ। जो इस पथ पर अपने मोक्ष के लिए नहीं बल्कि शरणागत पथिकों को सच्चा जीवनामृत प्रदान करने वाले "उस" शाश्वत की सेवा[12] भावना से चलते हैं, नित्य कृष्ण के वे सेवक, संसार के चूड़ामणि, वे प्रिय शिष्य अन्धकार में ज्योतिपुञ्जों के समान चमकते हैं।

[12] **पर्युपासना** का मुख्य अर्थ है "परिचर्या करना, सेवा करना"। सामान्यतः किया गया अर्थ "पूजा करना" गौण है और इस प्रसंग के वास्तविक अर्थ को छिपा देता है।

अध्याय 13

क्षेत्रक्षेत्रज्ञ विभाग योग

अब हम गीता के तीसरे अनुभाग के प्रारम्भ में आ पहुँचे हैं और इस अध्याय को शुरू करने से पहले यहाँ कुछ आम बातें कह देना आवश्यक प्रतीत होता है । अन्तिम छः अध्यायों के इस खण्ड में दार्शनिक शिक्षण विस्तारपूर्वक दिया गया है । इन में से कई शिक्षाओं का ज़िक्र पहले भी आया था लेकिन वहीं पर उनका विस्तृत विवरण दिया जाता तो विवेचना का धाराप्रवाह भंग हो जाता। यही नहीं, पथ की प्रारम्भिक अवस्थाओं में रीतिबद्ध व्याख्या पर आवश्यकता से अधिक ज़ोर देने से अन्तःप्रेरणा की जगह केवल दिमाग़ी पकड़ ही विकसित होती है । परन्तु यह फिर भी स्मरणीय है कि यह पथ संसार का स्वामित्व प्राप्त कराने वाला पथ है, और अब, जब कि दिव्यदर्शन की ऊँचाइयाँ शिष्य की पकड़ में आ गई हैं, यह आवश्यक हो जाता है कि आध्यात्मिक प्रकाश से ओतप्रोत उसकी प्रज्ञा अपनी कर्मभूमि – इस विश्व – के सिद्धान्तों को भली भाँति समझ ले । इसी कारण कई पाठकों को इन अन्तिम अध्यायों में कुछ रसापकर्ष का सा अनुभव होता है ।

सबसे पहले "चेतना" और "जिन वस्तुओं की चेतना होती है" उनमें अन्तर समझना आवश्यक है । अपने अनुभव का परीक्षण करने पर हम देखते हैं कि वह अनुभव चैतन्य की ज्योति[1] से प्रकाशित "सचमुच" की अनेकानेक वस्तुओं से बना होता है । क्षेत्र (यानी चेतना के क्षेत्र) और क्षेत्रज्ञ (यानी बोध के निर्मल प्रकाश) का भेद यही है । ध्यान देने पर समझ में आएगा कि जिस भौतिक शरीर को अज्ञानीजन मूढ़तावश अपना "अहम्" समझते हैं वह तो बस ऐसा अभिसरण-बिन्दु मात्र होता है जिसमें केवल अपने इन्द्रिय-अनुभव-जन्य नामरूप या न्यास एकत्रित किये जाते हैं । भौतिकवादियों का यह विचार कि रक्त, मांस, मज्जा इत्यादि से बने शरीर का अपना अस्तित्त्व होता है मात्र एक मानसिक धारणा ही है जो

---

[1] परिशिष्ट "क" देखिए ।

केवल चेतन अनुभव के अमूर्तीकरण (abstraction) द्वारा बनाई जाती है। अन्य अमूर्तीकरणों के समान एकदम कृत्रिम यह धारणा भी वैज्ञानिक समझ का विकास करने के लिए उपयोगी तो है परन्तु आध्यात्मिक क्षेत्र में सरासर व्यर्थ है।

परन्तु अनुभव का विश्लेषण यहीं समाप्त नहीं हो जाता। यदि शिष्य साक्षी चैतन्य की ज्योति को अवलोकित नामरूपों, इन्द्रियों, भावनाओं तथा विचारों के विषयों से खींच ले तो देखेगा कि यह ज्योति विभिन्न प्राणियों में भिन्न नहीं होती बल्कि सूर्य के प्रकाश के समान एक ही होती है, चाहे वह नीले समुद्र को प्रकाशित करती हो अथवा लाल धरती को। किसी विशिष्ट दृष्टिकोण से संयुक्त होने पर भी इस प्रकाश को सर्वव्यापी ही कहा जा सकता है। प्रकाशित क्षेत्र कितने ही भिन्न क्यों न हों प्रकाश तो एक चींटी में भी वही होता है जो मनुष्य में और, यद्यपि अभी विज्ञान इस बात को मानने के लिए तैय्यार नहीं है, एक पत्थर के अन्दर भी वही होता है जो एक जीवित प्राणी में।

अर्जुनः उवाच

प्रकृतिम् पुरुषम् च एव क्षेत्रम् क्षेत्रज्ञम् एव च।
एतत् वेदितुम् इच्छामि ज्ञानम् ज्ञेयम् च केशव॥ [1]

अर्जुन ने कहा : हे केशव, प्रकृति-पुरुष, क्षेत्र-क्षेत्रज्ञ, तथा ज्ञान-ज्ञेय, यह जानने की इच्छा है मुझे।

श्रीभगवान् उवाच

(1) *इदम् शरीम् कौन्तेय क्षेत्रम् इति अभिधीयते।*
एतत् यः वेत्ति तम् प्राहुः क्षेत्रज्ञः इति तद्विदः॥

श्रीकृष्ण ने कहा : हे कौन्तेय यह शरीर क्षेत्र है, ऐसा कहा जाता है, और जो इस क्षेत्र को जानता है उसे क्षेत्रज्ञ कहते हैं।

[1] कुछ संस्करणों में यह श्लोक नहीं दिया जाता और इसीलिए इसे क्रमसंख्या नहीं दी गई है। (अनुवादक)

(2) ***क्षेत्रज्ञम् च अपि माम् विद्धि सर्वक्षेत्रेषु भारत ।***
क्षेत्रक्षेत्रज्ञयोः ज्ञानम् यत् तत् ज्ञानम् मतम् मम ॥

हे भारत, सब क्षेत्रों में मुझे ही क्षेत्रज्ञ जानो । मेरे मत में क्षेत्र-क्षेत्रज्ञ का ज्ञान ही सच्चा ज्ञान है ।

अब जाकर शिष्य श्रीकृष्ण के इस कथन को समझ पाता है कि वे स्वयं (यानी ***आत्मन्*** या सर्वदृष्टा चैतन्य) सब क्षेत्रों के क्षेत्रज्ञ हैं । यदि शिष्य हृदय में परीक्षण करे तो वह विश्व को समझने के राजमार्ग पर आ पहुँचेगा और इस दुनिया की भूलभुलैया से निकलने का रास्ता बताने वाला मानचित्र उसके हाथ में आ जाएगा । श्लोक (2)

आरम्भ तो यहाँ हमारे इन्द्रिय अनुभव से ही होता है । यदि हम आँख खोलकर देखने को तैयार हों तो पता चलेगा कि गीता की शिक्षा यहाँ हमारे दैनिक जीवन की बिल्कुल नज़दीकी बातों के बारे में है, न कि किन्हीं दूरदराज़ की विलक्षण बातों के बारे में । परन्तु साथ ही यह भी कह देना चाहिए कि "*जो वहां है वह ही यहां भी है; जो यहां नहीं वह कहीं नहीं*" । यह सत्य इतना स्पष्ट चमकता है कि जो इसे एक बार देख लेता है वह यह नहीं समझ पाता कि अब तक वह उसके प्रति अन्धा क्यों था । उसने अपना दीपक जला लिया होता है, और इसका असर ठीक वैसा ही होता है जैसे अँधेरे में सहसा प्रकाश जगमगाने से होता है । "*तुम्हारे भीतर ही समस्त संसार की ज्योति है*" ऐसा प्राचीन काल के सब ऋषि-मुनियों ने कहा है, परन्तु अब उनके वचन एक उद्दीप्त ज्योति के समान चमकने लगते हैं और इस दिव्य प्रकाश में मिथ्या विश्वास व मूढ़ाग्रह सूर्य के सामने दीपक जैसे लुप्त हो जाते हैं – "*मेरे मत में क्षेत्र-क्षेत्रज्ञ का ज्ञान ही सच्चा ज्ञान है*" ।

(3) ***तत् क्षेत्रम् यत् च यादृक् च यद्विकारि यतः च यत् ।***
सः च यः यत्प्रभावः च तत् समासेन मे शृणु ॥

क्षेत्र क्या है, उसके गुण व विकार क्या हैं, किन कारणों के क्या फल होते हैं, तथा वह [क्षेत्रज्ञ] कौन है और उसके प्रभाव क्या हैं, यह संक्षेप में मुझसे सुनो ।

(4) *ऋषिभिः बहुधा गीतम् छन्दोभिः विविधैः पृथक् ।*
ब्रह्मसूत्रपदैः च एव हेतुमद्भिः विनिश्चितैः ॥

[क्षेत्र व क्षेत्रज्ञ का यह यह तत्त्व] ऋषियों द्वारा अनेक प्रकार से और विविध युक्तियुक्त तथा निश्चयी ब्रह्मसूत्रपदों के छन्दों में गाया गया है ।

(5) *महाभूतानि अहंकारः बुद्धिः अव्यक्तम् एव च ।*
इन्द्रियाणि दश एकम् च पञ्च च इन्द्रियगोचराः ॥

पञ्चमहाभूत, अहंकार, बुद्धि, मूलप्रकृति, ग्यारह इन्द्रियाँ, तथा पाँच इन्द्रियों के विषय,

(6) *इच्छा द्वेषः सुखम् दुःखम् संघातः चेतना धृतिः ।*
एतत् क्षेत्रम् समासेन सविकारम् उदाहृतम् ॥

तथा इच्छा, द्वेष, सुख, दुःख, देह, चेतना, धृति, ये सब संक्षेप में क्षेत्र कहे गए हैं ।

इस क्षेत्र या अनुभव के वस्तु-विषय का विश्लेषणा प्राचीन काल के आचार्यों ने
श्लोक (5) चौबीस तत्त्वों में किया है । सबसे पहले आते हैं पञ्चमहाभूत जिन्हें प्रतीकात्मक रूप से पृथ्वी, जल, अग्नि, वायु और आकाश[2] कहा गया है । इन्हीं से सम्बन्धित हमारे पाँच इन्द्रियज्ञान [गंध, रस, रूप, स्पर्श तथा शब्द] हैं । इसके बाद ग्यारह इन्द्रियाँ आती हैं, यानी पाँच कर्मेन्द्रियाँ [वाक्, हस्त, पाद, उपस्थ तथा गुदा], पाँच ज्ञानेन्द्रियाँ [नाक, जिह्वा, नेत्र, त्वचा तथा कान] व ग्यारहवाँ (***निम्न***) ***मनस्*** जो सदैव एक आन्तरिक इन्द्रिय के रूप में काम करता है । और अब आते हैं ***अहंकार*** जिसे अन्य स्थानों पर ***उच्च मनस्*** कहा गया है, ***बुद्धि*** (जिसे प्रायः, और यहाँ भी ***महत्*** के साथ ही शामिल माना गया है और जिसके द्वारा सार्वभौमिक परिकल्पन का ज्ञान होता है) तथा अन्ततः सब नामरूपों की जननी स्वयं ***मूलप्रकृति***[3] ।

---

[2] परिशिष्ट "ज" देखिये ।

[3] स्थानाभाव के कारण यहां इन तत्त्वों की अतिसंक्षेप रूप में केवल गणना की जा रही है । विस्तृत विवरण के लिए पाठकों को सांख्य विषय पर किसी भी पुस्तक को पढ़ लेना चाहिए और विशेष तौर पर जगदीशचन्द्र चटर्जी कृत उत्कृष्ट पुस्तक *इन्डियाज़ आउटलुक ऑन लाइफ़* (*India's Outlook on Life.* Kailash Press, New York) को देखना चाहिए ।

नामरूपों का विश्व इन तत्त्वों के ढाँचे पर निर्मित होता है । यह ध्यान देने योग्य है कि इनमें से निम्नतम तत्त्वों को ही हम भौतिक मानते हैं, अन्य सबको मानसिक कहना चाहिए । इन मानसिक तत्त्वों के रूपभेद को हम राग, द्वेष, सुख, दुःख, विचार, भावना इत्यादि के रूप में जानते हैं, परन्तु ये सब चैतन्य की ज्योति के लिए दृश्यमात्र होते हैं और यही सब मिलकर अनुभव का सम्पूर्ण वस्तुविषय बनते हैं । श्लोक (6)
इस मान्यता का आधार यह है कि इन्द्रियस्पर्श को ही नहीं बल्कि भावनाओं तथा विचारों को भी "वस्तुविषयों" व उनकी "अभिज्ञा" में विश्लेषित किया जा सकता है ।

(7) *अमानित्वम् अदम्भित्वम् अहिंसा क्षान्ति आर्जवम् ।*
आचार्योपासनम् शौचम् स्थैर्यम् आत्मविनिग्रहः ॥

विनम्रता, अदम्भ, अहिंसा, क्षान्ति (क्षमाभाव), आर्जव (मन व वाणी की सरलता), गुरुभक्ति, शुद्धता, [अन्तःकरण की] स्थिरता, आत्मनियन्त्रण,

(8) *इन्द्रियार्थेषु वैराग्यम् अनहंकारः एव च ।*
जन्ममृत्युजराव्याधिदुःखदोषानुदर्शनम् ॥

इन्द्रियभोग से वैराग्य, अहंकारहीनता, तथा जन्म, मृत्यु, वृद्धावस्था, रोग व दुःख के दोषों पर मनन करना,

(9) *असक्तिः अनभिष्वङ्गः पुत्रदारगृहादिषु ।*
नित्यम् च समचित्तत्वम् इष्टानिष्टोपपत्तिषु ॥

नासक्ति, पुत्र, स्त्री, घर इत्यादि से तादात्म्य स्थापित न करना, तथा प्रिय व अप्रिय की प्राप्ति में समचित्त रहना,

(10) *मयि च अनन्ययोगेन भक्तिः अव्यभिचारिणी ।*
विविक्तदेशसेवित्वम् अरतिः जनसंसदि ।

मुझ में अनन्यभाव से अव्यभिचारिणी भक्ति रखना, एकान्त और शुद्ध स्थान में रहने का स्वभाव बनाना, जनसमुदाय के बीच में रहने में अरुचि रखना,

(11) *अध्यात्मज्ञाननित्यत्वम् तत्त्वज्ञानार्थदर्शनम् ।*
एतत् ज्ञानम् इति प्रोक्तम् अज्ञानम् यत् अतः अन्यथा ॥

अध्यात्मज्ञान में नित्य स्थिति, तत्त्वज्ञान को समझना, यह सब तो ज्ञान है और जो यह नहीं वह अज्ञान है, ऐसा कहते हैं ।

चौबीस तत्त्वों के बाद कुछ गुणों की गिनती कराई गई है जिन्हें इसलिए ज्ञान माना गया है क्योंकि उनके द्वारा ही ज्ञान की प्राप्ति होती है । इन सब गुणों को बताने के पीछे आशय यह है कि शिष्य को यह अनुभूति हो जाए कि ये नामरूप ***आत्मन्***
श्लोक (7-11) नहीं हैं, या भगवान बुद्ध के शब्दों में "*यह मेरा नहीं, मैं यह नहीं, यह मेरा सच्चा स्वरूप नहीं*"[4] । इस प्रकार उस बहिर्वेशन प्रक्रिया का अन्त कर दिया जाता है जो प्रकाश को अनित्य नामरूपों से बाँधे रहती है और उस सनातन ज्ञान की प्राप्ति होती है जो सब कुछ का साक्षी होते हुए भी सबसे निर्लिप्त रहने वाले, सदा अपरिवर्त्य, ***आत्मन्*** का ज्ञान होता है ।

(12) ***ज्ञेयम् यत् तत् प्रवक्ष्यामि यत् ज्ञात्वा अमृतम् अश्नुते ।***
अनादिमत् परम् ब्रह्म न सत् तत् न असत् उच्यते ॥

जिसे जानना चाहिए और जिसे जानकर अमरत्व प्राप्त होता है उसे अच्छी तरह बताऊँगा । वह अनादि परब्रह्म न सत् है और न उसे असत् कहा जा सकता है ।

(13) ***सर्वतःपाणिपादम् तत् सर्वतोऽक्षिशिरोमुखम् ।***
सर्वतःश्रुतिमत् लोके सर्वम् आवृत्य तिष्ठति ॥

सब जगह हाथ पैर वाला तथा सब जगह नेत्र, सिर व मुख वाला, समस्त विश्व में जिसके कान हैं, वह सब कुछ को आच्छादित किए स्थित रहता है ।

---

[4] *मज्झिम निकाय* 1, 135 ।

यह सनातन ***आत्मन्*** ही ज्ञेय होता है – "*जिसे जान कर अमरत्व प्राप्त होता है*" । यह वही सर्वातीत ***आत्मन्***[5] है जो अव्यक्त होने के कारण न *सत्* है और न *असत्* । अखिल विश्व के समस्त दृश्य के इस द्रष्टा के हाथ-पाँव प्रत्येक जगह होते हैं और प्रत्येक जगह उसके आँख-कान । श्लोक (12)

जब यह कहा जाता है कि वह "***सर्वम् आवृत्य तिष्ठति***" – *सब कुछ को आच्छादित किए स्थित रहता है*" तो यह कोई अर्थहीन धार्मिक शब्दसज्जा नहीं बल्कि उस आश्चर्यमय *द्रष्टा ज्योति* का सीधासादा विवरण है जो समस्त अगणित लोकों का एक-एक कण अपनी गोद में लिए रहती है । श्लोक (13)

गीता जैसी पुस्तकों को समझने में सबसे बढ़ी कठिनाई यह होती है कि हमें उन्हें एक विशेष प्रकार के "धार्मिक" मूड में पढ़ने की आदत पढ़ जाती है, और चाहे हम वर्णित तथ्यों पर "विश्वास" करते भी हों तो भी उन्हें एक अलौकिक परिधान में लपेट कर जीवन के वास्तविक संसार से अलग कर देते हैं । परन्तु ऐसा करना घातक सिद्ध होता है; हमें यह सीखना चाहिए कि जिसका यहां वर्णन हो रहा है वह हमारे चारों ओर यहीं है और उसे इसी समय देखा जा सकता है, भले ही ज्योति के निस्सीम सागर की थाह लेने में हमें युगों लग जाएँ ।

(14) ***सर्वेन्द्रियगुणाभासम् सर्वेन्द्रियविवर्जितम् ।***
असक्तम् सर्वभृत् च एव निर्गुणम् गुणभोक्तृ च ॥

वह सब इन्द्रियों के गुणों से चमकने वाला [परन्तु] सब इन्द्रियों से अलग, आसक्ति रहित [परन्तु] सबका धारण-पोषण करने वाला, निर्गुण [परन्तु] गुणों को भोगने वाला है ।

---

[5]यद्यपि गीता में यहाँ ***परम् ब्रह्म*** पद का उपयोग किया गया है परन्तु आशय अव्यक्त **आत्मन्** (आठवाँ अध्याय देखिए) से है जिसे कठोपनिषद् में ***शान्त आत्मन्*** कहा गया है । सच कहा जाय तो ***परम् ब्रह्म*** किसी भी ज्ञान का वस्तुविषय नहीं हो सकता, परन्तु व्यवहार में अधिकतर ***शान्त आत्मन्*** और ***परब्रह्म*** को एक ही मान लिया जा सकता है । (परिशिष्ट ङ देखिए)

श्लोक (14)

पुरातन ज्ञान तो हृदयाकाश में स्वर्णाक्षरों में अंकित है ही, बस शिष्य को तो अन्तर्मुखी होकर स्वयं इसके सन्देश को पढ़ना भर होता है। ऐसा करने पर उसे मालूम हो जाएगा कि इन्द्रियों से पृथक होते हुए भी अमर चैतन्य इन इन्द्रियों की शक्ति से ही चमकता है। वास्तव में आँख से देख लेने की प्रकटमान शक्ति, पूर्णरूप से उस ज्योति में निहित दर्शनशक्ति पर निर्भर होती है जो आँख के द्वारा देखती है परन्तु जिसे आँख नहीं देखती; जो कान के द्वारा सुनती है परन्तु जिसे कान नहीं सुन सकते; जो मन के द्वारा सोचती है पर जिसे मन नहीं सोच सकता।

"वह अदृश्य द्रष्टा है, अनसुना सुनने वाला, अनसोचा सोचने वाला। उसके अतिरिक्त न कोई द्रष्टा है न श्रोता। यही सच्चा स्वरूप है, अन्तर्यामी शासक, चिरन्तर अमर"[6]।

"वह" इस मायने में सबका आधार होता है कि वह समस्त नामरूपों को अपने आलिंगन में बाँधे रहता है, और यदि उसका अवलम्बन क्षण भर के लिए भी हटा लिया जाय तो सब कुछ तत्काल धराशायी हो जाय। सबका द्रष्टा होते हुए भी वह किसी से भी लिप्त नहीं होता और इस प्रकार उसकी निस्संग दृष्टि में सुख-दुःख के अनुभव एक समान होते है। वास्तव में कुछ पण्डितों के मतान्तर के बावजूद, यह "निर्गुणता या निस्संगता" एक ऐसा पहलू है जिस पर आरम्भ में ही ध्यान चला जाता है।

(15) ***बहिः अन्तः च भूतानाम् अचरम् चरम् एव च।***
सूक्ष्मत्वात् तत् अविज्ञेयम् दूरस्थम् च अन्तिके च तत्॥

सब चर व अचर भूतों के बाहर और भीतर तथा अपनी सूक्ष्मता के कारण अविज्ञेय, वह समीप भी है और दूर भी।

---

[6]बृहदारण्यक उपनिषद् 3, 7, 2, 3। केनोपनिषद् भी देखिए जहाँ देवगण (ऐन्द्रिक शक्तियाँ) ब्रह्मन् (परम ज्योति) की सहायता के बिना अपने काम कर पाने में अपने को असमर्थ पाते हैं।

श्लोक (15)

यद्यपि ज्योति मानव के हृदय में दीप्तिमान होती है और सबसे पहले उसकी अनुभूति हृदय में ही होती है फिर भी यह सोच लेना कि ज्योति केवल वहीं है और बाहर नहीं, एक बड़ी भूल होती है[7] । हृदय वह अभिसरण बिन्दु है जिसके माध्यम से वह ज्योति प्रदीप्त होती है परन्तु वह उतनी ही हम से बाहर भी होती है जितनी भीतर, क्योंकि अनुभव का सम्पूर्ण वस्तुविषय उस ज्योति की तरंगों पर ही तैरता है –

As a cloud that hides the moon, so matter veils
The face of Thought.[8]

जैसे चाँद को कोई बादल ढक लेता है
वैसे ही, चिन्तन के मुखड़े को जड़ता का पर्दा ।

यह ज्योति इतनी सूक्ष्म है कि सर्वव्यापक होते हुए भी इसका बोध मनुष्यों को नहीं हो पाता, और "अपनी साँस से भी निकट" होते हुए वह विश्व की बड़ी से बड़ी गहराई की दूरी से भी अधिक दूर होती है । उसकी गहन घोर-गहराइयों से हमारा यह विश्व, और ब्रह्माण्ड के अन्य छोटे-बड़े विश्व एक ऐसे तारापुंज के समान प्रतीत होते हैं जो आकार में मनुष्य की हथेली के बराबर हो ।

"उस" की दृढ़ अचलता ही विज्ञान के "अटल" सर्वभौमिक सिद्धान्तों का आधार है, परन्तु इसके साथ ही वह ज्योति सजीव भी है और उस *आन्तरिक* गति से प्रदीप्त भी जो ब्रह्माण्ड की समस्त गति का स्त्रोत है ।

(16) ***अविभक्तम् च भूतेषु विभक्तम् इव च स्थितम् ।***
भूतभर्तृ च तत् ज्ञेयम् ग्रसिष्णु प्रभविष्णु च ॥

---

[7] *सीक्रेट आॅफ़ दि गोल्डन फ़्लावर (Secret of the Golden Flower)* से तुलना कीजिए *"ज्योति केवल शरीर में ही नहीं होती और न ही केवल शरीर के बाहर होती है, सूर्य-चन्द्र से प्रकाशित पर्वत, नदियाँ और यह पृथ्वी, सब वही ज्योति हैं, अतः वह केवल इस शरीर में ही विद्यमान नहीं होती"* ।

[8] आर्थर वेली (Arthur Waley) द्वारा अनुवादित *"नो "नाटक (Nö Plays)* ।

और वह अविभाज्य है परन्तु सब भूतों में पृथक्-पृथक् के सदृश्य प्रतीत होता है । वह सबका भरण-पोषण करने वाला [विष्णु] जानने योग्य है, भक्षण करने वाला (ग्रसिष्णु) भी है तथा उत्पन्न करने वाला (प्रभविष्णु) भी ।

श्लोक (16) जैसे सूर्य, या दिन का प्रकाश, एक होते हुए भी समस्त प्रतिबिम्बित करने वाली वस्तुओं में बँट जैसा जाता है वैसे ही "ज्योति" भी अखण्ड सतत इकाई होते हुए भी विभिन्न नामरूपों से तादात्म्य कर लेने के कारण विभक्त प्रतीत होती है । "उस" के बारे में उलटबाँसियों के द्वारा ही कुछ कहा जा सकता है । पहले कहा ही जा चुका है कि एक विशेष प्रकार की "उदासीनता" इसका मुख्य लक्षण है परन्तु इस उदासीनता को नितान्त नीरसता समझना बिल्कुल ग़लत होगा । वह तो शान्त व दिव्य आनन्द होता है ।

श्लोक (16) ऐसे ही इस "तत्" की अकर्मता के बारे में भ्रान्ति उत्पन्न हो जाना बहुत सरल है । अकर्मता व निस्संगता, ये दो लक्षण ही शिष्य को सबसे पहले नज़र आते हैं । इसके बावजूद – और इसकी सत्यता को कोई भी अनुभवी व्यक्ति अस्वीकार नहीं कर सकता – और श्लोक 29 के इस कथन के बावजूद कि सब कर्म मूलप्रकृति द्वारा किए जाते हैं, यह फिर भी अपनी जगह सच है कि नामरूपों का सृजन, परिपालन व विलय "ज्योति" के स्वभाव में निहित है ।

यहाँ शब्द व्यर्थ हो जाते हैं । हृदय की और अधिक गहराइयों में जाकर हमें यह देखना होगा कि उस अतिरहस्यमय अकर्मता में, उस मर्म में, दैवी सृजनात्मक शक्ति छिपी पड़ी है । "वह" आँख खोलता है और नामरूप उत्पन्न हो जाते हैं, "वह" देखता रहता है और वे बने रहते हैं, और "उसने" आँख बन्द की नहीं कि नामरूप फिर महागर्भ में लुप्त हो जाते हैं । ब्रह्माण्ड तथा पिण्डाण्ड दोनों में ही इच्छाशक्ति का रहस्य यही है । दैवी ही नहीं मानवीय इच्छाशक्ति भी केवल बाहरी नामरूपों पर अवलम्बित नहीं होती, उसका सार एक दैवी स्वातंत्र्य होता है । ज्योति जब चाहे तब बाहर देख सकती है और जब चाहे तब न देखे, और देखने के स्तर को बदलने की भी उसमें शक्ति होती है[9] । इस बात का वर्णन करना

[9]पिछले पृष्ठों में अध्याय 3 के अन्त में देखिए ।

सम्भव नहीं है; इसे तो अनुभव पाकर अपने हृदय में जानना पड़ता है । इस रहस्यमय कर्मरहित कर्म को न समझ सकने का परिणाम भयंकर होता है क्योंकि ऐसे में सत्ता के हृदय में स्थित आह्लादपूर्ण दिव्यज्योति का स्रोत एक जड़-सनातन, एक चिरन्तन व्यर्थता के रूप में बदल जाता है ।

न देवताओं की स्तुति, न कर्मकाण्ड का पालन, न मन्त्रसिद्धि, न पूजा-पाठ, और न ही सन्तों का आशीर्वाद हृदय के उस ज्ञान की जगह ले सकता है जो परमज्ञान पाने का एकमात्र साधन है । केवल ***मनस्*** का स्पष्ट तीव्र प्रकाश ही उस ज्योति-की-ज्योति से मिलकर महान्धकार को छेद कर उसपार लक्ष्य तक पहुँच सकता है । औपनिषिदिक ऋषियों का कहना है कि "*उसे मन द्वारा प्राप्त किया जाता है*" और हर्मीस का कथन भी है कि "*मनुष्यों में यही मन ईश्वर है और इसी कारण मानवजाति के कुछ सदस्य ईश्वर तुल्य होते हैं और उनकी मानवीयता दैवत्व के सन्निकट होती है*" ।

(17) ***ज्योतिषाम् अपि तत् ज्योतिः तमसः परम् उच्यते ।***
ज्ञानम् ज्ञेयम् ज्ञानगम्यम् हृदि सर्वस्य विष्ठितम् ॥

ज्ञान, ज्ञेय और ज्ञातव्य के लक्ष्य, तथा सबके हृदय में स्थित ज्योतियों की भी ज्योति, "तत्" को तमस् के पार कहा जाता है ।

(18) ***इति क्षेत्रम् तथा ज्ञानम् ज्ञेयम् च उक्तम् समासतः ।***
मद्भक्तः एतत् विज्ञाय मद्भावाय उपपद्यते ॥

इस प्रकार क्षेत्र, ज्ञान तथा ज्ञेय को संक्षेप में कहा गया है । यह जान कर मेरा भक्त मेरे भाव को प्राप्त होता है ।

(19) ***प्रकृतिम् पुरुषम् च एव विद्धि अनादी उभौ अपि ।***
विकारान् च गुणान् च एव विद्धि प्रकृतिसम्भवान् ॥

यह जानो कि प्रकृति तथा पुरुष दोनों ही अनादि हैं और यह भी जानो कि समस्त विकार व गुण प्रकृति से ही उत्पन्न हुए हैं ।

(20) ***कार्यकरणकर्तृत्वे हेतुः प्रकृतिः उच्यते ।***
पुरुषः सुखदुःखानाम् भोक्तृत्वे हेतुः उच्यते ॥

शरीर तथा इन्द्रियाँ प्रकृति के कारण उत्पन्न होते हैं, सुख और दुःख के भोग का कारण पुरुष कहा जाता है।

श्लोक (19) अब तक क्षेत्र और क्षेत्रज्ञ का अध्ययन मुख्यतः उनको अलग-अलग करने के उद्देश्य से किया गया है,[10] परन्तु अब हमें इस बात पर ग़ौर करना है कि वे एक दूसरे पर कैसे असर डालते हैं। सबसे पहले यह याद रखना चाहिए कि चाहे क्षेत्र स्वयं अनादि न भी हो फिर भी उसकी जननी ***मूलप्रकृति***, क्षेत्रज्ञ अर्थात पुरुष या ***शान्त आत्मन्*** के समान अनादि होती है। जैस हमने आठवें अध्याय में देखा यह दोनों ***परब्रह्म*** के ही अव्यक्त घटक हैं।

आत्मन् के रहस्यमय वरणक्षम दृष्टिपात से ***मूलप्रकृति*** नामरूप व गुणों के क्रमोन्नत विश्व के रूप में आविर्भूत होती है। निम्नलिखित उद्धरण शायद यह बताने में मदद करे कि आधुनिक भौतिकशास्त्र भी इसी निष्कर्ष की ओर आता सा प्रतीत होता है।

> "भौतिकशास्त्रवेत्ता का संसार देशकाल में होने वाले निरन्तर घटनाक्रमों का संसार है जिसके लक्षण गणित की (यानी अमूर्त, आदर्श, अनैन्द्रिक) विशेषताओं तक ही सीमित हैं। मन इन पर या तो ऐसे प्रतिमानों का आरोपण करता है या इनमें से ऐसे प्रतिमानों का चयन कर लेता है जो उसे औरों से अधिक स्थायी नज़र आते हैं। इन प्रतिमानों को उभार कर मन निरन्तर रहने वाली वस्तुओं में बदल देता है जो दिन प्रतिदिन की मेज़-कुर्सीयों के रूप में सामने आती हैं। विभिन्न मन अपनी-अपनी विभिन्न रुचियों के अनुसार अलग-अलग प्रतिमान चुन कर पृथक-पृथक संसार "देखते" हैं[11]।

---

[10] इस कथन की मनीस (Manes) के सिद्धान्त (*Manichæn* doctrine) से तुलना कीजिए जिसके अनुसार धार्मिक जनों का कर्तव्य भैतिकता के अन्धकार में फँसे ज्योति के एक कण को अलग करना है। परन्तु मनीस के हाथों में यह सिद्धान्त इस द्वैतवाद से आगे नहीं बढ़ता।

[11] सी. ई. एम. जोड कृत *रिटर्न टु फ़िलॉसफ़ी* (*Return to Philosophy* by C.E.M. Joad)। कोष्ठकों में रखे शब्द जोड़े गये हैं।

यह अन्तिम वाक्य बहुत मार्के का है क्योंकि यह विभिन्न स्तरों या लोकों के स्वभाव पर प्रकाश डालता है । लेखक ने जिन काल्पनिक विभिन्न मनों का उल्लेख किया है उनकी वास्तविक सत्ता चेतना की विभिन्न अवस्थाओं के रूप में होती है ।

तो फिर, ***मूलप्रकृति*** ही समस्त देश-काल में होने वाले ऐसे उन सब घटनाक्रमों की शृंखला की मूल हुई जिनके उत्पत्ति के कारण आपस में संबन्धित होते हैं । परन्तु इस शृंखला का आविर्भाव प्रिय अथवा अप्रिय जीवन्त इन्द्रिय-ज्ञान (अथवा भावना या विचार) के रूप में *पुरुष* की ज्योति अर्थात साक्षी चैतन्य के कारण ही सम्भव होता है । घटनाक्रम की शृंखला पर दृष्टि लगाए यह पुरुषज्योति उन प्रतिमानों को खींच निकालती है जिन्हें किसी स्तर पर दृश्य रूप में कोई महत्त्व प्राप्त करना होता है, और ऐसा करने में वह उनसे अपना तादात्म्य स्थापित कर लेता है । श्लोक (20)

(21) ***पुरुषः प्रकृतिस्थः हि भुङ्क्ते प्रकृतिजान् गुणान् ।***
कारणम् गुणसङ्गः अस्य सदसद्योनिजन्मसु ॥

प्रकृति में स्थित पुरुष ही प्रकृति से उत्पन्न हुए गुणों को भोगता है और इन गुणों से अनुरक्ति के कारण ही वह अच्छी या बुरी योनि में जन्म लेता है ।

ठीक जैसे अपनी कुर्सी पर आराम से बैठा सिनेमा देखने वाला पर्दे पर पड़ते प्रकाश व छाया से बने चित्रों से तादात्म्य स्थापित कर सुख व दुःख का अनुभव करता है वैसे ही ***आत्मन्*** का मुक्त आनन्दमय स्वभाव भी नितान्त निरपेक्ष घटनाक्रम से उत्पन्न हर्ष-विषाद से रंजित होता हुआ प्रतीत होता है । वह अनादि-अनन्त उन नामरूपों के साथ जन्म लेता है और मरता है जिन्हें उसने स्वयं ही उभारा है और जिन पर नज़र डाल उनसे तादात्म्य स्थापित किया है । श्लोक (21)

(22) ***उपद्रष्टा अनुमन्ता च भर्ता भोक्ता महेश्वरः ।***
परमात्मा इति च अपि उक्तः देहे अस्मिन् पुरुषः परः ॥

इस देह में परमपुरुष को उपद्रष्टा (देखने वाला), अनुमन्ता (अनुमति प्रदान करने वाला), भर्ता (भरण-पोषण करने वाला), भोक्ता (सुख-दुःख भोगने वाला), महेश्वर या परमात्मा व परब्रह्म भी कहा जाता है ।

श्लोक (22)

नामरूपों के साथ साक्षी चैतन्य का यह संयोग सब एक साथ न होकर उन पाँच स्तरों [12] पर होता है जिनकी गणना यहाँ नीचे से ऊपर की ओर की गई है, परन्तु जिनका अध्ययन उनके विकास के क्रम से करना अधिक सुविधाजनक होगा। सब स्तरों के पार है ***परब्रह्म*** जिसे यहाँ ***पुरुषः परः*** कहा गया है और जिसमें ज्ञान, ज्ञेय तथा ज्ञानी एक ही में विलय हुए होते हैं। इस अचिन्त्य खाई में स्वपरिमितता की एक लहर उठती है जिसके फलस्वरूप अमूर्त अव्यक्त ***(शान्त) आत्मन्*** जिसे यहाँ ***भोक्ता, महेश्वर, परमात्मा*** कहा गया है वह अलग होकर शान्त अलगाव से ***परब्रह्म*** के दूसरे घटक अव्यक्त महागर्भ ***मूलप्रकृति***[13] को निहारता रहता है।

आत्मन् द्वारा इस महागर्भ पर वरणक्षम दृष्टिपात के कारण उसके विभिन्न पहलुओं से ***आत्मन्*** का तादात्म्य स्थापित होने की प्रक्रिया आरम्भ हो जाती है और इस प्रकार वह दूसरा स्तर सामने आता है जिसे यहाँ ***भर्ता*** कहा गया है और जो अद्वय महाप्राण [***महत् आत्मन्***] है। प्रथम स्तर की अगणित सम्भावनाओं में से कुछ चुनी जाकर नई सृष्टि की प्रव्यक्ति का आधार बन जाती हैं (यह चुनाव पिछली सृष्टियों से चले आये हुए संस्कारों या कार्मिक प्रवृत्तियों के अनुसार होता है) और इसीलिए उन्हें सार्वभौमिक परिकल्पन कहा जाता है।

तीसरे स्तर (***बुद्धि***) का यहां अलग से उल्लेख नहीं किया गया है। ***बुद्धि*** व ***महत्*** को प्रायः एक साथ ही लिया जाता है और उत्तरकालीन ग्रन्थों में तो यह दोनों एकदम एक ही मान लिए गए हैं। ***बुद्धि*** को ***महत्*** की शुद्ध ज्ञानशक्ति माना जा सकता है। इन दो का अन्तर बतला सकना सरल नहीं है। ***बुद्धि*** के तीसरे स्तर तक पहुँच जाने वाले का ***महत्*** से सम्पर्क अवश्य ही स्थापित हो जाता है।

चौथा स्तर यहां "***अनुमन्ता***" कहलाया गया है यानी अन्तर्यामी अधिष्ठाता। यह ***उच्च मनस्*** का स्तर है जहां ***बुद्धि-मनस्*** के सर्वग्राही सर्वसंयुक्तकारी स्तर में ज्योति किसी विशिष्ट बिन्दु या दृष्टिकोण को चुन एक विशिष्ट अहम् बन जाती है। इसी कारण अगणित पृथक-पृथक व्यक्ति उत्पन्न होते हैं। यहां अनुभव का

---

[12] गीता के अध्याय 8 श्लोक 9 से तुलना कीजिए। परिशिष्ट "ङ" का चित्र भी देखिए।

[13] परिशिष्ट "च" देखिए।

"वस्तुविषय" होता तो किसी एक दृष्टिकोण के चारों ओर है, परन्तु अनैन्द्रिक होता है – जिसे कुछ लोग शायद ग़लती से अमूर्त भी कहते हैं । इस स्तर को बौद्धजन ***रूपलोक*** कहते हैं जबकि बुद्धि-महत् का तीसरा स्तर ***अरूपलोक*** व पाँचवां (और छठा) स्तर ***कामलोक*** कहलाता है ।

पाँचवां स्तर पक्के इन्द्रियज्ञान, भावना तथा विचार का स्तर होता है । चौथे स्तर की अमूर्त सम्भावनाओं में से वही पहले वाली ज्योति कुछ विशेष प्रतिमान चुनकर उन वस्तुओं का निर्माण करती है जो हमारी साधारण चेतना के वस्तुविष्य होते हैं । यह इन्द्रियों या ***कामभाव*** का लोक होता है और ज्योति को इसका "***उपद्रष्टा***" या नज़र रखने वाला कहा जाता है ।

अगर बहुत बारीकी में जाया जाय तो पाँचवें स्तर के दो भाग किए जा सकते हैं । एक तो होगा वह जिसमें ये मूर्त प्रतिमान "आन्तरिक" यानी स्वप्न, दिवास्वप्न अथवा अन्य प्रतिबिंबों द्वारा निर्मित होते हैं, और दूसरा वह जिसमें "बाहरी" इन्द्रिय न्यास द्वारा भौतिक वस्तुओं का अस्तित्त्व होता है । क्योंकि ये दोनों एक जैसे ही हैं इसलिए गीता इन्हें अलग नहीं करती, यद्यपि कभी-कभी इन्हें अलग माना जाता है । यदि अलग-अलग माना जाय तो छः स्तर हो जाते हैं । ऐसे ही ***बुद्धि-महत्*** को अलग मानते हुए कुछ परम्पराओं में सात स्तर कहे जाते हैं[14] ।

रंग तथा अन्य इन्द्रियबोध के आकारों के विपरीत कुर्सी-मेज़ आदि तथाकथित भौतिक वस्तुएँ केवल ऐसे तर्क-सैद्धान्तिक या कल्पित कारण होते हैं जिनसे हम अपने आप को "***उपद्रष्टा***" स्तर की आधार-सामग्री अर्थात इन्द्रियज्ञान की आधार-सामग्री की नियमितता या व्यवस्था को समझा सकते हैं । इस स्तर के तथ्यों से एक आठवां लोक बनता है जिसमें वास्तविकता-विहीन भूतों (ghosts) का निवास होता है । ऐसे *भूतों* पर आधारित भौतिकवाद ही वास्तविकता पर आधारित होने का इतना दम भरता है !

(23) ***यः एवम् वेत्ति पुरुषम् प्रकृतिम् च गुणैः सह ।***
सर्वथा वर्तमानः अपि न सः भूयः अभिजायते ॥

---

[14] परिशिष्ट "ङ" देखिए ।

जो इस तरह तत्त्वतः पुरुष और प्रकृति को गुणों सहित जानता है वह सब प्रकार से जीवन यापन करता हुआ भी फिर जन्म नहीं लेता।

श्लोक (23) इस ज्ञान को जितना भी महत्त्व दिया जाय कम है क्योंकि इससे शिष्य यह देख पाता है कि नीचे से नीचे के स्तर पर भी सबमें वही एक ***आत्मन्*** होता है। अब स्पष्ट दिखने लगता है कि अध्याय दो का यह शिक्षण सच है कि ***आत्मन्*** को न कोई क्षत-विक्षत कर सकता है और न ही वह जन्म लेता है या मरता है। पृथक अहम्, उसके सिर का वह बोझ था जो उसकी इन चिन्ताओं, आशाओं और आशंकाओं का कारण था, और अब साफ़-साफ़ भ्रममात्र ही दिखता है और शांत चित्त से अब वह उस महायज्ञ में जुट सकता है जिसके दो पहलू होते हैं – पहला, चैतन्य का अधिकाधिक उच्चतर स्तरों से तादात्म्य कर आत्मा के सोपान का आरोहण, और दूसरा, निम्न स्तरों का उच्चतर स्तरों की ज्योति के प्रकाश से तत्त्वान्तरण करना। यद्यपि शिखर तक पहुँचने में [शिष्य को] अनेक जन्म लग जाएँगे परन्तु अजन्मा ज्योति होने के नाते वह दुबारा जन्म नहीं लेगा।

(24) ***ध्यानेन आत्मनि पश्यन्ति केचित् आत्मानम् आत्मना।***
अन्ये सांख्येन योगेन कर्मयोगेन च अपरे॥

कोई ध्यानयोग द्वारा आत्मन् को अपने भीतर देखते हैं, अन्य सांख्ययोग से और कोई कर्मयोग से।

(25) ***अन्ये तु एवम् अजानन्तः श्रुत्वा अन्येभ्यः उपासते।***
ते अपि च अतितरन्ति एव मृत्युम् श्रुतिपरायणाः॥

परन्तु जो यह नहीं जानते और दूसरों से जैसा सुनते हैं वैसी ही उपासना करते हैं वे भी सुने हुए को परमाश्रय मान कर पार हो जाते हैं।

श्लोक (24) इस ज्ञान को प्राप्त करने के अनेक साधन हैं। कोई मनस् की शुद्ध दृष्टि द्वारा ***क्षुद्र अहम्*** में ही नहीं बल्कि शरीर में ही, ***आत्मन्*** को देख लेते हैं। वे यह समझ लेते हैं कि निचला भी जो कुछ है उसकी सत्ता इसी से है कि वह भी उस ही ज्योति से आया है और उस ही में उस की स्थिति है। अतः वे सब रूपों में व्याप्त

इस ज्योति का ही ध्यान करते हैं । कुछ लोग सांख्ययोग के मार्ग पर चल कर नामरूपों को "अनात्मन्" मान कर उसका परित्याग करते हैं, परन्तु द्वैतभाव से बाहर न निकल सकने के कारण वे अनुभवमात्र को प्रकृति का विकार मान कर छोड़ देते हैं । इस तरह क्षुद्र को छोड़ जो बचता है वह ***आत्मन्*** या पुरुष होता है । लेकिन वह इस दुनिया की चीज़ नहीं, सितारों की तरह कहीं दूर की चीज़ होती है ।

कुछ अन्य लोग यही उपलब्धि कर्मयोग से प्राप्त करते हैं – सबमें व्याप्त ***महत् आत्मन्*** के लिए कर्म कर ***क्षुद्र अहम्*** के पार चले जाते हैं । कुछ अन्य सत्य के बारे में आचार्यों की वाणी सुनते हैं, या आधुनिक काल में महात्माओं की लिखी पुस्तकों में उसके विषय में पढ़ते हैं, और ऐसा करते हुए उनके हृदय में एक ऐसी आन्तरिक भावना जाग्रत होती है जो इस सच्चाई की पुष्टि करती है और फिर उस पर वे श्रद्धापूर्वक जमे रहते हैं । ये व्यक्ति भी अमर जीवन का अनुसरण करने वाले होते हैं[15] । श्लोक (25)

(26) ***यावत् संजायते किञ्चित् सत्त्वम् स्थावरजङ्गमम् ।***
क्षेत्रक्षेत्रज्ञसंयोगात् तत् विद्धि भरतर्षभ ॥

हे भरतर्षभ, जो कुछ भी चराचर वस्तु उत्पन्न हुई है उसे क्षेत्र और क्षेत्रज्ञ के संयोग से ही उत्पन्न जानो ।

(27) ***समम् सर्वेषु भूतेषु तिष्ठन्तम् परमेश्वरम् ।***
विनश्यत्सु अविनश्यन्तम् यः पश्यति सः पश्यति ॥

जो सब नष्ट होते हुए भूतों में अविनाशी परमेश्वर को समभाव से बैठा देखता है केवल वही व्यक्ति देखता है ।

(28) ***समम् पश्यन् हि सर्वत्र समवस्थितम् ईश्वरम् ।***
न हिनस्ति आत्मना आत्मानम् ततः याति पराम् गतिम् ॥

सबमें समभाव से स्थित परमेश्वर को देखने वाला अपने द्वारा अपने आत्मन् को नष्ट नहीं करता और इसलिए परमगति को प्राप्त होता है ।

---

[15] यह श्रद्धा अन्धविश्वास नहीं है । अध्याय 17 में इस विषय पर और कुछ लिखा जाएगा ।

(29) ***प्रकृत्या एव च कर्माणि क्रियमाणानि सर्वशः ।***
यः पश्यति तथा आत्मानम् अकर्तारम् सः पश्यति ॥

जो यह देखता है कि सब कर्म केवल प्रकृति ही करती है और स्वयं को अकर्ता देखता है, केवल वही व्यक्ति देखता है ।

श्लोक (26-29) अब यह स्पष्टतः ज्ञात हो जाता है कि सब जीवधारी ज्योति व नामरूपों के संयोग से ही उत्पन्न होते हैं । जो अपने मन को उज्ज्वल नामरूपों के सागर में ***आत्मन्*** की ज्योति को डुबा देने की छूट दे देता है, जो अमरत्व से मुँह मोड़ यह भाव रखता है कि "मैं यह नामरूप ही हूँ, ये नामरूप मेरे हैं" वह अपने सच्चे स्वरूप का हनन कर देता है । उसे चाहिए कि चारों ओर घिरे अन्धकार में अपने मन की आँखें खोले और उस प्रबल अधिष्ठात्री शक्ति को देखे – उस अद्भुत ज्योति को जो सबके मर्म में स्थित होती है । वह यह देखे कि नश्वर नामरूपों में स्थित यह प्रकाश शाश्वत होता है । देखे कि सबमें वह एक ही है, देखे की कर्म-जीवन की आपाधापी व गुलगपाड़ा नामरूपों का आपसी खिलवाड़ मात्र है जो उस निर्मल, सर्वभर्ता प्रकाश को मलिन नहीं कर सकता जो स्वयं अकर्मा होते हुए भी सब नामरूपों को मूलप्रकृति के गर्भ से बाहर लाता है ।

(30) ***यदा भूतपृथग्भावम् एकस्थम् अनुपश्यति ।***
ततः एव च विस्तारम् ब्रह्म सम्पद्यते तदा ॥

वह व्यक्ति जो भूतों के विभिन्न अस्तित्वों को "एक" में स्थित और उसी से उन का विस्तार देखता है वह ब्रह्म को प्राप्त होता है ।

श्लोक (30) जब वह यह सब देख लेता है (और इसे "यहाँ और अभी" देखा जा सकता है) तो उसकी आत्मा को एक अपूर्व शांत मुक्ति प्राप्त हो जाती है । नामरूपों की समस्त विविधता को वह एक विशाल सत्ता में स्थित देख सकता है । यह एकता नीरस और हतप्रभ तो हरगिज़ नहीं है, और इसे समझने का सबसे अच्छा तरीका यह है कि अपने हृदयाकाश में किसी चमकती विचारशृंखला का ध्यान किया जाय जिसमें प्रत्येक विचार पूरी शृंखला से जुड़ कर ही सार्थक होता हो और

पारस्परिकता के नाते, व इस से भी अधिक, एक ही चैतन्य किरण में स्थित होने के नाते सबके विचार एक हों।

जो सेना में काम कर चुका हो वह जानता है कि अपने को किसी बृहत्तर अंशी का अंश जान पाने से किस प्रकार ***क्षुद्र अहम्*** के दासत्व से मुक्ति की भावना आती है। परन्तु अभी यह एकीकरण अधूरा ही होता है और इसमें काफ़ी कुछ अवाञ्छनीय तत्त्वों की मिलावट होती है। परम ऐक्य की अनुभूति से मुक्ति की एक अद्भुत भावना इसलिए उत्पन्न होती है क्योंकि ***क्षुद्र अहम्*** "उस" में ही पूरी तरह घुलमिल जाता है जिसका वह स्वयं अंश होता है – अपने ***सच्चे स्वरूप*** में – और जो ऐसा कुछ नहीं होता जिसमें घुल कर आत्महानि का डर होता हो।

(31) *अनादित्वात् निर्गुणत्वात् परमात्मा अयम् अव्ययः ।*
शरीरस्थः अपि कौन्तेय न करोति न लिप्यते ॥

हे कौन्तेय, अनादि तथा निर्गुण यह अव्यय परमात्मा शरीर में स्थित होते हुए भी न तो कर्म करता है और न उन में लिपायमान होता है।

(32) *यथा सर्वगतम् सौक्ष्म्यात् आकाशम् न उपलिप्यते ।*
सर्वत्र अवस्थितः देहे तथा आत्मा न उपलिप्यते ॥

जिस प्रकार सर्वव्यापी आकाश सूक्ष्म होने के कारण लिपायमान नहीं होता वैसे ही सर्वत्र देह में स्थित आत्मन् लिपायमान नहीं होता।

(33) *यथा प्रकाशयति एकः कृत्स्नम् लोकम् इमम् रविः ।*
क्षेत्रम् क्षेत्री तथा कृत्स्नम् प्रकाशयति भारत ॥

जैसे एक ही सूर्य इस सम्पूर्ण लोक को प्रकाशित करता है वैसे ही, हे भारत, क्षेत्री सम्पूर्ण क्षेत्र को प्रकाशित करता है।

(34) *क्षेत्रक्षेत्रज्ञयोः एवम् अन्तरम् ज्ञानचक्षुषा ।*
भूतप्रकृतिमोक्षम् च ये विदुः यान्ति ते परम् ॥

जो इस प्रकार ज्ञान चक्षुओं से क्षेत्र और क्षेत्रज्ञ में अन्तर जान पाते हैं और भूतप्राणियों की प्रकृति से छुटकारा पा जाते हैं वे परम को प्राप्त होते है।

श्लोक (31-34) अनादि, अव्यय, असीम तथा शरीर में स्थित होने पर भी कर्मों से निर्लिप्त चैतन्य का सूर्य विचाराकाश को प्रदीप्त करता है। जिसने उसकी शान्त अमर दीप्ति देख ली उसे तीनों लोकों में किसी का भय नहीं रह जाता। उसे ज्ञात हो जाता है कि निरन्तर बदलता इन्द्रियलोक इस ज्योति में ही स्थित होता है और वह स्वयं ही वह ज्योति है – निर्मल व प्रशान्त। उसके लिए –

In the wind of the hill-top, in the valley's song,
In the film of night, in the midst of morning,
Is it proclaimed that Thought alone
Is, Was and Shall be.[16]

शिखर समीर और घाटी के गीत में,
रात के पर्दे में, भोर के कोहरे में,
यही उद्घोषित होता है –
एकमात्र मन है बस,
वही था और बस वही रहेगा।

[16] आर्थर वेली (Arthur Waley) द्वारा अनुवादित एक "*नो*" (Nö) नाटक से।

अध्याय 14

गुणत्रय विभाग योग

श्रीभगवान् उवाच

(1) *परम् भूयः प्रवक्ष्यामि ज्ञानानाम् ज्ञानम् उत्तमम् ।*
यत् ज्ञात्वा मुनयः सर्वे पराम् सिद्धिम् इतः गताः ॥

श्रीकृष्ण ने कहा : मैं फिर तुम्हें वह ज्ञानों में उत्तम परम ज्ञान बताता हूँ जिसे जान कर सब मुनिजन इस संसार से मुक्त हो परम सिद्धि को प्राप्त हुए हैं।

(2) *इदम् ज्ञानम् उपाश्रित्य मम साधर्म्यम् आगताः ।*
सर्गे अपि न उपजायन्ते प्रलये न व्यथन्ति च ॥

इस ज्ञान का आश्रय लेकर मेरे स्वरूप को प्राप्त हुए व्यक्ति न तो सृष्टि के आरम्भ में जन्म लेते हैं और न प्रलय के समय व्यथित होते हैं।

(3) *मम योनिः महत् ब्रह्म तस्मिन् गर्भम् दधामि अहम् ।*
सम्भवः सर्वभूतानाम् ततः भवति भारत ॥

हे भारत, मेरा गर्भ ही महत् ब्रह्म है और मैं उसमें (चैतन्य रूप) बीज की स्थापना करता हूँ। इस जड़ चेतन के संयोग से ही सर्वभूतों की उत्पत्ति होती है।

क्षेत्र और क्षेत्रज्ञ (सांख्य के अनुसार *प्रकृति* व *पुरुष*) के अन्तर को समझने के उपरान्त अब गीता में क्षेत्र का और अधिक विश्लेषण किया जाता है। जिस ***मूलप्रकृति*** को श्लोक 3 में ***महत् ब्रह्म*** कहा गया है उसकी तीन कलाएँ होती हैं जिन्हें *गुण* कहा जाता है। गुण शब्द का अर्थ अधिकतर *विशेषता, लक्षण* या अंग्रेज़ी में *quality* किया जाता है, परन्तु यह याद रखना चाहिए कि ***मूलप्रकृति*** और इन गुणों में वह सम्बन्ध नहीं है जो किसी वस्तु व उसके लक्षणों में होता है। ये गुण ही ***मूलप्रकृति*** हैं और साम्यावस्था (state of equilibrium) में ***मूलप्रकृति*** ही गुणत्रय है। इसी कारण कुछ विचारकों ने इस विषय का विवेचन

तीन लड़ों के रूपक द्वारा किया है जिनको साथ मिला कर बटने पर प्रव्यक्त अस्तित्त्व की रज्जु बनती है ।

इन गुणों का स्वभाव थोड़ा बहुत समझने के लिए भी यह याद रखना आवश्यक है कि मूलप्रकृति अपने आप अपने बूते पर स्थित कोई वस्तु नहीं, बल्कि असीमित संभाव्यताओं से भरी अँधेरी महायोनि है – ***परब्रह्म*** से अलग खिंचे चैतन्य की ज्योति को होने वाली प्रतीति । इसमें संभाव्यताएँ असीमित इसलिए होती हैं क्योंकि यह ***परब्रह्म*** का सम्पूर्ण दृश्यपक्ष होता है और अँधेरी यह इसलिए होती है क्योंकि ***आत्मन्*** रूपी ज्योति इससे अलग खींच ली गई है । यद्यपि इसे युंग का "*सामूहिक अचेतित*" (Jung's *Collective Unconscious*) कहना भूल होगी फिर भी अधिकांश सांख्य पुस्तकों के कोरे पाण्डित्यपूर्ण विवरणों की अपेक्षा यह तुलना ***मूलप्रकृति*** के स्वभाव को बेहतर समझा सकती है ।

चैतन्य की मननशील दृष्टि तले महागर्भ के भीतर तीन कलाएँ प्रकट होती हैं । उसकी एक कला ज्योति को प्रतिबिंबित करती है और उसके द्वारा प्रदीप्त होती है तथा इस प्रकार स्वयं एक प्रकाश स्रोत के समान बन जाती है । इसे *सत्त्व* गुण कहते हैं और इसका लक्षण प्रकाश[1] होता है ।

दूसरी कला वह होती है जो प्रकाश को प्रसारित तो करती है, परन्तु उसे स्रोत की ओर प्रतिबिम्बित न कर बराबर बाहर की ओर आगे, और आगे, प्रेरित करती है । इस गुण को *रजस्* कहते हैं और इसका लक्षण बहिर्मुखी प्रवृत्ति[2] होता है ।

तीसरी कला न तो ज्योति को प्रतिबिम्बित करती है और न ही उसे प्रसारित करती है, वह ज्योति को ग्रस लेती है । इसे *तमस्* गुण कहते है और इसके लक्षण हैं आलस्य, प्रमाद तथा मोह[3] ।

---

[1]श्लोक 6, 11, 22 ।

[2]श्लोक 12, 22 ।

[3]श्लोक 13 ।

इन गुणों की प्रक्रिया चैतन्यहीन दशा के उस लघुगर्भ (पिण्डाण्ड = microcosm) में देखी जा सकती है जिससे हम रोज़ सुबह जगने पर बाहर निकलते हैं। सबसे पहले सुषुप्ति की अँधेरी पृष्ठभूमि से स्मृति शृंखलाएँ निकलती हैं जो चैतन्य को प्रतिबिम्बित कर यह घोषणा करती हैं कि "मैं था, मैं हूँ"। इसके पश्चात रजोगुण क्रियाशील होता है और मननशील अहम् तत्सम्बन्धित विचारों की लहरों पर बहता हुआ "मैं ऐस करूँगा" जैसी कामनापूर्ण योजनाओं की ओर उन्मुख होता है, और फिर विचारों का तरल संसार तमोगुण के प्रभाव से कठोर होकर बाह्य जगत की ठोस वस्तुओं के रूप में परिणित हो जाता है। यद्यपि इन वस्तुओं का वास्विक अस्तित्त्व होता तो चैतन्य के कारण ही है परन्तु लगता ऐसा है जैसे वे निर्जीव कठोर वस्तुएँ अपने बूते पर ही शुद्ध भैतिक रूप में विद्यमान हों, और बहुधा उषा काल का योजना बनानेवाल राजसिक अहम् उनकी जड़ता के प्रभाव में आ कर स्वयं भी बाहर का बन जाता है।

ब्रह्माण्ड (macrocosm) में भी यही प्रक्रियाएँ देखने में आती हैं। पहले सत्त्व पर ज्योति के प्रभाव से ***महत्-बुद्धि*** के शान्त व प्रकाशमान लोक उत्पन्न होते हैं। यही ब्रह्मा की स्मृति अथवा सार्वभौमिक परिकल्पन है। इन लोकों की दीप्ति व सामञ्जस्य इनके सात्त्विक स्वभाव का कारण होता है, और कृष्ण जो सत्त्व में दृढ़तापूर्वक जमे रहने का आदेश देते हैं (***नित्यसत्त्वस्थः***, अध्याय 2 श्लोक 3) उसका अर्थ वही है जो उनके इस निरन्तर परामर्श का है कि सदैव बुद्धियुक्त बने रहना चाहिए।

जैसे जैसे विश्व-प्रव्यक्ति का विकास होता जाता है वैसे वैसे हम रजस् की गतिशीलता को सक्रिय होते देखते हैं।

आध्यात्मिक लोकों की प्रकाश भरी एकता से अनेक दृष्टिकोणों वाला मानसिक स्तर उत्पन्न होता है। क्षेत्र में से हो कर जैसे जैसे ज्योति आगे बढ़ती है वैसे वैसे बिन्दुओं के समान अगणित व्यक्तिगत अहम्-अस्तित्त्वों का उद्भव होता है और

ऐसे प्रत्येक बिन्दु से छिटकी प्रकाश की किरणों से अनुभव का जाल सा बिछ जाता है[4]।

उच्चतर लोकों का सामान्य स्वभाव स्पिनोज़ा (Spinoza) के विचारानुकूल होता है। वहां विभिन्न गुण व रंगढंग एक राजसी व अवैयक्तिक एकता से दीप्त होते हैं और ज्योति के चन्द्रमा के प्रभाव द्वारा समुद्र के समान उतरते चढ़ते रहते हैं। परन्तु तदोपरान्त आने वाले *राजसिक* अनेकता के मानसिक लोक लाइब्नित्स (Leibnitz) के एककों (monads) के लोक होते हैं जहां प्रत्येक जीव संपूर्ण विश्व को एक विशिष्ट दृष्टिकोण से प्रतिबिम्बित करता है। परन्तु, इस तरह अपने साथियों से अलग होते हुए भी वह एक आदर्श-एकता में सबसे जुड़ा होता है। मुख्य अन्तर यह है कि लाइब्नित्स के एककों में बाहर देखने के लिए कोई गवाक्ष न होने के कारण वे अपनी आन्तरिक परिस्थिति के अतिरिक्त और कुछ नहीं देख पाते जबकि उक्त एकक यों बन्द नहीं होते और वास्तव में उनमें से प्रत्येक एक ऐसा गवाक्ष होता है जिसमें से अद्वय ***आत्मन्*** अपने को देखता है[5]।

परन्तु *रजस्* का प्रभाव अनेकता तक आकर ही समाप्त नहीं हो जाता बल्कि इस अनेकता में ही अगली प्रवृति के बीज भी डाल देता हैं। एकता खो कर अलग-थलग हुए अंश सम्पूर्णता प्राप्त करने के लिए जी-जान से बहिर्मुखी खोज

---

[4]प्राचीन रहस्यवादी साहित्य में इस प्रतीकात्मक जाल का रुचिपूर्ण ज़िक्र कई बार आता है। श्वेताश्वतर उपनिषद् में ईश्वर को जाल फेंकने वाला बताया गया है। *इजिप्शियन बुक ऑफ़ दि डेड* (*Egyptian Book of the Dead*, Budge कृत अनुवाद, अध्याय 153A) में जाल के रेखाचित्र के नीचे ये शब्द लिखे हैं – "अपने पीछे देखनेवाले देवता (बुद्धियुक्त मनस्) तेरी जय। अपने हृदय पर विजय प्राप्त कर लेने वाले देवता, मैं पृथ्वी को जोड़ने वाली और पृथ्वी को छेद कर जाने वाली डोरियों से बने जाल को ले कर मछली पकड़ने जा रहा हूँ। अपने पितरों को जन्म देने वाले मछुए (दैवी जन्म देने वाले मनस्) तेरी जय"।

[5] *सीक्रेट डॉक्ट्रिन* (*Secret Doctrine*) के पाठकों को शायद एच. पी. बी. का यह वक्तव्य याद आएगा कि गुप्त दर्शन (Esoteric Philosophy) में लाइब्नित्स के एककवाद और स्पिनोज़ा के अद्वैतवाद के विरोधाभास का समाधान किया गया है। (*सीक्रेट डॉक्ट्रिन* 1, 628 प्रथम संस्करण)

में जुट जाते हैं । यही इच्छा बौद्धजनों की तृष्णा (पाली *तन्हा*) है जिसे लाइब्नित्स ने एककों की "स्वाभाविक क्षुधा" कहा था और जिसके कारण वे एक अवस्था से दूसरी में जाते हैं । यह तृष्णा पूरी तरह युंग (Jung) की "लिबिडो" (libido) न भी हो परन्तु उससे सम्बन्धित अवश्य है और संस्कृत तथा दार्शनिक शब्दों के पचड़े में पड़े बिना हम इसे वह ज़बरदस्त प्यास कह सकते हैं जिसके वश हो कर जीव स्वयं अपने आप को भूल कर सारे संसार में भटकता है और अपनी भूख मिटाने के लिए जो मिलता है उसे खा जाता है ।

इस मनोवृत्ति से ही प्रकृति का "***जीवः जीवस्य भोजनम्*** " वाला नियम निकलता है, परन्तु आध्यात्मिक दृष्टिकोण से प्रकृति का यह अतिभयंकर नियम भी – जिसके वश हो शेर अपने शिकार पर झपटता है, और मानव जिससे प्यार करता है उसे ख़ुद ही मार भी डालता है – स्वयं सर्वव्यापी एकता की ही अभिव्यक्ति है । *रजस्* के बहिर्मुखी आवेग के प्रवाह में जीव आन्तरिक एकता को नहीं देख पाता । परन्तु यह एकता दिखाई भले ही न दे इससे इन्कार नहीं किया जा सकता । अतः तीव्र कामना से प्रेरित हो जीव अपने से बाहर जो कुछ भी देखता है उसे पकड़ कर अपना बनाने को दौड़ता है और इस प्रक्रिया में दूसरों पर अपना अधिपत्य जमाता है, तथा निम्नतर स्तर पर, वह स्वयं विकसित हो सके इसलिए उनके हाड़-मांस के आवरण को खा तक जाता है । संसार के सब भयानक कृत्य उस अज्ञान से ही उत्पन्न होते हैं जिसके वश हो जीव अपने से बाहर "उस" की तलाश में लग जाता है जो वास्तव में उसके भीतर ही मौजूद होता है । कामना का जनक प्रेम होता है और संघर्ष की जननी एकता । अनेकता के स्थापित होते ही *तमस्* की कुटिल शक्ति सिर उठाने लगती है । जब एक बार अपने पराए का भेद स्थापित हो जाता है तो फिर *तमस्* की गोपन क्षमता उस "अन्य" से पूरी ज्योति को ही ख़ाली कर डालती है । सजीवता व गति से भरपूर न रह कर अब अहम् ऐसा कुछ हो जाता है जो निर्जीव, जड़ तथा स्पष्टतः शत्रुवत् होता है – मृत्यु का वह निःस्पन्द चंगुल जिससे मुक्त होने को मानव की आत्मा छटपटाती रहती है । इस तरह बाहरी वस्तुओं की दुनिया बनती है । हमारे ही ***आत्मन्*** ने इन बाहरी वस्तुओं को निकाल बनाया है और उन्हें कोई स्थान व नाम विशेष दिया है और अब वे ही उस ***आत्मन्***

के विरुद्ध हो कर स्वयं उसके ही अस्तित्त्व को मानने से इन्कार कर रही हैं। कहते हैं कि मस्तिष्क से विचार ऐसे निकलते हैं जैसे कलेजे से पित्त। परन्तु वास्तव में मस्तिष्क से विचार नहीं निकलते बल्कि विचार अपने को व्यक्त करने के लिए मस्तिषक को बनाते हैं। जैसा भगवान बुद्ध ने कहा है : "*मन समस्त गोचर वस्तुओं का पूर्वगामी होता है, मन ही श्रेष्ठ है, सब कुछ मनोमय है*"[6]।

तमस् ही मन की सर्जनात्मक शक्ति को छिपा देता है और उसे अपने ही द्वारा निर्मित वस्तुओं के सामने अशक्त बना देता है। धर्म ने भी मनुष्यजाति को ज्योतिपथ की शिक्षा देने के बजाय बहुधा *तमस्* के घातक अवरोधों के सामने घुटने टेक दिए हैं, और मनुष्य से उसकी सब शक्ति छीन देवताओं के हवाले कर दी है। अधिकतर धर्मों में यह मानना दैवी कृपा का संकेत समझा जाता है कि मनुष्य बुनियादी तौर पर एक ऐसा तुच्छ प्राणी है जो अपने आप कुछ नहीं कर सकता और इसलिए उसे दण्डवत् हो ब्रह्माण्ड का संचालन करने वाले सर्वशक्तिशाली देवताओं के आगे गिड़गिड़ाते रहना चाहिए।

परन्तु जैसा हर्मीस ने कहा है : "यदि तू अपनी आत्मा को देह में बन्द कर लेगा, उसे यह कहते हुए अधम बना देगा कि 'मैं कुछ नहीं कर सकता, मुझे समुद्र से डर लगता है, मैं आकाश को नहीं माप सकता, मैं नहीं जानता कि मैं कौन था, मैं कौन बनूँगा' तो फिर तेरे आन्तरिक ईश्वर और तुझ में संबन्ध ही क्या रहा?"

जैसा कि पहले कहा जा चुका है ये तीन गुण (*सत्त्व, रजस्* व *तमस्*) वे तीन लड़ें हैं जिनसे अस्तित्त्व की रस्सी बटी जाती है। स्थूलतम भौतिक पदार्थ से लेकर सूक्ष्मतम सार्वभौमिक चित्तपदार्थ, सबके सब इन तीनों गुणों में से एक या अधिक की अभिव्यक्तियाँ होती हैं और शिष्य का एक काम यह भी होता है कि समस्त दृश्य जगत का विश्लेषण इन गुणों के हिसाब से करे, और दृढ़तापूर्वक सत्त्व में जमे रहने का यत्न करे क्योंकि, जैसा हम पहले देख चुके हैं, केवल सत्त्व ही ज्योति को प्रतिबिंबित कर सकता है। इसलिए, समस्त दृश्यजगत के व्यापारों के बारे में शिष्य को यह कह सकना चाहिए कि "यह सात्त्विक है क्योंकि

---

[6] *धम्मपद*।

इससे ज्योति व सामञ्जस्य बढ़ते हैं और इसलिए यह मुझे उपर उठाता है; यह राजसिक है क्योंकि यह कामना पर आधारित है और मुझे केवल क्रियाशील ही रखता है; यह तामसिक है क्योंकि यह जीव को भाग्य का बन्दी बना उसे अन्धकार से भर देता है"।

यह विभाजन विश्व की सब वस्तुओं पर लागू होता है। आहार (अध्याय 17 देखिए), विहार, मित्र, पुस्तकें, ये सब ही नीचे खींच सकती हैं, बाहर घसीट सकती हैं या ऊपर उठा सकती हैं; परन्तु सबसे अधिक शिष्य को अपने मन में उपजे गुणों पर ध्यान देना चाहिए। मन ही सत्य का द्वार होता है और हर्मीस के शब्दों में शिष्य को "सदा आन्तरिक द्वार पर रहनेवाला" होना चाहिए। अपने को उस द्वार का द्वारपाल बना उसे सब सत्त्विक प्रवृत्तियों को भीतर जाने देना, राजसिक प्रवृत्तियों की जाँच करना और तामसिक प्रवृत्तियों को बस में कर लेना चाहिए"[7]।

(4) *सर्वयोनिषु कौन्तेय मूर्तयः सम्भवन्ति याः ।*
तासाम् ब्रह्म महत् योनिः अहम् बीजप्रदः पिता ॥

हे कौन्तेय, समस्त योनियों में जो शरीर उत्पन्न होते हैं उन सबकी माता मूलप्रकृति (ब्रह्म महत् योनिः) तथा बीज प्रदान करने वाला पिता मैं हूँ।

(5) *सत्त्वम् रजः तमः इति गुणाः प्रकृतिसम्भवाः ।*
निबध्नन्ति महाबाहो देहे देहिनम् अव्ययम् ॥

हे महाबाहु, प्रकृति से उत्पन्न हुए सत्त्व, रजस् व तमस्, ये तीनो गुण इस अविनाशी जीवात्मा को देह के साथ मज़बूती से बाँध देते हैं।

(6) *तत्र सत्त्वम् निर्मलत्वात् प्रकाशकम् अनामयम् ।*
सुख सङ्गेन बध्नाति ज्ञानसङ्गेन च अनघ ।

हे अनघ (निष्पाप), उनमें से अपने निर्मलत्व, प्रकाश व निर्विकारी स्वभाव के कारण सत्त्व सुख के साथ आसक्ति द्वारा बाँधता है तथा ज्ञान के साथ आसक्ति से भी।

---

[7] *सतिपट्ठाण* के चार बौद्ध अभ्यासों से तुलना किजिए।

(7) *रजः रगात्मकम् विद्धि तृष्णासङ्गसमुद्भवम् ।*

तत् निबध्नाति कौन्तेय कर्मसङ्गेन देहिनम् ॥

हे कौन्तेय, रागात्मक रजस् को कामना व आसक्ति से उत्पन्न हुआ जानो । वह इस देहधारी को कर्मों की ओर उनके फल की आसक्ति से बाँधता है ।

(8) *तमः तु अज्ञानजम् विद्धि मोहनम् सर्वदेहिनाम् ।*

प्रमादालस्यनिद्राभिः तत् निबध्नाति भारत ॥

और हे भारत, यह जानो कि सब देहधारियों को अज्ञान् से उत्पन्न हुआ तमस् मोहित करने वाला होता है तथा उन्हें प्रमाद, आलस्य व निद्रा द्वारा बाँधता है ।

(9) *सत्त्वम् सुखे सञ्जयति रजः कर्मणि भारत ।*

ज्ञानम् आवृत्य तु तमः प्रमादे सञ्जयति उत ॥

हे भारत, सत्त्व सुख में लगाता है, रजस् कर्म में और तमस् तो ज्ञान को ढक कर प्रमाद में लगाता है ।

(10) *रजः तमः च अभिभूयः सत्त्वम् भवति भारत ।*

रजः सत्त्वम् तमः च एव तमः सत्त्वम् रजः तथा ॥

और हे भारत, रजस् तथा तमस् को दबा कर सत्त्व की वृद्धि होती है; रजस् और सत्त्व को दबा कर तमस् की वृद्धि, तथा सत्त्व व तमस् को दबा कर रजस् की वृद्धि होती है ।

(11) *सर्वद्वारेषु देहे अस्मिन् प्रकाशः उपजायते ।*

ज्ञानम् यदा तदा विद्यात् विवृद्धिम् सत्त्वम् इति उत ॥

जब इस देह में प्रत्येक द्वार से ज्ञान का प्रकाश उपजता है तब ऐसा जानना चाहिए कि सत्त्व की वृद्धि हो रही है ।

श्लोक (11) इसीलिए गीता में कुछ ऐसे निर्देश दिए गए हैं जिनके द्वारा मन की विभिन्न प्रवृत्तियों को पहचाना जा सके । "*जब इस देह में प्रत्येक द्वार से ज्ञान का प्रकाश*

उपजता है तब ऐसा जानना चाहिए कि सत्त्व की वृद्धि हो रही है " । दूसरे शब्दों में, ऐसी मनोस्थिति जिसमें शुद्ध, निर्मल, शान्त व सामञ्जस्य प्रदायक ज्ञान का उदय हुआ हो, जिसमें मन रूपी सरोवर ऐसा शान्त हो जाय की आकाश के तारे उसमें दिखने लगें, और एक प्रशान्त शाश्वत भावना जागृत हो जाए, उस स्थिति को सात्त्विक कहते हैं । जो भी बाहरी वस्तुएँ, आहार, मित्रगण, कार्य इत्यादि इसमें सहायक हों वे सब भी सत्त्व के भागीदार होते हैं ।

(12) ***लोभः प्रवृत्तिः आरम्भः कर्मणाम् अशमः स्पृहाः ।***
रजसि एतानि जायन्ते विवृद्धे भरतर्षभ ॥

हे भरतर्षभ, रजस् की वृद्धि से लोभ, सांसारिक कर्मों में प्रवृत्ति, नए संकल्पों का समारम्भ, मन की अशान्ति तथा विषयभोगों की लालसा उत्पन्न होती हैं ।

राजसिक मनोस्थिति का मुख्य लक्षण तीव्र कामनायुक्त क्रियाशीलता होता है । इस स्थिति में मन अशान्त, लोभी व अपने से बाहर की वस्तुओं की तीव्र इच्छा से भरा होता है । आकर्षक स्वप्नों व मन्सूबों से भरा ऐसा मन बड़े-बड़े काम करना चाहता है, परन्तु वे सब स्वार्थवश ही होते हैं भले ही उन्हें जनसेवा की चमकीली साजसज्जा क्यों न पहना दी गई हो । राजसिक चञ्चलता को प्रायः दैवी क्रियाशीलता समझने की ग़लती की जाती है । बहुतेरे लोग ऐसे होते हैं जो एक क्षण भी चुपचाप नहीं बैठ सकते और यह सोचते हैं कि कुछ न कुछ करते रहना अपने को जीवन से भरे रहना होता है । किसी भी प्रकार के कर्म के सामने वे झुक जाते हैं । परन्तु क्रियाशीलता के इस राजसिक लोभ को दैवी कर्म नहीं समझना चाहिए । ध्यानपूर्वक विश्लेषण करने से पता चलेगा कि सारा कर्म सदैव किसी न किसी स्वार्थ प्रेरित इच्छा के कारण किसी व्यक्तिगत लाभ के दासत्व में होता है, जबकि दैवी क्रियाशीलता मुक्त, शान्त और अपनी निःस्वार्थता के तेज से दीप्त होती है । श्लोक (12)

(13) ***अप्रकाशः अप्रवृत्तिः च प्रमादः मोहः एव च ।***
तमसि एतानि जायन्ते विवृद्धे कुरुनन्दन ॥

हे कुरुनन्दन, तमस् की वृद्धि से अप्रकाश, कर्तव्य कर्मों में अप्रवृत्ति, कुचेष्टा तथा मोह ही उत्पन्न होते हैं ।

श्लोक (13) तामसिक मनोस्थितियाँ अन्धकार में व जड़ होती हैं। ऐसे में मन आलस्य से त्रस्त या निरुत्साह में डूबा होता है। लगता है जैसे कोई भी काम करने योग्य नहीं है और न अपने में कुछ कर पाने की शक्ति ही प्रतीत होती है। सब चीज़ें आत्मा को उत्पीड़ित करती हैं और जीव नितान्त जड़ता में डूब जाता है पथ एक बिल्कुल अर्थहीन स्वप्न के समान या फिर इतना कठिन प्रतीत होता है कि जैसे वह हमारे बस की बात ही न हो, और साथ ही एक सनकी उदासीनता समस्त सांसारिक कर्मों की जड़ काटने पर आमादा हो जाती है। "*सब चीज़ें दृश्यमात्र हैं और उनकी व्यर्थता का ज्ञान भी व्यर्थ है*"।

पथ पर चलने की आकांक्षा रखने वालों के लिए सबसे बड़ा अवरोध यह तामसिक निरुत्साह ही होता है। ऐसे में जीव "*अन्धकार व निराशा के बीच म्लान हो जाता है*"[8]। इस मनोस्थिति से हर क़ीमत पर जद्दोजहद करना ज़रूरी होता है क्योंकि जितनी ख़तरनाक यह होती है उतनी राजसिक कामना की जलती आँधी भी नहीं होती।

खेद का विषय है कि जैसे कुछ लोग रजस् की अशान्ति को दैवी क्रियाशीलता समझ लेते हैं वैसे ही कुछ अन्य तमस् की जड़-उदासीनता को आध्यात्मिकता समझ बैठते हैं। सरासर कायरता को [यीशु का] "*दूसरा गाल पेश करने*" [का आदेश] कहा जाता है; वास्तविक अकुशलता को भौतिक जगत में अरुचि का नाम दिया जाता है; थोथे भाग्यवाद को अपने पिछले कर्मों का फल मानने का सयानापन मान लिया जाता है; दूसरों की परवाह न करने को राग-द्वेष से ऊपर उठ जाना कहा जाता है; और समस्त कला व साहित्य की उपेक्षा करने वाली आन्तरिक निर्धनता को इन्द्रियातीत स्तर पर पहुँचना कहा जाता है। सब कुछ माया है ! सब कुछ शून्य है ! सब भगवान की लीला है ! सब कुछ निरर्थक है ! यह सब आध्यात्मिकता नहीं, तमस् होता है। सन्त जॉन ऑफ़ दि क्रॉस (St. John of the Cross) ने अपने कुछ अनुभवों का विवरण देने के लिए जिस उक्ति

[8]शेली (Shelly) की ये पंक्तियाँ Ode to Dejection नामक कविता के लेखक कोलरिज (Coleridge) के लिए लिखी गईं थीं।

"*आत्मा की अँधेरी रात*" का गठन किया था उसकी आड़ लेकर पश्चिमी देशों के कितने ही लोग निरुत्साह के उन प्रवेगों को अपने पर हावी हो जाने देते हैं जो हम सबके जीवन में बाक़ायदा आते ही हैं ।

(14) ***यदा सत्वे प्रवृद्धे तु प्रलयम् याति देहभृत् ।***
तदा उत्तमविदाम् लोकान् अमलान् प्रतिपद्यते ॥

यदि देहधारी सत्त्व की वृद्धि में मृत्यु को प्राप्त होता है तो वह उत्तम को जानने वालों के निर्मल लोकों को प्राप्त होता है ।

(15) ***रजसि प्रलयम् गत्वा कर्मसङ्गिषु जायते ।***
तथा प्रलीनः तमसि मूढ़योनिषु जायते ॥

रजस् में मृत्यु को प्राप्त होकर वह कर्मों में आसक्ति रखनेवाले मनुष्यों में जन्म लेता है तथा तमस् में मरने पर वह मूढ़योनि में जन्म लेता है ।

(16) ***कर्मणः सुकृतस्य आहुः सात्त्विकम् निर्मलम् फलम् ।***
रजसः तु फलम् दुःखम् अज्ञानम् तमसः फलम् ॥

कहते हैं कि सुकर्म का फल सात्त्विक और निर्मल होता है और राजसिक कर्म का फल दुःख तथा तामसिक कर्म का फल अज्ञान होता है ।

(17) ***सत्त्वात् सञ्जायते ज्ञानम् रजसः लोभः एव च ।***
प्रमादमोहौ तमसः भवतः अज्ञानम् एव च ॥

सत्त्व से ज्ञान उत्पन्न होता है और रजस् से लोभ ही, तथा तमस् से प्रमाद और मोह उत्पन्न होते हैं और अज्ञान भी होता है ।

(18) ***ऊर्ध्वम् गच्छन्ति सत्त्वस्थाः मध्ये तिष्ठन्ति राजसाः ।***
जघन्यगुणवृत्तिस्थाः अधः गच्छन्ति तामसाः ॥

सत्त्व में स्थित लोग ऊपर जाते हैं, राजसिक लोग मध्य में ही रहते हैं एवम् जघन्य गुण वृत्ति वाले तामसिक लोग नीचे जाते हैं ।

अतएव, शिष्य को सदैव अपने मन पर नज़र रखनी चाहिए ताकि जब वहाँ तमस् आता दिखाई दे तो चाहे वह एकदम सात्त्विक प्रकाश के स्तर पर न उठ सके,

श्लोक (18)

कम से कम रजस् के बहिर्मुखी कर्म की सहायता से उसे पराजित तो कर सकेगा। आमतौर पर यह कहा जा सकता है कि सात्त्विक मनोस्थितियाँ उसे और ऊपर के स्तरों तक ले जाती हैं क्योंकि उनकी पारदर्शक दीप्ति अगले उच्चतर स्तर की छवि को प्रतिबिम्बित होने देती है और इस प्रकार ***निम्नस्तरीय मनस्*** को ***उच्चस्तरीय मनस्*** के प्रकाश से या ***मनस्*** को ***बुद्धि*** से आप्लावित कर देती है।

राजसिक मनोस्थितियाँ शिष्य को जहाँ का तहाँ छोड़ देती हैं क्योंकि चाहे वह क्रियाकलापों से सारा संसार ही क्यों न भर दे, उसकी प्रगति केवल बाहर की ओर होती है और जिस स्तर पर वह स्थित होता है उस ही पर बना रहता है। तामसिक मनोस्थितियाँ उसे नीचे घसीटती जाती हैं, यहाँ तक कि वह अपना सब कुछ खो अर्धमानवीय मानसहीन दशा को भी प्राप्त हो सकता है। अधोगति होने का अर्थ यह नहीं लगाना चाहिए कि जीव पशुयोनि में जन्म लेने लगेगा। ऐसा होना तो असम्भव है, परन्तु यहाँ, कभी-कभी ऐसी प्रक्रिया हो सकती है जिसका सबसे अच्छा विवरण यही हो सकता है कि अहंभाव एक या अधिक पशु जीवनों का उपद्रष्टा बन अपने को उनके साथ जुड़ा समझता है। बहरहाल, सामान्यतः इसका अर्थ यही होता है कि जीव धीरे-धीरे गिर कर निम्नतम कोटि के मानव अस्तित्व तक पहुँच जाता है।

यह बड़ी रोचक बात है कि हमारे पागलख़ानों में रजस् व तमस् की चरम सीमाएँ देखने में आती हैं। राजसिक प्रवृत्ति "*मैनिक एक्साइटमॅन्ट*" (*manic excitement*) में दिखाई पड़ती है :

> रोगी निरन्तर क्रियाशील रहता है। प्रतिक्षण एक नया काम शुरू कर उसे फ़ौरन ही छोड़ दूसरा नया काम शुरू कर देता है। वह कभी शान्त नहीं रहता, उसके विपरीत उसका बराबर कुछ न कुछ करते रहने पर ज़ोर रहता है। वह जल्दी जल्दी और बिना रुके बोलता है ... प्रत्येक अर्थहीन व छोटी-छोटी वस्तु उसका ध्यान आकर्षित करती है, और वह ध्यान फिर कहीं बँट जाता है। वह अधिकतर आवश्यकता से अधिक मुदित और अपने

आप में इतना प्रसन्न रहता है कि इसे वाहियात ही कहना पड़ेगा ... परन्तु ज़रा सी बात बिगड़ी नहीं कि वह क्रोधित हो जाता है ।[9]

इसी मूलग्रन्थ से मैं तामसिक प्रवृत्ति का विवरण देता हूँ जिसे "*इमोशनल डिमेन्शिया*" (*emotional dementia*) कहा जाता है :

रोगी एक कोने में सिर झुकाए और चेहेरे पर बिना किसी भाव के बैठा रहता है । कुछ काम कर अपने को व्यस्त रखने की चेष्टा नहीं करता । अपने चारों ओर होती हुई किसी भी बात में रुचि नहीं दिखाता, और ऐसा प्रतीत होता है जैसे वह किसी भी चीज़ पर ग़ौर नहीं करता ... । रोगी जड़ समान बना रहता है और अपनी मानसिक क्षमता का प्रयोग नहीं करता । यह इसलिए नहीं कि उसके पास ऐसी क्षमता नहीं है बल्कि इसलिए कि उसे न कोई कामना है न किसी बात में रुचि । उसके किए सम्पूर्ण बाह्य जगत इस लायक नहीं कि उस पर मानसिक ऊर्जा ख़र्च की जाय । वह न तो कोई शौक रखता है, न आशाएँ, न महत्त्वाकांक्षाएँ न मन्सूबे ।

कौन है ऐसा जो उक्त विवरणों में स्वयं अपने मन में इनसे कुछ ही कम उग्रता से होने वाली प्रक्रियाओं को नहीं पहचान सकता?

गुणों की एक और विशेषता यह है कि उनमें निरन्तर परस्पर क्रिया-प्रक्रिया होती रहती है। जगत, जिसका अर्थ ही है "चलते रहने वाला", कभी शान्त नहीं रहता । सत्त्व के स्थान पर राजसिक क्रियाशीलता आ जाती है और यही, यदि पराकाष्ठा तक पहुँच जाय तो उसकी तामसिक प्रतिक्रिया हो जाती है[10] । हर एक आदमी जानता है कि कैसे उत्साह और प्रसन्नता का मनोभाव अकारण ही निरुत्साह और निस्तेज के भाव में बदल जाता है । इस उदहरण से ही यह समझ में आ जाएगा कि श्लोक (10)

[9]बर्नार्ड हार्ट (Bernard Hart) कृत *साइकॉलॉजी ऑफ़ इनसैनिटी* (*Psychology of Insanity*) ।

[10]इस बात का चरम उदाहरण तथाकथित *मैनिक-डिप्रेसिव* (*manic-depressive*) किस्म के व्यक्ति के बदलते भावों में मिलता है जिनमें बीच-बीच में, अपेक्षाकृत सात्त्विक, स्वस्थ अन्तराल भी होते हैं ।

शिष्य के लिए गुणों के क्रिया-व्यापार को समझना कितना ज़रूरी है – कि किस प्रकार वे एक से दूसरे में बदलते हुए जीवन का जाल बुनते हैं ।

सनातन ज्योति के अखण्ड सन्तुलन को प्रतिबिम्बित कर सकने की शक्ति के कारण सत्त्व ही अपेक्षाकृत स्थायी होता है । परन्तु इस सत्त्व में भी बन्धन शक्ति होती है । निर्मल और क्लेशरहित होने पर भी इसकी ज्योति केवल प्रत्यावर्तित ज्योति ही होती है, और इसलिए जीव को उस ज्ञान व हर्ष में फँसा लेती है जो
श्लोक (6) उस की प्रव्यक्तियाँ होती हैं । किसी भी समय हर्ष के प्रति लगाव और ज्ञान की पुण्य प्यास रजस् के संस्पर्श से बिगड़ कर विषयभोग की इच्छा और साधारण कौतूहल में परिणत हो सकती है ।

(19) *न अन्यम् गुणेभ्यः कर्तारम् यदा द्रष्टा अनुपश्यति ।*
गुणेभ्यः च परम् वेत्ति मद्भावम् सः अधिगच्छति ॥

जब द्रष्टा तीन गुणों के अतिरिक्त अन्य किसी को कर्ता नहीं देखता और गुणों के पार परम् को जानता है तो वह मेरे स्वरूप को प्राप्त होता है ।

(20) *गुणान् एतान् अतीत्य त्रीन् देही देहसमुद्भवान् ।*
जन्ममृत्युजरादुःखैः विमुक्तः अमृतम् अश्नुते ॥

देहधारी, शरीर की उत्पत्ति के कारणरूप, इन तीन गुणों के पार जाकर जन्म, मृत्यु, जरा व दुःख से विमुक्त होकर अमरत्व प्राप्त करता है ।

अर्जुनः उवाच

(21) *कैः लिङ्गैः त्रीन् गुणान् एतान् अतीतः भवति प्रभो ।*
किमाचारः कथम् च एतान् त्रीन् गुणान् अतिवर्तते ॥

अर्जुन ने कहा : हे प्रभु, इन तीनों गुणों के पार पहुँचे (गुणातीत) व्यक्ति के लक्षण क्या होते हैं? उसका आचरण कैसा होता है और वह इन तीन गुणों के पार पहुँचता कैसे है?

श्रीभगवान् उवाच

(22) *प्रकाशम् च प्रवृत्तिम् च मोहम् एव च पाण्डव ।*

न द्वेष्टि संप्रवृत्तानि न निवृत्तानि कांक्षति ॥

श्रीकृष्ण ने कहा : हे पाण्डव, जिसे [अपने मन में] सत्त्व के प्रकाश, रजस् की प्रवृत्ति तथा तमस् के मोह की उपस्थिति पर बुरा नहीं लगता तथा उनकी अनुपस्थिति में उनकी आकांक्षा नहीं होती;

(23) *उदासीनवत् आसीनः गुणैः यः न विचाल्यते ।*

गुणाः वर्तन्ते इति एव यः अवतिष्ठति न इङ्गते ॥

जो बिना किसी रुचि के, गुणों से अविचलित, स्थित रहता है और यह जानता है कि गुण तो अपना काम करते हैं; जो स्वयं में केन्द्रीकृत रहता है, अडिग होता है,

(24) *समदुःखसुखः स्वस्थः समलोष्टाश्मकाञ्चनः ।*

तुल्यप्रियाप्रियः धीरः तुल्यनिन्दात्मसंस्तुतिः ॥

दुःख सुख में एक सा, आत्मभाव में स्थित, मिट्टी, पत्थर व सुवर्ण में समान भाव रखता है, प्रिय व अप्रिय को एक जैसा मानता है, धैर्यवान होता है, तथा निन्दा व स्तुति में समानभाव वाला रहता है;

(25) *मानापमानयोः तुल्यः तुल्यः मित्रारिपक्षयोः ।*

सर्वारम्भपरित्यागी गुणातीतः सः उच्यते ॥

जिसके मान व अपमान तथा मित्र व शत्रु एक समान होते हैं और जिसने सब समारम्भों का त्याग कर दिया हो उसे गुणातीत कहते हैं ।

इसीलिए शिष्य को अपनी पूरी शक्ति लगा कर सब गुणों के पार गुणातीत स्थिति तक पहुँचने का प्रयास करना चाहिए । उसे यह देखने की चेष्टा करनी चाहिए कि गुणों का सारा खेल उसके सच्चे स्वरूप से बाहर स्थित दृश्यमात्र है । वह स्वयं तो दृष्टा ज्योति ही है । इस पापमोचिनी पवित्र-गंगा स्वरूप ज्योति की शरण में "*वह शाश्वत जीवन का अमृतपान करता है* " । ब्रह्माण्ड की – ज्ञान से दीप्त, कामना से क्रियाशील या अन्धकार में निष्क्रिय – सब गतियों को वह अपलक श्लोक (19, 20)

निहारता रहता है। किसी गर्म देश की झील पर पड़ते चन्द्रमा के प्रकाश के समान उसकी दृष्टि ***आत्मन्*** की अविक्षुब्ध अमर दृष्टि होती है। जो कुछ आए उसे वह अस्वीकार नहीं करता, और जो कुछ चला जाता है उसे दुख नहीं देता। वह
श्लोक (22) जानता है कि विश्व के लिए सब कुछ आवश्यक होता है और अन्धतम तमस् में भी ज्योति निहित होती है। और इस प्रकार अपने आन्तरिक ध्यान में मग्न, वह चट्टान के समान दृढ़ता से स्थित रहता है, चाहे नगरों में हो चाहे निर्जन पर्वत
श्लोक (23-25) शिखरों पर, वह गुणों को अपना ताना-बाना बुनते देखते हुए, शत्रु व मित्र के प्रति समभाव रखते हुए बना रहता है। सुख-दुःख, मानापमान उसके लिए एक-से होते हैं। यद्यपि वह सब काम पूरी स्वतन्त्रता से करता है परन्तु यह घातक विचार कि "मैं इन कर्मों का कर्ता हूँ" उसके ज्योतिर्मय हृदय के पास नहीं फटक सकता।

(26) ***माम् च यः अव्यभिचारेण भक्तियोगेन सेवते।***
सः गुणान् समतीत्य एतान् ब्रह्मभूयाय कल्पते॥

और, जो व्यक्ति अव्यभिचारी भक्तियोग द्वारा मेरी सेवा करता है वह इन तीनों गुणों के पार पहुँच कर ब्रह्म बनने के योग्य होता है।

(27) ***ब्रह्मणः हि प्रतिष्ठा अहम् अमृतस्य अव्ययस्य च।***
शाश्वतस्य च धर्मस्य सुखस्य ऐकान्तिकस्य च॥

अमर, अव्यय, शाश्वत धर्म, परमानन्द ब्रह्म और अखण्ड एकरस आनन्द की प्रतिष्ठा (=आश्रय) मैं ही हूँ।

श्लोक (26) भाग्य का त्रिविध जाल अब कट चुका है। गुणों को पार किया जा चुका है और भूतपूर्व शिष्य अब सनातन ब्रह्म के छोर पर पहुँच गया है। अब उसकी ज्योति सर्वातीत ज्योतिपुञ्ज में विलय होकर मानव जगत के परे आनन्दमग्न रह सकती है। धारा पार की जा चुकी है और सम्पूर्ण पारितोषिक अब उसके हाथ में है। परन्तु श्रीकृष्ण अब हमें एक अन्य पथ दिखाते हैं जो एक नई सम्भावना के रूप में सामने आता है। वह चाहे तो अपनी ज्योति को अव्यक्त सनातन में लीन न करे और स्वयं रुक कर सबमें स्थित शाश्वत प्राण की सेवा का व्रत धारण करे। अपनी मुक्ति जीत लेने पर अब वह दूसरों को मुक्त कराने में जुट जाय और चुपचाप पथ

के यात्रियों का पथ-प्रदर्शन करे । ऐसा करना अन्तिम गोता लगाने से कतराना नहीं होता, क्योंकि कृष्ण के अनुसार वह ***ब्रह्मभूयाय कल्पते* – *ब्रह्म*** *बनने के योग्य होता है* । मतलब यह है कि वह स्वयं अपनी इच्छा से ***परब्रह्म*** की प्रतिष्ठा[11] यानी अद्वय महाप्राण की सेवा में रत रहने का व्रत लेता है । अब वह मनुष्य नहीं रह जाता बल्कि एक महान शक्ति बन जाता है जो केवल अपनी अदृश्य उपस्थिति से संसार के दुःखों का हरण कर सकती है, भले ही उसे कोई न देखे, न जाने ।

---

[11] मैत्री (मैत्रायणी) उपनिषद् 6, 15 में "ब्रह्म के घोंसले" से तुलना कीजिए । इस घोंसले को उपनिषद् में ***सम्वत्सर*** बताया गया है, यानी कालचक्र या ***महत् आत्मन्,*** वही चक्र जो श्रीकृष्ण धारण करते हैं ।

अध्याय 15

पुरुषोत्तम योग

जिस प्रकार पिछले अध्याय का विषय क्षेत्र का विश्लेषण था ठीक वैसे ही इस अध्याय का विषय है क्षेत्रज्ञ; यानी चैतन्य, विशेष तौर पर उसके तीन पहलू – वैयक्तिक जीव [***जीवात्मा***], विश्वात्मा [***महत् आत्मन्***] और सर्वोच्च सत्य [***परब्रह्म पुरुषोत्तम***]।

परन्तु अध्याय का आरम्भ संसार-वृक्ष के चित्रण से होता है। इस महान प्रतीक का ज़िक्र ऋग्वेद तथा उपनिषदों[1] में आया है और प्राचीन काल के सभी लोगों को यह ज्ञात था। स्कैण्डिनेविया निवासी इसे पुनीत अंगू-वृक्ष (sacred ash-tree), *इग्द्रासिल* (*Igdrasil*), कहते थे जिसकी जड़ें मर्त्यलोक में व शाखाएँ आकाश में थीं। [रहस्यवादी कवि] स्विनबर्न (Swinburn) ने नॉर्स प्रकृति देवी हर्था (Norse Nature Goddess Hertha) को अर्पित कविता में लिखा है -

The tree many-rooted
That swells the sky
With frondage red-fruited
The life-tree am I;
In the buds of your lives is the sap of my leaves:
Ye shall live and not die.

गगनोन्मुख बहुमूल
लाल पर्ण फल फूल,
मैं हूँ जीवन तरुवर
मेरा ही रस है

[1] ऋग्वेद 1, 24, 7 और कठोपनिषद् 2, 3, 1।

तुम्हारी प्राण-कलियों में,
नहीं नष्ट होगे, रहोगे तुम अजर अमर ।

मिस्र के निवासी भी अपने पुनीत गूलरवृक्ष को पूजते थे । अमेरिका के ऐज़्टेकों (Aztecs) की एक पुण्य वनस्पति बनकुमारी जाति (agave-plant) की होती थी, और एरिडू के प्राचीन सुमेरियन (ancient Sumerians of Eridu) किसी अद्भुत वृक्ष के बारे में कहते थे कि "उसकी सफ़ेद स्फटिक की जड़ें बड़ी गहराई तक फैली थीं, उसका आसन पृथ्वी का केन्द्र था, और उसकी पत्तियाँ आद्य जननी की शय्या थी । इसके बीचोंबीच था ताम्मुज़ (Tammuz)"[2] ।

स्थानाभाव के कारण हम यहाँ इस विषय से सम्बन्धित अति रुचिकर प्रतीकवाद में नहीं जा सकते, बस इतना ही कहा जा सकता है कि वृक्ष प्रकृति की देवी उस जगज्जननी का प्रतीक था जो सब जीवधारियों को अपना स्तनपान कराती है । इसीलिए मिस्रवासियों ने गूलर का वृक्ष चुना क्योंकि उससे दूध निकलता है और इसीलिए प्राचीन हिन्दू आर्यों के तीन सबसे पुण्य वृक्ष अश्वत्थ (पीपल), वट (बड़) और उदुम्बर (अंजीर?), सबके सब गूलर जाति के थे ।

श्रीभगवान् उवाच

(1) ***ऊर्ध्वमूलम् अधःशाखम् अश्वत्थम् प्राहुः अव्ययम् ।***
छन्दांसि यस्य पर्णानि यः तम् वेद सः वेदवित् ॥

श्रीकृष्ण ने कहा : कहते है कि एक सनातन पीपल का वृक्ष है जिसकी जड़ ऊपर और शाखाएँ नीचे होती हैं तथा जिसके पत्ते वेद होते हैं । जो यह बात जानता है वह वेदवित् है ।

अश्वत्थ शब्द की निरुक्ति प्रायः *अ-श्व-स्थ* की जाती है, अर्थात् "कल तक न रहने वाला" । यद्यपि यह उस जगत का सही विवरण है जो हमारी आँखों के सामने सदा खिसकता जाता है, फिर भी एक प्राचीन कथा है जिसके अनुसार

---

[2] दालवीय्या (D'Alviella) कृत *दि माइग्रेशन ऑफ़ सिम्बल्स* (*The Migration of Symbols*) पृष्ठ 157.

अग्नि (काम चेतना) को अश्व, यानी कामना मनस्, के रूप में एक वर्ष (एक कल्प) तक इस वृक्ष में छिप कर रहना पड़ा[3]। इस पौराणिक कथा का बहुत महत्त्व है क्योंकि यह उस सुमेरियन संसार-वृक्ष की कहानी से मिलती जुलती है जिसके बीचों-बीच ताम्मुज़ था। शायद कथा का सम्बन्ध इस किम्वदन्ति से भी है कि मृत ओसाइरिस (Osiris) के ताबूत के चारों ओर एक सुपारी का वृक्ष उगा क्योंकि ये दोनों ही "मरते हुए देवता", ताम्मुज़ व ओसाइरिस, आन्तरिक दृष्टिकोण से उस ***आत्मन्*** के प्रतीक हैं जिसके टुकड़े कर उसे संसार में बन्दी बनाया गया है।

श्लोक (1) प्राचीन भारत के लेखकों ने इस प्रतीक में एक परिवर्तन किया जो, जहाँ तक मुझे ज्ञात है, और कहीं नहीं मिलता। अन्य संसार वृक्षों की जड़ें पाताल में और शाखाएँ आकाश में हैं परन्तु ऋग्वेद के वृक्ष के समान गीता का वृक्ष ऊर्ध्वमूल है, यानी उसकी जड़ें ऊपर अव्यक्त ब्रह्म में हैं जहाँ से निकल कर उसकी शाखाएँ (अनात्मिकता के विभिन्न स्तर, ***मूलप्रकृति*** के उद्वलय) व्यक्त अस्तित्त्व के संसारों की रचना करते हैं[4]। पूरे वेद को वृक्ष कहा गया है क्योंकि यह समस्त ज्ञान का वस्तु विषय है और उसकी पत्तियाँ, यानी व्यक्तिगत अहम्, इस सार्वभौमिक वेद के विभिन्न छन्द हैं। "*जो यह बात जानता है वह वेदवित् है*"।

---

[3] तैत्तिरीय ब्राह्मण 3, 8, 12, 5, 2। श्लोक 1 पर लोकमान्य तिलक कृत *गीता रहस्य* भी देखिए। यह कथा महाभारत के अनुशासन पर्व 8, 85 में भी आती है। यह भी ध्यान दीजिए कि अश्व का एक अर्थ "सात" भी है (आप्टे का कोश देखिए)। मिस्री *बुक ऑफ़ दि डेड* (*Book of the Dead*) का एक रेखाचित्र पुण्य गूलर वृक्ष को सात शाखओं वाला दिखाता है, और असीरी जीवन-वृक्ष (Assyrian Tree of Life) के कुछ चित्र भी ऐसे ही हैं और सुविख्यात एफ़ीसस की आर्टेमिस (Artemis of Ephesus) की अनेक स्तन वाली मूर्ति का धड़ भी सात स्तरों में विभाजित है और इन में से पाँच जीवित प्राणियों के चित्रों से भरे हैं। इनके चित्रों के लिए मैकेन्ज़ी (Mackenzie) कृत *दि माइग्रेशन ऑफ़ सिम्बल्स* (The Migration of Symbols) देखिए, पृष्ठ 162-9।

[4] गीता 7, 4 देखिए। इसकी समानता पिण्डाण्ड के स्तर पर मस्तिष्क के स्नायुमण्डल में भी मिलती है जिसकी जड़ें तो चेतना के आधार मस्तिष्क में होती हैं परन्तु शाखाएँ सारे शरीर के अवयवों में फैली होती हैं।

(2) ***अधः च ऊर्ध्वम् प्रसृताः तस्य शाखाः गुणप्रवृद्धाः विषयप्रवालाः ।***
अधः च मूलानि अनुसन्ततानि कर्मानुबन्धीनि मनुष्यलोके ॥

गुणों से पोषित इसकी शाखाएँ नीचे और ऊपर फैली हुई हैं, विषयभोग इसकी कोंपलें हैं, और नीचे मनुष्यलोक में कर्मों के बन्धन वाली जड़ें हैं ।

सब गोचर विषयों की रचना करने वाले तीन गुणों द्वारा पोषित (इग्द्रासिल की तीन जड़ों से तुलना कीजिए) वृक्ष की शाखाएँ ऊपर और नीचे फैली हैं, अर्थात, सार्वभौमिक ज्वार उच्च लोकों में ऊपर की ओर, और सार्वभौमिक भाटे निम्न लोकों में नीचे की ओर जाते हैं[5] । वृक्ष की चिपचिपी कोंपलें मनुष्य को फँसाने वाले इन्द्रिय-विषय हैं, तथा पूर्वकाल के विश्वों[6] के कर्मों की प्रवृत्तिरूपी जड़ें नीचे की ओर बढ़ कर "*मनुष्यलोक में कर्मों के बन्धन*" रचती हैं । श्लोक (2)

(3) ***न रूपम् अस्य इह तथा उपलभ्यते न अन्तः न च आदिः***
न च संप्रतिष्ठा ।
अश्वत्थम् एनम् सुविरूढमूलम् असङ्गशस्त्रेण दृढेन छित्त्वा ॥

इसका [सच्चा] रूप [जैसा है] वैसा यहाँ नहीं दिखता, न तो इसका आदि है न अन्त और न ही इसकी स्थिति । इस मज़बूत जड़ों वाले पीपल को अनासक्ति के दृढ़ कुठार से काट कर,

(4) ***ततः पदम् तत् परिमार्गितव्यम् यस्मिन गताः न निवर्तन्ति भूयः ।***
तम् एव च आद्यम् पुरुषम् प्रपद्ये यतः प्रवृत्तिः प्रसृता पुराणी ॥

फिर उसके बाद उस लक्ष्य को ठीक से खोजना चाहिए जहाँ गए व्यक्ति पुनः संसार में वापस नहीं आते । बस वह [लक्ष्य] ही आदि पुरुष है जिससे

---

[5] अध्याय 11 देखिए ।

[6] पिण्डाण्ड में पूर्व जन्म के कर्म । पीपल की एक विशेषता यह है कि इसकी जड़ें मिट्टी की सतह पर मिलने के बजाय हवा में कुछ दूरी तक अपनी अर्ध-स्वतन्त्रता बनाए रहती हैं । इस श्लोक के अर्थ पीपल व बड़ के पेड़ में भ्रम के कारण कई जगह ग़लत लिए गए हैं । बड़ से हवाई जड़ें निकल कर ज़मीन में जाती हैं, पीपल से नहीं ।

यह पुरातन प्रकृति बह निकलती है, और मैं उसकी शरण जाता हूँ [ऐसा संकल्प करो] ।

श्लोक (3) मनुष्य जब तक संसार में है और उसकी चेतना उन नामरूपों में ही लिपटी रहती है जिन्हें वह देख पाता है तब तक उसके लिए पूरे वृक्ष को देख पाना असम्भव है । उस मूलभूत ज्योति को तो वह और भी कम देख सकता है जिसने सब नामरूपों को महागर्भ से बाहर लाकर उन्हें अस्तित्त्व प्रदान किया, जो उन्हें इस समय बनाए हुए हैं, और जिसने अन्त में उन्हें उस महागर्भ में ही विलीन करना है ।

"हाँ, तो ब्रह्म के बारे में अन्वेषण किया जाय" ऐसा कह कर ब्रह्मसूत्रों के लेखक ब्रह्म की यह परिभाषा देते हैं – "वह जिससे नामरूप के समस्त संसार का उद्भव और पालन होता है और जिसमें इसका अन्त होता है" । ब्रह्म क्या है, इसका उत्तर तो है, और पास ही मौजूद भी है, परन्तु यदि खोजने वाले में कुछ विशेष गुण नहीं हैं तो अन्वेषण उसे कोरे पाण्डित्य के जंगल में लेजाकर छोड़ देगा । ये गुण इस प्रकार बताए जाते हैं : (1) विवेक, यानी नित्य व अनित्य में अन्तर पहचान सकना, (2) वैराग्य, यानी अनित्य से मुँह मोड़ लेना, (3) षट्-सम्पत्ति, यानी शम (मन पर नियन्त्रण), दम (इन्द्रियों पर नियन्त्रण), तितीक्षा (दृढ़ता से काम पर लगे रहना), उपरति (बाहरी अनुभव तथा धर्म से अलग होना), श्रद्धा (गीता के अर्थों में), व समाधान (मानसिक सन्तुलन), तथा (4) मुमुक्षुत्व, यानी अज्ञान से मुक्ति पाने की इच्छा ।

परन्तु, गीता तो एक परम गुण की ही बात करती है जो यदि सचमुच उपलब्ध हो जाय तो उसमें ये सब समा जाते हैं । और यह गुण है अनासक्ति । यही वह कुठार है जिससे दृढ़मूल संसारवृक्ष काटा जा सकता है । परन्तु अनासक्ति का अर्थ केवल इतना ही नहीं कि फ़कीरों के समान संसार से कोई वास्ता ही न रखा जाय । फ़कीरी से व्यक्तिगत इच्छशक्ति को तो बल मिल सकता है, परन्तु, जैसा भगवान बुद्ध ने अनुभव किया था, ऐसा करने से लक्ष्य के निकट नहीं पहुँचा जाता । वास्तव में व्यक्तिगत इच्छाशक्ति के बलशाली होने से शिष्य अपने बन्धनों में और भी अधिक जकड़ सकता है । अपने व्यक्तित्व में बने रहकर अनासक्ति कभी भी उपलब्ध नहीं हो सकती । न ही वह वैयक्तिक अहंभाव या पृथक जीव

में स्थित रहकर मिल सकती है । यह ज़रूरी है शिष्य अपने व्यक्तित्त्व को अपने से अलग ऐसे देखे जैसे वह स्वप्न में विभिन्न व्यक्तियों को देखता है, और अवैयक्तिक ज्योति में शरण ले । तब जाकर ही उसके हृदय में अनासक्ति प्रस्फुटित होगी क्योंकि ज्योति तो सदैव निस्संग होती है ।

बुद्धदेव ने कहा है : "अहंभाव को पूरी तरह नष्ट करो", ईसा ने कहा है "मेरी शरण में आओ", और पतञ्जलि ने कहा है : "सब चित्तवृत्तियों का निरोध करो", और यह वही चित्त है जो सब बाहरी वस्तुओं से युक्त होकर झूठे अहम् को जन्म देता है । इन तथा पथ के अन्य आचार्यों ने अपने-अपने शब्दों में बस एक ही बात कही है – मनुष्य को ***क्षुद्र अहम्*** से निकल कर ***आत्मन्*** में, मृत्यु से अमरत्व में, और अँधेरे से निकल कर प्रकाश में जाना चाहिए । इस प्रकाश में स्थित होने पर संसारवृक्ष की बाँध सकने की शक्ति समाप्त हो जाती है, और वह ऐसे छिन्न-भिन्न हो जाता है जैसे चुम्बकीय पर्वत के पास पहुँचने पर लोहे की कीलें उखड़ जाने के कारण परीकथाओं के जहाज़ टूट-फूट कर डूब जाते हैं । "*चलने से संसार का अन्त नहीं पहुँचा जाता । मैं घोषणा करता हूँ कि इस साढ़े तीन हाथ के शरीर, उसके मन व उसकी अनुभूतियों में ही संसार है । यही उसका उद्भव विषय होता है और इसी में इसके विलय का पथ भी है*" ।[7]

बाहरी और भीतरी दोनों ही प्रकार के इन्द्रिय विषयों से अपने को अनासक्त कर, सब प्रकार के नामरूप से निस्संग हो आदि चैतन्य की ओर जाने वाले इस ऐसे निर्जन चिन्हरहित ज्योति पथ पर बढ़ते जाना चाहिए जिससे पुरातन काल में सार्वभौमिक ऊर्जाएँ निकली थीं । श्लोक (4)

(5) ***निर्मानमोहाः जितसङ्गदोषाः अध्यात्मनित्याः विनिवृत्तकामाः ।***
द्वन्द्वैः विमुक्ताः सुखदुःखसंज्ञैः गच्छन्ति अमूढाः पदम् अव्ययम् तत् ॥

मान और मोह से विमुक्त, आसक्तिदोष पर विजय प्राप्त किए, सदैव अध्यात्म में लीन, कामना को अच्छी प्रकार नष्ट करे हुए, सुख-दुःख के द्वन्द्व से मुक्त ज्ञानीजन उस अविनाशी परम पद को प्राप्त करते हैं,

[7] बुद्धदेव, *समयुत्त निकाय* 2, 3, 6 ।

(6) *न तत् भासयते सूर्यः न शशाङ्कः न पावकः ।*
यत् गत्वा न निवर्तन्ते तत् धाम परमम् मम ॥

जिसे न सूर्य न चन्द्र और न ही अग्नि प्रकाशित कर सकते हैं, वह है मेरा परम धाम, जो वहाँ जाते हैं फिर लौट कर नहीं आते ।

श्लोक (6) परन्तु परम निरपेक्ष होने के कारण [***परब्रह्म पुरुषोत्तम*** का] यह चैतन्य हमारे ज्ञान की सीमाओं के पार होता है । इसमें ज्ञाता और ज्ञेय एक होकर ऐसे रहते हैं जैसे परम जड़ पदार्थ में (यदि ऐसी वस्तु हो तो) दोनों एक होते हैं । वास्तव में हमारे लिए तो यह चैतन्य है ही नहीं क्योंकि वह प्रव्यक्त जीवन की अग्नि, ***मूलप्रकृति*** के चन्द्र तथा अव्यक्त ***आत्मन्*** के सूर्य के पार होता है । वह शून्य भी है और पूर्ण भी । वहाँ जाकर कोई वापस नहीं आता । इसे कृष्ण अपना परम धाम[8] बताते हैं । यही परम लक्ष्य होता है और परमानन्द भी यही है ।

(7) ***मम एव अंशः जीवलोके जीवभूतः सनातनः ।***
मनःषष्ठानि इन्द्रियाणि प्रकृतिस्थानि कर्षति ॥

जीव लोक में यह जीवात्मा मेरा ही सनातन अंश है और वही माया में स्थित हो मन व पाँचों इन्द्रियों को आकर्षित करता है ।

श्लोक (7) [***परब्रह्म पुरुषोत्तम*** के] इस परम स्तर से उतर कर अब गीता नीचे आती है अद्वय के आविर्भाव का रहस्य समझाती है । "उस" अखण्ड सत्ता की एक शाश्वत कला, जिसे पिछले अध्याओं में "दृष्टिकोण" कहा गया है, मानसिक जगत के "पदार्थ" में स्थित हो उसके नामरूपों से संयोग करती है । रजस् के प्रभाव से बहिर्मुखी होकर वह निम्न, कामना-लिप्त मनस्, बन जाती है और उसकी ज्योति में जो ज्ञानशक्ति निहित होती है वह अपने चारों ओर के जगत को समझने के प्रयास में पाँच इन्द्रियों के रूप में व्यक्त होती हैं । पहले तो ये पाँच आन्तरिक या ज्ञानेन्द्रियाँ होती हैं परन्तु जैसे पिछले अध्याय में बताया गया है, तमस् के प्रभाव में इनका

---

[8] ध्यान दीजिए कि *धाम* का अर्थ *निवासस्थान* और *ज्योति* दोनों ही हैं ।

बाह्याकरण पाँच तथाकथित शारीरिक अंगों या कर्मेन्दियों में हो जाता है । और फिर, हमारे दृष्टिकोण से तो भौतिक शरीर अनुभव का द्रष्टा पक्ष न होकर दृश्य पक्ष ही होता है । दरअसल, शरीर वास्तविक पर्यावरण का एक विशेष अंशमात्र होता है क्योंकि वह निम्नतर स्तर पर चेतना के वस्तुविषय का ही एक अंश होता है ।

हमें सदा याद रखना चाहिए कि इन्द्रिय-ज्ञानशक्तियाँ चैतन्य की स्वाभाविक प्रकाशदायी शक्ति के विभेदीकरण का फल हैं, और किसी प्रकार भी भौतिकप्रव्यक्ति में सम्मिलित नहीं हैं । इस तथ्य से जीव-वैज्ञानिकों की यह सम्मति समझ में आ जाती है कि विभिन्न इन्द्रिय-ज्ञान एक आदि इन्द्रिय-ज्ञान के विभेदीकरण से ही बनते हैं और किन्हीं विशेष परिस्थितियों में कोई एक इन्द्रिय किसी अन्य का काम कर सकती है । स्पर्शज्ञान की शक्ति त्वचा से काफ़ी दूरी पर अपने को व्यक्त कर सकती है ।[9]

(8) *शरीरम् यत् अवाप्नोति यत् च अपि उत्क्रामति ईश्वरः ।*
गृहीत्वा एतानि संयाति वायुः गन्धान् इव आशयात् ॥

जैसे वायु गन्धों को उनके शरणस्थल से ले जाता है वैसे ही ईश्वर [जीवात्मा] एक शरीर छोड़ने तथा दूसरा ग्रहण करने पर मन व इन्द्रियों का स्थानान्तरण कर लेता है ।

जब आन्तरिक स्वामी यानी अहंभाव शरीर ग्रहण करता है तो इन इन्द्रिय-ज्ञानशक्तियों को बाह्य जगत का ज्ञान प्राप्त करने के लिए प्रयोग करता है । यहाँ यह ध्यान रखना ज़रूरी है कि वैज्ञानिक और पराभौतिक (metaphysical) वर्णन में सम्भ्रम न होने दिया जाय । वैज्ञानिक हिसाब से या नामरूप के दृष्टिकोण से देहधारण प्रक्रिया का विवरण यों किया जा सकता है कि एक सूक्ष्मतर परन्तु फिर श्लोक (8)

[9] द'रोशा (de Rochas) कृत *लेक्सतीरियोरिज़ास्यों द'ला मॉत्रिसिते* (*L'Exteriorisation de la Motricité*) देखिए । जूल्स रोमेन्स (Jules Romains) कृत *आइलॅस साइट* (*Eyeless Sight*) भी देखिए । भारत में एक योगी सम्प्रदाय ऐसा है जिसके सदस्य एक इन्द्रिय का काम दूसरी से लेने का अभ्यास करते हैं ।

भी भौतिक शरीर[10] (जिसे *काम शरीर* भी कहते हैं) किसी अनुकूल आयोजित वाहन (भ्रूण) में प्रवेश करता है। पराभौतिक दृष्टिकोण से यह प्रक्रिया उन नामरूपों का स्थूलीकरण है जिनसे चैतन्य अपना तादात्म्य स्थापित करता है। या यों कहें कि यह प्रक्रिया तमस् की आवरण शक्ति के प्रभाव में इन नामरूपों के प्रकाश का क्षय होना है जो काम-मनस् के तरल आकार से अपेक्षाकृत ठोस भौतिक पदार्थों के रूप में जम जाते हैं।

एक बार निर्मित हो जाने पर भौतिक शरीर रजस् और तमस् की विरोधी शक्तियों के संघर्ष का अखाड़ा बन जाता है। जीव-वैज्ञानिक शरीर में होने वाली दो प्रक्रियाओं, *उपचय* (सृजन = *anabolism*) और *अपचय* (विनाश = *katabolism*), को जानते है जो शरीर के बनने से लेकर उसके नष्ट होने तक बराबर क्रियाशील रहती हैं। पहले प्रकार की प्रक्रियाएँ कामभाव के राजसिक प्रभाव में नित्य शरीर रचना और उसके रख-रखाव में लगी रहती हैं और दूसरी जड़ता के तामसिक प्रभाव में वैसी ही तत्परता से जो बनता है उसे नष्ट करती जाती हैं। जीवन के पूर्वार्ध में पहले प्रकार की प्रक्रियाएँ विशेष रूप से क्रियाशील होती हैं, परन्तु धीरे-धीरे नाशक शक्तियाँ प्रबल होती जाती हैं और अन्त में एक दिन शरीर अहंकार व कामभाव के प्रोत्साहन पर कान देना बन्द कर उन्हें वापस जाने पर विवश कर देता है ताकि वह स्वयं शान्ति से विघटित हो सके।

श्लोक (8) परन्तु जैसा हम देख चुके हैं, इन्द्रिय-शक्तियों पर शरीर का नहीं अपितु स्वयं अहंभाव का अधिकार होता है। और, इसलिए कहा जाता है कि उन्हें लेकर वह अपने लोक को ऐसे जाता है जैसे "*वायु गन्धों को उनके शरणस्थल से ले जाता है*"। जब यह अहंभाव जाता है तो पीछे केवल मृत भौतिक शरीर को ही नहीं बल्कि उस कामभाव को भी छोड़ जाता है जो अहंभाव और भौतिक शरीर के बीच स्थित तत्त्व होता है। इस तरह ऊर्ध्वमुखी चेतना हमारे अनुभव के सार को

[10] इस शरीर को बनाने वाला "पदार्थ" शायद प्रेतवादियों का "एक्टोप्लज़्म" (ectoplasm) है परन्तु सब प्रकार के पदार्थ को परिशिष्ट "ख" के दृष्टिकोण से देखना चाहिए।

ले चलती है और वह उस पूर्णतया मानसिक रूप में घुलमिल जाता है जो निरन्तर चलते भौतिक जन्म-मृत्यु चक्र के इर्द-गिर्द निर्मित होता रहता है ।

जैसा कि गीता में अन्य स्थान पर लिखा गया है, अपने शुद्ध मानसिक स्तर पर अहंभाव मिस्रवासियों के कथनानुसार "*आहलू* " के खेतों में स्वार्गिक अन्न की फ़सल काटता हुआ तब तक *विशाल स्वर्गलोक का भोग करता है* जब तक सारे कर्मों का भोग पूरा नहीं हो जाता – इस प्रक्रिया में कई शताब्दियाँ लग सकती हैं – और उसके बाद रजस् और तमस् का मिश्रित अधोगामी प्रभाव एक बार फिर सक्रिय हो उठता है और ***अहम्*** पुनर्जन्म लेने की आकांक्षा करने लगता है ।

(9) ***श्रोत्रम् चक्षुः स्पर्शनम् च रसनम् घ्राणम् एव च ।***
अधिष्ठाय मनः च अयम् विषयान् उपसेवते ॥

कान, आँख, स्पर्श, रसना, घ्राण तथा मन के अधिष्ठाता के रूप में यह [जीवात्मा] विषयों का सेवन करता है ।

(10) ***उत्क्रामन्तम् स्थितम् वा अपि भुञ्जानम् वा गुणान्वितम् ।***
विमूढाः न अनुपश्यन्ति पश्यन्ति ज्ञानचक्षुषः ॥

शरीर छोड़कर जाते हुए अथवा शरीर में स्थित हुए तथा विषयों का भोग करते या [तीनों] गुणों से युक्त "उस" को अज्ञानीजन नहीं देख पाते, परन्तु ज्ञानचक्षु वाले देख लेते हैं ।

(11) ***यतन्तः योगिनः च एनम् पश्यन्ति आत्मनि अवस्थितम् ।***
यतन्तः अपि अकृतात्मानः न एनम् पश्यन्ति अचेतसः ॥

यत्नशील योगीजन इस [जीवात्मा] को अपने भीतर स्थित देखते हैं, परन्तु जिन्होंने अपने ऊपर काम नहीं किया हो (अकृतात्मानः) वे अज्ञानी जन यत्न करने पर भी इसे नहीं देखते ।

मूढ़ व्यक्ति ***आत्मन् को*** न तो शरीर से निकलता देखते हैं और न उसे शरीर में स्थित ही देखते हैं । उपनिषद् का पूछना है "*वह द्रष्टा कैसे देखा जाय?*" और श्लोक (10)

जिनकी दृष्टि बाहरी नामरूपों में ही फँसी रहती है वे अपने चीरफाड़ के औज़ारों और सूक्ष्मदर्शी यन्त्रों की मदद से भी केवल नामरूप ही देख पाते हैं। बाहरी प्राणायाम इत्यादि में, या बहुत हुआ तो अपने मन को वशीभूत करने में लगा हुआ
श्लोक (11) योगाभ्यासी भी यदि अन्तर्मुखी होकर सब नामरूपों से निस्संग होकर ***आत्मन्*** की ओर नहीं मुड़ता तो वह केवल तुच्छ सिद्धियाँ ही प्राप्त कर पाएगा। अमरत्व के आकांक्षी, ज्ञानचक्षु रखने वाले कुछ बिरले ही अपनी दृष्टि को अन्तर्मुखी कर हृदय में स्थित जीवात्मा को देख पाते हैं [11]।

(12) ***यत् आदित्यगतम् तेजः जगत् भासयते अखिलम् ।***
यत् चन्द्रमसि यत् च अग्नौ तत् तेजः विद्धि मामकम् ॥
सूर्य में स्थित हुआ जो तेज अखिल विश्व को प्रकाशित करता है तथा जो चन्द्रमा व अग्नि में स्थित है उसको मेरा ही तेज जानो।

श्लोक (12) परन्तु वह ***जीवात्मा*** भी विश्वात्मा [***महत् आत्मन्***] की ही एक कला होता है। अहंभाव के चारों ओर निर्मित नामरूप में नहीं, अपितु स्वयं उसके भीतर जो तेज होता है वह वही है जो अन्य जीवों में भी चमकता रहता है, और जो उसे ठीक से देख पाता है वह सूर्य, चन्द्र और अग्नि[12] के पार उस ब्रह्म की एकता पर आधारित सर्वव्यापी एकता को देख लेता है।

(13) ***गाम् अविश्य च भूतानि धारयामि अहम् ओजसा ।***
पुष्णामि च ओषधिः सर्वाः सोमः भूत्वा रसात्मकः ॥
अपनी ऊर्जा से पृथ्वी में प्रविष्ट होकर मैं सर्वभूतों को धारण करता हूँ और रसात्मक चन्द्रमा होकर वनस्पतियों का पोषण करता हूँ।

(14) ***अहम् वैश्वानरः भूत्वा प्राणिनाम् देहम् आश्रितः ।***
प्राणापानसमायुक्तः पचामि अन्नम् चतुर्विधम् ॥
मैं ही सब प्राणियों के शरीर में वैश्वानर (पेट में स्थित अग्नि) होकर प्राणवायु और अपानवायु से युक्त होकर चार प्रकार के अन्न पचाता हूँ।

---

[11] कठोपनिषद् 2, 1, 1 "*कश्चित् धीरः ...*"

[12] इस अध्याय के छठे श्लोक की टीका देखिए।

अपनी ज्योति-ऊर्जा (***ओजस्***) के रूप में यह ***परब्रह्म*** "पृथ्वी" अर्थात् अपने जड़ पक्ष (***मूलप्रकृति***) में प्रविष्ट होकर सर्वभूतों का आधार बनता है और फिर कामरंजित अमर अद्वय (***रसात्मक सोम***) बनकर वही वैयक्तिक जीवन के "पौधों" (***औषधि***)[13] का पोषण करता है । इससे भी नीचे जाकर वह कामजीवन का अग्नि, वैश्वानर, बन जाता है जो समस्त संसार में जलता रहता है । स्वयं अहंभाव न होकर यह अहंभाव के चारों ओर संगठित वह अवैयक्तिक आग होती है जिसकी जीवंत लपटें किसी प्राणमय शरीर से युक्त होकर भौतिक जगत के चार तत्त्वों से निर्मित भोजन को ग्रहण करती व पचाती हैं । श्लोक (13, 14)

(15) ***सर्वस्य च अहम् हृदि संनिविष्टः मत्तः स्मृतिः ज्ञानम् अपोहनम् च ।***
वेदैः च सर्वैः अहम् एव वेद्यः वेदान्तकृत् वेदवित् एव च अहम् ॥

मैं सबके हृदय में स्थित हूँ, मेरे से ही स्मृतिज्ञान होता है व उसका हरण भी । मैं सब वेदों द्वारा जानने योग्य हूँ, मैं वेदान्तकर्ता हूँ व वेद जानने वाला भी मैं ही हूँ ।

इन विभिन्न स्तरों पर और विभिन्न प्रव्यक्तियों में उस एक दैवी कृष्ण को ही खोजना चाहिए जो "*सबके हृदय में स्थित*" होता है । वहाँ उसकी उपस्थिति से ही जीवन का सारा प्रवाह, यहाँ पिण्डाण्ड में भी और वहाँ ब्रह्माण्ड में भी, चलता है । उसकी उपस्थिति के ही कारण पुराने अनुभवों के चित्र सुसंगत हो स्मृति बन जाते हैं – ऐसी स्मृति जिसमें उसके चरणों में स्थित योगी की तो सारी पूर्वजन्म श्रृंखला ही चित्रित हो जाती है । उसकी त्रिकाल दृष्टि न हो तो भूतकाल का अस्तित्त्व हमारे मन की आँखों के सामने टिक ही न पाए । श्लोक (15)

---

[13] औषधि मकई इत्यादि उन पौधों को कहते हैं जो फल देने के बाद मर जाते हैं और अगले वर्ष बीज से फिर उत्पन्न होते हैं । इसके विपरीत वनस्पति वे हैं जो वृक्षों के समान कई वर्षों तक जीवित रहते हैं । औषधि क्षणभंगुर ***वैयक्तिक अहम्*** की प्रतीक हैं और वनस्पतियाँ अपेक्षाकृत ***स्थायी अहंभाव*** या ***जीवात्मा*** की प्रतीक हैं ।

द्रष्टा व दृश्य को जोड़ने वाली वह कड़ी भी कृष्ण से ही आती है जिसे खोजने के असफल प्रयास में किताबी दर्शनशास्त्री लगे रहते हैं – वह ज्ञानशक्ति जिसके द्वारा कुछ लोगों के विचारानुसार हम अपने दिमाग़ी ख़यालों तक ही सीमित न रह कर उसे जान पाते हैं जो "वास्तव में होता है" । सच्चा ज्ञान हृदय में "उस' की उपस्थिति से ही सम्भव होता है क्योंकि वही द्रष्टा और दृश्य को एकता में समाए रखता है ।

स्मृति के ज्ञान का अभाव या हानि (***अपोहनम्***) भी "उस" के ही द्वारा होती है क्योंकि सर्वव्यापी ज्ञान को सीमित करने से ही, यानी स्मृति के उत्तरार्धरूपी भविष्य की इन झाँकियों को जो "उसकी" दृष्टि में निरन्तर बनी रहती हैं, रोक देन से ही जीवन-धारा को किसी दिशा विशेष में प्रवाहित किया जा सकता है । जिसे हम नहीं जानते, जिसे हम याद नहीं कर पाते, वह भी किसी निर्दिष्ट समय पर व्यक्तिगत या सामाजिक जीवन प्रवाह की दिशा पर उतना ही प्रभाव डालता है जितना वह जो हमें ज्ञात या याद होता है ।

यही है वह सर्वातीत होते हुए भी सर्वव्याप्त अद्वय सत्ता जिसकी सम्पन्न एकता बहुमुखी सुसंगति में, वैदिक प्रतीकों में, व अधिक प्रत्यक्ष "दार्शनिक" रूप से वेदान्त (उपनिषद्) में, दर्शाई गई है । यदि वह अद्वय हृदय में स्थित न होता तो वेदान्त का ज्ञानोदय हो ही नहीं सकता था । यह अद्वय ही वह गुप्त स्रोत है जिससे वेदान्त का सञ्जीवन जल उमड़ता आता है ।

(16) ***द्वौ इमौ पुरुषौ लोके क्षरः च अक्षरः एव च ।***
क्षरः सर्वाणि भूतानि कूटस्थः अक्षरः उच्यते ॥

संसार में दो पुरुष हैं, क्षर तथा अक्षर । सर्वभूत क्षर हैं और कूटस्थ को अक्षर कहते हैं ।

श्लोक (16) आगे वाले श्लोकों में चैतन्य या पुरुष की प्रव्यक्ति की तीन रीतियों का अति-महत्त्वपूर्ण शिक्षण आता है । पहले श्रीकृष्ण उन दो सुविख्यात रीतियों को बताते हैं जिनको उन्होंने यहाँ ***क्षर*** अर्थात प्रहावशील और ***अक्षर*** यानी प्रवाह-रहित कहा है । प्रवाहशील चैतन्य वह है जो एक प्रकार से समय की धारा में किसी केन्द्र बिन्दु

विशेष से निकल कर प्रवाहित होता है । दूसरे शब्दों में यह चैतन्य अगणित प्राणियों के अनवरत कालक्रम के रूप में व्यक्त होता है । विश्व प्रांगण की छोटी-छोटी नदियों के समान बहने वाले सब सीमित अहंभावों का आधार यही होता है ।

परन्तु, इसके भी पार विशाल प्रवाह-रहित सामुद्रिक चैतन्य है जो निरपेक्ष और समान दृष्टि से सारे प्रव्यक्त विश्व को व्याप्त किए है । यही है सुमेरु पर्वत पर स्थित वह ***कूटस्थ*** जिसकी प्रशान्त निर्लिप्त दृष्टि में सब कुछ समान होता है । सब बीते कल आने वाले कलों के समान होते हैं और यहाँ कर्म व प्रवाहित गतिशीलता का अस्तित्त्व ही नहीं हो सकता । यही ब्रह्माण्ड का अचल साक्षी है, कभी विचलित न होने वाला प्रकाश है । इसे परम लक्ष्य मान कर बहुतों ने इसकी अविक्षुब्ध शान्ति में निरन्तर परिवर्तनशील और दुःखमय संसार से बचकर आश्रय लेना चाहा है । चैतन्य की ये दो कलाएँ उपनिषद् के वे दो सुपर्ण हैं जो एक ही वृक्ष पर बैठे हैं । एक तो परिवर्तनशील व्यक्तिगत अहम् [***जीवात्मा***] है जो गतिशील अनुभव के पीछे मीठे फल खाकर बन्धन में फँस जाता है, और दूसरा अपरिवर्त्य साक्षी [***महत् आत्मन्***] देखता तो है परन्तु खाता कुछ नहीं ।[14]

परन्तु इन दो के अतिरिक्त एक तीसरा सुपर्ण भी है, वह चैतन्य जो परमात्मन् [***परब्रह्म पुरुषोत्तम***] है – सर्वोच्च, सर्वोत्तम ।

(17) ***उत्तमः पुरुषः तु अन्यः परमात्मा इति उदाहृतः ।***
यः लोकत्रयम् आविश्य बिभर्ति अव्ययः ईश्वरः ॥

[इन के अतिरिक्त] उत्तम पुरुष तो अन्य ही है जिसे परमात्मा, अव्यय, ईश्वर कहा जाता है और जो तीनों लोकों में प्रवेश कर उनका धारण-पोषण करता है ।

और यह ***पुरुषोत्तम*** कोई ऐसी सर्वातीत सत्ता मात्र ही नहीं है जो सब विश्वों के पार किसी निराली शान के साथ अपने सिंहासन पर आरूढ़ हो । दूसरा, यानी श्लोक (17)

[14] मुण्डकोपनिषद् 3, 1 तथा ऋग्वेद 1, 164, 20 । इसी तरह इग्द्रासिल की सबसे ऊँची शाखा पर एक गरुड़ बैठा था और अन्य पक्षी निचली शाखाओं पर थे ।

अक्षर पुरुष, तो प्रव्यक्ति की लीला में प्रविष्ट हुआ नहीं की बहने लगता है और इसलिए अपना स्वभाव गँवाने लगता है। परन्तु परम चैतन्य – परमेश्वर – समस्त सृष्टि के अन्दर भी है और उसके पार भी क्योंकि, जैसा श्रीकृष्ण कहते हैं, वे इस ***पुरुषोत्तम*** रूप में ही स्वभाव स्थिति की हानि के बिना प्रव्यक्ति के केन्द्र में प्रवेश कर तीनों लोकों का भरण-पोषण व उन पर शासन करते हैं।

(18) ***यस्मात् क्षरम् अतीतः अहम् अक्षरात् अपि च उत्तमः ।***
अतः अस्मि लोके वेदे च प्रथितः पुरुषोत्तमः ॥

क्योंकि मै क्षर [शरीर] के पार हूँ और अक्षर [जीवात्मा] से भी उत्तम हूँ इसलिए संसार तथा वेद में पुरुषोत्तम नाम से प्रसिद्ध हूँ।

श्लोक (18) यही चैतन्य श्रीकृष्ण का वास्तविक स्वरूप है जिसका वे कई बार ज़िक्र कर चुके हैं। सीमित परन्तु सदा सक्रिय व परिवर्तनशील जीवों से परे, सार्वभैमिक साक्षी की अपरिवर्त्य निश्चलता से भी उत्तम तथा उससे परे, वैयक्तिकता व अवैयक्तिकता के द्वंद्व, साकार और निराकार के पचड़े के पार, वही सर्वोच्च व सर्वोत्तम है। श्रीकृष्ण का चैतन्य ही सबका भर्ता है। उन्हीं का चैतन्य प्रत्येक परमाणु को उसके हृदय-बिन्दु से प्रेरित कर चलाता है। चल व अचल उनके लिए एक समान हैं; स्वतन्त्रता और अनिवार्यता उनके दो हाथों के समान हैं; अपरिवर्त्य सूर्य तथा परिवर्तनशील चन्द्र उनके दो नेत्र हैं और वे उन दोनों से एक साथ ही देखते हैं। परिमित हो जाने के भय से मुक्त यह श्रीकृष्ण ही प्रत्येक नामरूप के मर्म में प्रवेश कर जाते हैं; प्रत्येक बन्धन से निडर कृष्ण की यह गुप्त शक्ति ही है जो समस्त चर जगत को गति देती है।

निस्संदेह इस परम सन्तुलित दैवी स्थिति के ज्ञान के कारण ही *भागवत* या *पञ्चरात्र* की शिक्षा (जिसके बारे में अध्याय 4, श्लोक 1 की पादटीका में कहा गया था) को *त्रिसौपर्ण,* तीन पक्षियों की शिक्षा कहा जाता है ताकि इस शिक्षा और उन सम्प्रदायों की शिक्षा में भेद किया जा सके जिन्हें केवल उक्तलिखित दो पक्षियों का ही ज्ञान था। ***पुरुषोत्तम*** की इस अद्भुत स्वभाव स्थिति के कारण ही

अस्तित्त्व के दो पहलू, चर व अचर, संसार व निर्वाण, एक प्रगाढ़ आलिंगन में बँधे हैं। और इस प्रकार हमारा यह संसार एक ऐसी भयानक भूलमात्र ही नहीं रह जाता जो कुछ पद्धतियों के अनुसार होनी ही नहीं चाहिए थी और एक अगम्यवादी तर्क-प्रणाली के अनुसार तो कभी हुई ही नहीं है।

परमात्मन् का यह परम संतुलन ही *वैयक्तिक* कृष्ण के रूप में व्यक्त होता है। तभी तो वे ऐसे अलौकिक अधिकार से बोल सकते हैं, ऐसे परम प्रभुत्त्व व स्वतन्त्रता से कर्म कर सकते हैं, सब राग-द्वेषों से परे निरपेक्ष रह सकते हैं और साथ ही जिन्होंने प्रेमपूर्वक उन्हें आत्मसमर्पण किया हो उनके भावोन्मत्त प्रेमी भी हो सकते हैं। उन्होंने सबमें भाग लिया – प्रेम में, युद्ध में, राजनीति में, लेकिन रहे वे प्रत्येक स्थिति में अविक्षुब्ध। प्रेमियों, गुरुजनों, योद्धाओं, राजनयिकों में सर्वश्रेष्ठ, वे साथ ही भोलेभाले ग्वालों के सखा और व्रज की गोपियों के प्रेमी भी थे। वे सबके लिए एक ही थे और फिर भी सदैव उन के पक्ष में थे जो उन से प्रेम करते थे। कौरव और पाण्डव उनके लिए बराबर थे और उन्होंने शान्ति स्थापना के लिए पूरा वाक्चातुर्य दिखाया, परन्तु फिर भी वे सब यत्न करने से पहले ही द्रौपदी को युद्ध का वचन दे चुके थे।

(19) *यः माम् एवम् असंमूढः जानाति पुरुषोत्तमम् ।*
सः सर्ववित् भजति माम् सर्वभावेन भारत ॥

हे भारत, जो इस प्रकार मोहरहित होकर मुझे पुरुषोत्तम-स्वरूप जानता है वह सर्वज्ञ व्यक्ति सब प्रकार से मेरी सेवा करता है।

(20) *इति गुह्यतमम् शास्त्रम् इदम् उक्तम् मया अनघ ।*
एतत् बुद्ध्वा बुद्धिमान स्यात् कृतकृत्यः च भारत ॥

हे अनघ अर्जुन, यह अतिगोपनीय शास्त्र इस तरह बताया है मैंने, इसे तत्त्वतः जान कर बुद्धिमान व्यक्ति कृतकृत्य हो जाता है (उसके सब काम पूरे हो जाते हैं)।

श्लोक (19, 20) इसीलिए, इस अध्याय के अन्तिम श्लोकों में वे कहते हैं कि सब द्वन्द्वों और संसार व निर्वाण के परम-द्वन्द्व के भ्रम में पड़े बिना जो उन्हें पुरुषोत्तम-रूप में जानता है केवल वही सब कुछ जानता है और केवल वही अपने सर्वस्व से उनकी सेवा कर सकता है। अन्य लोग उनकी सेवा तो कर सकते हैं परन्तु केवल अपने श्रेष्ठतर अंगों से ही; अपने पूरी तरह संगठित अस्तित्त्व से उनकी सेवा तो बस उन्हें पुरुषोत्तम-रूप जानने वाला ही कर सकता है। यही गुह्यतम शिक्षा है और इस विषय पर श्रीकृष्ण पूरे संवाद के अंत में फिर आयेंगे। जो इस गूढ़ रहस्य को समझ गया उसने सब कुछ पा लिया।

अध्याय 16

उज्ज्वल और तमोमय शक्तियों के भेद का योग

(दैवासुरसंपद्विभाग योग)

इस अध्याय के शीर्षक में *दैवासुरसंपद्विभाग* का शब्दशः अनुवाद होगा – "दैवी और आसुरिक संपदाओं का भेद" । परन्तु, ऐसा करने में, कम-से-कम पाश्चात्य पाठकों को, मिल्टन (Milton) के द्वैतवाद की ध्वनि आती प्रतीत होगी जो गीता के अभिप्राय से नितान्त भिन्न है । *देव* शब्द और इससे बना विशेषण *दैवी,* दोनों ही *दिव्* धातु से बने हैं और *दिव्* का अर्थ है *उज्ज्वल* अथवा चमकने वाला । *असुर* शब्द पहले तो इन्द्र व अन्य वैदिक देवताओं का सूचक था परन्तु बाद में इसका अर्थ "जो दिव्य नहीं" अर्थात *तमोमय* हो गया ।

श्रीभगवान् उवाच

(1) ***अभयम् सत्त्वसंशुद्धिः ज्ञानयोगव्यवस्थितिः ।***
दानम् दमः च यज्ञः स्वाध्यायः तपः आर्जवम् ॥

श्रीकृष्ण ने कहा : भय का अभाव, अन्तःकरण की शुद्धि, ज्ञानयोग में दृढ़ता, दान, इन्द्रियदमन, यज्ञ, स्वाध्याय, तप और आर्जव (मन में कोई टेढ़ापन न होना),

(2) ***अहिंसा सत्यम् अक्रोधः त्यागः शान्तिः अपैशुनम् ।***
दया भूतेषु अलोलुप्त्वम् मार्दवम् ह्रीः अचापलम् ॥

अहिंसा, सत्य, अक्रोध, त्याग, शान्ति, किसी की निन्दा न करना, दया, लोलुपतारहित होना, कोमलता, नम्रता तथा चपलता का न होना,

(3) ***तेजः क्षमा धृतिः शौचम् अद्रोहः नातिमानिता ।***
भवन्ति संपदम् दैवीम् अभिजातस्य भारत ॥

तेज, क्षमा, धैर्य, शुद्धता, किसी में शत्रुभाव का न होना, अभिमान का अभाव, ये सब, हे भारत, दैवी संपदा को प्राप्त हुए व्यक्ति के लक्षण हैं।

(4) *दम्भः दर्पः अभिमानः च क्रोधः पारुष्यम् एव च ।*
अज्ञानम् च अभिजातस्य पार्थ सम्पदम् आसुरीम् ॥

हे पार्थ, दिखावा, अक्खड़पन, अहमन्यता, क्रोध, कठोरता तथा अज्ञान आसुरी सम्पदा को प्राप्त हुए व्यक्ति के लक्षण हैं ।

(5) *दैवी सम्पत् विमोक्षाय निबन्धाय आसुरी मता ।*
मा शुचः सम्पदम् दैवीम् अभिजातः असि पाण्डव ॥

दैवी सम्पदा मुक्ति के लिए और आसुरी सम्पदा बाँधने के लिए बनी है, ऐसा माना जाता है । इसलिए, हे पाण्डव, शोक मत करो, तुम दैवी सम्पदा के लिए उत्पन्न हुए हो ।

(6) *द्वौ भूतसर्गौ लोके अस्मिन् दैवः आसुरः एव च ।*
दैवः विस्तरशः प्रोक्तः आसुरम् पार्थ मे श्रृणु ॥

हे पार्थ, इस संसार में दो प्रकार के व्यक्ति माने जाते हैं, एक देवों जैसे और दूसरे असुरों जैसे । दैवी स्वभाव विस्तार से बताया गया है, अब मुझसे आसुरिक स्वभाव के बारे में सुनो ।

श्लोक (6) इस संसार में दो प्रकार के स्वभाव होते हैं, दैवी व आसुरिक, और इस अध्याय का उद्देश्य उनके भेद को समझना है । परन्तु यह भेद किसी वैयक्तिक ईश्वर या धर्माचार्य विशेष की इच्छा पर आधारित, मनमाने ढंग से किया गया भले-बुरे का भेद नहीं अपितु स्वयं सार्वभौमिक प्रव्यक्ति के स्वभाव पर आधारित भेद है ।

विश्व के उन ज्वार-भाटों का ज़िक्र तो पहले किया ही जा चुका है जिन्हें पारिभाषिक रूप से *प्रवृत्ति* और *निवृत्ति* कहा जाता है । प्रवृत्ति वह बहिर्गामी महाश्वास है जिसके द्वारा ब्रह्म से विश्व का उद्भव होता है, निवृत्ति इसी के प्रतिरूप अन्तर्गामी श्वास है जिसके द्वारा सब वस्तुएँ अद्वय की ओर वापस आती हैं ।

इन गतिक्रियाओं को “उज्ज्वल” व “तमोमय” नाम देकर हमें साधारण नैतिक अर्थों के जंजाल में फँसने से सतर्क रहना चाहिए। आसुरी शक्ति तमोमय इसलिए

कही गई है क्योंकि इसमें चैतन्य की ज्योति नामरूप के भीतर लगातार और अधिक डूबती चली जाती है । दैवी को उज्ज्वल इसलिए कहा गया है क्योंकि इसका रुझान ज्योति की मुक्ति की ओर होता है । ऐसी मनोस्थितियाँ जो बहिर्गामी गतिक्रिया को व्यक्त करती हैं, या उसकी सहायता करती हैं, तमोमय कहलाती हैं, और जो प्रत्यावर्तन को व्यक्त करती हैं वे उज्ज्वल कहलाती हैं ।

संसार के नैतिक द्वैत का वास्तविक आधार यही विभाजन है, परन्तु किसी नैतिक द्वैतवाद को अपरिवर्त्य या अन्तिम मानकर फिर इस विषय पर माथापच्ची करना कि "बदी की जड़" क्या है एक बहुत बड़ी ग़लती होगी । सार्वभौमिक ज्वार-भाटों का द्वैतवाद तो प्रत्येक सृष्टिक्रम में अनिवार्यतः होगा ही । एक ही दिशा की गतिक्रिया पर आधारित विश्व का अस्तित्त्व ऐसे ही सम्भव नहीं हो सकता जैसे बिना झटका दिए चलने वाली बन्दूक का नहीं हो सकता । क्रिया और प्रतिक्रिया तो प्रव्यक्तिमात्र के लिए अनिवार्य हैं, और विशाल सृष्टि यन्त्र भी इस विधान से नहीं बच सकता ।

अधिकांश तथाकथित नीतिशास्त्र किसी विचारक विशेष के अपने समाज के रीति-रिवाज़ों और पक्षपातों को युक्ति-युक्त मान्यता देने के प्रयत्न भर होते हैं । कुछ कर्मों को "भला", "नेक" या "अच्छा" बता दिया जाता है और कुछ – जैसे किसी अन्य व्यक्ति की सम्पत्ति पर अधिकार या किसी विशेष प्रकार के यौनाचार – को "बुरा", "बद" । परन्तु ऐसे नाम देने से केवल यही प्रश्न पैदा नहीं होता कि "बुराई" या "बदी" विश्व में हो ही क्यों बल्कि यह भी दीखने लगता है कि इस पृथ्वी पर ही ऐसे अन्य समाज भी हैं जो इन नामों को नहीं पहचानते और कहीं-कहीं तो उनका ठीक उल्टे अर्थों में प्रयोग करते हैं । और क्योंकि पराप्रकृतिवादियों (supernaturalists) की कपोल-कल्पना के अतिरिक्त मोटे तौर पर विश्व इन मान्यताओं पर अमल करते नहीं प्रतीत होता, साधारण मानव यह फ़ैसला कर लेता है कि विश्व अनैतिक है । इस प्रकार अपने और प्रकृति के बीच निर्मित द्वैतभाव को और अधिक बढ़ावा देकर बेचारा मानव अपने आप को ऐसी दयनीय स्थिति में पाता है जैसे उसे तो भले-बुरे की चिन्ता हो परन्तु जिसमें वह रहता है स्वयं उस विश्व को इस विषय से कोई लेना-देना न हो ।

ऐसा निष्कर्ष तो एकदम अस्वीकार्य है क्योंकि इससे मनुष्य या तो अपने ही हाथों से बनाई हुई उस प्रतिमा का पुजारी बन जाता है जिसमें वह जानता है कि कुछ भी वास्तविकता नहीं है, और या फिर यह उसे अपनी उच्छृंखल कामनाओं के चंगुल में फँसा देता है।

हमारी नैतिकता तो दोहरी सार्वभौमिक गति पर आधारित होती है और इसी कारण आपेक्षिक होनी चाहिए। बौद्ध दर्शन में दो प्रकार के कल्पों (प्रव्यक्ति कालों) का वर्णन है जिन्हें क्रमशः विवर्तकल्प अर्थात निर्वेष्टन (खोलने) और सम्वर्तकल्प अर्थात आवेष्टन (लपेटने) की कालावधि कहा जाता है। जब बोधि प्राप्ति से पहले दिन भगवान बुद्ध ने अपने समस्त पूर्वजन्मों की श्रृंखला देखी तो उन्हें याद आया कि उन्होंने एक के बाद एक आने वाली विवर्ततन और प्रत्यावर्तन की ऐसी कितनी ही अवधियों में जीवन व्यतीत किया था। इसका अर्थ हुआ कि विश्व-प्रक्रिया को पहले सीधे खुलते जाने और तत्पश्चात सीधे वापस लिपट जाने के रूप में नहीं, बल्कि एक चाक्रिक प्रक्रिया के रूप में देखना चाहिए, जिसमें कितने ही एक के बाद एक आने वाले युगों में अवरोहण और ऐसे ही फिर आरोहण होता रहता है।

अतएव, यदि नैतिकता का विश्व में कोई आधार होना है तो हमें भलाई और बुराई की परिभाषा उन प्रक्रियाओं के अनुसार करनी चाहिए जो काल विशेष में प्रबल सार्वभौमिक प्रवृत्तियों के अनुकूल या प्रतिकूल हों। यह प्रवृत्तियाँ क्या हैं यह इस पर निर्भर करता है कि हम निर्वेष्टन युग में रह रहे हैं या आवेष्टन युग में। जो गुण भौतिकता की ओर अधिकाधिक बढ़ने वाले विस्तार काल में सहायक होते हैं और इसलिए उस काल में "अच्छे" कहलाते हैं वे उन गुणों के बिल्कुल उल्टे होते हैं जो आरोहण या प्रत्यावर्तन काल में उपयोगी सिद्ध होंगे। इस प्रकार एक युग के सद्गुण दूसरे युग के दुर्गुण बन जाते हैं।

नीति-निरपेक्ष "उज्ज्वल" व "तमोमय" शब्दों के प्रयोग करने से अस्पष्टता या आपेक्षिकता से बचत हो जाती है क्योंकि इस प्रकार हम केवल किसी युग की विशेषताओं का उल्लेख ही करते हैं, उन पर नैतिक फ़ैसला नहीं देते।

मान्यताओं में ऐसे अदल-बदल के कुछ दृष्टान्त हिन्दू पौराणिक कथाओं में अब भी मिलते हैं । पुराणों में आता है कि विश्व के आदि कालों में किन्हीं विशेष जीवात्माओं को मनुष्य जाति की वृद्धि करने का काम सौंपा गया था । परन्तु उन्होंने इससे इनकार कर दिया और वे ब्रह्मचारी तपस्वी बन गए । उनका यह आचरण अन्य युगों में भले ही "पुण्य" कहा गया हो परन्तु उस युग में तो इसे "पाप" ही समझा गया क्योंकि कहा जाता है कि इसके कारण वे शाप के भागी हुए ।

"असुर" शब्द का अर्थ-परिवर्तन भी कदाचित इसी बात का द्योतक है । जैसा कि कहा जाता है, आदि काल में यह शब्द वरुण, इन्द्र, अग्नि जैसे महान देवताओं की उपाधि के रूप में प्रयोग होता था और पारसी परम्परा के *अहुर मज़्द* में अब भी ऐसा ही है । परन्तु बाद में *असुर* का अर्थ देवताओं के "तमोमय" शत्रुओं के रूप में किया जाने लगा । ऐसी ही बात "प्रभातपुत्र" लूसिफ़र (Lucifer, "Son of the Morning") के साथ हुई कह सकते हैं, जिसके नाम से ही यह स्पष्ट है कि वह ज्योति का वाहक, यानी ज्योति के अवरोहण का द्योतक था । बाद में वही ईश्वर और सत्कर्मी मनुष्यों का शत्रु, ईसाई परम्परा का *शैतान* हो गया ।

सिद्धान्त को छोड़ जब हम व्यावहारिकता के क्षेत्र में आते हैं तो सबसे पहले प्रश्न यह उठता है कि हमें यह मालूम कैसे होगा कि जिस युग में हम रह रहे हैं वह विस्तरण का है या प्रत्यावरण का । इसका उत्तर मुख्यतः हमारे अपने हृदयों में ही होता है जिनमें समस्त विश्व प्रतिबिम्बित होता है और इसलिए हम यह जान सकते हैं कि किस समय की ओर का रुझान क्रियाशील है । परन्तु भीतर की इस अभी तक हल्की सी आवाज़ को अपने युग के उन महान आध्यात्मिक आचार्यों के समर्थन से बल मिलता है जो द्रष्टा होने के कारण विश्व-विधान के अनुसार शिक्षण देते हैं ।

अब यह भी ध्यान देने योग्य बात है कि ऐतिहासिक काल के सब महान् आचार्यों के शिक्षण में स्पष्टतः आरोहण या निवृत्ति पथ की नीति पाई जाती है । गीता, बुद्ध, ईसा तथा शंकर की नीति इतने स्पष्ट रूप से ऊर्ध्वमुखी है कि ऐसी शिक्षाओं को ही शुद्ध सच्ची नैतिकता समझने की भूल हो सकती है और अन्य प्रकार की शिक्षाओं को सदा के लिए बुरा समझा जा सकता है ।

परन्तु ऐसे भी पक्के संकेत हैं जिनसे स्पष्ट हो जाता है कि उक्त निष्कर्ष भ्रान्तिपूर्ण है । इतिहास की ज्ञात प्राचीनतम संस्कृतियों में, हमारे "अपने युग" से पचास-साठ शताब्दियों पूर्व की सभ्यताओं में, हम पाते हैं कि उनके धर्म एकदम भिन्न थे । मैनें धर्म शब्द का प्रयोग बहुवचन में किया है परन्तु शायद एक वचन का प्रयोग ही उचित होता, क्योंकि जैसे सब आधुनिक धर्मों में एक समानता मिलती है वैसे ही उन प्राचीन धर्मों में भी समरूपता थी ।[1] बाबल (Babylonia), प्राचीन मिस्र या क्रीट (Crete) वासियों के धर्मों की "ऐतिहासिक" गुरुजनों द्वारा स्थापित धर्मों से तुलना करने पर यह ज्ञात होता है कि प्राचीन धर्मों के दृष्टिकोण मौलिक रूप से भिन्न थे ।[2]

सभी प्रागैतिहासिक धर्मों में प्रवृत्ति पर ज़ोर दिया गया है, विशेष तौर पर उसके यौनशक्ति रूप पर और उनमें ऐसे रीति-रिवाज़ शामिल हैं जिनकी नैतिकता आज हमारी नज़रों में संदेहास्पद है । तब महाशक्ति जगज्जननी ही पूजा की मुख्य पात्री थी । गीता में जो धर्म प्रतिधारित है उसके लिए वही संसारवृक्ष बन गई जिसे अनासक्ति के कुठार से काटना होता है । इस अन्तर को मानव की धार्मिक सूझबूझ में हुए संवर्धन की दुहाई देकर आँखों से ओझल किया जा सकता है,

[1] मैं यहाँ "गुह्यज्ञान" परम्परा की उस सूक्ष्म धारा की बात नहीं कर रहा हूँ जो ऐसे थोड़े से लोगों के लिए होती है जो सदैव ऊर्ध्वगामी पथ का अनुसरण करते हैं, बल्कि उन बाहरी सम्प्रदायों के बारे में कह रहा हूँ जो जन साधारण के लिए बने होते हैं ।

[2] इस कथन का खण्डन उपयुक्त उद्धरणों से किया जा सकता है, परन्तु मेरा विचार है कि लौकिक प्राचीन धर्मों का ध्यानपूर्वक अध्ययन करने पर मान्यताओं या सामान्य "वातावरण" में गहन गुणात्मक अन्तर दिखाई देगा । उदाहरण के लिए देखिए कि किस प्रकार डी. एच. लॉरेन्स (D.H. Lawrence) सर्वस्वीकृत आध्यात्मिक मान्यताओं के विरुद्ध विद्रोह में एट्रस्कन (Etruscan) जाति के प्राचीन धर्म सम्प्रदायों की ओर आकृष्ट हुआ और "काले देवताओं" (Dark Gods) का पूजक बना । सैटर्नेलिया (Saturnalia) व अन्य किसी प्रकार के उत्सवों के बारे में लिखते हुए सर जेम्स फ्रेज़र (Sir James Frazer) ने अपनी *गोल्डन बाव* (*Golden Bough*) नामक पुस्तक में कहा है "*यह सब बातें किसी एक ही चित्र के अंग हैं, शायद ये सब किसी सुदूर काल में भूमध्य सागर से प्रशान्त महासागर तक फैली हुई पुरानी दुनिया के किसी एक ही धर्म और समाज के बचे-खुचे भाग हैं*" ।

परन्तु ऐसा करना दो युगों की मान्यताओं के वास्तविक अन्तर पर पर्दा डालना ही होगा।

यूनान की ऑर्फ़िक (Orphic) आदि विचारधाराएँ मिस्र में "हर्मिसवाद" (Hermeticism), भारत में बौद्धधर्म, मध्यपूर्व तथा यूरोप में ईसाईमत – ये सब केवल अधार्मिक दुनिया में आने वाले अत्त्युतम धर्म ही नहीं थे बल्कि ऐसे आन्दोलन थे जो एक नए युग का सूत्रपात करने के लिए आए थे और जिन्होंने पुराने युग की अनेक मान्यताओं को उलट कर मनुष्य के हृदय को उस निवृत्ति के पथ पर अग्रसर किया जिसका वर्तमान काल में प्राबल्य है – इस मायने में नहीं कि मानवजाति पर इसका अधिपत्य हो गया है, बल्कि इस अर्थ में कि इस वर्तमान युग की मान्यताएँ निवृत्ति की ऊर्ध्वगामी मान्यताएँ हैं।

परन्तु, आइए, अब फिर अधिक प्रत्यक्ष रूप से गीता की ओर आया जाय। शरीर की उपचय (सृजन) और अपचय (विनाश) की प्रक्रियाओं की तरह प्रत्येक युग में बराबर साथ-साथ चलने वाली दैवी और आसुरिक मनोस्थितियों के बारे में शिक्षण को तब तक के लिए रोके रखा गया था जब तक शिष्य पथ पर काफ़ी आगे न बढ़ जाय। कारण यह है कि इस शिक्षण का प्रभाव अपरिपक्व व्यक्तियों पर यह होता है कि वे हमेशा अपने पक्ष को दैवी तथा अपने प्रतिद्वन्दियों के पक्ष को आसुरिक मान बैठते हैं। स्वयं अपने आप तो वे "ईश्वर के चुने हुए जन" हो जाते हैं और उनके शत्रु शैतान के चेले। पिछले महायुद्ध[3] में प्रत्येक राष्ट्र न्याय और धर्म के लिए लड़ने का दावा करता था।

गीता में दी गई उज्ज्वल और तमोमय गुणों की सूचियों का अध्ययन करते करते समय उन्हें शताब्दियों की सामान्य नैतिक विचारधारा के प्रभाव से आई "पाप-पुण्य" की गन्ध से मुक्त करना आवश्यक है। यह समझना ज़रूरी है कि "दान" का मतलब सिर्फ़ भिक्षा बाँटना, अनाथलयों को चलाना, या पुण्यकर्मों का ढिंढोरा पीटना ही नहीं है, और "स्वाध्याय" का, पश्चिम में चलने वाली बाइबिल

[3] लेखक का तात्पर्य प्रथम विश्वयुद्ध (1914-1918) से है परन्तु यह वक्तव्य सब ही युद्धों पर लागू हो सकता है। (अनुवादक)

क्लासों या, भारत के रूढ़ीवादि वर्गों में इतने लोकप्रिय, यन्त्रवत् गीतापाठ से कोई वास्ता नहीं है। "दान" वह प्रक्रिया है जिसके द्वारा विश्व की अच्छी वस्तुएँ, बन्द पानी की तरह, कुछ-एक व्यक्तियों तक ही सीमित न रहकर प्रवाहित हो सब तक पहुँच सकें, और स्पष्ट है कि यह ***क्षुद्र अहंभाव*** के बन्धनों को तोड़ने का उपकरण है। इसी तरह "स्वाध्याय" का अर्थ ज्ञानसंचय के लिए अध्ययन करना है और कोई आवश्यकता नहीं कि यह अध्ययन "धार्मिक" पुस्तकों का ही हो।

यहाँ दिए गए अन्य गुणों की विस्तारपूर्वक समीक्षा आवश्यक नहीं है, बस इतना ही कहना ज़रूरी है कि इन गुणों का परम्परागत अर्थ लगाने में ख़तरा है, और इन अर्थों में वे प्रायः गुण न रहकर दोष हो जाते हैं जिनका ऊपर से तो अधिकांश लोग अनुमोदन करते हैं परन्तु मन ही मन उनके विरुद्ध विद्रोह की भावना रखते हैं। यह एक बेमतलब बात नहीं है कि पम्परागत सन्तों के पम्परागत सद्गुण स्वस्थ मन वाले लोगों को अच्छे नहीं लगते। इन गुणों के असली अर्थों को ढूँढ निकालना उन पर जमी शताब्दियों की पवित्रता की धूल को झाड़ना इस पथ के शिष्य के लिए महत्त्वपूर्ण साधना है। जिसने इस दिशा में प्रयास किया हो वही जानता है कि ऐसा करने से, और घिसी-पिटी धारणाओं को त्याग देने से कितना गहन नीति-बोध होता है। और सबसे बड़ी बात तो यह है कि अब शिष्य प्रत्येक वस्तु का उसके बाहरी रूप के अनुसार मूल्यांकन करने की आम ग़लती से बच जाएगा क्योंकि अब उसे मालूम हो जाएगा कि विभिन्न मनुष्यों द्वारा किए गए गए, ऊपर से एक जैसे लगने वाले, कर्मों का आन्तरिक दृष्टि से बिल्कुल अलग-अलग महत्त्व होता है।

ध्यान दीजिए कि उज्ज्वल कहलाए जाने वाले सब गुण ज्योति की मुक्ति में सहायक होते है, परन्तु अपने आप में वे ज्योति के नहीं बल्कि उस मनोभौतिक वाहन के गुण होते हैं जिनमें वह ज्योति फँसी होती है। जैसे स्पंज में भरे पानी को निकालना ईंट में भरे पानी को निकालने से आसान होता है, वैसे ही ये गुण भी वाहन को क़ाबू करने और उस से अपने को अलग करने में ज्योति का काम आसान कर देते हैं।

इसीलिए, "अहिंसा" का अर्थ है रजस् की बहिर्मुखी शक्तियों को रोकना। जैसा कि हम चौदहवें अध्याय के संदर्भ में देख चुके हैं, यही शक्तियाँ एकता पर आधारित प्रेम को "ख़ूनी दाँत-पञ्जों वाली प्रकृति" में और उससे भी बदतर, ख़ूनी तलवार और संगीन वाले इंसान में बदल देती है। ऐसे ही "तेज" उस तामसिक बोझ को काट फैंकने का उपकरण है जो ज्योति को भौतिकता के जड़-आलस्य में डुबा देता है। श्लोक (2, 3)

(7) *प्रवृत्तिम् च निवृत्तिम् च जनाः न विदुः आसुराः ।*
न शौचम् न अपि च आचारः न सत्यम् तेषु विद्यते ॥

आसुरी प्रवृत्ति के व्यक्ति न ठीक प्रवृत्ति जानते हैं, न ठीक निवृत्ति। उनमें न शौच होता है, न अच्छे आचार और न सत्य।

(8) *असत्यम् अप्रतिष्ठम् ते जगत् आहुः अनीश्वरम् ।*
अपरस्परसंभूतम् किम् अन्यत् कामहैतुकम् ॥

वे कहते हैं कि जगत सत्यविहीन, आधार-रहित और बिना किसी अधिष्ठाता स्वामी के, कामहेतु परस्पर संयोग से उत्पन्न हुआ है, और उसके अलावा अन्य कुछ नहीं है।

(9) *एताम् दृष्टिम् अवष्टभ्य नष्टात्मानः अल्पबुद्धयः ।*
प्रभवन्ति उग्रकर्माणः क्षयाय जगतः अहिताः ॥

इस दृष्टिकोण का अवलम्बन लेकर ये अल्पबुद्धि, सबका अपकार करने वाले, उग्रकर्मी, नष्टात्मा, जगत के अहित के लिए उत्पन्न होते हैं।

तमोमय गुणों के विवरण में एक कठिनाई तो तत्काल ही उपस्थित हो जाती है। पहले जिन निष्कर्षों पर हम पहुँचे उनके विपरीत इस सिलसिले में ऐसे शब्द प्रयोग किए गए हैं जिनमें इनके प्रति नैतिक निन्दा की झलक का आभास होता है। आसुरिक व्यक्तियों में उनके अपने विशेष क्षेत्र, प्रवृत्ति, तक के ज्ञान को भी स्वीकार नहीं किया गया है। उन्हें ***नष्टात्मानः*** यानी बर्बाद आत्माएँ कहा गया है जिसके अर्थ हैं कि उनकी ज्योति एकदम डूब चुकी है और वे *जगत के अहित के लिए उत्पन्न होते हैं*। श्लोक (7, 9)

इन कटुवचनों का निस्तार तब होता है जब हम यह याद करते हैं कि गीता निवृत्ति-काल[4] के लिए लिखी गई है, और इसलिए, यहाँ दिए आसुरिक गुण अपने उचित रूप में प्रवृत्ति की बहिर्मुखी मनोस्थितियाँ नहीं बल्कि एक मायने में इन गुणों के ऐसे अवशेष हैं जो अपने यथोचित समय से बहुत आगे निवृत्ति-काल तक चले आने के कारण विकृत और कुत्सित रूप में प्रकट होते हैं। इनमें और प्रवृत्ति-काल के शुद्ध गुणों में वही सम्बन्ध है जो किसी बूढ़े की कामुकता और नवयौवन की सहज प्रणय-कामना में होता है।

श्लोक (9) निवृत्ति-काल की प्रवृत्ति वह स्वस्थ व तेजस्वी बहिर्मुखी गतिक्रिया नहीं होती जो उस समय होती है जब उसे विश्व विधान का अनुमोदन प्राप्त होता है। अब तो वह यदाकदा फूट पड़ने वाली विघ्नकारी व हानिकारक प्रव्यक्ति मात्र होती है जो कोशाणुओं की उस अवांछित क्रियाशीलता के समान होती है जिससे शरीर में व्याधि-ग्रंथियाँ पैदा होती हैं। इसीलिए कहा गया है कि [निवृत्ति-काल में] आसुरिक व्यक्ति "*न ठीक प्रवृत्ति जानते हैं, न ठीक निवृत्ति*"।

(10) ***कामम् आश्रित्य दुष्पूरम् दम्भमानमदान्विताः।***
मोहात् गृहीत्वा असद्ग्राहान् प्रवर्तन्ते अशुचिव्रताः॥

चिर-अतृप्त कामनाओं के आसरे, दम्भ, मान और मद से युक्त वे मोहवश मिथ्या सिद्धान्तों में विश्वास रख भ्रष्ट आचरण करते हैं।

(11) ***चिन्ताम् अपरिमेयाम् च प्रलयान्ताम् उपाश्रिताः।***
कामोपभोगपरमाः एतावत् इति निश्चिताः॥

मरणपर्यन्त रहने वाली अनन्त चिन्ताओं के लिए, कामनाओं के भोग को ही सबसे बड़ा समझते हुए, वे इस निश्चय के साथ कि यही सब कुछ है,

(12) ***आशापाशशतैः बद्धाः कामक्रोधपरायणाः।***
ईहन्ते कामभोगार्थम् अन्यायेन अर्थसञ्चायान्॥

---

[4] यह बात श्लोक 5 में श्रीकृष्ण द्वारा अर्जुन को दिए गए इस आश्वासन में निहित है कि "*तुम दैवी सम्पदा के लिए उत्पन्न हुए हो*"।

आशा के सैकड़ों फंदों में बँधे, काम व क्रोध को परायण हुए, विषय भोगों की पूर्ति के लिए अन्यायपूर्ण तरीके अपनाते हुए धन इकट्ठा करते हैं।

आठवें श्लोक को भी इसी दृष्टिकोण से समझना चाहिए – "वे कहते हैं कि जगत सत्यविहीन, आधार-रहित और बिना किसी अधिष्ठाता स्वामी के, कामहेतु परस्पर संयोग [5] से उत्पन्न हुआ है, और उसके अलावा अन्य कुछ नहीं है"। ऐसे लोग इतना तो जानते हैं कि उनके अपने कर्म किसी मूलभूत लय या सत्य पर आधारित नहीं बल्कि केवल कामना से प्रेरित होते हैं और विश्वविधान का समर्थन उन्हें प्राप्त नहीं होता, इसलिए स्वाभाविक है कि वे ऐसे सिद्धान्तों को खड़ा करते हैं जो विश्व भर में ही इन संपदाओं के अभाव की घोषणा करते हैं। हम विश्व में कोई भी ऐसी वस्तु नहीं देख सकते जिसे हम ने पहले अपने हृदय में न देख लिया हो, और यदि किसी मनुष्य का हृदय "चिर अतृप्त कामनाओं" से भरा हो तो वह विश्व भर में अनियन्त्रित शक्तियों के बर्बर संघर्ष के अतिरिक्त और कुछ नहीं देख सकता। इस प्रकार की दृष्टिहीनता उसकी भोगशक्ति का समर्थन करती प्रतीत होगी और वह कामनापूर्ति के आगे पूरी तरह आत्मसमर्पण कर देगा "इस निश्चय के साथ कि यही सब कुछ है"[6]। श्लोक (11)

(13) *इदम् अद्य मया लब्धम् इमम् प्राप्स्ये मनोरथम् ।*
इदम् अस्ति इदम् अपि मे भविष्यति पुनः धनम् ॥

आज मैंने यह हासिल किया है और इस मनोरथ को प्राप्त करूँगा, यह धन है मेरे पास और भविष्य में भी रहेगा।

---

[5] "*परस्पर संभूत*" का प्रयोग लेखक ने शायद कामसंयोग के लिए किया था, परन्तु ये शब्द [आधुनिक विज्ञान के] इस सिद्धान्त पर भी लागू होते हैं कि संसार अन्ततः परमाणुओं के अनायास संयोग से उत्पन्न हुआ है।

[6] आज के पूर्वी या पश्चिमी समाज में इन श्लोकों की दुहाई देकर हमारा इरादा कोई नैतिकता दिखाने का नहीं है। पाठकों को स्वयं निर्णय करना चाहिए कि यह श्लोक उनकी ओर उँगली उठाते हैं या नहीं, और उनकी सभ्यता दैवी है या आसुरिक।

(14) ***असौ मया हताः शत्रुः हनिष्ये च अपरान् अपि ।***
ईश्वरः अहम् अहम् भोगी सिद्धः अहम् बलवान् सुखी ॥

उस शत्रु को तो मार दिया है मैंने, और अब अन्य शत्रुओं को भी मारूँगा । मैं ईश्वर हूँ, ऐश्वर्य भोगने वाला हूँ, सफल हूँ, बलवान् हूँ, सुखी हूँ ।

श्लोक (13, 14) कामनाओं के दासत्व का एक विशिष्ट परिणाम ध्यान देने योग्य है । हम देख ही चुके हैं कि कामशक्तियाँ अहंभाव में स्थित वैयक्तिक शक्तियाँ नहीं होतीं, बल्कि ऐसी महान् अवैयक्तिक तरंगें होती हैं जो मनुष्य को बहा ले जाती हैं । तीव्रगामी कार में बैठकर जैसे किसी निर्बल से निर्बल व्यक्ति को भी एक अल्पबुद्धि ऐन्द्रिक सुख व शक्ति का अनुभव होता है, यद्यपि वह गति व शक्ति उसकी अपनी नहीं होतीं, वैसे ही अपने को प्रबल कामना तरंगों के हवाले कर हम उत्तेजित व आह्लादित हो जाते हैं, इस पर बिल्कुल ध्यान न देते हुए कि वे न हम हैं, न हमारी हैं, और वह भँवरदार ज्वार हमें विनाश की ओर लिए जाता है ।

(15) ***आढ्यः अभिजनवान् अस्मि कः अन्यः अस्ति सदृशः मया ।***
यक्ष्ये दास्यामि मोदिष्ये इति ज्ञानविमोहिताः ॥

मैं धनवान हूँ, उच्चवंश का हूँ । मेरे समान दूसरा कौन है? मैं यज्ञ करूँगा, दान दूँगा और आनन्द करूँगा । इस प्रकार वे अज्ञान से मोहित हैं ।

श्लोक (15) जब वह उग्र क्रोध, कामोत्तेजना, अथवा विषाद से ग्रस्त हो तब यदि कोई व्यक्ति आत्मपरीक्षण करे तो पता लग जाएगा कि उसे कामना के तीव्र प्रवाह में कितना मज़ा आता है और उस मज़े का अन्त करने के लिए वह बिल्कुल राज़ी नहीं होता । यद्यपि अधिकांश (परन्तु ऐसा लगता है कि संपूर्ण नहीं) आधुनिक समाज श्लोक 14 में वर्णित अकृत्रिम ढंग से हमें अपने द्वारा मारे गए और मारे जाने वाले शत्रुओं की मृत्यु पर हर्षोल्लास प्रकट नहीं करने देगा फिर भी अगले श्लोक का कामनाजन्य उल्लास हम सब पहचान सकते हैं । "*मैं धनवान हूँ, उच्चवंश का हूँ । मेरे समान दूसरा कौन है? मैं यज्ञ करूँगा, दान दूँगा और आनन्द करूँगा । इस प्रकार वे अज्ञान सेमोहित हैं*" ।

(16) *अनेकचित्तविभ्रान्ताः मोहजालसमावृताः ।*
प्रसक्ताः कामभोगेषु पतन्ति नरके अशुचौ ॥

अनेक प्रकार से भ्रमित हुए चित्त वाले, मोहजाल में फँसे, विषयभोगों में बुरी तरह फँसे व्यक्ति, महान गन्दे नरक में गिरते हैं।

(17) *आत्मसंभाविताः स्तब्धाः धनमानमदान्विताः ।*
यजन्ते नामयज्ञैः ते दम्भेन अविधिपूर्वकम् ॥

अपने आप को ही श्रेष्ठ मानने वाले वे घमण्डी व्यक्ति, धन व मान के नशे में चूर, अविधिपूर्वक, नाममात्र के यज्ञों द्वारा पाखण्ड से यजन करते हैं।

(18) *अहंकारम् बलम् दर्पम् कामम् क्रोधम् च संश्रिताः ।*
माम् आत्मपरदेहेषु प्रद्विषन्तः अभ्यसूयकाः ॥

अहंकार, बल, घमण्ड, कामना व क्रोध के वश में हुए ये दूसरों की निन्दा करने वाले व्यक्ति, अपने और परायों के शरीर में स्थित मुझ [अन्तर्यामी] से द्वेष करते हैं।

(19) *तान् अहम् द्विषतः क्रूरान् संसारेषु नराधमान् ।*
क्षिपामि अजस्रम् अशुभान् आसुरीषु एव योनिषु ॥

उन द्वेष करने वाले पापाचारी और क्रूरकर्मी नराधमों को मैं संसार में बारबार आसुरी योनियों में ही गिराता हूँ।

(20) *आसुरीं योनिम् आपन्नाः मूढाः जन्मनि जन्मनि ।*
माम् अप्राप्य एव कौन्तेय ततः यान्ति अधमाम् गतिम् ॥

हे कौन्तेय, वे मूढ़ व्यक्ति जन्म-जन्म में आसुरी योनि प्राप्त कर, मुझे न पाकर, इससे भी नीच गति में पहुँचते हैं।

(21) *त्रिविधम् नरकस्य इदम् द्वारम् नाशनम् आत्मनः ।*
कामः क्रोधः तथा लोभः तस्मात् एतत् त्रयम् त्यजेत् ॥

काम, क्रोध तथा लोभ, आत्मा का नाश करने व नरक ले जाने वाले यह तीन प्रकार के द्वार हैं। इसलिए, इन तीनों को त्याग देना चाहिए।

श्लोक (16, 21) यहाँ अज्ञान इस बात का है कि कामनाधारा बिल्कुल अनात्मगत होती है, और उसकी उन्मत्तता बाइबिल के उन सुअरों (Gadarene swine) की सी होती है जो कग़ार से कूद कर समुद्र में डूब मरने के लिए दौड़ रहे थे। ऐसे उद्दण्ड जीवन का अन्त, जैस कि गीता में कहा गया है, अवश्य ही "*गन्दे नरक*" में होता है। मध्ययुगीन ईसाइयों के दोज़ख़ की आग और तपन तथा भारत के परपीड़न प्रिय नरक निर्माताओं की चतुर यन्त्रणा विधियाँ केवल मूढ़ाग्रह भले ही हों, परन्तु फिर भी नरक तो बहुतेरे होते हैं, इस संसार में भी और मृत्यु के बाद भी, अतृप्त कामनाओं के नरक जिनमें काम, क्रोध और लोभ के ***त्रिविधम् नरकस्य द्वारम्*** से प्रवेश किया जाता है। यह भी सच है कि यह नरक ***आत्मन्*** का नाश करने वाले (***नाशनम् आत्मनः***) होते हैं क्योंकि ***आत्मन्*** की ज्योति विषय-वासनाओं में बिखरकर नष्टप्राय हो जाती है।

श्लोक (19, 20) ग्यारहवें अध्याय के छत्तीसवें श्लोक में बताया गया था कि भयभीत राक्षस कैसे विश्व के कोने-कोने में भागते हैं। वह प्रक्रिया का सार्वभौमिक पहलू था, और अब यहाँ बताया जा रहा है कि प्रक्रिया के प्रव्यक्त रूप, असुर, कैसे अन्तर्स्थित ज्योति से मुँह मोड़ लेते है और कामना की उग्र तरंगों के वश हो, एक के बाद एक, जन्म लेते हुए भौतिकता व आत्मविस्मृति के भीषणतम गढ़े में ढकेल दिए जाते हैं। जिस जीवात्मा ने एक बार अपने को इन तरंगों में डाल दिया वह उनके बहाव को रोक उन्हें आसानी से वापस नहीं मोड़ सकता। जैसा वर्जिल (Virgil) ने लिखा है "*नरक में गिरना आसान है*", कठिन तो वहाँ से वापस आना है।

फिर भी यह याद रखना चाहिए कि इस नैतिक आक्रोश के पीछे यह ज्ञान है कि अँधेरे पथ पर चलने वाले इसलिए उस पर जा रहे हैं क्योंकि वे अभी तक भौतिकता की उस निम्नतम गहराई तक नहीं पहुँचे हैं जिस तक आज के प्रकाश-पथिक पहले ही पहुँच चुके थे। आत्मा का नाश कभी नहीं होता, चाहे उज्ज्वल हो चाहे अँधेरी, प्रत्येक गति अद्वय के ही भीतर होती है, और इसीलिए हर गहराई से निकला जा सकता है। प्लॉटाइनस ने इसी को यों कहा है : "*आत्मा का स्वभाव*

चरम अस्तित्त्वहीनता को छूना नहीं है, पतन ज़्यादा से ज़्यादा बुराई तक या अनात्मन् तक ही हो सकता है, चरम अस्तित्त्वहीनता तक नहीं । जब जीवात्मा फिर ऊपर उठने लगता है तो किसी नई अजनबी स्थिति को नहीं बल्कि स्वयं अपने ही स्वरूप को प्राप्त होता है" ।

(22) ***एतैः विमुक्तः कौन्तेय तमोद्वारैः त्रिभिः नरः ।***
आचरति आत्मनः श्रेयः ततः याति पराम् गतिम् ॥

हे कौन्तेय, नरक के इन तीन अँधेरे द्वारों से मुक्त हुआ व्यक्ति अपने लिए कल्याणकारक आचरण करता है, और इससे वह परमगति को प्राप्त होता है ।

(23) ***यः शास्त्रविधिम् उत्सृज्य वर्तते कामकारतः ।***
न सः सिद्धिम् अवाप्नोति न सुखम् न पराम् गतिम् ॥

शास्त्रविधि को त्याग कर कामना के भड़कावों का अनुसरण करने वाला न सफलता प्राप्त करता है, न सुख, और न ही परम लक्ष्य ।

(24) ***तस्मात् शास्त्रम् प्रमाणम् ते कार्याकार्यव्यवस्थितौ ।***
ज्ञात्वा शास्त्रविधानोक्तम् कर्म कर्तुम् इह अर्हसि ॥

इसलिए, क्या कर्तव्य है और क्या अकर्तव्य, इस बात का प्रमाण शास्त्र को ही जानो । शास्त्र विधान जो कहता है, वही कर्म करो ॥

इस अध्याय को समाप्त करने से पहले अन्तिम दो श्लोकों के बारे में कुछ शब्द कहने आवश्यक हैं । सब मामलों में शास्त्रों का अनुशासन मानने की अनुज्ञा के कारण ये रूढ़िवादियों के अतिप्रिय श्लोक हैं । परन्तु केवल परम्परागत व मान्य धार्मिक पुस्तकों को ही शास्त्र मानना गीता के मुख्य अभिप्राय को ही ग़लत समझना होगा जिसमें बारबार कहा गया है कि शिष्य को बुद्धिपरायण होना चहिए (उदाहरणार्थ अध्याय 2 श्लोक 49) और निरन्तर यह शिक्षण दिया गया है कि सब ज्ञान अपने हृदय में ही मिलता है । श्लोक (23, 24)

बात यह है कि उच्चतम अर्थ में शास्त्र "त्रिविध शासक" (***शासक त्रय***)[7] – ***महत्, बुद्धि*** व ***मनस्*** का संयुक्त रूप – है, अर्थात्, आध्यात्मिक अन्तःप्रेरणा द्वारा हृदय में प्रकट हुआ आन्तरिक ज्ञान। यही उस औपनिषदिक् परामर्श का अर्थ है जिसमें इन्द्रियों को मन में, ***मनस्*** को ***बुद्धि*** में, और ***बुद्धि*** को ***महत् आत्मन्*** में बैठाने को कहा गया है। निस्सन्देह अपने को सदा इन तीन आन्तरिक शासकों के ही हवाले करना चाहिए। इस आन्तरिक ज्योति के आदेशों के अनुसार ही संसार में सब कर्म करने चाहिए और इस आन्तरिक वाणी की अवज्ञा कर "*कामना के भड़कावों का अनुसरण करने वाला न सफलता प्राप्त करता है, न सुख, और न परम लक्ष्य*"।

[7] यहाँ यह कहना ही न्यायसंगत होगा कि यह इस शब्द ***शास्त्र*** की सामान्यता प्राप्त व्युत्पत्ति नहीं है। मुझे मालूम है कि बहुत से लोग इसे कपोल-कल्पित कहेंगे। न ही मेरा इरादा शास्त्रों के बाहरी अर्थ की खिल्ली उड़ाने का है। ऋषियों के प्रेरणायुक्त लेखन हमारी सबसे बड़ी विरासत हैं और उनका महत्त्व इसलिए है क्योंकि वे उस आन्तरिक शास्त्र के बाह्य रूपान्तर होते हैं जो सिद्धपुरुषों के हृदय में प्रकट हुए थे। परन्तु साथ ही यह भी नहीं भूलना चाहिए कि उनका व्याख्यान शून्य में नहीं बल्कि देश-काल और समाज की विशेष और परिवर्तनशील स्थितियों में हुआ था।

अध्याय 17

श्रद्धात्रय विभाग योग

अर्जुनः उवाच

(1) ***ये शास्त्रविधिम् उत्सृज्य यजन्ते श्रद्धया अन्विताः ।***

तेषाम् निष्ठा तु का कृष्ण सत्त्वम् आहो रजः तमः ॥

अर्जुन ने कहा : हे कृष्ण, जो व्यक्ति शास्त्रविधि को त्याग कर केवल श्रद्धा से युक्त होकर यज्ञ करते हैं उनकी स्थिति कौन सी होती है, सात्त्विक, राजसी अथवा तामसी?

श्लोक (1)

सत्रहवाँ अध्याय एक ऐसे प्रश्न से आरम्भ होता है जो प्रायः पूछा जाता है : उस मनुष्य का क्या दर्जा होता है जो कामना के उकसावे में आकर नहीं (क्योंकि ऐसों का वर्णन तो हो चुका है) बल्कि अपने कार्य-व्यवहार के औचित्य पर पूर्ण श्रद्धा होने के कारण (आन्तरिक अथवा बाहरी) शास्त्र की निषेधाज्ञा का पालन नहीं करता? परन्तु यह इतना आम सवाल श्रद्धा के बारे में एक भ्रान्ति पर आधारित होता है । श्रद्धा को कभी तो सम्भाव्यताओं के आँकने पर आधारित दिमाग़ी विश्वास मान लिया जाता है, और इससे भी अधिक उसे भेड़चाल की सहजवृत्ति से उत्पन्न संकुचित रूढ़ियों की अन्धस्वीकृति समझ लिया जाता है । परन्तु, पहली धारणा को श्रद्धा न कह कर युक्तिसंगत राय कहना चाहिए और दूसरी तो झुण्डवृत्ति पर आधारित केवल एक ज़बानी आदत होने के कारण इस योग्य भी नहीं कि उसका कोई वर्गीकरण भी किया जाय ।

सच्ची श्रद्धा इन से बहुत ऊँची चीज़ होती है । वह ***निम्नस्तरीय मनस्*** में ***उच्च मनस्*** तथा ***बुद्धि*** के ज्ञान की झलक होती है । तेरहवें अध्याय के पच्चीसवें श्लोक में हमने उन लोगों के बारे में पढ़ा था जो शायद पहली बार ही महान् सत्यों के बारे में सुनकर सत्यपरायण हो जाते हैं । ऐसा वे इसलिए कर पाते हैं कि उनका निचला मन ***उच्चतर मनस्*** के ज्ञान से प्रदीप्त हो जाता है और इस

प्रदीपन से एक ऐसा नैश्चित्य लाभ होता है जैसा ज्यामिति के किसी सिद्धान्त प्रमाण को समझने पर मिलता है । अन्तर इतना ही होता है कि श्रद्धा के मामले में इस नैश्चित्य के मूलकारण मस्तिष्क में नहीं उतरते । इसीलिए, हर्मीस ने कहा था :

"मेरा वचन तुझ से पहले सत्य तक अवश्य पहुँचता है, परन्तु मन शक्तिशाली होता है और जब वचन उसे एक निर्दिष्ट स्तर तक पहुँचा देता है तो उसमें तुझसे पहले सत्य तक पहुँचने की क्षमता आ जाती है । और इन सब बातों को सोच-विचार कर तथा उन्हें पूर्वार्जित ज्ञानसंगत पाकर मन को पूरा विश्वास हो जाता है और वह सच्ची श्रद्धा को प्राप्त हो जाता है" ।

इस बात को समझ लेना बहुत आवश्यक है । संसार ऐसे लोगों से भरा पड़ा है जो अन्य लोगों को इस या उस मत, धर्मग्रन्थ, अथवा आचार्य पर विश्वास करवाने की जी-तोड़ कोशिश में लगे रहते हैं । परन्तु जिस अन्धविश्वास की वह माँग करते हैं उन्हें यदि वह दे भी दिया जाय तो वह तामसिक मन के जड़ प्रत्युत्तर से अधिक और कुछ भी नहीं होगा, और हर्मीस की सच्ची श्रद्धा से उसका कुछ सम्बन्ध नही होगा । अन्धविश्वासों का अभिनिश्चित सत्यों से बराबर टकराव होता रहता है, और इसलिए "ईमान रखने वाले" ऐसे मतान्ध प्रचारक होते हैं क्योंकि वे अपने ही संशयों को नाना प्रकार के नारों के चीत्कार में डुबो देना चाहते हैं ।

इसके विपरीत सच्ची श्रद्धा का कभी भी ज्ञान से संघर्ष नहीं हो सकता क्योंकि वह स्वयं ही तो ज्ञान होती है, यद्यपि उसके आधार अभी समझ में नहीं आए हैं । फिर भी याद रखना चाहिए कि ***निम्न मनस्*** धोखेबाज़ होता है, और कितनी ही चीज़ें अपने में सत्य का मर्म रखने के बावजूद स्वयं सत्य नहीं होतीं । मन तो अपने ज्ञान को अपनी धारणाओं की सहायता से ही व्यक्त करता है । अतएव, यदि मन में पहले से ही कुछ धारणाएँ भरी हों तो ऐसी सच्ची श्रद्धा या विश्वास कि "विश्व बुनियादी न्याय पर आधारित है", वैयक्तिक ईश्वर और क़यामत के दिन की मिथ्या धारणाओं को अपने नैश्चित्य का बल दे सकता है[1] ।

---

[1] प्रायः नहीं, परन्तु कभी-कभी कुछ व्यक्ति अपनी श्रद्धा को अपने ऊल-जलूल मानसिक असबाब के प्रभाव से विकृत होने से बचा लेते हैं । दृष्टान्त के लिए कैथोलिक रहस्यवादिनी जुलियाना ऑफ़ नॉर्विच (Catholic mystic, Juliana of Norwich) को नास्तिकों व

सत्य को तो सब कुछ का समावेश करने वाला और सामञ्जस्यपूर्ण होना चाहिए । सत्य संकुचित मत-मतान्तरों के बन्द दायरों में सीमित नहीं रह सकता । हर्मीस ने ठीक कहा है कि एकमात्र निरापद मार्ग यही है कि विचार परीक्षण तो सभी बातों का किया जाय परन्तु मान्यता उन्हीं को दी जाय जो मन में पहले से मौजूद ज्ञान के साथ सामञ्जस्यपूर्ण ढंग से मिल सकें । यदि कोई पूछे कि यह तथाकथित युक्तिवादियों की प्रणाली से कैसे भिन्न है तो इसका उत्तर यह है कि युक्तिवाद केवल इन्द्रिय न्यास (data of the senses) व उन पर मन के निष्कर्षों को ही मानता है, जब कि सच्ची श्रद्धा के अनुयायी ऊपर से आने वाले न्यास को तो मानते ही हैं परन्तु साथ ही इनका अर्थ लगाने के प्रयत्न तब तक करते जाते हैं जब तक वे उन्हें युक्तिपूर्ण विचारों में व्यक्त न कर लें ।

श्रीभगवान् उवाच

(2) ***त्रिविधा भवति श्रद्धा देहिनाम् सा स्वभावजा ।***
सात्त्विकी राजसी च एव तामसी च इति ताम् श्रृणु ॥

श्रीकृष्ण ने कहा : देहधारियों की स्वाभाविक श्रद्धा सात्त्विकी, राजसी व तामसी, तीनों प्रकार की होती है । इसके बारे में सुनो ।

(3) ***सत्वानुरूपा सर्वस्य श्रद्धा भवति भारत ।***
श्रद्धामयः अयम् पुरुषः यः यच्छ्रद्धः सः एव सः ॥

हे भारत, सबकी श्रद्धा अपने अपने स्वभाव के अनुरूप होती है । मनुष्य तो अपनी श्रद्धा का ही बना होता है, जैसी जिसकी श्रद्धा होती है वैसा ही वह स्वयं भी होता है ।

विधर्मियों के दुर्भाग्य की बड़ी चिन्ता रहती थी । अन्ततः उन्हें ईसा के दर्शन से यह आश्वासन मिला कि "सब कुछ ठीक हो जाएगा" । यद्यपि ये वचन चर्च के मत के बिल्कुल विरुद्ध थे, और चर्च के मत ने निस्संदेह उनकी मानसिक धारणाओं को प्रभावित किया होगा, फिर भी उन्होंने उन्हें सरल भाव से मान लिया । परन्तु सन्त टेरेसा (St. Teresa) का दृष्टान्त अधिक प्रातिनिधिक है जिन्होंने अपने कैथोलिक मत की धारणाओ के अनुसार ऐसे ही दर्शन का यह मूर्खतापूर्ण अर्थ लगाया कि सब नास्तिकों का आत्मरूपी दर्पण सदा के लिए चूर चूर हो चुका है ।

श्लोक (2, 3) इस "अर्थ लगाने के प्रयत्न" की आवश्यकता इसलिए पड़ती है क्योंकि मन, जिस में ज्ञान प्रतिबिम्बित होता है, गुणों का बना होने के कारण अनेक रंगों का होता है। "*सबकी श्रद्धा अपने अपने स्वभाव के अनुरूप होती है*"। यदि मनुष्य अपने ***सच्चे स्वरूप*** तक उठ सके तो फिर उसे श्रद्धा से कोई वास्ता रखने की आवश्यकता न होगी, क्योंकि तब तो उसके पास स्वयं ज्ञान ही होगा, परन्तु जब तक इस ज्ञान को ***निम्नतर मनस्*** पर प्रतिबिम्बित होना पड़ता है तब तक निश्चय ही वह इस मनस् के रंग में रँगा जाता रहेगा।

उच्चतर स्वरूप को दर्शाने वाला ज्ञान ही असली "मानव" होता है, और यह ज्ञान जब श्रद्धा के रूप में व्यक्त होता है तो यह श्रद्धा उसी हद तक सच्चे मानव की होती है जिस हद तक वह व्यक्तित्त्व-विशेष की सीमाओं में प्रकट हो पाती है। इसीलिए कहा गया है कि "*मनुष्य तो अपनी श्रद्धा का ही बना होता है, जैसी जिसकी श्रद्धा होती है वैसा ही वह स्वयं भी होता है*"। यही कारण है कि दुनिया भर में बड़े बड़े काम कर जाने वाले, चाहे वे जोन ऑफ़ आर्क (Joan of Arc) के समान धर्मनिरत रहे हों, चाहे नेपोलियन (Napoleon) के समान बस अपनी किस्मत पर ही विश्वास करने वाले हों, होते वे अत्यन्त निष्ठावान हैं। उनके महान कर्म उनके उच्चतर स्वरूपों की शक्ति द्वारा पूर्ण किए जाते हैं और उनके हृदयों में इन स्वरूपों के निष्ठारूप में प्रतिबिम्बित होने से ही यह शक्ति उन्हें उपलब्ध होती है।

(4) ***यजन्ते सात्त्विकाः देवान् यक्षरक्षांसि राजसाः।***
प्रेतान् भूतगणान् च अन्ये यजन्ते तामसाः जनाः॥

सात्त्विक व्यक्ति देवताओं की पूजा करते हैं, राजसिक लोग यक्षों और राक्षसों की तथा तामसिक जन प्रेत व भूतगणों को पूजते हैं।

श्लोक (4) मनुष्य केवल अपनी श्रद्धा ही नहीं होता। श्रद्धा को मोड़ देने वाला उसका मन, यानी उसका वैयक्तिक या ***निचला अहम्***, भी यही मनुष्य होता है, क्योंकि श्रद्धा की अभिव्यक्ति इस बात पर निर्भर होती है कि कि उसके स्वभाव में तीन गुणों में से कौन सा प्रधान है। सात्त्विक व्यक्ति अपनी श्रद्धा को सात्त्विक अभिव्यक्ति

देगा और इसी प्रकार अन्य गुण वाले लोग भी करेंगे । यह बात लोगों के इष्ट देवों को देखने से स्पष्ट हो जाती है । ज्ञानी व्यक्ति की पूजा का पात्र केवल अपने भीतर व सर्वभूतों में स्थित ***आत्मन्*** ही होता है, परन्तु जो केवल श्रद्धा के ही सहारे रहते हैं उन्हें अनदेखे ***आत्मन्*** का आभास एक ऐसी अद्भुत शक्ति के रूप में होता है जो बाहरी वस्तुओं में प्रतीत होती है और उन्हीं में उसकी पूजा की जाती है । सात्त्विक व्यक्तियों को उसकी उपस्थिति प्रकृति की महान लोमहर्षक शक्तियों – सूर्य, वायु, जलराशि इत्यादि में प्रतीत होती है और इसलिए वे "*देवताओं की पूजा करते हैं*" । जैसे-जैसे श्रद्धा और अधिक शुद्ध होती जाती है वैसे-वैसे वे इन देवताओं के बाहरी रूप को छोड़ उनमें निहित आध्यात्मिक शक्ति की ओर मुड़ते जाते हैं ।

राजसिक प्रवृत्ति वाले इसी शक्ति का अनुभव कामना के प्रचण्ड प्रवाहों में करते है, और इसीलिए धन प्राप्ति की लालसा के प्रतीक यक्षों व क्रुद्ध हिंसा की चेतना के प्रतीक राक्षसों की पूजा करते हैं । जिनके स्वभाव में तमस् की प्रधानता हो उनकी कल्पना मृत्यु से मोहित होती रहेगी और इसीलिए वे प्रेतात्माओं की पूजा करेंगे ।

आधुनिक सभ्यता में भी ये वर्ग क्रमशः, वर्डर्स्वर्थ (Wordsworth) के प्रकृति रहस्यवाद (nature-mysticism), धन व बल लोलुपता (जो धनी व बलवान व्यक्तियों के जीवन में अवांछनीय रुचि के रूप में दिखाई देती है), तथा भूत-प्रेतों में आस्था के रूप में सामने आते हैं । हाँ अन्तिम वर्ग वालों के तमस् में राजसिक कौतूहल का मिश्रण भी होता है ।

(5) ***अशास्त्रविहितम् घोरम् तप्यन्ते ये तपः जनाः ।***
दम्भाहंकारसंयुक्ताः कामरागबलान्विताः ॥

जो लोग शास्त्रविधिरहित घोर तप करते हैं, दम्भ, अहंकार, कामना, आसक्ति व बल से भरे होते हैं,

(6) ***कर्षयन्तः शरीरस्थम् भूतग्रामम् अचेतसः ।***
माम् च एव अन्तःशरीरस्थम् तान् विद्धि आसुरनिश्चयमान् ॥

[तथा] शरीर, उसके अंग और [उसके] भीतर रहने वाले मुझको यातना देते हैं, उन अज्ञानियों को आसुरी निश्चय वाले जानो ।

(7) *आहारः तु अपि सर्वस्य त्रिविधः भवति प्रियः ।*
यज्ञः तपः तथा दानम् तेषाम् भेदम् इमम् श्रृणु ॥

भोजन भी सबको तीन प्रकार का प्रिय होता है, और वैस ही यज्ञ, तप व दान; उनके इस भेद को सुनो ।

(8) *आयुःसत्त्वबलारोग्यसुखप्रीतिविवर्धनाः ।*
रस्याः स्निग्धाः स्थिराः हृद्याः आहाराः सात्त्विकप्रियाः ॥

आयु, ऊर्जा, बल, आरोग्य, सुख, भूख बढ़ाने वाले, रसीले, स्निग्ध, पर्याप्त अवधि तक शरीर में रहने वाले व मन को अच्छे लगने वाले आहार सात्त्विकों को प्रिय होते हैं ।

(9) *कट्वम्ललवणात्युष्णतीक्ष्णरूक्षविदाहिनः ।*
आहाराः राजसस्य इष्टाः दुःखशोकामयप्रदाः ॥

कड़वे, खट्टे, नमकीन, बहुत गरम, तीखे, रूखे, गला जला देने वाले, खाने पर पेट दर्द करने वाले आहार राजसिक व्यक्तियों को अच्छे लगते हैं ।

(10) *यातयामम् गतरसम् पूति पर्युषितम् च यत् ।*
उच्छिष्टम् अपि च अमेध्यम् भोजनम् तामसप्रियम् ॥

जो अधपका, अस्वादिष्ट, दुर्गन्धियुक्त, बासी, जूठा और अपवित्र हो वह तामसिक लोगों को पसन्द होता है ।

श्लोक (11) गुणों के प्रभाव केवल पूजा के पात्रों में ही नहीं बल्कि ऐसी बातों में भी प्रकट होते हैं जैसे विभिन्न प्रकार के खान-पान । पाश्चात्य पाठक आहार और श्रद्धा में कुछ सम्बन्ध कठिनाई से ही स्वीकार करते हैं और दूसरी ओर भारत में इनके बीच आवश्यक्ता से कुछ अधिक ही सम्बन्ध मान लिया जाता है ।

असली बात इन दोनों के बीच में कहीं है । क्योंकि शरीर आहार द्वारा निर्मित होता है और भोजन का स्वाद हमारे ऐन्द्रिक जीवन का एक ज़रूरी व रोज़मर्रा का हिस्सा है, इसलिए स्पष्ट है कि पथ पर चलने का प्रयत्न करने वाले के लिए उसके

आहार के गुण व स्वाद दोनों ही महत्त्वपूर्ण होते हैं, यद्यपि यह महत्त्व उतना अधिक हरगिज़ नहीं है जितना भारत में सामान्यतः माना जाता है। कोई व्यक्ति चाहे कितना भी सात्त्विक भोजन खाए, केवल इससे ही वह आध्यात्मिक नहीं बन सकता।

(11) *अफलाकांक्षिभिः यज्ञः विधिदृष्टः यः इज्यते ।*
यष्टव्यम् एव इति मनः समाधाय सः सात्त्विकः ॥

सात्त्विक वह यज्ञ होता है जो फल की इच्छा न रखने वाले व्यक्तियों द्वारा, विधिपूर्वक, मन का समाधान कर, केवल यज्ञ के हेतु ही किया जाता है।

अब आगे जिस यज्ञ का गीता में उल्लेख है उसे केवल प्राचीन भारत का कर्मकाण्ड वाला बलिदान नहीं समझना चाहिए। गीता के यज्ञ का अर्थ है सामान्यतः त्यागपरक कर्म यानी अपने सब धन, कर्म और अहम् को सर्वभूतों में व्याप्त परमात्मा की सेवा में अर्पण करना। सात्त्विक मनुष्य यह काम व्यक्तिगत पारितोषिक लाभ के लिए नहीं करेगा, यहाँ तक कि स्वयं अपनी मुक्ति लाभ के लिए भी नहीं, बल्कि इसलिए करेगा क्योंकि उसका सात्त्विक स्वभाव विश्व-यज्ञ के ज्ञान को प्रतिबिम्बित कर उसे उसमें योगदान करने को प्रेरित करता है।

(12) *अभिसंधाय तु फलम् दम्भार्थम् अपि च एव यत् ।*
इज्यते भरतश्रेष्ठ तम् यज्ञम् विद्धि राजसम् ॥

जो फल की इच्छा से अथवा दम्भ के लिए किया जाता है वह, हे भरतश्रेष्ठ, राजसिक यज्ञ जानो।

जैसा कि स्पष्ट ही है, राजसिक व्यक्ति का यज्ञ कामना से दूषित होता है और इसलिए वह अपनी स्वार्थसिद्धि के लिए ही बलिदान करता है और आम तौर से वह निष्काम कर्म की सम्भावना को अस्वीकार कर देता है। घटिया लोगों के कर्मों की प्रमुख प्रेरणा होती है ख्याति पाने की इच्छा – धार्मिक, दयालु, दानी या देशभक्त व्यक्ति के रूप में। श्लोक (12)

(13) *विधिहीनम् असृष्टान्नम् मन्त्रहीनम् अदक्षिणम् ।*
श्रद्धाविरहितम् यज्ञम् तामसम् परिचक्षते ॥

जो विधिहीन तरीके से किया जाता है, जिसमें अन्नदान, मन्त्र, दक्षता, तथा श्रद्धा नहीं होते उस यज्ञ को तामसिक कहते हैं ।

श्लोक (13) तामसिक यज्ञ तो और भी निम्न कोटि का होता है और उसमें तो यज्ञ की झलक भर होती है । वह किसी विधि-विधान द्वारा संचालित नहीं होता और न ही उसे आन्तरिक शास्त्र (मन्त्र) की अनुमति होती है । ऐसे यज्ञ में कोई वास्तविक दान नहीं दिया जाता (***असृष्टान्नम्***) और सारा कार्य बिना कुशलता के (***अदक्षिणम्***) किया जाता है । ऐसे तथाकथित यज्ञों को करने की प्रेरणा अधिकतर केवल सामाजिक भेड़चाल की सहजवृत्ति होती है ।

मनुष्य की श्रद्धा और किस किस प्रकार अभिव्यक्त होती है इसकी विस्तारपूर्वक चर्चा तो एक थकाने वाला काम है, परन्तु गीता में दी गई सूची फुटकर लक्षणों का संकलन मात्र नहीं है । पूजा, आहार, यज्ञ-कर्म, आत्मविनिग्रह और दानशीलता – ये सब आध्यात्मिक जीवन के आवश्यक अंग हैं और इसलिए गीता में इन सब पर इतने विस्तार से विचार किया गया है।

(14) ***देवद्विजगुरुप्राज्ञपूजनम् शौचम् आर्जवम् ।***
ब्रह्मचर्यम् अहिंसा च शारीरम् तपः उच्यते ॥

देवता, द्विज, गुरु तथा ज्ञानी जनों की पूजा, शौच, आर्जव (ईमानदारी व सरलता), ब्रह्मचर्य और अहिंसा, इन्हें शरीर का तप कहते हैं ।

(15) ***अनुद्वेगकरम् वाक्यम् सत्यम् प्रियहितम् च यत् ।***
स्वाध्यायाभ्यसनम् च एव वाङ्मयम् तपः उच्यते ॥

उद्वेग पैदा न करने वाले, प्रिय, तथा हितकारी सत्य-वचन बोलना तथा वेदों के पठन का अभ्यास करना वाणी का तप कहलाता है ।

(16) ***मनःप्रसादः सौम्यत्वम् मौनम् आत्मविनिग्रहः ।***
भावसंशुद्धिः इति एतत् तपः मानसम् उच्यते ॥

मन की प्रसन्नता व सौम्यता, मौन, आत्मनिग्रह तथा मन में शुद्धभाव रखना, इन्हें मानसिक तप कहते हैं ।

(17) *श्रद्धया परया तप्तम् तपः तत् त्रिविधम् नरैः ।*
अफलाकांक्षिभिः युक्तैः सात्त्विकम् परिचक्षते ॥

फल की आकांक्षा न रखने वाले दृढ़व्रती व्यक्ति जब परम श्रद्धा से इन तीन प्रकार के तप को करते हैं तो वह तप सात्त्विक कहलाता है ।

(18) *सत्कारमानपूजार्थम् तपः दम्भेन च एव यत् ।*
क्रियते तत् इह प्रोक्तम् राजसम् चलम् अध्रुवम् ॥

जो सत्कार, मान व पूजा के लिए, अथवा केवल पाखण्ड के लिए ही किया जाता है वह अनिश्चित तथा क्षणिक फल वाला तप राजसिक कहा जाता है ।

(19) *मूढग्राहेण आत्मनः यत् पीडया क्रियते तपः ।*
परस्य उत्सादनार्थम् वा तत् तामसम् उदाहृतम् ॥

जो मूढ़-हठ से, मन, वाणी और शरीर की पीड़ा सहित, अथवा दूसरे का अनिष्ट करने के लिए किया जाता है वह तप तामसिक कहा जाता है ।

तपस्या के बारे में यहाँ कुछ कहना आवश्यक है । तपस्या का मतलब एक टाँग पर जंगल में खड़ा होना या शरीर पर सुइयाँ चुभोना नहीं होता । शरीर को इस प्रकार यन्त्रणा देना, जो कि मध्ययुगीन भारत व यूरोप दोनों में प्रचलित था, केवल तामसिक व्यक्ति की तपस्या का ही आदर्श हो सकता है । अपने को बस अपना भौतिक शरीर ही मानते हुए, ऐसे व्यक्ति को आध्यात्मिक प्रगति का एकमात्र साधन यही नज़र आता है कि शरीर इन यन्त्रणाओं को चुपचाप सहन करे[2] । इस प्रकार वह निर्वस्त्र हो जाता है या वल्कलवस्त्र धारण कर लेता है, और या फिर भूखा रहकर अपने अर्धविक्षिप्त मस्तिष्क के दिवास्वप्नों को आध्यात्मिक जगत की झाँकियाँ समझने लगता है । श्लोक (5, 6, 19)

[2] यहाँ यह उत्तर देने से काम नहीं चलेगा कि शरीर को कष्ट देन वाले ये लोग शरीर और आत्मा के बीच चरम द्वैत मानते हैं । सिद्धान्त एक बात है और अनुभव दूसरी । चूँकि ये लोग शरीर के अतिरिक्त और कुछ नहीं जानते इसलिए वे कल्पना करते हैं कि शरीर को दण्ड देने से आत्मा की मुक्ति हो जाएगी ।

शरीर को अनुशासित करना उसको ऐसी यन्त्रणाओं द्वारा क्षति पहुँचाने से बिल्कुल भिन्न होता है। शरीर तो वह कार्यक्षेत्र है जिसमें इस समय हमें साधना करनी है और बाद में अद्वय की सेवा के लिए जिसकी आवश्यकता पड़ेगी। ऊलजलूल तपश्चर्याओं द्वारा उसे दुर्बल बनाना या नष्ट करना एक अति उपयोगी उपकरण को नष्ट कर देना है। कभी-कभी इस बात पर ज़ोर दिया जाता है कि शरीर तो मिथ्या व अनित्य है, इसलिए ज्ञानी पुरुष इस बात की परवाह नहीं करता कि वह ठीक से काम कर रहा है या नहीं, ज़िन्दा है या मुर्दा। परन्तु ऐसा ख़याल ग़लतफ़हमी से पैदा होता है। आत्मनियन्त्रण का अभ्यास करने वाले ज्ञानी नहीं, ज्ञान-प्राप्ति की आकांक्षा रखने वाले होते हैं। जैसा कि उपनिषद्[3] में कहा गया है, दुर्बल शरीर का अर्थ होता है दुर्बल मन, और यदि शरीर को बिना कारण लक्ष्य-प्राप्ति से पहले ही छोड़ दिया जाय तो इसका परिणाम यही होगा कि कि कई अमूल्य वर्ष एक नये शरीर को तैयार करने में और उस जगह तक लाने में फ़िज़ूल ख़र्च करने पड़ेंगे जिस पर पथ को छोड़ दिया गया था। शरीर के प्रति सही दृष्टिकोण तो यह है कि उसे सवारी के घोड़े की तरह माना जाय। उसे सावधानी से अनुशासित किया जाय, उसकी पूरी देखभाल की जाय और ठीक तरह उपयोग किया जाय, यह नहीं कि उसे अपनी मर्ज़ी के अनुसार इधर-उधर फिरने दिया जाय और न ही यह कि उसे मार-मार कर बेकार या मुर्दा बना दिया जाय।

इतना ही सबल एक और तथ्य भी है। बाहरी इन्द्रियाँ आन्तरिक या मानसिक इन्द्रियों की ही अभिव्यक्तियाँ होती हैं। बाहर की इन्द्रियों का दमन कर लेने पर भी भीतर की इन्द्रियाँ ज्यों की त्यों बनी रहती हैं। यही नहीं, बाहरी स्तर पर बलपूर्वक दबाए जाने पर वे भीतर की ओर भागती हैं, और काल्पनिक मनोरथ-सृष्टि का हंगामा पैदा कर अपना प्रतिशोध लेती हैं, तथा इस प्रकार आध्यात्मिक जीवन में बाहरी इन्द्रियों से कहीं अधिक विघ्न डालती हैं।

आत्मनियन्त्रण का आरम्भ इन्द्रियों से नहीं, मन से होना चाहिए। ब्रह्मज्ञान प्राप्ति के लिए उत्सुक व्यक्ति के चतुर्विध लक्षणों (अध्याय 15) मे षट्सम्पत्ति नामक मानसिक गुणों में ***शम*** (मन पर नियन्त्रण), ***दम*** (इन्द्रिय नियन्त्रण) से पहले

---

[3] छान्दोग्य उपनिषद् 6, 7।

आता है । अपने उच्छृंखल मन पर क़ाबू पाने में शिष्य को अपनी पूरी शक्ति लगा देनी चाहिए और जब यह कार्य सम्पन्न हो जाय तो वह निश्चिन्त रहे कि बाहरी इन्द्रियाँ स्वयं वश में आने में ज़्यादा अड़चन नहीं डालेंगी । मन को नियन्त्रित किए बिना इन्द्रियों पर नियन्त्रण पाने की चेष्टा करना वैसा ही है जैसा किसी डूबते जहाज़ के पेंदे में हुए छेद को बन्द किए बिना उसमें भरे पानी को निकाल फेंकने की कोशिश करना । निश्चित रूप से अनुचित इन्द्रिय भोग के मामलों में भी बाहरी भोग से कहीं अधिक हानि उसके विषयों का ध्यान करते रहने से होती है ।

एक और बात है जिस पर ग़ौर करना ज़रूरी है । वह यह कि सामान्य परिस्थितियों में मन को शरीर से अलग और उस पर अनाश्रित नहीं माना जा सकता । यह सच है कि पूरे अनुशासन का केन्द्र मन में ही होता है, परन्तु यह भी सच है कि साधारण शिष्य व्यवहार में अपने असली, यानी ***उच्च मनस्*** के, स्तर तक उठने की क्षमता नहीं रखता और मन के जिस स्तर पर वह रहता है वह भौतिक देह के साथ बड़ी घनिष्ठता से घुला-मिला होता है । शारीरिक इन्द्रियज्ञान के प्रति उदासीन होने की बात करना तो सरल है परन्तु, फिर भी, तीव्र शारीरिक पीड़ा की बात तो अलग रही, कुछ घण्टे बन्द कमरे में बैठे रहने से ही लगभग हर किसी की स्पष्ट विचार शक्ति नष्ट हो जाती है और कुछ ही दिनों के अतिश्रम तथा निद्रा-हानि से ही आत्मनियन्त्रण चिड़चिड़ेपन के धुएँ में ग़ायब हो जाता है । अतएव, जीवन के दैहिक व बाहरी पहलुओं की उपेक्षा करना उस साधारण शिष्य के लिए एकदम बेवक़ूफ़ी होगा जिसका मानसिक जीवन उनसे इतनी घनिष्ठता से बँधा हो । जैसा कि हमने दूसरे अध्याय में पढ़ा है "*इन्द्रियों के स्पर्श तो आते जाते रहेंगे* " और यद्यपि शिष्य को इन सब ही को "*धैर्यपूर्वक सहन करने के लिए तत्पर रहना चाहिए* ", प्रारम्भिक अवस्थाओं[4] में इनकी पूर्ण अवहेलना करने से तो उसे भीषण परिणाम भुगतने ही होंगे ।

यह तो हुआ तपस्या के नकारात्मक पहलू के बारे में । तपस्या का सकारात्मक पक्ष है शरीर, वाणी व मन पर सामञ्जस्यपूर्ण नियन्त्रण । देवताओं, द्विजों(केवल श्लोक (14)

[4] याद रहे कि इन अन्तिम छः अध्याओं में अनिवार्यतः कुछ हद तक पहले कही बातों को दोहराया गया है ।

बाहरी उपनयन संस्कार कर लेने पर अपने को यह पद देने वाले नहीं बल्कि सच्चे तत्त्वदर्शियों), गुरुजनों व ज्ञानी पुरुषों की सेवा तथा शौच, आर्जव, अहिंसा, और ब्रह्मचर्य का आचरण कर शरीर को अनुशासित करना चाहिए।

ब्रह्मचर्य का अर्थ है संयम, यौन शक्तियों का दमन नहीं। ऐसा मनस्तापी यौन-निग्रह जिसमें अतृप्त काम-वासनाओं से भरे तथाकथित अचेतन मन से प्रच्छन्न मनोरथ-सृष्टियाँ फूट निकलती हों, आन्तरिक जीवन के साधक के लिए अत्यन्त प्रतिकूल परिस्थिति पैदा करता है। अत्याधिक शारीरिक दुर्बलता के समान यह परिस्थिति भी अद्भुत अनुभवों व झलक-दर्शनों को ला सकती है, परन्तु पथ के सच्चे अनुसरण को तो यह पूरी तरह समाप्त ही कर देती है। काम-वासना के उस पार तो जाया जा सकता है, परन्तु उसे बिना हानि उठाए ज़ोर-ज़बरदस्ती से दबाया नहीं जा सकता।

इस बात पर ध्यान देना आवश्यक है कि चेतन मन और इच्छाशक्ति द्वारा यौन-परित्याग कर देना पर्याप्त नहीं होता। भारत में कई भवितव्य संन्यासी, और मेरे विचार में पश्चिम में भी कुछ लोग, ब्रह्मचर्य की करामातों के बारे में पढ़-सुन कर अपनी इच्छाशक्तियों को खींच-मरोड़ उनसे रतिक्रिया का त्याग करवा देते हैं। इसका अवश्यंभावी परिणाम यह होता है कि अतृप्त कामनाएँ मनोवैज्ञानिकों द्वारा "अचेतन" कहलाए जाने वाले मन में दब जाती हैं। जिस दृष्टिकोण से हम यहाँ लिख रहे हैं उसके अनुसार "अचेतन" एक भ्रान्तिदायक विशेषण है, क्योंकि ऐसा तो कुछ भी नहीं है जो चैतन्य में स्थित न हो और उसमें तैर न रहा हो। कहने का तात्पर्य यह है कि मन की चेतना तो इन वासनाओं की ओर ध्यान देना बन्द कर देती है परन्तु, चाहे कहें किसी तरह भी, बात यह है कि अपने अन्दर बन्द मनोबल के कारण ये वासनाएँ मन की शान्ति भंग कर देती हैं, और यदि उनकी ओर ध्यान न दिया जाय तो वे विक्षुब्ध करने वाले स्वप्न, चिड़चिड़े स्वभाव इत्यादि के रूप में व्यक्त होती हैं। एक मात्र उपचार यह है कि उनकी ओर फिर से ध्यान दिया जाय। परन्तु यौन कामनाओं के मामले में यह प्रायः अव्यावहारिक होता है, क्योंकि ऐसा करने से या तो मन को पथभ्रष्ट हो जाने के भय से महान यंत्रणा होती है और या इच्छाशक्ति का विभाजन ही हो जाता है।

इस पथ पर चलने के लिए शान्त आत्मरत मन और अविभाजित इच्छाशक्ति अनिवार्य होते हैं । इसलिए, शिष्य को इसी से संतुष्ट रहना चाहिए कि वह कुसुम के समान समरसता से विकसित होता रहे और अस्तित्त्व की पूर्णता के आधार पर होने वाले विकास की जगह केवल इच्छाशक्ति पर आधारित परित्यागों के द्वारा अपने विकास को ज़बरन आगे धकेलने की चेष्टा न करे । काम-वासनाओं का प्रत्याहार कर उनका प्रकोप हरण कर लेना चाहिए, केवल इच्छाशक्ति द्वारा उन्हें अपने सामने से नहीं हटाना चाहिए । जब वे पूरी तरह बलहीन हो जायँ तब ही उनका "परित्याग" करना ख़तरे से ख़ाली होता है, और सच तो यह है कि ऐसा होने पर परित्याग की आवश्यकता ही नहीं रह जाती ।[5]

अहिंसा के बारे में इतना कहना पर्याप्त होगा कि जो सर्वभूतों में स्थित महाप्राण की सेवा करने को उद्यत हो उसे आखेट या, साधारण परिस्थितियों में, अपने भोजन के लिए भी जीवित प्राणियों का वध नही करना चाहिए । "*सब प्राणी दण्ड से डरते हैं, सबको जीवन प्रिय होता है । अन्य जीवों को अपने जैसा समझ न तो हत्या करो न करवाओ*",[6] अपने जीवन-बन्धु के मांस पर लालच भरी नज़र डालना इस पथ के पथिक का काम नहीं है । ऐसा पथिक तो उस कथा को याद रखेगा जिसमें किसी पिछले जन्म में बुद्धदेव ने किसी क्षुधा-पीड़ित शेरनी व उसके बच्चों के भोजन के लिए अपना शरीर ही दे डाला था ।

---

[5] इस सबका अर्थ यह नहीं लगाना चहिए कि काम-वासनाओं को खुलकर छुट्टी देने का उकसावा दिया जा रहा है । यह भी साधना के लिए घातक होता है । प्रत्येक दशा में मध्यम मार्ग पर ही चलना चाहिए । कहा गया है कि वासनाओं को अपने पर्यवेक्षण क्षेत्र में रख वहाँ ***आत्मन्*** को उन से अलग कर उनका बलहरण करना चाहिए । अपने सामने से हटा मन की किसी बन्द कोठरी में डाल कर उनसे हरगिज़ नहीं निपटा जा सकता । पथ पर चलने के लिए अनिवार्य बातों में से एक यह है कि शिष्य अपने भीतर जो कुछ भी हो उसको निर्भीकता से स्वीकार करे, भले ही हमारी ऊँची सोच ऐसी स्वीकृति का कितना भी विरोध क्यों न करे । आत्मविस्मृति और आत्मवंचना दोनों ही एकदम घातक होते हैं ।

[6] धम्मपद 130 ।

शरीर के ऐसे अनुशासन के अतिरिक्त शिष्य अपनी वाणी को भी अनुशासित करेगा और इस बात का ध्यान रखेगा कि वह सदा सत्य व कल्याणकारी रहे :

"Govern thy lips
As they were palace doors, the King within;
Tranquil and fair and courteous be all words
Which from that presence win." [7]

महल के कपाटों सा जान,
अपने होठों को वश में कर ।
जैसे भीतर हों महाराजा विराजमान,
उन सन्मुख जो शब्द निकलें, वे हों शान्त, शुभ, सौन्दर्यमान ।

सत्यवादी होने में शिष्य को इस सामान्य अहंकारी ग़लती से बचना चाहिए जिसके कारण वह अपनी सत्यप्रियता के बहाने अपने श्रोताओं को कटुवचन सुनाता है । जैसा कि अभ्यास का प्रयत्न करने वाले सब जानते हैं, वाणी का ऐसा नियन्त्रण आसान नहीं होता । जो भी हो जब तक मन पूरी तरह नियमित नहीं हो जाता तब तक वाणी का यह नियन्त्रण भी पूरी तरह नहीं हो पाता ।

श्लोक (16) वास्तव में सबसे अधिक आवश्यक मानसिक अनुशासन होता है, क्योंकि आन्तरिक जीवन का सार इसी में है कि मन को उसके सच्चे स्वभाव तक उन्नत किया जाय और उसका बुद्धि से समागम किया जाय । मन को शान्त व सौम्य रहना चाहिए, तथा विभ्रान्त विचारों से मुक्त । इस अन्तिम गुण को "मौन" कहा गया है जिसका शब्दार्थ है "चुप रहना" । परन्तु जैसा कि सन्दर्भ से स्पष्ट है, वास्तविक मौन मानसिक होता है और उसका तात्पर्य उस क्षमता से है जिससे वह बाहरी उत्तेजनाओं के बावजूद कहावती बन्दर की तरह उछल-कूद न मचा कर शान्त रह सकता है ।

यही नहीं मन को आत्मसंयत भी होना चाहिए । मतलब यह कि वह अपने विचार-प्रवाह को स्वयं अपनी ही अन्तर्निहित शक्ति द्वारा नियन्त्रित कर सके और

---

[7] *लाइट ऑफ़ एशिया* (*Light of Asia*) ।

इसके लिए किसी बाहरी मजबूरी या लालच पर निर्भर न हो । कम से कम बाद की अवस्थाओं में तो इस शान्ति के लिए मन को अपने मन्त्र-जप की ध्वनि को बार-बार सुनने की आवश्यकता भी नहीं होनी चाहिए । अन्त में, मन का भावना से भी शुद्ध होना ज़रूरी है, यानी भय व द्वेष विमुक्त, और सबके लिए प्रेम व करुणा से भरपूर । यह कहने की अब विशेष आवश्यकता नहीं है कि यदि इस अनुशासन से आध्यात्मिक परिणाम निकलना है तो इसका पालन बिना किसी एकांगी अतिरञ्जना या कट्टरता के, एक सहज सरसता से, और वैयक्तिक लाभ की आकांक्षा न रखने की सात्त्विक प्रवृत्ति के साथ होना चाहिए । अपने प्रयत्न के मूल में ***आत्मन्*** का प्रेम होना चाहिए, संसार का भय नहीं । श्लोक (17)

(20) *दातव्यम् इति यत् दानम् दीयते अनुपकारिणे ।*
देशे काले च पात्रे च तत् दानम् सात्त्विकम् स्मृतम् ॥

तथा, "दान देना कर्तव्य है" ऐसे भाव से जो दान देश-काल और पात्र को ध्यान में रख कर ऐसे व्यक्ति को दिया जाता है जो इस दान के बदले कुछ उपकार न करे तो वह दान सात्त्विक कहा गया है ।

(21) *यत् तु प्रत्युप्रकारार्थम् फलम् उद्दिश्य वा पुनः ।*
दीयते च परिक्लिष्टम् तत् दानम् राजसम् स्मृतम् ॥

और, जो दान बदले में उपकार पाने की कामना से, अथवा फल को उद्देश्य रख कर या फिर हिचकिचा कर या दुःखी होकर दिया जाता है वह राजसिक कहलाता है ।

(22) *अदेशकाले यत् दानम् अपात्रेभ्यः च दीयते ।*
असत्कृतम् अवज्ञातम् तत् तामसम् उदाहृतम् ॥

तथा, जो दान बिना पात्र का सत्कार किए या तिरस्कारपूर्ण भाव से अयोग्य देशकाल में कुपात्र को दिया जाता है, वह तामसिक कहा गया है ।

(23) *ॐतत्सत् इति निर्देशः ब्रह्मणः त्रिविधः स्मृतः ।*

ब्राह्मणाः तेन वेदाः च यज्ञाः च विहिताः पुरा ॥

"ॐ तत् सत्" यह ब्रह्म का त्रिविध नाम कहा गया है । इसी से पुरातन काल में ब्राह्मण, वेद और यज्ञ रचे गए हैं ।

(24) *तस्मात् ॐ इति उदाहृत्य यज्ञदानतपःक्रियाः ।*

प्रवर्तन्ते विधानोक्ताः सततम् ब्रह्मवादिनाम् ॥

इसलिए, ब्रह्मवादिन् विधान के अनुसार यज्ञ, दान व तप का आरम्भ "ॐ" के उच्चारण से करते हैं ।

श्लोक (23, 24) अध्याय का अन्त ब्रह्म के त्रिवध नाम "ॐ तत् सत्" से होता है । इस सुविख्यात मन्त्र द्वारा यहाँ उस मार्ग के बारे में बताया गया है जिस पर सात्त्विक श्रद्धा शिष्य को ले चलेगी, और परोक्ष रूप से यही अध्याय के आरम्भ में पूछे गए प्रश्न का उत्तर है । जैसा कि अच्छी तरह विदित है, ॐ ब्रह्म का प्रतीक है परन्तु उन तीन चेतनावस्थाओं[8] का द्योतक भी है जो चौथी सर्वातीत अवस्था तक ले जाती है । ॐ के साथ वे यज्ञ और अनुशासन कर्म आरम्भ किए जाते हैं जिनके द्वारा पथ का अनुसरण होता है । कहने का तात्पर्य है कि इस पहले चरण का काम है ***सच्चे अहम्*** यानी चैतन्य की प्राप्ति, भले ही वह अपने पृथक वैयक्तिक रूप में हो ।

(25) *तत् इति अनभिसंधाय फलम् यज्ञतपःक्रियाः ।*

दानक्रियाः च विविधाः क्रियन्ते मोक्षकांक्षिभिः ॥

मोक्ष की इच्छा रखने वाले, "तत्" का उच्चारण कर, फल की आकांक्षा न रखते हुए यज्ञ, तप व ज्ञान की नाना प्रकार की क्रियाएँ करते हैं ।

अगला चरण, जिसका लक्षण होता है समस्त फल-त्याग की सात्त्विक भावना, जीवात्मा का सार्वभौमिक बुद्धि से समागम होना है । यह ***बुद्धि, महत् आत्मन्*** अर्थात अद्वय-प्राण का प्रज्ञा पक्ष होता है । इस अवस्था को "***तत्***" शब्द द्वारा इंगित किया गया है क्योंकि बुद्धि के ज्योति-सागर से समागम होने से ही उस (***तत्***) सर्वातीत सत्य का ज्ञान प्राप्त होता है ।

---

[8] जाग्रत, स्वप्न और सुषुप्ति । परशिष्ट "ग" देखिए ।

(26) ***सद्भावे साधुभावे च सत् इति एतत् प्रयुज्यते ।***
प्रशस्ते कर्मणि तथा सत् शब्दः पार्थ युज्यते ॥

"सत्" शब्द का प्रयोग सत्यभाव में, और श्रेष्ठभाव में किया जाता है, और हे पार्थ, यह शब्द प्रशंसनीय कर्म के लिए भी प्रयोग किया जाता है ।

अन्तिम चरण को "सत्" द्वारा प्रतीयमान किया गया है, जिसका अर्थ है अस्तित्त्व, साधुता अथवा वास्तविकता । यह ब्रह्म-प्राप्ति की मंज़िल है और इस प्राप्ति को "***प्रशस्ते कर्मणि*** – प्रशंसनीय कर्म" कहा गया है जो मूल पाठ के अनुसार "सत्" शब्द का एक और अर्थ है । श्लोक (25)

(27) ***यज्ञे तपसि दाने च स्थितिः सत् इति च उच्यते ।***
कर्म च एव तदर्थीयम् सत् इति एव अभिधीयते ॥

यज्ञ, तप व दान में दृढ़ता को भी "सत्" कहते हैं, और इन से संबन्धित (अथवा "तत्" के लिए किया गया) कर्म भी "सत्" कहलाता है ।

परन्तु चौदहवें अध्याय (श्लोक 26) में हम देख चुके हैं कि जो मंज़िल पर पहुँच चुका हो उसके लिए यह सम्भव है कि वह अपनी ज्योति को संसार से खींच अव्यक्त ब्रह्म में विलीन करने के बजाय यहीं रह कर उस अद्वय की सेवा करे जो इस कड़वे भवसागर में अगणित दुःखी प्राणियों के रूप में अपना बलिदान करता रहता है । श्लोक (27) इसीलिए, गीता में अब कहा गया है कि यज्ञ, तप और दान में दृढ़ता भी "सत्" है, जिसका अर्थ है कि जो अपना आत्मदान का जीवन बनाए रहता है और इतनी गाढ़ी कमाई से उपलब्ध हुए मोक्ष को अंधकार में विचरते प्राणियों के लिए महान प्रकाश-दान के रूप में अर्पित कर देता है उसकी उपलब्धि उस पार चले जाने वाले से कुछ कम नहीं होती । इसीलिए कहा जाता है कि त्रिविध पथ के इस मन्त्र द्वारा पुरातन काल में गुरुजनों[9], ज्ञान व यज्ञों की उत्पत्ति हुई है – उन श्लोक (23) मुक्त आत्माओं के यज्ञों की जो दुःख के ऐन बीचोंबीच निर्वाण ढूँढ निकालते हैं ।

[9] इस श्लोक (23) में ब्राह्मण शब्द का अर्थ इस नाम की पुस्तकों से लगाया जाता है । परन्तु अर्थ ब्राह्मण कहलाए जाने वाले व्यक्तियों, यानी "ज्ञान के आचार्यों" के लिए लगाना अधिक उपयुक्त प्रतीत होता है ।

(28) *अश्रद्धया हुतम् दत्तम् तपः तप्तम् कृतम् च यत् ।*
असत् इति उच्यते पार्थ न च तत् प्रत्य नो इह ॥

हे पार्थ, बिना श्रद्धा के किया गया हवन, दान और तप तथा जो कुछ भी किया गया हो वह "असत्" कहा जाता है, वह न इस लोक में और न परलोक में किसी मतलब का होता है ।

अध्याय 18

मोक्षसंन्यास योग[1]

अर्जुन उवाच

(1) *संन्यासस्य महाबाहो तत्त्वम् इच्छामि वेदितुम् ।*
त्यागस्य च हृषीकेश पृथक् केशिनिषूदन ॥

अर्जुन ने कहा : हे महाबाहु, हे हृषीकेश, हे केशिनिषूदन, मैं संन्यास तथा त्याग के तत्त्व को पृथक-पृथक जानना चाहता हूँ ।

श्रीभगवान् उवाच

(2) *काम्यानाम् कर्मणाम् न्यासम् संन्यासम् कवयः विदुः ।*
सर्वकर्मफलत्यागम् प्राहुः त्यागम् विचक्षणाः ॥

श्रीकृष्ण ने कहा : पण्डितजन काम्य कर्मों के त्याग को संन्यास जानते हैं, तथा कितने ही विचारकुशल व्यक्ति सब कर्मों के फलत्याग को त्याग कहते हैं ।

इस अध्याय का आरम्भ सच्चे त्याग के स्वभाव के बारे में पूछे गए उस प्रश्न से होता है जो पिछले अध्याय के निष्कर्ष से उत्पन्न होता है । वहाँ यह सिखाया गया था कि मुक्त जीवात्मा के लिए मोक्ष के पश्चात भी सेवारत बने रहना सम्भव है । परन्तु तत्कालीन भारत में यह माना जाता था कि समस्त कर्म का ही परित्याग करना आवश्यक है । यह सिखाया जाता था कि कर्मयोग एक उपयोगी और आवश्यक तैयारी भले ही हो परन्तु, क्योंकि कर्म मूलतः माया पर आधारित है इसलिए वह सब कर्मों के एकदम त्याग, यानी संन्यास, की ओर ले जाने का साधनमात्र ही है । यह एक महत्त्वपूर्ण मुद्दा है क्योंकि यदि यह सच है कि मुक्त

---

[1] कुछ संस्करणों में इस अध्याय का शीर्षक केवल “संन्यास योग” दिया गया है, परन्तु वह तो अध्याय पाँच का शीर्षक है । कहीं-कहीं इसे “मोक्ष योग” भी कहा गया है, परन्तु पूरा शीर्षक “मोक्षसंन्यास योग” ही है ।

जीवात्मा कोई भी कर्म नहीं कर सकता तो साधारण मनुष्य को अपने ऐसे बन्धुओं से सहायता पाने की कोई सम्भावना ही नहीं रह जाती । जो कर्म करता है वह अभी बन्धन में ही होता है, और जो मुक्त होता है वह कर्म कर ही नहीं सकता ।

श्लोक (2) इस अध्याय का उद्देश्य यह बताना है कि ऐसा सोचना ग़लत है और इसीलिए श्रीकृष्ण संवाद का आरम्भ संन्यास और त्याग में अन्तर दिखा कर करते हैं संन्यास का अर्थ है काम्य कर्म, यानी कामना प्रेरित कर्मों, को छोड़ देना । बुद्धियुक्त मनस् अब बाहर की ओर जाने वाले कामना प्रवाह में नहीं बहता बल्कि बुद्धि द्वारा निश्चित "श्रेय" या उचित कर्म को ही करता है । परन्तु स्पष्ट है कि संन्यासी अभी भी अपने सत्कर्मों के फल भोग सकता है और समय आने पर जब उसका ज्ञान उसे ब्रह्मनिर्वाण के द्वार पर पहुँचा देता है तो उसकी निर्वाण-प्राप्ति और प्रव्यक्त जगत से सदा के लिए लुप्त हो जाने में कोई बाधा नहीं रह जाती ।

(3) *त्याज्यम् दोषवत् इति एके कर्म प्राहुः मनीषिणः ।*
यज्ञदानतपःकर्म न त्याज्यम् इति च अपरे ॥

कितने ही मनीषिजन कहते हैं कि समस्त कर्म बुरा है और इसलिए उसका त्याग करना चाहिए परन्तु दूसरे कहते हैं कि यज्ञ, दान व तप जैसे कर्म त्यागने योग्य नहीं हैं ।

(4) *निश्चयम् श्रृणु मे तत्र त्यागे भरतसत्तम ।*
त्यागः हि पुरुषव्याघ्र त्रिविधः संप्रकीर्तितः ॥

हे भरतश्रेष्ठ, हे पुरुषव्याघ्र, उस त्याग के बारे में मेरे निश्चय सत्य को सुनो जो तीन प्रकार का बताया गया है ।

(5) *यज्ञदानतपःकर्म न त्याज्यम् कार्यम् एव तत् ।*
यज्ञः दानम् तपः च एव पावनानि मनीषिणाम् ॥

यज्ञ, दान व तप को त्यागना नहीं चाहिए, उन्हें तो करते रहना चाहिए क्योंकि वे मनीषिजनों को शुद्ध करते हैं ।

(6) *एतानि अपि तु कर्माणि संगम् त्यक्त्वा फलानि च ।*
कर्तव्यानि इति मे पार्थ निश्चितम् मतम् उत्तमम् ॥

परन्तु, हे पार्थ, ये तथा अन्य कर्म भी आसक्तिरहित होकर और फल की इच्छा न रखते हुए करने चाहिए। यह मेरा निश्चित व उत्तम मत है।

(7) *नियतस्य तु संन्यासः कर्मणः न उपपद्यते।*
मोहात् तस्य परित्यागः तामसः परिकीर्तितः॥

परन्तु नियत कर्मों से संन्यास लेना उचित नहीं होता। मोहवश उन्हें छोड़ देना तामसिक कहा जाता है।

(8) *दुःखम् इति एव यत् कर्म कायक्लेशभयात् त्यजेत।*
सः कृत्वा राजसम् त्यागम् न एव त्यागफलम् लभेत्॥

जो शारीरिक क्लेश के भय से, क्योंकि उसमें पीड़ा हो सकती है, [नियत] कर्म का त्याग करता है उसे ऐसे त्याग का कोई फल नहीं मिलता।

इसीलिए, श्रीकृष्ण कहते हैं कि "संन्यास" से भी आगे एक और "त्याग"[2] नामक अवस्था होती है। सबमें व्याप्त अद्वय महाप्राण की सेवा में सत्कर्मों व निष्काम कर्मों द्वारा अर्जित फलों को समर्पण कर देना ही *त्याग* है। कुछ आचार्यों के इस मत के बावजूद कि सब कर्म बन्धन पैदा करने वाले होते हैं और इसलिए त्याज्य हैं, श्रीकृष्ण विशेष बल दे कर कहते हैं कि यज्ञ, तप व आत्मदान यानी (जैसा पिछले अध्याय के अन्त में बताया गया, पथ के कर्म) नहीं छोड़ने चाहिए क्योंकि वे शुद्धिकारक होते हैं।

श्लोक (3)

श्लोक (6)

परन्तु यह कर्म भी आसक्तिरहित होकर, यानी स्वयं अपनी व्यक्तिगत शुद्धि की आकांक्षा न रखते हुए, किए जाने चाहिए। इन कर्मों का फल भी अद्वय महाप्राण की सेवा के निमित्त उसी भावना से रख छोड़ना चाहिए जिस भावना से बोधिसत्त्व पथ के महायानी सर्वभूतों के कल्याणार्थ अपने सत्कर्मों के फल उत्सर्ग करने को

[2] संन्यास और त्याग को सामान्यतः पर्यायवाची शब्द माना जाता है, परन्तु "छोड़ देने" के अतिरिक्त त्याग का अर्थ "दान" या "दे देना" भी है (आप्टे का संस्कृत-अंग्रेज़ी कोश देखिए)। मेरे विचार में शायद dedication के अतिरिक्त अंगेज़ी का कोई एक शब्द नहीं है जो "छोड़ देने" और "दे देने" को एक ही साथ व्यक्त करता हो। मेरे मित्र पण्डित जगदीश चन्द्र चटर्जी ने मुझे बताया कि यज्ञ में दी गई आहुति को "त्यक्त" कहा जाता है।

प्रेरित होते हैं। कुछ लोग ऐसे भी हैं जो यह कहते हैं कि दूसरों की ऐसी सहायता करना अपने को मोहपाश से बाँधना है और कर्म के विधान का उल्लंघन करना है। इस दलील को सुनने का समय तो तब आएगा जब कहने वाले स्वयं इस बात से इनकार करें कि उन्हें पुस्तकों या जीवित गुरुजनों से सहायता मिलती है। अन्य कुछ ऐसे भी होते हैं जो एक झूठी विनय-भावना के कारण इस पथ पर आने से झिझकते हैं। उनका कहना होता है कि स्वयं अपनी मुक्ति के पश्चात ही सहायता देना सम्भव होता है और तब जाकर ही हम दूसरों की सहायता की बात सोच सकते हैं। परन्तु यह एक भूल है। जिसने आरम्भ में ही अपने आप को इस भावना का आदी बना लिया हो कि दूसरों के लिए ही पथ पर चलना है, केवल वही ब्रह्मनिर्वाण के आनन्द को अपने सामने प्रत्यक्ष पाकर आत्मोत्सर्ग करने व अपना आनन्द त्याग करने के संकल्प में दृढ़ रह सकता है।

श्लोक (6-8) यही दिव्य सात्त्विक त्याग होता है और आलस्य, हीन-भावना, अथवा जीवन के दुःख-दर्दों से बचने के लिए किए गए उत्सर्ग इसके विपरीत होते हैं। ऐसा "खट्टे अंगूर" किस्म का त्याग निश्चय ही घटिया होता है। भगवान बुद्ध के त्याग को इस प्रकार का त्याग बताना सरासर कपटपूर्ण मिथ्या निन्दा है, चाहे वह आज के समीक्षकों द्वारा की गई हो चाहे प्राचीन भारत के। गृहत्याग करते समय बुद्धदेव से निम्नलिखित पंक्तियाँ कहलवा कर *लाइट ऑफ़ एशिया* के रचयिता ने वस्तुतः इन समीक्षकों से कहीं अधिक मार्मिक दृष्टि का परिचय दिया है :

This will I do because of the woeful cry
Of life and all flesh living cometh up
Into my ears, and all my soul is full
Of pity for the sickness of the world;
Which I will heal, if healing may be found
By uttermost renouncing and great strife.

यही मैं करूँगा क्योंकि
जीवन का, चराचर प्राणियों का, आर्तनाद
अब मेरे कानों में गूँजता है। और मेरी आत्मा
अब विश्वव्याधि के लिए करुणा से भरी है।

उसका निवारण करूँगा मैं,
परम उत्सर्ग और घोर संघर्ष से,
यदि हो सकेगा निवारण ये ।
सच्चे उत्सर्ग का मूल स्रोत प्रेम होता है, भय नहीं ।

(9) ***कार्यम् इति एव यत् कर्म नियतम् क्रियते अर्जुन ।***
सङ्गम् त्यक्त्वा फलम् च एव सः त्यागः सात्त्विकः मतः ॥

हे अर्जुन, जब नियत कर्म इसलिए किया जाता है कि वह कर्तव्य है और आसक्तिरहित तथा फल की कामना रहित होता है तो उसे सात्त्विक माना गया है ।

(10) ***न द्वेष्टि अकुशलम् कर्म कुशले न अनुषज्जते ।***
त्यागी सत्त्वसमाविष्टः मेधावी छिन्नसंशयः ॥

ज्ञानवान, संशयरहित त्यागी न तो अकुशल कर्म करने से द्वेष करता है और न कुशल कर्म से आसक्ति ।

(11) ***न हि देहभृता शक्यम् त्यक्तुम् कर्माणि अशेषतः ।***
यः तु कर्मफलत्यागी सः त्यागी इति अभिधीयते ॥

देहधारी व्यक्ति कर्म का पूर्णतः परित्याग नहीं कर सकता परन्तु जो कर्मफल का त्याग कर देता है वह त्यागी कहलाता है ।

(12) ***अनिष्टम् इष्टम् मिश्रम् च त्रिविधम् कर्मणः फलम् ।***
भवति अत्यागिनाम् प्रेत्य न तु संन्यासिनाम् क्वचित् ॥

कर्म का त्रिविध फल – अप्रिय, प्रिय और मिश्रित – अत्यागियों को मरणोपरांत प्राप्त होता है परन्तु त्यागियों को कभी नहीं ।

(13) ***पञ्च एतानि महाबाहो कारणानि निबोध मे ।***
सांख्ये कृतान्ते प्रोक्तानि सिद्धये सर्वकर्मणाम् ॥

हे महाबाहु, सब कर्मों की सिद्धि के लिए सांख्य सिद्धान्त में जो पाँच कारण बताए गए हैं उन्हें मुझ से सीखो ।

(14) *अधिष्ठानम् तथा कर्ता करणम् च पृथग्विधम् ।*

विविधाः च पृथक् चेष्टाः दैवम् च एव अत्र पञ्चमम् ॥

अधिष्ठान [आधार], कर्ता तथा करण [विभिन्न इन्द्रियाँ], विविध प्रकार की पृथक चेष्टाएँ और दैव, ये पाँच हैं।

श्लोक (9) सच्चा उत्सर्ग यही होता है कि सब कर्म इसलिए किए जायँ क्योंकि ***बुद्धि*** ने उनका सार्वभौमिक प्रक्रिया से तालमेल दिखा दिया है और इस प्रकार वे "कर्त्तव्य स्वरूप" हो गए हैं, साथ ही उन्हें करने में कर्तापन के गर्व और व्यक्तिगत फलप्राप्ति की कामना का अभाव भी होता है। कर्म मात्र का पूरा त्याग देहधारियों के लिए असम्भव होता है और प्रत्येक दशा में अनावश्यक भी क्योंकि जो कर्म
श्लोक (11, 12) फलाकांक्षा के बिना किए जाते हैं वे जीवात्मा को कभी भी बाँध नहीं सकते।

श्लोक (14) कामना और व्यक्तिगत लाभ का परित्याग कर देने पर कर्म में ऐसा कुछ बच नहीं जाता जो बाँध सके। यह दिखाने के लिए कि यह कोई दुराग्रह नहीं बल्कि सीधा-सादा तथ्य है गीता अब उन पाँच तत्त्वों का विश्लेषण करती है जो शरीर, मन व वचन के समस्त कर्मों से सम्बन्धित होते हैं। पहला है ***अधिष्ठान*** यानी शरीर, दूसरा ***कर्ता*** यानी वह झूठा अहम् जो ज्योति तथा इस मनोभौतिक वाहन के समागम से उत्पन्न होता है, तीसरा ***करण*** यानी इन्द्रियाँ, चौथा ***चेष्टा*** यानी शरीर के अन्दर की विभिन्न शक्तियाँ और पाँचवाँ ***दैव*** यानी पूर्व जन्मों के कर्मों द्वारा सञ्चित शक्तियाँ।

(15) *शरिरवाङ्मनोभिः यत् कर्म प्रारभते नरः ।*

न्याय्यम् वा विपरीतम् वा पञ्च एते तस्य हेतवः ॥

मनुष्य मन, वाणी व शरीर से, सही या ग़लत, जो भी कर्म करता है उसके कारण ये पाँच हैं।

(16) *तत्र एवम् सति कर्तारम् आत्मानम् केवलम् तु यः ।*

पश्यति अकृतबुद्धित्वात् न सः पश्यति दुर्मतिः ॥

परन्तु ऐसा होने पर भी अशुद्ध बुद्धि के कारण जो व्यक्ति आत्मानम् केवलम् को कर्ता रूप में देखता है वह दुर्मति [यथार्थ] नहीं देखता।

(17) ***यस्य न अहंकृतः भावः बुद्धिः यस्य न लिप्यते ।***
हत्वा अपि सः इमान् लोकान् न हन्ति न निबध्यते ॥

जो अहंकार भाव से मुक्त हो, जिसकी बुद्धि [भले-बुरे] से प्रभावित नहीं होती वह व्यक्ति इन लोगों को मार कर भी न तो मारता है न [इस कर्म से] बँधता है ।

इसलिए, ***अकृतबुद्धि,*** यानी वह मनुष्य जो बुद्धियुक्त न होने के कारण अपने आप को, अर्थात् ***आत्मन्*** को, कर्मों में लिप्त समझता है, बिल्कुल ग़लत होता है । यदि ***आत्मन्*** "मैं कर्ता हूँ" इस भाव से नामरूप में अपना बहिर्वेशन न करे तो वह कर्मों से वैसे ही मुक्त रहता है जैसे सरोवर की लहरों से चन्द्रमा । जैसा कि एक चीनी ऋषि ने कहा है "*चन्द्रमा अविक्षुब्ध झलकता है, बयार वृक्षों के बीच धीरे-धीरे बहती है . . . जब यह समझ में आ जाय तो कर्म-बन्धन स्वभावतः थोथे हो जाते हैं । जब यह समझ में न आए तो पिछले ऋण चुकाने पड़ते हैं*"[3] श्लोक (16, 17)

(18) ***ज्ञानम् ज्ञेयम् परिज्ञाता त्रिविधा कर्मचोदना ।***
करणम् कर्म कर्ता इति त्रिविधः कर्मसंग्रहः ॥

ज्ञान, ज्ञेय और ज्ञाता यह, तीनों कर्म को उत्पन्न करने वाले होते हैं तथा करण, क्रिया और कर्ता, यह तीनों कर्म के संग्रह होते हैं ।

(19) ***ज्ञानम् कर्म च कर्ता च त्रिधा एव गुणभेदतः ।***
प्रोच्यते गुणसंख्याने यथावत् श्रृणु तानि अपि ॥

ज्ञान, कर्म और कर्ता सांख्यदर्शन में गुणों के भेद के आधार पर तीन प्रकार के बताए जाते हैं । इन्हें भी ठीक से सुनो ।

(20) ***सर्वभूतेषु येन एकम् भावम् अव्ययम् ईक्षते ।***
अविभक्तम् विभक्तेषु तत् ज्ञानम् विद्धि सात्त्विकम् ॥

जिससे मनुष्य विभिन्न भूतप्राणियों में एकमात्र अविनाशी भाव को अविभक्त रूप में देखता है उस ज्ञान को सात्त्विक जानो ।

---

[3] *योका दैशी* (*Yoka Daishi*) । सुज़ूकी कृत *मैन्युअल ऑफ़ ज़ेन बुद्धिज़्म* (Suzuki's *Manual of Zen Buddhism*) से उद्धृत ।

(21) *पृथक्तवेन तु यत् ज्ञानम् नानाभावान् पृथग्विधान् ।*
वेत्ति सर्वेषु भूतेषु तत् ज्ञानम् विद्धि राजसम् ॥

परन्तु जिस ज्ञान से विभिन्न भूतप्राणियों में नाना प्रकार के भावों को अलग-अलग देखा जाता है, उसे राजसिक जानो ।

(22) *यत् तु कृत्स्नवत् एकस्मिन् कार्ये सक्तम् अहैतुकम् ।*
अतत्त्वार्थवत् अल्पम् च तत् तामसम् उदाहृतम् ॥

और जिस ज्ञान से मनुष्य किसी एक कार्य को ही, युक्ति और आधार के बिना, सम्पूर्ण के सदृश समझता है, वह तुच्छ ज्ञान तामसिक बताया जाता है ।

(23) *नियतम् संगरहितम् अरागद्वेषतः कृतम् ।*
अफलप्रेप्सुना कर्म यत् तत् सात्त्विकम् उच्यते ॥

शास्त्रविधि से नियत, कर्तापन के अभिमान से रहित, बिना रागद्वेष, फल को न चाहने वाले व्यक्ति द्वारा किया गया कर्म सात्त्विक कहा जाता है ।

(24) *यत् तु कामेप्सुना कर्म साहंकारेण वा पुनः ।*
क्रियते बहुलायासम् तत् राजसम् उदाहृतम् ॥

और जो कर्म बहुत यत्न से, तथा फल की इच्छा से अहंकारयुक्त व्यक्ति करता है वह राजसिक कहा जाता है ।

(25) *अनुबन्धम् क्षयम् हिंसाम् अनवेक्ष्य च पौरुषम् ।*
मोहात् आरभ्यते कर्म यत् तत् तामसम् उच्यते ॥

तामसिक उस कर्म को कहते हैं जो परिणाम, हानि, हिंसा तथा सामर्थ्य का विचार किए बिना अज्ञान से आरम्भ किया जाता है ।

(26) *मुक्तसङ्गः अनहंवादी धृत्युत्साहसमन्वितः ।*
सिद्ध्यसिद्ध्योः निर्विकारः कर्ता सात्त्विकः उच्यते ॥

जो कर्ता अनासक्त, अहंकार-रहित, धैर्यवान, साहसी और इस बात से निर्विकार हो कि कार्य में सिद्धि हो या असिद्धि, वह सात्त्विक कहलाता है ।

इसी बात को और समझाने के लिए गीता में कहा गया है कि कर्म के स्वभाव के अतिरिक्त हमें कर्ता व उसके ज्ञान पर भी ध्यान देना चाहिए । ये तीनों ही, जब

जो गुण प्रधान हो उस के अनुसार, तीन प्रकार के होते हैं । जीवात्मा कर्म के बन्धन से तब ही बच सकता है जब यह तीनों ही सात्त्विक हों । कर्ता अनासक्त और "मैं" के भाव से मुक्त होना चाहिए, उसका ज्ञान वह शुद्ध ज्ञान होना चाहिए जो सबमें एक ही अविनाशी तत्त्व को विभक्तों में अविभक्त (***अविभक्तम् विभक्तेषु***) देखता है, और कर्म को सुसंगत, अन्तर्यामी अधिष्ठाता द्वारा अनुमोदित तथा अपनी सामर्थ्य व दूसरों पर उनके प्रभाव को ध्यान में रखते हुए किया जाना चाहिए । श्लोक (19, 26, 20, 23, 25)

यह अन्तिम वक्तव्य ही यह सिद्ध करने के लिए पर्याप्त है कि कर्मफल-त्याग का अनुमोदन कर गीत किसी ग़ैर-ज़िम्मेदाराना कर्मों का अनुमोदन नहीं करती । इस बात का ध्यान सदैव रखना चाहिए कि अपने कर्मों से दूसरों के लिए क्या परिणाम निकलते हैं, परित्याग केवल व्यक्तिगत लाभ का ही करना होता है । यद्यपि पुराणों व अन्य कुछ स्थानों में कुछ ऐसे वक्तव्य अवश्य हैं जिनमें जीवनमुक्त जीवात्माओं को "बालकों या विक्षिप्तों की भाँति" हँसते-रोते और अनुत्तरदायी व्यवहार करते बताया गया है, परन्तु ऐसे कथनों का शब्दशः अर्थ नहीं लेना चाहिए । ज्ञानी पुरुष विक्षिप्त नहीं होता और न ही वह अपनी मुक्ति को बालकों की भाँति आचरण कर व्यक्त करता है । यह सही है कि अब निरा व्यक्तिगत चिन्तन उसमें शेष नहीं रहता परन्तु अब उसकी जगह उसके माध्यम से विश्व-परिकल्पन की अभिव्यक्ति होने लगती है, और चाहे उसके कर्म सुस्थापित रीति-रिवाज़ों से मेल न भी खाते हों फिर भी उसका विश्व-व्यवस्था से पूरा तालमेल होता है ।

(27) ***रागी कर्मफलप्रेप्सुः लुब्धः हिंसात्मकः अशुचिः ।***
हर्ष शोकान्वितः कर्ता राजसः परिकीर्तितः ॥

आसक्तियुक्त, कर्मों के फल को चाहने वाला, लोभी, हिंसात्मक, अशुद्धाचारी, हर्ष व शोक में डूब जाने वाला कर्ता राजसिक होता है ।

(28) ***अयुक्तः प्राकृतः स्तब्धः शठः नैष्कृतिकः अलसः ।***
विषादी दीर्घसूत्री च कर्ता तामसः उच्यते ॥

अदृढ़-चित्त वाला, गँवार, घमण्डी, धूर्त, दूसरे की आजीविका नाशक, आलसी, विषादी, छोटे काम पर बहुत समय लगाने वाला कर्ता तामसिक कहलाता है ।

(29) *बुद्धेः भेदम् धृतेः च एव गुणतः त्रिविधम् श्रृणु ।*
प्रोच्यमानम् अशेषेण पृथक्त्वेन धनञ्जय ॥

हे धनञ्जय, बुद्धि तथा धैर्य भी गुणों के कारण तीन प्रकार के होते हैं, मेरे बताए इनके भेद भी पूरी तरह विभागपूर्वक सुनो ।

(30) *प्रवृत्तिम् च निवृत्तिम् च कार्याकार्ये भयाभये ।*
बन्धम् मोक्षम् च या वेत्ति बुद्धिः सा पार्थ सात्त्विकी ॥

हे पार्थ, जो बुद्धि प्रवृत्ति-निवृत्ति, कार्य-अकार्य, भय-अभय, बन्धन-मोक्ष को तत्त्वतः जानती है वह सात्त्विक होती है ।

(31) *यया धर्मम् अधर्मम् च कार्यम च अकार्यम एव च ।*
अयथावत् प्रजानाति बुद्धिः सा पार्थ राजसी ।

हे पार्थ, जिस बुद्धि के द्वारा मनुष्य धर्म-अधर्म, कार्य-अकार्य, भी ठीक से नहीं पहचान सकता वह राजसी होती है ।

(32) *अधर्मम् धर्मम् इति या मन्यते तमसा आवृता ।*
सर्वार्थान् विपरीतान् च बुद्धिः सा पार्थ तामसी ॥

हे पार्थ, जो अन्धकार से आवृत्त हुई बुद्धि अधर्म को धर्म मानती है और सब कुछ को उलटी नज़र से देखती है वह तामसिक होती है ।

(33) *धृत्या यया धारयते मनःप्राणेन्द्रियक्रियाः ।*
योगेन अव्यभिचारिण्या धृतिः सा पार्थ सात्त्विकी ॥

हे पार्थ, योग द्वारा दृढ़ हुई जिस धृति से मनुष्य मन, प्राण व इन्द्रियों की क्रियाओं को नियमित करता है वह धृति सात्त्विक होती है ।

(34) *यथा तु धर्मकामार्थान् धृत्या धारयते अर्जुन ।*
प्रसंगेन फलाकांक्षी धृतिः सा पार्थ राजसी ॥

हे पृथापुत्र अर्जुन, फलाकांक्षी व्यक्ति जिस धृति से अपने मन को धर्म, काम व अर्थ में आसक्तिपूर्ण ढंग से नियमित करता है वह धृति राजसिक होती है ।

(35) *यया स्वप्नम् भयम् शोकम् विषादम् मदम् एव च ।*
न विमुञ्चति दुर्मेधाः धृतिः सा पार्थ तामसी ॥

तथा, हे पार्थ, जिस धृति से मूढ़ व्यक्ति अपनी निद्रा, भय, चिन्ता, दुःख व उन्मत्तता भी नहीं छोड़ता वह धृति तामसी होती है ।

(36) *सुखम् तु इदानीम् त्रिविधम् श्रृणु मे भरतर्षभ ।*
अभ्यासात् रमते यत्र दुःखान्तम् च निगच्छति ॥

हे भरतर्षभ, अब तीन प्रकार का सुख भी सुनो, जिसे मनुष्य अभ्यास से पसन्द करने लगता है और जो दुःखों के अन्त को प्राप्त करवाता है ।

(37) *यत् तत् अग्रे विषम् इव परिणामे अमृतोपमम् ।*
तत् सुखम् सात्त्विकम् प्रोक्तम् आत्मबुद्धिप्रसादजम् ॥

जो आरम्भ में तो विष के समान लगे परन्तु जिसके परिणाम अमृत के समान हों वह आत्मबुद्धि के प्रसाद से उत्पन्न हुआ सुख सात्त्विक कहलाता है ।

(38) *विषयेन्द्रियसंयोगात् यत् तत् अग्रे अमृतोपमम् ।*
परिणामे विषम् इव तत् सुखम् राजसम् स्मृतम् ॥

जो सुख विषय और इन्द्रियों के संयोग से उत्पन्न होता है, आरम्भ में अमृत परन्तु जिसके परिणाम विष के समान होते हैं, वह सुख राजसिक कहलाता है ।

(39) *यत् अग्रे च अनुबन्धे च सुखम् मोहनम् आत्मनः ।*
निद्रालस्यप्रमादोत्थम् तत् तामसम् उदाहृतम् ॥

जो सुख आरम्भ में और अन्त में भी आत्मा को मोहने वाला हो, वह निद्रा, आलस्य व प्रमाद से उत्पन्न हुआ सुख तामसिक बताया जाता है ।

(40) *न तत् अस्ति पृथिव्याम् वा दिवि देवेषु वा पुनः ।*
सत्त्वम् प्रकृतिजैः मुक्तम् यत् एभिः स्यात् त्रिभिः गुणैः ॥

न पृथिवी पर और न ही स्वर्ग में, और न ही देवताओं में ऐसा कोई प्राणी है जो प्रकृति से उत्पन्न हुए इन तीन गुणों से मुक्त हो ।

बुद्धि, धृति और सुख के त्रिविध स्वभाव को विस्तारपूर्वक समझाने की यहाँ कोई आवश्यकता नहीं है क्योंकि श्लोक 29 से 39 तक में दिया गया विवरण स्पष्ट है और उस पर समीक्षा की आवश्यकता नहीं है । बस इतना ही कहना है कि यहाँ श्लोक (29-32)

बुद्धि का तात्पर्य उस उच्च ***बुद्धि*** से नहीं है जिसके बारे में इतना लिखा जा चुका है, बल्कि साधारण युक्ति या अक़्ल से है। उच्च ***बुद्धि*** तो मनसातीत और सात्त्विक होती है जबकि साधारण बुद्धि गुणों के अधीन एक मानसिक वृत्ति होती है। परन्तु फिर भी जब साधारण बुद्धि सात्त्विक हो तो उच्च ***बुद्धि*** के समान अपने स्तर पर सत्य को निर्धारित कर सकती है, और जिस हद तक बौद्धिक सत्य एक होता है वहाँ तक उच्चतर ***बुद्धि*** की तरह वह भी सबमें समान होती है।

(41) ***ब्राह्मणक्षत्रियविशाम् शूद्राणाम् च परंतप ।***
कर्माणि प्रविभक्तानि स्वभावप्रभवैः गुणैः ॥

हे परंतप, ब्राह्मणों, क्षत्रियों, वैश्यों और शुद्रों के कर्म भी स्वभाव से उत्पन्न हुए गुणों के कारण बाँटे गए हैं।

(42) ***शमः दम तपः शौचम् क्षान्तिः आर्जवम् एव च ।***
ज्ञानम् विज्ञानम् आस्तिक्यम् ब्रह्मकर्म स्वभावजम् ॥

मन तथा इन्द्रियों पर नियन्त्रण, तप, शुद्धि, क्षान्ति (सहनशक्ति), आर्जव, आस्तिक्य (इस संसार के अतिरिक्त भी कुछ है, ऐसी धारणा), यह ब्राह्मण के स्वाभाविक कर्म होते हैं।

जैसा कि शंकराचार्य ने कहा है, इकतालीसवें श्लोक से एक नया अनुभाग आरम्भ होता है। अब तक यह अध्याय अन्तिम छः अध्यायों वाले खण्ड का ही भाग था, और श्रीकृष्ण द्वारा पहले अध्याओं में दिए गए शिक्षण के मूलभूत सिद्धान्तों का विस्तृत विवरण था। शिष्य के दृष्टिकोण से यह सब विश्वरूप दर्शन में प्रकट हुए दैवी ज्ञान का अन्तर्ग्रहण और दिमाग़ी तौर से उसको व्यक्त करने का प्रयत्न है। इकतालीसवें श्लोक से सम्पूर्ण गीता का उपसंहार आरम्भ होता है।

अध्याय 4, श्लोक 13 में समाज की चातुर्वर्ण्य व्यवस्था के बारे में कहा जा चुका है। मनुष्यों के ब्राह्मण, क्षत्रिय, वैश्य और शूद्र वर्ग-विभाजन को वहाँ ईश्वर-सम्मत ठहराया गया है। उससे यह निष्कर्ष नहीं निकालना चाहिए कि हिन्दू जाति-व्यवस्था के प्रत्येक अन्याय व पक्षपात का अनुमोदन किया जा रहा है। यह इंगित

करने की आवश्यकता नहीं है कि इस बात का पर्याप्त प्रमाण है कि प्राचीन भारत में वर्णाश्रम धर्म सदा एक ऐसी कट्टर व निर्जीव व्यवस्था नहीं थी जैसी आजकल है।

बहरहाल गीता का जिससे सम्बन्ध है वह कोई सामाजिक व्यवस्था नहीं – भले ही वह हज़ारों साल पुरानी हो – बल्कि उससे कहीं बेहतर व व्यापक है। यह साफ़ तौर पर कह दिया गया है कि वर्ण-विभाग तत्सम्बन्धी मनुष्यों के स्वभावों में अभिव्यक्त गुणों पर निर्भर होता है[4]। भारत में ही नहीं अपितु समस्त संसार में मनुष्य के चार प्रधान प्रकार होते हैं। पठन-पाठन, भजन-पूजन करने वाले विधी, या वृत्ति-व्यवसाय, जीवी प्रकार के हुए ब्राह्मण; क्षत्रिय होते हैं शासक, योद्धा, राजनयिक, या पश्चिम के "बन्दूकची शिकारी" टाइप। व्यापार, लेन-देन व खेती-बाड़ी करने वाले वैश्य, और अन्त में शारीरिक श्रम या चाकरी करने वाले शूद्र होते हैं। इन प्रधान प्रकारों में से प्रत्येक के विशेष गुण होते हैं। अनिवार्यतः नहीं,

---

[4] श्री श्री कृष्ण प्रेम के इस मत से कुछ मिलता जुलता विचार प्योत्र देमिआनोविच उस्पेन्स्की (P.D. Ouspensky) द्वारा लिखित *ए न्यू माॅडल आॅफ़ दि यूनिवर्स* (*A New Model of the Universe*) के अध्याय 11 के अन्तिम भाग (पृष्ठ 444-450) में मिलता है। उस्पेन्स्की के मतानुसार जिन व्यक्तियों का मनोवैज्ञानिक रुझान प्रधानतः आन्तरिक लोक में होता है वे ब्राह्मण होते हैं; बाह्य-जगत में कार्य करने की प्रवृत्ति वाले क्षत्रिय तथा वैश्य होते हैं – अन्तर यह है कि क्षत्रिय दूसरों के लिए, यानी समाज के लिए कर्म करता है जबकि वैश्य अपने लिए कार्यरत होता है। शूद्र वह है जो स्वयं किसी काम में पहल न कर दूसरों के पीछे चलता है। ध्यान से देखा जाय तो ये चार मनोवैज्ञानिक प्रवृत्तियाँ प्रत्येक मनुष्य में होती हैं, किसी में कोई अधिक तो कोई कम। निस्सन्देह हम सबमें शूद्र प्रवृत्ति बहुत प्रबल होती है और यही "भेड़चाल" की आधारशिला है। हमारी वैश्य प्रवृत्ति ही हमें आजीविका ढूँढने पर विवश करती है और यदि ठीक से देखा जाय तो अपने जीवन का अधिकांश भाग हम इन दो प्रवृत्तियों में ही गुज़ार देते हैं। कभी-कभी क्षत्रिय प्रवृत्ति हम से सच्ची समाज सेवा करवा देती है और बहुत ही थोड़े से ऐसे समय भी आते हैं जब हम ब्राह्मण प्रवृत्ति के अनुसार जीवन-मरण, लोक-परलोक के प्रश्नों पर ध्यान देते हैं। हम में से प्रत्येक व्यक्ति का जो प्रधान रुझान हो वही इस बात को निर्धारित कर सकता है कि कौन किस वर्ण में ठीक बैठता है। जैसे मनोवैज्ञानिक उपचार से व्यक्ति अपनी प्रवृत्ति बदल सकता है वैसे ही उस्पेन्स्की के अनुसार *मनुस्मृति* 9, 335 में भी सुझाव है कि वर्ण बदला जा सकता है। (अनुवादक)

परन्तु कभी-कभी ये गुण इन लोगों की संतान में भी आ जाते हैं और यद्यपि ऐसे जाति-गुण निश्चय ही मिले-जुले पाए जाते हैं, परन्तु फिर भी प्रत्येक देश-काल में वे कम से कम उतने साफ़ तौर से तो देखे ही जा सकते हैं जितना कि, उदाहरण के लिए अन्तर्मुखी (introverts) व बहिर्मुखी (extroverts) वर्ग-विभाजन।

श्लोक (42) ध्यान दीजिए कि कम से कम ब्राह्मण-क्षत्रिय का वर्गीकरण नैतिक व बौद्धिक स्वभाव के आधार पर किया गया है। इसलिए कोई व्यक्ति ब्राह्मणपुत्र होने या पुरोहित का काम करने से ही ब्राह्मण नहीं हो जाता ब्राह्मण तो वह कुछ विशेष गुणों के कारण ही होता है, जैसे, शम, दम, आत्मानुशासन, क्षान्ति, आर्जव और प्रज्ञा। इस बात में गीता व भगवान बुद्ध के विचार एक ही हैं : "*जटा-जूट, गोत्र या जन्म से कोई ब्राह्मण नहीं होता। ब्राह्मण वह होता है जिसमें सत्य और धर्म हो*"[5]।

आन्तरिक जीवन के लिए इन चार प्रकारों का प्रतीकात्मक महत्त्व भी है। अनासक्त व शुद्ध, सर्वभूतों में अद्वय को देखने वाला, "ब्राह्मण" सात्त्विक ***बुद्धि*** का प्रतीक होता है। शासक, निर्भीक, धैर्यवान "क्षत्रिय" शुद्ध राजसिक मनस् यानी ***उच्चस्तरीय मनस्*** होता है और इसीलिए जीवात्मा-स्वरूप अर्जुन को क्षत्रिय दिखाया गया है। धनार्जन में तत्पर "वैश्य" बहिर्मुखी काम-भाव का प्रतीक है (तमोमिश्रित रजोगुण) और सेवारत, अन्य सबके लिए साधन-रूप यह भौतिक शरीर ही "शूद्र" होता है।

(43) ***शौर्यम् तेजः धृतिः दाक्ष्यम् युद्धे च अपि अपलायनम्।***
दानम् ईश्वरभावः च क्षात्रम् कर्म स्वभावजम्॥

शौर्य, तेज, धैर्य, दक्षता, युद्ध से न भागना, दान तथा वर्चस्व, ये सब क्षत्रिय के स्वाभाविक कर्म हैं।

(44) ***कृषिगौरक्ष्यवाणिज्यम् वैश्यकर्म स्वभावजम्।***
परिचर्यात्मकम् कर्म शूद्रस्य अपि स्वभावजम्॥

कृषि, गौपालन और वाणिज्य वैश्य के स्वाभाविक कर्म हैं तथा परिचर्यात्मक कर्म शूद्र के।

---

[5] धम्मपद, 393।

(45) *स्वे स्वे कर्मणि अभिरतः संसिद्धिम् लभते नरः ।*
स्वकर्मनिरतः सिद्धिम् यथा विन्दति तत् श्रृणु ॥

अपने अपने स्वाभाविक कर्म में लगा मनुष्य किस तरह उच्चतम सिद्धि को प्राप्त होता है यह सुनो ।

अपना कर्तव्य (धर्म) दृढ़तापूर्वक निभा कर परमगति कैसे प्राप्त होती है, आगे दिए गए श्लोकों में इस बात का विवरण है । धर्म शब्द का अर्थ है किसी वस्तु या मनुष्य का सहज गुण या वृत्ति । अतः अग्नि का धर्म है जलाना और क्षत्रिय का धर्म श्लोक 43 में दिए गए गुणों को अभिव्यक्त करना है । इन श्लोकों में हमें चातुर्वर्ण्य व्यवस्था के बाहरी व भीतरी दोनों अभिप्रायों को ध्यान में रखना चाहिए । श्लोक (45)

(46) *यतः प्रवृत्तिः भूतानम् येन सर्वम् इदम् ततम् ।*
स्वकर्मणा तम् अभ्यर्च्य सिद्धिम् विन्दति मानवः ॥

जिससे सर्वभूतों की उत्पत्ति हुई है, जिससे यह सब कुछ व्याप्त है, उसकी अपने स्वाभाविक कर्म द्वारा अभ्यर्चना कर मनुष्य परम सिद्धि को प्राप्त होता है ।

(47) *श्रेयान् स्वधर्मः विगुणः परधर्मात् स्वनुष्ठितात् ।*
स्वभावनियतम् कर्म कुर्वन् न आप्नोति किल्बिषम् ॥

अपना धर्म चाहे अच्छी तरह न निभाया गया हो फिर भी अच्छी तरह निभाए गए दूसरे के धर्म से श्रेष्ठतर होता है । अपने स्वभाव से नियत कर्म करता हुआ व्यक्ति पाप को प्राप्त नहीं होता ।

अपने धर्म (अपनी सहज वृत्ति) का पालन "उस" अद्वय की सेवा के लिए कर "जिससे सारी सृष्टि का आविर्भाव हुआ है" परमगति को प्राप्त होना चाहिए । दूसरे के धर्म का पालन करने की चेष्टा करने में ख़तरा होता है क्योंकि इसका मतलब है एक अविकसित और घटिया वृत्ति के आधार पर अपने जीवन का निर्माण करना । ऐसा करना किसी हास्य अभिनेता द्वारा कारुणिक अभिनय करने के प्रयत्न के समान होता है जिसमें साधारणतया एकदम असफलता ही पल्ले पड़ती है । श्लोक (46, 47)

मानवीय दृष्टिकोण से अपना धर्म किसी को घटिया या त्रुटिपूर्ण लग सकता है, परन्तु बारीकी से देखने पर पता चलेगा कि सभी धर्म ऐसे होते हैं क्योंकि वे सब आपेक्षिक, और इसलिए अपूर्ण, होते हैं। पूर्णता तो केवल उस "सम्पूर्ण" में ही होती है। फिर भी विश्व-परिचालन के लिए तो सभी आवश्यक होते हैं और यदि कोई चाहे तो "रेणु कणिका में निस्सीम" को देख सकता है।

फलाकांक्षा न रखते हुए अपना कर्तव्य पालन करने, यानी अपनी सहज वृत्ति द्वारा अद्वय की सेवा करने, का भी आन्तरिक दृष्टिकोण से इतना ही महत्त्व है। मनुष्य केवल इस भौतिक जगत का ही वासी नहीं होता और उत्कृष्टता तो तब प्राप्त होती है जब उसके अस्तित्त्व के विभिन्न स्तर – जिनके प्रतीक ही चार वर्ण होते हैं – अपनी सहज वृत्ति के अनुसार काम करने लगते हैं। मनुष्य के सबसे उत्पात करने वाले अंश, काम-भाव, को भी विश्व-व्यापार में हाथ बँटाना होता है, और एक बार फिर गीता की शिक्षा यह है कि ज्योति सब स्तरों पर मुक्त व अनासक्त होकर सक्रिय रहे, न कि सांख्यवादियों के मतानुसार उसे साकार विश्व से विमुख कर दिया जाय। भौतिक देह की तामसिक जड़ता और काम-मनस् के प्रचण्ड प्रवाह को अनासक्ति द्वारा तत्त्वान्तरित कर स्थिरता व ऊर्जा में बदलना होता है। इस प्रकार नियन्त्रित हो तथा पूरी तरह सध कर वे अद्वय की सेवा के लिए, दिव्य ***बुद्धि*** के समान ही, उपयुक्त साधन बन जाते हैं.

(48) ***सहजम् कर्म कौन्तेय सदोषम् अपि न त्यजेत् ।***
सर्वारम्भाः हि दोषेण धूमेन अग्निः इव आवृताः ॥

हे कौन्तेय, अपने स्वाभाविक कर्म को त्यागना नहीं चाहिए, भले ही वह दोषयुक्त हो, क्योंकि जैसे आग धुँए से लिपटी होती है वैसे ही प्रत्येक कर्म किसी न किसी दोष से लिपटा होता है।

(49) ***असक्तबुद्धिः सर्वत्र जितात्मा विगतस्पृहः ।***
नैष्कर्म्यसिद्धिम् परमाम् संन्यासेन अधिगच्छति ॥

सर्वत्र आसक्तिहीन बुद्धि वाला, जितात्मा, जिसकी कामनाएँ समाप्त हो गई हों, संन्यास द्वारा परम नैष्कर्म्य सिद्धि को प्राप्त होता है।

(50) ***सिद्धिम् प्राप्तः यथा ब्रह्म तथा आप्नोति निबोध मे ।***
समासेन एव कौन्तेय निष्ठा ज्ञानस्य या परा ॥

हे कुन्तीपुत्र, संक्षेप में मुझसे सुनो कि ऐसी सिद्धि को प्राप्त होकर वह ब्रह्म तथा तत्त्वज्ञान की परा-निष्ठा को कैसे प्राप्त होता है ।

(51) ***बुद्ध्या विशुद्धया युक्तः धृत्या आत्मानम् नियम्य च ।***
शब्दादीन् विषयान् त्यक्त्वा रागद्वेषौ व्युदस्य च ॥

विशुद्ध-बुद्धि युक्त, धैर्य से शरीर तथा इन्द्रियों को नियमाधीन कर, शब्दादि विषयों को अर्पण कर और राग-द्वेष को छोड़,

(52) ***विविक्तसेवी लघ्वाशी यतवाक्कायमानसः ।***
ध्यानयोगपरः नित्यम् वैराग्यम् समुपाश्रितः ॥

नामरूप से अपने को खींच, मिताहारी रह कर, शरीर, वाणी तथा मन को नियन्त्रण में रख, वैराग्यशील, निरन्तर ध्यान में मग्न रह,

(53) ***अहंकार बलम् दर्पम् कामम् क्रोधम् परिग्रहम् ।***
विमुच्य निर्ममः शान्तः ब्रह्मभूयाय कल्पते ॥

अहंकार, बल, घमण्ड, काम, क्रोध, तथा धन-सम्पत्ति त्याग कर, "मेरा है" की भावना से मुक्त, शान्त व्यक्ति ब्रह्म बन जाने के योग्य होता है ।

यह योग जिसमें सब स्तरों का तत्त्वान्तरण होता है विश्व-विजय का पथ है । शिष्य को शुद्ध-बुद्धि द्वारा अद्वय प्राण से संयुक्त रहना चाहिए । मन (***आत्मानम्***) के हानिकारक प्रवेग को दृढ़तापूर्वक रोकना चहिए ताकि वह अपने ही बल से गतिशील हो सके और राग-द्वेष की अन्धी शक्तियों के वश हो खींचा-धकेला ही न जाता रहे । इन्द्रिय विषयों को अब व्यक्तिगत सुखभोग का साधन न मान उन्हें अद्वय महाप्राण की सेवा में अर्पण[6] कर देना चाहिए । बड़े ध्यानपूर्वक नामरूप से अपने को खींच (***विविक्तसेवी***) और निरन्तर ऐसे आन्तरिक ध्यान में मग्न रह – जिसके लिए किसी विशेष समय, स्थान व आसन की आवश्यक्ता नहीं होती – श्लोक (51-53)

[6] ***त्यक्त***। अर्पण करने का अर्थ ही यहाँ मुख्य है ।

वह अपनी अह्म् ग्रंथि को काट डाले ताकि इस ग्रंथि से उत्पन्न कामुकता, वैमनस्य, हिंसा व लोभ की विकृत चेष्टाएँ रुक कर समाप्त हो जाएँ।

(54) ***ब्रह्मभूतः प्रसन्नात्मा न शोचति न कांक्षति ।***
समः सर्वेषु भूतेषु मद्भक्तिम् लभते पराम् ॥

ब्रह्म बना, प्रसन्नात्मा न तो किसी बात पर शोक करता है और न किसी बात की आकांक्षा रखता है। सर्वभूतों में समभाव वह मेरी परम भक्ति को प्राप्त होता है।

श्लोक (54) यह सब होने पर ही शिष्य सनातन ब्रह्मपद प्राप्ति के लिए परिपक्व होता है। साधारण पुरुष विश्व-पुरुष बन जाता है। उसके पैर अब कच्ची मिट्टी के नहीं रह जाते बल्कि दृढ़ता से पृथ्वी पर जमे होते हैं और उसका मस्तक होता है बादलों से ऊपर, निर्मल आकाश में। प्रव्यक्त जगत के सब स्तरों का वह स्वामी हो जाता है। अब उसे कुछ भी अस्वीकार करने की आवश्यकता नहीं रह जाती, क्योंकि अब जो कुछ भी है वह ***ब्रह्म*** ही तो है। यदि उसने प्रेम के पथ का अनुसरण किया है तो अपने अविक्षुब्ध सहज स्वभाव में स्थित वह अब उस परम भक्ति को प्राप्त होता है जिसमें किसी भी व्यक्तिगत लाभ, यहाँ तक कि मोक्षप्राप्ति के इतना चाहे जाने वाले लक्ष्य, की भी परवाह नहीं रहती परमानन्दमय ब्रह्मसत्ता में अपने को खो देने के महान आनन्द, यानी व्यक्तिगत मुक्ति, के उत्कृष्ट आनन्द की बिल्कुल परवाह न करता हुआ वह अब केवल पुरुषोत्तम श्रीकृष्ण की सेवा में ही रहना चाहता है – चाहे जिस क्षेत्र में भी उस की सेवा की आवश्यकता हो।

"जिन्हें तेरे चरणों की शरण मिल गई हो वे न स्वर्ग चाहते हैं न पृथ्वी का साम्राज्य, न ब्राह्मिक लोकों अथवा मनोकामना के मायावी राज्य का आधिपत्य, न यौगिक सिद्धियाँ और न ही पुनर्जन्म से मुक्ति"[7]।

(55) ***भक्त्या माम् अभिजानाति यावान् यः च अस्मि तत्त्वतः ।***
ततः माम् तत्त्वतः ज्ञात्वा विशते तदनन्तरम् ॥

[7] श्रीमद्भागवत 10, 16-37।

वह भक्ति द्वारा मुझे तत्त्वतः जानता है कि मैं क्या और कौन हूँ, फिर मुझे वास्तव में जान कर वह मुझमें प्रवेश कर जाता है ।

(56) ***सर्वकर्माणि अपि सदा कुर्वाणः मद्व्यपाश्रयः ।***
मत्प्रसादात् अवाप्नोति शाश्वतम् पदम् अव्ययम् ॥

मेरे परायण हुआ वह सब कर्म करता हुआ भी मेरी कृपा से शाश्वत अव्यय परमपद को प्राप्त होता है ।

इस महान प्रेम के द्वारा वह श्रीकृष्ण – पंद्रहवें अध्याय के पुरुषोत्तम – को तत्त्वतः जान जाता है । ऐसा ज्ञाता ही सच्चा अद्वैती होता है क्योंकि वह "इस" और "उस" के द्वैत को, निर्वाण और संसार के वैमनस्व को, नहीं मानता । एक से भाग कर दूसरे में जाने की उसे आवश्यकता नहीं रह जाती, क्योंकि सब अवस्थाओं में उसे सनातन कृष्ण ही दिखते हैं, और अपने उत्कृष्ट प्रेम द्वारा वह उनके अन्तर्तम हृदय को ऐसे देख लेता है जैसे अन्य कोई और नहीं देख सकता, और यों देख कर फिर वह उसी का वासी हो जाता है । श्लोक (55, 56)

इस प्रकार प्रेम के कारण अपनी मुक्ति को ठुकरा कर जहाँ वह स्थित होता है वहीं मुक्ति पा जाता है । अब वह सब कर्म स्वतन्त्रता से कर सकता है, और करता है । स्वतन्त्र होकर वह उसकी सेवा करता है जो चिर-स्वतन्त्र है । और अब वह निरन्तर श्रीकृष्ण के चरणों के दर्शन अपने हृदय में करता है । श्रीकृष्ण से प्रवाहित होती शांत आनन्दमय ज्योति रेखा, यानी उनकी कृपा[8], के कारण वह कहीं भी हो, कुछ भी करता हो, रहता वह सदैव परमधाम[9] में ही है ।

(57) ***चेतसा सर्वकर्माणि मयि संन्यस्य मत्परः ।***
बुद्धियोगम् उपाश्रित्य मच्चितः सततम् भव ॥

सब कर्मों को मन से मुझे अर्पण कर, मेरे परायण हो, बुद्धियोग का अवलम्बन कर निरन्तर अपना मन मुझ पर रखो ।

---

[8] ***प्रसाद*** शब्द के अर्थ "कृपा" और "शान्त स्पष्टता" दोनों ही हैं ।

[9] वैष्णवों के "मुक्तित्याग सिद्धान्त" और बोधिसत्त्व सिद्धान्त वाले बौद्धजनों के "अप्रतिष्ठित निर्वाण" का शिक्षण भी यही है ।

(58) *मच्चितः सर्वदुर्गाणि मत्प्रसादात् तरिष्यते ।*
अथ चेत् त्वम् अहंकारात् न श्रोष्यसि विनंक्ष्यसि ॥

अपना मन मुझ में लगाओगे तो, मेरी कृपा से, तुम्हारे सब संकट दूर हो जाएँगे, परन्तु यदि अहंकारवश मेरी बात नहीं सुनोगे तो नष्ट हो जाओगे ।

(59) *यत् अहंकारम् आश्रित्य न योत्स्ये इति मन्यसे ।*
मिथ्या एषः व्यवसायः ते प्रकृतिः त्वाम् नियोक्ष्यति ॥

यदि अहंकार का आश्रय लेकर तुम सोचोगे कि "मैं नहीं लड़ूँगा" तो तुम्हारा संकल्प बेकार होगा क्योंकि तुम्हारा स्वभाव तुम से युद्ध करवा देगा ।

श्लोक (58, 59) अब श्रीकृष्ण सामान्य विवरण छोड़ कर सीधे अपने शिष्य के हृदय को सम्बोधित करते हैं । वे वचन देते हैं कि यदि शिष्य सब स्वार्थी भय त्याग कर स्वयं उन अन्तर्यामी स्वामी की शरण में आ जाए तो उनकी विश्व को हिला देने वाली शक्ति उसे सब अवरोधों व संकटों के पार ले चलेगी । लेकिन साथ ही वे यह चेतावनी भी देते हैं कि अन्ततः इस पथ पर चलना, यानी पंक्तिबद्ध आसुरिक शक्तियों से युद्ध करना, अवश्यम्भावी है । भोग-विलास की अहंवादी कामना और कष्ट के भय उसे युद्ध में जूझ जाने से फ़िलहाल भले ही रोक लें परन्तु अन्त में विश्व-विकास का निष्ठुर दबाव उसे ज़बरदस्ती इस पथ पर अग्रसर करा ही देगा जिस पर चलने से वह अभी झिझक रहा है, और उस अहंभाव का जो अब तक उसे रोके हुए था इस तरह वध कर दिया जाएगा जैसे बलिपशु का खिलापिला कर मोटा करने के बाद वध कर दिया जाता है ।

(60) *स्वभावजेन कौन्तेय निबद्धः स्वेन कर्मणा ।*
कर्तुम् न इच्छसि यत् मोहात् करिष्यसि अवशः अपि तत् ॥

हे कौन्तेय, यदि मोहवश तुम कुछ न भी करना चाहो तो भी अपने पूर्व कर्मों के बन्धन के कारण तुम उसे करने के लिए विवश हो जाओगे ।

(61) *ईश्वरः सर्वभूतानाम् हृद्देशे अर्जुन तिष्ठति ।*
भ्रामयन् सर्वभूतानि यन्त्रारूढानि मायया ॥

हे अर्जुन, सर्वभूतों के हृदय में स्थित हो कर, ईश्वर उनको अपनी माया से ऐसे घुमाता रहता है जैसे वे किसी यन्त्र पर आरूढ़ हों ।

कारण यह है कि विश्व का संचालन करने वाली महान शासनशक्ति प्रत्येक प्राणी के हृदय में वास करती है । कुम्हार की चाक के समान इस संसार-चक्र पर घूमते कोई भी "आत्मा के सुनम्य तनाव" से बच नहीं सकता । मनुष्य चाहे कितना भी यह दावा करे कि वह एक स्वाधीन ***अहम्*** है जिसका केवल अपने में और अपने लिए ही अस्तित्त्व है, ***आत्मन्*** की शासक-शक्ति निरन्तर उसके अन्दर रहती है और उसे चैन से नहीं बैठने देती । मनुष्य तो जैसे अपनी सत्ता के केन्द्र से किसी रबड़ की डोर से बँधा होता है, जितना ही अधिक वह उसे खींचता है प्रतिक्रिया उतनी ही अधिक होती है । इसीलिए भौतिकवाद के आधिक्य के पश्चात उतनी ही अधिक धार्मिकता, अति-धार्मिकता, आती है और स्वेच्छाचार के युग के बाद अति-नैतिक निग्रह का युग आता है । श्लोक (61)

(62) ***तम् एव शरणम् गच्छ सर्वभावेन भारत ।***

तत्प्रसादात् पराम् शान्तिम् स्थानम् प्राप्स्यसि शाश्वतम् ॥

हे भारत, अपने सर्वस्व से "उस" ही की शरण में जाओ, उस ही की कृपा से तुम परम शान्ति तथा शाश्वत स्थान को प्राप्त होओगे ।

(63) ***इति ते ज्ञानम् आख्यातम् गुह्यात् गुह्यतरम् मया ।***

विमृश्य एतत् अशेषेण यथा इच्छसि तथा कुरु ॥

इस प्रकार यह गोपनीय से भी अति-गोपनीय ज्ञान मैंने तुम्हारे लिए कहा है, इस पर पूरी तरह विचार कर तुम जैसी इच्छा हो वैसा करो ।

आज नहीं तो कल, पथ पर सब ही को चलना होगा, परन्तु तब तक कोई ज़बरदस्ती नहीं है । दैवी इच्छाशक्ति की ही चिन्गारी, मानवीय इच्छाशक्ति, सर्वथा मुक्त होती है और कोई सच्चा गुरु शिष्य से जबरन, उसकी भलाई तक के लिए भी, कुछ नहीं करवाता । ज्ञान के गुप्त पथ का रहस्योद्घाटन करने पर वह केवल इतना ही कहता है : "***विमृश्य एतत् अशेषेण यथा इच्छसि तथा कुरु*** – *इस पर पूरी तरह विचार कर तुम जैसी इच्छा हो वैसा करो*" । पथ सबके लिए खुला है । श्लोक (63)

प्रत्येक को प्रवेश करने का अधिकार है, परन्तु कोई किसी को न तो विवश ही कर सकता है और न किसी की इच्छाशक्ति पर ज़रा-सा अतिक्रमण ही कर सकता है।

(64) ***सर्वगुह्यतमम् भूयः श्रृणु मे परमम् वचः।***
इष्टः असि मे दृढम् इति ततः वक्ष्यामि ते हितम्॥

सबसे गुह्यतम मेरे परम वचन को फिर से सुनो, तुम मेरे प्रिय इष्ट हो, इसलिए मैं तुम्हारे लिए यह हितकारी बात कहता हूँ।

श्लोक (62) जब मध्यम मार्ग सदा ही खुला हो और उस पर जो चाहे वह चल सकता हो तो युग-युगान्तर तक चलने वाली दुनियादारी की चक्की में क्यों पिसा जाय? भोग-विलास की कामना और प्रतिक्रियावादी तपश्चर्या, दोनों ही से बचते हुए शिष्य को अपना सर्वस्व (***सर्वभावेन***) हृदय में स्थित दैवी शक्ति को अर्पण कर देना चाहिए। यह कह कर कि अब वह परम गोपनीय रहस्य – परम शिक्षण – बता रहे हैं, श्रीकृष्ण उसी श्लोक को दोहराते हैं जिससे उन्होंने नवें अध्याय की इतिश्री की थी।

(65) ***मन्मनाः भव मद्भक्तः मद्याजी माम् नमस्कुरु।***
माम् एव एष्यसि सत्यम् ते प्रतिजाने प्रियः असि मे॥

अपने मन को मुझ में लगाओ, अपने हृदय का प्रेम मुझे दो, मुझे नमस्कार करो और मुझे ही अपना लक्ष्य मानो। तुम अवश्य मुझ को ही प्राप्त होओगे, क्योंकि तुम मुझे प्रिय हो, मैं तुम से सत्य प्रतिज्ञा करता हूँ।

श्लोक (65) "अपने मन को मुझ में लगाओ, अपने हृदय का प्रेम मुझे दो, अपने सब कर्म मेरी सेवा में अर्पण करो, अपने अहम् को मेरे सामने कुछ न समझो, निश्चय ही तुम मुझ को प्राप्त होओगे, यह मेरी सत्य प्रतिज्ञा है क्योंकि तुम मुझे प्रिय हो"।

(66) ***सर्वधर्मान् परित्यज्य माम् एकम् शरणम् व्रज।***
अहम् त्वा सर्वपापेभ्यः मोक्षयिष्यामि मा शुचः॥

सारे अवलम्बन[10] छोड़ कर बस मेरी शरण में आओ, डरो मत, मैं तुम्हें सब पापों से मुक्त कर दूँगा।

---

[10] ***धर्मान्***। धर्म शब्द के कई अर्थ होते हैं परन्तु मूलतः वह ***धृ*** धातु से बना है जिसका अर्थ अवलम्बन होता है।

श्लोक (66)

कौन है यह "मेरी" कहने वाला जिसकी शरण का ऐसा परम रहस्य बताया जा रहा है? यहाँ श्रीकृष्ण उस अन्तिम शिक्षण पर फिर आ गए हैं जिसका रहस्य उन्होंने पन्द्रहवें अध्याय में बताया था। यह है उस सर्वोच्च दैवी आत्मन्, ***पुरुषोत्तम***, का रहस्य जो सब द्वन्द्वों के पार स्थित, सब द्वन्दों का आधार होते हुए भी, उन सबसे निर्लिप्त होता है। यहाँ वे बहुत निश्चयात्मक रूप से कहते हैं कि यह शिक्षण [इसी अध्याय के] बासठवें श्लोक के उस रहस्य से भी गूढ़तर है जहाँ सबके हृदय में स्थित महान् दैवी शक्ति का उल्लेख था और जिसे श्रीकृष्ण ने वहाँ अन्य पुरुष से सम्बोधित किया था। परन्तु अब उसी के बारे में वे उत्तम पुरुष में बोल रहे हैं।

उनके इस परम अस्तित्त्व तक न तो दार्शनिक ज्ञान द्वारा पहुँचा जा सकता है, जो अव्यय ***ब्रह्म*** का अनुभव प्रदान करता है, और न ही उस यौगिक ध्यान द्वारा जो ऐसे चैतन्य का अनुभव कराता है जो दिव्य किन्तु अवैयक्तिक रूप से सबके हृदय में वास करता है। उस तक केवल वही शक्ति पहुँच सकती है जो इस अति-सीमित और उलझे ग्रतीत होने वाले मानवीय व्यक्तित्त्व में स्थित होती है।

एक अवैयक्तिक रूप से नियत प्रवाह में अन्तरिक्ष के तारामण्डल अपना भव्य भ्रमण करते रहते हैं; सागर की अवैयक्तिक तरंगें पूरी अगाधता के साथ उतरती बढ़ती रहती हैं; और सबको आच्छादित करने वाला आकाश भी परम शान्ति से निःशब्द बना रहता है। अपने वैयक्तिक आवेगों से त्रस्त, अपनी व्यक्तिगत उलझनों से परेशान, अपने व्यक्तिगत सम्बन्धों को सँभाल पाने की असर्थता के कारण किंकर्त्तव्यविमूढ़, हम अवैयक्तिकता के मुक्तिदायक वातावरण की शरण में भागते हैं और हमारे आहत हृदयों पर एक अद्भुत शान्ति उतर आती है। परन्तु जो आत्मिक वार्तालाप मानव, मानव के साथ करता है वह पर्वत, सागर या आकाश के साथ तो नहीं किया जा सकता ! अवैयक्तिकता की ओर बढ़ने का साहस हमें इसलिए अच्छा लगता है क्योंकि हम ऐसा अपनी व्यक्तिगत पृष्ठभूमि में करते हैं और निरन्तर व्यक्तिगत भावना के दृढ़ आधार पर स्थित रहते हैं। व्यक्तित्त्वहीन संसार फीका ही नहीं नितान्त फीका होगा। हमारी व्यक्तिगत जघन्यता के अन्तरतम में ही वह रहस्यमय मणि छिपा होता है जिसे अवैयक्तिक अस्तित्त्व वाले देवगण नहीं जानते और जिस कारण वे मनुष्य-योनि में जन्म लेने को तरसते रहते हैं। यह

मणि है मनुष्य का अन्तरतम निधान, श्रीकृष्ण का सबसे ऐश्वर्यशाली और प्रखर रूप, जिस तक केवल व्यक्तिगत आत्मसमर्पण और व्यक्तिगत प्रेम द्वारा ही पहुँचा जा सकता है।

यह कहना ग़लत है कि व्यक्तित्त्व तो भ्रममात्र होता है जिसे अवैयक्तिकता की अगाधता में विलीन कर देना चाहिए। आध्यात्मिक जगत में जितने भी महानतम पुरुष मिलते हैं उनमें व्यक्तित्त्व की आभा साधारण जनों से कहीं अधिक होती है। और यदि हम उनसे भी आगे दैवी अवतारों, श्रीकृष्ण, राम, बुद्ध, ईसा को लें तो देखेंगे कि उनकी वही व्यक्तिगत विशेषता एक असीम प्रखरता के स्तर पर निष्पन्न होती है। भगवान बुद्ध की प्रशान्त करुणामय दृष्टि, ईसा मसीह की ज्वलन्त प्रखरता और हँसते हुए श्रीकृष्ण की अपनेपने से भरी मुस्कराती निगाहें, ये सब अत्यन्त आत्मीय हैं और यही मनुष्यों के हृदय को ऐसी प्रबल शक्ति से आकर्षित करती हैं कि दुनिया-भर के "शिक्षण" उनके सामने कुछ नहीं होते।

दार्शनिकता या युक्तिवाद की दलीलें चाहे कुछ भी कहती रहें, यह अन्तरतम दैवी महत्ता आँखों से दिखने वाले नामरूप के हट जाने पर अवैयक्तिकता के समुद्र में लुप्त नहीं हो जाती। जैसा कि स्वयं गीता ने ही कहा है "***न अभावः विद्यते सतः*** *– सत् का कभी अभाव नहीं होता*"। गहराई जिस भाषा में गहराई का आह्वान करती है वह सब दार्शनिकता के परे होती है। जैसा कि रसायनिकों (alchemists) ने कहा है "हमारा सबसे मूल्यवान मणि कूड़े के ढेर में फेंक दिया गया है", और फेंकने वाले हैं अमूर्तिकरण के आग्रही दार्शनिक।

यही है अन्तिम रहस्य वह अकथनीय सार जो व्यक्तित्त्व में छिपा होता है और उसे गुरुत्व प्रदान करता है। यह एक ऐसा विचित्र और जादुई कुछ है जिसका कोई भी मानसिक विश्लेषण नहीं किया जा सकता और जो कोरे दार्शनिकों की दृष्टि से इस प्रकार लुप्त हो जाता है जैसे केनोपनिषद् में यक्ष इन्द्र की आँखों के सामने लुप्त हो गया था।

इसलिए, इन अट्ठारह अध्यायों में यथोचित भूमिका जैसी बाँधने के बाद अब श्रीकृष्ण गीता के रहस्य-चूड़ामणि, पूरे कथोपकथन के प्रदीप्त केन्द्र, को यथास्थान स्थापित करते हैं। अन्य सब कुछ छोड़ इन अन्तिम श्लोकों में वे अब केवल

अपने ही बारे में बोल रहे हैं – अपनी उस सर्वसमृद्ध परम गोपनीय सत्ता के बारे में जो केवल मानव-हृदय द्वारा ही जानी जा सकती है ।

और अपने सखा से वे व्यक्तित्त्व और वैयक्तिक भावनाओं के त्याग का नहीं बल्कि उनकी उलझनों को सुलझाने का परामर्श देते हैं, व्यक्तित्त्व का पुनर्स्थापन व पुनर्केन्द्रीकरण करने को कहते हैं, ताकि शिष्य वह अद्भुत प्रधान चमत्कार देख सके जिसकी हल्की सी ही झलक दिख जाने पर कोई भी उसे कभी भूल नहीं सकता – शून्य में खिला दीप्त कमल, जिसके हृदय में स्थित है संसार के सब रंगों से मनोरमतर श्याम ज्योति से जगमगाता अमूल्य मणि ।

"*अपने मन को मुझ में लगाओ, अपने हृदय का प्रेम मुझे दो*" । जो प्रेम के दीवानेपन में अपने को इस तरह अर्पण कर देता है उसे मिलता है प्रेम का मुक्त प्रतिवेदन, हाथ का सबल स्पर्श, समर्थ सहारा, जो पात्र-अपात्र की भावना से वैसे ही सर्वथा मुक्त होता है जैसे सर्वोच्च मानवीय प्रेम । "*तुम अवश्य मुझ को ही प्राप्त होओगे, क्योंकि तुम मुझे प्रिय हो, मैं तुम से सत्य प्रतिज्ञा करता हूँ*" ।

यही है "कृपा" का रहस्य । सर्वव्यापी दैवी करुणा के भी परे यह कृपा उन सबके लिए उपलब्ध होती है जो अपना हृदय उस के लिए खोले रहते हैं । नितान्त अननुनेय व अप्रत्याशित यह वह रहस्यमयी शक्ति है जो हृदयों के बीच बिजली की तरह कौंध जाती है – प्रेम की चरम अज्ञेय शक्ति।

इस सबके लिए जो एक बात परमावश्यक है वह है सब आलम्बनों (***धर्मान्***) का परित्याग करना । इन का आसरा हम अब तक अपने अहंभाव की महत्ता और सुरक्षा-भावनाओं को बल देने के प्रयत्न में लेते आए हैं । ये आलम्बन हैं वर्ण व आश्रम के, धन-सम्पत्ति, मान-मर्यादा, विद्या व सुकृत्यों के आसरे जिनके बल पर हम दावा करते हैं – "मैं, मैं हूँ, दुनिया का कोई ऐसा-वैसा आदमी नहीं" । इन सब असार आसरों को छोड़ हमें अपने को उसमें स्थित करना होगा जो समस्त विश्वों का आधार है । अपने अहम् के बन्धनों से मुक्त हो जब जीव अपने हाथ मुक्त-हृदय से चिरमुक्त कृष्ण के हाथ में सौंप देता है तो उसे प्रेम का यह मुक्त उपहार मिलता है – "*डरो मत, मैं तुम्हें सब पापों से मुक्त कर दूँगा*" ।

जो अपने पुण्यों, सत्कर्मों, यौगिक दक्षता अथवा अन्तर्दृष्टि के बूते पर ही खड़ा होने की चेष्टा करता है उसे इन सबकी अग्नि-परीक्षा देनी पड़ती है, और यदि वह उसमें सफल न हुआ तो फिर उसके बन्धन बने ही रहते हैं। परन्तु जो अपने हृदय की गहराइयों में श्रीकृष्ण के प्रेम व मित्रता पर अवलम्बित रहता है वह एक ऐसे आधार पर स्थित होता है जिसका अस्तित्त्व विश्व की उत्पत्ति से पहले भी था और इसलिए वह विश्व-कर्म श्रृंखला में बँधा नहीं रहता। वह "एकाकी की कैवल्य की ओर उड़ान" नहीं भरता बल्कि चिरमुक्त के लिए जीवित-मुक्त हो जाता है और इस प्रकार वह सदैव उस सेवा में लगा रहता है जिसकी माँग प्रेम, प्रेम से और मित्र, मित्र से करता है।

युद्ध तो उसे अब भी स्वयं ही करना होगा क्योंकि कृष्ण तो निःशस्त्र सारथी ही हैं। परन्तु भगवद्शरण गए जीवात्मा की नस-नस में श्रीकृष्ण की असीम शक्ति प्रवाहित होगी, प्रत्येक किंकर्त्तव्यविमूढ़ता में उनकी अचूक सलाह ठीक रास्ता दिखाएगी और उस परम आपदा के समय, जब कर्ण अपने सधे निशाने से अमोघास्त्र उस पर फेंकेगा तब, वह रथ को नीचे दबा कर ठोस पृथ्वी के अन्दर धँसा देंगे ताकि वह भीषण अस्त्र विफल होकर सिर के ऊपर से निकल जाय। जब वे सारथी हों तो विजय निश्चित है। यही होता है कृष्ण की शरण में जाना, और जब यह पूरी तरह हो जाय तब शिष्य को अन्य सब कर्तव्यों से मुक्ति मिल जाती है। अब प्रत्येक स्तर पर उसका जीवन श्रीकृष्ण की सेवा में अर्पित होता है और केवल उन्हीं का हो जाता है। इसलिए, उसे न तो अपने सांसारिक और न ही असांसारिक कर्तव्यों के बारे में सोचने की आवश्यकता रहती है और न ही अपनी विभिन्न उपाधियों को अपने आधिपत्य में लाने की। जैसे-जैसे वह आगे बढ़ता है वैसे-वैसे उसके परमप्रिय कृष्ण और भी अधिक उसके जीवन का मर्म और केन्द्र बनते चले जाते हैं और एक ऐसी अवस्था आ पहुँचती है जब प्रत्येक विचार या कर्म बस उनके प्रति ही होता है[11]। एक पृथक व्यक्तिगत जीवन की जगह अब शिष्य के अस्तित्त्व में सर्वभूतों का अद्वय दैवी प्राण यानी "वह ज्योति

---

[11] जब ठीक से समझ में आ जाए तो जो कुछ भी यहाँ श्रीकृष्ण [व भक्त] के लिए कहा गया है वह मानवीय गुरु [व शिष्य] के लिए भी सही है।

जो संसार में आए प्रत्येक मनुष्य को प्रकाशमान करती है" प्रवाहित होता है । अपने हृदय में उस से युक्त हो जो स्वयं अद्वय प्राण का हृदय है, उसके सब पाप ऐसे ग़ायब हो जाते हैं जैसे वे कभी थे ही नहीं । अहम् के न रहने पर कोई पाप भी नहीं रह जाते । अब तो केवल मुक्त दैवी प्राण ही उस माध्यम के द्वारा कर्म करता है जिसे अज्ञानवश लोग "अमुक" व्यक्ति कहते हैं ।

(67) *इदम् ते न अतपस्काय न अभक्ताय कदाचन ।*
न च अशुश्रूषवे वाच्यम् न च माम् यः अभ्यसूयति ॥

जिसने तप न किया हो, जो भक्त न हो, जिसने सेवा न की हो और जो मेरी निन्दा करता हो, ऐसे व्यक्ति को कभी यह बात न बताना ।

(68) *यः इमम् परमम् गुह्यम् मद्भक्तेषु अभिधास्यति ।*
भक्तिम् मयि पराम् कृत्वा माम् एव एष्यसि असंशय ॥

परन्तु, जो मेरे प्रति परम भक्ति से इस परम गुह्यज्ञान को मेरे भक्तों को सिखाएगा वह निसंदेह मुझ को ही प्राप्त होगा ।

(69) *न च तस्मात् मनुष्येषु कश्चित् मे प्रियकृत्तमः ।*
भविता न च मे तस्मात् अन्यः प्रियतरः भुवि ॥

ऐसे व्यक्ति से अधिक मेरे लिए प्रियकृत्य करने वाला मनुष्यों में कोई नहीं है और न ही मेरे लिए संसार में उस से अधिक प्रिय कोई होगा ।

इस रहस्य को किसी भी उच्छृंखल, प्रेम विहीन, सेवाभाव विहीन (***अशुश्रूषवे***) श्लोक (67)
तथा गुरु-निन्दक व्यक्ति को न बताने की चेतावनी भी गीता में दी गई है । यह निषेध किसी ऐसी भावना, कि "हम अलग हैं", के कारण नहीं बल्कि इस उद्देश्य से है कि किसी का अहित न होने पाए । निश्चय ही उपर्युक्त प्रकार के व्यक्ति इस रहस्य का मर्म तो समझेंगे नहीं, और जैसे श्लोक 66 में दिए गए हैं वैसे दैवी वचनों के बाहरी अर्थों को ही पकड़ लेंगे, और इस तरह अपने को और दूसरों[12] को हानि पहुँचाएँगे ।

[12] गीता का प्रमाण दे कर आतंकवादियों द्वारा किए गए बम विस्फोटों व कुछ लोगों की धार्मिक भावुकता का समर्थन करना ऐसे निषेध की अवज्ञा के फल हैं ।

श्लोक (69) श्लोक 68 और 69 में यह बात पूरी तरह साफ़ हो जाती है, क्योंकि इनमें उन लोगों की प्रशंसा है जो इस गुप्त विद्या का दान सुपात्रों को देते हैं। ये लोग ही वे हैं जो अपना मोक्ष त्याग करते हैं और जिनकी ओर इस अध्याय का शीर्षक इंगित करता है – वे जो पराभक्ति (श्लोक 54 से तुलना कीजिए) के कारण अपने आनन्द को तब तक के लिए छोड़ देते हैं जब तक प्रत्येक जीवधारी उस में उन का सहभागी न हो सके। इस महान त्याग के कारण ही कृष्ण कहते हैं कि इसको करने वालों से अधिक प्यारा न उन्हें कोई है, न होगा। यही हैं वे "***शान्तः महान्तः***"[13] जिनका उल्लेख शंकराचार्य ने किया है – जो स्वयं भवसागर पार कर लेने के पश्चात निःस्वार्थ भाव से दूसरों को पार करवाने में रत रहते हैं।

(70) ***अध्येष्यते च यः इमम् धर्म्यम् संवादम् आवयोः ।***
ज्ञानयज्ञेन तेन अहम् इष्टः स्याम् इति मे मतिः ॥

जो हमारे इस पवित्र सम्वाद का अध्ययन करेगा वह ज्ञान यज्ञ द्वारा मेरी पूजा करेगा, यह मेरा मत है।

(71) ***श्रद्धावान् अनसूयः च श्रृणुयात् अपि यः नरः ।***
सः अपि मुक्तः शुभान् लोकान् प्राप्नुयात् पुण्यकर्मणाम् ॥

जो श्रद्धापूर्वक व मन में इसकी निन्दा लाए बिना इसे सुन लेगा वह भी मुक्त हो कर पुण्यकर्मियों के शुभ लोकों को प्राप्त होगा।

(72) ***कच्चित् एतत् श्रुतम् पार्थ त्वया एकाग्रेण चेतसा ।***
कच्चित् अज्ञानसम्मोहः प्रनष्टः ते धनञ्जय ॥

हे पार्थ, क्या तुमने यह सब एकाग्र चित्त से सुना है? हे धनञ्जय, क्या अज्ञान का मोह नष्ट हो गया है?

---

[13] अर्थात्, वे जो अपने आप को समस्त प्रव्यक्ति के पार ***शान्त आत्मन्*** जान लेने पर भी ***महत् आत्मन्***, यानी विश्व परिकल्पना या दैवी ज्ञान के स्तर पर बने रहते हैं। (*विवेक चूडामणि* 39)

अर्जुनः उवाच

(73) *नष्टः मोहः स्मृतिः लब्धा त्वत्प्रसादात् मया अच्युत ।*

स्थितः अस्मि गतसंदेहः करिष्ये वचनम् तव ॥

अर्जुन ने कहा : मेरा मोह नष्ट हो चुका है, पुनः स्मृतिलाभ हो गया है । हे अच्युत ! आपकी कृपा से मेरे सब संशय दूर हो गए हैं । अब आप जो कहेंगे वही मैं करूँगा ।

और कुछ कहने के लिए कम ही बचा है[14] । पथ, लक्ष्य और महायज्ञ, सब बता दिए गए हैं और समझ में आ चुके हैं । जीवात्मा उन्हें समझ लेने के कारण विजयोल्लास से घोषणा करता है : "*मेरा मोह नष्ट हो चुका है, पुनः स्मृतिलाभ हो गया है । हे अच्युत ! आपकी कृपा से मेरे सब संशय दूर हो गए हैं । अब आप जो कहेंगे वही में करूँगा*" । एक बार पहले भी[15], अर्जुन ने एलान किया था कि उसका मोह समाप्त हो चुका है । परन्तु अब आगे के क़दम भी लिए जा चुके हैं । अब अर्जुन सत्य में स्थित हो गया है और उसे उस नित्य अद्वय की स्मृति पुनः प्राप्त हो गई है जिससे वह आया था और जहाँ वह अब वापस जा रहा है । अब उसे समस्त ज्ञान उपलब्ध है और, शाश्वत अचल आनन्द या अपने दुःखी बन्धुओं की अथक सेवा, इन दो रास्तों में से वह दूसरा वाला चुनता है तथा गद्गद कण्ठ से अच्युत सनातन पुरुष से कहता है कि अब वह उन्हीं की आज्ञा का पालन करेगा व अन्त तक उनकी ही सेवा करता रहेगा । श्लोक (73)

सञ्जयः उवाच

(74) *इति अहम् वासुदेवस्य पार्थस्य च महात्मनः ।*

संवादम् इमम् अश्रौषम् अद्भुतम् रोमहर्षणम् ॥

सञ्जय ने कहा : तो यह सुना है मैंने वासुदेव और महात्मा अर्जुन का अद्भुत, रोमहर्षक संवाद !

---

[14] श्रद्धापूर्वक सुनने भर के ही फल के बारे में श्लोक 71 में जो कुछ कहा गया है उसे पिछले अध्याय में श्रद्धा के बारे में दिए गए विवरण से सन्दर्भ में समझना चाहिए ।

[15] अध्याय 11, श्लोक 1 ।

(75) *व्यासप्रसादात् श्रुतवान् एतत गुह्यम् अहम् परम् ।*
योगम् योगेश्वरात् कृष्णात् साक्षात् कथयतः स्वयम् ॥

महर्षि व्यास की कृपा से मैने यह गोपनीय तथा परम योग साक्षात स्वयं योगेश्वर कृष्ण से सुना है ।

(76) *राजन् संस्मृत्य संस्मृत्य संवादम् इमम् अद्भुतम् ।*
केशवार्जुनयोः पुण्यम् हृष्यामि च मुहर्मुहुः ॥

हे राजन्, जैसे-जैसे मैं यह अद्भुत व पुण्य केशवार्जुन संवाद स्मरण करता हूँ वैसे ही बार-बार हर्षित होता हूँ ।

(77) *तत् च संस्मृत्य संस्मृत्य रूपम् अति अद्भुतम् हरेः ।*
विस्मयः मे महान् राजन् हृष्यामि च पुनः पुनः ॥

और, हे राजन्, जब-जब मैं हरि का वह अति अद्भुत रूप स्मरण करता हूँ तो बड़े विस्मय में पड़ जाता हूँ तथा पुनः पुनः हर्षित होता हूँ ।

(78) *यत्र योगेश्वरः कृष्णः यत्र पार्थः धनुर्धरः ।*
तत्रः श्रीः विजयः भूतिः ध्रुवा नीतिः मतिः मम ॥

मेरा मत है कि जहाँ योगेश्वर कृष्ण हैं, जहाँ धनुर्धर अर्जुन है, वहाँ श्री, विजय, विभूति व ध्रुवनीति होते हैं ।

श्लोक (76-78) इस प्रकार जीवात्मा व उसके सनातन उद्गमस्त्रोत का सम्वाद समाप्त होता है । बोधि-प्राप्ति तो जीवात्मा को हुई है परन्तु ज्ञान का प्रकाश सामान्य जाग्रत व्यक्तित्त्व तक उस सञ्जय की मध्यस्थता से ही आ पाया है जिसने इन दो के बीच कड़ी का काम किया है । इस अद्भुत दैवी बोध को बार-बार समरण कर (***संस्मृत्य संस्मृत्य***) उसका हृदय हर्ष से पुलकित हो उठता है और वह इस अमर सत्य की घोषणा करता है कि जब जीवात्मा परमात्मा से युक्त हो जाय तो विजय, कल्याण व सद्वृत्ति सदा के लिए निश्चित हैं ।

परिशिष्ट – क

चैतन्य तथा नामरूप पर टिप्पणी

चैतन्य (चेतना) तथा नामरूप (consciousness और form), ये दो पद इस पुस्तक में आद्योपान्त आते हैं और यह समझना बहुत आवश्यक है कि वे किस अर्थ में प्रयोग किए गए हैं।

किसी अनुभव का – दृष्टान्त के लिए मान लीजिए कि एक नीले बिम्ब के दृष्टिगोचर होने का – विश्लेषण किया जाए तो उसके दो पहलू देखे जा सकते हैं। एक तो दृश्य यानी वह वस्तु जो देखी जा रही है, इस दृष्टान्त में नीला बिम्ब, और दूसरा उस वस्तु की "अभिज्ञता" (awareness)। मैंने इसी वस्तु-विषय को ***नामरूप*** और उसकी अभिज्ञता को ***चैतन्य*** कहा है[1]।

यह ध्यान देने योग्य बात है कि नामरूप का अर्थ यहाँ बिम्ब की बाहरी रूपरेखा से नहीं बल्कि उससे है जो उसके अन्दर भरा है, जो उसका वस्तु-विषय है। अनुभव के अन्य ऐन्द्रिक या अनैन्द्रिक तत्त्वों के संदर्भ में भी इस पद को इसी प्रकार समझना चाहिए। उदाहरणार्थ, ध्वनि, स्वाद, स्पर्श-ज्ञान या विचार का भी नामरूपहोता है और उसे वैसे ही समझना चाहिए जैसे नीले बिम्ब के दृष्टिगत अनुभव में *नामरूप* पद को समझा गया है।

नामरूपों में तो वर्गगत व व्यक्तिगत दोनों तरह की विशिष्टताजन्य भिन्नता पाई जाती है, लेकिन चैतन्य, इसके विपरीत, पूरी तरह एक सा होता है।

Consciousness शब्द के प्रयोग करने में अनेक त्रुटियाँ हैं, एक तो यह कि इसका इस्तेमाल आधे दर्जन विभिन्न तात्पर्यों से दार्शनिकों और मनोवैज्ञानिकों ने किया है और दूसरा यह कि इस संज्ञा से कोई क्रिया नहीं बन पाती। आप यह तो कह सकते हैं कि "to be conscious of [something]" परन्तु यह नहीं कि "to conscious [something]"। एक अन्य शब्द है "awareness" और

---

[1]नामरूप और चेतना को ***अधिभूत*** और ***अधिदैव*** या ***अधियज्ञ*** भी कहा जाता है। (अनुवादक)

इससे उत्पन्न हुआ एक नक़ली शब्द "awaring" जिसका इस्तेमाल कभी-कभी मैंने भी किया है, परन्तु यह है भोंडा सा और अधिक प्रचलित नहीं है। सबसे अच्छा शब्द ई. डी. फ़ॉसेट (E. D. Fawcett) द्वारा अपनी *दि वर्ल्ड ऑफ़ इमैजिनेशन* (*The World of Imagination*), *ज़रमॅट डायलॉग* (*Zermatt Dialogue*) इत्यादि में रचा गया *consciring* अर्थात "साथ-साथ जानना" ("knowing together") है। इस शब्द का सह-सम्बन्धी पद है *conscitum* (बहुवचन *conscita*) जो *consciring* का वस्तु विषय है। खेद है कि यह पद अभी तक बहुत प्रचलित नहीं हुआ है और फिर फ़ॉसेट के लेखनों से परिचय पाने से पहले मैं इस पुस्तक को काफ़ी लिख चुका था।

अन्तर्निरीक्षरात्मक मनन द्वारा साफ़ हो जाएगा कि सब नामरूपों की स्थिति चैतन्य में ही होती है और चैतन्य के अतिरिक्त हम नामरूपों के बारे में न तो कुछ जानते हैं और न जान सकते हैं [2]।

वास्तव में नामरूपों की चैतन्य से पृथक अस्तित्त्व की बात करना ही अर्थहीन है। जिन चीज़ों को लोग नामरूप का आधार मानते हैं वे अनुभव को व्यवहार में लाने के लिए मानसिक ख़ाके मात्र होते हैं। इन तथाकथित वस्तुओं को न तो कोई जानता है और न कभी जान ही सकता है[3]। उनके अस्तित्त्व में विश्वास करना नितान्त अनावश्यक श्रद्धा की निशानी है।

नामरूप को इन्द्रियबोध यानी मस्तिष्क में कहीं स्थित वास्तविकता के कैमरा चित्रों के समान भी नहीं समझना चाहिए। स्वयं मस्तिष्क भी वैसी ही वस्तुओं में

---

[2] इसे व्यक्तिनिष्ठ आदर्शवाद (subjective idealism) के दृष्टिकोण से नहीं गड़बड़ाना चाहिए। जिस चेतना के बारे में कहा जा रहा है वह "आपकी" या "मेरी" नहीं होती। वास्तव में "आपका" और "मेरा" अस्तित्त्व तो उस चेतना में नामरूपों की श्रृंखलाओं के अभिसरण बिन्दु मात्र हैं। यह चेतना या चैतन्य न विभिष्ट है न मानवीय, बस एक परिव्याप्त ज्योति है।

[3] इस बात को सिद्ध करने के लिए ही जर्मन दार्शनिक इमैनुअल कान्त (Immanuel Kant, 1724-1804) जगत-विख्यात है। परन्तु ध्यान रहे कि कान्त से बहुत पहले, ईसापूर्व पाँचवीं शताब्दी में, यूनानी दार्शनिक पार्मेनाइडिस (Parmenides) और उससे भी पहले भारत में उपनिषद् ऐसा कह चुके हैं। (अनुवादक)

से है जिनको ऊपर मानसिक ख़ाका कहा गया है। ऐसी कल्पना-कृतियाँ कितने ही प्रकार के विचारों व अध्ययनों में लाभदायक होती हैं, परन्तु यहाँ ये बिल्कुल बेमतलब हैं।

अनुभव का मुख्य आधार, आँख, कान या मस्तिष्क में इन्द्रियबोध नहीं अपितु आकाश (अन्तरिक्ष = space) में स्थित दृष्टिगोचर होने वाले अन्य नामरूप होते हैं। अन्य सब बातें तो तार्किक व काल्पनिक ही होती हैं। भौतिकवादी (materialist) विज्ञान पहले तो नामरूप से चैतन्य को अलग करता है, ताकि नामरूपों को निरपेक्ष व अवैयक्तिक ढंग से देखा-बरता जा सके, और फिर जब विश्लेषण द्वारा उन नामरूपों में किसी सजीव व चेतनाशील तत्त्व को नहीं पाता तो छाती ठोक कर कहता है कि सब कुछ यन्त्रवत् है और ऐसा कुछ भी नहीं जो आध्यात्मिक हो। आचरणवादी मनोविज्ञान (behaviourist psychology) भी मानसिक जीवन में ऐसी कार्यवाही का एक उदाहरण है। यदि आप अनुभव से चैतन्य को अलग करके ही चलेंगे तो यह आशा रखना बिल्कुल वाहियात है कि विश्लेषण के अन्त में चेतना बची रह जाएगी। इस कारण किसी को इस बात से निराश नहीं होना चाहिए कि आजकल का विज्ञान "आत्मा" के बारे में कुछ नहीं जानता। यह तो वही पुरानी कहावत है जिसमें बूढ़ा अपनी नाक पर चढ़े चश्मे को सारी दुनिया में ढूँढता फिरता है।

इस विषय में पूरी तरह प्रवेश करने के लिए एक परिशिष्ट नहीं, पूरा ग्रंथ चाहिए। मैं तो यहाँ सिर्फ़ यह बताना चाहता हूँ कि मैंने चेतना या चैतन्य (consciousness) शब्द का प्रयोग इस पुस्तक में कैसे किया है। इसमें लेशमात्र भी सन्देह नहीं कि, भौतिक या मानसिक, किसी भी चीज़ का, सिवाय इसके कि वह चेतना का वस्तु-विषय हो, अन्य कोई भी अस्तित्त्व नहीं होता। इसीलिए हम उप-चेतन (sub-concious) या अति-चेतन (super-conscious) मन के बारे में तो बात कर सकते हैं, और उसका मतलब यह लगा सकते हैं कि साधारणतया जिस स्तर पर मन अभिसारित होता है ये उससे नीचे या ऊँचे स्तर की प्रक्रियाएँ हैं जिन पर सामान्य चेतना ध्यान नहीं देती, परन्तु हम किसी अचेतन

मन (unconscious mind) की बात नहीं कर सकते क्योंकि इसके कुछ मायने ही नहीँ हैं।

बस अब इतना ही और कहने को है कि वह संस्कृत शब्द जिसको यहाँ चेतना या चैतन्य कहा गया है ***चित्*** है जो मन का अर्थ रखने वाले ***चित्त*** से भिन्न है – बौद्धजन ***विज्ञान*** (पाली ***विन्यान***) शब्द का प्रयोग करते हैं। उनके लिए यह चेतना जो आँख से दिखने वाली चीज़ों को प्रकाशित करती है ***चक्षुविज्ञान,*** व जो विचारों को प्रकाशित करती है ***मनोविज्ञान,*** कहलाती है, और इसी प्रकार अन्य भी। इन्द्रियों और मन के विज्ञान के पार (कम से कम महायान पद्धति में) ***आलय-विज्ञान*** है जिसके समरूप इस पुस्तक में ***महत्-आत्मन्*** है। महायानी लोग ***चित्त*** शब्द का उपयोग चेतना व मन दोनों ही के लिए करते हैं। उदाहरण के लिए, वे कभी ***चित्त-मात्र*** और कभी ***विज्ञान-मात्र*** का प्रयोग करते हैं और दोनों पदों से उनका अभिप्राय शुद्ध चेतना से होता है।

परिशिष्ट – ख

जीव तथा जड़ पर टिप्पणी

इस पुस्तक में प्रयुक्त शब्द जीव (soul) शरीर के भीतर किसी विशिष्ट सत्ता को नहीं बल्कि उन परस्पर सम्बन्धित अनुभव-श्रृंखलाओं के आन्तरिक केन्द्र को निर्दिष्ट करता है जिनसे व्यक्तित्त्व बनता है। यह केन्द्र किसी व्यक्ति-विशेष के चैतन्य में नहीं वरन् सर्वव्यापी ज्योति के सागर में एक अभिसरण बिन्दु (focal point) होता है। अतः इसके अलग "अस्तित्त्व" की बात करना वैसे ही निरर्थक है जैसे किसी लॅन्स द्वारा अभिसारित की गई प्रकाश किरणों के पुञ्ज के अलग अस्तित्त्व की बात करना। यह अभिसरण बिन्दु मुख्यतः ***उच्च*** या ***शुद्ध मनस्*** के स्तर पर होता है, परन्तु इसका एक बहिर्वेशन कामना (वासना) मनस् या अशुद्ध या निचले व्यक्तित्त्व के रूप में क्रियाशील रहता है। यह निचला, या बहिर्वेशित, केन्द्र ही अनुभाविक व्यक्तित्त्व का बीजकोश होता है। यह केन्द्र स्वतन्त्र रूप से विद्यमान नहीं होता। इसका अस्तित्त्व उस बिन्दु के रूप में होता है जिसके सुपुर्द हमारे अनुभव किए जाते हैं। यही कारण है कि शिशुओं को अपनेपन का ज्ञान नहीं होता, और इसी कारण जब कुछ व्याधिकीय अवस्थाओं में अनुभव किए हुए विषय एक के बजाय दो बिन्दुओं पर संगठित हो जाते हैं तो एक ही शरीर में दो अहंभाव (selves) पाए जाते हैं, यानी विभक्त-मनस्कता (dissociation of personality) हो जाती है।

जहाँ तक ***उच्चतर स्वरूप*** यानी ***सच्चे अहंभाव*** का सवाल है, उसका भी "अपने आप में कुछ अस्तित्त्व" नहीं होता। फिर भी वह एक ऐसा अभिसरण बिन्दु होता है जो युगों तक क़ायम रहता है। स्वयं अजन्मा होते हुए भी वह उस बहिर्वेशन को उत्पन्न करता है जो किसी जन्म-विशेष के अहम् को बनाता है। बहिर्मुखी होने पर बार-बार के बहिर्वेशनों से अर्जित अनुभव ही इसकी अन्तर्वस्तु होते हैं; और अन्तर्मुखी होने पर अन्तर्वस्तु होता है सर्वव्यापी ज्ञान।

इससे भी उच्चतर दृष्टि से, सच्चा स्वरूप या जीव ***महत् आत्मन्*** होता है – सर्वव्यापी अद्वय प्राण जो भिन्न-भिन्न अभिसरण बिन्दुओं द्वारा देखता तो है परन्तु होता स्वयं उन सबके पार है। सर्वोच्च दृष्टि से यही सर्वातीत स्वरूप या ***शान्त आत्मन्*** होता है। इसके भी पार होता है ***परब्रह्म*** जिसमें नितान्त नैरात्म्य होता है।

पाठक देखेंगे कि जीव (Soul) और स्वरूप (Self) को पर्यायवाची शब्दों के रूप में इस्तेमाल किया गया है। जहाँ "जीव" शब्द का उपयोग किया गया है वहाँ संदर्भ में अधिक सजीव भावात्मकता की आवश्यकता थी जो "स्वरूप" (Self) जैसे दार्शनिक पद में नहीं मिलती। विशेष तौर पर जीव (Soul) शब्द का तात्पर्य उससे है जिसे बुद्धि के भावना-ज्ञान द्वारा समर्थित ***सच्चा अहंभाव*** (true Ego) कहा जा सकता है।

संस्कृत शब्द ***आत्मन्*** – जिसका अंग्रेज़ी अनुवाद self है – भी इसी प्रकार उस स्तर के अनुरूप इस्तेमाल किया गया है जिसके साथ संदर्भ में ज्योति का तादात्म्य है। इस शब्द का तात्पर्य कभी शरीर से है, परन्तु उससे अधिक मन से (उदाहरणार्थ गीता 6, 5), कभी ***बुद्धि*** से (उदाहरणार्थ कठोपनिषद् में ***ज्ञानात्मन्***), कभी अद्वय-प्राण यानी सार्वभौमिक परिकल्पन (***महत् आत्मन्***), कभी सर्वातीत आत्मन् (***शान्त आत्मन्***) और कभी-कभी प्रतीकात्मक रूप से ***परब्रह्म*** (परमात्मन्, उदाहरणार्थ गीता 15, 18)। इस अन्तिम रूप में इस शब्द का अर्थ "उस" (***तत्***) से लगाना चाहिए जो वह वास्तविकता है जो समस्त अहंभाव का आधार होती है।

पूरी पुस्तक में अनुभाविक या ***वैयक्तिक अहम्*** (empirical or personal self) को self कहा गया है और ***सच्चे अहंभाव*** या ***उच्चतर अहम्*** (true Ego or higher Self) को Self कहा गया है। अनुवाद में self को ***क्षुद्र अहम्*** और Self को ***सच्चा स्वरूप*** या ***उच्चतर अहम्*** भी क्हा गया है ।

अधिभूत या जड़-पदार्थ (matter) के बारे में यह बता देना आवश्यक है कि यह कोई "चीज़" नहीं होती जो अपने ही बल-बूते पर खड़ी रह सके। पुस्तक में यह दिखाया गया है कि यह मानने के लिए कोई दलील नहीं दी जा सकती कि

ऐसी कोई चीज़ें होती भी हैं। Matter तो बस एक मानसिक ख़ाका मात्र होता है जो स्वयं भौतिक शास्त्र की नाक के नीचे प्रगति के प्रत्येक नए चरण के साथ हवा होता जा रहा है। ऐन्द्रिक-ज्ञान न्यास (sense-data) के पीछे या पार यदि कुछ है तो वह ***ब्रह्म*** के अतिरिक्त कुछ भी नहीं है। उन्नीसवीं शताब्दी के बिलियर्ड की गेंदों जैसे परमाणु, आरम्भिक बीसवीं शताब्दी के लघुरूप सौरमण्डल तथा आज की "सम्भाव्यता की तरंगें" (waves of probability) सबकी सब शुद्ध मानसिक रचनाएँ हैं। इनकी अपनी वास्तविकता गणितशास्त्र में उपयोग किए जाने वाले "ऋणात्मक एक के वर्गमूल" जैसी धारणाओं से अधिक नहीं है।

इस पुस्तक में जड़, पदार्थ या अधिभूत (matter) शब्दों का उपयोग अनात्मिकता (objectivity) के अर्थ में किया गया है – यानी, जिस पर चैतन्य की ज्योति पड़ती है वह अन्तर्वस्तु, इस अन्तर्वस्तु में आत्मप्रक्षेपण, और ऐसा होने पर आत्महानि, पृथकता और अनेकता का अनुभव। जीव का जड़ में उतरने का अर्थ होता है ज्योति का अन्तर्वस्तु में प्रवेश, उससे तादात्म्य स्थापित करना और फलस्वरूप अन्तर्वस्तु का अधिकाधिक स्पष्ट तथा अनात्मिक होते जाना। इस बात को हमेशा ध्यान में रखना चाहिए।

परिशिष्ट – ग

चेतना की चार अवस्थाओं पर टिप्पणी

दार्शनिक व प्रतीकात्मक हिन्दू लेखनों में आद्योपान्त चेतना की तीन अवस्थाओं – *जाग्रत, स्वप्न, सुषुप्ति* – का उल्लेख आता है, और इनके पार आती है वह जिसे *तुरीय* या चौथी कहा जाता है। इस परियोजन का अंग्रेज़ी अनुवाद waking, dreaming व deep-sleep में किया जाता है और इसलिए बहुत से लोग इसे मनोवैज्ञानिक दशाओं के एक भोले-भाले से वर्गीकरण की चेष्टा समझ लेते हैं। बहरहाल, अधिक पैनी दृष्टि रखने वालों के लिए यह अनेक तालों को खोलने की कुञ्जी है। *स्वप्न* और *सुषुप्ति* को साधारण सपना देखना व गाढ़ी नींद में सोना नहीं समझना चाहिए। इसके विपरीत ये पद तो उन प्रधान वर्गों के नाम हैं जिनकी उपजातियाँ साधारण सपना और नींद होती हैं। *जाग्रत* अवस्था साधारण चेतना की अवस्था है जिसमें चैतन्य बाहरी इन्द्रिय-न्यास के क्षेत्र को प्रकाशित करता है। यह बाहरी अनात्मिकता का लोक होता है, या इससे भी सही शब्द प्रयोग किए जायँ तो यह वह लोक होता है जिसमें दृष्टा (subject) और दृश्य (object) में भेद स्पष्टतः अभिव्यक्त होता है। इस अवस्था में हमें "दुनिया" अपने से बिल्कुल बाहर और अपने से स्वतन्त्र प्रतीत हाती है। इसीलिए, *दि वॉयस ऑफ़ सायलेन्स* में इसे "अविद्या का महाकक्ष" (Hall of Ignorance) कहा गया है।

दूसरी अवस्था, *स्वप्न* (अंग्रेज़ी में अक्षरशः dreaming), एक आन्तरिक लोक के रूप में महसूस होती है। इसका वस्तुविषय आन्तरिक इन्द्रियबोध तथा विचारों का बना होता है और (*उच्च*) **मनस्** की ऊँचाई तक पहुँच पाता है। यद्यपि इसमें दृष्टा-दृश्य का भेद इतना कड़ा नहीं होता फिर भी वह बना अवश्य रहता है और अनेकता का भ्रम तो वैसे ही बना रहता है जैसे *जाग्रत* अवस्था में। जाग्रतावस्था में संसार एक ऐसे वैरी, या अधिक से अधिक तटस्थ, वातावरण के रूप में प्रकट होता था जिसमें हम अनायास आ पड़े हों परन्तु स्वप्नावस्था में स्वयं हम को भी

यह प्रतीत होता रहता है कि संसार की अन्तर्वस्तु हमारी ही साइकी (psyche) का बहिर्वेशन है । सपने का पर्यावरण, या अपने ही विचारों का वह संसार जिसमें हम डूबे हों, चाहे कितना ही अप्रिय क्यों न हो, हम (कम से कम बाद में) यह मानते हैं कि वह हमारा ही बनाया हुआ था । उसकी अप्रियता हमारे अन्दर की ही किसी अप्रियता के कारण होती है । यह अवस्था अधिकतर छिपी आन्तरिक कामनाओं और साइकीय (psychic) नामरूपों का लोक होती है । *दि वॉयस ऑफ़ सायलेन्स* इसे "शिक्षा का महाकक्ष" (Hall of Learning) इसलिए कहती है क्योंकि इस अवस्था के अनुभव से ही हम पहले यह सीखते हैं कि हम भौतिक शरीर नहीं हैं और फिर यह कि बाहरी पर्यावरण हमारा अपना बनाया हुआ और हमारे पिछले कार्यों व विचारों (कर्मों) का ही बाहरी रूप होता है । "इससे सीखना यह होता है कि हमारे साथ जो कुछ भी होता है वह हमारे ही सोचे हुए विचारों का अवश्यम्भावी परिणाम होता है, और उस लोचदार संसार में यह बात आसानी से देखी व हृदयान्कित की जा सकती है । यदि विचार सुसंगत रहे हैं तो हमारी स्वप्नदृष्टि भी प्रिय होगी – दिवास्वप्न हों अथवा सोते समय के सपने हों, या फिर मरणोपरान्त दशा से सम्बन्धित हों (पौराणिक व प्रेतशास्त्र के स्वर्ग से तुलना कीजिए) और इसी से हम सुखों के भोग में लीन रहने की ओर आकर्षित होंगे । उदाहरण के लिए, हमें कितनी बार यह इच्छा होती है कि वे सुन्दर सपने और लम्बे हो जायँ जिनमें अपने पास शरीर होते हुए भी हम उसके भार से दबे नहीं रहते, उड़ान भर सकते हैं और अनेक सुखद कार्य अनोखी आसानी से कर सकते हैं"।

फिर भी, "प्रत्येक फूल के नीचे कोई साँप कुण्डली मारे बैठा होता है" । यह होता है कामना का साँप । चाहे यह संसार कितना ही सुखद क्यों न हो, है तो यह कामना और अनेकता का ही, और जैसा कि उपनिषद् का कहना है "जब तक अनेकता है तब तक भय है" ।

इसलिए, अब शिष्य को आगे बढ़ कर तीसरी अवस्था, यानी *सुषुप्ति* (बिना सपने की नींद), में जाना ही चाहिए जिसे *दि वॉयस ऑफ़ सायलेन्स* में "ज्ञान का महाकक्ष" (Hall of Wisdom) कहा गया है । यह ***महत्-बुद्धि*** का स्तर है और इसे ज्ञान का महाकक्ष इसलिए कहा गया है क्योंकि इसमें अनेकता नामी महाभ्रम

विलुप्त हो जाता है और प्रकाश की एकता पूर्णरूप से व्याप्त होती है। इस बात पर आश्चर्य प्रकट किया जा सकता है कि यदि अवस्था ज्योतिपूर्ण है तो इसे बिना सपने की नींद की अंधकारमय दशा के रूप में क्यों चित्रित किया जाता है। अधिकांश लोगों को यह दशा अंधकारमय इसलिए प्रतीत होती है क्योंकि वे व्यक्तित्त्व अर्थात् ***निचले मनस्*** में केन्द्रित होते हैं और अपने से ऊपर ***बुद्धि*** से समागम तो दूर, स्वयं अपने ***सच्चे स्वरूप*** तक भी वे नहीं पहुँच पाते। तदनुसार, जब ***क्षुद्र अहम्*** के अनेकात्मक अनुभव के पार जाया जाता है तो वहाँ सिवाय घोर अंधकार के कुछ भी नहीं सूझता और सच्ची सुषुप्ति की केवल एकता ही याद रहती है।

जैसा कि गौडपाद ने माण्डूक्य उपनिषद् की अपनी *कारिका* (3, 34-35) में कहा है "समाधि (सुषुप्ति की अन्तर्लीनता) में ज्ञानी पुरुष के यत्न की निर्विकल्प दशा और स्वप्नरहित निद्रा में भेद करना चाहिए क्योंकि ये दोनों एक ही चीज़ नहीं हैं। निद्रा में मन वशवर्ती हो जाता है परन्तु समाधि में नहीं, क्योंकि उसमें वह ज्ञान की ज्योति से देदीप्यमान निर्भय ***ब्रह्म*** होता है"। और, शंकराचार्य ने यों टीका की है – "क्योंकि नींद में आलस्य और अविद्या (यानी अनेकता के विचार) में डूबे हुए, परन्तु फिर भी अनुभव के कारण के सम्भावी प्रभावों से भरे हुए, मन की दशा समाधि की उस सर्वथा स्वाधीन, नितान्त निश्चल, सर्वज्योतिपूर्ण दशा से भिन्न होती है"।

ऊपर जो कहा गया है उससे स्पष्ट हो जाता है कि उपनिषद् ऐसा क्यों घोषित करते हैं कि प्रत्येक रात नींद में जीव ***ब्रह्म*** को प्राप्त होता है, और क्यों आधुनिक पाठक यह सोचने लगते हैं कि यदि ऐसा है तो फिर ***ब्रह्म*** को प्राप्त होना कोई बड़ी बात नहीं है। और फिर, जब उपनिषद् यह घोषणा करते हैं कि जाग्रतावस्था की यह भावना कि "मैं चैन से सोया" ***ब्रह्म*** (यथार्थ में ***महत् आत्मन्***) के आनन्द की स्मृति होती है तब वे सोने के बाद ताज़गी के शारीरिक अनुभव की नहीं बल्कि इस पथ की एक जानी-पहचानी घटना की बात कर रहे होते हैं। शुरू की मञ्ज़िलों में ऐसा होगा कि यद्यपि शिष्य की वैयक्तिक चेतना ***बुद्धि*** के साथ ठीक से युक्त न हो पाई हो, परन्तु फिर भी *सुषुप्ति* का अनुभव उसके अपने मन में प्रतिबिम्बित हो

जाता है; और हालाँकि उसे इस बात का कुछ ज्ञान नहीं होगा कि यह सब है किस बारे में, उसे इस अनुभव की जाग्रत चेतना में अभिज्ञता या तो किसी अदभुत तौर से सजीव सपने की स्मृति के रूप में होगी जो किसी आध्यात्मिक अर्थ से भरा प्रतीत होगा, या ऐसी ही तीव्र आन्तरिक आनन्द की भावना के रूप में।

तुरीय या *तूरीय* (चौथी) अवस्था तो नितान्त सर्वातीत होती है – ***शान्त आत्मन्*** की अव्यक्त चेतना। यही परम लक्ष्य होता है और इसके बारे में चुप रहना ही बेहतर है।

माण्डूक्य उपनिषद् में सूक्ष्म तौर पर इन चार अवस्थाओं के बारे में बताया गया है कि **ॐ** मन्त्र (प्रणव) का तीन तत्त्वों में विभाजन किया जा सकता है ***अ, उ*** और ***म***। इनमें ***अ*** जाग्रतावस्था का द्योतक है, ***उ*** स्वप्नावस्था का ***म*** सुषुप्ति का, जब की अपनी पूर्णता में स्वयं **ॐ** चौथी अवस्था का द्योतक है।

बार-बार ***ॐ*** पर ध्यान लगाने का जो परामर्श दिया जाता है उसका मतलब सूक्ष्म शरीर में "कम्पन" पैदा करने से नहीं बल्कि अपनी चेतना को तीन अवस्थाओं से होकर चौथी तक उठाने से है। इस पुस्तक में मूलपृष्ठ पर उद्धरित मुण्डक उपनिषद् के मन्त्र भी देखिए।

परिशिष्ट – घ

अवतारों पर टिप्पणी

क्योंकि अध्याय चार (विशेषतः श्लोक 6-8) अवतारवाद का मुख्य प्रमाण माना जाता है, इसलिए यहाँ इस विषय पर दो शब्द कह देना उचित होगा। शास्त्र-सम्मत परम्परा के अनुसार संसार के इतिहास में समय-समय पर दैवी अवतरण हुए हैं। कम प्रसिद्धि वालों के अतिरिक्त रामचन्द्र, श्रीकृष्ण, बुद्ध तथा, अधिक उदारचित्त व्यक्तियों द्वारा, ईसा मसीह को ऐसा अवतार माना जाता है। दस अवतारों की एक सुपरिचित सूची तो है ही परन्तु श्रीमद्भागवत में एक चौबीस नामों की सूची भी है जिससे अपेक्षाकृत कम ही लोग परिचित हैं। अवतारवाद को अद्वैत वेदान्त सापेक्ष सत्य ही मानता है और यद्यपि बारीक़ी से देखा जाय तो अवतार का अद्वैत विचार-प्रणाली में कोई स्थान नहीं होना चाहिए क्योंकि अद्वैत के अनुसार तो सब नामरूप व सब जन्म अविद्या के कारण हाते हैं। वास्तव में अवतारवाद की शिक्षा भागवत (वैष्णव) परम्परा है जिसे एक-दो प्रतिवादी आधुनिक सम्प्रदायों के अतिरिक्त अन्य सब स्वीकार करते है।

अवतार, जिनकी शास्त्र-सम्मत परिभाषा है पञ्चावृत्त विश्व में उस पार से अवतरण (***अप्रपञ्चात् प्रपञ्चे अवतीर्ण***), अनेक प्रकार के होते हैं। कोई तो किसी विशिष्ट उद्देश्य के लिए ही हुए आविर्भाव हैं, जैसे नृसिंहावतार। कुछ सम्भवतः प्रतीकात्मक पशु-रूप में होते हैं, जैसे मत्स्यावतार, जो शायद उस नर-मत्स्य, कलदानी ओएनिस (Chaldæan Oannes) से सम्बन्धित है जो एरिडू (Eridu) के सुमेरी (Sumerian) निवासियों को ज्ञान की शिक्षा देने के लिए फ़ारस की खाड़ी में ऊपर की ओर तैरता हुआ गया था। इनके अतिरिक्त मानव रूप में अवतरण हैं जिनमें सबसे प्रसिद्ध श्रीरामचन्द्र और श्रीकृष्ण हैं। ऐसे अवतारों का वर्गीकरण अंशावतार और पूर्णावतार में किया जाता है क्योंकि पहली

श्रेणी के अवतार कुछ विशेष दैवी शक्तियों को ही अभिव्यक्त करते हैं जबकि दूसरे उन्हें पूरी तरह दर्शाते हैं।

इसे सभी मानते हैं कि श्रीकृष्ण ऐसे पूर्णावतार हैं, और भागवत परम्परा को मानने वाले कुछ सम्प्रदाय तो इससे भी एक चरण आगे चल कर इस धारणा की अभिपुष्टि करते हैं कि श्रीकृष्ण ही अन्य सब अवतारों के स्रोत या मूल है। चाहे जो कुछ भी हो, परम्परानुसार अपने जन्म से ही श्रीकृष्ण ने अपनी दैवी प्रज्ञा व शक्ति को पूर्ण रूप से व्यक्त किया।

इनके अतिरिक्त अन्य प्रकार के अवतार भी हैं जिनमें से हमारे लिए ध्यान देने योग्य केवल ***आवेशावतार*** ही है जिसमें विशेष प्रयोजन के लिए किसी अति-विकसित मानव जीव को दैव द्वारा आच्छादित कर दिया जाता है। वेदों के सम्भाजक व महाभारत (तथा निस्सन्देह गीता) व अन्य कितने ही शास्त्रों के उद्घाटक महर्षि व्यास को कभी-कभी इस प्रकार के अवतार का नमूना बताया जाता है जिसमें दैवी चैतन्य किसी मानव पर छा जाता है और उसे वश में कर लेता है।

इस विषय पर परम्परा का यही कहना है और आमतौर से हिन्दूजन इसे स्वीकार करते हैं। कभी-कभी यह विचार भी प्रस्तुत किया गया है कि सब ही अवतार आवेशावतार होते हैं, और प्रत्येक घटना में वास्तविक "अवतरण" किसी ऊपर उठते हुए मानवीय जीवात्मा की आकांक्षाओं के उत्तर में शाश्वत का नीचे उतरना होता है जो आगे इस जीवात्मा के माध्यम से व्यक्त होता है, और इसलिए अब "जीव-विशेष", जिसे साधारण तौर पर हम मानव समझते हैं, मानव न रह कर परमेश्वर के व्यक्त होने का साधन बन जाता है।

बुद्धदेव पर तो, जिन्हें अपने मानवीय संप्रयासों वाले पिछले जन्मों की स्मृति थी, यह मत निश्चय ही ठीक बैठता प्रतीत होता है। वास्तव में यह मत कुछ महायान बौद्ध मतों से केवल पारिभाषिक शब्दावली में ही भिन्न है।

फिर भी यह तो निश्चित है कि हिन्दू धारणा यह नहीं है कि सब अवतार आवेशावतार होते हैं और निस्सन्देह हिन्दू इस विचार का कड़ा प्रतिरोध करेंगे कि सब अवेशावतार ही होते हैं। विशेष तौर पर यह निश्चयात्मक रूप से माना जाता

है कि श्रीकृष्ण, प्रतीयमानतः (परन्तु केवल प्रतीयमानतः ही) मानवीय रूप में, परमेश्वर के प्रत्यक्ष अवतार हैं। वास्तव में श्री मध्वाचार्य व श्री चैतन्यदेव ने तो यह सिखाया है कि सब आवतारिक रूप वास्तव में शाश्वत (*नित्य*) होते हैं और इस लोक में समय-समय पर प्रव्यक्त होते हैं। इस मत को मानने में साधारण व्यावहारिक ज्ञान के हिसाब से कुछ भी कठिनाई क्यों न हो, है यह एक बहुत महत्त्वपूर्ण तथा रहस्यमय तथ्य पर आधारित।

बहरहाल, जब विश्व की पूरी संरचना ही उसकी विभिन्न विभूतियों के अवतरण से हुई है तो इसे पूर्वसिद्ध मानना कि परमेश्वर अपनी इच्छानुसार जब चाहे, जहाँ चाहे, और जिस प्रकार चाहे, अवतरित नहीं हो सकता, दैवी स्वभाव के बारे में ज्ञान के अत्यन्त सीमित होने का प्रदर्शन करना है। अवश्य ही वे दिन बीत चुके हैं जब "प्रकृति के शाश्वत नियम" दैवी स्वातन्त्र्य के रास्ते में रोड़ा अटकाने वाले माने जा सकते थे।

परिशिष्ट – ङ

सार्वभौमिक स्तरों का चित्र

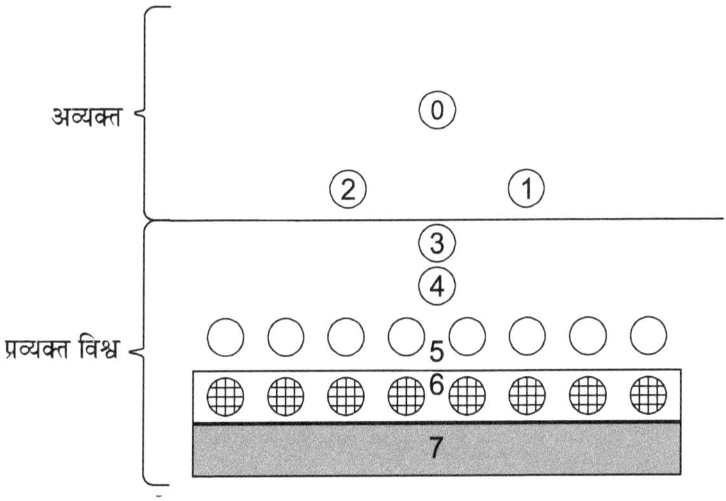

क्रमांक 1 ***शांत आत्मन्,*** शुद्ध चैतन्य, अव्यक्त आत्मा, अध्यात्म, स्वभाव ।

क्रमांक 2 ***मूलप्रकृति,*** महागर्भ (the Matrix), अनात्मा, अव्यक्त ।

क्रमांक 3 ***महत् आत्मन्,*** महत्, अद्वय प्राण (the One Life), अधिदैव, सार्वभौमिक परिकल्पन (Cosmic Ideation) ।

क्रमांक 4 ***बुद्धि,*** क्रमांक 3 का ज्ञान, इस ज्ञान को प्राप्त करने की क्षमता, ***ज्ञानात्मन्*** ।

क्रमांक 5 ***मनस्*** , उच्चस्तरीय मनस् , अहंकार, ***वैयक्तिक अहंभाव*** (Individual Ego), दृष्टिकोण (the "point of view"), ***जीव, जीवात्मा,*** अधियज्ञ ।

क्रमांक 6 *निम्नस्तरीय मनस्* – अर्थात् कामभाव-युक्त मनस् , ***व्यक्तित्त्व***,
इन्द्रियाँ और उनके आन्तरिक इन्द्रियार्थ, अधिभूत ।

क्रमांक 7 ***बाह्य जगत***, बाहरी इन्द्रियार्थ, ***अधिभूत***।

क्रमांक 0 और 1 को, तथा क्रमांक 3 व 4 को प्रायः एक साथ लिया जाता है । क्रमांक 6 को कभी कभी दो भागों में विभाजित किया जाता है और इस तरह ***निम्नस्तरीय मनस्*** व ***शुद्ध कामभाव*** में विभेद किया जाता है । जहाँ चेतना के पाँच स्तरों की बात की जाती है वहाँ क्रमांक 2 को क्रमांक 1 के स्तर पर होने के कारण छोड़ दिया जाता है और क्रमांक 6 व 7 को एक साथ लिया जाता है, क्योंकि दोनों ही का निचले मन में संकेन्द्रण होता है । यह भी ध्यान दिया जाय कि क्रमांक 7 एकदम अनात्मिक या द्रव्य रूप होता है जब क्रमांक 6 के आत्मिक व अनात्मिक, दृष्टा व दृष्य दो पक्ष होते हैं । यह स्तर कामना-मनस् का भी है और आन्तरिक इन्द्रियार्थ का भी ।

परिशिष्ट – च

विश्व आविर्भाव प्रक्रिया पर टिप्पणी

किसी विश्व की प्रव्यक्ति या आविर्भाव, अद्वय यानी ***परब्रह्म*** के सर्वातीत दृष्टा (अर्थात् ***शान्त आत्मन्***) और सर्वातीत दृश्य (अर्थात् ***मूलप्रकृति***) में ध्रुवण पर निर्भर होता है। इस ध्रुवण की प्रक्रिया की व्याख्या करने की चेष्टा निस्सन्देह बेतुकी है परन्तु फिर भी ऐसे कुछ सुझाव देना उपयोगी होगा जिनसे पता चले वह होती कैसे है } आधार के लिए ऋग्वेद (10, 129) के इस भव्य सृष्टि सूक्त को लिया जाय (ग्रिफ़िथ का अनुवाद)।

(1) ***न असत् आसीत् नो इति सत् आसीत् तदानीं न आसीत् रजः नो इति विऽओम परः यत् ।***

किं आ अवरीवरिति कुह कस्य शर्मन् अंभः किं आसीत् गहनं गभीरं ॥

असत् नहीं था और सत् भी नहीं था तब,
न वायुमण्डल था और न उसके परे कोई व्योम था।
कौन वहाँ आच्छादित किए था, प्रश्रय देता था कौन?
जल था क्या वहाँ तब – गहरा अगाध जल?

यहाँ ***सत्*** का अर्थ ***यथाभूतम्*** के रूप में लेना चाहिए, अर्थात् "जो कुछ है"। ध्यान दीजिए कि ***वायु*** (***मनस्*** और अनेकता का चलायमान लोक) व ***व्योम*** (आकाश यानी सार्वभौमिक कल्पना अर्थात् ***महत्***) का तो अभाव बताया गया है परन्तु ढकने वाले (सब कुछ को आच्छादित करने वाले चैतन्य या ***शान्त आत्मन्***) तथा गहरे पानी (महागर्भ या ***मूलप्रकृति***) का अभाव न बता कर उनके होने पर केवल सन्देह प्रकट किया गया है। इनके बारे में यह तो नहीं कहा जा सकता कि वे हैं नहीं, परन्तु यह भी नहीं कहा जा सकता कि वे हैं।

(2) *न मृत्युः आसीत् अमृतं न तर्हि न रात्र्याः अह्नः आसीत् प्रऽकेतः ।*
आनीत् अवातं स्वधया तत् एकं तस्मात् ह अन्यत् न परः किं चन
आस ॥

न तो तब मृत्यु ही थी, न ही ऐसा कुछ था जो अमर हो,
दिवा निशि की सीमा को दिखाने वाला चिन्ह भी नहीं था कोई ।
बस वह **एक**, श्वासहीन, अपने ही स्वभाव से सप्राण था,
उसके अतिरिक्त बस और कुछ भी नहीं था ॥

मर्त्य ***व्यक्तित्त्व*** तथा अमर्त्य ***जीव*** का अभी प्रादुर्भाव नहीं हुआ था और विश्व के अँधेरे या निचले और, उज्ज्वल या ऊपरी, भाग में भी कोई भेद न था । परन्तु "वह अद्वय" (***परब्रह्म***) किसी गतिहीन मृतवत् दशा में नहीं था बल्कि उसमें एक लयबद्ध प्रक्रिया पाई जाती थी, जिसके बारे में आगे और कहा जाएगा ।

(3) *तमः आसीत् तमसा गूळ्हं अग्रे अप्रऽकेतं सलिलं सर्वं आः इदं ।*
तुच्छ्येन आभु अपि ऽहितं यत् आसीत् तपसः तत् महिना अजायत
एकं ॥

अँधेरा ही अँधेरा था छाया : प्रारम्भ में तो वह अशेष
अँधेरे में खोया हुआ, अस्त-व्यस्त बिखरा हुआ था ।
जो कुछ भी था तब, बस शून्य निराकार था,
फिर आया **वह एक**, तपस् की महाशक्ति का जाया ।

वह एक सब विचारों व कल्पना से परे इतनी दूर है कि उसकी केवल अन्धकार के रूप में ही कल्पना की जा सकती है । उस अन्धकार में ही समस्त सत्ता की छिपी शक्ति दबी थी । तप, यानी स्वपरिमितता के बल से "वह एक" ***शान्त आत्मन्*** अर्थात् अद्वय चैतन्य उत्पन्न हुआ ।

(4) कामः तत् अग्रे सं अवर्तत अधि मनसः रेतः प्रथमं यत् आसीत् ।

सतः बंधु असति निः अविंदन् हृदि प्रतिऽइष्य कवयः मनीषा ॥

और फिर, पहले तो जागा काम,

आदि बीज, उद्गम मनस् का, काम ।

भावभरे मन से खोजने पर ऋषियों ने

सत् और असत् में बन्धुता पाई थी ।

एकात्मक चैतन्य के अभ्युदय के साथ "उस एक" (***शान्त आत्मन्***) का दूसरा पक्ष अनात्मा (***मूल प्रकृति***) के रूप में उभर आता है और चैतन्य का ध्यान आकर्षित करता है । इसके फलस्वरूप वह ऊर्जा, जिसे यहाँ ***काम*** कहा गया है, निकलती है जो वैयक्तिक जीव (***मनस्***) की मूल होती है । पद्य का उत्तरार्ध हमें यह बताता है कि हृदय (***मनस्***) के अन्दर ढूँढने से कैसे अविच्छिन्न आदिसत्य का पता चलता है ।

(5) तिरश्चीनः विऽततः रश्मिः एषां अधः स्वित् आसी३त् उपरि स्वित् आसी३त् ।

रेतःऽधाः आसन् महिमानः आसन् स्वधा अवस्तात् प्रऽयतिः परस्तात् ।

उनको अलग करती तिरछी खाई दूर तक फैली थी,

उसके ऊपर क्या था, क्या था उसके नीचे?

जनक थे और थे प्रबल वेग,

इधर मुक्त कर्म, ऊपर ऊर्जा उधर ।

इन दो (***शान्त आत्मन्*** और ***मूलप्रकृति***) के नीचे एक महान खाई है, कबाला (Kabala) की, "अथाह खाई", जो नीचे के प्रव्यक्त को ऊपर के अव्यक्त से अलग करती है । ऊपर महान शक्तियाँ यानी ऊर्जा थी और यहाँ (यानी नीचे) सर्पिलता से नीचे आती प्रचण्ड काम की शक्तियाँ या "जनक" थे जिन्हें गीता (11, 15) में दिव्य सर्प कहा गया है ।

(6) कः अद्धा वेद कः इह प्र वोचत् कुतः आऽजाता कुतः इयं विऽसृष्टिः ।
अर्वाक् देवाः अस्य विऽसर्जनेन अथ कः वेद यतः आऽबभूव ॥

सचमुच कौन जानता है, और यहाँ कह भी कौन सकता है
कहाँ से जन्मी और कहाँ से सृष्टि आई?
देवगण भी तो इसके बनने के बाद आए थे,
फिर कौन जाने आरम्भ में यह आई कहाँ से!

सृजन की पहली असली अन्तःप्रेरणा सदैव के लिए "अन्धकार" में छिपी रहती है, और इसीलिए बुद्धदेव ने इस विषय पर चुप्पी साधी और काम या कामना से आगे विचार करने से इनकार किया। आविर्भूत चैतन्य के विभिन्न स्तर, देवगण, तत्पश्चात विद्यमान हुए। दूसरे शब्दों में, चैतन्य स्वयं अपने मूल तक नहीं पहुँच सकता।

(7) इयं विऽसृष्टिः यतः आऽबभूव यदि वा दधे यदि वा न ।
यः अस्य अधिऽअक्षः परमे विऽओमन् सः अंग वेद यदि वा न वेद ॥

"वह" जो है इसका आदिस्रोत स्वयं,
उस ही ने बनाई यह सृष्टि या उसने भी नहीं?
उच्चतम व्योम में साधे है जिसकी आँख इस जग को,
वही अवश्य इसे जानता है, या शायद जानता वह भी नहीं।

सृष्टि का समीपस्थ उद्भव है "ॐ", ***शान्त आत्मन्***, अद्वय चैतन्य जिसकी आँख उच्चतम व्योम में इस विश्व को साधे हुए है, और उसी चैतन्य द्वारा तथा उस ही में सब नाम व रूप पैदा होते हैं और पनपते हैं। परन्तु परम मूल तो इस आत्मन् के भी पार होता है। स्वयं ***शान्त आत्मन्*** के लिए भी वह ज्ञेय नहीं होता क्योंकि उसका ज्ञान पाना उसमें विलीन हो जाना होता है और इस विलय में ज्ञाता की पृथकता समाप्त हो जाती है।

एक और बात ध्यान देने की रह जाती है । सृष्टि सूक्त की द्वितीय ऋचा का कहना है कि अद्वय के भीतर (प्रलय काल में भी) एक विशेष लयात्मक प्रक्रिया चलती रहती है जिसे प्रतीक रूप में साँस लेना कहा गया है । अद्वय के अन्दर आत्मा व अनात्मा, द्रष्टा व दृश्य, के ध्रुव छिपे रूप में उपस्थित रहते हैं (याद रहे कि इन्हें प्रथम ऋचा में भी पूरी तरह अस्वीकार नहीं किया गया था) । इस साँस की हम दोनों ध्रुवों की लयात्मक अदल-बदल के रूप में कल्पना कर सकते हैं । जब पेन्डुलम का झोंका किसी निश्चित आयाम पर पहुँच जाता है तो हम कल्पना कर सकते हैं कि ऐसा कुछ होता होगा जैसा स्वयं हमारे भीतर तब होता है जब चेतना की देहरी के उस पार चलती मानसिक प्रक्रियाएँ इस पार के प्रकाश में उभर आती हैं और "मैं ऐसा अनुभव कर रहा हूँ" के रूप में प्रकट होती हैं ।

लगे हाथों यह भी कह दिया जाय कि कुछ वृतान्तों में ***मूलप्रकृति*** का प्रकट होना ***शान्त आत्मन्*** के प्रकट होने से पहले आता है । यह विपरीत वक्तव्य दिखावटी ज़्यादा और असली कम है । यह याद रखना चाहिए कि यहाँ हम उस क्षेत्र में हैं जो उससे परे है जिसे आमतौर पर "समय" माना जाता है, और इस क्षेत्र में प्रव्यक्ति के स्तर सामयिक कम और तार्किक अधिक होते है । जब ***मूलप्रकृति*** का प्रकट होना पहले माना जाता है तब, एक विशेष दृष्टिकोण से, इसका कारण यह धारणा होती है कि चैतन्य तब ही प्रव्यक्त हो सकता है जब कोई ऐसी वस्तु उपस्थित हो जिसकी चेतना हो सकती हो । यह कहना ठीक वैसा ही है जैसे यह कहना कि प्रकाश तब ही प्रव्यक्त होता है जब कोई प्रकाशित होने वाली वस्तु मौजूद हो । द्रष्टा व दृश्य दोनों ही एक वास्तविकता के ध्रुव हैं और आविर्भाव की पहल किसकी है यह तो मुख्यतः अपने-अपने दृष्टिकोण की बात है ।

विभिन्न मतों की आन्तरिक शिक्षा के समान होने के दृष्टान्त-रूप ज़ोहर (Zohar) से लिया गया निम्नलिखित उदाहरण शायद पाठकों को रुचिकर लगे । कोष्ठकों में दिए गए पदों को एकदम पक्का नहीं मानना चाहिए क्योंकि मैंने ज़ोहर के कबालावादी (Kabalistic) विवरण का पर्याप्त अध्ययन नहीं किया है । अनुवाद स्पर्लिंग व साइमन (Sperling and Simon) का है ।

"जो कुछ चिन्तन (***शान्त आत्मन्***) के अन्दर होता है उसकी कोई कल्पना भी नहीं कर सकता, *एन सोफ़* (***ब्रह्म***) को जानने की बात ही दूर रही, उसका कुछ नामोनिशान तक नहीं मिलता और उस तक अक़्ल किसी भी तरह नहीं पहुँच सकती। परन्तु, अभेद्य रहस्य के बीच से, *एन सोफ़* के प्रथम अवतरण से, सुई की नोक के समान एक हल्की सी अविवेचनीय ज्योति चमकती है जो चिन्तन की गुप्त कन्दरा (***शान्त आत्मन्***) होती है और जो तब तक अज्ञेय रहती है जब तक इसका प्रकाश ऐसी जगह नहीं पड़ता जहाँ कुछ अक्षरों (***मूलप्रकृति***) की छाप हो और जहाँ से वे सब निकलते हों। सबसे पहले, सब स्तरों का आदि व अन्त, *अलिफ़* (***महत् आत्मन्***) होता है जिस पर सब स्तर अंकित होते हैं और जिसे फिर भी हमेशा "एक" यह दिखाने के लिए कहा जाता है क्योंकि यद्यपि ईश्वर के अनेक रूप (***विश्वरूप***) होते हैं फिर भी होता वह एक ही है। यह वह अक्षर है जिस पर नीचे व ऊपर के दोनों ही अस्तित्त्व आधारित होते हैं "। (*ज़ोहर* 1, 2ए)

परिशिष्ट – छ

मरणोपरान्त पथों पर टिप्पणी

लौकिक हिन्दू धर्म में कभी-कभी अध्याय 8 के श्लोक 23 से 26 में दिए गए मृत्यु के "समय" को अक्षरशः सत्य मान लिया जाता है, और महाभारत में आया है कि भीष्म पितामह ने अपनी मृत्यु को कई महीने सूर्य के उत्तरायण में प्रविष्ट होने तक रोके रखा। परन्तु ऐसे अक्षरशः अर्थ लगाने से असंगति पैदा होती है। दृष्टान्त के लिए, उनका क्या होता है जो नवम्बर के महीने यानी दक्षिणायन की अवधि में, परन्तु शुक्ल पक्ष में मरते हैं? शंकराचार्य ने तो बल देकर कहा है कि किसी का भी मरणोपरान्त पथ केवल उसके ज्ञान पर निर्भर होता है और मरने के समय से उसका कोई मतलब नहीं होता। उनका यह भी कहना है कि जिन विभिन्न "समयों" का उल्लेख आया है वे देवताओं, यानी पथ की मञ्ज़िलों के प्रतीक हैं। यह कथन पूर्णतया युक्तिसंगत है यदि यह याद रखा जाय कि "देवताओं" का अर्थ चेतनावस्था के स्तरों से है।

ये दो पथ वास्तव में वे दो रास्ते हैं जिन में से एक तो वह व्यक्ति लेता है जो अपना तादात्म्य ***आत्मन्*** की ज्योति, चैतन्य, से स्थपित करता है और दूसरे को वह लेता है जो इस ज्योति द्वारा प्रकाशित अनित्य नामरूपों से तादात्म्य बनाता है।

पहले रास्ते पर योगी कामभाव के स्तर की चेतना से निकल कर (अर्थात् उपनिषदों में अग्नि व ज्योति से प्रतीयमान, और कामना के विषयों से पृथक हुई चेतना) ***उच्चस्तरीय मनस्*** के "दिन" की चेतना तक पहुँचता है। (यह चेतना यदि सर्वातीत में जा कर विलीन न हो जाय तो ब्रह्मा के पूरे दिन-भर एक अभिसरण बिन्दु के रूप में बनी रहती है।) तत्पश्चात, वह शुक्ल-पक्ष यानी ***बुद्धि*** के बढ़ते चन्द्रमा से होता हुआ फिर उत्तरायण के नित्य सूर्य के प्रकाश (यानी ***महत् आत्मन्***) में पहुँचता है।

दूसरे रास्ते पर पथिक काम-चेतना के धुँधले वस्तु-विषय में लीन हो जाता है और इसलिए ***उच्चस्तरीय मनस्*** के "दिन" को न देख पाने के कारण "रात" में खो जाता है। यह कहने की आवश्यकता नहीं है कि उसके लिए ***बुद्धि*** का चन्द्रमा घटता हुआ, यानी कृष्ण पक्ष में, होता है और यद्यपि ***महत् आत्मन्*** की ज्योति सदैव उसके अन्दर रहती है वह उसे नहीं देखता और वह जैसे आर्कटिक शीतकाल (दक्षिणायन के छः मास) के अन्धकार में रह जाता है और केवल "चाँदनी" देखता है जो इस प्रसंग में ***बुद्धि*** की ज्योति न हो कर नामरूप में उलझी ज्योति होती है (प्रश्नोपनिषद् 1, 5 देखिए)।

शायद यहाँ यह भी कह देना चाहिए कि इन दो रास्तो को "सीमाकारी पथों" के रूप में देखना चाहिए। ये दो चरम सीमाओं के प्रतिरूप हैं। साधारण व्यक्ति अपने को इन दो के बीच कहीं पाएगा। मृत्यु के उपरांत वह अपने को काम-शरीर में पाएगा जो एक सूक्ष्म-शरीर होता है और उस शरीर के समान होता है जिसमें अब भी वह अपने को सपनों में पाता है, और जो सुख-दुःख तो भोग सकता है पर क्षत नहीं हो सकता। तब उसमें जो कुछ भी वास्तविक सार है वह ऊपर उठेगा। यद्यपि बहुत सी स्थितियों में वह उस ***उच्चतर अहंभाव*** के प्रति सचेत नहीं होगा परन्तु फिर भी वह उसमें उसी प्रकार रहेगा जैसे इस दुनिया में किसी मनुष्य की साइकी (psyche) में उसका वियुत हुआ (dissociated) व्यक्तित्त्व बना रहता है। प्रतीकवाद की भाषा में इसी बात को उच्चतर अहंभाव के "दिन" में न जा कर "रात में प्रविष्ट होना" कहा जाता है।

वहाँ ***उच्चतर अहम्*** के भीतर वह आत्मगत रूप से अपने सुकर्मों के फल भोगेगा (इसको गीता ने विशाल स्वर्गलोक का सुखभोग कहा है। अध्याय 9, श्लोक 21), और इस प्रक्रिया का चरमोत्कर्ष ***उच्चतर अहम्*** से युक्त होने के समय हुई विस्तीर्ण चेतना के स्फुरण में होगा। साधारण लोगों में योग का यह स्फुरण ऊर्जा के उस विकीरण से ठीक पहले होता है जो आगे चल कर उस नए व्यक्तित्त्व का निर्माण करता है जो अपने पूर्वज व्यक्तित्त्व के कर्मों को लेकर पृथ्वी पर पुनर्जन्म लेता है।

यही कारण है कि एक के बाद दूसरा जन्म लेने वाले व्यक्तित्त्वों के बीच कुछ व्यवधान होता है जिसके कारण पूर्वजन्म की स्मृति भंग हो जाती है। समय-समय पर पूर्वजन्म की स्मृति के जो थोड़े-से दृष्टान्त सामने आते हैं (एक अच्छी प्रमाणित घटना कुछ वर्ष पहले दिल्ली में घटी थी) वह अधिकतर ऐसे होते हैं जहाँ किसी अति-प्रबल कामना के कारण ***उच्चतर अहंभाव*** की ओर आरोहण नहीं होता और सूक्ष्म काम-शरीर में बिना कुछ परिवर्तन हुए ही तत्काल पुनर्जन्म हो जाता है।

डा. एवन्स वेन्ट्ज़ (Dr. Evans Wentz) द्वारा सम्पादित *टिबेटन बुक आॅफ़ दि डेड* (*Tibetan Book of the Dead*) में सिखाया गया है कि "*मृत्यु के उपरांत दिव्य, शून्य और धर्मकाय से अभिन्न तेरा अपना चैतन्य न जन्मता है, न मरता है, और वही निर्विकार ज्योति अमिताभ बुद्ध है*"। यह कहा गया है कि मरणासन्न व्यक्ति की मनोवृत्ति क्षणभर के लिए ऐसी सन्तुलित दशा में पहुँच जाती है जिसकी तुलना धागे पर सधी हुई सुई के सन्तुलन से की जा सकती है। परन्तु यह भी कहा गया है कि उससे सुपरिचित न होने के कारण साधारण मनुष्य का चैतन्य-तत्त्व ऐसी स्थिति में कुछ कर पाने की क्षमता नहीं रखता। "*कार्मिक रुझान चैतन्य-तत्त्व को व्यक्तित्त्व की भावना से आच्छादित कर देते हैं ... और सन्तुलन खो वह शुद्ध ज्योति से गिर पड़ता है*"। (*टिबेटन बुक आॅफ़ दि डेड,* पृष्ठ 96 व 97। मर्णोपरांत दशा के सुखद या भयावह दृश्य इसके बाद शुरू होते हैं)

बौद्ध परम्परा का अध्ययन करने वाले यह देख पाएँगे कि उपर्युक्त व्याख्या उस कठिनाई पर प्रकाश डालती है जो एक जन्म से दूसरे जन्म में जाने वाली वस्तु या तत्त्व को इंगित करने में होती है। स्पष्ट है कि ***व्यक्तिगत अहम्*** का पुनर्जन्म नहीं होता क्योंकि प्रत्येक जीवन के लिए एक नए अहम् का निरूपण होता है। दूसरी ओर यह भी स्पष्ट है कि ***उच्चतर अहम्*** या जीव का तो वास्तव में जन्म ही नहीं होता और इसलिए यह भी नहीं कह सकते कि उसका देहान्तर होता है। चैतन्य का तो देहान्तर हो ही नहीं सकता क्योंकि वह सर्वव्यापक और अचल होता है। बस एक ***कर्म*** ही है जिसके बारे में कह सकते हैं कि वह एक जीवन से दूसरे में जाता है और, कम से कम कुछ लोगों के मतानुसार, यही बौद्ध उत्तर है। मैं

अच्छी तरह जानता हूँ कि अधिकांश बौद्धजन ***उच्चतर अहम्*** के अस्तित्त्व को ही नहीं स्वीकारेंगे। यहाँ इस अस्वीकृति के कारणों में जाने का मौक़ा नहीं है, परन्तु यह बता देना चाहिए कि बौद्धजन जिसे अस्वीकार करते हैं वह स्थायी आत्मसत्ता की धारणा है जबकि इस पुस्तक में जिसे ***उच्चतर अहम्,*** या ***स्वभाव,*** कहा गया है वह कोई स्थायी सत्ता तो क्या, सच पूछिए तो कोई सत्ता ही नहीं है।

दो पथों की यही शिक्षा आॅर्फ़िक (Orphic) परम्परा में भी आती है। अगम्य की चर्चा करते हुए और गन्दगी व विस्मृति में पहुँचाने वाले रास्ते के बारे में बताते हुए आर्फ़िक कविता *दि डिसेन्ट इन्टु हेडीज़* (*The Descent into Hades*) में लिखा है :

> "अधोलोक के घर के बाँई ओर तुम्हें एक सोता और उसकी बग़ल में एक सफ़ेद सुरई का वृक्ष मिलेगा। इस बावली के पास न जाना। पर तुम्हें एक अन्य सुरई का वृक्ष भी मिलेगा, और उसके पास स्मृति सरोवर, जिस से शीतल जल निकल कर बह रहा होगा। इसके सामने होंगे रखवाले। उनसे कहना : 'हूँ तो मैं पृथ्वी और तारामय आकाश का जाया, परन्तु मेरी जाति केवल स्वर्ग की है, यह तो तुम स्वयं भी जानते हो। जल्दी से मुझे स्मृति सरोवर का बहता शीतल जल दो', और अपने आप ही वे पीने के लिए तुम्हे पवित्र सोते का पानी देंगे और उसके बाद तुम्हें अन्य शूरवीरों के साथ प्रभुत्व प्राप्त होगा"। (आइसलर के आॅरफ़ियस दि फ़िशर – Eisler's Orpheus the Fisher से)

परिशिष्ट – ज

पञ्च महाभूतों पर टिप्पणी

यह नहीं मान लेना चाहिए कि "पञ्च महाभूत", जिन्हें अंग्रेज़ी में "five elements" कहा जाता है रासायनिकों के तत्त्वों की तरह पदार्थ के तत्त्व होते हैं, यद्यपि चरम सत्ताओं के रूप में तो आधुनिक रसायनशास्त्र के तत्त्व भी अब ग़ायब हो चुके हैं। भारतीय दार्शनिक विचारधारा में पदार्थ के नहीं बल्कि अनुभव के विश्लेषण पर ध्यान दिया गया है। हिन्दू दृष्टिकोण को पण्डित जगदीश चन्द्र चटर्जी ने अपनी पुस्तक *इण्डियाज़् आउटलुक ऑन लाइफ़* (*India's Outlook on Life*) के पृष्ट 40 पर इस प्रकार व्यक्त किया है :–

> "सामुदायिक रूप से ये पाँच *भूत* हैं जो पाँच *भूतमात्रा* (इन्हें बाद के लेखनों में *तन्मात्रा* कहा गया है) कहे जाने वाले इन्द्रिय महाज्ञानों से उत्पन्न होते हैं, क्योंकि इनका अर्थ केवल अनुभवगत ही हो सकता है – अर्थात्, गंध, स्वाद, रंग, तापमान और ध्वनि की जो अनुभूति शरीर में सक्रिय इन्द्रियों द्वारा होती है उसके कल्पित, चल-अचल आदि-कारण। अनुभव-विशेष की ये विशिष्ट अनुभूतियाँ सामान्य इन्द्रियज्ञान न हो कर उनकी वे उपजातियाँ होती हैं जो इस अनुभव पर लागू होती हैं, और इनका निर्माण निम्लिखित तरीके से होता है"।

तत्पश्चात लेखक इन अनुभूतियों की उत्पत्ति का ऐसा विवरण देते हैं जो चाहे बिल्कुल दुरुस्त हो न हो, अत्यन्त रुचिकर अवश्य है। अन्त में इस तर्क का ख़ुलासा वे इस प्रकार देते हैं :–

> "इस तरह अनुभूति के पाँच सामान्य विषयों में विभिन्नता के अनुभव से भौतिक जगत के पाँच मुख्य अवयव निर्मित होते हैं। ये हैं अन्तरिक्ष या आकाश तथा अन्य चार जिन्हें पारिभाषिक या प्रतीकात्मक रूप से वायु,

> अग्नि, जल और पृथ्वी कहा जाता है । ये अवयव सामुदायिक रूप से संस्कृत में 'भूत' कहे गए हैं यानी लगातार गुज़रते जाने वाले, 'बीते हुए' (मौजूदा नहीं) और जो केवल सत्य के भूत हैं – उस नित्य सत्य के जो इन सबकी, और विश्व की भी, आत्मा है"।

इस विषय में बौद्ध परम्परा भी बिल्कुल स्पष्ट है । *अभिधर्म कोश* (1, 13) में व्याख्या की गई है कि साधारण भाषा की "पृथ्वी" का अर्थ किसी रंगीन आकृति से होता है जब कि दार्शनिक भाषा की पृथ्वी, जल, अग्नि और वायु का अभिप्राय क्रमशः दृढ़ता (किसी-किसी मत में प्रतिकर्षण या वह जो प्रसारण का कारण होता है), संश्लेषण, परिपक्वण (ओजस्वीकरण?) और प्रहावरण या गतिशीलन की शक्तियों से है । (ध्यान दीजिए कि साधारण भाषा में जिसे पृथ्वी कहते हैं उसे भी ठीक ही "रंगीन" आकृति माना गया है, कोई ठोस चीज़ नहीं ।)

कुछ लोगों को पञ्च महाभूतों के इस विवरण में कुछ नक़लीपन (लगभग अनुनयात्मक) दिखाई दे सकता है । शायद वे एकदम ग़लत न हों । दार्शनिक विचारों के काल से भी पुराने काल में पृथ्वी, जल इत्यादि पाँच तत्त्व केवल अपने प्राकृतिक रूप में ही लिए जाते थे । परन्तु साथ ही साथ आध्यात्मिक शिक्षा में ये तत्त्व अस्तित्त्व के विभिन्न स्तरों के प्रतीक रूप में भी प्रयोग किए जाते थे । बाद में ऐसे आचार्यों ने, जिन्हें इन तत्त्वों का कुछ ज्ञान ही नहीं था, उच्चतर स्तरों के प्रतीकार्थों को भुला दिया और इन्हें केवल भौतिक स्तर की वास्तविकता के रूप में ही जाना जाने लगा । परन्तु पाँच तत्त्वों की सूची तो पवित्र बन चुकी थी और बनी रही । इसीलिए. दार्शनिक दृष्टिकोण से उनकी दुबारा व्याख्या करने की आवश्यकता पड़ी । यही कारण है कि इन व्याख्याओं में नक़लीपन की गन्ध आती है । गीता ऐसा ग्रंथ है जिसमें प्राचीन रहस्यवादी प्रतीक व नया दार्शनिक चिन्तन दोनों ही संजोए गए हैं और इसीलिए "महाभूतों" का प्रयोग कभी एक अर्थ में और कभी दूसरे में किया गया है । पंद्रहवें अध्याय (श्लोक 13 और 14) में पृथ्वी और अग्नि का उपयोग प्रतीकात्मक रूप में किया गया है, परन्तु तेरहवें अध्याय के 5वें जैसे श्लोकों में अभिप्राय "दार्शनिक" है और पद का अर्थ ऐसे ही समझना चाहिए जैसा ऊपर कहा गया है ।

जो कुछ भी हो, जैसा चटर्जी महाशय ने कहा है, पञ्च महाभूत अनुमानित होते हैं, अनुभूत नहीं । वास्तविक महाभूत इन्द्रियज्ञान के तत्त्व होते हैं (जिन्हें आजकल हमें इन्द्रिय-न्यास – sense data – कहना चहिए), यानी, गन्ध, स्वाद, रंग-आकृति, स्पर्श और ध्वनि । और ये भी तत्त्व केवल मनोवैज्ञानिक हिसाब से ही हैं । ये उन तत्त्वों के द्योतक हैं जिनमें हमारे अनुभव का विश्लेषण किया जा सकता है और इन्हें यदि "आणविक" मानें भी तो अणुओं को मनोवैज्ञानिक अखण्डनीय इकाई मानना होगा, जड़-पदार्थ के अणु नहीं ।

शब्दावली

(मूलपाठ में दिए गए पद **मोटे अक्षरों** में हैं। अन्य अनुवादकों ने जोड़े हैं)

अगम्यवादी	mystic(s)
अजर, अजीर्य	ageless
अभिव्यञ्जना	expression
अभिसरण केन्द्र	focal point
अतीन्द्रियदर्शी	clairvoyant
अद्वितीय शब्द	unique word
अनधिकार ग्राही	upstart usurper
अननुनेय	incalculable
अन्तर्मुखता	introversion
अन्योक्तिपरकता	allegory
अन्योन्याश्रय	interdependence
अपवर्तक	refracting
अप्रतिबन्धित	unqualified
अमूर्त प्रतीक	abstract symbol(s)
अनात्मिकता	objectivity
अन्तःस्थ	astral
अयन	resting place
अरों	spokes
अव्यक्त	विशेषतः मूलप्रकृति, परन्तु (जैसा गीता 8, 20 में है) परब्रह्म और शान्त आत्मन् भी।

अवगम, अवबोधन	perception
अवधारणा	conception
अवर अहम्	inferior self
अवेक्षक	lookout
अस्तित्त्व के आन्तरिक आद्यरूप	inner archetypes of being
असुर	प्रारम्भ में इस शब्द को इन्द्र, अग्नि व वरुण जैसे मुख्य देवताओं की पदवी के रूप में प्रयोग किया जाता था। परन्तु बाद में यही शब्द एक अन्य निरुक्ति के अनुसार "जो दैवी न हो" उसके लिए प्रयुक्त होने लगा और इसलिए देवताओं के महान शत्रु का नाम हो गया। ऋग्वेद में दोनों अर्थ हैं परन्तु उत्तरकालीन अथर्ववेद में बाद वाला अर्थ ही है। गीता में प्रवृत्ति के अँधेरे पथ के लिए इस शब्द का उपयोग किया गया है।
आकाश	अन्तरिक्ष, अर्थ ख़ालीपन से नहीं बल्कि अविच्छिन्नता से है। चिदाकाश का भी ज़िक्र आता है जो चैतन्य का अन्तरिक्ष होता है।
आकाश बिम्ब	heavenly sphere
आत्मन्	शायद पहले साँस के लिए उपयोग किया गया यह शब्द बाद में अहम् (या ख़ुदी) के लिए, या जो कुछ भी शरीर से लेकर सर्वोच्च सत्य तक अपना "मैं" समझा जाय उसके लिए इस्तेमाल होने लगा। विशेष तौर पर यह उच्चतर स्वरूप या अहम् (जीवात्मन्), प्रव्यक्त सार्वभौमिक स्वरूप या अहम् (महत् आत्मन्) और अव्यक्त सर्वातीत स्वरूप या अहम् (शान्त आत्मन्) को

	इंगित करता है। यही चैतन्य है, विशेष तौर से ऊँचे स्तरों पर।
आत्मज्ञान	soul wisdom
आत्मिकता	subjectivity
आदर्शी कर्षण	normative pull
आदित्य	छः, सात या आठ वैदिक देवताओं का वर्ग जो निस्सीम अदिति के पुत्र हैं। वे स्वर्णिम वर्ण, असंख्य नेत्रवान, निद्रारहित व समस्त चराचर जगत के आधार हैं (*मैकडॉनल की वैदिक माइथॉलॉजी – Macdonnell's Vedic Mythology*)। आदित्यगण चैतन्य के स्तरों के प्रतिरूप होते हैं। बाद में इनकी संख्या बारह हो गई और इनका सम्बन्ध बारह महीनों से स्थापित हो गया।
आनन्द	निरे सुख से भिन्न, अंग्रेज़ी में bliss
आर्जव	honesty, straightforwardness
आसवन	distillation
उच्चतर अहंभाव	higher ego
उच्चस्तरीय अहम्	higher self
उच्चस्तरीय मनस्	higher mind
उच्च स्थायी अहंभाव	higher enduring ego
उद्विलय	evolutes
उपाधि	आप्टे के संस्कृत कोश के अनुसार "परिमितता, प्रतिबन्ध (जैसे देश या काल का)"। सवारी। वह वस्तु जिसमें चैतन्य क्रियान्वित होता है और जिसके कारण प्रव्यक्ति परिमित होती है। असली विचारक या उच्चतर मनस् की

	उपाधि में निम्न मनस् की विचार प्रणाली। उच्चतर मनस् निम्न मनस् से परिमित होता है।
ऊर्ध्वपातन	sublimation
ऊर्ध्वबिम्ब	upper sphere
एकक	monad
एकाकी की कैवल्य की ओर उड़ान	flight of the alone to the alone
एरण	anvil
कपिल	सांख्य दर्शन के आदि आचार्य। गीता के दसवें अध्याय में इस नाम का उपयोग "सिद्ध" अर्थात् "निर्विकार" योगी के मूलादर्श के रूप में किया गया है
कर्म	शब्दशः कार्य। ब्रह्माण्ड सुविन्यास के जिन पहलुओं को हम नैमित्तिक क्रम (causal sequence) के रूप में जानते हैं और इन पहलुओं के तत्त्व जिन कार्यों में प्रकट होते हैं उन्हें ही विशेष तौर पर कर्म कहते हैं (धर्म भी शब्दावली में देखिए)। इसीलिए "कर्म" उस नियम का भी द्योतक है जिसके अनुसार प्रत्येक कार्य का अवश्यम्भावी फल निकलता है।
कर्ण	वास्तव में पाण्डवों का अर्धबन्धु जो उनकी माँ का सूर्यदेव से पुत्र था। उसका जन्म के समय ही परित्याग कर दिया गया था और वह कौरवों का सहायक व सखा हो गया था। उसको अर्जुन से बहुत ईर्ष्या थी और कौरवों को उसके शौर्य पर बहुत भरोसा था। गीता में कर्ण उस शक्ति का प्रतीक है जो आदर्शों की पूजा तो सच्चे मन से करती है परन्तु उनको इन्द्रियों के भौतिक जीवन में ही स्थित मानती

	है और इस जीवन के अतिरिक्त अन्य कुछ नहीं जानती। इस बात में कर्ण उस पक्के कौरव जयद्रथ से भिन्न है जो इस विश्वास का प्ररूपक है कि इन्द्रिय जीवन अपने आप में ही श्रेष्ठ होता है।
कारण-फल-सम्बन्ध	causation
काल-रेती	hour glass of time
कीमिया	alchemy
कीमियागार	alchemist(s)
कौरव	धृतराष्ट्र और उसके पुत्र। प्रवृत्ति के आसुरिक रुझान। प्रवृत्ति को भी शब्दावली में देखिए।
गति	motion, movement
गतिकता	dynamism
गुप्तज्ञान	hidden wisdom
गोपनीयता	hiddenness
गोलीय ज्यामिति	spherical geometry
गंगा	गंगा नदी जो परम्परानुगत नारायण के चरणों से निकल कर तीनों लोकों में होती हुई बहती है और जो कोई भी उसमें स्नान करते हैं उनको पवित्र करती है। आन्तरिक दृष्टिकोण से चैतन्य की धारा जो तीनों अवस्थाओं में से हो कर निकलती है।
गुण	शब्दशः लक्षण या "लड़"। मूलप्रकृति की तीन कलाओं के लिए उपयुक्त एक पारिभाषिक पद। ये तीन हैं सत्त्व, जो शक्ति को प्रतिबिम्बित करता है व दीप्ति, सामञ्जस्य तथा पवित्रता के रूप में प्रकट होता है; रजस्, जो शक्ति

को सम्प्रेषित करने वाला होता है और कामना, तेज व गतिशीलता के रूप में प्रकट होता है; और तमस्, जो शक्ति को अवशोषित करता है और जो अन्धकार, गतिहीनता तथा आलस्य के रूप में प्रकट होता है। अध्याय 14 देखिए। भौतिक व मानसिक दोनों ही संसारों का वस्तु-विषय इन तीनों की परस्पर क्रिया से बना होता है।

चरम अहम्	ultimate self
चाक्षुष रूप	visual form
चित्रलिपिक	hieroglyphic
चेतना, चैतन्य	consciousness
जघन्यता	rottenness
ज्वारीय	tidal
जनन क्षमता मिथक	fertility myth
जाग्रत	शब्दशः जागते समय की चेतना। परिशिष्ट – ग देखिए।
जीव	वैयक्तिक अहंभाव। उच्चस्तरीय मनस् में अभिसारित ज्योति। इसे जीवात्मन् भी कहते हैं। शब्दावली में "आत्मन्" भी देखिए।
जीवित परिसंचरण	living circulation
तत्त्व	अस्तित्त्व या यों कहिए कि अनुभव का अवयव। विश्व का कोई भी स्तर।
तपस्वी	तपस्या करने वाला। तपस् का अर्थ है गर्मी या दमक और यह शब्द हिन्दू तपस्वियों के कठोर आत्म-निग्रह के लिए उपयोग किया जाता है। गीता में इसका तात्पर्य आत्म-अनुशासन से है। यह भी कहा गया है कि विश्व

	प्रक्रिया परब्रह्म के तपस् से ही हुई। यहाँ तपस् का अर्थ स्वपरिमितता से है।
तमस्	गुण विषेष। शब्दावली में "गुण" भी देखिए।
तर्कणावादी	rationalist
तारक	astral, star
तत्रैव	*Ibid.*
द्रोण	क्षत्रियों के समान जीवन यापन करने वाले ब्राह्मण जो कौरव तथा पाण्डव दोनों के ही युद्ध-विद्या के आचार्य थे। गीता में वे पुरातन परम्परा की उस शक्ति के प्रतीक हैं जिसका वध करना होता है।
दमित	repressed
दिमाग़ी शिक्षा	head-learning
दुर्योधन	धृतराष्ट्र का ज्येष्ठ पुत्र। शब्दशः "जिसको दबाना कठिन है", यानी कामभाव।
देवभूमि	kingdom of heaven
देही	शब्दशः "देह में रहने वाला", और सही मायने में देह के अन्दर अभिसारित चैतन्य।
दैवी	दिव्य। किसी दिव्य शक्ति यानी देव या देवता से बना हुआ विशेषण जिसको गीता के सोलहवें अध्याय में निवृत्ति के पथ के लिए उपयोग किया गया है।
दैवी जन्म	divine birth
दैवी सामंजस्य	divine harmony
धर्म	अनुवाद करने के लिए कठिन और अनेक अर्थों वाला शब्द। यदि उन अर्थों को छोड़ दिया जाय जो गीता में नहीं आते तो इसका अर्थ विश्व-सुविन्यास (Cosmic

	Order) लिया जा सकता है। लघुतर (मानवीय) क्षेत्र में यह उस नियम या सिद्धान्त को कहते हैं जिसके अनुसार व्यक्ति का विकास होता है। दूसरा अर्थ "कर्तव्य" लिया जा सकता है। *धर्म* और *कर्म* वे दो पहलू थे जिनमें वैदिक *ऋत्* (विश्व-सुविन्यास) का विभाजन किया गया था।
ध्रुव	pole
ध्रुवित	polarized
ध्रुवीय द्वंद्व	polar opposites
धृतराष्ट्र	कौरवों का अन्धा राजा – उपक्रम देखिए। शब्दशः राष्ट्र को हड़प "लेने वाला"।
धृति	firmness
नर	शब्दशः "मनुष्य", उच्चतर अहम् – अर्जुन।
नागदैत्य	dragon
नाद	logos
नामरूप	form
नारायण	भवसागर में निवास करने वाला सर्वोच्च आत्मन्। पुराणों का वह परमेश्वर जो क्षीरसागर (Causal Ocean) में अनन्त-नाग (Serpent of Eternity) पर सोता है, अर्थात् मूलप्रकृति में सोया हुआ शान्त आत्मन्। उसकी नाभि से एक कमल निकलता है जिसके ऊपर ब्रह्मा (महत् आत्मन्) का जन्म होता है और फिर उस से समस्त विश्व की उत्पत्ति होती है। नारायण का तादात्म्य कृष्ण से स्थापित किया गया है।
निकाय	system
निगमनिक	deductive

निगूढ़	latent
निजी अहम्	personal self
नित्य आदर्श	eternal norm
नित्य वर्तमान	eternal present
निम्नस्तरीय अहम्	lower self
निम्नस्तरीय मनस्	lower or personal mind
निर्वाण	परम लक्ष्य, समस्त अहंभाव और पृथकता का विलय। इसको गीता में ब्रह्मनिर्वाण कहा गया है जिसका अभिप्राय यह है कि इस अवस्था में अहम् का उन्मूलन नहीं बल्कि उसका सत्य (ब्रह्म) में विलय हो जाता है।
निवृत्ति	परिपूर्णता, समापन, उपलब्धि। पारिभाषिक रूप से पुनरावृत्ति का पथ, यानी वापसी का रास्ता। जड़ से चेतन की ओर अवरोहण। विश्व-लीला का समापन।
निष्क्रिय	passive
पदलोप	ellipsis
पदार्थ	matter
परब्रह्म	सर्वोच्च सत्य। शब्दावली में "ब्रह्म" भी देखिए जिसका उपयोग भी इसी अर्थ में किया गया है।
परलोक-परायणता	otherwordliness
परा-व्यक्तिवादिता	trans-individualism
परिवेशी	ambient
परिसर	range(s)
परिसंचरण	circulation
परिष्करण	sublimation
पिण्डाण्ड	microcosm

पुनीत परिणय	sacred marriage
पुनीत शब्द	sacred word
पुरुष	पुर या नगर (शरीर अथवा विश्व) का निवासी। शुद्ध साक्षी चैतन्य। गीता में तीन प्रकार का कहा गया है – क्षर पुरुष यानी वैयक्तिक स्वरूप, अक्षर पुरुष यानी शान्त आत्मन् और पुरुषोत्तम यानी परब्रह्म।
प्रकृति	किसी वस्तु का उद्गम स्थल, मूल या निमित्त कारण। परब्रह्म का अनात्मिक (दृश्य) पक्ष। अव्यक्त महागर्भ जो समस्त नामरूपों का उद्गम स्थल है। बहुधा इसे मूलप्रकृति इसलिए कहा जाता ताकि इसके, उद्वलय "प्रकृति" कहलाने वाले अन्य भौतिक निमित्तों, से इसका भेद किया जा सके।
प्रणव	जो ध्वनित होता है। ॐ। परिशिष्ट – ग देखिए।
प्रवृत्ति	निरन्तर अग्रसरण, प्रवाह, विश्वगति का बाहर की ओर प्रवाह। शब्दावली में निवृत्ति भी देखिए।
प्रतिपायन	regress
प्रतिमान	norm
प्रबोधन	enlightenment
प्रव्यक्ति	manifestation
प्रस्तरान्कित	rock-cut
प्रत्ययात्मक विचार	conceptual thought
प्रज्ञा	बुद्धि का पर्यायवाची शब्द। दानाई, विशेष तौर पर बुद्धि का दानाई वस्तु-विषय। ज्ञान-प्रकाश।
बक-यन्त्र	retort
बहिर्मुखता	extroversion

बहुदेववाद	polytheism
बाह्य धर्म	exoteric religion
बुद्धि	एक अवैयक्तिक आध्यात्मिक (चिन्मय) ज्ञानशक्ति जो सार्वभौमिक एकता की जानकारी देती है । ज्ञान के लिए भी इस शब्द का इस्तेमाल होता है । परिशिष्ट – ङ देखिए । यह प्रेम जैसी उच्च भावनाओं का आधार भी है । निम्न स्तर के अर्थों में यह हमारे आनुभाविक व्यक्तित्त्व का निरा दिमाग़ी पहलू होता है ।
बोधिसत्त्व	बौद्ध धर्म के महायान सम्प्रदाय में वह व्यक्ति जो साधना के पथ पर अपनीही नहीं बल्कि सब की मुक्ति के लिए चलता है । सबसे ऊँचे मायने में यह शब्द उस व्यक्ति के लिए उपयोग किया जाता है जो परम लक्ष्य पर पहुँच तो गया हो परन्तु सर्वातीत निर्वाण में प्रविष्ट होने के बजाय स्पष्ट रूप से एक पृथक व्यक्तित्त्व बनाए रहता है ताकि पथ पर चलने वाले अन्य लोगों की सहायता कर सके ।
ब्रह्म	उपनिषदों में परम सत्य (वास्तविकता) का नाम । विशेष तौर पर परब्रह्म के लिए, लेकिन शान्त आत्मन् और कभी-कभी मूलप्रकृति के लिए भी उपयोग किया गया है (उदहरणार्थ गीता 14, 3) । शब्द व्युत्पत्तिपरक विवेचना तो बहुत लम्बी हो जाएगी परन्तु शब्द का मूल "महानता" (बृ धातु) माना जा सकता है । इसको कामना की सृजनात्मक शक्ति के प्रतीक चार सिर वाले देवता *ब्रह्मा*, या पुरोहित जाति के *ब्राह्मण* अथवा धर्मशास्त्रों के वर्ग-विशेष *ब्राह्मण* से नही गड़बड़ाना चाहिए ।
ब्रह्मचर्य	मौलिक रूप से इसका अर्थ था गुरु के निर्देशन में शास्त्र-परम्परा का अध्ययन । बाद में अध्ययन काल के आरम्भ

	से ले कर गृहस्थाश्रम के प्रवेश तक की अवधि का मुख्य लक्षण यौन सम्बन्धी इन्द्रिय-निग्रह होने के कारण इस शब्द का परिमित अर्थ शुचिता के रूप में लिया जाने लगा। इसी से ब्रह्मचारी शब्द का अर्थ है यौन संयम करने वाला। गीता में शब्द के आन्तरिक अर्थ पर ज़ोर है।
ब्रह्माण्ड	macrocosm
ब्राह्मणों की अटकलबाज़ी	brahmanical speculation(s)
भक्ति	प्रेम और पूजा से प्रेरित सेवा। प्रेम और पूजा के मनोभावों के लिए भी इस शब्द का प्रयोग किया जाता है।
भयरहित उस पार	fearless other shore
भवितव्यवाद	fatalism
भीष्म	महाभारत के एक मुख्य नायक, राजा धृतराष्ट्र के एक मुख्य परामर्शदाता और कृष्ण के भक्त, यद्यपि लड़े वे शत्रु-पक्ष की ओर से। गीता में वे अन्धविश्वास के द्योतक हैं।
मति	reason
मन्दान	prow (of a ship)
मनस्	दो पहलुओं वाला मन – एक तो सच्चा विचारक या वैयक्तिक अहम् (उच्चस्तरीय मनस्) और दूसरा आनुभाविक विचार प्रणाली या व्यक्तित्त्व (निम्नस्तरीय मनस्)। उच्चतर पक्ष का प्रतीक अर्जुन है जो एक जन्म से दूसरे में बना रहता है। वेदों में मनस् के ये दो पहलू दो अश्वनीकुमारों से प्रतीयमान किए गए हैं।
मनु	एक प्राचीन स्मृतिकर्ता और राजा। गीता में इस शब्द का उपयोग व्यक्तित्त्वों के जन्मदाता और अधिष्ठाता, यानी सच्चे विधिकर्ता, उच्चतर अहम् के लिए बहुवचन में किया गया है।

मर्त्य कोष	husk of mortality
मरुत्	वैदिक योद्धा-देवताओं का वर्ग। हवा की चल शक्ति, अर्थात् वायु के ये पुत्र, "वीर" और "देवपुत्र" कहलाते हैं। एक ही वायु, जन्मस्थान, मन व निवासस्थान वाले ये भाई पृथ्वी, वायु और स्वर्ग (तीनों लोकों) में विकसित हुए हैं। ये ही स्वतेजोमय अग्नि हैं जो अपने रथों पर सवार हो कर सुनहरे शूलों से नीचे की ओर वार करते हैं। *मैकडॉनल की वेदिक माइथॉलॉजी* देखिए। ये उच्चतर स्वरूपों के प्रतीक हैं। कभी-कभी इनका व्यवहार शत्रुवत् भी होता है। जिसका रहस्य गीता 6, 6 से समझ में आ जाता है।
महत्	वही जो *महत् आत्मन्* है परन्तु इसमें ज़ोर अनात्मिक पहलू पर है।
महात्मा	वह व्यक्ति जिसने अपना तादात्म्य पूर्णरूप से अद्वय आत्मा (महत् आत्मन्) के साथ स्थापित कर लिया हो। आजकल इस पद का उपयोग किसी भी धार्मिक व्यक्ति के लिए किया जाने लगा है।
महानाद	great sound
माध्यमवाद की सम्मोहिनी आत्मविस्मृति	hypnotice trance of mediumship
मानसिक	intellectual
मानसिक रीति	mental mode
मिथक	myth(s)
मूर्त प्रतीक	concrete symbol(s)
मूढ़ाग्रह	superstition
मूलप्रकृति	"प्रकृति " देख़िए।

यज्ञ	वेदों के विधिपूर्वक किए जाने वाले बलिदान। गीता में इसका अर्थ सामान्य बलिदान या त्याग से है।
युक्त	जुड़े हुए, मिले हुए, अनुरूप, और अनुकूल भी।
योग	युक्त होना या जुड़ना। वह पथ जिस पर क्षुद्र अहम् जीव से और जीव सर्वस्व से जुड़ जाता है। इस पथ के बारे में शिक्षा। शांत आत्मन् व मूलप्रकृति का मेल (योगम् एश्वरम्, गीता 9, 5)।
रजस्	"गुण" देखिए।
रहस्यमय	mystic
रीत्यात्मक समानता	modal similarity
रेती	hour glass
लोक	शब्दशः वह जो देखा जाता है – (*लोक्यते*) यह दुनिया तथा अन्य उच्चतर जगत। चेतना के स्तर। कहीं लोकों की संख्या तीन कही जाती है (तब वे जाग्रत, स्वप्न और सुषुप्ति के अनुरूप होते हैं, परिशिष्ट – ङ) और कभी सात स्तरों के समरूप।
व्यतिक्रम	declensions
व्याधिकीय	pathological
व्यावहारिक प्रबन्ध	practical treatise
व्यास	एक ऋषि जिन्हें वेदों के वर्गीकरण और महाभारत व समस्त पुराणों की रचना का श्रेय दिया जाता है। उनके वरदान से संजय, कृष्ण और अर्जुन के सम्वाद को सुन सका। व्यास शब्द का एक अर्थ प्रसार या विस्तार भी है और हम व्यास को प्रेरणा-शक्ति का प्रतीक भी मान सकते हैं जो उच्च ज्ञान को नीचे की ओर प्रसारित या विस्तारित करता है।

विभिष्ट	individualised
विद्युदणु	electron
विराट	महाभारत का एक राजा। अपने वनवास के तेरहवें अज्ञातवास वाले वर्ष में पाण्डवों ने छद्मवेश में राजा विराट के राज्य में विभिन्न नौकरियाँ की। जब कौरवों ने विराट की गायों का हरण करना चाहा तो अर्जुन ने, जो अपने को स्त्रीवेश में छिपाए हुए था, विराट के प्रति अपनी कृतज्ञता राजकुमार उत्तर के सारथी का काम कर और अकेले ही कौरव सेना को परास्त कर प्रकट की।
विश्वात्मा	soul of the world
विश्वास	belief
वेदान्त	शब्दशः वेदों का अन्त – उपनिषद्। दर्शन शास्त्र की कोई भी पद्धति जो उपनिषदों, गीता और ब्रह्मसूत्रों पर आधारित होने का दावा करती हो। विशेष तौर पर उस एकेश्वरवादी पद्धति के लिए प्रयुक्त शब्द जिसे आदि शंकराचार्य (8वीं शताब्दी ईसवी) ने सूत्रबद्ध किया था। परन्तु यथार्थतः इस पद्धति को "अद्वैत वेदान्त" कहना चाहिए क्योंकि अपने को वेदान्ती कहने वाली अन्य पद्धतियाँ भी हैं, जैसे रामानुजाचार्य की विशिष्टाद्वैत, और मध्वाचार्य की द्वैत पद्धति। गीता में यह शब्द उस परम ज्ञान का द्योतक है जिसे देना वेदों का व अन्य सभी परम्पराओं का उद्देश्य था।
वैयक्तिक जीवात्मा	individual soul
वैश्लेषिक	analytical
संकल्प	इच्छाशक्ति या परिकल्पना द्वारा संयोजन। वैयक्तिक इच्छाशक्ति द्वारा अपने लिए कोई लक्ष्य निर्धारित करना।

संन्यासी	गृहस्थ जीवन को त्याग कर यती का भ्रमणशील जीवन अपनाने वाला व्यक्ति। संन्यासी पञ्चाग्नि की पूजा व अन्य ब्राह्मण आचार विधियों का त्याग कर देता है और इसलिए उसे "निराग्नि" और "अक्रिय" कहा जाता है। गीता इस अवधारणा का एक आन्तरिक अर्थ देती है। गीता 6, 1 देखिए।
सम्भाजक	classifier
संस्कार	छाप या स्मृति के शेष चिन्ह। पूर्व कृत्यों व विचारों के ये चिन्ह आगे विकास की कारण-शक्तियों का काम करते हैं। किसी व्यक्ति का विदेशी भाषा का ज्ञान सदा उसके मन में प्रकट नहीं होता परन्तु निगूढ़ रूप से वह सदा वहाँ रहता है और उपयुक्त परिस्थितियों में सचमुच के शब्दों में निकल आता है। ऐसा निगूढ़ ज्ञान एक संस्कार होता है। उच्च अहंभाव और सार्वभौमिक मनस् में भी संस्कार होते हैं। इस शब्द के और भी अर्थ हैं परन्तु वे यहाँ प्रासंगिक नहीं हैं।
सांख्य	दर्शनशास्त्र की पद्धति जिसको कपिल मुनि द्वारा प्रतिपादित कहा जाता है। इसमें मुख्य बात प्रकृति व पुरुष (शब्दावली में इन्हें भी देखिए) का भेद है। सांख्य दर्शन के आरम्भिक रूप अद्वैतवादी लगते हैं और इनका बाद की सांख्य कारिकाओं में दिए गए निरे पाण्डित्यपूर्ण रूपों से भेद करना चाहिए। गीता का दूसरा अध्याय देखिए।
सञ्जय	धृतराष्ट्र का सारथी व परामर्शदाता। निम्नस्तरीय मनस् की विचारधारा का सच्चे विचारक (उच्चतर मनस्) की ओर मुड़ना। सदसद्विवेक, अन्तरात्मा की वाणी, ज़मीर। उपक्रम देखिए।
सत्त्व	गुण विशेष। "गुण" भी देखिए।
सदसद्विवेक	conscience

सनातन	eternal
सपक्ष	winged
सम्पूर्ण	the whole
समाकलन	integration
समीकृत	equated
सम्मोहिनी आत्मविस्मृति	hypnotic trance
स्कन्दन	crystallization
स्वयंसिद्धि, सूक्ति	axiom
स्वर विज्ञान	phonetics
स्वर्गिक	heavenly
स्वापक औषधि	drugs
स्वेच्छाचारवाद	antinomianism
सर्वनाश का मत	view of annihilation
सर्वातीत	the transcendent
सह-सम्बन्ध	correlation
साइकी	psyche
सामञ्जस्य	harmony
सुनम्य	plastic
संयोजक रीति, अनुभव की	unitive mode of experience
सांतत्यक	continuum
सांश्लैशिक	synthetic
सार्वभौम परिग्रहण का सिद्धान्त	doctrine of universal prehension

सार्वभौमिक सुविन्यास	cosmic order
सृजनात्मक प्रतिज्ञापन	creative ego-affermation
सृजनात्मक इच्छाशक्ति की अनन्तता	infinity of creative will
सृजनात्मक शक्ति	creative power
शब्दों का श्लेष	play on words
शव परिरक्षण	mummification
शास्त्र	आज्ञा या आदेश। यह शब्द साधारणतया धार्मिक शास्त्रों के प्रसंग में उपयुक्त, किन्तु विज्ञान या कला के क्षेत्र में भी लागू होता है। गीता में इसका अर्थ "शासक त्रय" अर्थात् त्रिविध आन्तरिक स्वामी से है।
शुचाकाश	clear sky
श्रद्धा	faith
हवाबन्द हर्मीसीय बर्तन	sealed hermetic vessel
क्षुद्र ब्रह्माण्ड	microcosm
क्षेपक	interpolation
त्रयी	trinity
त्रिक	triad
ज्ञान	निरी सांसारिक जानकारी से ले कर बुद्धि की नैसर्गिक अभिज्ञता तक, सब प्रकार की समझ। गीता में अधिकतर इसका बुद्धि की अभिज्ञता से अभिप्राय है।

www.ingramcontent.com/pod-product-compliance
Lightning Source LLC
LaVergne TN
LVHW010640051026
849532LV00001B/133